Ik heb te weinig geloof om een atheïst te zijn

CW01662043

Norman L. Geisler
Frank Turek

Ik heb te weinig geloof om een atheïst te zijn

Ark Boeken

Tweede druk, 2007

ISBN-13: 978 90 33818 33 2
NUR 700
IK HEB TE WEINIG GELOOF OM EEN ATHEÏST TE ZIJN
© 2006 Ark Boeken - VVHS/BKV,
Donauweg 4, 1043 AJ Amsterdam.
www.arkboeken.nl
Geschreven door: Norman L. Geisler en Frank Turek.
Vertaald door: Emiel van der Wal.
Omslagontwerp: Remco de Vries.
Copyright © 2004 by Norman L. Geisler and Frank Turek.
Original edition published under the title 'I don't have enough faith to be an atheist'. Published by Crossway Books, a division of Good News Publishers, Wheaton, Illinois 60187, U.S.A. This edition published by arrangement with Good News Publishers.
All rights reserved.

De bijbelteksten zijn ontleend aan *De Nieuwe Bijbelvertaling* © Nederlands Bijbelgenootschap 2004.

Niets uit deze uitgave mag woden verveelvoudighd en/op openbaar gemaakt worden door middel van druk, fotokopie, microfilm of op welke wijze dan ook zonder schriftelijke toestemming van de uitgever.

INHOUD

VOORWOORD

Hoeveel geloof heb je nodig om dit boek te geloven?

VOLGENS SCEPTICI zijn boeken als het onze onbetrouwbaar als bron van objectieve informatie omdat ze geschreven worden door religieuze mensen met een bepaalde agenda. Zo zien sceptici de Bijbel ook: als een boek vol vooroordelen geschreven door bevooroordeelde mensen. Dat geldt misschien voor sommige boeken over godsdienst, maar niet voor alle. Anders zou je geen enkel geschrift over godsdienst, inclusief boeken van atheïsten of sceptici, kunnen vertrouwen omdat iedere schrijver een standpunt inzake godsdienst heeft.

Wat betekent dit voor u als lezer? Moet u alles wat een atheïst over het christendom schrijft verwerpen enkel omdat het een atheïst is? Niet per se, want het zou best waar kunnen zijn. Moet u alles wat een christen over het atheïsme schrijft verwerpen enkel omdat het een christen is? Opnieuw moeten we zeggen: niet per se – het kan best waar zijn wat hij schrijft.

Maar hoe zit het dan met de agenda van een auteur? Is een agenda niet funest voor zijn objectiviteit? Als dat zo is, is geen enkel boek objectief, inclusief de boeken van atheïsten en sceptici. Waarom niet? Omdat álle boeken geschreven zijn met een bedoeling, alle auteurs hebben een agenda, en alle auteurs (of de meeste althans) geloven wat ze schrijven! Maar dat betekent nog niet dat wat ze schrijven onwaar of niet objectief is. Hoewel auteurs bijna nooit neutraal tegenover hun onderwerp staan (ze worden gedreven door persoonlijke betrokkenheid), kunnen ze hun onderwerp desondanks objectief presenteren.

Overlevenden van de holocaust die over hun ervaringen schreven, waren bijvoorbeeld geen neutrale partij. Ze waren er vurig van overtuigd dat de nazi's fout zaten en voelden zich gedreven om hun ervaringen vast te leggen, opdat de wereld de holocaust nooit zou vergeten en hopelijk niet nog eens dezelfde fout zou maken. Zorgde hun gedrevenheid of hun agenda ervoor dat ze de feiten verdraaiden? Niet per se. Sterker nog, hun gedrevenheid had misschien wel het tegenovergestelde effect. Als mensen gedreven zijn, gaan ze soms overdrijven, terwijl anderen juist des te nauwgezetter en preciezer te werk gaan om niet de geloofwaardigheid van de boodschap die ze willen overbrengen te ondermijnen.

Zoals zal blijken in dit boek menen wij dat de auteurs van de Bijbel dezelfde nauwgezette en precieze werkwijze hebben gehanteerd, een werkwijze die wij ook in dit boek hebben proberen te hanteren. (En als u het boek uit hebt, horen we graag van u of u vindt dat we daarin geslaagd zijn.)

Als u een scepticus bent, bedenk dan dat u onze woorden moet geloven of verwerpen op grond van de bewijzen die we aanvoeren en niet omdat we bepaalde godsdienstige opvattingen hebben. We zijn allebei christen, maar dat zijn we niet altijd geweest. We zijn door bewijzen tot geloof gekomen. Dus het feit dát we christen zijn, doet niet ter zake. Het gaat om de vraag waaróm we christen zijn. En daar draait het om in dit boek.

Norm Geisler en Frank Turek

DANKWOORD

ER ZIJN EEN AANTAL LIEVE MENSEN die we willen bedanken voor hun vertrouwen in dit boek. Onze echtgenotes Barbara Geisler en Stephanie Turek staan bovenaan de lijst. Zonder hun liefde en steun was dit boek niet tot stand gekomen.

Verschillende deskundigen en vrienden hebben delen van het manuscript gelezen en ons tal van bruikbare suggesties aan de hand gedaan. Wayne Frair was zo vriendelijk om een aantal uur uit te trekken om de twee hoofdstukken over evolutie van kritiek te voorzien. Fred Heeren deed hetzelfde voor het hoofdstuk over de big bang. J. Budziszewski voorzag ons van waardevolle inzichten voor het hoofdstuk over de morele wet (niemand begrijpt dat onderwerp zo goed als hij). Barry Leventhal danken we voor zijn persoonlijke herinneringen en expertise voor het hoofdstuk over zijn bekeringservaring en messiaanse profetieën. Andere belangrijke suggesties kregen we van William Dembski, Mark Pustaver, Stephanie Turek en Randy en Luci Hough. De volledige en uiteindelijke verantwoording voor de inhoud van dit boek ligt uiteraard bij ons.

Een woord van dank aan Wes Yoder van het Ambassador Speaker Bureau voor zijn aanmoediging en omdat hij ons in contact bracht met Marvin Padgett van Crossway Books. Marvin had genoeg geloof om met ons in zee te gaan en de ongebruikelijke titel te behouden. Bill Deckard van Crossway zijn we ook dank verschuldigd voor zijn vakkundige redactiewerk. En ook dank aan Josh Dennis, die de schitterende cover ontwierp.

INLEIDING

Op zoek naar het deksel van de puzzel van het leven

'Wie sceptisch tegenover een bepaalde verzameling overtuigingen staat, gelooft in feite waarachtig in een andere verzameling overtuigingen.'

PHILLIP E. JOHNSON

DE HOOGLERAAR THEOLOGIE gaf de argeloze eerstejaarsstudenten op de allereerste dag van het semester een duidelijke waarschuwing. 'Laat je godsdienstige opvattingen alsjeblieft thuis!' verzocht hij hun. 'Als we het Oude Testament gaan behandelen, zal ik af en toe dingen zeggen die ingaan tegen datgene wat je op zondagsschool hebt geleerd. Ik wil niemand voor het hoofd stoten, maar ik wil wel zo objectief mogelijk zijn bij het analyseren van de tekst.'

Dat klonk me als muziek in de oren. Per slot van rekening had ik (Frank) me voor dat vak ingeschreven omdat ik midden in een geestelijke zoektocht zat. Ik zat niet te wachten op het partijprogramma van deze of gene godsdienst. Ik wilde alleen maar weten of er een God was of niet. En waar kun je nu beter heen gaan voor een objectieve benadering van God en de Bijbel, dacht ik, dan een seculiere universiteit als die van Rochester?

De professor was van meet af aan zeer sceptisch over het Oude Testament. Hij bevestigde onmiddellijk de theorie dat Mozes niet de auteur van de eerste vijf Bijbelboeken is en dat veel zogenaamde profetische passages naderhand geschreven zijn. Hij zei ook dat de joden oorspronkelijk in vele goden geloofden (polytheïsme), maar dat één God tenslotte zegevierde omdat de uiteindelijke redacteuren van het Oude Testament 'religieus fanatieke monotheïsten' waren.

De meeste studenten hadden geen problemen met deze analyse, behalve één jongeman een paar rijen voor mij. Naarmate het semester vorderde, zag je dat hij zich steeds meer ging ergeren aan de sceptische theorieën van de professor. Toen de professor op een dag kritiek begon te leveren op gedeeltes uit Jesaja kon de student zijn misnoegen niet langer voor zich houden.

'Daar klopt niks van!' flapte hij eruit. 'Dit is het Woord van God!'

'Die gast is een beetje te godsdienstig', fluisterde ik zacht tegen degene die naast me zat.

'Luister eens allemaal', zei de professor, 'ik heb aan het begin gezegd dat jullie je godsdienstige opvattingen thuis moesten laten. We kunnen niet objectief zijn als je dat niet kunt.'

'Maar u bent niet objectief', protesteerde de student terwijl hij ging staan. 'U bent overdreven sceptisch.'

Sommige studenten slingerden opmerkingen naar zijn hoofd.

'Laat de professor nou gewoon lesgeven!'

'Ga toch zitten!'

'Je bent hier niet op zondagsschool!'

De professor probeerde de zaak te sussen, maar de geagiteerde student stoof de zaal uit en kwam niet meer terug.

Hoewel ik ergens wel begrip had voor de student en besefte dat de professor zijn eigen anti-religieuze vooroordelen had, wilde ik toch ook horen wat hij verder te zeggen had over het Oude Testament en met name over God. Tegen het einde van het semester was ik er min of meer van overtuigd dat de professor gelijk had: het Oude Testament moest je niet letterlijk nemen. Toch had ik nog steeds geen antwoord op mijn meest fundamentele vraag: bestaat God? Na het laatste college bleef ik achter met een absoluut onvervuld gevoel. Al mijn vragen waren onbeantwoord gebleven. Dus ging ik naar de professor toe, die omringd werd door studenten die nog een laatste vraag wilden stellen.

'Professor', zei ik nadat ik gewacht had totdat bijna iedereen weg was, 'bedankt voor de colleges. Ik heb, denk ik, de dingen vanuit een nieuw perspectief leren bekijken. Maar ik zit nog met één enorme vraag.'

'Vraag maar raak', zei hij.

'Ik heb me voor dit college ingeschreven om erachter te komen of er echt een God is of niet. Dus…is er een God?'

Zonder enige aarzeling zei hij: 'Ik weet het niet.'

'U weet het niet?'

'Nee, ik heb geen idee.'

Ik was verbijsterd. Ik had de neiging om te zeggen: 'Wacht eens even. U leert dat het Oude Testament niet waar is, maar u weet niet of er een God is of niet? Het Oude Testament zou waar kunnen zijn als God echt bestond!' Maar aangezien de eindcijfers nog niet bepaald waren, zweeg ik maar en liep diep teleurgesteld over het hele semester de zaal uit. Een beargumenteerd 'ja' of 'nee' had ik kunnen respecteren, maar niet 'Ik weet het niet' – voor dat antwoord kon ik ook naar de eerste de beste leek gaan. Van een hoogleraar godsdienst verwachtte ik heel wat meer.

Ik ontdekte later dat mijn verwachtingen te hoog gespannen waren voor de moderne universiteit. De term 'universiteit' is samengesteld uit de Latijnse woorden voor eenheid en diversiteit. Als je een universiteit bezoekt, hoor je begeleid te worden in de zoektocht naar eenheid in diversiteit, naar hoe de diverse kennisgebieden (de geesteswetenschappen, de wijsbegeerte, de natuurwetenschappen, de wiskunde enzovoort) ineenpassen en samen één plaatje van het leven vormen. Bepaald geen geringe taak, maar een taak die de moderne universiteit niet alleen heeft laten varen, maar zelfs omgekeerd heeft. In plaats van *uni*versiteiten hebben we nu *pluri*versiteiten, instellingen waar elk standpunt, hoe belachelijk ook, even waardevol wordt geacht als elk ander – behalve dan het standpunt dat slechts één godsdienst of wereldbeeld waar zou kunnen zijn. Dat is nu juist het standpunt dat op de meeste universiteiten als intolerant en fanatiek wordt gezien.

Hoewel de universiteiten het in alle toonaarden ontkennen, geloven wij dat het wel mogelijk is om eenheid in de diversiteit te ontdekken. En als je zo'n eenheid ontdekte, zou het zijn alsof je naar het deksel van een legpuzzel kijkt. Zoals je de stukjes van een legpuzzel moeilijk aan elkaar kunt leggen zonder de afbeelding op het deksel, word je ook geen wijs uit de vele verschillende stukjes van het leven zonder een totaalbeeld waarin alles zijn plaats heeft. De vraag is: is er iemand die het deksel van die puzzel van het leven heeft? Veel wereldgodsdiensten beweren dat ze het hebben. Hebben ze gelijk?

GODSDIENST EN HET DEKSEL

Wereldgodsdiensten zijn vaak een poging om je een deksel aan te reiken waarop je kunt zien hoe de vele stukjes van de levenspuzzel een compleet en samenhangend beeld vormen. Dat beeld begint meestal – en met reden – met een bepaalde stelling ten aanzien van God. Wat iemand over God gelooft, heeft invloed op al het andere wat hij gelooft. Toen men Mortimer Adler vroeg waarom het hoofdstuk 'God' in de serie *Great Books of the Western World* (die hij samenstelde) het langste was van allemaal, merkte hij scherpzinnig op dat het onderwerp 'God' meer implicaties heeft dan enig ander onderwerp. De vijf belangrijkste vragen in het leven zijn de volgende:

1. Oorsprong: waar komen we vandaan?
2. Identiteit: wie zijn we?
3. Zin: waarom zijn we hier?
4. Moraal: hoe moeten we leven?
5. Bestemming: waar gaan we naartoe?

De antwoorden op deze vragen zijn afhankelijk van het bestaan van God. Als God bestaat, heeft je leven uiteindelijk zin en een doel. Als je leven echt een doel heeft, is er ook echt een goede en een verkeerde manier om het te leiden. De keuzes die je nu maakt, hebben niet alleen nu gevolgen, maar ook in de eeuwigheid. Als er echter geen God is, is je leven uiteindelijk zonder zin. Omdat je leven geen blijvend doel heeft, is er ook geen goede of verkeerde manier om het te leven. En het maakt niet uit hoe je leeft of wat je gelooft – je bestemming is stof.

Is er een wereldgodsdienst die de Godsvraag correct beantwoordt, en zo ja, welke? Is er überhaupt een godsdienst die het ware deksel van het leven aanreikt? Volgens de algemene opvatting is dit om een aantal redenen niet het geval.

Ten eerste is het volgens velen onredelijk om te geloven dat één godsdienst waar zou kunnen zijn en alle andere niet. Als er één godsdienst echt waar is, zou dat betekenen dat miljarden godsdienstige mensen van elk ander geloof het nu en al eeuwenlang aan het verkeerde eind hebben. (En dat is een groot probleem als het christendom waar is, want het christendom leert dat niet-christenen naar de hel gaan!) Verder bestaat er de niet ongegronde angst dat mensen die denken dat ze de waarheid in pacht hebben, onverdraagzaam zullen zijn jegens hen die die waarheid niet aanvaarden.

Gematigde mensen zijn geneigd om te geloven dat geen enkele godsdienst dé waarheid is. Die gedachte wordt vaak geïllustreerd aan de hand van de lievelingsparabel van veel professoren: het verhaal van de zes blinde mannen en de olifant, waarin de blinde mannen elk aan een ander deel van de olifant voelen en daardoor tot verschillende conclusies komen met betrekking tot het voorwerp dat ze voor zich hebben. Eén van hen grijpt een slagtand en zegt: 'Dit is een speer!' Een ander voelt de slurf en zegt: 'Dit is een slang!' De man die een van de poten omarmt, beweert: 'Dit is een boom!' De blinde man die de staart beetheeft, denkt: 'Ik heb hier een touw!' Degene die aan het oor voelt, meent: 'Dit is een waaier!' En degene die tegen de flank van de olifant leunt, weet het zeker: 'Dit is een muur!' Deze blinde mannen staan voor de wereldgodsdiensten, want ze komen allemaal tot een andere conclusie met betrekking tot wat ze ervaren. Net als elke blinde man zou geen enkele godsdienst dé waarheid bezitten. Geen enkele godsdienst heeft het deksel. Godsdiensten zijn simpelweg verschillende wegen die dezelfde berg op leiden. Dat spreekt de westerlingen met hun brede geest van verdraagzaamheid natuurlijk bijzonder aan.

Voor velen geldt waarheid in godsdienst als een contradictio in terminis. Er is geen waarheid in godsdienst, zo wordt ons verteld. Het is allemaal een kwestie van smaak of opvatting. Jij houdt van chocola, ik houd van vanille. Jij houdt van het christendom, ik houd van de islam. Als jij baat hebt bij het boeddhisme, dan is dat de waarheid voor jou. Je moet me trouwens niet veroordelen om wat ik geloof!

Het tweede grote probleem met waarheid in godsdienst is het feit dat sommige stukjes van het leven onverklaarbaar lijken en schijnbaar in geen enkel godsdienstig deksel passen. Voorbeelden zijn het bestaan van het kwaad en Gods zwijgen in het aangezicht van dat kwaad. Dat zijn vooral krachtige argumenten tegen het geloof dat er een almachtige (theïstische) God bestaat. Veel sceptici en atheïsten redeneren dat als er werkelijk één ware, machtige God bestaat, hij zou ingrijpen om de orde te herstellen. Immers, als God echt bestaat, waarom verstopt hij zich dan blijkbaar? Waarom komt hij niet gewoon opdagen om alle valse godsdiensten te ontmaskeren en zo een einde aan alle verwarring te maken? Waarom roept hij al het kwaad in de wereld geen halt toe, inclusief alle godsdienstoorlogen die zo'n smet op zijn naam werpen? En waarom laat hij toe dat goede mensen slechte dingen overkomen? Dat zijn lastige vragen voor iedereen die beweert dat zijn theïstische godsdienst waar is.

Ten slotte suggereren veel moderne intellectuelen dat een op godsdienst gebaseerd deksel in ieder geval niet legitiem is. Waarom niet? Omdat alleen de wetenschap waarheid oplevert. Volgens hen heeft evolutie God overbodig gemaakt en kan bovendien alleen dat wat je kunt testen in een laboratorium als waar worden beschouwd. Met andere woorden, alleen de wetenschap houdt zich bezig met de feiten, terwijl de godsdienst in het domein van het geloof blijft. Het heeft dus geen zin om bewijzen of feiten aan te dragen ter ondersteuning van een godsdienst, want dat zou hetzelfde zijn als het verzamelen van feiten om te bewijzen dat chocolade-ijs lekkerder is dan vanille-ijs. Een voorkeur kun je niet bewijzen. En omdat godsdienst, zo beweren ze, nooit een kwestie van objectieve feiten is, maar louter van subjectieve smaak, kan een deksel dat door een godsdienst wordt aangereikt onmogelijk het objectieve plaatje van het leven bieden waar we naar zoeken.

Wat betekent dit allemaal? Is de zoektocht naar God en naar het deksel van het leven een verloren zaak? Moeten we aannemen dat het leven geen objectieve zin heeft en allemaal maar onze eigen subjectieve deksel maken? Moeten we genoegen nemen met het 'Ik weet het niet' van de professor?

Wij vinden van niet. Wij geloven dat er een echt antwoord bestaat. En ondanks de sterke bezwaren die we hebben aangestipt en waarop we in latere hoofdstukken dieper zullen ingaan, menen wij dat het antwoord heel redelijk is. Sterker nog, wij denken dat dit antwoord redelijker is en minder geloof vergt dan enig ander antwoord, inclusief dat van een atheïst. We zullen uitleggen wat we bedoelen.

WAT VOOR GOD?

Voordat we verder gaan, moeten we het even over de terminologie hebben. De meeste wereldgodsdiensten vallen onder een van deze drie religieuze wereldbeschouwingen: theïsme, pantheïsme en atheïsme.

Een *theïst* is iemand die gelooft in een persoonlijke God die het heelal heeft geschapen maar er geen deel van uitmaakt. Dit is een beetje te vergelijken met een schilder en een schilderij. God is als de schilder en zijn schepping is als het schilderij. God heeft het schilderij gemaakt, en zijn eigenschappen komen erin tot uiting, maar God is niet het schilderij. De grote theïstische godsdiensten zijn het christendom, het jodendom en de islam.

Een *pantheïst* daarentegen is iemand die geloof in een onpersoonlijke God die letterlijk het heelal ís. Dus bij pantheïsten máákt God het schilderij niet, maar ís hij het schilderij. Sterker nog, pantheïsten geloven dat God alles is wat er bestaat: God is het gras, God is de lucht, God is de boom, God is dit boek, jij bent God, ik ben God enzovoort. De grote pantheïstische godsdiensten komen uit het Oosten, zoals het hindoeïsme, sommige vormen van boeddhisme, en veel vormen van de 'new age'.

Een *atheïst* is uiteraard iemand die in geen enkele God gelooft. Om bij onze vergelijking te blijven, atheïsten geloven dat datgene wat eruitziet als een schilderij altijd bestaan heeft en dat niemand het geschilderd heeft. Religieuze humanisten vallen in deze categorie.

Deze drie religieuze wereldbeschouwingen laten zich als volgt samenvatten: theïsme: God heeft alles gemaakt; pantheïsme: God is alles; atheïsme: er is geen God. In fig. I.2 is het theïsme afgebeeld als de hand die de wereld *draagt*, het pantheïsme als de hand *in* de wereld en het atheïsme als *niets dan* de wereld.

Fig. I.2

Een andere term die we regelmatig zullen gebruiken, is *agnostisch*. Dat ben je als je niet weet of God bestaat of niet.

Nu alle termen helder zijn, gaan we verder met ons onderwerp: geloof en godsdienst.

GELOOF EN GODSDIENST

Hoewel op het eerste gezicht overtuigend, is de bewering dat godsdienst puur een kwestie van geloof is niet meer dan een mythe – het is gewoon niet waar. Geloof speelt zeker een rol, maar bij godsdienst draait het niet alléén om geloof. Feiten zijn ook van wezenlijk belang voor alle godsdiensten, want alle religieuze wereldbeschouwingen, inclusief het atheïsme, maken bepaalde waarheidsclaims en vaak zijn die claims te evalueren door middel van wetenschappelijk en geschiedkundig onderzoek.

Theïsten (zoals christenen, moslims en joden) zeggen bijvoorbeeld dat het heelal ooit is begonnen, terwijl dat volgens veel atheïsten en pantheïsten (zoals aanhangers van de new age en hindoes) niet zo is (het heelal is eeuwig). Die claims sluiten elkaar uit. Ze kunnen niet allebei waar zijn. Of het heelal had ooit een begin, of niet. Door onderzoek naar de aard en geschiedenis van het heelal kunnen we redelijkerwijs concluderen dat het ene standpunt correct is en het andere niet.

De opstanding van Christus is ook zo'n waarheidsclaim. Christenen beweren dat Jezus uit de dood is opgestaan, terwijl volgens moslims Jezus zelfs nooit is gestorven. Ook hier geldt dat niet beide standpunten waar kunnen zijn. Hoe kunnen we erachter komen wie er gelijk heeft? Door beide waarheidsclaims tegen het licht van het historisch bewijs te houden.

Niet alleen proberen verschillende godsdiensten deze vragen te beantwoorden, maar ook wetenschappers hebben het een en ander te zeggen over deze dingen. Wetenschap en religie houden zich dus vaak met dezelfde vragen bezig: Waar komt het heelal vandaan? Waar komt het leven vandaan? Zijn wonderen mogelijk? enzovoort. Met andere woorden, wetenschap en religie sluiten elkaar niet uit, zoals sommige mensen suggereren.

Niet alle godsdienstige claims laten zich echter wetenschappelijk of historisch onderzoeken. Soms gaat het om dogma's die niet te verifiëren zijn. Toch kunnen veel godsdienstige opvattingen op hun geldigheid worden gecontroleerd. Sommige geloofsopvattingen zijn redelijk en kunnen met een hoge mate van zekerheid worden bewezen, terwijl andere duidelijk onredelijk zijn.

DE PROBLEMEN VAN HET CHRISTENDOM

Is het christendom redelijk? Volgens ons wel. Maar tenzij men de bewijzen grondig en onbevooroordeeld onderzoekt, kan het geloof in het christendom problematisch lijken. Ten eerste zijn er veel *intellectuele* problemen, zoals hierboven al genoemd zijn (het probleem van het kwaad, en de bezwaren van veel wetenschappers).

Ten tweede zijn er *emotionele* obstakels die soms de aanvaarding van het christendom in de weg staan. De exclusiviteit van het christendom, de leer van de hel en de schijnheiligheid van christenen vormen emotionele barrières voor bijna iedereen. (De schijnheiligheid in de kerk boezemt mensen waarschijnlijk meer afkeer in dan wat dan ook. Er wordt wel gezegd dat het grootste probleem van het christendom de christenen zijn!)

Ten slotte zijn er *wilsmotieven* om het christendom te verwerpen, namelijk de christelijke moraal, die ons lijkt te beperken in de keuzes die we maken. Aangezien de meesten van ons niemand verantwoording verschuldigd willen zijn, leveren we van nature onze vrijheid liever niet uit aan een onzichtbare God.

Maar ondanks deze obstakels op het gebied van het verstand, de emotie en de wil stellen wij dat niet het geloof in het christendom moeilijk is, maar geloof in het atheïsme of een andere religie. Dat wil zeggen, als je kijkt naar de bewijzen menen wij dat het meer geloof vergt om geen christen te zijn dan om wel een christen te zijn. Deze bewering druist misschien tegen de intuïtie in, maar ze is gewoon gebaseerd op het feit dat iedere religieuze wereldbeschouwing geloof vergt – zelfs de wereldbeschouwing die zegt dat er geen God is.

Waarom? Omdat we als beperkte mensen niet het soort kennis bezitten dat ons van absoluut bewijs voorziet dat God al dan niet bestaat. Buiten de kennis van ons eigen bestaan (ik weet dat ik besta, omdat ik wel moet bestaan om over die vraag na te denken) komen we op het terrein van de waarschijnlijkheid. Wat onze conclusie over het bestaan van God ook is, het is altijd mogelijk dat de tegenovergestelde conclusies waar zijn.

Het is ook mogelijk dat onze conclusies in dit boek onjuist zijn. Wij denken van niet, want we hebben goede argumenten om ze te onderbouwen. Sterker nog, wij menen dat onze conclusies boven redelijke twijfel verheven zijn. (Een dergelijke mate van zekerheid van laten we zeggen 95 procent of meer is bij de meeste vragen het hoogst haalbare voor feilbare, eindige mensen – een percentage dat zelfs voor de grootste beslissingen in het leven ruimschoots voldoende is.) Maar gezien de mogelijkheid dat wij ernaast zitten, is enig geloof wel gevraagd.

HET GELOOF VAN EEN ATHEÏST

Hoewel onze conclusies enig geloof vergen, wordt vaak vergeten dat elke wereldbeschouwing geloof vergt, ook het atheïsme en het pantheïsme. Daar werden we onlangs aan herinnerd toen we een atheïst genaamd Barry tegenkwamen op een van onze seminars. Barry kon er maar niet bij dat een wederzijdse vriend, Steve, christen was geworden.

Hij zei: 'Ik begrijp die Steve niet. Hij beweert dat hij een intellectueel is, maar hij heeft geen antwoord op alle bezwaren die ik hem voorleg ten aanzien van het christendom. Hij zegt dat hij niet overal een antwoord op heeft omdat hij nog maar pas christen is en nog steeds leert.'

Ik (Frank) zei: 'Barry, het is haast onmogelijk om álles te weten over een bepaald onderwerp – zeker als dat onderwerp een oneindige God is. Dus er moet een moment komen dat je onderkent dat je genoeg informatie hebt om tot een conclusie te komen, zelfs al zijn er nog onbeantwoorde vragen.'

Daar was Barry het mee eens, maar hij besefte nog steeds niet dat hij precies hetzelfde deed als waar hij Steve om bekritiseerde. Barry had besloten dat zijn visie – het atheïsme – juist was, hoewel hij niet over uitputtende informatie beschikte om haar te onderbouwen. Wist hij zeker dat er geen God was? Had hij elk argument en alle bewijzen voor het bestaan van God onderzocht? Beschikte hij over uitputtende informatie inzake de Godsvraag? Kon hij elk bezwaar tegen het atheïsme weerleggen? Natuurlijk niet. Dat zou ook onmogelijk zijn. Aangezien Barry, net als Steve, met waarschijnlijkheden in plaats van absolute zekerheden te maken heeft, moet hij een zekere mate van geloof hebben om aan te nemen dat God níet bestaat.

Carl Sagan, een agnost, beleed expliciet zijn *geloof in het atheïstisch materialisme* toen hij stelde: 'De kosmos is alles wat er bestaat, ooit heeft bestaan of ooit zal bestaan.'[1] Hoe wist hij dat zeker? Hij wist het niet zeker. Dat kon hij ook niet. Hij was een beperkt mens met beperkte kennis. Sagan verkeerde op het terrein van de waarschijnlijkheid, net als christenen als die zeggen dat God bestaat. De vraag is: wie heeft het meeste bewijs voor zijn conclusie? Welke conclusie is het redelijkst? Als we de bewijzen gaan bekijken, zullen we zien dat de atheïst heel wat meer geloof moet opbrengen dan de christen.

U denkt misschien: 'De atheïst moet heel wat meer geloof opbrengen dan de christen?! Wat bedoelen ze daar nou weer mee?' We bedoelen dit: hoe minder bewijs je hebt voor je standpunt, des te meer geloof moet je hebben om het te geloven (en vice versa). Met geloof overbrug je hiaten in je kennis. En het blijkt dat atheïsten grotere hiaten in hun kennis hebben, doordat ze veel minder bewijs hebben voor hun opvattingen dan christenen. Met andere woorden, het empirisch, forensisch en filosofisch bewijs pleit sterk voor conclusies die corresponderen met het christendom, maar die niet corresponderen met het atheïsme. Hier zijn een paar voorbeelden van dat bewijs dat we in de komende hoofdstukken gaan behandelen:

1. Het wetenschappelijk bewijs laat er geen twijfel over bestaan dat het heelal uit het niets is ontstaan. Ofwel iemand heeft iets uit het niets geschapen (de christelijke visie), of niemand heeft iets uit het niets geschapen (de atheïstische visie). Welke visie is redelijker? De christelijke. Welke visie vergt meer geloof? De atheïstische.
2. De simpelste levensvorm bevat een hoeveelheid informatie die overeenkomt met duizend encyclopedieën. Christenen geloven dat alleen een intelligent wezen een levensvorm met een dergelijke informatieinhoud kan creëren. Atheïsten geloven dat niet-denkende, natuurlijke krachten daartoe in staat zijn. Christenen hebben bewijzen om hun conclusie te onderbouwen. Aangezien atheïsten zulke bewijzen niet hebben, vergt hun standpunt veel meer geloof.

3. Eeuwenoude geschriften voorzegden de komst van een man die in wezen God zou zijn. Deze God-mens, zo was voorzegd, zou geboren worden in een bepaalde stad en uit een bepaald geslacht, hij zou lijden op een bepaalde manier, op een bepaald tijdstip sterven en opstaan uit de doden als verzoening voor de zonden der wereld. Direct na de tijd die voorspeld was, verklaarden meerdere ooggetuigen dat die voorspelde gebeurtenissen daadwerkelijk hadden plaatsgevonden, zoals ze later ook optekenden. Die ooggetuigen ondergingen vervolging en werden gedood, terwijl ze zichzelf hadden kunnen redden door de gebeurtenissen te ontkennen. Duizenden mensen in Jeruzalem kwamen tot bekering nadat ze deze gebeurtenissen gezien of erover gehoord hadden, en dat geloof verspreidde zich snel over de toenmalige wereld. Oude historici en schrijvers bevestigen of verwijzen naar deze gebeurtenissen, en de archeologie staaft ze. Dit alles, in combinatie met de aanwijzingen vanuit de schepping dat God bestaat (punt 1 hierboven), zien christenen als overtuigend bewijs dat God een hand in deze gebeurtenissen had. Atheïsten moeten veel meer geloof hebben om de voorspellingen, het getuigenis van de ooggetuigen, de bereidheid van de ooggetuigen om te lijden en te sterven, de geboorte van de christelijke kerk en het ondersteunende getuigenis van de andere schrijvers, archeologische vondsten en ander bewijs waar we later dieper op ingaan, weg te verklaren.

Misschien hebben deze drie punten enkele vragen en bezwaren bij u opgeroepen. En terecht, want we hebben een heleboel details weggelaten die we gaandeweg zullen invullen. Waar het nu om gaat, is dat u begrijpt wat we bedoelen als we zeggen dat elke wereldbeschouwing – ook het atheïsme – een zekere mate van geloof vergt.

Zelfs sceptici hebben geloof. Zij geloven dat hun scepticisme juist is. Zo geloven ook agnosten dat het agnosticisme correct is. Er zijn geen neutrale posities als het om overtuigingen gaat. Zoals Phillip Johnson het zo treffend uitdrukte: 'Wie sceptisch tegenover een bepaalde verzameling overtuigingen staat, gelooft in feite waarachtig in een andere verzameling overtuigingen.'[2] Met andere woorden, atheïsten, die van nature sceptisch tegenover het christendom staan, blijken waarachtig in het atheïsme te geloven. Zoals we zullen zien, hebben ze, als ze de bewijzen eerlijk onder ogen zien, heel wat meer geloof nodig om hun atheïstische overtuigingen staande te houden dan christenen nodig hebben voor die van hen.

DE ONTDEKKING VAN HET DEKSEL

Wij stellen dat er sterke bewijzen voor het christendom zijn. Hoe gaan we dat bewijsmateriaal behandelen? Ongeveer sinds 1996 trekken we door de VS met een seminar genaamd 'Twaalf punten die aantonen dat het christendom waar is'. Daarin beginnen we bij de waarheidsvraag en komen we op logische wijze uit bij de conclusie dat de Bijbel het Woord van God is. Dit boek volgt over het algemeen dezelfde logische opbouw in twaalf punten:

1. De waarheid over de werkelijkheid is kenbaar.
2. Het tegenovergestelde van waar is onwaar.
3. Het is waar dat de theïstische God bestaat. Dat blijkt uit:
   a. Het begin van het heelal (kosmologisch bewijs)
   b. Het ontwerp van het heelal (teleologisch bewijs/anthropisch argument)
   c. Het ontwerp van het leven (teleologisch bewijs)
   d. De morele wet (moreel bewijs)
4. Als God bestaat, zijn wonderen mogelijk.
5. Wonderen kunnen dienen om een boodschap van God te bevestigen (dat wil zeggen als daden van God ter bevestiging van een woord van God)
6. Het Nieuwe Testament is historisch betrouwbaar. Dat blijkt uit:
   a. Vroege getuigenissen
   b. Het getuigenis van ooggetuigen
   c. Niet-verzonnen (authentieke) getuigenissen
   d. Ooggetuigen die niet misleid zijn

7. Volgens het Nieuwe Testament beweerde Jezus dat hij God was.
8. Jezus' bewering dat hij God was, werd op wonderbaarlijke wijze bevestigd door:
   a. Zijn vervulling van tal van profetieën aangaande zichzelf
   b. Zijn zondeloze leven en wonderdaden
   c. Zijn voorzegging en volbrenging van zijn opstanding
9. Jezus is dus God.
10. Wat Jezus (die God is) leert, is altijd waar.
11. Jezus leerde dat de Bijbel het Woord van God is.
12. Het is dus waar dat de Bijbel het Woord van God is (en alles wat ertegenin gaat, is dus onwaar).

Voordat we deze redenering uiteen gaan zetten, vragen we uw aandacht voor vijf punten:

Ten eerste willen we niet suggereren dat bovenstaande punten per definitie waar zijn. In de meeste gevallen gaat het om aannames die met argumenten onderbouwd moeten worden. Punt 3 stelt bijvoorbeeld: 'Het is waar dat de theïstische God bestaat.' Die bewering is niet waar omdat wij het zeggen, maar vraagt om goede bewijzen en argumenten. En die zullen we te zijner tijd geven.

Ten tweede zij opgemerkt dat we beginnen bij een absoluut scepticisme: we beginnen met iemand die zegt dat hij zelfs niet in waarheid gelooft. We moeten daar beginnen, want als de heersende opvatting van de cultuur – dat er geen waarheid bestaat – juist is, dan kan het niet *waar* zijn dat er een theïstische God bestaat of dat er een woord van die God bestaat dat *waar* is. Maar als er wel zoiets als waarheid bestaat en als die waarheid kenbaar is, dan kunnen we onderzoek gaan doen naar de waarheid van Gods bestaan en de andere punten die daaruit voortvloeien (wonderen zijn mogelijk, het Nieuwe Testament is historisch betrouwbaar enzovoort).

Ten derde: áls deze redenering klopt (en in dit boek proberen we dat aan te tonen), weerlegt ze automatisch andere godsdiensten voor zover die afwijken van de Bijbel. (Dat klinkt ontzettend arrogant en aanmatigend, maar daar komen we later op terug.) Dat betekent echter niet dat alle andere godsdiensten volledig onwaar zijn of in het geheel geen waarheid bevatten. Bijna alle godsdiensten bevatten enige waarheid. We zeggen alleen dat *als de Bijbel waar is*, iedere specifieke bewering die de Bijbel tegenspreekt onjuist moet zijn. Als de Bijbel waar is en bijvoorbeeld zegt dat er een God buiten het heelal bestaat die het heelal geschapen heeft en onderhoudt (theïsme), dan is elk standpunt dat het theïsme ontkent (zoals het atheïsme) per definitie onwaar. En als de Bijbel waar is en beweert dat Jezus uit de doden is opgestaan, dan is de ontkenning daarvan in de Koran onjuist. (Het omgekeerde gaat trouwens ook op. Als de bewijzen zouden aantonen dat de Koran waar is, dan zou de Bijbel onjuist zijn voorzover hij de Koran tegenspreekt.)

Ten vierde dragen we bewijzen aan voor het christendom omdat ons leven gebaseerd moet zijn op de waarheid. Socrates zei ooit dat het ononderzochte leven het leven niet waard is.[3] Wij menen dat het ononderzochte geloof het geloven niet waard is. Bovendien worden christenen, anders dan men vaak denkt, niet geacht om 'slechts te geloven'. Christenen wordt *opgedragen* om te weten wat ze geloven en waarom ze het geloven. Er wordt hun opgedragen om hen die vragen stellen antwoord te geven (1 Petr. 3:15) en om argumenten tegen het christelijk geloof teniet te doen (2 Kor. 10:4-5). Aangezien God redelijk is (Jes. 1:18) en wil dat we ons verstand gebruiken, krijgen christenen geen extra punten voor domheid. Sterker nog, het gebruiken van je verstand maakt deel uit van het volgens Jezus grootste gebod: 'Heb de Heer, uw God, lief met heel uw hart en met heel uw ziel en met heel uw *verstand*' (Matt. 22:37).[4]

Ten slotte krijgen we vaak de vraag: 'Als er zoveel bewijzen voor het christendom zijn, waarom geloven er dan niet meer mensen in?' Ons antwoord: hoewel wij menen dat de bewijzen en argumenten die we zo dadelijk zullen presenteren, overtuigend aantonen dat de Bijbel waar is, kan bewijs op zich niemand tot geloof brengen. Geloven is niet alleen een kwestie van het verstand, maar ook van de wil. Veel niet-christenen zitten met oprechte intellectuele vragen, maar in onze ervaring ligt het verzet van mensen tegen het christendom veel vaker op het terrein van de wil. Anders gezegd, het is niet zo dat ze geen bewijs hebben om te geloven, maar ze wíllen niet geloven. De grote atheïst Friedrich Nietzsche was zo iemand. Hij schreef: 'Als iemand zou bewijzen dat deze God van de christenen bestaat, zouden we nog minder in staat zijn om in hem te geloven'[5]; en: 'Het is op grond van onze voorkeur dat we het christendom verwerpen, niet op grond van argumenten.'[6] Nietzsches ongeloof kwam duidelijk voort uit zijn wil en niet alleen uit zijn intellect.

Een scepticus zou nu de redenering kunnen omdraaien en stellen dat het juist de christen is die simpelweg wíl geloven. Het is waar dat veel christenen alleen geloven omdat ze dat willen, en hun geloof niet kunnen onderbouwen. Ze geloven gewoon dat de Bijbel waar is. En met willen alleen kun je er niet voor zorgen dat iets waar is. Maar het punt is dat veel niet-christenen precies hetzelfde doen: ze nemen een 'stap in het geloof' dat hun niet-christelijke opvattingen waar zijn, puur omdat ze wíllen dat ze waar zijn. In de komende hoofdstukken nemen we het bewijsmateriaal onder de loep om te kijken wie de grootste stap moet zetten.

De scepticus vraagt dan misschien: 'Maar waarom zou iemand wíllen dat het christendom niet waar is? Wie wil nou niet het gratis geschenk van vergeving hebben?' Dat is een goede vraag, maar volgens ons is het antwoord gelegen in de wilsfactoren waar we het al over hadden. Veel mensen denken namelijk dat als ze het christendom als de waarheid aanvaarden, ze moeten veranderen wat hun denken, vrienden, prioriteiten, levensstijl of ethiek betreft, en ze zijn niet echt bereid om de zeggenschap over hun leven uit handen te geven ten einde die veranderingen te realiseren. Ze denken dat het leven makkelijker en leuker is zonder zulke veranderingen. Misschien beseffen ze dat, hoewel het in het christendom om vergeving draait, het ook om zelfverloochening en het dragen van je kruis gaat. Het christelijk geloof is gratis, maar het kan je je leven kosten.

Het *bewijzen* van een stelling en het *aanvaarden* ervan zijn twee verschillende dingen. Wij kunnen wellicht overtuigend aantonen dat het christendom waar is, maar alleen ú kunt de keuze maken om het te aanvaarden. Denk er eens over na of u daartoe bereid bent: als iemand u redelijke antwoorden zou kunnen aanreiken op uw belangrijkste vragen en bezwaren ten aanzien van het christendom – redelijk in die zin dat de waarheid van het christelijk geloof boven redelijke twijfel verheven lijkt – zou u dan christen worden? Als u die vraag *oprecht* met nee beantwoordt, ligt uw verzet tegen het christendom op het vlak van de emotie en de wil, en niet zozeer op intellectueel vlak. Alle bewijzen van de wereld zullen u niet kunnen overtuigen, want het is niet een gebrek aan bewijs dat u in de weg staat, maar *uzelf*. Uiteindelijk bent u de enige die weet of u werkelijk openstaat voor de bewijzen voor het christendom.

Een van de mooie dingen van Gods schepping is dat als u het christendom niet wilt aanvaarden, u vrij bent om het te verwerpen. Deze vrijheid om keuzes te maken – zelfs om de waarheid te verwerpen – maakt ons tot morele wezens en stelt een ieder van ons in staat om zijn uiteindelijke bestemming te kiezen. Dit raakt echt de kern van de vraag waarom we überhaupt bestaan en waarom God zich niet zo openlijk aan ons openbaart als sommigen zouden willen. Want als de Bijbel waar is, geeft God een ieder van ons de kans om een eeuwige keuze voor of tegen hem te maken. En om ervoor te zorgen dat onze keuze werkelijk vrij is, plaatst hij ons in een omgeving die vol aanwijzingen zit dat hij bestaat, maar zonder zijn *directe* aanwezigheid – een aanwezigheid die zo krachtig is dat onze vrijheid in het gedrang zou komen en onze capaciteit om hem te verwerpen tenietgedaan zou worden. Met andere woorden, *God heeft in dit leven genoeg bewijzen aangebracht om iedereen die wil geloven te overtuigen, maar hij heeft ook enige vaagheid laten bestaan om hen die niet willen niet te dwingen.* Op die manier geeft God ons de kans hem lief te hebben dan wel te verwerpen zonder onze vrijheid aan te tasten. Het is het doel van dit leven om die keuze vrij en zonder dwang te maken. Want liefde kan per definitie alleen in vrijheid worden gegeven. Je kunt haar niet afdwingen. Daarom schreef C.S. Lewis: '…het "Je zult" en het "Zwijg!" [zijn] twee wapens die Hij, juist door de aard zelf van zijn werkwijze, niet mag gebruiken. Als Hij alleen maar de wil van een mens zou overweldigen (wat vast en zeker zou gebeuren als Zijn aanwezigheid ook maar in de allergeringste graad voelbaar was), dan zou Hem dat geen voordeel opleveren. Hij is geen spelbreker. Hij kan alleen maar vragen om toegelaten te worden.'[7]

Wij hopen dat er van de bewijzen en argumenten in dit boek een wervende kracht zal uitgaan. Bedenk dat het niet onze bewijzen zijn, maar Gods bewijzen. Wij hebben ze alleen in logische volgorde bijeengebracht. We hebben zoveel mogelijk verhalen en illustraties uit het dagelijks leven gebruikt om het boek goed leesbaar te houden en de argumentatie toegankelijk.

SAMENVATTING EN CONCLUSIE

Zoals we gezien hebben, laten veel godsdienstige waarheidsclaims zich onderzoeken en beoordelen op hun plausibiliteit. Omdat alle conclusies ten aanzien van zulke claims op waarschijnlijkheid en niet op absolute zekerheid berusten, vergen ze allemaal – ook de atheïstische – een mate van geloof. Als we in de komende hoofdstukken de bewijzen gaan bekijken, zullen we zien dat conclusies als 'God bestaat' en 'de Bijbel is waar' boven redelijke twijfel verheven zijn. *Het vergt dus meer geloof om een niet-christen te zijn dan om een christen te zijn.*

We hebben echter ook vastgesteld dat bewijs alleen mensen niet kan overtuigen om christen te worden. Sommige atheïsten en niet-christenen verwerpen het christendom niet omdat het bewijs ontoereikend is, maar omdat ze het niet wíllen aanvaarden. Sommige mensen houden de waarheid liever ten onder dan dat ze ernaar leven. *Als mensen hebben we de noodlottige neiging om de waarheid aan te passen aan onze verlangens in plaats van onze verlangens aan de waarheid.*

Maar wacht eens. Is er geen derde mogelijkheid? Kun je geen agnost blijven zoals de professor aan het begin van dit hoofdstuk? Hij zei dat hij niet wist of God bestond. Zo iemand lijkt misschien ruimdenkend. Het zou kunnen. Maar er is een groot verschil tussen *ruim denken* en *niet denken*. In het licht van het bewijs vinden wij agnosticisme een keuze om niet te denken. Moeten we juist niet ruim denken om de waarheid te kunnen herkennen als we haar zien? Inderdaad. Dus wat moeten we doen als er genoeg bewijs is om de waarheid te kennen? Wat moeten we bijvoorbeeld doen als we bewijs zien dat boven redelijke twijfel verheven is, dat George Washington de eerste president van de Verenigde Staten was? Moeten we dan 'ruimdenkend' blijven ten aanzien van de vraag wie de eerste president was? Nee, dat zou dom zijn. Sommige vragen zijn op een gegeven moment gewoon beantwoord. Zoals we zullen zien, is er genoeg bewijs aangaande het christendom om een redelijk zekere conclusie te trekken.

Zoals Mortimer Adler opmerkte, raakt onze conclusie ten aanzien van God elk terrein van ons leven. Daarin ligt de sleutel tot het vinden van eenheid en diversiteit in het leven en de ultieme zin van ons bestaan. De Godsvraag is absoluut de belangrijkste vraag die ieder mens moet beantwoorden. Gelukkig is het zo dat als we correct redeneren, we aan het einde van onze reis het deksel van de puzzel van het leven ontdekken. Laten we dus de reis aanvangen. Het beginpunt is de waarheidsvraag.

Hoofdstuk 1 en 2 gaan over:

→ 1. **De waarheid over de werkelijkheid is kenbaar.**
2. **Het tegenovergestelde van waar is onwaar.**
3. Het is waar dat de theïstische God bestaat. Dat blijkt uit:
   a. Het begin van het heelal (kosmologisch bewijs)
   b. Het ontwerp van het heelal (teleologisch bewijs/anthropisch argument)
   c. Het ontwerp van het leven (teleologisch bewijs)
   d. De morele wet (moreel bewijs)
4. Als God bestaat, zijn wonderen mogelijk.
5. Wonderen kunnen dienen om een boodschap van God te bevestigen (dat wil zeggen als daden van God ter bevestiging van een woord van God)
6. Het Nieuwe Testament is historisch betrouwbaar. Dat blijkt uit:
   a. Vroege getuigenissen
   b. Het getuigenis van ooggetuigen
   c. Niet-verzonnen (authentieke) getuigenissen
   d. Ooggetuigen die niet misleid zijn
7. Volgens het Nieuwe Testament beweerde Jezus dat hij God was.
8. Jezus' bewering dat hij God was, werd op wonderbaarlijke wijze bevestigd door:
   a. Zijn vervulling van tal van profetieën aangaande zichzelf
   b. Zijn zondeloze leven en wonderdaden
   c. Zijn voorzegging en volbrenging van zijn opstanding
9. Jezus is dus God.
10. Wat Jezus (die God is) leert, is altijd waar.
11. Jezus leerde dat de Bijbel het Woord van God is.
12. Het is dus waar dat de Bijbel het Woord van God is (en alles wat ertegenin gaat, is dus onwaar).

1

KUNNEN WIJ DE WAARHEID VERDRAGEN?

'De mensen struikelen regelmatig over de waarheid, maar de meeste van hen krabbelen weer snel overeind en gaan ervandoor alsof er niets gebeurd is.'

WINSTON CHURCHILL

In de speelfilm *A Few Good Men* speelt Tom Cruise de rol van advocaat in dienst van de marine. Hij ondervraagt Jack Nicholson, die een marinekolonel speelt, over de moord die gepleegd is op een van Nicholsons mariniers. De dramatische rechtbankscène loopt uit op een heftige woordenwisseling, waarbij Cruise Nicholson ervan beschuldigt medeplichtig te zijn aan de moord.

Cruise: ' Kolonel, hebt u opdracht gegeven voor Code Rood!?'
Rechter: 'U bent niet verplicht om deze vraag te beantwoorden!'
Nicholson: 'Ik geef antwoord op die vraag... wilt u een antwoord?'
Cruise: 'Ik meen dat ik recht op antwoord heb.'
Nicholson: 'Wilt u een antwoord horen!?'
Cruise: 'Ik wil de waarheid horen!'
Nicholson: 'U kunt de waarheid niet verdragen!'

Nicholson had dit net zo goed tegen de hele bevolking kunnen roepen, want het heeft er alle schijn van dat zeer veel mensen de waarheid niet kunnen verdragen. We menen in vrijwel alle levensomstandigheden recht op de waarheid te hebben. We verwachten de waarheid van:

- geliefden (niemand wil leugens horen van een partner of een kind)
- doktoren (we willen dat we de juiste medicijnen voorgeschreven krijgen en dat de correcte operaties worden uitgevoerd)
- beurshandelaren (we eisen dat zij ons betrouwbare informatie geven over de bedrijven die zij bij ons aanbevelen)
- rechtbanken (we verwachten dat alleen de echte schuldigen veroordeeld worden)
- werkgevers (we willen dat zij ons de waarheid vertellen en ons eerlijk uitbetalen)
- luchtvaartmaatschappijen (we eisen veilige vliegtuigen en nuchtere piloten)

We verwachten ook dat we betrouwbare informatie uit een naslagwerk kunnen halen en we willen dat nieuwsmedia ons correct voorlichten. We willen dat adverteerders, leraren en politici ons de waarheid vertellen; we gaan ervan uit dat informatie op verkeersborden, medicijnverpakkingen en etiketten op levensmiddelen correct is. Goed beschouwd willen we altijd de waarheid horen wanneer het om geld, relaties, veiligheid en gezondheid gaat.

Maar hoewel we op al deze gebieden de waarheid verlangen, blijken velen van ons veel minder geïnteresseerd in de waarheid als het om morele of religieuze zaken gaat. Sterker nog, veel mensen vinden de gedachte dat een bepaalde religie de waarheid kan claimen zeer verwerpelijk.

Het mag duidelijk zijn dat hier sprake is van een enorme inconsequentie. Waarom eisen we op alle levensterreinen de waarheid behalve op de gebieden van ethiek en religie? Waarom zeggen we 'Dat is misschien waar voor jou, maar niet voor mij' wanneer we het over religie hebben, maar krijgen we dergelijke onzin niet over de lippen als we in gesprek zijn over ons geld met een aandelenhandelaar of met een arts over onze gezondheid?

Er zullen maar weinig mensen zijn die het eerlijk willen toegeven, maar we wijzen godsdienstige of morele waarheid vaak af op basis van andere motieven dan strikt intellectuele afwegingen. We *willen* gewoon niet beoordeeld worden volgens morele standaarden of religieuze leerstellingen. Daarom stemmen we blindelings in met de mening van politiek correcte intellectuelen die ons vertellen dat waarheid niet bestaat – een uitspraak met een waarheidsclaim die natuurlijk met zichzelf in tegenspraak is. We moeten geloven dat alles relatief is en dat er geen absolute waarheden bestaan. Uiteindelijk bestaan er slechts interpretaties en meningen. Je mag niet oordelen, want religie houdt zich bezig met geloof en niet met feiten! Misschien had Augustinus wel gelijk toen hij zei dat we van de waarheid houden wanneer deze ons verlicht, maar dat we haar haten wanneer zij ons veroordeelt. Misschien kunnen we de waarheid niet aan.

Indien we deze culturele schizofrenie willen overwinnen, moeten we nadenken over de volgende vier vragen die betrekking hebben op de waarheid:

1. Wat is waarheid?
2. Kunnen we de waarheid kennen?
3. Kunnen we de feiten over God kennen?
4. Wat kan mij het schelen! Wie is er nu geïnteresseerd in de waarheid?

We gaan deze vragen in dit hoofdstuk en het hierop volgende bespreken.

WAT IS WAARHEID?
DE WAARHEID OVER DE WAARHEID.

Wat is waarheid? Heel eenvoudig geformuleerd: 'de feiten correct weergeven'. Toen de Romeinse gouverneur Pilatus bijna 2000 jaar geleden aan Jezus vroeg: 'Wat is waarheid?' wachtte hij het antwoord van Jezus niet af. In plaats daarvan deed Pilatus alsof hij zelf enige kijk op de waarheid had. Met betrekking tot Jezus verklaarde hij: 'Ik heb geen schuld in hem gevonden' (Johannes 18:38). Door Jezus onschuldig te verklaren, gaf Pilatus de feiten correct weer.

Waarheid kan ook omschreven worden als 'datgene wat feitelijk overeenstemt met het object' of 'datgene wat een adequate beschrijving geeft van de huidige situatie'. De uitspraak van Pilatus was waar, omdat deze aan beide omschrijvingen van de waarheid voldeed: Jezus was werkelijk onschuldig.

In tegenstelling tot wat er in veel scholen onderwezen wordt, is waarheid niet relatief maar absoluut. Als iets waar is, dan is het waar voor alle mensen, in alle tijden, op alle plaatsen. Alle aanspraken op waarheid zijn absoluut, specifiek en exclusief. Denk alleen maar aan de claim 'alles is waar'. Dat is een absolute, specifieke, exclusieve bewering. Deze claim sluit een tegengestelde bewering uit (de uitspraak impliceert dat de bewering 'alles is onwaar' onjuist is). Goed beschouwd sluiten alle waarheden het tegenovergestelde uit. Dat geldt zelfs voor religieuze waarheden.

Dit werd op een komische manier duidelijk gemaakt tijdens een discussie die ik (Norman) voerde met de religieuze humanist Michael Constantine Kolenda. Overigens was hij een van de weinige atheïstische opponenten die voorafgaand aan een debat mijn boek *Christian Apologetics* gelezen had.

Toen hij het woord kreeg, hield Kolenda mijn boek omhoog en verklaarde: 'Die christenen zijn zeer bekrompen mensen. Ik heb het boek van Dr. Geisler gelezen en weet je wat hij gelooft? Hij gelooft dat het christelijk geloof waar is en dat alles wat daarmee in tegenspraak is onjuist is! Die christenen zijn werkelijk zeer bekrompen mensen!'

Nu wil het geval dat Kolenda zelf ook een boek geschreven had dat ik voorafgaand aan de discussie had gelezen. De titel van dat boek luidde: *Religie zonder God* (die titel roept associaties op met een romance zonder partner!). Nadat ik het woord kreeg, stak ik het boek van Kolenda in de lucht en verklaarde: 'Die humanisten zijn zeer bekrompen mensen. Ik heb het boek van Dr. Kolenda gelezen en weet je wat hij gelooft? Hij gelooft dat het humanisme waar is en dat alles wat daarmee in tegenspraak is onjuist is! Die humanisten zijn werkelijk zeer bekrompen mensen!'

De mensen in het publiek begonnen te grinniken, want mijn punt was duidelijk. Humanistische waarheidsclaims zijn net zo 'benauwd' als christelijke aanspraken op de waarheid. Want als H (humanisme) waar is, dan is alles wat in strijd is met H per definitie onwaar. En als C (christendom) waar is, dan is alles wat met C in strijd is per definitie onwaar.

Er bestaan nog veel andere waarheden over de waarheid:

- Waarheid wordt ontdekt, niet uitgevonden. Waarheid bestaat ook als geen mens er weet van heeft (de zwaartekracht bestond al vóór Newton).
- Waarheid overstijgt cultuurverschillen. Wanneer iets waar is, dan is dat waar voor iedereen, altijd en overal (2+2=4 dat geldt voor iedereen, altijd en overal).
- De waarheid is onveranderlijk, hoewel onze denkbeelden over de waarheid wel aan verandering onderhevig zijn. (Vroeger meenden wij dat de aarde een platte schijf was, totdat wij ontdekten dat de aarde bol was. Die ontdekking veranderde niets aan het feit dat de aarde vóór dit nieuwe inzicht ook al bolvormig was. De waarheid veranderde niet, onze opvatting wel).
- Opvattingen kunnen de feiten niet veranderen, hoe overtuigd we ook zijn van onze ideeën. (Iemand kan oprecht van mening zijn dat de aarde een platte schijf is, maar die opvatting is wel een grote misvatting).
- Waarheid wordt niet beïnvloed door de houding van de persoon die deze waarheid onderschrijft. (Een arrogant persoon kan de waarheid spreken, terwijl een bescheiden mens een misvatting kan verkondigen).
- Alle waarheden zijn absolute waarheden. (De uitspraak: 'Ik, Frank Turek, heb het warm op 20 november 2005' mag als een relatieve waarheid overkomen, maar desondanks geldt voor iedereen, altijd en overal dat Frank Turek het op die dag warm heeft gehad).

Samenvattend, tegengestelde opvattingen zijn mogelijk, maar tegengestelde waarheden zijn onmogelijk. We kunnen *geloven* dat alles waar is, maar we kunnen er niet voor zorgen dat alles waar wordt.

Dit lijkt vanzelfsprekend. Maar hoe gaan we nu om met de moderne opvatting dat waarheid niet bestaat? Een aantal tekenfilmfiguren kunnen ons op dit punt behulpzaam zijn.

De Road Runner-tactiek

Stel dat iemand tegen je zegt: 'Ik kan je een methode aan de hand doen waarmee je alle verkeerde veronderstellingen en onjuiste filosofieën waarmee onze cultuur doortrokken is kunt identificeren', zou je dan belangstelling voor die methode hebben? Dat is precies waar wij het hier over willen hebben. Als we slechts één vaardigheid mochten doorgeven die wij in vele jaren van opleiding en wetenschappelijke studie ons eigen hebben gemaakt, dan zou het deze handigheid zijn: een methode waarmee je stellingen onderuit kunt halen die met zichzelf in tegenspraak zijn. Wij noemen dergelijke uitspraken 'zichzelf weersprekende uitspraken'. We geven hier een voorbeeld uit een recent discussieprogramma op de radio om duidelijk te maken wat we hiermee bedoelen.

Jerry, een radiopresentator met liberale opvattingen, sprak per telefoon met luisteraars over het onderwerp 'moraliteit'. Nadat er talrijke stemmen te horen waren geweest van mensen die vrijmoedig beweerden dat een bepaalde morele opvatting *waar* was, brulde één beller in de uitzending: 'Jerry! Jerry! Er bestaat niet zoiets als *waarheid*!'

Daarna greep ik (Frank) direct naar mijn telefoon en tikte ik razendsnel het telefoonnummer van het radiostation in. Tuut-tuut-tuut... Ik wilde in de uitzending komen en tegen Jerry zeggen: 'Ik heb een vraag voor die man die beweerde dat er niets zoiets bestaat als waarheid... – is die bewering echt *waar*?'

Helaas ben ik niet tot de uitzending doorgedrongen. En natuurlijk was Jerry het van harte eens met die beller en heeft hij zich nooit gerealiseerd dat zijn bewering onmogelijk waar kon zijn – want die bewering ontkrachtte zichzelf!

Er is sprake van een bewering die zichzelf weerspreekt, wanneer deze uitspraak niet voldoet aan zijn eigen voorwaarden. Natuurlijk bevat de uitspraak van de beller 'Er bestaat niet zoiets als *waarheid*' een waarheidsclaim en op grond hiervan ontkracht deze bewering zichzelf. Als iemand zou zeggen: 'I can't speak a word in English'., zou je uiteraard tegenwerpen: 'Wacht eens even, maar je sprak deze woorden toch uit in het Engels? Je bewering kan niet waar zijn, want je hebt hem zelf in het Engels weerlegd!'

Er wordt in onze postmoderne cultuur kwistig gestrooid met beweringen die zichzelf de nek omdraaien. Wanneer je jezelf erop toelegt om dergelijke beweringen te herkennen, kun je in een onverschrokken verdediger van de waarheid veranderen. Ongetwijfeld heb je ook wel eens mensen horen beweren dat 'alle waarheid relatief is' en dat 'absolute waarheden niet bestaan'. Voortaan zul je in staat zijn om dit soort domme beweringen eenvoudig onderuit te halen, gewoon door erop te wijzen dat dergelijke uitspraken met zichzelf in tegenspraak zijn. Met andere woorden, wanneer je zo'n onlogische bewering op zichzelf toepast, zal duidelijk blijken wat een onzin er verkocht wordt.

Wij noemen deze methode de *Road Runner*-tactiek omdat hij doet denken aan de tekenfilmfiguurtjes Road Runner en Wile E. Coyote. Misschien heb je deze cartoonfilms vroeger ook op televisie gezien. Coyote had maar een levensdoel en dat was Road Runner te pakken krijgen om hem te kunnen nuttigen als diner. Road Runner blijkt zijn achtervolger echter steeds te slim af te zijn. Net wanneer Coyote terrein lijkt te winnen, maakt Road Runner aan de rand van een ravijn een haakse bocht, zodat Coyote trappelend in de lucht blijft hangen boven een gapende afgrond. De bodem is plotseling volledig onder de voeten van Coyote verdwenen! Zodra Coyote zich realiseert dat hij aan het luchtfietsen is, valt hij als een baksteen naar beneden.

Dit is nu precies wat de Road Runner-tactiek kan doen met vertegenwoordigers van het relativisme en postmodernisme. De tactiek maakt hen duidelijk dat hun argumenten onhoudbaar zijn. Zo komen ze er zelf achter dat de grond onder hun beweringen verdwenen is. Door de toepassing van deze tactiek kom je zelf uit de strijd als een super debater! Laten we de Road Runner-tactiek eens meenemen naar de collegebanken om hem in een onderwijsomgeving te demonstreren.

Road Runner neemt plaats in de collegebanken

Er bestaat grote behoefte aan de Road Runner-tactiek onder studenten. Waarom? Omdat veel universitaire docenten vandaag de dag beweren dat er geen waarheid bestaat. Het verbaast ons dat ouders overal ter wereld bereid zijn om grote bedragen aan collegegeld te betalen, zodat hun zoons en dochters de 'waarheid' kunnen leren dat *waarheid niet bestaat.* Om maar te zwijgen over andere postmoderne beweringen die zichzelf volledig onderuit halen, zoals: 'Waarheid is altijd relatief'(is dat een relatieve waarheid?); 'Absolute waarheden bestaan niet' (ben je daar absoluut zeker van?); en: 'Dat is misschien waar voor jou, maar niet voor mij' (geldt dat alleen voor jou, of is die bewering op iedereen van toepassing?) 'Dat is waar voor jou maar niet voor mij' mag dan als mantra door iedereen herhaald worden, maar in werkelijkheid zit de wereld anders in elkaar. Probeer die relativerende bewering maar eens uit op de baliemedewerker van de bank, een politieagent en de fiscale recherche en ontdek hoe ver je ermee komt!

Natuurlijk zijn deze moderne mantra's onzinnig. Maar voor allen die er desondanks blindelings in geloven, hebben wij een paar vragen bedacht: Als er werkelijk geen waarheid bestaat, waarom zou je dan nog iets leren? Waarom zou een student nog luisteren naar zijn docent? Immers, de docent heeft de waarheid niet in pacht. Waarom zou je nog naar school gaan en waarom zou je nog collegegeld betalen? En waarom zou je je nog langer storen aan de morele bezwaren die je docent heeft tegen afkijken tijdens een examen of plagiaat plegen bij het maken van je proefschrift?

Ideeën zijn niet vrijblijvend. Goede ideeën leveren goede gevolgtrekkingen op, slechte ideeën hebben slechte consequenties. Sommige studenten trekken inderdaad de consequentie uit waarden- en normenrelativisme en schieten docenten of medeleerlingen overhoop. Andere studenten laten hun pasgeboren baby achter bij het vuilnis. Waarom zouden zij zich 'goed' gedragen waneer er niet zoiets bestaat als 'goed gedrag'?

C.S. Lewis toonde al aan hoe absurd het is om deugdzame dingen te verwachten van mensen die geleerd hebben dat deugd niet bestaat: 'Met een adembenemende naïviteit verwijderen wij het orgaan en verwachten wij dat het daarna nog functioneert. We brengen mannen zonder ruggengraat voort en rekenen er dan op dat zij recht overeind blijven staan en moedig ten strijde trekken. We vinden deugd en eer achterhaalde begrippen en reageren vervolgens geschokt wanneer we een verrader in ons midden hebben. Eerst castreren we iemand en daarna wensen wij hem veel nageslacht toe.' [1]

Uiteindelijk komt het allemaal hier op neer: verkeerde denkbeelden over de waarheid leiden tot verkeerde denkbeelden over het leven. Veelal komen verkeerde denkbeelden handig van pas wanneer men immoreel gedrag wil rechtvaardigen. Als je het concept 'waarheid' de nek om kunt draaien, kun je vervolgens ook afrekenen met elk denkbeeld over een ware religie of ware ethiek. Veel mensen hebben dit sinds de jaren zestig geprobeerd en uit de achteruitgang op religieus en moreel gebied kun je concluderen dat ze daar aardig in geslaagd zijn. Helaas dragen zij niet alleen de gevolgen van hun geslaagde pogingen – we worden allemaal met de consequenties van dit gedrag geconfronteerd.

Waarheid bestaat dus. Dat kan niet worden ontkend. Degene die dat wel doen, ontkennen tegelijkertijd hun eigen bewering. In zekere zin vertonen zij grote gelijkenis met Winnie de Poeh. Ook zij roepen 'Er is niemand thuis!' wanneer er op de deur geklopt wordt.

Laten we nu eens uitproberen of we de Road Runner-tactiek kunnen toepassen op de sceptische bewering dat men 'de waarheid niet kan kennen'.

KUNNEN WE DE WAARHEID KENNEN? DING-DONG!

Evangelische christenen zijn van mening dat zij gevolg moeten geven aan Jezus' opdracht: 'Ga dus op weg en maak alle volken tot mijn leerlingen' (Matteüs 28:19). Omdat hij christenen graag wilde helpen bij het uitvoeren van deze Grote Opdracht, bedacht D. James Kennedy een deur-aan-deur evangelisatiemethode die bekend geworden is onder de naam *Evangelism Explosion* (EE). Als je zelf een christen bent, kun je met behulp van deze methode snel vaststellen waar iemand zich in geestelijk opzicht bevindt. Nadat je jezelf hebt voorgesteld, stel je de volgende vragen aan de persoon die de voordeur openmaakt:

1. Mag ik u een vraag stellen over spirituele zaken?

En

2. Gesteld dat u vannacht komt te overlijden en voor God moet verschijnen, en God zou u vragen 'Waarom zou ik jou in de hemel binnenlaten?' wat zou dan uw antwoord zijn?

De meeste mensen zijn nieuwsgierig genoeg om de eerste vraag met 'ja' te beantwoorden. (En wanneer zij vragen: 'Wat bedoelt u met een vraag over spirituele zaken?' ga je direct verder met het stellen van de tweede vraag). De EE-handleiding voorspelt dat de meeste niet-christenen op vraag twee zullen reageren door allerlei 'goede werken' op te sommen. Denk daarbij aan een dergelijk antwoord: 'God zal mij binnenlaten omdat ik een goed mens ben. Ik heb niemand vermoord, ik ga naar de kerk, ik geef aan de armen...' Na dit antwoord schrijft de EE-handleiding voor om het evangelie (het 'goede nieuws') te brengen:

Geen mens (dus u ook niet) kan voldoen aan Gods perfecte standaard. Onze goede daden kunnen onze verkeerde daden uit het verleden niet wegnemen. Het goede nieuws is dat je niet gestraft wordt voor je zonde wanneer je op Christus vertrouwt die de straf in jouw plaats gedragen heeft.

De EE-methode bleek een zeer effectief evangelisatiemiddel te zijn, zij het dat sommige niet-christenen niet op de verwachte wijze op de tweede vraag antwoorden. Zo ging ik met deze methode eens op pad met een ander lid van onze kerk. Ons gesprek verliep als volgt:

Ding dong!

'Goedenavond!' (Een man staat in de deuropening).

Ik gaf hem een hand en zei: 'Hallo! Mijn naam is Norm Geisler en dit is Ron. We komen namens de kerk hier aan het eind van de straat.'

'Ik ben Don', antwoordde de man terwijl hij ons kritisch bekeek.

Ogenblikkelijk ging ik over tot het stellen van de eerste vraag.

'Don, mag ik je een vraag stellen over spirituele zaken?'

'Ga je gang', antwoordde Don zelfverzekerd – kennelijk klaar om een deur-aan-deur evangelist met huid en haar te verslinden.

Ik stelde hem de tweede vraag: 'Don, gesteld dat je vannacht komt te overlijden en voor God moet verschijnen, en God zou je vragen "Waarom zou ik jou in de hemel binnenlaten?" wat zou dan je antwoord zijn?'

Don had zijn antwoord klaar: 'Ik zou zeggen: waarom zou U mij *niet* binnenlaten?'

Oei, dat antwoord mocht hij niet geven. Eh, ik bedoel... – dat antwoord stond niet in de handleiding!

Nadat ik een acute paniekaanval met een schietgebedje onderdrukt had, antwoordde ik: 'Don, als ik hier zou vragen of ik bij je mag binnenkomen en jij zou zeggen: "Waarom zou ik je in mijn huis laten?" En ik zou antwoorden met:

"Waarom zou jij mij *niet* in je huis laten?" – Hoe zou jij daar dan vervolgens op reageren?'

Don prikte met zijn vinger richting mijn borst en zei: 'Ik zou je precies vertellen waar jij naar toe kunt lopen!'

Ik vuurde mijn antwoord terug: 'En God zou precies hetzelfde tegen jou zeggen!'

Don keek even verdwaasd voor zich uit, kneep zijn ogen samen en zei: 'Om je de waarheid te zeggen: ik geloof niet in God. Ik ben een atheïst.'

'Een atheïst?'

'Precies!'

'Ben je er dan 100% zeker van dat God niet bestaat?' vroeg ik hem.

Hij wachtte even en zei: 'Nou nee, dat weet ik niet voor 100% zeker, want er is misschien een kansje dat God wel bestaat.'

'Dan ben je dus niet echt een atheïst, maar een agnosticus/agnost', vertelde ik hem, 'want een atheïst zegt: "Ik weet dat God niet bestaat" terwijl een agnosticus zegt: "Ik weet niet of God bestaat."

'Nou ja, oké, dan ben ik dus een agnosticus', gaf hij toe.

Mooi, dat punt was binnen. Door het stellen van één vraag was mijn gesprekspartner opgeschoven van atheïsme naar agnosticisme. Nu moest ik alleen nog achterhalen wat voor *soort* agnosticus Don was.

Ik vroeg het hem meteen: 'Don, wat voor *soort* agnosticus ben jij dan?'

Hij schoot in de lach en vroeg: 'Hoe bedoel je dat?' (Waarschijnlijk dacht hij: een minuut geleden dacht ik nog dat ik atheïst was, hoe moet ik nu weten wat voor soort agnosticus ik ben?)

'Er zijn twee soorten agnostici', legde ik uit. 'Je hebt de *gewone* agnosticus die zegt dat hij niets zeker weet, en je hebt de principiële agnosticus die van mening is dat je niets zeker *kunt* weten.'

Dat was een gemakkelijke keuze voor Don. Hij zei: 'Ik hoor bij de laatste categorie, mijn mening is dat je niets zeker *kunt* weten.'

Ik wist direct dat ik hier de Road Runner-tactiek kon toepassen en vroeg hem: 'Don, als jij zo zeker weet dat je niets zeker *kunt* weten, hoe kun je daar dan zo zeker van zijn?'

Hij keek mij verward aan en zei: 'Wat bedoel je?'

Ik formuleerde het nog eens op een andere manier en zei: 'Hoe weet je nu zo zeker dat je niets zeker *kunt* weten?'

Ik zag wel dat er al een lampje ging branden, maar ik besloot de spanning nog ietsje op te voeren. 'Trouwens, Don, je kunt niet sceptisch zijn over alles want dan zou je ook sceptisch moeten zijn over scepticisme; maar door meer te twijfelen aan scepticisme word je alleen maar zekerder van je zaak.'

Hij gaf het op. 'Oké, ik denk dat je toch wel iets zeker kunt weten. Waarschijnlijk ben ik dan toch een gewone agnosticus.'

Nu maakten we echt progressie. Door het stellen van een paar vragen was het gelukt om Don te laten opschuiven van atheïsme naar principieel agnosticisme en uiteindelijk naar 'gewoon' agnosticisme.

'Nu je hebt toegegeven dat je iets zeker kunt weten – waarom zou je dan niet zeker kunnen weten dat God bestaat?'

Don haalde zijn schouders op en zei: 'Omdat niemand me daar enig bewijs voor heeft getoond, denk ik.'

Nu kwam ik op de proppen met de vraag waar je de hoofdprijs mee kunt verdienen: 'Zou je bereid zijn om je in dergelijke bewijzen te verdiepen?'

'Natuurlijk', antwoordde hij.

Dat zijn de beste gesprekspartners: mensen die bereid zijn om op een eerlijke manier de bewijzen te onderzoeken. Die bereidheid is essentieel. Een bewijs kan nooit overtuigend zijn voor mensen die de feiten niet onder ogen willen zien.

Omdat Don wel deze bereidheid had, gaven wij hem een boek van Frank Morison getiteld *Who Moved the Stone?* [2] Morison was een scepticus die zich voorgenomen had een boek te schrijven waarmee hij de claims van het christelijk geloof wilde weerleggen, maar hij kwam tijdens zijn onderzoek juist tot de conclusie dat dit geloof waar was. (Het eerste hoofdstuk van zijn boek is getiteld: 'Het boek dat weigerde geschreven te worden').

Niet lang na dit gesprek hebben we Don opnieuw bezocht. Hij omschreef de bewijsvoering van Morison als 'zeer overtuigend'. Een paar weken later – middenin een studie van het evangelie van Johannes – aanvaardde Don Jezus Christus als zijn Heer en Redder.

Vandaag de dag is Don diaken in een baptistengemeente bij St. Louis, Missouri. Jarenlang haalde hij elke zondagochtend met een bus kinderen op van ouders die zelf niet naar de kerk gingen. Dit werk heeft extra betekenis voor mij (Norman) omdat twee mannen zoals Don (Mr. Costie en Mr. Sweetland) mij meer dan 400 keer met de bus van de kerk opgehaald hebben tussen mijn negende en zeventiende levensjaar. Ik kon Christus als mijn Verlosser aannemen toen ik 17 was, mede dankzij deze vele busritten. Zo blijkt maar weer dat inspanningen op lange termijn iets opleveren!

KUNNEN ALLE RELIGIES WAAR ZIJN?

De moraal van bovenstaand verhaal is dat principieel agnostische of sceptische standpunten uiteindelijk niet houdbaar zijn. Agnosticisme en scepticisme verkondigen de waarheid dat de waarheid niet verkondigd kan worden. Beide visies beweren dat de waarheid niet gekend kan worden, maar die redenering haalt zichzelf onderuit.

We hebben dus vastgesteld dat de waarheid gekend kan worden en dat niemand dat kan ontkennen. Maar wat dan nog? Kan het niet zo zijn dat alle religies waar zijn? Helaas brengt deze vraag niet alleen ongelovigen in verwarring, ook voorgangers uit de kerk lijken er problemen mee te hebben.

De theologieprofessor Ronald Nash geeft daar een sprekend voorbeeld van. Hij vertelt over een student die een aantal jaren geleden voor de kerstvakantie naar huis terugkeerde. Tijdens die vakantie besloot een gelovige student eens naar een kerk te gaan waar hij nooit eerder was geweest – in Bowling Green, Kentucky. Maar al bij de eerste zin die de dominee tijdens zijn preek uitsprak, had de student spijt van zijn beslissing. De voorganger bracht namelijk een boodschap die strijdig was met de Bijbel.

'Vandaag gaan we het onderwerp bespreken dat alle religies waar zijn!', kondigde de dominee aan. De student schuifelde onrustig heen en weer in zijn stoel terwijl de dominee elke kerkganger ervan verzekerde dat elk religieus geloof 'waar' was.

Na afloop van de preek wilde de student er stilletjes vandoor gaan. De zwaargebouwde dominee stond in vol ornaat bij de uitgang joviaal afscheid te nemen van elke bezoeker.

'M'n beste jongen!', zei de voorganger bij wijze van uitbundige begroeting tegen de student, 'waar kom jij vandaan?' 'Hier uit Bowling Green. Ik ben weer even thuis vanwege de kerstvakantie, maar ik volg een theologische opleiding.'

'Mooi zo!' zei de dominee. 'En wat is jouw godsdienstige overtuiging, als ik vragen mag?'

'Dat zeg ik liever niet...'

'Waarom niet, mijn jongen?'

'Omdat ik u niet wil beledigen.'

'Oh, maar jij kunt mij daar niet mee beledigen. Het maakt niet uit welk geloof jij aanhangt, want elke religie is even waar. Dus vertel het mij maar: wat geloof jij?'

'Goed dan', zei de student aarzelend, terwijl hij met zijn handen rond zijn mond in het oor van de dominee fluisterde: 'Dominee, ik geloof dat u naar de hel gaat.'

Het gezicht van de dominee liep rood aan terwijl hij naar een passende reactie zocht. 'Juist ja – dan heb ik me kennelijk toch vergist. Niet alle geloofsovertuigingen kunnen waar zijn, want die van jou zijn zeker niet waar!'

Inderdaad kunnen niet alle geloofsovertuigingen waar zijn, want veel geloofsovertuigingen staan lijnrecht tegenover elkaar. Conservatieve christenen geloven bijvoorbeeld dat mensen die Christus afwijzen als hun redder, daarmee zelf voor de hel als hun eeuwige eindbestemming kiezen. Er wordt niet veel bij stilgestaan, maar moslims geloven hetzelfde over degenen die de islam niet accepteren. Het hindoeïsme leert daarentegen dat ieder mens –los van zijn of haar geloofsovertuiging – door een eindeloze reïncarnatiereeks heen moet om zich op grond van goede werken naar een hoger niveau te verheffen. Deze geloofsovertuigingen zijn niet met elkaar in overeenstemming te brengen – ze kunnen niet alledrie waar zijn.

De wereldreligies kennen zelfs meer leerstellingen die strijdig met elkaar zijn dan dogma's die elkaar aanvullen. Met de bewering dat alle religies in feite hetzelfde leren – namelijk dat we elkaar lief behoren te hebben – maak je slechts duidelijk dat je de leringen van verschillende wereldreligies onvoldoende bestudeerd hebt. Weliswaar houden de meeste godsdiensten er vergelijkbare morele normen op na omdat God bij alle mensen een besef van goed en kwaad in het geweten heeft gebouwd (dat bespreken we nog in hoofdstuk 7), maar op vrijwel alle hoofdpunten zijn de wereldreligies het totaal oneens. Zij verschillen onderling sterk van mening als het gaat om de aard van God, de aard van de mens en de betekenis van zonde, redding, hemel, hel en schepping!

Laat dit nog eens goed tot je doordringen: *de aard van God, de aard van de mens, de betekenis van zonde, redding, hemel, hel en schepping* – dat zijn geen onbeduidende onderwerpen!

Laten we eens kijken naar een aantal verschilpunten:

- Joden, christenen en moslims hebben uiteenlopende denkbeelden over een theïstische God, terwijl Hindoes en aanhangers van New Age geloven dat alles wat bestaat deel uitmaakt van een onpersoonlijke, pantheïstische kracht die zij God noemen.
- Veel hindoes geloven dat het kwaad slechts een illusie is, terwijl joden, christenen en moslims in de werkelijkheid van het kwaad geloven.
- Christenen geloven dat mensen door Gods genade gered worden, terwijl alle andere religies – als zij al in redding geloven – leren dat dit slechts mogelijk is door goede daden (en de omschrijvingen van wat 'goed' is en van datgene *waarvan* men gered kan worden lopen ook ver uiteen).

Dit zijn slechts een paar wezenlijke verschillen, maar ze maken wel duidelijk dat je niet kunt volhouden dat alle religies in wezen hetzelfde leren!

Waarheid versus tolerantie

De meeste religies leren 'waarheden', maar niet alles wat als religieuze waarheid geleerd wordt kan ook waar zijn – omdat zij tegenovergestelde leringen bevatten en elkaar uitsluiten. Met andere woorden: sommige godsdienstige overtuigingen moeten onjuist zijn. Maar dat behoor je vandaag de dag niet te zeggen. Nu is het de norm om 'tolerant' te zijn ten opzichte van alle religieuze overtuigingen. En dan niet in de betekenis dat je verdraagzaam bent ten opzichte van geloofsovertuigingen waar je persoonlijk niet mee instemt (je hoeft immers geen dingen te tolereren waar je het van harte mee eens bent) – nee, tolerantie krijgt vandaag de betekenis dat je *elk geloof voor waar moet houden!* In dit verband spreekt men van religieus pluralisme – in extremo is dat de overtuiging dat alle geloven waar zijn. Maar deze nieuwe definitie van het begrip 'tolerantie' roept een aantal bezwaren op.

Ten eerste: laten wij benadrukken dat wij dankbaar zijn voor het recht op godsdienstvrijheid en dat we er tegen zijn dat een bepaalde religie aan andersdenkenden wordt opgedrongen (lees ons boek *Legislating Morality*[3]). We zijn ons terdege bewust van de gevaren van religieuze intolerantie en we vinden dat we mensen met een andere geloofsovertuiging moeten accepteren en respecteren. Maar dat betekent nog niet dat wij persoonlijk het onmogelijke idee moeten omarmen dat alle geloofsovertuigingen waar zijn. Omdat overtuigingen die elkaar principieel uitsluiten onmogelijk allebei waar kunnen zijn, willen wij niet doen alsof dat geen probleem is. Het kan in bepaalde situaties zelfs gevaarlijk zijn om deze opvatting te huldigen. Als het christelijk geloof waar is, dan is je eeuwig heil in gevaar als jij geen christen bent. Tevens is het gevaarlijk voor je eeuwig heil als jij geen moslim bent, terwijl de islam de waarheid blijkt te zijn.

Ten tweede: de claim dat 'je niet de geloofsovertuiging van een ander ter discussie mag stellen' is zelf een pluralistische geloofsovertuiging! Maar deze waarheidsclaim is net zo 'intolerant' en exclusief als elke vaste overtuiging van een moslim of christen. Oftewel: pluralisten geloven dat alle niet-pluralisten het bij het verkeerde eind hebben. Pluralisten zijn dus net zo dogmatisch en bekrompen als ieder ander die *en public* een bepaalde aanspraak op de waarheid maakt. En zij willen net zo goed een ieder overtuigen die er een andere mening op nahoudt!

Ten derde: het verbod op het ter discussie stellen van de godsdienstige overtuigingen van anderen gaat uit van een absoluut moreel standpunt. Waarom zouden we godsdienstige overtuigingen niet ter discussie mogen stellen? Is het soms immoreel om dat wel te doen? En als dat het geval is, volgens wiens standaard is dat zo? Hebben pluralisten goede argumenten voor *hun geloof* dat je de geloofsovertuigingen van anderen niet ter discussie mag stellen? Of is dat slechts hun persoonlijke mening die zij aan anderen willen opdringen? Als zij niet in staat zijn ons een goede onderbouwing te geven voor hun morele standpunt, waarom zouden wij dan met hun mening moeten instemmen? En waarom proberen ze ons die mening eigenlijk op te dringen? Dat is niet zo erg 'tolerant' van hen.

Ten vierde: de Bijbel draagt christenen op om de geloofsovertuiging van anderen ter discussie te stellen (lees bijvoorbeeld Deut. 13:1-5; 1 Joh. 4:1; Gal. 1:8; 2 Cor. 11:13). Omdat het tot de godsdienstige overtuiging van christenen behoort dat zij de geloofsovertuiging van anderen ter discussie dienen te stellen, zouden pluralisten – volgens hun eigen geloof – ook deze christelijke overtuiging moeten accepteren. Maar dat doen zij vanzelfsprekend niet. Ironisch genoeg zijn deze advocaten van de nieuwe tolerantie, de pluralisten, zelf helemaal niet zo verdraagzaam. Ze tolereren alleen diegenen die het met hen eens zijn, en dat kun je toch onmogelijk verdraagzaam noemen.

Ten vijfde: de pluralistische claim dat je geloofsovertuigingen niet ter discussie mag stellen, is afgeleid van het onjuiste culturele verbod op het veroordelen van andersdenkenden. Het verbod op het veroordelen van andere overtuigingen is onjuist, omdat het niet aan de eigen normen voldoet. 'Gij zult niet oordelen' is zelf een oordeel! (Pluralisten geven een onjuiste uitleg van Jezus' commentaar op het uitspreken van een oordeel in Mat. 7:1-5. Jezus veroordeelt het oordelen op zich niet, Hij keert zich slechts tegen hypocriete veroordelingen). Welbeschouwd oordeelt en veroordeelt iedereen – of je nu pluralist, christen, atheïst of agnosticus bent. Het gaat er dus niet om of we wel of niet mogen oordelen, maar het gaat om de vraag of we de *juiste* oordelen vellen.

Ten slotte: zijn pluralisten bereid de geloofsovertuiging van moslimterroristen te accepteren? Zijn ze daartoe bereid als die overtuiging stelt dat het goed is dat alle niet-moslims – waaronder pluralisten – gedood behoren te worden? Zijn ze bereid om de geloofsovertuiging voor waar te houden die wordt uitgedragen door mensen die voorstander zijn van rituele kindermoord of andere gruwelijkheden? Wij hopen dat dit niet het geval is.

Hoewel wij dus het recht van anderen om te geloven wat zij willen behoren te respecteren, is het waanzinnig, en mogelijk zelfs liefdeloos, om stilzwijgend alle geloofsovertuigingen voor waar te houden. Waarom is dat liefdeloos? Omdat *indien* het christelijk geloof waar is, het liefdeloos zou zijn te suggereren dat geloofsovertuigingen die hiermee in strijd zijn net zo waar zijn. Instemmen met een dwaalweg kan mensen naar de verdoemenis helpen. Als het christelijk geloof waar is, dan behoren wij anderen vriendelijk deze waarheid te vertellen, want alleen deze waarheid kan hen vrijmaken.

Eens was ik blind, maar nu kan ik zien

Wat kunnen we leren over religieuze waarheid uit de grote verscheidenheid aan godsdienstige overtuigingen? Op het eerste gezicht bevestigt het bestaan van alle tegenstrijdige overtuigingen het beeld van de gelijkenis over de olifant waar we het in de inleiding over hebben gehad – namelijk: dat waarheid niet kenbaar is als het om religie gaat. Maar precies het tegenovergestelde is hier het geval.

Om het geheugen even op te frissen: het gaat hier om een olifant die onderzocht wordt door zes blinde mannen. Iedere man betast een ander deel van de olifant en komt hierdoor tot een andere conclusie over het te onderzoeken object. Een van hen grijpt de slagtand en roept: 'Dit is een speer!' Een ander houdt de slurf vast en zegt: 'Dit is een slang!' Degene die de poot omarmd heeft beweert: 'Dit is een boom!' De blinde man die de staart in handen heeft, zegt: 'Dit is een touw!' Degene die het olifantenoor vastpakt, meent: 'Dit is een waaier!' Maar de blinde man die tegen de zijkant van de olifant aanleunt, weet het zeker: 'Dit is een muur!'

Deze mannen zouden volgens een uitleg van deze gelijkenis de verschillende wereldgodsdiensten symboliseren, omdat zij elk afzonderlijk tot een andere conclusie komen over wat zij waarnemen en voelen. Net als bij elke blinde man, zo wordt ons gezegd, heeft geen enkele wereldgodsdienst een totaalbeeld van de waarheid. Religieuze waarheid is daarom een relatieve waarheid die geldigheid heeft voor het individu. Het is subjectieve waarneming, geen objectieve waarheid.

Deze uitleg lijkt overtuigend, totdat je jezelf deze vraag stelt: 'Wat is het perspectief van degene die dit verhaal vertelt?' Hmmm, laten we daar eens over nadenken… degene die de gelijkenis vertelt lijkt een objectief totaalbeeld te hebben want hij kan zien dat de blinde mannen zich vergissen. Precies! Sterker nog, hij zou niet kunnen weten dat de blinde mannen het bij het verkeerde eind hebben, als hij niet zelf het objectieve totaalbeeld zou kunnen overzien!

Dus als de man die de gelijkenis vertelt, kan beschikken over een objectief perspectief, waarom zouden de blinde mannen dat dan niet kunnen? Dat zouden ze wel kunnen – indien de blinde mannen plotseling gezichtsvermogen zouden krijgen, want dan zouden zij zelf kunnen constateren dat zij het aanvankelijk niet juist waargenomen hadden. Ze zouden met eigen ogen zien dat zij een olifant betast hebben en niet een muur, een waaier of een touw.

Ook wij kunnen waarheid in religie onderscheiden. Helaas zijn velen van ons die ontkennen dat er waarheid in religie is, niet echt visueel gehandicapt, maar bewust en vrijwillig blind. Misschien willen we de waarheid in religie niet zien omdat deze waarheid ons zou kunnen veroordelen. Maar als wij onze ogen zouden openen en ons niet langer zouden verschuilen achter de onlogische onzin dat 'waarheid niet gekend kan worden', dan zouden wij in staat zijn ook de waarheid te zien. En niet alleen de waarheid op terreinen waar we deze verwachten – waar het geld, relaties, gezondheid, wetgeving enzovoort betreft – maar ook de waarheid op religieus gebied. We zouden zijn als de blinde man die door Jezus werd genezen en uitriep: 'Eens was ik blind maar nu kan ik zien!'

De scepticus zou nu kunnen protesteren door tegen te werpen: 'Wacht eens even! De olifantengelijkenis mag dan misschien een slechte gelijkenis zijn, maar daarmee is nog niet gezegd dat de waarheid op het gebied van de religie gekend kan worden. Je hebt aangetoond dat waarheid gekend kan worden, maar dat hoeft niet van toepassing te zijn op de religie. Hebben David Hume en Immanuel Kant het idee van waarheid in religie niet overtuigend ontkracht?'

In het geheel niet, en in het volgende hoofdstuk bespreken wij waarom niet.

SAMENVATTING

1. Ondanks het relativisme dat onze cultuur voortbrengt, is waarheid absoluut, exclusief en kenbaar. Het bestaan van absolute waarheid en de kenbaarheid ervan kun je niet loochenen zonder daarbij je eigen argumentatie te ondergraven.
2. De *Road Runner*-tactiek past een bewering op zichzelf toe en ontmaskert zo met zichzelf strijdige (en dus onjuiste) waarheidsclaims die vandaag de dag zo wijdverbreid zijn. Daartoe rekenen wij stellingen als: 'Er is geen waarheid!' (is *dat* waar?); 'Alle waarheid is relatief!' (is dat een *relatieve* waarheid?); en 'Je kunt de waarheid niet kennen!' (Hoe weet jij *dat* dan?). Feitelijk is elke uitspraak die niet bevestigd kan worden (omdat hij in tegenspraak is met zichzelf) per definitie onjuist. Relativisten worden verslagen door hun eigen logica.
3. Waarheid is niet afhankelijk van onze gevoelens of voorkeuren. Waarheid is waarheid - of we dat nu leuk vinden of niet.
4. In tegenstelling tot de gangbare opinie leren de grote wereldgodsdiensten niet 'in wezen allemaal hetzelfde'. Tussen deze religies bestaan wezenlijke verschillen en slechts oppervlakkige overeenkomsten. Niet alle religies kunnen waar zijn, want zij verkondigen waarheden die niet met elkaar te verzoenen zijn.
5. Omdat op logische gronden niet alle godsdiensten waar kunnen zijn, kunnen wij de nieuwe definitie van tolerantie niet overnemen – namelijk de opvatting die ons voorschrijft dat alle godsdienstige overtuigingen waar zijn. We moeten de overtuigingen van anderen respecteren, maar ze op een liefdevolle wijze de waarheid vertellen. Immers, als je werkelijk respect en liefde voor een ander hebt, zul je hen op een tactvolle manier informeren over zaken die eeuwige consequenties kunnen hebben.

2

WAAROM ZOU JE EIGENLIJK IETS GELOVEN?

Mensen komen vrijwel altijd tot een overtuiging op basis van wat ze aantrekkelijk vinden en niet op basis van bewijs.

BLAISE PASCAL

Auteur en spreker James Sire trekt door Amerika met een interactief seminar voor studenten. De titel van het seminar luidt: *Waarom zou je eigenlijk iets geloven?*

Met zo'n intrigerende titel trekt het seminar meestal een groot publiek. Sire begint altijd met de vraag: 'Waarom geloven mensen wat ze geloven?' Ondanks de grote verscheidenheid aan antwoorden laat Sire zien hoe elk antwoord dat hij krijgt in een van deze vier categorieën past: sociologisch, psychologisch, religieus en filosofisch.[1]

Sociologische redenen	**Psychologische redenen**	**Religieuze redenen**	**Filosofische redenen**
ouders vrienden maatschappij cultuur	troost gemoedsrust zingeving doel hoop identiteit	Bijbel dominee/priester goeroe rabbijn imam kerk	consistentie coherentie volledigheid (beste verklaring van alle gegevens)

tabel 2.1

Beginnend in de linkerkolom loopt Sire dan alle redenen langs met de vraag: 'Is dat een goede reden om iets te geloven?' Als hij slimme studenten in de zaal heeft (zoals op het *Southern Evangelical Seminary* het geval zou zijn!), zou de dialoog als volgt kunnen verlopen:

Sire: Ik zie dat veel van jullie sociologische factoren hebben genoemd. Veel mensen geloven bijvoorbeeld iets omdat hun ouders het geloven. Vinden jullie dat op zich een goede reden om iets te geloven?

Studenten: Nee, want ouders zitten er ook wel eens naast!

Sire: Oké, culturele invloeden dan. Vinden jullie dat mensen iets moeten geloven omdat het cultureel geaccepteerd is?

Studenten: Nee, niet per se. De nazi's hadden een cultuur die de moord op alle joden accepteerde. Dat betekent nog niet dat het goed was!

Sire: Goed dan. Een aantal van jullie noemde psychologische factoren zoals troost. Is dat een goede reden om iets te geloven?

Studenten: Nee, troost is geen toetssteen voor de waarheid. We kunnen troost putten uit het geloof dat er een God is die voor ons zorgt, maar dat betekent nog niet dat hij ook echt bestaat. En een junkie vindt misschien tijdelijk troost in bepaalde drugs, terwijl dat spul in werkelijkheid zijn dood kan betekenen.

Sire: Dus volgens jullie is de waarheid belangrijk vanwege de gevolgen die het heeft als je fout zit.

Studenten: Ja, als iemand zich vergist in een bepaald geneesmiddel kan hij te veel innemen en doodgaan. En als iemand zich vergist in de dikte van het ijs kan hij erdoorheen zakken en doodvriezen.

Sire: Dus om pragmatische redenen is het verstandig om alleen dingen te geloven die waar zijn.

Studenten: Natuurlijk. Op de lange termijn beschermt de waarheid en is dwaling schadelijk.

Sire: Oké, sociologische en psychologische redenen vormen op zich dus niet voldoende grond om iets te geloven. Hoe zit het dan met religieuze redenen? Sommigen hebben de Bijbel genoemd, anderen de Koran; weer anderen hebben hun geloofsopvattingen van priesters of goeroes. Moet je iets geloven omdat een religieuze bron of een heilig boek het zegt?

Studenten: Nee, want de vraag dient zich aan: 'Welk geschrift of welke bron moeten we geloven?' Ze spreken elkaar immers tegen.

Sire: Kunnen jullie een voorbeeld geven?

Studenten: De Bijbel en de Koran kunnen bijvoorbeeld niet allebei waar zijn, want ze spreken elkaar tegen. Volgens de Bijbel stierf Jezus aan het kruis en stond hij drie dagen later op (1 Kor.15:1-8), terwijl de Koran leert dat hij wel bestond maar niet aan het kruis stierf (Soera 4:157). Als de een gelijk heeft, zit de ander ernaast. En als Jezus nooit bestaan heeft, zitten ze er allebei naast.

Sire: Hoe kunnen we dan uitspraak doen tussen bijvoorbeeld de Bijbel en de Koran?

Studenten: We hebben bewijzen nodig buiten die zogenoemde schriften om erachter te komen of een van de twee gelijk heeft, en zo ja, welke.

Sire: In welke categorie zouden we zulke bewijzen kunnen vinden?

Studenten: Alleen de filosofische categorie is nog over.

Sire: Maar hoe kan iemands filosofie een bewijs zijn? Is dat niet gewoon zijn of haar mening?

Studenten: Nee, we bedoelen niet filosofie in díe zin van het woord, maar in de klassieke zin van het woord: het zoeken naar waarheid door middel van logica, bewijs en wetenschap.

Sire: Uitstekend! Laten we, met die definitie in het achterhoofd, nu eens dezelfde vraag stellen bij de filosofische categorie. Is iets geloofwaardig als het rationeel is, gestaafd wordt door bewijzen en het beste alle gegevens verklaard?

Studenten: Daar kunnen we van harte 'ja' op zeggen!

Door ontoereikende geloofsredenen te ontmaskeren, wordt de weg vrijgemaakt om te gaan zoeken naar redenen die wel toereikend zijn. Dat is wat een apologeet doet. Een apologeet is iemand die laat zien hoe goede argumenten en bewijzen een bepaalde geloofsopvatting staven of weerleggen. Dat is ons streven in dit boek en dat is ook waarvoor Sire in zijn seminar de basis legt.

Met zijn socratische aanpak bereikt Sire dat de studenten ten minste drie dingen beseffen. Ten eerste, elk onderricht, religieus of anderszins, is alleen je vertrouwen waard als het naar de waarheid verwijst. Onverschilligheid jegens de waarheid kan gevaarlijk zijn. Geloof in een dwaling kan zelfs dodelijke gevolgen hebben, niet alleen tijdelijke, maar – als bepaalde godsdienstige leerstellingen waar zijn – ook eeuwige.

Ten tweede, veel mensen houden er tegenwoordig opvattingen op na die enkel op hun subjectieve voorkeur berusten. Zoals Pascal zei, komen mensen vrijwel altijd tot een overtuiging op basis van wat ze aantrekkelijk vinden en niet op basis van bewijs. Waarheid is echter geen kwestie van smaak, maar van objectieve feiten.

Ten slotte, om achter de waarheid te komen moet je bereid zijn om die subjectieve voorkeuren op te geven ten gunste van objectieve feiten. En feiten laten zich het beste vinden met behulp van logica, bewijs en wetenschap.

Hoewel logica, bewijs en wetenschap de beste middelen lijken om achter de waarheid te komen, zijn er toch mensen die nog bezwaar aantekenen. Dat bezwaar betreft de logica: welke logica moeten we gebruiken, oosterse of westerse? Een grappige anekdote van Ravi Zacharias geeft het antwoord.

WESTERSE OF OOSTERSE LOGICA?

Als christelijk apologeet en auteur reist de uit India afkomstige Ravi Zacharias over de wereld om te pleiten voor het christelijk geloof. Hij heeft een scherp intellect en een innemende persoonlijkheid, waardoor hij een graag geziene gast is op allerlei universiteiten.

Na een presentatie over de uniciteit van Christus die Ravi onlangs hield op een Amerikaanse universiteit viel een van de professoren hem aan vanwege zijn onbegrip van de oosterse logica. Tijdens het vragenuurtje zei de professor: 'Dr. Zacharias, uw presentatie over Christus die de enige weg tot redding beweert en blijkt te zijn, klopt niet voor mensen in India, want u gebruikt "of-of"-logica. In het Oosten gebruiken we geen "of-of"-logica – dat is westers. In het Oosten gebruiken we "en-en"-logica. Redding is dus geen kwestie van óf via Christus óf niets anders, maar én Christus én andere wegen.'

Ravi vond dit erg grappig, want hij was per slot van rekening opgegroeid in India. En nu kreeg Ravi van een Amerikaanse professor die in het Westen geboren was te horen dat hij niet begreep hoe het er in India aan toeging! Ravi was zo geïntrigeerd dat hij de uitnodiging van de professor aannam om samen te gaan lunchen en er verder over te praten.

Een collega van de professor kwam erbij zitten, en terwijl hij en Ravi zaten te eten gebruikte de professor elk servetje en elke placemat op tafel om zijn uitleg van de twee soorten logica – de westerse en de oosterse – te verduidelijken.

'Er zijn twee soorten logica', hield de professor vol.

'Nee, dat meent u niet', antwoordde Ravi steeds.

'Zeker wel!' zei de professor dan.

Zo ging de professor al schrijvend en diagrammen tekenend nog ruim een half uur door met zijn privécollege. Hij ging er zo in op dat hij zijn eten vergat, dat langzaam koud lag te worden op zijn bord.

Toen Ravi zijn eigen bord leeg had, besloot hij over te gaan tot de 'Road Runner-tactiek' om de verwarde doch aanhoudende professor van repliek te dienen. Hij zei: 'Professor, volgens mij kunnen we met één vraag heel snel een einde aan deze discussie maken.'

De professor, die druk zat te tekenen, keek op en zei: 'Oké, ga uw gang.'

Ravi leunde naar voren, keek de professor in de ogen en vroeg: 'Moet ik volgens u, als ik in India ben, óf de 'en-en'-logica gebruiken óf niets anders?'

De professor keek hem verdwaasd aan, waarop Ravi zijn vraag met nadruk herhaalde: 'Moet ik volgens u, als ik in India ben, óf', Ravi stopte even voor het effect, 'de 'en-en'-logica gebruiken óf', hij stopte opnieuw, 'niets anders?'

Ravi merkte later op dat de woorden die toen uit de mond van de professor kwamen het onsamenhangende gebrabbel van het afgelopen half uur meer dan goedmaakten. De professor keek zijn collega schaapachtig aan, sloeg zijn blik neer en mompelde starend naar zijn koude prak: 'Het lijkt erop dat het toch een kwestie van *of-of* is.' Ravi voegde eraan toe: 'Ja, zelfs in India kijken we naar beide kanten voordat we oversteken, want het is óf ik óf de bus!'

Het lijkt inderdaad en kwestie van *of-of*. De professor gebruikte de 'of-of'-logica om de 'en-en'-logica te bewijzen, een probleem waar iedereen tegenaan loopt die tegen de eerste beginselen van de logica probeert in te gaan. Uiteindelijk zagen ze de tak af waar ze zelf op zitten.

Stelt u zich voor dat de professor had gezegd: 'Dr. Zacharias, uw wiskundige berekeningen kloppen niet in India, omdat u westerse wiskunde in plaats van oosterse gebruikt.' Of dat hij beweerd had: 'Dr. Zacharias, uw natuurkundige berekeningen gelden niet in India, want u gebruikt westerse zwaartekracht in plaats van oosterse.' De dwaasheid van die redenering zou meteen duidelijk zijn.

Anders dan de relativisten geloven, werken de dingen in het Oosten hetzelfde als waar dan ook. Net als in Amerika doet het in India pijn als er een bus tegen je aan rijdt, is 2+2=4 en is het dezelfde zwaartekracht die iedereen op de grond houdt. Zo is ook moord daar even verkeerd als hier. De waarheid is de waarheid, waar je ook vandaan komt. En de waarheid is de waarheid, wat je ook gelooft. Zoals dezelfde zwaartekracht alle mensen op de grond houdt of ze het nu geloven of niet, zo is dezelfde logica van toepassing op alle mensen, of ze het geloven of niet.

Wat is de moraal van dit verhaal? De moraal is dat er maar één soort logica is die ons helpt bij het zoeken naar de waarheid. Het is de logica die ingebakken zit in de aard van de werkelijkheid en die we wel moeten gebruiken. Desondanks proberen mensen je wijs te maken dat logica niet van toepassing is op de werkelijkheid of op God, of dat er verschillende soorten logica zijn,[2] enzovoort. Maar als ze zulke dingen zeggen, gebruiken ze de logica die ze juist proberen te loochenen – als iemand die de wetten van de rekenkunde gebruikt om aan te tonen dat rekenkunde onbetrouwbaar is.

Let wel: dit is geen muggenzifterij over woorden. Met behulp van de onloochenbare wetten van de logica laat de Road Runner-tactiek zien dat veel opvattingen in onze cultuur over waarheid, godsdienst en moraliteit ontegenzeglijk onjuist zijn. Iets wat zichzelf ontkracht, kan niet waar zijn, maar veel mensen geloven het toch. We spreken onszelf tegen op eigen risico.

GESLAGEN OF NIET GESLAGEN, DAT IS DE VRAAG

De Road Runner-tactiek is zo effectief, omdat hij gebruik maakt van de wet van de non-contradictie. De wet van de non-contradictie is een eerste, vanzelfsprekend beginsel van de logica dat stelt dat beweringen die elkaar tegenspreken niet allebei tegelijkertijd in dezelfde betekenis waar kunnen zijn. Anders gezegd, het tegenovergestelde van waar is onwaar. We kennen die wet allemaal intuïtief en gebruiken hem dagelijks.

Stelt u zich voor dat u een bevriend echtpaar tegenkomt en u vraagt aan de vrouw of het waar is dat ze een kind verwacht. Als zij 'ja' zegt en haar man 'nee', dan zegt u niet: 'Nou bedankt, daar schiet ik veel mee op!' Maar u denkt: 'Misschien heeft ze het hem nog niet verteld, of misschien hebben ze de vraag verkeerd begrepen (of nog erger!).' Eén ding weet u zeker: ze kunnen niet allebei gelijk hebben! Dat staat buiten kijf door de wet van de non-contradictie.

Op elk vraagstuk, ook de Godsvraag, is dezelfde wet van de non-contradictie van toepassing. *Of* de theïsten hebben gelijk en God bestaat, *of* de atheïsten hebben gelijk en God bestaat niet. Ze kunnen niet allebei gelijk hebben. Zo ook met de opstanding van Jezus: of het is echt gebeurd, zoals de Bijbel beweert, of het is niet echt gebeurd, zoals de Koran beweert. De een heeft gelijk, de ander ongelijk.

Een islamitisch filosoof uit de Middeleeuwen, genaamd Avicenna, bedacht ooit een waterdichte methode om iemand die de wet van de non-contradictie ontkent te corrigeren. Wie de wet van de non-contradictie ontkende, moest volgens hem slagen en brandwonden toegebracht worden, totdat diegene toegaf dat geslagen worden niet hetzelfde is als niet geslagen worden en dat brandwonden oplopen niet hetzelfde is als geen brandwonden oplopen! (Een beetje extreem, maar u snapt het wel!)

Hoewel redelijke mensen geen probleem hebben met de wet van de non-contradictie, hebben sommige invloedrijke filosofen hem impliciet ontkend in hun geschriften. De twee invloedrijkste zijn wellicht David Hume en Immanuel Kant. Veel mensen hebben nog nooit gehoord van Hume en Kant, maar hun ideeën hebben grote invloed gehad op het moderne denken. Daarom is het belangrijk om ze even de revue te laten passeren. We beginnen met Hume.

EEN SCEPTISCHE KIJK OP HUMES SCEPTICISME

David Hume is, misschien wel meer dan wie ook, verantwoordelijk voor het wijd verspreide scepticisme in onze tijd. Als empirist geloofde Hume dat alle betekenisvolle ideeën ofwel per definitie waar waren of op zintuiglijke indrukken gebaseerd moesten zijn. Omdat er volgens Hume geen zintuiglijke indrukken zijn voor concepten buiten het natuurlijke, moet men bovennatuurlijke beweringen (over buitennatuurlijke concepten, zoals God) niet geloven, want die zijn zonder betekenis. Hume stelde zelfs dat beweringen alleen betekenis hebben als ze aan een van deze twee voorwaarden voldoen:

- de waarheidsclaim is een abstracte redenering, zoals een wiskundige vergelijking of een definitie (bijv. ‘2+2=4’ of ‘alle driehoeken hebben drie zijden’); of
- de waarheidsclaim laat zich empirisch verifiëren met behulp van tenminste een van de vijf zintuigen.

Hoewel een verklaard scepticus stond Hume beslist niet sceptisch tegenover deze twee voorwaarden – hij was er absoluut van overtuigd dat hij gelijk had. Hij besluit *An Enquiry Concerning Human Understanding* (Nederlandse titel: *Het menselijk inzicht*) dan ook met deze krasse uitspraak: 'Als wij een boekdeel ter hand nemen, bijvoorbeeld over theologie of traditionele metafysica, moeten wij ons afvragen: "Bevat het een of andere theoretische beschouwing over uitgebreidheid of getal?" Neen. "Bevat het een ervaringsoordeel betreffende feitelijke verbanden en feitelijk bestaan?" Neen. Werp het dan in het vuur, want het kan alleen maar drogredenen en zinsbegoocheling bevatten.'[3]

Ziet u wat de twee voorwaarden van Hume impliceren? Als hij gelijk heeft, is elk boek over God zonder betekenis. Dan kunnen we net zo goed alle religieuze geschriften in brand steken!

Bijna tweehonderd jaar later vertaalde de twintigste-eeuwse filosoof A.J. Ayer de twee voorwaarden van Hume in het 'principe van de empirische verifieerbaarheid'. Volgens het principe van de empirische verifieerbaarheid kan een bewering alleen betekenis hebben als ze per definitie waar is of als ze empirisch verifieerbaar is.

Halverwege de jaren zestig raakte deze visie in de mode op faculteiten wijsbegeerte door de hele VS, ook op die van de universiteit van Detroit, waar ik (Norman) studeerde. Ik heb zelfs een hele cursus logisch positivisme – dat is een andere naam voor het type filosofie dat Ayer aanhing – gevolgd. De professor die de colleges gaf, een logisch positivist, was een apart figuur. Hoewel hij zei dat hij katholiek was, weigerde hij te geloven dat het zin had om te praten over het bestaan van een werkelijkheid buiten het natuurlijke (oftewel het bovennatuurlijke, God). Met andere woorden, hij was een verklaard atheïst die te kennen gaf dat hij de hele klas wilde bekeren tot zijn vorm van semantisch atheïsme. (Ik vroeg hem eens: 'Hoe kunt u zowel katholiek als atheïst zijn?' Twee millennia officiële katholieke leer negerend antwoordde hij: 'Je hoeft niet in God te geloven om katholiek te zijn; je moet je alleen aan de regels houden!')

Bij het eerste college gaf de professor ons de opdracht om een presentatie te houden op basis van hoofdstukken uit Ayers boek *Logic, Truth and Language*. Ik stelde voor om het hoofdstuk getiteld 'Het principe van de empirische verifieerbaarheid' te doen. U moet bedenken dat dit principe de basis vormde van het logisch positivisme en dus van de hele cursus.

Aan het begin van het volgende college zei de professor: 'Meneer Geisler, we gaan eerst naar u luisteren. Maak het niet langer dan twintig minuten, zodat we genoeg tijd overhouden om erover te praten.'

Ik gebruikte de razendsnelle Road Runner-tactiek, dus ik had geen enkele moeite met de tijdslimiet. Ik ging staan en zei alleen maar: 'Volgens het principe van de empirische verifieerbaarheid hebben beweringen alleen dan betekenis als ze: 1) per definitie waar zijn, of 2) empirisch verifieerbaar zijn. Aangezien het principe van de empirische verifieerbaarheid zelf niet per definitie waar is en ook niet empirisch verifieerbaar is, kan het geen betekenis hebben.'

Ik had mijn zegje gedaan en ging zitten.

Iedereen was met stomheid geslagen. De meeste studenten zagen de coyote midden in de lucht hangen. Ze beseften dat het principe van de empirische verifieerbaarheid volgens zijn eigen maatstaven geen betekenis kon hebben. Het blies zichzelf midden in de lucht op! Het was nog maar het tweede college en de basis van de hele cursus lag al in puin! Waar ging de professor het de komende veertien weken over hebben?

Dat zal ik u vertellen. In plaats van toe te geven dat zijn cursus en zijn hele filosofische visie op drijfzand waren gebouwd, sloot de professor zijn ogen voor die waarheid. Hij kuchte, schraapte zijn keel en kreeg op den duur het idee dat alles wat er de rest van het semester misging eigenlijk aan mij te wijten was. Zijn trouw aan het principe van de empirische verifieerbaarheid – ondanks het fundamentele mankement dat overduidelijk was – was klaarblijkelijk een zaak van de wil en niet van het verstand.

Er is nog veel meer te zeggen over Hume, met name over zijn

argumenten tegen wonderen, maar dat doen we in hoofdstuk acht. Waar het nu even om gaat is dit: het harde empirisme van Hume en zijn volgeling A.J. Ayer spreekt zichzelf tegen. De bewering dat iets alleen betekenis kan hebben als het empirisch verifieerbaar of per definitie waar is, maakt een uitzondering voor zichzelf, aangezien ze niet empirisch verifieerbaar of per definitie waar is. Met andere woorden, Hume en Ayer proberen te veel te bewijzen, want hun methode om beweringen met betekenis te ontdekken sluit te veel uit. Beweringen die empirisch verifieerbaar of per definitie waar zijn, hebben zonder meer betekenis. Maar anders dan Hume en Ayer beweren, zijn dat niet de énige beweringen die betekenis hebben. Dus in plaats van alle boeken over God 'in het vuur te werpen', zoals Hume voorstelt, is het misschien een idee om uw haard aan te maken met de werken van Hume.

EEN NIET ZO AGNOSTISCHE KIJK OP KANTS AGNOSTICISME

Immanuel Kant heeft een nog verwoestender invloed gehad op het christelijke wereldbeeld dan Hume. Want als Kants filosofie het bij het juiste eind heeft, kunnen we *niets* over de werkelijkheid weten, zelfs niet over empirisch verifieerbare dingen. Waarom niet? Omdat volgens Kant de constructie van je zintuigen en je geest alle zintuiglijke indrukken modelleert, zodat je nooit het ding *zelf* kent. Je kent alleen het ding *voor jou*, nadat je geest en zintuigen het hebben gevormd.

Kijk ter illustratie eens door het raam naar een boom. Volgens Kant ziet de boom waar je naar denkt te kijken eruit zoals hij eruitziet doordat je geest de zintuiglijke indrukken modelleert die je van de boom binnenkrijgt. De boom op zich ken je eigenlijk niet; je kent alleen de verschijningsvormen of *fenomena* die je geest categoriseert over de boom. Kortom, je kunt de echte boom op zich niet kennen, maar alleen de boom zoals hij zich aan jou voordoet.

Poeh! Hoe komt het toch dat de gewone man niet twijfelt aan wat hij met zijn eigen ogen ziet, terwijl zogenaamd briljante filosofen dat wel doen? Hoe meer we de filosofie bestuderen, des te meer raken we hiervan overtuigd: als je datgene wat zonneklaar is in nevelen gehuld wilt hebben, laat dan maar een filosoof er zijn gang mee gaan!

Toch kunnen we niet om de studie van de filosofie heen, omdat er, in de woorden van C.S. Lewis, 'goede filosofie moet zijn, al is het maar omdat de slechte filosofie van repliek moet worden gediend.'[4] Kants filosofie is slechte filosofie, die echter veel mensen ervan heeft overtuigd dat er tussen hen en de werkelijkheid een onoverbrugbare kloof bestaat, en dat je op geen enkele wijze betrouwbare kennis kunt krijgen over de werkelijke hoedanigheid van de wereld, laat staan over die van God. Volgens Kant zitten we gevangen in volkomen agnosticisme ten aanzien van de wereld.

Gelukkig kunnen we hier een eenvoudig antwoord tegenover stellen met behulp van de Road Runner-tactiek. Kant begaat dezelfde fout als Hume: hij overtreedt de wet van de non-contradictie. Hij spreekt zijn eigen premisse tegen door te zeggen dat niemand iets over de werkelijkheid kan weten, terwijl hij er zelf iets over beweert te weten, namelijk dat de werkelijkheid onkenbaar is! Kant zegt in feite dat de waarheid over de werkelijkheid is dat er geen waarheid over de werkelijkheid bestaat.

Dit soort zichzelf onkrachtende uitspraken kunnen zelfs de scherpste geest in verwarring brengen, dus laten we Kants fout eens van een andere kant bekijken. Kant begaat ook een redeneringsfout die men de 'niets-dan'-drogreden noemt. Dit is een fout, omdat 'niets-dan' uitspraken 'meer-dan' kennis impliceren. Kant zegt te weten dat de gegevens die zijn hersenen bereiken niets dan *fenomena* zijn. Maar om dat te weten, moet hij méér kunnen zien dan alleen de *fenomena*. Met andere woorden, om het ene te onderscheiden van het andere moet je in staat zijn om waar te nemen waar het ene ophoudt en het andere begint. Als je bijvoorbeeld een stuk wit papier op een zwart bureau legt, zie je alleen waar het papier ophoudt als je ook een deel van het omringende bureaublad ziet. Dankzij het contrast tussen het papier en het bureau kun je de grenzen van het papier zien. Zo ook met Kant: om het ding in de werkelijkheid te onderscheiden van datgene wat zijn geest waarneemt, moet hij beide kunnen zien. Maar dat kan volgens hem nu juist niet! Volgens hem kunnen we alleen de *fenomena* van de geest kennen, en niet de *noumena* (zijn term voor de werkelijkheid).

Als het onmogelijk is om de *fenomena* en de *noumena* van elkaar te onderscheiden, kun je ook niet zien hoe ze eventueel van elkaar verschillen. En als je niet kunt zien hoe ze van elkaar verschillen, is het veel logischer om aan te nemen dat ze hetzelfde zijn, oftewel, dat het idee in je hoofd een correcte representatie is van het ding in de werkelijkheid.

Wij zeggen dus dat je het ding op zich wél echt kent. Je kent de boom die je ziet wel echt, doordat hij via je zintuigen een afdruk op je geest achterlaat. Met andere woorden, Kant zat ernaast: je geest modelleert niet de boom, maar *de boom modelleert je geest*. (Denk maar aan een zegelring: niet de was maakt een afdruk op het zegel, maar het zegel op de was.) Er bestaat geen kloof tussen je geest en de werkelijkheid. Je zintuigen zijn juist je vensters op de wereld. En net als vensters zijn de zintuigen datgene *waardoor* we naar de wereld buiten ons kijken. Ze zijn niet datgene *waarnaar* we kijken.

Tijdens een filosofiecollege dat ik (Norman) gaf, wees ik op de gebreken van Kants filosofie. Ik zei: 'Ten eerste, als Kant beweert dat hij niets over de werkelijkheid (het ding op zich) kan weten, hoe weet hij dan dat de werkelijkheid überhaupt bestaat? En ten tweede ondermijnt zijn visie zichzelf, want de bewering dat je niets over de werkelijkheid kunt weten, impliceert dat je wéét dat de werkelijkheid onkenbaar is!'[5]

Een student riep: 'Nee, dat is te gemakkelijk, dr. Geisler. U kunt het centrale beginsel in het filosofisch denken van de afgelopen honderd en zoveel jaar niet zomaar in een paar simpele zinnen van tafel vegen!'

Ik antwoordde, waarbij ik mijn favoriete bron – de *Reader's Digest* – aanhaalde: '"Dat gebeurt er als een elegante theorie een meedogenloze bende feiten tegen het lijf loopt." En trouwens, wie zegt dat een weerlegging ingewikkeld moet zijn? Als iemand een simpele fout maakt, is een simpele correctie meer dan voldoende.' Er is niets ingewikkelds aan de Road Runner; hij is gewoon snel en effectief.

HUME EN KANT ZITTEN ERNAAST – NOU EN?

Omdat Hume en Kant de wet van de non-contradictie overtreden, strandt hun poging om alle 'religieuze' waarheden om zeep te helpen. Maar het ongelijk van Hume en Kant vormt nog geen bewijs voor bijvoorbeeld het bestaan van God. De Road Runner-tactiek kan alleen aantonen dat een stelling niet klopt, en levert geen bewijs dat een bepaalde claim waar is.

De vraag is dus nog: bestaat er een theïstische God? Is er bewijs te vinden dat ons een redelijk zeker antwoord op die vraag kan geven? Bestaat er wel concreet bewijs voor een onzichtbare God? Om die vragen te beantwoorden, moeten we eerst weten hoe de waarheid zelf ontdekt kan worden.

HOE ONTDEK JE DE WAARHEID?

We hebben tot nu toe vastgesteld dat de waarheid bestaat en absoluut en onloochenbaar is. De uitspraak 'de waarheid is onkenbaar' ontkracht zichzelf, want die uitspraak presenteert zich zelf als een *gekende*, *absolute* waarheid. Telkens als we iets zeggen, geven we impliciet aan dat we in elk geval een stukje waarheid kennen, want *elk* standpunt ten aanzien van welk onderwerp dan ook impliceert een zekere mate van kennis. Als je zegt dat iemands standpunt onjuist is, weet je dus blijkbaar wat juist is (je kunt alleen weten wat onjuist is als je weet wat juist is). Zelfs als je zegt: 'Ik weet het niet', geef je toe dat je iets weet, namelijk dat je weet dat je iets anders over het onderwerp in kwestie niet weet, en niet dat je helemaal niets weet.

Maar hoe kun je de waarheid kennen? Met andere woorden, via welk proces ontdekken we waarheden over de wereld? Het ontdekken van de waarheid is een proces dat begint bij de vanzelfsprekende wetten van de logica, de zogenaamde eerste beginselen. Ze heten eerste beginselen, omdat er niets achter zit. Ze worden niet bewezen door andere beginselen, maar zijn eenvoudigweg inherent aan de aard van de werkelijkheid en spreken dus voor zich. Je leert die eerste beginselen dus niet – je kent ze gewoon. Alle mensen kennen deze beginselen intuïtief, zelfs al hebben ze er nog nooit bij stilgestaan.

De wet van de non-contradictie en de wet van het uitgesloten derde zijn twee van zulke beginselen. De realiteit en waarde van de wet van de non-contradictie hebben we al gezien. De wet van het uitgesloten derde leert ons dat iets ofwel waar of niet waar is. Bijvoorbeeld: God bestaat of hij bestaat niet. Jezus is opgestaan uit de dood of niet. Een andere optie is er niet.

Deze eerste beginselen zijn het gereedschap waarmee we alle andere waarheden kunnen ontdekken. Zonder die beginselen zou je zelfs niets kunnen leren. Zoals je ogen nodig hebt om te zien, heb je eerste beginselen nodig om te leren. En zoals je alleen kunt zien als je ogen in je lichaam zitten, zo kun je alleen leren als die eerste beginselen in je denken zijn ingebouwd. Dankzij die eerste beginselen kunnen we leren over de werkelijkheid en uiteindelijk het deksel van de puzzel van het leven ontdekken.

Hoewel we deze eerste beginselen gebruiken om de waarheid te vinden, zijn ze op zich niet voldoende om te bepalen of een bewering waar is. De volgende logische redenering illustreert wat we bedoelen:

1. Alle mensen zijn sterfelijk.
2. Spencer is een mens.
3. Spencer is dus sterfelijk.

De vanzelfsprekende wetten van de logica leren ons dat de conclusie – Spencer is sterfelijk – geldig is. Met andere woorden, de conclusie volgt noodzakelijkerwijs uit de twee premissen. *Als* alle mensen sterfelijk zijn en *als* Spencer een mens is, dan is Spencer sterfelijk. De wetten van de logica vertellen ons echter niet of die premissen, en dus ook de conclusie, waar zijn. Misschien zijn niet alle mensen sterfelijk; misschien is Spencer geen mens. Logica op zich geeft daar geen uitsluitsel over.

Dat blijkt duidelijker uit een geldige redenering die niet waar is, zoals deze:

1. Alle mensen zijn vierpotige reptielen.
2. Zacharias is een mens.
3. Zacharias is dus een vierpotig reptiel.

Logisch gezien is deze redenering geldig, maar we weten allemaal dat ze niet waar is. De redenering is geldig, omdat de conclusie uit de premissen volgt. Maar de conclusie is onjuist, omdat de eerste premisse onjuist is. Met andere woorden, een redenering kan logisch gezien kloppen, maar toch onjuist zijn omdat de premissen van de redenering niet overeenstemmen met de werkelijkheid. Logica heeft haar beperkingen. Dankzij logica weten we of een redenering onjuist is, maar niet welke premissen waar zijn. Hoe weten we dat Zacharias een mens is? Hoe weten we dat mensen geen vierpotige reptielen zijn? Om die waarheden te ontdekken, hebben we wat meer informatie nodig.

Die informatie krijgen we door naar de wereld om ons heen te kijken en op basis van wat we zien algemene conclusies te trekken. Als je iets keer op keer waarneemt, kun je concluderen dat er sprake is van een algemeen principe. Als je bijvoorbeeld herhaaldelijk een voorwerp van een tafel laat vallen, neem je waar dat het voorwerp altijd op de grond valt. Als je dat vaak genoeg doet, ga je uiteindelijk beseffen dat er een algemeen principe in het spel moet zijn, genaamd zwaartekracht.

Deze methode, waarbij je algemene conclusies trekt uit specifieke waarnemingen, heet inductie (wat vaak vergeleken wordt met de wetenschappelijke methode). Voor alle duidelijkheid moeten we inductie onderscheiden van deductie. Het proces waarbij je via premissen tot een geldige conclusie komt, heet deductie. Dat hebben we gedaan in de bovenstaande redeneringen. Maar om erachter te komen of de premissen in een redenering waar zijn, maken we meestal gebruik van inductie.

Veel van wat we weten, weten we door inductie. U hebt net al intuïtief inductie gebruikt om na te gaan of de premissen in de bovenstaande redeneringen waar waren. U hebt namelijk vastgesteld dat aangezien iedere mens die u tot dusver heeft waargenomen een tweebenig zoogdier is, de mens Zacharias geen vierpotig reptiel kan zijn. Bij de sterfelijkheid van Spencer deed u hetzelfde. Omdat mensen tot nu toe, voor zover u weet, altijd zijn doodgegaan, hebt u de algemene conclusie getrokken dat alle mensen sterfelijk zijn, inclusief een specifiek individu genaamd Spencer. Deze conclusies – tweebenige mensen, zwaartekracht en menselijke sterfelijkheid – zijn allemaal inductieve conclusies.

De meeste conclusies die op inductie berusten, kunnen niet als absoluut zeker gelden, maar alleen als zeer waarschijnlijk. Weet u bijvoorbeeld absoluut, honderd procent zeker dat de zwaartekracht alle voorwerpen doet vallen? Nee, want u hebt niet alle voorwerpen zien vallen. En weet u absoluut zeker dat alle mensen sterfelijk zijn? Nee, want u hebt niet alle mensen zien sterven. Misschien is er ergens iemand die niet gestorven is of nooit zal sterven.

Als inductieve conclusies niet zeker zijn, zijn ze dan wel betrouwbaar? Jawel, maar in verschillende mate. Omdat, zoals we al zeiden, geen mens oneindige kennis bezit, kunnen de meeste van onze inductieve conclusies fout zijn. (Er is één belangrijke uitzondering, namelijk de 'volledige inductie', waarbij alle bijzonderheden bekend zijn. Bijvoorbeeld: 'Alle letters op deze bladzijde zijn zwart.' Deze volledige inductie leidt tot een zekere conclusie, omdat je kunt waarnemen en verifiëren dat elke letter inderdaad zwart is.)

Maar zelfs als we geen volledige of volmaakte informatie hebben, hebben we vaak toch genoeg informatie om ten aanzien van de meeste kwesties redelijk zekere conclusies te trekken. Omdat bijvoorbeeld van praktisch alle mensen is waargenomen dat ze gestorven zijn, is uw conclusie dat alle mensen sterfelijk zijn boven redelijke twijfel verheven. Het is voor bijna 100 procent zeker, maar het is niet boven alle twijfel verheven. Het vergt enig geloof, zij het heel weinig, om het te geloven.[6] Hetzelfde geldt voor de conclusie dat niet slechts sommige, maar alle voorwerpen onderhevig zijn aan de zwaartekracht. De conclusie is zo goed als zeker, maar niet absoluut zeker. Met andere woorden, dit soort conclusies zijn boven *redelijke* twijfel verheven, maar niet boven *alle* twijfel.

HOE ONTDEK JE WAARHEDEN OVER GOD?

Wat hebben waarneming en inductie te maken met de vraag of God bestaat? Alles. Waarneming en inductie helpen ons de ultieme religieuze vraag te beantwoorden: 'Bestaat God?'

U zegt misschien: 'Wacht eens even! Wat hebben we aan waarneming bij een wezen dat niet waarneembaar is? Immers, als God onzichtbaar en onstoffelijk is, zoals de meeste christenen, joden en moslims beweren, hoe kunnen we dan met onze zintuigen informatie over hem verzamelen?'

Het antwoord: bij ons onderzoek naar God gebruiken we inductie op dezelfde manier als bij onderzoek naar andere onzichtbare dingen – door hun effecten te observeren. De zwaartekracht kunnen we bijvoorbeeld niet direct waarnemen, maar alleen de effecten ervan. En hetzelfde geldt voor de menselijke geest. Uit die effecten leiden we het bestaan van een oorzaak af.

Het boek dat u nu leest, is trouwens een goed voorbeeld. Waarom neemt u aan dat dit boek een product is vàn een menselijke geest? Omdat u uit ervaring weet dat een boek altijd het product is van een achterliggende intelligentie (een auteur). De wind, de regen of enig andere natuurkracht hebt u nog nooit een boek zien voortbrengen; dat hebt u alleen bij mensen waargenomen. Dus hoewel u niet gezien heeft dat iemand dit boek schreef, concludeert u dat het in elk geval één auteur moet hebben.

Door te redeneren dat dit boek een auteur heeft, combineert u op natuurlijke wijze waarneming, inductie en deductie. Als we uw gedachten in logische vorm opschrijven, krijgen we de volgende deductieve redenering:

1. Alle boeken hebben ten minste één auteur (premisse gebaseerd op inductief onderzoek).
2. *Ik heb te weinig geloof om een atheïst te zijn* is een boek (premisse gebaseerd op waarneming).
3. *Ik heb te weinig geloof om een atheïst te zijn* heeft dus ten minste één auteur (conclusie).

U weet dat de redenering geldig is dankzij deductie, en u weet dat de redenering waar is omdat de premissen waar zijn (wat u geverifieerd heeft door middel van waarneming en inductie).

Dan nu de grote vraag. We zagen dat een boek een achterliggende menselijke intelligentie vergt. Zijn er zo ook waarneembare effecten die een achterliggende bovennatuurlijke intelligentie vergen? Met andere woorden, zijn er waarneembare effecten die in de richting van God wijzen? Het antwoord is ja, en het eerste effect is het heelal zelf. Een onderzoek naar het begin van het heelal is de volgende stap in onze zoektocht naar het deksel.

Maar voordat we de aanwijzingen voor het begin van het heelal gaan bekijken, is er nog één bezwaar ten aanzien van de waarheid dat onze aandacht vraagt, namelijk: 'Nou en? Wat kan mij de waarheid schelen?'

NOU EN? WAT KAN MIJ DE WAARHEID SCHELEN?

We vragen soms aan onze studenten: 'Wat is tegenwoordig het grootste probleem in Amerika? Onwetendheid of onverschilligheid?' Eén student antwoordde eens: 'Ik weet het niet en het kan me ook niet schelen!'

Dat is ons probleem in een notendop. Veel mensen staan onwetend en onverschillig tegenover de waarheid – behalve als het om geld gaat, medicijnen of de andere tastbare dingen die we eerder noemden. Die gaan ons zeer ter harte. Maar velen zijn onwetend en onverschillig als het om waarheid in moraliteit en godsdienst gaat (wij weten dat dat niet voor u geldt, want u neemt de moeite om dit boek te lezen). Is die modieuze onverschilligheid terecht, of doet de waarheid er wel toe als het om moraliteit en godsdienst gaat?

De waarheid doet er wel degelijk toe. Hoe we dat weten? Ten eerste, mensen zéggen misschien dat waarheid niet belangrijk is voor moraliteit, maar ze geloven het niet echt als iemand hen immoreel behandelt. Zo beweren ze misschien dat liegen niet verkeerd is, maar kijk maar eens hoe verontwaardigd ze zijn als je tegen ze liegt (vooral als het om hun geld gaat!).

We horen vaak dat alles om de economie draait. Maar wat zou de economie erbij gebaat zijn als iedereen de waarheid zei. Dan zouden er geen schandalen en fraudezaken zijn, zoals Enron en Tyco. En geen lastige overheidsregels. Natuurlijk is de economie belangrijk, maar die wordt direct beïnvloed door de moraliteit! Moraliteit vormt de basis voor bijna alles wat we doen, niet alleen op financieel gebied, maar in bepaalde omstandigheden ook op sociaal, psychologisch, spiritueel en zelfs lichamelijk vlak.

Een tweede reden waarom waarheid ertoe doet in moraliteit is dat ons succes in het leven vaak afhangt van de morele keuzes die we maken. Het gaat dan om keuzes met betrekking tot seks, het huwelijk, kinderen, drugs, geld, zaken enzovoort. Sommige keuzes brengen voorspoed, andere richten ons te gronde.

Ten derde, zoals we uitleggen in een vorig boek, *Legislating Morality*, [7] doen alle wetten een uitspraak over moraliteit. De enige vraag is: 'Wiens moraliteit moet wettelijk worden vastgelegd?' Immers, elke wet verklaart de ene gedraging correct en de tegengestelde gedraging verkeerd – dat is moraliteit. Wiens moraliteit moet wettelijk worden vastgelegd bij kwesties als abortus en euthanasie? Dat zijn kwesties die van directe invloed zijn op het leven en de gezondheid van echte mensen. Als het moreel verkeerd is om onschuldige mensen te doden, moeten we die waarheid dan niet wettelijk vastleggen? En wiens moraliteit moet tot wet worden verheven bij andere beleidskwesties die je leven, gezondheid of financiën kunnen beïnvloeden? De antwoorden die we bij wet vastleggen, kunnen het leven, de vrijheid en het geluk van iedere burger ingrijpend beïnvloeden.

Het lijdt geen twijfel dat onze morele opvattingen het leven van anderen direct beïnvloeden. Deed het ertoe dat het hooggerechtshof van de VS, zoals bleek in de zaak *Dred Scott* uit 1857, meende dat de zwarten geen burgers waren, maar het eigendom van hun eigenaar? Deed het ertoe dat de nazi's meenden dat de joden inferieur waren aan het arische ras? Doet het er tegenwoordig toe hoe we denken over de morele status van mensen van andere rassen of godsdiensten? Natuurlijk! De waarheid doet ertoe als het om moraliteit gaat.

Hoe zit het dan met de waarheid in de godsdienst? Die waarheid kan van nog grotere invloed op ons zijn dan in het geval van moraliteit. Dat besefte ik (Frank) in 1988, toen ik pas christen was.

In die tijd was ik met een eenheid van de Amerikaanse marine uitgestuurd naar een Golfstaat. Het was tegen het einde van de oorlog tussen Iran en Irak en de toestand was nog erg gespannen. Als je op een vreemde en gevaarlijke plaats bent, sta je vaker en serieuzer stil bij je leven en je sterfelijkheid.

Zo zaten we op een dag over God en het hiernamaals praten. Tijdens ons gesprek maakte mijn vriend een opmerking die me altijd is bijgebleven. Het ging over de Bijbel; hij zei: 'Ik geloof niet in de Bijbel. Maar áls hij waar is, heb ik een groot probleem.'

Hij had natuurlijk gelijk. Als de Bijbel waar is, dan heeft mijn vriend een nare eeuwige bestemming gekozen. Als de Bijbel waar is, kun je zelfs de eeuwige bestemming van ieder mens erin vinden. Maar als de Bijbel niet waar is, verspillen veel christenen een hele hoop tijd, geld en in sommige gevallen zelfs hun leven door het christendom te prediken in vijandelijke gebieden. Hoe dan ook, de waarheid doet ertoe als het om godsdienst gaat.

Het doet er ook toe of een andere godsdienst waar is. Als bijvoorbeeld de Koran waar is, heb ik net zo goed een eeuwig probleem als mijn niet-christelijke vriend van de marine. Als daarentegen de atheïsten gelijk hebben, kunnen we net zo goed liegen, bedriegen en stelen, want meer dan dit leven is er niet en er zijn geen eeuwige consequenties.

Maar vergeet de eeuwigheid eens even. Denk eens aan de tijdelijke gevolgen van godsdienstige leringen. In Saudi-Arabië leren sommige schoolkinderen dat joden varkens zijn en dat niet-moslims (de ongelovigen) gedood moeten worden (hoewel de meeste moslims gelukkig niet vinden dat niet-moslims dood moeten, leren militante moslims hun kinderen dit type jihad rechtstreeks uit de Koran[8]). Is het echt waar dat er een God is, genaamd Allah, die wil dat moslims alle niet-moslims doden (dus waarschijnlijk ook jou)? Doet deze godsdienstige 'waarheid' ertoe? Wel als die kinderen later vliegtuigen in gebouwen boren en zichzelf opblazen in bevolkte gebieden. Zou het niet beter zijn om ze de religieuze waarheid te leren dat God wil dat ze hun naaste liefhebben?

De Saudi's leren hun kinderen misschien dat joden varkens zijn, maar in het westen leren we kinderen, dankzij het eenzijdige biologieonderwijs, dat er in wezen geen verschil bestaat tussen welke mens dan ook en een varken. Immers, als we slechts het product zijn van blinde natuurkrachten – als we niet door een god geschapen zijn met een speciale betekenis –, dan zijn we niets meer dan varkens met grote hersenen. Doet deze religieuze (atheïstische) 'waarheid' ertoe? Wel als kinderen ernaar gaan leven. In plaats van goede burgers die mensen zien als geschapen naar het beeld van God, kweken we misdadigers voor wie het leven geen zin of waarde heeft. Ideeën hebben consequenties.

Een positief voorbeeld is Moeder Teresa, die bijdroeg aan betere omstandigheden in India door vraagtekens te plaatsen bij de religieuze opvattingen van veel hindoes. Door hun geloof in karma en reïncarnatie sluiten veel hindoes hun oren voor het hulpgeroep van hen die lijden. Waarom? Omdat ze geloven dat het lijden een straf is voor fouten in een vorig leven. Dus als je lijdende mensen helpt, verstoor je hun karma. Moeder Teresa leerde hindoes in India het christelijke principe van omzien naar arme en lijdende mensen. Doet dat religieuze idee ertoe? Vraag dat maar eens aan de miljoenen die ze geholpen heeft. Doet de religieuze leer van het karma ertoe? Vraag dat maar aan de miljoenen die nog steeds lijden.

Het komt hierop neer: wat de waarheid ook is met betrekking tot godsdienst en moraliteit, ons leven wordt er nu en misschien zelfs in de eeuwigheid sterk door beïnvloed. Wie luchtig zegt: 'Nou en? Wat kan mij de waarheid schelen ten aanzien van godsdienst en moraliteit?' gaat voorbij aan de werkelijkheid en loopt geblinddoekt langs de afgrond. We zijn het aan onszelf en anderen verplicht om de echte waarheid te achterhalen en ernaar te handelen. Laten we daarom beginnen met de vraag: 'Bestaat God?'

SAMENVATTING

1. Mensen nemen hun opvattingen vaak over van hun ouders, vrienden, de godsdienst uit hun kindertijd of de cultuur. Soms vormen ze hun opvattingen louter op basis van hun gevoel. Hoewel zulke opvattingen juist kunnen zijn, is het ook mogelijk dat ze onjuist zijn. Redelijke zekerheid krijg je alleen door je opvattingen te toetsen aan de werkelijkheid. En dat doe je met behulp van degelijke filosofische principes, zoals die uit de logica en de wetenschap.[9]
2. De logica leert ons dat twee tegengestelde zaken niet tegelijkertijd in dezelfde betekenis waar kunnen zijn. Logica maakt deel uit van de werkelijkheid en is dus overal in het heelal hetzelfde.
3. Dankzij de Road Runner-tactiek zien we dat Hume niet sceptisch staat tegenover het scepticisme, en Kant niet agnostisch tegenover het agnosticisme. Hun visies ondermijnen daarom zichzelf. Het is mogelijk om waarheden over God te kennen.
4. Veel waarheden over God kunnen we afleiden uit zijn 'effecten', die we kunnen waarnemen. Door middel van veel waarnemingen (inductie) kunnen we redelijke conclusies (deducties) trekken aangaande het bestaan en de aard van God (wat we in volgende hoofdstukken zullen doen).

5. De waarheid in moraliteit en godsdienst heeft tijdelijke en misschien zelfs eeuwige consequenties. Onverschilligheid en onwetendheid kunnen fataal zijn. Wat je niet weet, of wat je niet kan schelen, kan je wel degelijk deren.
6. Waarom zouden mensen eigenlijk ergens in geloven? Omdat ze aanwijzingen hebben die hun geloofsopvattingen ondersteunen en omdat geloofsopvattingen consequenties hebben.

Hoofdstuk 3 en 7 gaan over:

1. De waarheid over de werkelijkheid is kenbaar.
2. Het tegenovergestelde van waar is onwaar.
3. → Het is waar dat de theïstische God bestaat. Dat blijkt uit:
   a. Het begin van het heelal (kosmologisch bewijs)
   b. Het ontwerp van het heelal (teleologisch bewijs/anthropisch argument)
   c. Het ontwerp van het leven (teleologisch bewijs)
   d. De morele wet (moreel bewijs)
4. Als God bestaat, zijn wonderen mogelijk.
5. Wonderen kunnen dienen om een boodschap van God te bevestigen (dat wil zeggen als daden van God ter bevestiging van een woord van God)
6. Het Nieuwe Testament is historisch betrouwbaar. Dat blijkt uit:
   a. Vroege getuigenissen
   b. Het getuigenis van ooggetuigen
   c. Niet-verzonnen (authentieke) getuigenissen
   d. Ooggetuigen die niet misleid zijn
7. Volgens het Nieuwe Testament beweerde Jezus dat hij God was.
8. Jezus' bewering dat hij God was, werd op wonderbaarlijke wijze bevestigd door:
   a. Zijn vervulling van tal van profetieën aangaande zichzelf
   b. Zijn zondeloze leven en wonderdaden
   c. Zijn voorzegging en volbrenging van zijn opstanding
9. Jezus is dus God.
10. Wat Jezus (die God is) leert, is altijd waar.
11. Jezus leerde dat de Bijbel het Woord van God is.
12. Het is dus waar dat de Bijbel het Woord van God is (en alles wat ertegenin gaat, is dus onwaar).

3.

IN HET BEGIN WAS ER EEN OERKNAL

'Wetenschap zonder religie is lam; religie zonder wetenschap is blind.'

ALBERT EINSTEIN

IRRITANTE FEITEN

Het was 1916 en Albert Einstein was niet blij met de uitkomsten van zijn berekeningen. Als zijn algemene relativiteitstheorie correct was, dan betekende dit dat het heelal niet eeuwig was, maar een begin had. Einsteins berekeningen onthulden dat er een begin is voor alle tijd, materie en ruimte. Deze constatering stond haaks op zijn geloof dat het universum statisch en eeuwig was.

Einstein noemde zijn ontdekking later 'irritant'. Hij wilde dat het universum in zichzelf bestond – en dat het niet afhankelijk was van enige oorzaak van buitenaf – maar klaarblijkelijk was het universum een enorm effect. Einstein was zo ontstemd over de implicaties van algemene relativiteit – een theorie die nu bewezen is tot vijf punten achter de komma – dat hij een kosmologische constante in zijn berekeningen introduceerde (later door sommigen aangeduid als de *fudge factor* – een variabele die naar believen gebruikt wordt om tot het gewenste resultaat te komen). Met behulp van deze kosmologische constante kon Einstein uit blijven gaan van een statisch universum en hoefde hij niet tot de conclusie te komen dat het heelal een begin moet hebben.

Maar Einsteins 'fudge factor' kon geen stand houden. In 1919 voerde de Britse kosmoloog Arthur Eddington tijdens een zonsverduistering een experiment uit waarmee kon worden bevestigd dat de algemene relativiteitstheorie inderdaad correct was: het universum was niet statisch en had daadwerkelijk een begin. Net als Einstein was ook Eddington niet ingenomen met de implicaties. Hij schreef later: 'Vanuit filosofisch perspectief vind ik de notie van een begin van de huidige natuurlijke orde weerzinwekkend... ik zou graag een goede ontsnappingsroute ontdekken.' [1]

In 1922 had de Russische wiskundige Alexander Friedmann officieel aangetoond dat Albert Einsteins 'fudge factor' gebaseerd was op een berekeningsfout. (Hoe onwaarschijnlijk het ook klinkt, maar de grote Einstein had in zijn verlangen om aan een begin van het heelal te ontkomen een berekening uitgevoerd waarbij hij door nul deelde – een blunder waar schoolkinderen al voor gewaarschuwd worden!) Ondertussen had de Nederlandse astronoom Willem de Sitter ontdekt dat de algemene relativiteitstheorie een uitdijend heelal veronderstelt. In 1927 werd het uitdijen van het heelal door Edwin Hubble (naar wie de ruimtetelescoop genoemd is) daadwerkelijk waargenomen.

Terwijl hij door de grote telescoop van het Mount Wilson observatorium in California keek, ontdekte Hubble een 'roodverschuiving' in het licht van elk waarneembaar sterrenstelsel, wat betekende dat deze sterrenstelsels zich van ons vandaan bewegen. Opnieuw werd de algemene relativiteitstheorie bevestigd; klaarblijkelijk verwijdert het heelal zich vanuit een beginpunt dat in het verre verleden gepositioneerd moet worden.[2]

In 1929 ondernam Einstein een soort pelgrimage naar Mount Wilson om zelf door de Hubble-telescoop te kunnen kijken. Wat hij zag was onweerlegbaar. Het waarneembare bewijs maakte duidelijk dat het heelal inderdaad uitdijde, zoals de algemene relativiteitstheorie al voorspeld had. Nu zijn aanname van een kosmologische constante compleet in duigen lag dankzij een overdaad aan ontkrachtend bewijsmateriaal, kon Einstein zijn wens voor een eeuwig universum niet langer onderbouwen. Vervolgens beschreef hij de aanname van de kosmologische constante als 'de grootste blunder van mijn leven', en stelde hij zijn zoektocht naar 'het deksel van de puzzeldoos van het leven' bij. Einstein zei dat hij wilde weten hoe

God de wereld gemaakt had: 'Ik ben niet geïnteresseerd in dit of dat fenomeen of in het spectrum van het een of andere element. Ik wil Gods gedachten kennen, de rest zijn details.' [3]

Hoewel Einstein zei te geloven in een pantheïstische god (een god die het universum *is*), geven zijn opmerkingen over schepping en goddelijke gedachten meer aanleiding om te geloven in een theïstische God. En, hoe 'irritant' dit ook zal zijn, zijn algemene relativiteitstheorie geldt vandaag als een van de sterkste bewijsvoeringen voor een theïstische God. De algemene relativiteitstheorie ondersteunt een van de oudste argumenten voor het bestaan van een theïstische God: het kosmologische bewijs.

Het kosmologische bewijs: het begin van het einde van het atheïsme

Laat je niet afschrikken door de technisch klinkende term 'kosmologisch'. Het woord 'kosmologisch' is afgeleid van het Griekse woord 'kosmos' dat 'wereld' of 'universum' betekent. Het kosmologische bewijs heeft betrekking op het begin van het universum. Als het universum een begin heeft, dan heeft het ook een oorzaak. Logisch geformuleerd verloopt deze redenering als volgt:

1. Alles wat een begin heeft, heeft een oorzaak.
2. Het universum heeft een begin.
3. Het universum heeft een oorzaak.

Zoals we in het voorgaande hoofdstuk hebben aangetoond, kan een argumentatie alleen waar zijn als de redenering logisch klopt en van correcte vooronderstellingen uitgaat. Hierboven zien we een geldige argumentatie, maar zijn de vooronderstellingen (aannames, premissen) ook correct? Laten we eens nader kijken naar de vooronderstellingen.

Vooronderstelling 1- Alles wat een begin heeft, heeft een oorzaak. Dit noemen we het causaliteitsprincipe – de grondslag voor wetenschappelijk onderzoek. Zonder het causaliteitsprincipe kun je geen wetenschap beoefenen. Francis Bacon, de vader van de moderne wetenschap, zei: 'Ware kennis is kennis op grond van oorzaken'[4]. Hier houden wetenschappers zich mee bezig: ze proberen vast te stellen hoe dingen veroorzaakt worden.

Als er één ding is wat wij geleerd hebben uit het observeren van het universum, dan is het dit: dingen gebeuren nooit zonder oorzaak. Wanneer een automobilist door de straat rijdt, komt er nooit zomaar een tegenligger 'uit het niets' op hem af. De auto komt altijd ergens vandaan en komt niet in beweging zonder oorzaak of bestuurder. Weliswaar moeten veel politieagenten dergelijke verhalen vaak aanhoren, maar ze zijn gewoon onwaar. Er zit altijd een bestuurder in de auto of er is een andere oorzaak die ervoor zorgt dat de auto gaat rijden. Ook de grote scepticus David Hume kon het causaliteitsprincipe niet ontkennen. Hij schreef: 'Ik heb nooit zo'n absurde gedachte geuit dat iets zou kunnen gebeuren zonder oorzaak.' [5]

Het komt erop neer dat wie het causaliteitsprincipe ontkent daarmee ook elke rationele benadering onmogelijk maakt. Het rationele proces gaat er immers vanuit dat we gedachten en ideeën verzamelen (oorzaken) die uitmonden in conclusies (effecten). Dus als iemand je ooit vertelt dat hij niet gelooft in het causaliteitsprincipe, hoef je alleen maar aan deze persoon te vragen: 'Door welke *oorzaak* ben je op dat idee gekomen?'

Omdat het causaliteitsprincipe algemeen aanvaard en onomstreden is, kunnen we stellen dat vooronderstelling 1 correct is. Maar hoe zit dat met de tweede aanname? Heeft het universum daadwerkelijk een begin? Als dat niet het geval is, dan hoeven we ook niet op zoek naar een oorzaak. Indien wel, dan moet er logischerwijs sprake zijn van een oorzaak.

Tot de tijd van Einstein konden atheïsten zich nog troosten met de gedachte dat het universum eeuwig is en dus geen oorzaak heeft. Maar sindsdien zijn er vijf verschillende wetenschappelijke bewijsvoeringen bekend waarmee kan worden aangetoond dat het heelal een begin *moet* hebben. En dat begin wordt door wetenschappers nu aangeduid als 'The Big Bang', ofwel: de oerknal.

IN HET BEGIN WAS ER EEN OERKNAL

Om de zoveel jaar komen tijdschriften als *Time* of *Newsweek* met een hoofdartikel over het oorsprong en eind van het universum. 'Wanneer is het universum ontstaan?' en 'Waar zal het eindigen?' zijn de grote vragen die daarbij aan de orde komen. Het feit dat het universum ontstaan is en ooit zal eindigen wordt in dergelijke artikelen niet meer in twijfel getrokken. Waarom niet? Omdat moderne wetenschappers weten dat een begin en een eind van het universum noodzakelijk zijn op basis van één van de meest beproefde natuurkundige wetten: de tweede wet van de thermodynamica.

Eerste lijn van bewijsvoering: de tweede wet van de thermodynamica

Thermodynamica is de studie van materie en energie en de tweede wet stelt ondermeer dat het universum uiteindelijk alle bruikbare energie benut zal hebben. Elke seconde die voorbijgaat neemt de hoeveelheid bruikbare energie in het universum af. Wetenschappers komen op grond hiervan tot de logische conclusie dat op een bepaald moment de bruikbare energie op zal zijn, zodat het universum zal sterven. Net zoals bij een rijdende auto, zal het universum op een bepaald moment 'een lege tank' hebben.

Nu zul je zeggen: 'Nou en? Hoe kun je op grond hiervan concluderen dat het universum een begin moet hebben?' Goed, bekijk het dan eens op deze manier: de eerste wet van de thermodynamica stelt dat de totale hoeveelheid energie in het universum constant is. [6] Met andere woorden: het universum heeft slechts een beperkte hoeveelheid energie (net zoals je auto een eindige hoeveelheid brandstof heeft). Goed, als je auto slechts een beperkte hoeveelheid energie heeft (de eerste wet) en wanneer hij energie verbruikt wanneer de motor loopt (de tweede wet), zou de motor van je auto dan nu nog rijden wanneer je hem oneindig lang geleden had gestart? Nee, natuurlijk niet. De auto zou dan nu een lege tank hebben. Volgens dezelfde redenering zou het universum nu zonder energie moeten zitten als er al in eeuwigheid energie verbruikt is. Maar wat zien wij? De lichten in het heelal zijn nog altijd aan, dus het universum moet ergens in het eindige verleden begonnen zijn. Dat betekent dat het universum niet eeuwig is, maar een begin moet hebben.

Je kunt ook de vergelijking trekken tussen het universum en een zaklamp. Wanneer je een zaklamp de hele nacht laat branden, wat merk je dan aan de lichtintensiteit? 's Ochtends zul je zien dat de lamp minder fel schijnt omdat de batterijen het grootste gedeelte van hun energie hebben afgegeven. In zekere zin is het universum als die langzaam uitdovende zaklamp. Er is nog maar een beperkte hoeveelheid energie beschikbaar. Maar omdat de energie van het universum klaarblijkelijk nog niet helemaal verbruikt is (het universum is nog niet dood) kan het heelal niet eeuwig bestaan hebben – het moet een begin hebben – want als het eeuwig zou zijn, dan waren de batterijen ondertussen al leeg.

De tweede wet van de thermondynamica wordt ook wel de wet van de entropie genoemd, een nette aanduiding voor het feit dat de natuur de neiging heeft om tot chaos te vervallen. In de loop van de tijd beginnen dingen uit elkaar te vallen. Je auto valt uit elkaar, je huis stort in, je lichaam wordt zwakker. Maar als de orde in het universum afneemt, waar komt dan de oorspronkelijke orde vandaan? Astronoom Robert Jastrow vergelijkt het universum met een opgewonden wekker.[7] Wanneer een opgewonden wekker langzaam afloopt, moet er toch iemand geweest zijn die hem eerst opgewonden heeft.

Dit aspect van de tweede wet van de thermondynamica maakt ons ook duidelijk dat het universum een begin moet hebben. Omdat wij nog altijd een bepaalde mate van orde waarnemen – net zoals we nog steeds over een bepaalde hoeveelheid energie beschikken – kan het universum niet eeuwig zijn, want als dat zo was, dan zouden wij nu de complete wanorde (entropie) al bereikt moeten hebben.

Een aantal jaren geleden werd ik (Norman) uitgenodigd om op een universiteit te spreken over een verwant onderwerp. Tijdens het college vertelde ik de studenten over de dingen die wij hier naar voren brengen, zij het met wat meer details. Na de lezing werd ik door de student die mij als spreker had uitgenodigd, gevraagd om te lunchen met zijn docent natuurkunde. Tijdens het eten maakte deze docent mij duidelijk dat hij sceptisch stond tegenover mijn bewering dat de tweede wet van de thermodynamica een begin van het universum veronderstelt. Hij vertelde mij dat hij materialist was en dat hij van mening was dat alleen materie bestaat en dat deze altijd al bestaan heeft.

'Als materie eeuwig is, wat doe je dan met de tweede wet van de thermodynamica?' vroeg ik hem.

Hij antwoordde: 'Elke wet kent een uitzondering en dit is mijn uitzondering.'

Ik had hem natuurlijk kunnen vragen of hij het wel wetenschappelijk verantwoord vond om te veronderstellen dat elke wet een uitzondering kent. Die uitspraak komt in ieder geval niet erg wetenschappelijk over en zou wel eens in de categorie 'zichzelf weersprekende uitspraken' kunnen vallen. Zo zou je kunnen vragen: 'Zou er een uitzondering bestaan op de wet dat elke wet een uitzondering kent?' Mocht dat zo zijn, dan zou de tweede wet van de thermodynamica best eens die uitzondering kunnen zijn.

Maar ik besloot een andere route te volgen omdat ik bang was dat hij mijn redenering te uitzonderlijk zou vinden. Ik liet de kwestie over de tweede wet even rusten en sprak hem aan over zijn filosofisch materialistische opvattingen.

'Als alles materie is', vroeg ik hem, 'waaruit bestaat dan een wetenschappelijke theorie? De theorie dat alles materie is, is immers niet stoffelijk want hij is niet opgebouwd uit moleculen.'

Zonder een moment te aarzelen zei hij: 'Een theorie is magie'.

'Magie?' vroeg ik terwijl ik me afvroeg of ik hem wel goed had verstaan.

'Op grond waarvan kom je tot die conclusie?'

'Geloof', antwoordde hij.

Geloof in magie? vroeg ik mij verbijsterd af. Ik kan niet geloven dat hij dit echt gezegd heeft! Als 'geloof in magie' het beste is waar materialisten zich op kunnen beroepen, dan *heb ik te weinig geloof om materialist te kunnen zijn!*

Terugblikkend denk ik dat deze docent gewoon heel even zeer openhartig is geweest. Hij wist dat hij geen antwoord had op de overweldigende hoeveelheid bewijzen die de tweede wet van de thermodynamica ondersteunen en daarom moest hij wel toegeven dat zijn standpunt niet gebaseerd was op bewijs of rationele argumenten. Zo was hij een duidelijk voorbeeld van een atheïst die bewust niet wil instemmen met wat zijn verstand hem duidelijk maakt; hij toonde hiermee aan dat het atheïsme uiteindelijk ook een geloof is.

Op één punt had de docent gelijk: je moet geloof hebben. Sterker nog, je moet een heleboel geloof hebben om bewust een algemeen aanvaarde natuurkundige wet te kunnen negeren! Want zo karakteriseerde Arthur Eddington de tweede wet van de thermodynamica meer dan tachtig jaar geleden:

> De wet die stelt dat de entropie toeneemt – de tweede wet van de thermodynamica – staat volgens mij op eenzame hoogte tussen de wetten van de natuurwetenschappen. Als iemand je erop wijst dat jou theorietje over het universum in strijd is met de berekeningen van Maxwell, dan kun je Maxwells berekeningen terzijde leggen. Als je theorie in strijd is met wat je waarneemt, dan kun je eventueel nog volhouden dat dergelijke experimenten soms de waarneming vertroebelen. Maar *als blijkt dat je theorie in strijd is met de tweede wet van de thermodynamica, kan ik je geen hoop meer geven; er blijft alleen een smadelijke aftocht voor je theorie over.* [8]

Omdat ik wel inzag dat de docent niet van plan was om de waarheid te aanvaarden, stelde ik hem verder geen pijnlijke vragen meer. Maar omdat wij allebei wel moesten toegeven aan de uitwerking die de tweede wet van de thermodynamica op onze maaginhoud had, bestelden wij een dessert. Wij waren geen van beiden bereid om voorbij te gaan aan het feit dat we de zojuist verbruikte energie hoognodig moesten vervangen!

Tweede lijn van bewijsvoering: Het universum dijt uit

Goede wetenschappelijke theorieën hebben voorspellende kwaliteiten. Zoals we hebben kunnen zien, leidde Einsteins algemene relativiteitstheorie tot het inzicht dat het heelal uitdijt. Maar pas tien jaar later, toen de legendarische astronoom Edwin Hubble door zijn telescoop keek, konden wetenschappers vaststellen dat het heelal inderdaad uitdijt en dat deze expansie zich vanuit één punt uitstrekt. (De astronoom Vesto Melvin Slipher kwam in 1913 dicht in de buurt van de conclusie dat het heelal uitdijt, maar pas eind jaren twintig van de vorige eeuw kon Hubble de puzzelstukjes op de juiste plaats leggen). Dit uitdijende heelal vormt de tweede lijn van bewijsvoering voor de bewering dat het heelal een begin kent.

Hoe kunnen we op basis van het uitdijende heelal bewijzen dat er sprake moet zijn van een begin? Probeer het je als volgt voor te stellen: wanneer wij een videofilm met de geschiedenis van het universum achteruit zouden kunnen draaien, dan zouden we zien hoe alle materie zich samenbalt in een enkel punt, niet met het formaat van een basketbal, niet met het formaat van een golfballetje, niet eens met het formaat van een speldenknop, maar mathematisch en logisch geredeneerd zouden we alle materie moeten reduceren tot *niets* (dus: geen ruimte, geen tijd, geen materie). Met andere woorden: eerst was er *niets*, en plotseling – KNAL – was er *iets* en kwam er uit de explosie een universum tevoorschijn! Dit is wat men in het algemeen aanduidt als de 'big bang'.

Het is belangrijk hier te stellen dat het heelal zich niet uitstrekt in de lege ruimte, maar de ruimte zelf breidt zich uit – er was geen *ruimte* voor de big bang. Het is ook belangrijk op te merken dat het heelal niet is voortgekomen uit bestaand materiaal, maar uit niets – er was geen *materie* voor de big bang. Sterker nog, chronologisch gezien bestond er geen '*voor*' vóór de big bang, want voor het ontstaan van de tijd kan er geen 'voor' bestaan en er was pas tijd na de big bang.[9] Tijd, ruimte en materie kwamen tot bestaan met de big bang.

Deze feiten bezorgen atheïsten veel problemen, zoals bleek op een regenachtige avond in Georgia in april 1998. Die avond bezocht ik (Frank) een debat over de vraag 'Bestaat God?' William Lane Craig verdedigde de opvatting dat God bestaat, terwijl Peter Atkins voor het atheïstische standpunt opkwam. Het debat werd met veel vuur en humor gevoerd, mede dankzij de gespreksleider, William F. Buckley Jr., die geen moeite deed om te verhullen dat hij persoonlijk instemde met het door Craig verdedigde 'pro-God' standpunt. Nadat hij Craig uitvoerig introduceerde met vermelding van al zijn wetenschappelijke verdiensten – kondigde hij Atkins kortweg aan met: 'En het standpunt van de duivel wordt verdedigd door Dr. Peter Atkins!'

Een van de vijf argumenten die Craig aanvoerde voor het bestaan van God was het hiervoor gegeven kosmologisch bewijs, ondersteund door de bewijzen voor de big bang die we zojuist besproken hebben. Hij wees erop dat het universum – alle tijd, alle materie en alle ruimte – uit het niets is geëxplodeerd, een feit waarmee Atkins in zijn boek had ingestemd en dat hij tijdens het debat opnieuw bevestigde.

Omdat Craig als eerste het woord kreeg, informeerde hij de aanwezigen over de wijze waarop Atkins getracht had het universum vanuit atheïstisch perspectief te verklaren. Craig zei: 'In zijn boek *Creation Revisited* moet Dr. Atkins grote moeite doen om uit te leggen hoe het heelal uit het niets en zonder oorzaak zou kunnen zijn ontstaan. Uiteindelijk loopt hij vast in tegenstrijdigheden. Hij schrijft: "Nu gaan we terug in de tijd voorbij het moment van de schepping naar waar er geen tijd en geen ruimte was." In deze tijd vóór de tijd, stelt hij zich een wervelende stofwolk voor die bestaat uit mathematische punten die zich in allerlei samenstellingen keer op keer hergroeperen tot zich uiteindelijk een combinatie voordoet die zorgt voor de vorming van ons universum van ruimte en tijd.' [10]

Craig voegde hier aan toe dat dit standpunt van Atkins geen wetenschappelijke theorie is, maar een vorm van metafysica die met zichzelf in strijd is. Het is niets meer dan een zelfverzonnen uitleg die op geen enkele wijze ondersteund wordt door wetenschappelijk bewijs. De uitleg van Atkins weerlegt zichzelf omdat hij uitgaat van tijd en ruimte voordat er tijd en ruimte bestond.

Omdat Craig niet de kans kreeg om tijdens dit debat rechtstreeks met Atkins over dit onderwerp te discussiëren, sloot ik samen met Ravi Zacharias [11] aan bij de rij van mensen die aan het eind van het debat een vraag wilden stellen. Helaas kwamen wij niet meer aan de beurt, maar na afloop konden wij onze vraag alsnog persoonlijk aan Atkins stellen.

'Dr. Atkins', begon Ravi, 'U geeft toe dat het universum uit niets geëxplodeerd is, maar met uw uitleg van het begin versluiert u wat dat 'niets' is. Een *wervelende wolk mathematische punten* is niet 'niets', maar 'iets'. Hoe rechtvaardigt u dit standpunt?'

In plaats van in te gaan op deze vraag, gaf Atkins zich gewonnen door de tweede wet van de thermodynamica. Hij zei: 'Het spijt mij heren, ik ben erg moe. Ik kan nu geen vragen meer beantwoorden.' Met andere woorden: de afname van zijn energie bevestigde de juistheid van de tweede wet van de thermodynamica. Atkins had letterlijk niets meer in te brengen!

Welnu, volgens het huidige kosmologische bewijs kwam het heelal letterlijk voort uit niets. Maar nu het erop aankwam om hiervoor een verklaring te geven vanuit atheïstisch perspectief, kwam Atkins niet op de proppen met 'niets' maar met mathematische punten en tijd. Natuurlijk kan niemand zich voorstellen hoe mathematische punten en tijd het ontstaan van het heelal kunnen verklaren. Hoe dan ook, wij willen hier benadrukken dat atheïsten zoals Atkins in staat moeten zijn ons uit te leggen hoe het universum vanuit het absolute niets kon ontstaan.

Wat is niets? Aristoteles heeft ons een goede definitie gegeven. Hij zei dat 'niets' is waar de stenen over dromen. Het niets van waaruit het universum is voortgekomen, kan niet gelijkgesteld worden aan 'matehematische punten' zoals Atkins suggereerde of 'positieve en negatieve energie' zoals Isaac Asimov – eveneens atheïst – ooit schreef. [12] Niets is letterlijk '*niet-iets*' – oftewel: *datgene waar stenen over dromen.*

De Engelse schrijver Anthony Kenny schreef eerlijk over het dilemma waar hij als atheïst voor staat wanneer hij de bewijzen voor de big bang onder ogen ziet: 'Volgens de big bang-theorie is alle materie in het universum op een bepaald moment in een ver verleden tot bestaan gekomen. Een voorstander van deze theorie moet, als hij atheïst is, geloven dat de materie van het universum uit het niets en door niets is voortgekomen.' [13]

Derde lijn van bewijsvoering: de achtergrondruis

De derde argumentatielijn die gebruikt kan worden om te bewijzen dat het universum een begin moet hebben werd per ongeluk ontdekt in 1965. In dat jaar ontvingen Arno Penzias en Robert Wilson een vreemde straling via de antennes van Bell Labs in Holmdel, New Jersey. Hoe zij hun antenne ook richtten, deze mysterieuze straling bleef. Aanvankelijk meenden zij dat vogelpoep op de antennes de verklaring voor deze 'storing' was. Nadat zij de vogelpoep van de antennes verwijderd hadden, gingen zij weer naar binnen. De straling werd nog steeds waargenomen en kwam nog altijd van alle kanten.

Penzias en Wilson hadden een van de meest opmerkelijke ontdekkingen van de laatste eeuw gedaan; een ontdekking die hen de Nobelprijs zou opleveren. Deze twee wetenschappers van het Bell laboratorium hadden de achtergrondruis ontdekt die is veroorzaakt door de big bang explosie!

In technische termen wordt deze ruis aangeduid als kosmische achtergrondstraling, en daarmee wordt de warmte- en lichtstraling bedoeld die als een echo is overgebleven van de oorspronkelijke mega-explosie die big bang genoemd wordt. Dit licht is niet meer waarneembaar omdat de golflengte ervan is uitgestrekt door het uitdijende heelal. Deze golflente is iets korter dan die van het licht dat geproduceerd wordt door een magnetron. Maar de warmte kan nog wel altijd worden geregistreerd.

Al in 1948 voorspelden drie wetenschappers dat er sprake moet zijn van deze achtergrondstraling als de big bang werkelijk heeft plaatsgevonden. Maar om de een of andere reden ondernam niemand een poging om de achtergrondstraling te ontdekken voordat Penzias en Wilson er per ongeluk twintig jaar later mee geconfronteerd werden. Toen de juistheid van hun ontdekking bevestigd werd, kwam er een eind aan de opvatting dat het universum eeuwig in een statische situatie bestaan heeft. De agnostische astronoom Robert Jastrow formuleert het als volgt:

> De big bang is de enige uitleg waarover we beschikken voor de straling die veroorzaakt is door een vuurbal. Ook bijna alle overgebleven ongelovige Thomassen zijn inmiddels overtuigd door het feit dat de straling die Penzias en Wilson ontdekt hebben precies het golflengtepatroon vertoont dat je zou verwachten als gevolg van de hitte en het licht van zo'n enorme explosie. Aanhangers van de theorie dat het universum in onveranderlijke staat altijd heeft bestaan zijn wanhopig op zoek gegaan naar een andere verklaring, maar dat is mislukt. Op dit moment is er geen concurrentie voor de big bang-theorie.' [14]

De ontdekking van de achtergrondstraling heeft in feite een eind gemaakt aan het idee dat het universum altijd in statische vorm heeft bestaan. Maar deze ontdekking werd gevolgd door meer ontdekkingen die nog meer bewijzen voor de big bang hebben opgeleverd. Als kosmologie vergeleken zou kunnen worden met een sportwedstrijd, dan mag je zeggen dat de bestrijders van de big bang-theorie op dit moment hopeloos van de mat gespeeld zijn door de ontdekking die we hierna gaan bespreken.

Vierde lijn van bewijsvoering: temperatuurvariaties in achtergrondstraling

Nadat wetenschappers de voorspelde kosmische achtergrondstraling hadden waargenomen, richtten zij hun aandacht op een andere voorspelling die de big bang-theorie zou bevestigen. Als de oerknal daadwerkelijk had plaatsgevonden, dan verwachtten de wetenschappers een minieme temperatuurvariatie in de achtergrondstraling waar te nemen. Dankzij deze onregelmatigheden in temperatuur kon de materie in het universum zich door onderlinge aantrekkingskracht in sterrenstelsels groeperen. Als deze temperatuurvariaties aangetoond konden worden, zou dit de vierde lijn van bewijsvoering voor een begin van het heelal opleveren.

In 1989 werd de zoektocht naar de onregelmatigheden in de kosmische achtergrondstraling geïntensiveerd met een $ 200 miljoen kostend project van de NASA. Dit project werd COBE genoemd (*Cosmic Background Explorer*). Dankzij bijzonder nauwkeurige meetinstrumenten was de COBE -satelliet in staat vast te stellen of er inderdaad sprake is van onregelmatigheden in de temperatuur van de kosmische achtergrondstraling, en zo ja, hoe groot die verschillen precies zijn.

George Smoot, de projectleider van COBE, maakte de resultaten van de metingen in 1992 wereldkundig. Zijn omschrijving van het belang van de ontdekkingen zorgde wereldwijd voor opmerkelijke krantenkoppen. Smoot zei: 'Als je religieus bent, is het alsof je in het gezicht van God kijkt.' Michael Turner, als astrofysicus verbonden aan de Universiteit van Chicago, deed qua enthousiasme niet voor Smoot onder. Hij beweerde: 'De betekenis van deze ontdekking kan niet overschat worden. We hebben de heilige graal van de kosmologie gevonden.' Astronoom Stephen Hawking van de universiteit van Cambridge was het hiermee eens en karakteriseerde het resultaat als 'de belangrijkste ontdekking van de eeuw en misschien wel de grootste ontdekking van alle tijden.'[15] Welke ontdekking van COBE vormde de aanleiding tot deze uitzonderlijk enthousiaste reacties?

COBE ontdekte niet alleen de onregelmatigheden in de achtergrondstraling, maar deed de wetenschappers versteld staan door de nauwkeurigheid van de metingen. De waargenomen rimpelingen tonen aan dat de explosie en expansie van het universum met grote nauwkeurigheid was afgestemd. Het effect was groot genoeg om de vorming van sterrenstelsels uit materie te veroorzaken, maar niet zo groot dat het universum onder zijn eigen gewicht zou bezwijken. Elke kleine afwijking naar boven of beneden zou ons bestaan in dit heelal onmogelijk gemaakt hebben. De onregelmatigheden zijn zelfs zo nauwkeurig (met een nauwkeurigheid van 1 op 100.000) dat Smoot ze aanduidde als 'de machinesporen die zijn achtergebleven na de schepping van het universum' en 'de vingerafdrukken van de maker'. [16]

Maar deze temperatuurrimpelingen zijn niet zomaar wat puntjes op een of andere wetenschappelijke grafiek. COBE heeft de rimpelingen met een infraroodcamera vastgelegd. Bedenk daarbij dat observaties van het heelal in feite waarnemingen van het verleden zijn, omdat het zeer lang duurt voordat het licht van ver verwijderde objecten in het universum ons uiteindelijk bereikt. De infraroodopnamen die COBE gemaakt heeft, zijn in feite dus foto's van het verleden. Uit deze foto's blijkt dat er in het prille begin van het universum materie aanwezig was. Die materie heeft zich in de loop van de tijd samengebald tot sterrenstelsels en clusters van sterrenstelsels. Smoot duidde dit materiaal aan als 'kiemen' van onze huidige sterrenstelsels (zie de website van COBE: http://Lambda.gsfc.nasa.gov). Deze 'kiemen' zijn de grootste structuren die ooit zijn waargenomen – de grootste heeft een omvang van eenderde van het bekende universum. Dan hebben we het over een omvang van 10 miljard lichtjaren (1 lichtjaar is 1080 miljoen kilometer). [17]

Hiermee wordt duidelijk waarom genoemde wetenschappers zulke superlatieven nodig hadden om het belang van deze ontdekking te benadrukken. Opnieuw was er iets ontdekt dat de big bang-theorie had voorspeld, en dat 'iets' was zo ongelofelijk groot dat het ook de uitwerking van een oerknal had op de wetenschappers zelf!

Vijfde lijn van bewijsvoering: Einsteins algemene relativiteitstheorie

Einsteins algemene relativiteitstheorie levert een vijfde lijn van bewijsvoering waarmee kan worden onderbouwd dat het universum een begin heeft. Deze theorie vormde het begin van het einde van de opvatting dat het universum eeuwig is. De theorie zelf, die geverifieerd is met een nauwkeurigheid tot vijf posities achter de komma,vereist een absoluut begin voor tijd, ruimte en materie. Tevens toont de theorie aan dat tijd, ruimte en materie aan elkaar gerelateerd zijn. Dat wil zeggen: tijd, ruimte en materie kennen een onderlinge afhankelijkheid en kunnen niet los van elkaar worden gezien.

Op basis van de algemene relativiteitstheorie voorspelden wetenschappers dat er sprake moet zijn van een uitdijend heelal en deze expansie is door hen ook aangetoond. Tevens voorspelde de algemene relativiteitstheorie de aanwezigheid van achtergrondstraling en van de 'kiemen voor de structuur in ons heelal' die dankzij de exacte afstemming de vorming van het huidige universum mogelijk hebben gemaakt. Combineer deze ontdekkingen met de tweede wet van de thermodynamica en je kunt langs vijf wegen met sterke wetenschappelijke argumenten onderbouwen dat het universum een begin moet hebben. Een begin dat als een startschot lijkt te zijn afgevuurd en waarvan we nog altijd de verre echo's kunnen waarnemen!

God en de astronomen

Het universum kent dus een begin. Maar wat betekent dat feit voor de vraag over het bestaan van God? De man die nu op de stoel van Edwin Hubble in het Mount Wilson observatorium mag plaatsnemen, heeft hier een paar dingen over te zeggen. Zijn naam is Robert Jastrow en wij hebben hem eerder in dit hoofdstuk al geciteerd. Robert Jastrow geeft leiding aan het Mount Wilson observatorium en is tevens oprichter van het *Goddard Institute of Space Studies* van de NASA. Het mag duidelijk zijn dat deze man door zijn vakgenoten zeer serieus genomen wordt. Daarom maakte zijn boek *God and the Astronomers* zo'n enorme indruk op degenen die de implicaties van de big bang onderzoeken – namelijk de mensen die zich nu afvragen: 'Wijst de big bang op God?'

Jastrow maakt in de eerste regels van zijn boek meteen duidelijk dat hij niet een religieus standpunt wil verdedigen. Hij schrijft: 'Wanneer een astronoom over God schrijft, nemen zijn collega's aan dat hij aan het aftakelen is of waanzinnig is geworden. Ik wil hier graag direct duidelijk maken dat ik agnosticus ben.' [18]

Juist omdat Jastrow zijn theïstische uitspraken doet vanuit een agnostische visie, zijn deze zo prikkelend. Nadat hij uitleg gegeven heeft over de bewijzen voor de big bang die wij zojuist de revue hebben laten passeren, schrijft Jastrow: 'Nu zien we hoe het astronomische bewijs ons naar een bijbelse visie over het ontstaan van de wereld leidt. Er zijn verschillen in details, maar op hoofdlijnen stemmen de astronomische en bijbelse versies van Genesis met elkaar overeen: het gaat hierbij om een kettingreactie van gebeurtenissen die tot het bestaan van de mensheid geleid heeft. De reactie kwam op een bepaald moment in de tijd plotseling op gang met een ontlading van licht en energie.'[19]

Het overweldigende bewijsmateriaal voor de big bang en de overeenstemming met het bijbelse verslag van Genesis bracht Jastrow in een interview tot de volgende uitspraak: 'Astronomen hebben nu het gevoel dat ze zichzelf in de hoek gedreven hebben. Zij hebben met hun eigen methoden aangetoond dat de wereld abrupt tot stand is gekomen in een scheppingsdaad die te herleiden is uit de sporen van elke ster, elke planeet en elk levend organisme in deze kosmos en op aarde. En deze conclusie heeft hen geconfronteerd met een krachtbron die zij maar liever niet hopen te ontdekken… *Het is een wetenschappelijk bewezen feit dat hier bovennatuurlijke krachten aan het werk zijn – zoals ik en ieder ander dat zou benoemen.*'[20]

Waarom zouden Jastrow en Eddington toegeven dat er 'bovennatuurlijke krachten' in het spel zijn? Waarom zou het universum niet door natuurlijke krachten tot stand kunnen zijn gekomen? Omdat deze wetenschappers beseffen, net zo goed als iedereen zich dat kan realiseren, dat natuurlijke krachten, en in feite de gehele natuur gecreëerd is tijdens de big bang. Anders gezegd: de big bang was het beginpunt van het gehele fysieke universum. Op dat punt ontstonden tijd, ruimte en materie. Er was geen natuurlijke wereld en er bestonden geen natuurwetten voorafgaand aan de big bang. En omdat een oorzaak niet na zijn gevolg kan komen, kunnen natuurlijke krachten geen verklaring bieden voor de big bang. Om een verklaring te vinden heb je iets nodig dat de natuurlijke werkelijkheid overstijgt, en dat is precies wat bedoeld wordt met *bovennatuurlijk*[21]

De ontdekkers van de achtergrondstraling, Robert Wilson en Arno Penzias, waren geen Bijbelfanaten. Beide wetenschappers geloofden aanvankelijk in een statisch universum (aangeduid als '*Steady State*'-theorie). Maar door de overweldigende bewijslast hebben zij hun visie bijgesteld en feiten onderkend die overeenstemmen met de Bijbel. Penzias geeft toe: 'De *Steady State*-theorie bleek zo onaantrekkelijk te zijn dat mensen ermee afgerekend hebben. De eenvoudigste uitleg is die waarbij wordt uitgegaan van de visie dat het universum in een ondeelbaar ogenblik uit het niets gecreëerd is en sindsdien blijft uitdijen.'[22]

Wilson, die ooit nog les kreeg van Fred Hoyle [23], zei: 'Vanuit filosofisch oogpunt had ik voorkeur voor de *Steady State*-theorie, maar het is duidelijk dat ik dat standpunt op moest geven.' [24] Toen Fred Heeren, een auteur die over wetenschap schrijft, hem vroeg of het bewijs voor de big bang op het bestaan van een Schepper duidt, antwoordde Wilson: 'Met zekerheid was er iets wat alles in gang heeft gezet. Zeker als je religieus bent kan ik me geen betere theorie over het ontstaan van het universum voorstellen die zo goed aansluit bij Genesis.' [25] George Smoot liet zich in vergelijkbare termen uit: 'Ongetwijfeld bestaat er een parallel tussen de big bang als gebeurtenis en de christelijke notie van een schepping vanuit het niets.' [26]

THE EMPIRE STRIKES BACK (MAAR KAN UITEINDELIJK GEEN STAND HOUDEN)

Hoe reageren atheïsten op deze bevindingen? We hebben al gewezen op de tekortkomingen in de verklaringen waar Atkins en Isaac Asimov mee komen, want zij gaan uit van 'iets' en niet van 'niets'. Bestaan er nog andere atheïstische verklaringen die plausibel kunnen zijn? Wij zijn ze nog niet tegengekomen. Atheïsten hebben andere theorieën naar voren geschoven, maar deze hebben allemaal fatale tekortkomingen. [27] Laten we kort bij een aantal van deze theorieën stilstaan.

De kosmische 'rebound' theorie: samenballen en weer uiteenknallen

Deze theorie gaat uit van de gedachte dat het universum eindeloos is blijven uitdijen en samentrekken. Verdedigers van deze theorie kunnen door deze gedachte om een absoluut begin van het universum heen. Maar er kleven talloze bezwaren aan dit idee en vanwege deze tekortkomingen is de theorie in ongenade gevallen.

Om te beginnen is er geen enkel bewijs voor een oneindig aantal oerknallen (we hebben het hier over de big bang, en niet over de *big bang, bang, bang, bang, bang, bang…* -theorie). Alles wijst erop dat het universum geëxplodeerd is uit het niets en niet bij herhaling uit bestaand materiaal is gevormd.

Ten tweede is er niet voldoende materie in het universum aanwezig om alles weer compleet samen te trekken. Het universum kan alleen maar eindeloos blijven uitdijen. [28] Dit werd in 2003 bevestigd door Charles Bennett van NASA's *Goddard Space Flight Center*. Nadat hij de resultaten van NASA's grootse ruimtesonde bestudeerd had, zei hij: 'Het universum zal voor eeuwig blijven uitdijen en niet weer in elkaar zakken.' [29] Sterker nog, de astronomen constateren dat de snelheid waarmee het universum uitdijt alleen maar toeneemt, zodat een ineenstorting alleen maar onwaarschijnlijker wordt. [30]

Ten derde, zelfs al zou er wel genoeg materie zijn om het universum weer te laten samenballen en uiteenknallen, dan nog is de kosmische 'rebound'-theorie in strijd met de tweede wet van de thermodynamica omdat er ten onrechte van uitgegaan wordt dat er geen energie verloren zou gaan bij het samenballen en weer uiteenknallen van de materie. Een universum dat oneindig lang blijft samentrekken en uitdijen zou uiteindelijk uitgedoofd moeten zijn. Vergelijk het met een stuiterende bal die na verloop van tijd uitgestuiterd is. Als het universum in een tijdloze reeks is blijven uitdijen en samentrekken, dan zou er inmiddels al een einde aan die reeks gekomen moeten zijn.

Ten slotte zouden we hier vandaag nooit kunnen zijn indien het universum zich eeuwig uitdijt en samentrekt. Een oneindige reeks oerknallen is in feite onmogelijk (we komen hier een aantal pagina's verder op terug). Maar zelfs als zich een eindig aantal oerknallen heeft voorgedaan, kan deze theorie nog niet verklaren hoe de eerste oerknal veroorzaakt werd. Er viel immers helemaal niets te knallen voorafgaand aan die allereerste oerknal.

Imaginaire tijd

Andere atheïstische pogingen om het ontstaan van het universum te verklaren kunnen evenmin standhouden. Zo heeft Steven Hawking een theorie verzonnen die gebruik maakt van 'imaginaire tijd', zodat hij de noodzaak van een absoluut begin van het universum kan ontwijken. We zouden dit idee met recht een 'imaginaire theorie' kunnen noemen, want Hawking geeft zelf toe dat zijn theorie 'slechts een [metafysisch] voorstel' is die geen verklaring geeft voor wat er gebeurd is in de echte tijd. 'Volgens de werkelijke tijd', zo geeft Hawking toe, 'heeft het universum een begin...'[31] Elders schrijft Hawking: 'Vrijwel iedereen gelooft nu dat het universum en de tijd zelf zijn begonnen met de big bang.'[32] In feite geeft Hawking hiermee zelf toe dat zijn imaginaire theorie geen stand houdt als hij wordt toegepast in de echte wereld. Imaginaire tijd is niet meer dan dat: puur denkbeeldig.

Onzekerheidsrelatie

Nu de bewijzen voor een begin van het universum zo overtuigend zijn, stellen sommige atheïsten de eerste vooronderstelling van het kosmologische bewijs ter discussie: het causaliteitsprincipe. Hiermee begeven deze atheïsten zich op gevaarlijk terrein, temeer daar zij zichzelf graag zien als verdedigers van de ratio en de wetenschappelijke methode. Zoals we eerder betoogd hebben, vormt het causaliteitsprincipe het fundament van alle wetenschapsbeoefening. Wetenschap is een zoektocht naar oorzaken. Wanneer je het causaliteitsprincipe de nek om draait, dan maak je in feite een eind aan de wetenschap zelf.

Atheïsten hebben getracht het causaliteitsprincipe in twijfel te trekken op basis van inzichten uit de kwantummechanica – met name de zogenaamde onzekerheidsrelatie van Werner Heisenberg. Deze onzekerheidsrelatie stelt dat het niet mogelijk is om de plaats en de snelheid van deeltjes die kleiner zijn dan atomen (bijvoorbeeld elektronen) tegelijkertijd met uiterste nauwkeurigheid te voorspellen. De gevolgtrekking die atheïsten maken is: als op dit microniveau causaliteit niet noodzakelijk is, dan geldt dat wellicht ook voor het gehele universum.

Gelukkig voor de wetenschapsbeoefening is deze poging van atheïsten om het causaliteitsprincipe in twijfel te trekken gedoemd te mislukken. Waarom? Omdat het geen onderscheid maakt tussen causaliteit en voorspelbaarheid. De onzekerheidsrelatie van Heisenberg bewijst niet dat de bewegingen van elektronen door niets veroorzaakt worden, het beschrijft alleen dat wij niet in staat zijn om hun plaats en snelheid op een bepaald moment te voorspellen. Het enkele feit dat wij een beweging niet kunnen voorspellen betekent nog niet dat deze niet door iets veroorzaakt wordt. Natuurkundigen die zich met kwantummechanica bezighouden, erkennen het feit dat onze pogingen om tegelijkertijd plaats en snelheid van elektronen te voorspellen zelf wel eens de oorzaak zouden kunnen zijn van hun onvoorspelbare bewegingen! De wetenschapper is hier te vergelijken met een imker die zijn hoofd in de bijenkorf steekt – we brengen de boel zelf in beroering met onze pogingen tot observatie. De verstoring die hier optreedt kan een vertekening zijn zoals zich voordoet bij de wetenschapper die tegen zijn eigen oogharen aankijkt waneer hij door een microscoop tuurt.

Uiteindelijk is er geen atheïstische theorie geformuleerd waarmee een van de aannames van het kosmologische bewijs kan worden ontkracht. Het universum heeft een begin en moet dus een oorzaak hebben.

DE WETENSCHAP ALS GELOOF

Waarom aanvaarden alle wetenschappers deze conclusies niet gewoon? Waarom doen velen hun best om de feiten en hun implicaties te ontwijken en te weerleggen met vergezochte, onwaarschijnlijke verklaringen? Het commentaar van Jastrow is opnieuw zeer verhelderend (bedenk daarbij dat Jastrow een agnosticus is). Jastrow schrijft:

> 'Theologen zijn over het algemeen blij verrast met het *bewijs* voor een begin van het universum, terwijl astronomen hierover opmerkelijk ontstemd zijn. Hun reactie laat op een interessante wijze zien hoe het wetenschappelijk brein – dat toch zeer objectief zou moeten zijn – reageert wanneer de wetenschap zelf bewijsmateriaal ontdekt dat botst met de *geloofsartikelen van onze beroepsgroep*. Nu blijkt dat de wetenschapper net als ieder ander mens reageert wanneer onze geloofsovertuiging in aanvaring komt met de feiten. We raken geïrriteerd, we doen alsof het conflict niet bestaat, of we proberen het achter het behang te plakken met lagen papier vol betekenisloze zinnen.' [33]

De verklaringen die Atkins en Asimov aanvoeren om het begin van het universum te verklaren (respectievelijk 'mathematische punten' en 'positieve en negatieve energie') komen op ons inderdaad als holle frasen over. Deze uitspraken verklaren helemaal niets.

Over Einsteins 'irritatie' over de algemene relativiteitstheorie schrijft Jastrow: 'Dit is opmerkelijk emotionele taal voor iemand die zich bezighoudt met rekenkundige formules. Ik vermoed dat het idee van een begin van de tijd Einstein irriteerde vanwege de theologische implicaties.'[34]

Iedereen weet dat theïsten theologische opvattingen hebben. Maar vaak gaat men achteloos voorbij aan het feit dat atheïstische en pantheïsche wetenschappers ook theologische overtuigingen hebben. Zoals we hierboven hebben kunnen lezen, noemt Jastrow sommige van die overtuigingen 'de geloofsartikelen van onze beroepsgroep', en hij veronderstelt dat sommige van deze geloofsartikelen 'het geloof van de wetenschap' vormen:

> Er is een soort religie in wetenschap… elk gevolg moet een oorzaak hebben; maar er is geen Eerste Oorzaak… Deze geloofsovertuiging van de wetenschapper wordt geweld aangedaan door de ontdekking dat de wereld een begin heeft en dat dit begin onder omstandigheden plaatsvond waarop de bekende natuurwetten niet van toepassing zijn en dat dit alles gebeurde door krachten of omstandigheden die wij niet kunnen ontdekken. Als dat gebeurt, is de wetenschapper de controle kwijt. Als hij echt de implicaties zou onderzoeken, zou hij getraumatiseerd raken. En zoals gewoonlijk in traumatische omstandigheden, reageert het brein door de implicaties te negeren – in de wetenschap noemen we dit 'weigeren te speculeren' – of door de oorsprong van het universum te trivialiseren door te spreken over de big bang, alsof het hierbij om een soort voetzoeker zou gaan.' [35]

Getraumatiseerd of niet, wetenschappers zullen de implicaties van de bewijzen voor de big bang onder ogen moeten zien. Misschien vinden ze dat bewijs en die implicaties niet leuk, maar daarmee veranderen de feiten niet. Omdat uit het bewijs blijkt dat tijd, ruimte en materie begonnen zijn met de big bang, is de meest plausibele verklaring dat het universum totstandgekomen is door iets wat zelf buiten de tijd, ruimte en materie staat (met andere woorden een Eeuwige Oorzaak). Als wetenschappers terugdeinzen voor deze conclusie door deze achter het behang te plakken met lagen papier vol 'betekenisloze zinnen', of door 'te weigeren te speculeren', dan heeft het er de schijn van dat zij eenvoudigweg de feiten en de meest redelijke verklaringen die uit deze feiten voortkomen niet willen accepteren. Die keuze is een wilsbesluit die niet logisch volgt uit een rationele afweging. Het bewijs is objectief, maar de ongelovige wetenschapper is dat niet.

EN GESTELD DAT DE BIG BANG-THEORIE TOCH ONJUIST BLIJKT TE ZIJN?

Hiervoor hebben we sterke bewijzen aangevoerd voor de stelling dat het universum een begin heeft. Maar gesteld nu dat wetenschappers op een dag wakker worden en zich realiseren dat ze zich geweldig vergist hebben en dat er nooit een big bang is geweest? Op basis van de brede beschikbaarheid van bewijsmateriaal en op basis van het feit dat de theorie juiste voorspellingen oplevert, is het zeer onwaarschijnlijk dat de big bang-theorie ooit verworpen wordt.

Zelfs atheïsten geven dit toe. Victor Stenger, een natuurkundige die doceerde aan de Universiteit van Hawaii, schreef eens dat 'het universum uit het niets geëxplodeerd is'. [36] Recent erkende Stenger dat de big bang-theorie steeds waarschijnlijker wordt. 'We moeten de optie openhouden dat deze theorie onjuist is', zei hij, 'maar met elk voorbijgaand jaar en met alle astronomische gegevens die binnenstromen lijkt het algemene idee van de big bang alleen maar consistenter te zijn.' [37]

Inderdaad kwam in 2003 meer ondersteunend bewijs beschikbaar voor de big bang. NASA's WMAP satelliet (*Wilkinson Microwave Anisotropy Probe*) bevestigde de metingen van voorganger COBE en stuurde afbeeldingen terug die vijfendertig keer scherper waren dan die de COBE satelliet van de onregelmatigheden in de achtergrondstraling had gemaakt. [38] Het is zelfs zo dat ruimteobservaties zoveel argumenten opleveren die de theïstische visie ondersteunen, dat George Will mijmert: 'Binnenkort gaat de *American Civil Liberties Union* of *People for the American Way*, of een of andere vergelijkbare seculiere belangenorganisatie de NASA nog voor de rechter slepen omdat de *Hubble Space Telescope* ongrondwettelijk veel ondersteuning biedt aan mensen met een religieuze inslag.' [39]

Hoe dan ook, laten we een momentje advocaat van de scepticus spelen. Laten we er eens vanuit gaan dat ergens in de toekomst toch zou blijken dat de big bang-theorie onjuist is. Zou dat dan betekenen dat het universum eeuwig is? Nee, dat zou het om verschillende redenen niet betekenen.

Ten eerste ondersteunt de tweede wet van de thermodynamica de big bang-theorie wel, maar deze wet is er niet van afhankelijk. Het feit dat het universum de aanwezige energie aan het verbruiken is en dat het heelal zich verder ontwikkelt in de richting van meer wanorde staat niet eens ter discussie. In de woorden van Eddington neemt de tweede wet van de thermodynamica 'de absolute toppositie in onder de natuurwetten'. Deze wet is waar, zelfs als de big bang niet heeft plaatsgevonden.

Ten tweede kan voor Einsteins algemene relativiteitstheorie dezelfde conclusie getrokken worden. De juistheid van deze theorie is door talrijke observaties geverifieerd en veronderstelt een begin van ruimte, materie en tijd – of dat begin nu een oerknal was of niet.

Ten derde is er ook geologisch bewijs voor een begin van het universum. Velen van ons hebben tijdens de scheikundeles geleerd dat radioactieve atomen in de loop der tijd kunnen veranderen in andere elementen. Zo kan radioactief uranium uiteindelijk veranderen in lood. Dit houdt in dat als alle uraniumatomen oneindig oud waren, zij allen inmiddels zouden moeten zijn omgezet in lood. Maar dat is niet het geval, dus de aarde kan niet oneindig oud zijn.

Ten slotte is er nog een filosofische bewijsvoering mogelijk die pleit voor het begin van het universum. Deze argumentatie is rationeel gezien zo onontkoombaar dat sommigen deze bewijsvoering als de sterkste van allemaal beschouwen. Deze logische redenering wordt het *Kalam* (afgeleid van het Arabische woord voor 'eeuwig') kosmologisch bewijs genoemd. De argumentatie verloopt als volgt:

1. Een oneindig aantal dagen kent geen eind
2. Maar vandaag is het eind van de geschiedenis (geschiedenis opgevat als de totale verzameling van dagen)
3. Dus zijn er niet oneindig veel dagen aan vandaag voorafgegaan (met andere woorden: de tijd is ooit begonnen).

Om de logica van dit argument te begrijpen verwijzen wij naar de tijdslijn die hieronder is weergegeven (fig. 3.1). Hoe verder je op deze lijn naar links gaat, hoe verder je in de geschiedenis terugkeert. Ga er nu eens een moment van uit dat deze lijn aan de linkerkant oneindig ver doorloopt zodat je niet kunt zien of hij ergens begint en waar hij dan begint. Maar als je nu naar de rechterkant van de lijn kijkt, kun je wel het einde van deze lijn zien want het laatste segment van deze lijn vertegenwoordigt vandaag. Morgen is er nog niet, maar als het wel zover is, voegen we een segment aan de lijn toe (te weten een dag) aan de rechterzijde van deze lijn.

FIG 3.1

Zo kan worden aangetoond dat de tijd een begin heeft: omdat we met zekerheid weten dat we aangekomen zijn aan de uiterste rechterkant van de lijn, kan de lijn niet oneindig zijn want iets wat oneindig is kan geen eind hebben. Bovendien kun je niet iets toevoegen aan iets wat oneindig is, maar morgen voegen we toch weer een dag toe aan deze tijdlijn. Dat betekent dat onze tijdlijn onmiskenbaar eindig is.

Laten we deze argumentatie eens vanuit een ander perspectief bekijken. Als vandaag zou worden voorafgegaan door een oneindig aantal dagen, dan zouden we nooit bij vandaag zijn aangekomen. Maar kijk eens aan: hier zijn we! Dat betekent dat er alleen een eindig aantal dagen aan deze dag vooraf kan zijn gegaan. Met andere woorden: ook al zijn wij vanuit ons vertrekpunt niet in staat om de linkerlijn tot het eind te overzien, toch weten we zeker dat deze lijn ergens moet zijn begonnen want er kan alleen een eindige hoeveelheid tijd verstreken zijn voordat vandaag arriveerde. Je kunt geen oneindige reeks dagen overbruggen. Dus moet tijd een begin hebben.

Nu zullen sommigen zeggen dat een oneindige reeks getallen kan bestaan, dus waarom zou dat ook niet kunnen gelden voor een oneindige reeks dagen? Omdat er een verschil bestaat tussen een abstracte oneindige serie en een concrete serie. De eerste is puur theoretisch, de andere is reëel. Mathematisch gezien kunnen we een oneindige reeks dagen aannemen, maar in werkelijkheid kunnen we nooit een oneindig aantal dagen tellen of leven. Je kunt je een oneindig aantal mathematische punten voorstellen tussen de ene en de andere boekensteun op een boekenplank, maar je kunt er geen oneindig aantal boeken tussen proppen. Dat is het verschil tussen een abstractie en de werkelijkheid.

Getallen zijn abstract, dagen zijn concreet. (Overigens, dit versterkt ons hiervoor genoemde bezwaar tegen de mogelijkheid van een oneindige serie big bangs in de kosmologische geschiedenis van het universum. Een oneindig aantal concrete gebeurtenissen is logisch gezien onmogelijk).

Wat wij hier willen zeggen is dat het universum – of er nu een big bang geweest is of niet – een begin heeft. Het kosmologische bewijs houdt stand omdat beide vooronderstellingen juist zijn: alles wat ontstaat is veroorzaakt en het heelal is ontstaan. Omdat het heelal een begin heeft, moet er een Beginner zijn.

WIE HEEFT GOD GEMAAKT?

In het licht van alle bewijzen voor het begin van ruimte en tijd, moet de Beginner zich buiten het heelal van ruimte en tijd bevinden. Wanneer voorgesteld wordt om God te beschouwen als deze Beginner, dan komen atheïsten ogenblikkelijk met de oeroude tegenwerping: ‘Maar wie heeft God dan gemaakt? Als er voor alles wat bestaat een oorzaak is, dan moet er natuurlijk ook een oorzaak voor God zijn!’

Zoals we hebben gezien vormt het causaliteitsprincipe de basis van de wetenschap. Wetenschap is een zoektocht naar oorzaken en die zoektocht is gebaseerd op onze waarneming dat alles wat begint een oorzaak heeft. De vraag 'Wie heeft God gemaakt?' laat alleen maar zien hoe serieus we dit causaliteitsprincipe met z'n allen nemen. We vinden het vanzelfsprekend dat alles wat bestaat een oorzaak nodig heeft.

Waarom heeft God dan geen oorzaak nodig? Omdat het aangevoerde atheïstische bezwaar op een verkeerde uitleg van het causaliteitsprincipe is gebaseerd. Het causaliteitsprincipe stelt niet dat *alles* een oorzaak nodig heeft. Het stelt dat *alles wat tot bestaan komt* een oorzaak nodig heeft. God is niet tot bestaan gekomen. Niemand heeft God gemaakt. Hij is *ongemaakt*. Als eeuwig wezen heeft God geen begin en dus heeft Hij geen oorzaak nodig.

'Maar wacht eens even', sputtert de atheïst tegen, 'als een eeuwige God mogelijk is, dan mag ik ook vasthouden aan de gedachte van een eeuwig heelal! Immers, als het heelal eeuwig is, heeft het evenmin een oorzaak nodig.' Inderdaad, het is logisch gesproken mogelijk dat het heelal eeuwig is en daarom geen oorzaak nodig heeft. Goed beschouwd is dit één van de twee mogelijkheden: óf het universum, óf iets buiten het universum is eeuwig. (Omdat we niet kunnen ontkennen dat er vandaag iets bestaat, moet er iets zijn dat altijd heeft bestaan. Er zijn maar twee mogelijkheden: óf er is een eeuwig universum, óf er is iets eeuwigs buiten het universum.) Het probleem voor atheïsten is nu dat het in theorie mogelijk is dat het heelal eeuwig is, maar dat dit in werkelijkheid niet het geval is. Alle beschikbare wetenschappelijke argumenten (de bewijzen die we hiervoor hebben besproken, aangevuld met het argument van radioactief verval en het *Kalam* kosmologisch bewijs) wijzen ons erop dat het universum niet eeuwig kan zijn. Dus wanneer wij de optie van een eeuwig heelal moeten verwerpen, blijft er slechts één mogelijkheid over: iets van buiten het universum is eeuwig.

Wanneer je er goed over nadenkt, zijn er maar twee mogelijkheden voor iets wat bestaat: 1) het heeft altijd bestaan en is niet veroorzaakt óf 2) het heeft een begin en werd veroorzaakt door iets anders (het kan niet zichzelf veroorzaakt hebben, want het moet eerst bestaan om iets te kunnen veroorzaken). Op basis van het overweldigende bewijs kunnen we vaststellen dat het universum een begin heeft en dat het daarom door iets veroorzaakt moet zijn – en dat 'iets' moet zich buiten het heelal bevinden. Deze conclusie stemt overeen met het theïstische wereldbeeld, maar is daar niet afhankelijk van. De conclusie is getrokken door logisch te redeneren op basis van degelijk bewijs.

Wat kunnen we over de Eerste Oorzaak zeggen? Het lijkt er misschien op dat je een Bijbel of een andere religieuze openbaring nodig hebt om hier iets over te kunnen zeggen, maar ook in dit geval kunnen we de weg van de logica bewandelen. Einstein had gelijk toen hij zei: 'Wetenschap zonder religie is lam; religie zonder wetenschap is blind'.[40] De religie kan informatie ontlenen aan wetenschap en door wetenschappelijk onderzoek ondersteund worden – zoals blijkt uit het kosmologische bewijs. Zo kunnen we een aantal karakteristieken van de Eerste Oorzaak ontdekken op basis van de bewijzen die we in dit hoofdstuk hebben besproken. Puur op basis van deze bewijzen kunnen we de volgende conclusies trekken.

De Eerste Oorzaak moet:

- in zichzelf bestaan, niet afhankelijk zijn van tijd en ruimte en immaterieel zijn (omdat de Eerste Oorzaak tijd, ruimte en materie gemaakt heeft, moet de Eerste Oorzaak zelf tijdloos, ruimteloos en onstoffelijk zijn). Met andere woorden, hij is onbegrensd of oneindig;
- onvoorstelbaar machtig zijn om het complete universum te kunnen voortbrengen uit het niets;
- enorm intelligent zijn om een universum te creëren met zoveel nauwkeurigheid (hierover zullen we in het volgende hoofdstuk meer lezen);
- persoonlijk zijn om ervoor te kunnen kiezen dat een universum van tijd en ruimte uit het niets moest voorkomen.

Deze karakteristieken van de Eerste Oorzaak komen exact overeen met de eigenschappen die theïsten aan God toeschrijven. Maar deze karakteristieken zijn opnieuw niet gebaseerd op iemands godsdienstige overtuiging of subjectieve ervaring. Onze conclusies over de Eerste Oorzaak zijn gebaseerd op de wetenschappelijke bewijzen die we zojuist besproken hebben. En de conclusies die we op basis hiervan getrokken hebben geven ons zicht op een belangrijk deel van de afbeelding op de puzzeldoos die wij 'leven' noemen.

Conclusie: als God niet bestaat, waarom is er dan *iets* in plaats van *niets*?

Jaren geleden ging ik (Norman) in debat met een atheïst over de vraag 'Bestaat God?' Tijdens dit debat, dat plaatsvond in de universiteit van Miami, bracht ik veel van de hiervoor besproken bewijzen naar voren. Nadat ik dat gedaan had, kreeg ik de gelegenheid wat vragen te stellen aan mijn opponent. Dit was mijn eerste vraag: 'Als God niet bestaat , waarom is er dan *iets* in plaats van *niets*?' Daarna stelde ik nog een aantal vragen – in de veronderstelling dat mijn opponent ze een voor een zou gaan beantwoorden.

Gewoonlijk is het de bedoeling om tijdens een debat de mensen uit het publiek te overtuigen van je gelijk. Je gaat er niet vanuit dat je opponent zelf gaat toegeven dat hij het bij het verkeerde eind heeft. Een debater heeft veel op het spel gezet en over het algemeen is hij niet van plan gezichtsverlies te lijden door te erkennen dat hij het verkeerd gezien heeft. Maar deze man was een uitzondering op deze regel. Hij verraste mij met de volgende reactie: 'Ten aanzien van de eerste vraag moet ik zeggen: dat is een goede vraag. Dat is een *zeer goede* vraag.' En zonder daar iets aan toe te voegen, ging hij verder met het beantwoorden van de tweede vraag die ik hem gesteld had.

Nadat hij het bewijs voor het bestaan van God gehoord had, bleef deze debater niets anders over dan zich te bezinnen op zijn eigen uitgangspunten. Hij was ook aanwezig bij een vervolgdebat en gaf bij die gelegenheid toe dat hij twijfelde aan de atheïstische overtuiging. Ja, zijn geloof in het atheïsme was begonnen te wankelen…

'Als God niet bestaat, waarom is er dan *iets* in plaats van *niets*?' is een vraag die wij allemaal moeten beantwoorden. En in het licht van de aangevoerde bewijzen, zijn er maar twee mogelijkheden: óf niemand heeft iets gemaakt uit niets, óf iemand heeft iets gemaakt uit niets. Welke van deze twee mogelijkheden is het meest rationeel? *Niets* dat *iets* gemaakt heeft? Nee. Zelf Julie Andrews kende het antwoord toen zij zong: *'Nothing comes from nothing. Nothing ever could!'* ('Niets komt van niets. Niets zou dat ooit kunnen!') En als je niet kunt geloven dat *niets* de oorzaak is van *iets*, dan heb je *te weinig geloof om atheïst te kunnen zijn!*

Geloof in God is de meest rationele verklaring. Robert Jastrow kwam tot deze (inmiddels klassiek geworden) conclusie aan het eind van zijn boek *God and the Astronomers*: 'Voor wetenschappers die altijd geleefd hebben vanuit hun geloof in de kracht van de rede, loopt dit verhaal af als een nare droom. De wetenschapper heeft het berglandschap van onwetendheid in kaart gebracht en staat op het punt om de hoogste bergtop te bedwingen. Terwijl hij over de laatste rots klautert, staat hij oog in oog met een groep theologen die daar al eeuwenlang zitten.' [41]

4

GODDELIJK ONTWERP

'Alleen een groentje dat niets van wetenschap afweet, zou zeggen dat de wetenschap afdoet aan het geloof. Als je echt wetenschap bedrijft, kom je er dichter door bij God.'

JAMES TOUR, NANOWETENSCHAPPER

Het astronomisch bewijs voor God *moet* wel sterk zijn als atheïstische natuurkundigen toegeven dat 'het heelal uit het niets is onstaan', en agnostische astronomen beweren dat in het begin 'bovennatuurlijke krachten' zo aan het werk waren dat wetenschappers worden teruggevoerd naar 'een groep theologen die daar al eeuwenlang zitten' (zie hoofdstuk 3). Maar het wetenschappelijk bewijs voor God eindigt niet bij het kosmologische bewijs. Voor veel mensen is de *precisie* waarmee het heelal ontstond een nog overtuigender bewijs voor het bestaan van God.

Dit argument voor het bestaan van God wordt ook wel het teleologisch bewijs genoemd, naar het Griekse woord *telos*, dat 'ontwerp' betekent. Het teleologisch bewijs is hierop gebaseerd:

1. Elk ontwerp heeft een ontwerper.
2. Het heelal kent een zeer complex ontwerp.
3. Het heelal heeft dus een Ontwerper.

Isaac Newton (1642-1727) bevestigde de geldigheid van het teleologisch bewijs impliciet toen hij zich verwonderde over het ontwerp van ons zonnestelsel. Hij schreef: 'Dit schitterende stelsel van de zon, de planeten en de kometen kan alleen zijn voortgekomen uit de raad en heerschappij van een intelligent en machtig Wezen.'[1] Maar het was William Paley (1743-1805) die het teleologisch bewijs beroemd maakte met zijn voor de hand liggende bewering dat elk horloge een horlogemaker moet hebben. Stelt u zich voor dat u tijdens een boswandeling een met diamanten bezette Rolex op de grond ziet liggen. Denkt u dan dat het door de wind en de regen is ontstaan? Door erosie? Of een combinatie van natuurkrachten? Natuurlijk niet! U twijfelt er niet aan dat het horloge door een intelligent wezen is gemaakt en dat een onfortuinlijk persoon het per ongeluk daar heeft laten vallen.

Wetenschappers komen er nu achter dat het heelal waarin wij leven op die rolex met diamanten lijkt, met dit verschil dat het heelal nog preciezer ontworpen is dan het horloge. Het heelal is er zelfs specifiek op afgesteld om leven mogelijk te maken op aarde – een planeet met tal van onwaarschijnlijke en onderling afhankelijke omstandigheden die het leven onderhouden en de aarde tot een kleine oase maken in een uitgestrekt en onherbergzaam universum.

Die uiterst precieze en onderling afhankelijke natuurlijke omstandigheden ('antropische constanten' genaamd) vormen de basis van het zogenaamde 'antropisch principe'. 'Antropisch' komt van een Grieks woord dat 'mens' of 'man' betekent. Het antropisch principe is gewoon een dure benaming voor het groeiende bewijs dat veel wetenschappers ervan overtuigt dat het heelal uiterst nauwkeurig is afgesteld (ontworpen) om menselijk leven hier op aarde mogelijk te maken.

In dit uitgestrekte en onherbergzame heelal zijn wij aardbewoners als astronauten die alleen in leven kunnen blijven binnen de grenzen van hun kleine ruimteschip. Net als een ruimteschip houdt onze aarde leven in stand, terwijl ze door een levenloze ruimte voortraast. Maar net als bij een ruimteschip kan ook de geringste verandering of het kleinste defect in een of meer factoren – in het universum of op aarde – een fatale wijziging van de nauwkeurig bepaalde natuurlijke omstandigheden die we nodig hebben om te leven tot gevolg hebben.

Apollo 13, een van de moeilijkste en beroemdste missies in de geschiedenis van de NASA, kan als illustratie dienen. De komende bladzijden brengen we door aan boord van de *Apollo 13*. En onderweg zullen we enkele antropische constanten bekijken die ons leven mogelijk maken.

HOUSTON, WE HEBBEN EEN PROBLEEM!

Het is 13 april 1970, ruim twee dagen nadat commandant Jim Lovell en twee andere astronauten met de Apollo 13 de atmosfeer van de aarde verlieten. Ze vliegen nu met ruim 3200 km/u door de ruimte, terwijl ze uitkijken naar een wandeling die nog maar een paar mensen hadden gemaakt: een wandeling op het oppervlak van de maan. Alles verloopt volgens plan aan boord van hun schitterend ontworpen ruimteschip. In Lovells eigen woorden zijn hij en zijn bemanning 'dik, dom en blij'. Maar dat zal snel veranderen.

55 uur en 54 minuten na vertrek bergt Lovell na een tv-uitzending naar de aarde net wat kabels op als hij een luide knal hoort. In eerste instantie denkt hij dat piloot Jack Swigert een grap uithaalt door stiekem een luidruchtige klep aan te zetten. Maar als Swigert hem aankijkt met een gezicht van 'Ik doe dat niet, hoor!' realiseert Lovell zich al snel dat het geen grap is.

De dialoog tussen de astronauten Lovell, Swigert, Fred Haise met Charlie Duke, die op de grond in Houston is, gaat als volgt:

Swigert: Houston, we hebben hier een probleem.
Duke: Dit is Houston. Wilt u dat alstublieft herhalen.
Lovell: Houston, we hebben een probleem. We hebben een spanningsdip op groep B gehad.
Duke: Roger. Spanningsdip op groep B.
Haise: Oké. Het voltage ziet er nu goed uit. We hadden net een vrij grote knal die samenhing met het waarschuwwingssysteem daar. En trouwens, groep B is die groep die al eens een stroompiek heeft gehad.
Duke: Roger, Fred.
Haise: Ik denk dat de sensor van zuurstoftank nr. 2 een opdoffer heeft gekregen. Hij schommelde rond 20 à 60 procent. Nu zit hij op zijn maximum.

De astronauten weten dan nog niet precies wat er aan de hand is. De sensoren van de zuurstoftanks hebben kuren. Het peil dat ze aangeven, varieert van maar 20 procent tot de onmogelijke hoeveelheid van meer dan 100 procent. En hoewel Haise eerst zei dat het voltage 'er goed uitzag', vertellen de herhaaldelijke waarschuwingen van de elektrische systemen van het ruimteschip een heel ander verhaal.

Binnen een paar minuten wordt de kritieke aard van het probleem duidelijk. De Apollo 13 heeft geen sensorprobleem, maar een echt probleem. Het ruimteschip, dat nu op bijna 360.000 kilomenter van de aarde is en er steeds verder vandaan vliegt, verliest in hoog tempo zuurstof en elektrische energie. Twee van de drie brandstofcellen werken niet en de derde maakt het ook niet lang meer. Haise brengt Houston op de hoogte van de stroomsituatie:

> Haise: AC 2 staat op nul… Groep A heeft nu ook te weinig spanning… Hij geeft 25 en een half aan. Groep B staat nu op nul.

Daarna meldt Lovell het zuurstofprobleem:

> Lovell: En onze zuurstoftank nr. 2 staat op nul. Hoort u mij?
> Houston: Zuurstoftank nr. 2 op nul.

Als Lovell vervolgens door een luik kijkt, ziet hij uit de zijkant van het ruimteschip een gas ontsnappen.

> Lovell: En het lijkt als ik door het luik kijk wel alsof we iets lekken.
> Houston: Roger.
> Lovell: We…we lekken iets, de ruimte in.
> Houston: Roger. Ik herhaal, jullie lekken iets.
> Lovell: Een of ander gas.

Dat gas blijkt later zuurstof te zijn. De bemanning weet het nog niet, maar zuurstoftank 2 is zojuist ontploft en heeft daarbij zuurstoftank 1 beschadigd. Lovell kan de schade niet zien, alleen het lekkende gas.

Antropische constante 1: het zuurstofpeil – De atmosfeer van de aarde bestaat voor 21 procent uit zuurstof. Dat nauwkeurig vaststaande getal is een antropische constante die leven op aarde mogelijk maakt. Als het 25 procent was, zouden er spontaan branden uitbreken; als het 15 procent was, zouden mensen stikken. Lovell en zijn bemanning moeten nu de zuurstof in hun schip op het juiste peil zien te houden.

Maar zuurstof is niet hun enige probleem. Net als bij de atmosfeer van de aarde kan een verandering in de ene constante van het ruimteschip invloed hebben op verschillende andere die ook noodzakelijk zijn om te kunnen leven. Door de explosie ontstaat er niet alleen gebrek aan zuurstof, maar ook aan eletriciteit en water. In de Apollo 13 worden water en elektriciteit gemaakt door in de brandstofcellen zuurstof te combineren met waterstof. Zonder zuurstof is het onmogelijk om lucht, water of stroom te maken. En aangezien ze zich in het vacuüm van de ruimte bevinden, is er geen zuurstofbron buiten het schip.

De situatie is zo onvoorstelbaar dat Jack Swigert later zou zeggen: 'Als ze ons dat in de simulator hadden voorgeschoteld', namelijk een storing in zowel brandstofcellen 1 en 3 als zuurstoftanks 1 en 2, 'zouden we gezegd hebben: "Kom op, zeg, dat is niet realistisch."'

Helaas is dit niet de simulator, maar een echte noodsituatie in een ruimteschip dat al tweederde van zijn reis naar de maan heeft afgelegd. Wat kunnen ze doen? Gelukkig is er een reddingsboot. De Lunar Module (LM, ook wel de 'lem' genaamd) beschikt over voorzieningen voor noodsituaties. De LM is het voertuig boven op de Command Module (CM) waarmee normaliter twee van de astronauten op de maan landen. Maar de maanlanding staat natuurlijk op het punt afgelast te worden; het redden van de astronauten is nu de nieuwe missie van de Apollo 13.

Om stroom te sparen voor de terugkeer in de atmosfeer zetten de astronauten snel de Command Module uit en klimmen ze in de

LM. Maar zelfs met de LM zijn de astronauten nog lang niet buiten gevaar. Ze moeten het voertuig nog om de maan 'slingeren' om naar de aarde terug te kunnen. Dat kost tijd, meer tijd dan ze hebben. De LM kan twee mannen ongeveer veertig uur onderhouden, maar ze moeten *drie* mannen *vier dagen* lang onderhouden!

Ze doen er dan ook alles aan om water, zuurstof en electriciteit te sparen. Alle niet-essentiële systemen worden uitgeschakeld, inclusief de verwarming, en de astronauten brengen hun watergebruik terug tot één klein bekertje per dag. Haise, die zich niet lekker voelt, krijgt al snel hoge koorts, en alle drie de astronauten drogen langzaam uit, waardoor ze zich moeilijker kunnen concentreren.

Maar nu de meeste geautomatiseerde systemen uit staan, is concentratie belangrijker dan ooit. De bemanning moet niet alleen het schip om de maan slingeren, maar ook met de hand verschillende koerscorrecties uitvoeren om ervoor te zorgen dat ze onder de juiste hoek de atmosfeer binnenkomen en om de thuisreis sneller te laten verlopen. Dat betekent dat ze handmatig op de sterren moeten navigeren. Maar doordat brokstukken van de explosie nog steeds rond het schip zweven kunnen de astronauten de sterren niet onderscheiden van het zonlicht dat de brokstukken weerkaatsen. Daarom kunnen ze alleen de aarde en de zon als referentiepunten gebruiken door ze op één lijn te brengen in een venster van het ruimteschip.

Omdat het een nogal primitieve methode is, controleren ze voortdurend of hun berekeningen wel kloppen. Ze kunnen zich heel weinig fouten veroorloven. Het schip mag niet minder dan 5,5 graden en niet meer dan 7,3 graden onder de horizon van de aarde (gezien vanuit het ruimteschip) de atmosfeer binnenkomen. Als ze daar maar iets van afwijken, ketst het schip ofwel van de atmosfeer af, of het verbrandt door een te steile dalingshoek.

Antropische constante 2: atmosferische transparantie – de kleine foutenmarge die de astronauten zich kunnen veroorloven illustreert de nauwkeurig afgestemde waarden die in het heelal gelden. Hoewel de atmosfeer de astronauten voor problemen stelt, zijn haar huidige eigenschappen absoluut essentieel voor het leven hier op aarde. De mate van transparantie van de atmosfeer is een antropische constante. Als de atmosfeer minder transparant was, zou te weinig zonnestraling het aardoppervlak bereiken. Als ze transparanter was, zouden we hier beneden door veel te veel zonnestraling worden gebombardeerd. (Naast de atmosferische transparantie zijn de nauwkeurig afgestelde verhoudingen tussen de hoeveelheden stikstof, zuurstof, koolstofdioxide en ozon in de samenstelling van de atmosfeer op zich ook antropische constanten.)

Antropische constante 3: de aantrekkingskracht tussen aarde en maan – Wanneer de astronauten om de maan heen willen, stuiten ze op een andere antropische constante.[2] Die constante betreft de aantrekkingskracht van de aarde en de maan. Als die kracht sterker was dan hij nu is, zou de invloed van de getijden op de oceanen, de atmosfeer en de rotatieperiode van de aarde te sterk zijn. Als ze minder sterk was, zouden veranderingen in de omloopbanen voor een onstabiel klimaat zorgen. In beide gevallen zou er op aarde geen leven mogelijk zijn.

Nadat ze rakelings om de maan heen zijn gevlogen, zijn de astronauten eindelijk op weg naar huis. Er doet zich echter nog een probleem voor. Het kwetsbare microklimaat in het ruimteschip raakt verstoord. Terwijl de astronauten zuurstof opnemen, creëren ze een nieuw probleem door uit te ademen, want daardoor stijgt het koolstofdioxidepeil in het schip tot gevaarlijke hoogte. Als ze de koolstofdioxidefilters in de LM niet weten aan te passen zullen de drie astronauten vergiftigd raken door hun eigen adem!

Van het controlecentrum horen de astronauten dat ze extra filters moeten uitpakken die bestemd zijn voor de Command Module (het deel van het schip dat geëvacueerd en uitgeschakeld is) om te zien of ze te gebruiken zijn in de LM. Maar de astronauten, die wel wat goed nieuws konden gebruiken, merken al snel dat de CM-filters de verkeerde grootte en vorm hebben voor de LM! Aannemer A en aannemer B hebben kennelijk langs elkaar heen gewerkt! Vluchtleider Gene Krantz, die het controlecentrum inspireerde met de beroemde woorden 'mislukken is geen optie', blaft gefrustreerd: 'Dit is toch geen overheidsproject, he?'

In het controlecentrum zoeken de technici naarstig naar een manier om de vierkante CM-filters op het ronde gat in de LM te passen met materialen die voorhanden zijn in het ruimteschip. Ze bedenken een oplossing en vertellen de bemanning stap voor stap wat ze moeten doen. Het is een ingenieuze oplossing met behulp van karton, slangen van ruimtepakken, opbergzakken en sterke tape (altijd handig om dat bij je te hebben!).

Antropische constante 4: het koolstofdioxidepeil – Natuurlijk is zulk kunst- en vliegwerk hier op aarde niet nodig, want in de atmosfeer van de aarde wordt de hoeveelheid koolstofdioxide van nature op precies het juiste peil gehouden. Dat is ook een antropische constante. Als het koolstofdioxidepeil hoger was dan het nu is, zou een extreem broeikaseffect het gevolg zijn en zouden we allemaal verbranden. Als het lager was dan het nu is, zouden de planten hun fotosynthese niet kunnen volhouden (dan zou er hetzelfde gebeuren wat de astronauten proberen te voorkomen: we zouden stikken).

Gelukkig werken de provisorische filters, waardoor de bemanning weer meer tijd (en lucht om te ademen) krijgt. Even later is het al weer tijd om de beschadigde Service Module af te stoten. Terwijl de Service Module wegvalt, ziet de bemanning voor het eerst hoe groot de schade is: de explosie in de zuurstoftank heeft een paneel van bijna vier bij twee meter van de zijkant van de Service Module afgeblazen, de brandstofcellen uit het lood geslagen en een antenne beschadigd. Een *explosie van minder dan de helft in kracht* bij het hitteschild van de Command Module zou het einde van het ruimteschip en de bemanning hebben betekend.

Voordat het schip terugkeert in de atmosfeer, klimt de bemanning weer in de Command Module om te zien of ze hem weer aan de praat krijgen. Dat is hun enige hoop om heelhuids thuis te komen (de LM heeft geen hitteschild). Maar doordat alle drie de brandstofcellen kapot zijn en er alleen accustroom is, zal de normale power-up-procedure niet werken. Niet elk systeem kan worden ingeschakeld, want er zit gewoon niet genoeg energie in de accu's! Daardoor zijn ze afhankelijk van een nieuwe procedure die net ontwikkeld is door andere technici en astronauten in het controlecentrum.

Een extra probleem is dat er nu gecondenseerd water van de bedieningspanelen van de CM waar het maar drie graden is, druppelt. Zal er kortsluiting optreden in de panelen? Zullen ze de noodzakelijke systemen aan de praat krijgen? Dit is een gevaarlijke omgeving om stroom te gebruiken, maar ze hebben geen keus.

Ondanks het gevaar is de nieuwe procedure een succes, en de astronauten gespen zich vast voor de terugkeer in de atmosfeer. Op aarde volgt iedereen met ingehouden adem het lot van de drie mannen. In nieuwsberichten en persconferenties wordt de wereld op de hoogte gehouden. Het Amerikaanse Congres neemt een resolutie aan waarin Amerika wordt opgeroepen om te bidden, en ook de paus spoort de wereld aan tot gebed, terwijl de drie dappere Amerikanen in een beschadigde ruimtecapsule met enorme snelheid de atmosfeer van de aarde naderen. Spoedig zullen ze door de zwaartekracht van de aarde een maximumsnelheid van ruim 40.000 kilometer per uur bereiken. Dat is ruim 11 kilometer *per seconde*!

Antropische constante 5: de zwaartekracht – De zwaartekracht die de astronauten naar de aarde trekt is weer een andere antropische constante. De kracht ervan is misschien angstaanjagend, maar als hij anders was, zou er op aarde geen leven mogelijk zijn. Als de zwaartekracht 0,0000000000000000000000000000000000001 procent groter of kleiner was, zou onze zon niet bestaan en wij dus ook niet.[3] Over precisie gesproken!

Terwijl de astronauten in hun zwaar beschadigde ruimteschip in ijltempo naar de aarde vallen, weet niemand zeker of ze de heftige en intens hete terugkeer in de atmosfeer zullen overleven. Te veel vragen blijven onbeantwoord. Is het hitteschild volledig intact? Is de dalingshoek van het schip inderdaad correct? Zullen de accu's van de CM werken? Zullen de parachutes naar behoren functioneren? Tot overmaat van ramp is er de dreiging van een tyfoon in het geplande landingsgebied.

Vanwege al die onzekerheid betuigen de astronauten hun dank aan de mensen op de grond vlak voor de drie minuten radiostilte waarmee de terugkeer in de atmosfeer gepaard gaat:

Swigert: Hé, ik wilde even zeggen dat jullie fantastisch werk verrichten.
Houston: Insgelijks, Jack.
Swigert: Ik weet dat ik namens ons alledrieën spreek als ik jullie allemaal bedank voor het geweldige werk dat jullie hebben geleverd.
Lovell: Inderdaad, Joe.
Houston: We hebben het allemaal met veel plezier gedaan.
Lovell: Je bent een schat.
Houston: Hou op, ik ga blozen!
Houston: Oké, we vallen weg over één minuut... welkom thuis.
Swigert: Bedankt.

Tijdens de terugkeer in de dampkring cirkelt er een C-135-vliegtuig boven het landingsgebied voor de noodzakelijke communicatielink met het controlecentrum. Maar na drie minuten is er geen contact met de astronauten. De spanning stijgt:

Houston: Er zou nu weer contact moeten zijn met Apollo 13. We wachten op bericht van de ARIA (Apollo Range Instrumentation Aircraft).
Vluchtleider Netwerk, nog geen contact met ARIA?
Netwerk: Vooralsnog niet, Vluchtleider. (lange stilte)

Vier minuten na terugkeer in de dampkring is er nog steeds geen contact – bij geen enkele missie heeft het ooit zo lang geduurd.

Houston: We wachten op bericht van de ARIA. (stilte)

Eindelijk vangt het vliegtuig een signaal op van de capsule:

Houston: We hebben bericht dat ARIA 4 een signaal heeft opgevangen.

Maar het is nog onduidelijk of er overlevenden zijn.

Houston: Odyssey, Houston. Standing by. Over.

Tot ieders opluchting horen ze eindelijk de stem van Swigert.

Swigert: Oké, Joe.
Houston: Oké, we horen je, Jack!

De astronauten leven nog, maar ze moeten nog een laatste horde nemen: twee parachutes moeten werken, eerst de loodsparachute en dan de hoofdparachute, anders is alles voor niets geweest. Zonder goed werkende parachutes zijn de astronauten er geweest als hun capsule met 480 km/u in de oceaan stort.

Houston: Minder dan twee minuten tot gebruik van loodsparachute.

Wachten…

Houston: Bevestiging van twee goede loodsparachutes. Nu komen de hoofdparachutes. (Stilte) We wachten op bevestiging dat de hoofdparachutes werken.

De hoofdparachutes werken naar behoren en Houston krijgt nu visueel contact.

Houston: Odyssey, Houston. We zien jullie aan de hoofdparachutes. Het is echt een schitterend gezicht!

Na vier dagen in spanning te hebben gezeten slaken de astronauten, het controlecentrum en de rest van de wereld een zucht van verlichting:

> Houston: Een oorverdovend applaus hier in het controlecentrum!... Een oorverdovend applaus terwijl Apollo 13 aan de hoofdparachutes duidelijk te zien en te horen is op de monitor hier.

Op 17 april 1970 om 13:07 landen ze in zee.

HET ANTROPISCH PRINCIPE: HET ONTWERP ZIT HEM IN DE DETAILS

Toen sommigen in het controlecentrum twijfelden of de astronauten het er wel levend af zouden brengen, pareerde vluchtleider Gene Krantz het pessimisme met: 'Heren, ik denk dat we met trots zullen kunnen terugkijken op deze missie.' Hij had gelijk. Apollo 13 werd bekend als een 'geslaagde mislukking'. De astronauten liepen niet op de maan, maar ze wisten met succes terug te keren naar de aarde ondanks de levensgevaarlijke omstandigheden.

Net zoals de bemanning het er tegen alle verwachtingen in levend afbracht, leven wij ook tegen alle verwachtingen in op deze planeet. De Apollo-ruimteschepen waren, net als onze aarde, ontworpen om menselijk leven te onderhouden in een onherbergzaam heelal. Omdat mensen slechts onder heel specifieke omstandigheden kunnen leven, moeten zulke schepen ongelofelijk precies en met duizenden onderdelen worden ontworpen. Als er maar iets misgaat, loopt het menselijk leven gevaar.

Wat er bij de Apollo 13 misging en waardoor de bemanning gevaar liep, lijkt onbenullig: voordat zuurstoftank nr. 2 geïnstalleerd werd, had men hem vijf centimeter laten vallen. Door die kleine val beschadigde de dunne wand van de tank en kwam er een kettingreactie op gang die uiteindelijk tot de explosie leidde.[4] Doordat de onderdelen onderling afhankelijk zijn van elkaar, leidde het defect in het zuurstofsysteem tot defecten in andere systemen, wat het schip en de bemanning ernstig in gevaar bracht. Die kleine val van vijf centimeter was de oorzaak van alle problemen die de astronauten te boven moesten komen om te overleven. Navigatiefouten, een gebrek aan zuurstof, water en stroom en een teveel aan koolstsofdioxide waren het gevolg.

Net zoals bij het ruimteschip zou een kleine verandering in het heelal voor ons ook tot grote problemen leiden. Zoals we zagen, hebben wetenschappers ontdekt dat het heelal, net als een ruimteschip, precies ontworpen is om die heel specifieke omstandigheden te creëren die het leven hier op aarde mogelijk maken. Bij de geringste wijziging in een van de vele milieufactoren of fysieke factoren (de 'constanten' waar we het steeds over hebben) zouden we niet eens kunnen bestaan. En net als de onderdelen van de Apollo 13 zijn die constanten onderling afhankelijk van elkaar – een kleine verandering in het ene onderdeel kan de andere beïnvloeden en zo de omstandigheden die nodig zijn voor het leven onmogelijk maken of vernietigen.

Het heelal is zo enorm precies afgesteld dat het antropisch principe het krachtigste argument voor het bestaan van God is. Het is niet zo dat er maar een paar ruim gedefinieerde constanten zijn die het resultaat van toeval zouden kunnen zijn. Nee, er zijn meer dan honderd heel precies gedefinieerde constanten die sterk in de richting van een intelligente Ontwerper wijzen.[5] We hebben er al vijf behandeld. Hier zijn er nog tien:

1. Als de middelpuntvliedende kracht van de planetaire bewegingen niet precies in balans was met de zwaartekracht, zou er niets in een baan om de zon kunnen blijven.
2. Als het heelal een miljoenste trager was uitgedijd, zou het uitdijen gestopt zijn en zou het heelal geïmplodeerd zijn voordat er sterren waren ontstaan. Als het sneller was uitgedijd, zouden er geen melkwegstelsels zijn ontstaan.

3. Elke natuurkundige wet laat zich beschrijven als een functie van de snelheid van het licht (die nu is vastgesteld op 299.792.458 meter per seconde). Zelfs de geringste variatie in de lichtsnelheid zou de andere constanten wijzigen en leven op aarde onmogelijk maken.
4. Als de hoeveelheid waterdamp in de atmosfeer hoger was dan het nu is, zou door een extreem broeikaseffect de temperatuur te hoog worden voor menselijk leven. Als het lager was, zou door een te gering broeikaseffect de aarde te koud worden voor de mens.
5. Als Jupiter niet in zijn huidige baan stond, zou de aarde gebombardeerd worden met ruimtepuin. Jupiters zwaartekrachtsveld werkt als een kosmische stofzuiger, doordat het asteroïden en kometen aantrekt die anders de aarde zouden kunnen raken.
6. Als de aardkorst dikker was, zou er teveel zuurstof naar de korst gaan om leven te kunnen onderhouden. Als hij dunner was, zou de vulkanische en tektonische activiteit het leven onmogelijk maken.
7. Als de rotatie van de aarde langer duurde dan 24 uur, zouden de temperatuurverschillen tussen dag en nacht te groot zijn. Als de rotatieperiode korter was, zouden de atmosferische windsnelheden te groot zijn.
8. De helling van de aardas is met 23 graden precies goed. Bij een geringe wijziging zouden de oppervlaktetemperaturen op aarde te extreem zijn.
9. Als atmosferische ontladingen (bliksem) frequenter waren, zou er teveel worden vernietigd door vuur. Als ze minder frequent waren, zou er in de grond te weinig stikstofbinding plaatsvinden.
10. Als er meer seismische activiteit was, zou er veel meer leven verloren gaan. Als er minder was, zouden de voedingsstoffen op de oceaanbodem en in de afvoer van rivieren niet worden teruggegeven aan de continenten door middel van tektonische opheffing. (Ja, zelfs aardbevingen zijn nodig om het leven zoals wij het kennen te onderhouden!)

Astrofysicus Hugh Ross heeft de kans berekend dat deze en andere constanten – 122 in totaal – nu bij toeval (dus zonder goddelijk ontwerp) zouden bestaan *voor welke planeet in het heelal dan ook*. Ervan uitgaande dat het heelal 10^{22} planeten telt (een enorm aantal: een 1 met 22 nullen) is zijn antwoord onthutsend: een kans van 1 op 10^{138}, oftewel een kans van 1 op een 1 met 138 nullen! [6] Er zijn maar 10^{70} atomen in het hele universum. De kans dat enige planeet in het heelal de levensonderhoudende omstandigheden heeft die wij hebben, is dus in feite nul, *tenzij* er een intelligente Ontwerper achter zit.

Nobelprijswinnaar Arno Penzias, medeontdekker van de kosmische achtergrondstraling, zei het zo: 'De astronomie brengt ons bij een unieke gebeurtenis: een heelal dat uit het niets werd geschapen en nauwkeurig afgesteld is om de omstandigheden te creeren die nodig zijn om leven mogelijk te maken. Een absurd toeval daargelaten wijzen de bevindingen van de moderne wetenschap op een achterliggend, je zou kunnen zeggen bovennatuurlijk plan.' [7]

Kosmoloog Ed Harrison spreekt van een 'absoluut bewijs' wanneer het gaat om de betekenis van het antropisch principe voor de Godsvraag. Hij schrijft: 'Hier is het absolute kosmologische bewijs voor het bestaan van God – het ontwerpargument van Paley – in een nieuw, gemoderniseerd jasje. De nauwkeurige afstemming van het heelal is een *prima-facie* bewijs voor deïstisch ontwerp.' [8]

BEWIJS VOOR GOD! HOE REAGEREN DE ATHEÏSTEN?

Hoe reageren atheïsten op dit 'bewijs voor God'? Sommige atheïsten geven toe dat er een soort Ontwerper is. Astronoom Fred Hoyle ging twijfelen aan zijn atheïsme door het antropisch principe en de complexiteit van het leven (waar we het in de volgende twee hoofdstukken over zullen hebben). Hoyle concludeerde: 'Een voor de hand liggende interpretatie van de feiten suggereert dat een superintellect met zowel de natuurkunde als de chemie en biologie heeft zitten knutselen en dat de natuur geen noemenswaardige blinde krachten kent.' [9] Hoewel Hoyle onduidelijk was over de identiteit van dit 'superintellect', onderkende hij dat de fijnafstemming van het heelal intelligentie vergt.

Andere atheïsten zien wel een ontwerp maar geen Ontwerper. Volgens hen is het allemaal toeval. Maar hoe kunnen ze dat serieus menen als de kans vrijwel nihil is dat alle ruim honderd constanten zo zouden zijn als ze zijn in de afwezigheid van intelligentie? Het valt niet mee. Atheïsten hebben wild moeten speculeren om het toeval meer kans te geven. De uitkomst van hun speculaties was de zgn. *Multiple Universe Theory.*

Volgens die theorie bestaat er een oneindig aantal universums en hebben wij net het geluk dat we in het universum met de juiste omstandigheden leven. Bij een oneindig aantal universums zal, aldus atheïsten, elke mogelijke combinatie van omstandigheden zich voordoen, inclusief de combinatie die er in ons heelal voor zorgt dat er leven mogelijk is.

Er kleven tal van problemen aan deze verklaring. Het eerste en voornaamste probleem is *het totale gebrek aan bewijs*! Alles wijst erop dat de gehele eindige werkelijkheid begon met de big bang. De eindige werkelijkheid is precies datgene wat we 'het heelal' noemen. Als er nog andere eindige werkelijkheden bestaan, liggen ze buiten onze waarneming. Niemand heeft ooit iets waargenomen wat op het bestaan van zulke universums wijst. Deze theorie is daarom ook niets meer dan een metafysisch hersenspinsel – een fabeltje dat op blind geloof berust en even ver van de realiteit staat als Stephen Hawkings 'imaginaire tijd'.

Ten tweede is een oneindig aantal eindige dingen, zoals we in het vorige hoofdstuk al zagen, feitelijk onmogelijk, of het nu dagen, boeken, oerknallen of universums zijn. Er kan geen oneindig aantal eindige universums zijn.

Ten derde, zelfs als er andere universums konden bestaan, zouden ze net als ons heelal pas kunnen beginnen na fijnafstemming (denk aan de buitengewone precisie van de big bang zoals beschreven in het vorige hoofdstuk). Met de *Multiple Universe*-theorie verdwijnt de noodzaak van een Ontwerper dus niet, maar wordt hij juist *enorm versterkt*!

Ten vierde is de *Multiple Universe*-theorie zo algemeen dat je er *alles* mee kunt wegverklaren. Als we bijvoorbeeld vragen: 'Waarom vlogen de vliegtuigen in het World Trade Center en het Pentagon?' hoeven we de schuld niet aan moslimterroristen te geven. Volgens deze theorie zouden wij toevallig net in het universum kunnen leven waar die vliegtuigen de gebouwen per ongeluk raakten, al leek het opzet. Met de *Multiple Universe*-theorie kunnen we zelfs Hitler vrijspreken. Misschien leven wij toevallig net in dát universum waar de holocaust moord leek. De *Multiple Universe*-theorie is zelfs zo algemeen dat het als excuus kan dienen voor de atheïsten die haar bedacht hebben. Misschien leven wij toevallig net in dát universum waar mensen irrationeel genoeg zijn om te suggereren dat zulke onzin de waarheid is!

Uiteindelijk is de *Multiple Universe*-theorie een wanhopige poging om niet te hoeven erkennen dat het heelal ontworpen is. Het verklaart niets en maakt de zaak alleen maar absurder. Dat is net als wanneer de astronauten van de Apollo 13 niet hadden geloofd dat NASA hun ruimteschip had ontworpen en gebouwd, maar dat er een oneindig aantal natuurlijk voorkomende ruimteschepen bestaat en dat zij net het schip hadden getroffen waarin leven mogelijk was. Zo'n theorie is natuurlijk onzin, en de overduidelijke absurditeit ervan geeft aan hoe sterk het bewijs voor een ontworpen heelal eigenlijk is. Om zulk buitengewoon bewijs weg te verklaren heb je buitengewone theorieën nodig.

GOD? 'KIJK OMHOOG'

Op 1 februari 2003 richtte president George W. Bush zijn blik plechtig in een tv-camera om het Amerikaanse volk toe te spreken: 'Mijn beste landgenoten, deze dag heeft ons verschrikkelijk nieuws gebracht en een groot verdriet voor ons land. Om 9 uur vanochtend verloor het controlecentrum in Houston het contact met onze spaceshuttle Columbia. Even daarna werd een puinregen gezien in de lucht boven Texas. De Columbia is verloren gegaan; er zijn geen overlevenden.' [10]

Met een snelheid van ruim 20.000 km/u viel de Columbia uiteen toen het schip de atmosfeer van de aarde binnenkwam. Na het tweede grote ongeluk met een shuttle was het land geschokt maar vastberaden. 'Het doel waarvoor zij zijn gestorven zal blijven bestaan', beloofde de president plechtig. 'De mensheid zal blijven zoeken in de duisternis buiten deze wereld, gedreven door het verlangen om te ontdekken en te begrijpen. Onze reis door de ruimte zal doorgaan.'

Mensen kunnen echter maar een fractie van de ruimte verkennen. Ons melkwegstelsel telt 100 miljard sterren en de gemiddelde afstand tussen die sterren is ruim 48 biljoen kilometer. (Die afstand is trouwens ook een antropische constante. Als de sterren dichter bij elkaar of verder van elkaar af stonden, zou dat de omloopbanen van de planeten beïnvloeden.)

Hoe ver is 48 biljoen kilometer? Een voorbeeld: als de spaceshuttle in een baan om de aarde zit, gaat hij ruim 27.000 kilometer per uur – *ruim 8 kilometer per seconde*! Als je met de spaceshuttle mee zou kunnen en met ruim 8 kilometer per seconde door de ruimte zou kunnen vliegen, zou je over 48 biljoen kilometer 201.450 *jaar* doen! Met andere woorden, als je in de tijd van Christus in de spaceshuttle was gestapt en vanaf onze zon op weg was gegaan naar een andere ster op gemiddelde afstand, dan zou je nu nog maar *een honderdste* van de reis hebben afgelegd. Onvoorstelbaar.

En dat is nog maar tussen *twee* van de 100 miljard sterren in *ons melkwegstelsel*. Hoeveel sterren zijn er in het hele universum? *Het aantal sterren in het heelal is ongeveer gelijk aan het aantal zandkorrels op alle stranden op de hele aarde.* En met 8 kilometer per seconde doe je er ruim 200.000 jaar over om van de ene zandkorrel naar de andere te gaan! Het heelal is *ontzagwekkend*.

De Bijbel zegt dat we omhoog moeten kijken als we een idee willen krijgen van hoe God is. Lang voor Newton en Paley hanteerde David al het teleologisch bewijs voor het bestaan van God in Psalm 19: 'De hemel verhaalt van Gods majesteit, het uitspansel roemt het werk van zijn handen.' Een paar eeuwen later gaf Jesaja een vraag door uit naam van God: 'Met wie wil je mij vergelijken, zegt de Heilige, aan wie ben ik gelijk te stellen?' (40:25). Het volgende vers geeft het antwoord: 'Kijk omhoog' (vers 26). Vervolgens vertelt Jesaja dat God alle sterren bij name kent!

Waarom wil God dat wij hem vergelijken met de hemelen? Omdat God geen grenzen kent, en vanuit ons oogpunt geldt hetzelfde voor het heelal. God is de onbegrensde begrenzer en de ongeschapen Schepper van alle dingen. Hij is het in zichzelf bestaande, oneindige Wezen dat dit schitterende, immense heelal uit het niets geschapen heeft en ook nu nog alle dingen in zijn hand houdt. Er is maar één ding in onze ervaring dat als analogie voor de oneindigheid van God kan dienen. Geen enkel door mensen gecreëerd beeld kan God recht doen.[11] Het doet zijn majesteit alleen maar te kort. Alleen het heelal belichaamt de oneindigheid.

Oneindigheid is het kenmerk van al Gods eigenschappen, zoals zijn macht, kennis, gerechtigheid en liefde. Daarom gebruikt de Bijbel de hemelen om de oneindige hoogte van Gods liefde duidelijk te maken. Psalm 103:11 zegt: 'Zoals de hoge hemel de aarde overspant, zo welft zich zijn trouw over wie hem vrezen.' Hoe hoog is die hemel? Als je bedenkt dat er 48 biljoen kilometer tussen de sterren zit en dat ze even talrijk zijn als de zandkorrels op alle stranden, zou je kunnen zeggen: 'De hemel is oneindig hoog.' Inderdaad, en zo hoog is Gods liefde.

Wellicht was het Gods oneindige liefde die president Bush ertoe bracht om Jesaja aan te halen in zijn eerbetoon aan de bemanning van de Columbia: 'We zagen vandaag verwoesting en rampspoed. Maar verder dan wij kunnen zien, is er troost en hoop. Zoals de profeet Jesaja zegt: "Kijk omhoog: wie heeft dit alles geschapen? Hij laat het leger sterren voltallig uitrukken, hij roept ze bij hun naam, een voor een; door zijn kracht en onmetelijke grootheid ontbreekt er niet één." Dezelfde Schepper die de sterren bij name roept, kent ook de namen van de zeven zielen die wij vandaag herdenken. De bemanningsleden van de Columbia zijn niet veilig teruggekeerd naar de aarde; maar we mogen bidden dat ze nu allemaal veilig thuis zijn.'[12]

CONCLUSIE

Bijna 2000 jaar geleden schreef Paulus in het eerste hoofdstuk van zijn brief aan de Romeinen: 'Zijn onzichtbare eigenschappen zijn vanaf de schepping van de wereld zichtbaar in zijn werken, zijn eeuwige kracht en goddelijkheid zijn voor het verstand waarneembaar. Er is niets waardoor zij te verontschuldigen zijn.' Het bewijs voor een Ontwerper is inderdaad duidelijk aanwezig in de schepping, maar we hebben er vaak geen oog voor.

In de klassieker *Brieven uit de hel* beschrijft C.S. Lewis heel treffend hoe wij vaak geen oog hebben voor de wonderbaarlijke wereld om ons heen. De hoofddemon Schroefstrik geeft zijn leerlingdemon Galsem advies hoe hij ervoor kan zorgen dat mensen geen christen worden. Schroefstrik schrijft: 'Wijs hem voortdurend op de banaliteit der dingen. En probeer bovenal geen gebruik te maken van de wetenschap (echte wetenschap bedoel ik) als verweer tegen het christendom. Die zal hem vast en zeker aan het denken zetten over waarheden die ontastbaar en onzichtbaar zijn. Er zijn droevige gevallen bekend onder moderne natuurwetenschappers.'[13] De 'droevige gevallen' zijn natuurlijk natuurwetenschappers die alle bewijzen eerlijk onder ogen hebben gezien en christen zijn geworden.

Lewis beschrijft hier een neiging die velen van ons hebben. In ons gejaagde leven nemen we zelden de tijd om de wereld om ons heen te bekijken, waardoor we ieder wonderbaarlijk facet van dit prachtige heelal als doodgewoon beschouwen. Maar zoals we gezien hebben, is het allesbehalve gewoon. Nog nooit in de geschiedenis heeft de wetenschap zo duidelijk laten zien dat dit heelal schitterend ontworpen en van een onvoorstelbare complexiteit is. Het geeft je een nieuwe kijk op een wereld waar we vaak geen oog voor hebben.

Astronauten zien het heelal vanuit een nieuw perspectief en beseffen dat het allesbehalve gewoon is. Toen de eerste astronauten over het oppervlak van de maan liepen en ze de *aarde* zagen opkomen – iets wat geen mens ooit had gezien – lazen ze vol eerbied uit het boek Genesis: 'In het begin schiep God de hemel en de aarde.' Wat zou je op zo'n moment anders moeten doen? De *Multiple Universe*-theorie voordragen? Dat zou zeker geen uiting hebben gegeven aan het ontzag dat de astronauten voelden. Zij waren de eerste mensen die de aarde vanuit dat unieke perspectief zagen en werden overmand door het besef dat zo'n wonderbaarlijk ontwerp een wonderbaarlijke Ontwerper moest hebben. John Glenn verwoordde hun overtuigingen toen hij op 77-jarige leeftijd vanuit de spaceshuttle *Discovery* naarbuiten keek en opmerkte: 'Om bij de aanblik van zo'n schepping niet in God te geloven, is voor mij onmogelijk.'

Uit de directe impact van hun ervaring blijkt hoe intuïtief het teleologisch Godsbewijs is. Niemand hoeft je te vertellen dat iets wat prachtig ontworpen is een ontwerper moet hebben. Het spreekt haast voor zichzelf. Laten we desondanks de redenering nog eens bekijken, met de nadruk op wat we in dit hoofdstuk hebben vastgesteld:

1. Elk ontwerp heeft een ontwerper.
2. Zoals het antropisch principe aantoont, is het *boven redelijke twijfel verheven* dat het heelal ontworpen is.
3. Het heelal heeft dus een Ontwerper.

Er is geen andere plausibele verklaring voor het antropisch principe dan een Kosmische Ontwerper. Atheïsten moeten zich in allerlei bochten wringen om iets wat zo zonneklaar is, te ontkennen. Wanneer ze hypothetische theorieën verzinnen die elke grond missen – en in feite zelfs onmogelijk zijn – verlaten ze het terrein van rede en rationaliteit en betreden ze de wereld van het blinde geloof. Natuurkundige Paul Davies schrijft: 'Misschien vindt iemand het gemakkelijker om te geloven in een oneindig aantal universums dan in een oneindige Godheid, maar een dergelijke opvatting zal niet op waarneming maar op geloof moeten rusten.'[14]

Geloven zonder waarneming, dat is precies waar atheïsten 're-ligieuze' mensen van beschuldigen. Maar ironisch genoeg zijn het juist de atheïsten die een religie van blind geloof propageren. Christenen hebben goede redenen die gebaseerd zijn op waarneming (zoals de big bang en het antropisch principe) waarom ze geloven wat ze geloven – in tegenstelling tot atheïsten. *Daarom hebben wij niet genoeg geloof om atheïst te zijn.*

Dit blinde geloof van de atheïst laat zien dat het verwerpen van een Ontwerper geen probleem van het *hoofd* is; het is immers niet zo dat er geen bewijs of intellectuele rechtvaardiging voor een Ontwerper bestaat. Integendeel, het bewijsmateriaal is indrukwekkend. We hebben hier te maken met een probleem van de *wil.* Ondanks het bewijs wíllen sommige mensen gewoon niet toegeven dat er een Ontwerper is. Een tegenstander van het antropisch principe gaf tegenover *The New York Times* zelfs toe dat zijn werkelijke bezwaar 'volkomen emotioneel' was, omdat 'het riekt naar godsdienst en "intelligent design".'[15] Hoezo wetenschappelijke objectiviteit?

In hoofdstuk 6 zullen we nog meer redenen bekijken waarom mensen het sterke bewijs voor het bestaan van God niet willen accepteren. Maar eerst zullen we in hoofdstuk 5 dieper ingaan op ander overtuigend bewijs voor het bestaan van een Ontwerper – het bewijs dat we vinden in het leven zelf.

5.

HET EERSTE LEVEN: SPELING VAN HET LOT OF WONDER VAN GOD?

'God doet nooit een wonder om een atheïst te overtuigen. Met zijn gewone werk levert Hij immers al voldoende bewijs.'

ARIEL ROTH

ZET HET AFVAL BUITEN – MAM

De zestienjarige Mark kwam naar beneden voor zijn favoriete ontbijt: een schaaltje Alpha-Bits.[1] Toen hij bij de tafel kwam zag hij tot zijn verbazing dat de doos met Alpha-Bits was omgevallen en dat de stukjes die eruit gevallen waren nu samen op zijn placemat een korte zin vormden: 'ZET HET AFVAL BUITEN – MAM'.

Omdat hij goed had opgelet tijdens zijn laatste biologieles, ging Mark ervan uit dat deze boodschap niet door zijn moeder was achtergelaten. Hij had immers pas geleerd dat het leven zelf niet meer is dan een product van willoze natuurwetten. Als dat zo is, zo redeneerde Mark, waarom zou dan een eenvoudige boodschap als *Zet het afval buiten – Mam* niet net zo goed het product van deze willoze natuurwetten zijn? Misschien had de kat de doos omgegooid, of misschien was er een lichte aardschok geweest die het huis had laten schudden. Hoe dan ook, het is niet verstandig om te snel conclusies te trekken. Bovendien had Mark toch al geen zin om het afval buiten te zetten. Hij had helemaal geen tijd voor vervelende klusjes. Het was zomervakantie en hij had zin om naar het strand te gaan want Mandy zou daar ook zijn.

Omdat Tom ook een oogje op Mandy had, moest Mark ervoor zorgen dat hij eerder dan Tom op het strand was. Maar toen Mark bij het strand aankwam, zag hij Tom en Mandy hand in hand langs de kust lopen. Nadat hij hen zo een tijdje had nagestaard, keek hij naar beneden en zag dat er een groot hart in het zand getekend was. In dit hart las hij de woorden: 'Mandy houdt van Tom'. Mark voelde een steek in zijn hart. Maar zijn kennis uit de biologieles kwam gelukkig weer goed van pas. Misschien zijn ook hier de natuurwetten aan het werk geweest! dacht hij. Er kan een natuurlijke verklaring zijn voor dit hart en voor deze woorden. Misschien is een krab hier verantwoordelijk voor of zijn er vreemde wervelingen in de lucht die deze tekening geproduceerd hebben. Natuurlijk wilde Mark niet een conclusie trekken die hij niet leuk zou vinden. Om dat te kunnen doen, moest hij zijn ogen sluiten voor het zichtbare bewijs van het stel dat verderop hand in hand langs het water liep.

Getroost door de wetenschap dat je – net als in de biologielessen – conclusies kunt ontkennen waneer deze je niet aanstaan, besloot Mark even lekker op zijn rug in het zand te gaan zonnen. Hoog boven hem zag hij een boodschap in de lucht staan. 'Drink Coke' stond er met wollige letters in het blauw. Wat een vreemde wolkjes, dacht Mark. Misschien zijn ook hier vreemde luchtwervelingen aan het werk geweest?

Nee, Mark kon niet langer volhouden dat deze tekst toevallig in de blauwe lucht was gekomen. 'Drink Coke' moest wel een reclamezin zijn. Dit was onmiskenbaar een uiting van intelligentie. Het was ondenkbaar dat deze tekst het product was van natuurkrachten, want natuurkrachten hebben nog nooit zulke duidelijke boodschappen achtergelaten. Hoewel er nergens een vliegtuigje te bekennen was, moest Mark wel tot de conclusie komen dat dit een reclametekst was. Bovendien wilde Mark graag gehoor geven aan deze oproep. Door de warme zon had hij nu wel trek in een lekker colaatje gekregen!

EENVOUDIGE LEVENSVORMEN BESTAAN NIET!

Je moet wel een valsspeler of een ongelofelijke fantast zijn om vol te kunnen houden dat boodschappen als 'Zet het afval buiten – Mam' en 'Mandy houdt van Tom' slechts veroorzaakt zijn door de werking van hersenloze natuurwetten. Toch zijn dergelijke onzinnige verklaringen bijna overal te horen waar biologielessen worden gegeven. Naturalistische biologen blijven stug volhouden dat boodschappen met een structuur die nog veel complexer is, kunnen worden gezien als het product van hersenloze natuurwetten. Zij houden vast aan die naturalistische verklaring om de oorsprong van het leven uit te kunnen leggen.

Naturalistische biologen beweren dat het leven spontaan uit levenloze materialen is geëvolueerd door de werking van natuurwetten en zonder tussenkomst van enige intelligentie. Zo'n theorie mag aannemelijk geklonken hebben in de oren van een negentiende-eeuwse wetenschapper die nog niet over de technologie beschikte om de verbazingwekkende complexiteit van een levende cel te analyseren, maar vandaag de dag staat deze naturalistische theorie haaks op alles wat we weten over natuurwetten en biologische systemen.

Sinds het midden van de vorige eeuw kunnen wetenschappers dankzij technologische ontwikkelingen een minuscule wereld van indrukwekkend ontwerp en wonderbaarlijke complexiteit analyseren. Wij kunnen met onze telescopen het uitgestrekte heelal bestuderen, maar zijn nu ook in staat met microscopen de bouwstenen van het leven te analyseren. Terwijl ruimteobservaties hebben geleid tot de ontdekking van het antropisch principe in de natuurwetenschappen (zoals we in het vorige hoofdstuk hebben besproken), leidden observaties van het leven tot de ontdekking van een minstens zo indrukwekkend antropisch principe in de biologie.

Laten we eens stilstaan bij de 'eenvoudige' levensvorm van een eencellig organisme – een amoebe – om duidelijk te maken wat wij hiermee bedoelen. Naturalistische evolutionisten beweren dat zo'n eencellige levensvorm op spontane wijze tot stand is gekomen in een warme poel ergens op de jonge aarde (dus zonder tussenkomst van intelligentie). Volgens hun theorie hebben alle levensvormen zich uit deze enkele amoebe ontwikkeld zonder enige intelligente sturing (we hebben het hier over macro-evolutie: de ontwikkeling van eencellig leven tot complexe levensvormen zoals de intelligente mens van vandaag).

De mensen die deze theorie aanhangen worden naturalistische evolutionisten, materialisten, humanisten, atheïsten en darwinisten genoemd. (In het vervolg van dit hoofdstuk zullen wij aanhangers van deze theorie aanduiden als darwinisten of atheïsten. Mensen die geloven dat God de evolutie gestuurd heeft – theïstische evolutie – rekenen wij niet tot deze categorie). Maar los van de vraag hoe wij de mensen noemen die deze theorie aanhangen, de wezenlijke vraag is natuurlijk: 'Is hun theorie waar?' Daar lijkt het niet op.

Vergeet de darwinistische beweringen over mensen die van apen afstammen of vogels die zich uit reptielen ontwikkeld hebben. Het grootste probleem voor darwinisten is niet dat uitgelegd moet worden hoe alle ontwikkelde levensvormen zich tot elkaar verhouden (hoewel we in het volgende hoofdstuk zullen zien dat dit ook nog een heel probleem is) – het grootste probleem is het vinden van een verklaring voor de oorsprong van het eerste leven. Als er sprake is van ongeleide, naturalistische macro-evolutie, dan moet het allereerste leven spontaan zijn voortgekomen uit levenloze materialen. Maar het probleem voor darwinisten is dat die eerste levensvorm in het geheel niet 'eenvoudig' te noemen is. Dit werd overduidelijk toen in 1953 James Watson en Francis Crick DNA ontdekten (deoxyribonucleinezuur), de stof die in de kern van een cel zit en de informatie (genetische code) bevat voor het maken en dupliceren van alle levende organismen.

DNA lijkt op een gedraaide ladder. De twee strengen van het DNA molecuul zijn in een dubbele spiraal om elkaar heen gewonden. Deze zogenaamde helix bestaat uit drie onderdelen: fosfaatgroepen, suikergroepen en vier basen. De fosfaatgroepen en suikergroepen vormen samen de strengen, terwijl de 'sporten van de ladder' bestaan uit een specifieke volgorde van de vier basen: adenine, thymine, cytosine en guanine, die gewoonlijk worden aangeduid met de beginletters A, T, C en G. Deze vier letters vormen samen het genetische alfabet. Dit alfabet is – net als het gewone alfabet dat uit 26 letters bestaat – in staat een boodschap door te geven. [2] Net zoals de specifieke volgorde van de letters in deze zin een unieke boodschap bevatten, zo bepaalt de specifieke volgorde van de vier A, T, C en G-basen binnen een levende cel de unieke genetische code van dit organisme. Een andere aanduiding voor die boodschap of gecodeerde informatie is 'gespecificeerde complexiteit'. Anders gezegd: de samenstelling is niet alleen complex, maar bevat ook een specifieke boodschap.

De ongelofelijke gespecificeerde complexiteit van het leven blijkt uit de boodschap die is opslagen in het DNA van een amoebe. Overtuigde darwinisten als Richard Dawkins, zoölogieprofessor aan de universiteit van Oxford, geeft toe dat de informatie in een celkern van een amoebe omvangrijker is dan alle dertig delen van de *Encyclopedia Britannica* bij elkaar, en dat de gehele amoebe een hoeveelheid informatie in zijn DNA meedraagt die vergelijkbaar is met 1.000 complete sets van de *Encyclopedia Britannica*! [3]

Nu moeten we hier benadrukken dat deze 1.000 sets encyclopedieën niet bestaan uit letters die in willekeurige volgorde zijn geplaatst, maar uit letters die in een heel specifieke volgorde staan – net zoals in een echte encyclopedie het geval is. Dus hier komt de sleutelvraag voor darwinisten zoals Dawkins: als er voor het opstellen van eenvoudige zinnen als 'Zet het afval buiten – Mam', 'Mandy houdt van Tom' en 'Drink Coke' een intelligent wezen nodig is, waarom is dat dan niet het geval voor een mededeling met een omvang van 1.000 complete sets encyclopedieën?

Darwinisten kunnen deze vraag niet beantwoorden door te laten zien hoe natuurwetten deze klus kunnen klaren. Zij stellen de wetenschappelijke grenzen zo nauw vast dat intelligentie bij voorbaat buiten beschouwing blijft en alleen de werking van natuurwetten overblijft als verklaring. Voordat we gaan beschrijven hoe en waarom darwinisten dit doen, gaan we eerst eens kijken naar de wetenschappelijke principes die gebruikt zouden moeten worden als we willen ontdekken hoe het eerste leven begonnen is.

ONDERZOEK NAAR DE OORSPRONG VAN HET EERSTE LEVEN

Evolutionisten en creationisten lijken vaak met absolute zekerheid te kunnen spreken over de oorsprong van het eerste leven. Uiteraard is het onmogelijk dat beide kampen gelijk hebben. Als de een gelijk heeft, dan heeft de ander ongelijk. Maar hoe kunnen we erachter komen wie gelijk heeft?

De volgende constatering is vanzelfsprekend, maar wordt toch vaak over het hoofd gezien: geen menselijk wezen heeft de oorsprong van het eerste leven *geobserveerd*. De oorsprong van het eerste leven op aarde was een eenmalige, onherhaalbare historische gebeurtenis. Niemand was aanwezig om te zien wat er destijds gebeurde – er was geen evolutionist bij en ook geen creationist. Het is niet mogelijk om terug in de tijd te reizen om direct te observeren of het eerste leven werd gecreëerd door een of andere intelligent wezen of dat het door de werking van natuurwetten uit levenloze materie is geëvolueerd.

Dit brengt ons bij een belangrijke vraag: als we het verleden niet direct kunnen observeren, welke wetenschappelijke principes kunnen we dan gebruiken om te achterhalen wat de oorzaak of oorsprong van het eerste leven is? We gebruiken hiervoor dezelfde technieken die worden toegepast in ons strafrechtsysteem: we onderzoeken de feiten volgens forensische principes. Anders gezegd: de oorsprong van het leven is een forensische kwestie die vergt dat we bewijsmateriaal verzamelen zoals rechercheurs dat doen wanneer er een moord is gepleegd. Rechercheurs kunnen ook niet terug in de tijd gaan om te observeren wat er exact gebeurd is. Evenmin hebben zij de mogelijkheid het slachtoffer tot leven te wekken en hem mee te nemen voor een soort laboratoriumexperiment waarbij de moord keer op keer gepleegd en geobserveerd kan worden. Omdat dit onmogelijk is moet de recherche forensische technieken gebruiken om te ontdekken wat er daadwerkelijk is gebeurd.

Het centrale principe van forensisch onderzoek is het *uniformiteitsprincipe* dat ervan uitgaat dat oorzaken in het verleden gelijk zijn aan de oorzaken die we vandaag kunnen observeren. Met andere woorden, het uniformiteitsprincipe gaat uit van de veronderstelling dat de wereld in het verleden op dezelfde logische manier functioneerde als in het heden, vooral als het om het vaststellen van oorzaken gaat. Als er voor de zin 'Zet het afval buiten – Mam' vandaag de dag een intelligente oorzaak nodig is, dan moeten we voor vergelijkbare boodschappen uit het verleden evenzeer op zoek naar een intelligente oorzaak. En omgekeerd: als natuurwetten in het heden een afdoende verklaring voor een verschijnsel bieden, dan mogen we op basis van het uniformiteitsprincipe aannemen dat dit voor dergelijke verschijnselen in het verleden ook geldt.

Denk bijvoorbeeld aan de Grand Canyon. Wat is de oorzaak van dit fenomeen? Is er iemand die gezien heeft hoe de Grand Canyon werd gevormd? Nee, maar op basis van het uniformiteitsprincipe kunnen we concluderen dat natuurlijke processen – met name erosie die veroorzaakt werd door stromend water – verantwoordelijk zijn voor de totstandkoming van het ontstaan van de Grand Canyon. We kunnen dit met stelligheid concluderen, ook al waren we niet bij de vorming van dit landschap aanwezig om dit proces zelf gade te slaan; we weten immers dat dergelijke processen zich ook vandaag de dag voordoen en we kunnen dit met eigen ogen vaststellen wanneer we het effect van het water op landmassa's observeren. We kunnen zelfs in een laboratorium water uitgieten over een hoeveelheid modder en op die manier zullen we altijd een dergelijk landschap kunnen creëren.

Laten we nu eens nadenken over een andere geologische formatie: Mount Rushmore [4]. Wat is de oorzaak van dit fenomeen? Met ons gezonde verstand weten we direct dat de presidentiële portretten niet door de werking van natuurwetten zijn aangebracht. Dit fenomeen kan niet worden toegeschreven aan de werking van erosie. Ons 'gezonde verstand' is in feite het uniformiteitsprincipe. Omdat we nog nooit hebben gezien dat gedetailleerde gezichten van Amerikaanse presidenten uit een rotswand worden gebeiteld door de werking van natuurwetten, nemen we als vanzelfsprekend aan dat dit in het verleden evenmin is gebeurd. In het heden zien we alleen dat intelligente wezens dergelijke beeldhouwwerken vervaardigen. Op grond hiervan nemen we terecht aan dat ook in het verleden alleen een intelligent wezen (een beeldhouwer) de presidentiële gezichten kan hebben gehakt uit de bergwand van Mount Rushmore.

Wanneer we nu kijken naar de eerste eencellige levensvorm, dan leert het uniformiteitsprincipe ons dat er een intelligente oorzaak moet zijn voor deze verzameling die het equivalent is van 1.000 complete encyclopedieën. We hebben nog nooit waargenomen dat de werking van natuurwetten teksten heeft opgeleverd als 'Drink Coke' – laat staan een boodschap met een lengte van de totale inhoud van 1.000 encyclopedieën.

Waarom komen darwinisten tot de conclusie dat het eerste leven spontaan is geëvolueerd uit levenloze materie zonder tussenkomst van een intelligentie? We hebben nog nooit gezien dat iets spontaan tot leven komt uit levenloze materie. Sinds Louis Pasteur zijn flacon steriliseerde, geldt als een van de meest fundamentele wetenschappelijke observaties dat leven alleen voortkomt uit vergelijkbare reeds bestaande levensvormen. Het is wetenschappers niet gelukt om chemicaliën in een reageerbuisje een DNA molecuul te laten vormen, laat staan iets tot leven te roepen. [5] Alle experimenten die speciaal werden *ontworpen* met het doel spontaan leven te genereren zijn op niets uitgelopen en dat geldt ook voor het inmiddels in diskrediet geraakte Urey-Miller experiment. Bovendien is er bij dergelijke experimenten intelligentie in het spel en die zou juist uitgesloten moeten worden. [6] Anders gezegd: wetenschappers gebruiken hun verstand om dergelijke experimenten uit te voeren en zelfs dan lukt het niet om iets tot stand te brengen wat – naar men beweert – wel door de werking van willoze natuurwetten kan worden gerealiseerd. Waarom zouden we geloven dat onintelligente processen iets kunnen voortbrengen wat briljante geleerden niet kunnen realiseren? Maar zelfs als het de wetenschappers lukt om in een laboratorium iets tot leven te roepen, zou dit alleen maar een bewijs zijn voor creatie. Waarom? Omdat hun pogingen alleen maar laten zien dat er veel intelligentie nodig is om leven voort te brengen.

Houden darwinisten vast aan het spontane ontstaan van leven omdat zij geen bewijzen zien voor ontwerp? In het geheel niet. Het tegenovergestelde is zelfs waar! Richard Dawkins koos de titel *The Blind Watchmaker* voor zijn boek – als reactie op het ontwerpbewijs van William Paley dat we in het vorige hoofdstuk hebben aangehaald. Op de eerste pagina van zijn boek geeft Dawkins toe dat het leven ontworpen lijkt te zijn: 'Biologie is de studie van gecompliceerde dingen die de indruk wekken dat zij voor een bepaald doel zijn ontworpen.' [7] Twee pagina's verder ontkent Dawkins dat menselijk leven of welk leven dan ook ontworpen is. En dit terwijl hij de 'intrinsieke architectuur en precisie-engineering' in het menselijk leven en in elk van de ontelbare cellen van het menselijk lichaam erkent. Kennelijk laat Dawkins niet toe dat zijn observaties zijn conclusies beïnvloeden. Dit is merkwaardig voor een man die de wetenschap het hoogste gezag toekent – dezelfde wetenschap die gebaseerd zou moeten zijn op waarneming.

Francis Crick, medeontdekker van DNA en evenzeer een fervente darwinist, is het met Dawkins eens dat er veel op ontwerp wijst. De aanwezigheid van ontwerp is zelfs zo evident dat hij waarschuwend schijft: 'biologen moeten constant in gedachten houden dat wat zij zien niet ontworpen is maar zich ontwikkeld heeft.' [8] Crick's aan biologen gerichte waarschuwing ontlokte Phillip Johnson, auteur en een van de aanvoerders van de *Intelligent Design* (ID)-beweging, de volgende observatie: 'Darwinistische biologen moeten zichzelf hier steeds aan blijven herinneren om te voorkomen dat zij zich bewust worden van de realiteit die hen in de ogen kijkt en die probeert hun aandacht te trekken.' [9]

De complexiteit van DNA is niet de enige moeilijkheid voor darwinisten. De oorsprong van DNA is ook een probleem. Hier is sprake van een lastig 'kip of ei'-dilemma omdat DNA -moleculen voor hun productie afhankelijk zijn van eiwitten terwijl eiwitten voor *hun* productie weer afhankelijk zijn van DNA. Wat was er nu eerder: DNA-moleculen of eiwitten? Beide zijn voor hun bestaan van elkaar afhankelijk.

Waarom gaan Crick, Dawkins en hun geestverwanten dan voorbij aan de duidelijke implicaties van de bewijzen die zo evident zijn? Hun ideologische vooringenomenheid – hun naturalistische levensvisie – voorkomt dat zij een intelligente oorzaak zelfs maar in overweging willen nemen. Zoals we dadelijk zullen zien is dit een slechte vorm van wetenschap die tot onjuiste conclusies leidt.

GOEDE WETENSCHAP VERSUS SLECHTE WETENSCHAP

Over het algemeen wordt aangenomen dat het bij het zogenaamde 'schepping-evolutie'-debat (en nu tussen 'intelligent design' en 'naturalisme') gaat om de tegenstellingen tussen religie en wetenschap, Bijbel en wetenschap of geloof en ratio. Deze perceptie wordt instandgehouden door de media die dit debat constant afschilderen tegen de achtergrond van de speelfilm *Inherit the Wind* uit 1960. Deze speelfilm is een fictieve weergave van een beroemde rechtzaak uit 1925 tussen biologieleraar John Scopes en de staat Tennesse over het onderwijzen van de evolutietheorie (deze zaak is in de VS bekend onder de naam 'monkey trial'). Deze benadering komt steeds op hetzelfde neer: daar heb je die gekke fundamentalisten weer die voorbijgaan aan objectieve wetenschap en die hun dogmatische religie aan anderen willen opleggen.

In feite is die benadering volledig bezijden de waarheid. Het 'schepping-of-evolutie'- debat is geen controverse tussen religie en wetenschap, of tussen Bijbel en wetenschap – maar een tegenstelling tussen goede en slechte wetenschap. Het gaat evenmin om de tegenstelling geloof en ratio, maar om *redelijk geloof* versus *onredelijk geloof*. Het zal u verbazen welk van deze partijen zich schuldig maakt aan slechte wetenschapsbeoefening en welk van deze standpunten gebaseerd is op onredelijk geloof.

Zoals we eerder gesteld hebben, is wetenschap de zoektocht naar oorzaken. Logischerwijs zijn er maar twee soorten oorzaken: intelligente en onintelligente (c.q. natuurlijke). De Grand Canyon is door natuurlijke oorzaken totstandgekomen, terwijl er voor de gezichten op Mount Rushmore een intelligente verklaring is (zie fig. 5.1). Helaas sluiten darwinisten als Dawkins en Crick intelligente oorzaken als verklaring voor de oorsprong van het leven uit – nog voordat zij zelfs maar naar de bewijzen hebben gekeken. Het komt er dus op neer dat hun aannames vooraf al door hun conclusies beïnvloed zijn. Het leven *moet* op spontane wijze door natuurwetten zijn veroorzaakt omdat zij andere opties niet eens in overweging willen nemen.

Het spontaan ontstaan van leven wordt door critici van de evolu-

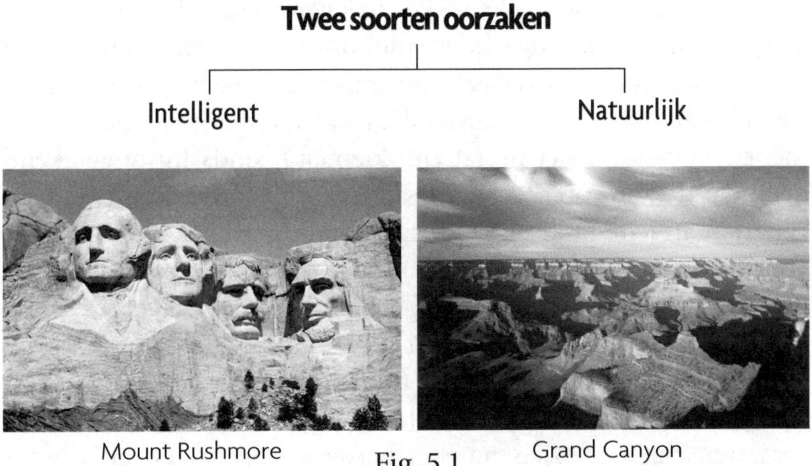

Fig. 5.1

tietheorie een *'just-so'*-verhaal genoemd ('omdat het nu eenmaal zo is'). Evolutionisten leveren geen bewijs voor hun bewering dat het leven spontaan op gang is gekomen; er zijn geen empirische observaties en evenmin kan er bewijs getoond worden dat verkregen is volgens een forensische methode. Het 'is gewoon zo' omdat het leven bestaat en *omdat intelligente oorzaken bij voorbaat worden uitgesloten* en daarom kan er ook geen alternatieve verklaring voor het ontstaan van leven zijn.

Voor darwinisten is dit een enorm probleem. Biochemicus Klaus Dose geeft toe dat meer dan dertig jaar van onderzoek naar de oorsprong van het leven 'niet geleid heeft tot een oplossing, maar eerder het inzicht oplevert dat het vraagstuk over de oorsprong van het leven op aarde immens groot is. Op dit moment hebben alle discussies over theorieën en experimenten op dit gebied slechts geleid tot een patstelling of tot een belijdenis van onwetendheid.' [10] Francis Crick klaagt: 'Elke keer wanneer ik een stuk schrijf over de oorsprong van het leven, zweer ik dat ik nooit meer zo'n stuk zal schrijven, want er is te veel gespeculeer over te weinig feiten.' [11]

De argumenten voor een intelligente oorsprong – en dus tegen een naturalistische verklaring – zijn zo krachtig dat prominente wetenschappers als Francis Crick op de proppen komen met ruimtewezens die hier op aarde het eerste leven zouden hebben achtergelaten. Fred Hoyle – dezelfde evolutionist die gepleit heeft voor de *Steady State*-theorie over een onveranderlijk, eeuwig heelal zoals we in hoofdstuk 3 besproken hebben – kwam met een *panspermia*-theorie ('overal in het heelal zijn kiemen'), sinds hij uitgerekend heeft dat de kans op een begin van leven op aarde door spontane generatie in feite nul is. (Natuurlijk is 'panspermia' geen oplossing voor dit vraagstuk – het probleem wordt slechts verschoven naar de vraag: 'Wie maakte het intelligente buitenaardse leven?')

Hoe merkwaardig deze theorie ook klinkt, in ieder geval geven de aanhangers van deze gedachte toe dat er intelligentie moet schuilen achter het verbazingwekkende wonder van het leven. Wanneer topwetenschappers zich moeten beroepen op buitenaards leven om de oorsprong van het aardse leven te verklaren, dan mag het duidelijk zijn dat ook de eenvoudigste levensvormen ongelofelijk complex zijn.

Een andere pleitbezorger voor de *panspermia*-theorie, Chandra Wickramasinghe, geeft toe dat darwinisten alleen door blind geloof kunnen vasthouden aan een spontane oorsprong van het leven. 'Het ontstaan van het leven uit een aardse oersoep *is niet meer dan een geloofsartikel* waar wetenschappers zich aan blijven vasthouden. Er is nu geen experimenteel bewijs voorhanden dat dit idee ondersteunt. Elke poging om leven te scheppen uit dode materie – te beginnen bij Pasteur – is op niets uitgelopen.' [12] Microbioloog Michael Denton, hoewel zelf atheïst, stelt: 'De complexiteit van de meest eenvoudige levende cel is zo enorm dat we onmogelijk kunnen accepteren dat zo'n object als een soort samenraapsel is gevormd door een buitenissige, bijzonder onwaarschijnlijke gebeurtenis. Zo'n gebeurtenis zou niet te onderscheiden zijn van een wonder.' [13]

In het licht van *just-so*-verklaringen zoals spontane oorsprong en *panspermia* kun je je afvragen: wie maakt zich hier nu schuldig aan slechte wetenschapsbeoefening: de mensen die terzijde worden geschoven als 'religieus' (theïsten/creationisten) of de 'verlichte' mensen (atheïsten/darwinisten) die goedbeschouwd net zo gelovig zijn als de 'religieuzen'?

Biofysicus en informatietheoreticus Hubert Yockey is zich ervan bewust dat het de darwinisten zijn die slechte wetenschap bedrijven. Hij schrijft: 'Het geloof dat het leven op aarde spontaan tevoorschijn is gekomen uit levenloze materie, *is eenvoudigweg een kwestie van geloof* in reductionisme en het is volledig gestoeld op ideologie.'[14] Yockey heeft gelijk. Darwinisten nemen ten onrechte aan dat ze het leven kunnen reduceren tot levenloze chemische componenten. Dat is de ideologie van het reductionisme. Voor darwinisten als Dawkins en Crick die wel moeten geloven dat alleen het materiële (en niet het immateriële) bestaat, kan het leven niets meer zijn dan chemische componenten. Het leven bevat een boodschap – DNA – die wordt uitgedrukt in een chemische vorm, maar die vorm kan niet de bedenker van deze boodschap zijn, net zomin als inkt en papier uit zichzelf de tekst op deze bladzijde kunnen voortbrengen. Een boodschap duidt op een immateriële oorsprong. De boodschap van het leven – evenals de boodschap op deze bladzijde – verwijst naar een intelligente oorsprong die uitstijgt boven de chemische componenten waaruit de boodschap is samengesteld. (We zijn ons ervan bewust dat het leven nog *veel meer* is dan chemische componenten met een boodschap, maar we willen hier slechts benadrukken dat het in ieder geval *niets minder* is!)

Gedreven door hun blinde trouw aan de naturalistische, reductionistische ideologie (die indruist tegen al onze waarnemingen en logische redeneringen) verkondigen darwinisten dat het leven spontaan uit levenloze chemische componenten is geëvolueerd. Ironisch genoeg hebben darwinisten de creationisten steeds het verwijt gemaakt dat zij hun waarnemingen en redeneringen laten bepalen door hun ideologie. In werkelijkheid is het andersom. Creationisten en aanhangers van de *Intelligent Design*-gedachte trekken eenvoudigweg een rationele conclusie op basis van bewijzen. Zij volgen de bewijzen volgens het causaliteitsprincipe en langs die weg komen zij uit bij een intelligente oorzaak.

Yockey is niet de enige die erop wijst dat darwinisten een filosofisch vooroordeel hebben als het gaat om intelligente oorzaken. Phillip Johnson weet vlijmscherp door te dringen in het versteende hout van het naturalisme dat de wetenschappelijke gemeenschap overheerst. Terecht wijst hij erop dat 'darwinisme gebaseerd is op een visie die *a priori* vasthoudt aan het materialisme en niet op een neutrale beoordeling van de argumenten. Scheid de filosofie van de wetenschap en de trotse toren stort in.' [15]]

Het zijn niet alleen de criticasters van de evolutietheorie die op deze vooringenomenheid wijzen. Prominente darwinisten geven het zelf ook toe. Dawkins erkende dat hij vooringenomen was toen hij reageerde op een vraag die hem per e-mail was gesteld door Phillip Johnson. 'Inderdaad blijven wij filosofisch gezien trouw aan materialisme en reductionisme', schreef Dawkins, 'maar ik karakteriseer dit liever als een filosofische benadering die hecht aan een echte verklaring en dit staat tegenover het volledig ontbreken van een verklaring, want dat is wat u omhelst.' [16] (Dawkins mag denken dat hij over 'een echte verklaring' beschikt, maar zoals we gezien hebben is die verklaring in strijd met het geobserveerde bewijs en forensische bewijzen.)

Richard Dawkins geeft dan misschien schoorvoetend toe dat hij vooringenomen is, de darwinist Richard Lewontin die verbonden is aan de Harvard-universiteit geeft ons een openhartige geloofsbelijdenis op schrift. Lees hoe hij erkent dat darwinisten absurde *just-so* -verhalen accepteren omdat zij zich vooraf intellectueel verbonden hebben aan het materialisme:

> Onze bereidheid wetenschappelijke claims te aanvaarden die tegen het gezonde verstand ingaan vormt de sleutel tot het verstaan van de ware strijd tussen wetenschap en het bovennatuurlijke. Wij

> kiezen partij voor de wetenschap ook als sommige van haar aannames absurd zijn, ondanks dat zij er niet in geslaagd is veel van haar buitenissige beloften voor gezondheid en leven waar te maken, ondanks dat we als wetenschappelijke gemeenschap 'gewoon omdat het zo is'-verhalen moeten tolereren, omdat we ons *a-priori gecommitteerd hebben aan het materialisme.* Het is niet zo dat de wetenschappelijke methodes of instellingen ons op de een of andere wijze dwingend een materialistische verklaring voorschrijven voor het fenomeen van ons bestaan. Omdat wij a-priori vasthouden aan materiële oorzaken moeten wij onderzoeksmethodes maken en uitgangspunten hanteren die materiële verklaringen voortbrengen – hoezeer deze ook tegen onze intuïtie in kunnen gaan en onafhankelijk van het feit dat deze op niet-ingewijden wazig overkomen. Dat materialisme is vooral absoluut *omdat we geen goddelijke voet tussen de deur kunnen toelaten.* [17]

Nu komt de aap uit de mouw. Het darwinisme wordt niet door bewijzen ondersteund, nee, volgens Lewontin en volgens ons eigen gezonde verstand gaan de darwinistische verklaringen tegen onze intuïtie in. De echte waarheid is dat het darwinisme de wetenschap op zo'n manier gedefinieerd heeft dat het enige antwoord dat gevonden kan worden het darwinisme is. Elke andere definitie zou – God verhoede het – God toestaan een voet tussen de deur te krijgen!

In het volgende hoofdstuk onderzoeken we de mogelijke motieven die ertoe leiden dat men God buiten beeld wil houden. Op dit moment kunnen we volstaan met de volgende constatering: om de atheïstische theorie van macro-evolutie te laten plaatsvinden, moet men geloven dat het leven spontaan geëvolueerd is uit levenloze materie. Aan deze onjuiste filosofische aanname houdt men vast, maar niet omdat er legitieme wetenschappelijke waarnemingen zijn die het spontaan ontstaan van leven bevestigen. Werken met onjuiste filosofische aannames is slechte wetenschapsbeoefening en het zijn de darwinisten die zich hieraan schuldig maken. Hun geloof in het spontaan ontstaan van leven komt voort uit een blind vertrouwen in naturalisme. Er is een enorm geloof nodig om te aanvaarden dat de eerste levende cel tot stand kwam door de werking van natuurwetten, want dat is te vergelijken met het geloof dat 1.000 encyclopedieën kunnen ontstaan door een explosie in een drukkerij! De atheïsten kunnen om te beginnen niet uitleggen waar die drukkerij vandaan is gekomen, laat staan dat ze een goede verklaring hebben voor die 1.000 encyclopedieën. *Daarom hebben wij te weinig geloof om atheïst te zijn.*

GUN DE TIJD EN TOEVAL EEN KANS!

'Niet zo snel!' zeggen de darwinisten. 'Je hebt tijd en toeval buiten beschouwing gelaten als mogelijke verklaringen voor de spontane oorsprong van leven.'

Gun tijd meer tijd!

Darwinisten vinden niet dat intelligentie een noodzakelijke voorwaarde is voor het ontstaan van leven. Zij stellen dat de werking van natuurwetten hier verantwoordelijk voor kan zijn, mits er maar voldoende tijd beschikbaar is. Laat miljarden jaren passeren en op een bepaald moment zal leven kunnen ontstaan. Maar is dat idee aannemelijk?

Laten we even terugkeren naar Mount Rushmore. Darwinisten beweren dat wetenschapsbeoefening bestaat uit observatie en herhaling. Goed, laten we een experiment doen waarbij we tien jaar lang de werking van de natuurwetten op een stuk rots gaan observeren. Zullen we dan ooit gezichten gaan zien op Mount Rushmore? Nooit.

'Ja maar', zul je misschien tegenwerpen, 'tien jaar is te kort'. Laten we de natuurwetten miljarden jaren de tijd geven. Zou het de natuurwetten dan wel lukken? Natuurlijk niet. Waarom niet? Omdat natuur voor meer wanorde en niet voor een hogere organisatiegraad zorgt (het feit dat de natuur voor meer wanorde zorgt is een aspect van de tweede wet van de thermodynamica). Door meer tijd worden de vooruitzichten *slechter* voor darwinisten en niet *beter*. Hoe komt dat?

Stel je voor dat je rood-wit-blauwe confetti uit een vliegtuig strooit op 500 meter boven je huis. Hoe groot is de kans dat deze confetti in de vorm van de Amerikaanse vlag in je voortuin neerdwarrelt? Die kans is bijzonder klein. Waarom is dat zo? Omdat natuurwetten er voor zullen zorgen dat de gekleurde confetti zich met elkaar vermengt en in willekeurige volgorde op de grond landt. Nu werp je misschien weer tegen: 'Ja maar je moet de natuurwetten meer tijd gunnen.' Goed, dan laten wet het vliegtuig de confetti uitstrooien op een hoogte van 1000 meter zodat de natuurwetten meer kans hebben om de confettiregen te beïnvloeden. Word de kans nu groter dat zich in je voortuin een Amerikaanse vlag van confetti vormt? Nee, extra tijd maakt deze kans alleen maar kleiner omdat de natuurwetten nog meer kans krijgen om te doen wat zij van nature doen: wanorde en willekeur laten toenemen.

Is dit voorbeeld niet te vergelijken met de oorsprong van het eerste leven? Darwinisten zullen zeggen dat de tweede wet van de thermodynamica niet van toepassing is op levende systemen. Immers, levende systemen groeien en kunnen een hogere organisatiegraad verkrijgen. Het voedsel dat door ons lichaam wordt opgenomen, wordt niet met 100% efficiëntie verwerkt en daaruit blijkt dat de tweede wet van de thermodynamica ook van toepassing is op levende systemen. Maar daar gaat het hier niet eens om. Het gaat er hier niet om wat iets kan doen zodra het tot leven komt, *het gaat erom dat we iets willen krijgen dat vanuit levenloze materie verandert in iets levends!* Hoe kon leven evolueren uit levenloze materie, zonder tussenkomst van enige intelligentie, wanneer we vaststellen dat levenloze materie onderworpen is aan de tweede wet van de thermodynamica? Darwinisten kunnen deze vraag niet beantwoorden zonder terug te grijpen op een geloofsuitspraak.

Geef het toeval een kans!

Kan de ongelofelijke, gespecificeerde complexiteit van het leven verklaard worden door de werking van het toeval? Geen schijn van kans! Zowel atheïsten als theïsten hebben uitgerekend hoe groot de kans is dat leven spontaan evolueert uit levenloze materie. De uitkomsten van deze berekeningen zijn astronomisch klein – in feite is de kans gelijk aan nul. Michael Behe heeft gezegd dat de waarschijnlijkheid dat één eitwitmolecuul (die bestaat uit zo'n 100 aminozuren) ontstaat door de werking van toeval kan worden vergeleken met de kans dat een geblinddoekte man in de Sahara drie keer achter elkaar een gemarkeerd zandkorreltje vindt. En met één eiwitmolecuul heb je nog geen leven. Om leven te kunnen krijgen, moet je bij elkaar 200 van deze eiwitmoleculen krijgen. [18]De kans dat dit gebeurt is zo goed als nul. Maar wij geloven zelfs dat die kans *feitelijk* nul is. Waarom? Omdat 'kans' geen oorzaak is. Kans is een woord dat we gebruiken voor waarschijnlijkheidsberekening. Kans heeft uit zichzelf geen enkele macht. Kans is in feite *niets* – het is datgene waar stenen over dromen…

Als iemand een munt opwerpt, hoe groot is dan de kans dat de uitslag 'kop' is? Vijftig procent, zeggen we dan. Goed, maar wat is er de *oorzaak* van dat de uitslag 'kop' wordt? Kans of toeval? Nee, de feitelijke oorzaak is een intelligent wezen dat besloten heeft om met een bepaalde kracht en intentie een munt op te werpen. Bijkomende natuurlijke oorzaken zoals wind en zwaartekracht hebben ook invloed op het resultaat. Als we alle variabelen zouden kennen, dan zouden we vooraf kunnen berekenen welke zijde van de munt boven zou komen. Maar omdat we niet alle variabelen kennen spreken we hier van 'kans', en daarmee verhullen we onze onwetendheid.

We moeten het niet toestaan dat atheïsten hun onwetendheid verhullen door over 'kans' te spreken. Als zij het natuurlijke mechanisme niet kennen dat verantwoordelijk is voor het ontstaan van het eerste leven, dan moeten zij eerlijk toegeven dat zij het niet weten en niet vluchten in een machteloos woord dat goed beschouwd geen oorzaak is. Je verschuilen achter de termen 'toeval' en 'kans' is een ander voorbeeld van slechte wetenschapsbeoefening.

WETENSCHAP IS DE SLAAF VAN FILOSOFIE

Helaas zijn darwinisten erin geslaagd het grote publiek ervan te overtuigen dat elke vorm van wetenschap die niet strookt met darwinisme, 'pseudo-wetenschap' is. Sterker nog, dergelijke wetenschapsbeoefening is helemaal geen wetenschap maar het is gewoon religie die zich achter een wetenschappelijk masker verschuilt. Maar in feite is het tegenovergestelde waar. Het zijn de darwinisten die zich schuldig maken aan slechte wetenschapsbeoefening, want hun wetenschap is gebaseerd op een onjuiste filosofie. Op grond van hun seculiere naturalistische religie gaan zij voorbij aan empirisch waarneembare bewijzen voor ontwerp.

Welke lessen kunnen wij trekken uit deze darwinistische wetenschapsbeoefening? Om die vraag te kunnen beantwoorden, keren wij terug naar het debat tussen de christen William Lane Craig en de darwinist Peter Atkins. [19] Bedenk daarbij dat het debat ging over het bestaan van God. Op een bepaald punt in de discussie stelde Atkins dat God niet nodig was, omdat op den duur alles op wetenschappelijke gronden verklaard kan worden.

'We hebben God niet nodig', verklaarde Atkins. 'Alles in deze wereld kan begrepen en verklaard worden zonder het bestaan van een God te veronderstellen. Je moet accepteren dat dit een mogelijke levensbeschouwing is.'

'Natuurlijk, dat kan', gaf Craig toe. 'Maar...'

[interruptie] 'Ontkent u dat de wetenschap voor alles een verklaring kan vinden?' vroeg Atkins uitdagend.

'Zeker, ik ontken dat de wetenschap daartoe in staat is', antwoordde Craig.

'Waar kan de wetenschap dan geen verklaring voor vinden?' vroeg Atkins.

Als doorgewinterd debater had Craig een doortimmerd antwoord paraat. 'Ik denk dat er veel dingen zijn die we niet wetenschappelijk kunnen bewijzen, maar die wij wel allemaal op rationele gronden willen accepteren', zei Craig. Daarna gaf hij de volgende vijf voorbeelden van zaken waarin wij op een rationele wijze geloven, hoewel zij niet wetenschappelijk bewezen kunnen worden:

1. Wiskunde en logica (wetenschap gaat bij voorbaat uit van de juistheid van deze benaderingen, maar kan ze niet bewijzen)
2. Bovennatuurlijke waarheden (zoals het geloof dat er andere breinen bestaan naast die van mijzelf)
3. Ethische oordelen (je kunt niet op wetenschappelijke gronden bewijzen dat de nazi's slecht waren, want moraliteit is niet onderworpen aan de wetenschappelijke methode)
4. Esthetische oordelen (het mooie, het goede kan niet wetenschappelijk bewezen worden) en – ironisch genoeg –
5. De wetenschap zelf (het geloof dat een wetenschappelijke methode de waarheid aan het licht brengt, kan zelf niet op wetenschappelijke wijze bewezen worden – we komen hier nog op terug).

Na deze opsomming, waarmee Craig de opvatting van Atkins kundig pareerde, kon de discussieleider, William F. Buckley Jr. niet langer zijn instemming met Craig verhullen. Hij keek Atkins aan en voegde hem toe: '*So put that in your pipe and smoke it!*'

Craig had gelijk. De wetenschappelijke methode is een zoektocht naar oorzaken door middel van observatie en experimentele herhaling, maar dit is maar één manier om de waarheid te achterhalen. Het is niet de enige manier. Zoals we in het eerste hoofdstuk hebben gezien, komen we ook door niet-wetenschappelijke (filosofische) wetten – zoals de wetten van de logica – tot waarheidsvinding. Sterker nog, deze wetten zijn een onderdeel van de wetenschappelijke methode!

De bewering van Atkins dat wetenschap uiteindelijk alles kan verklaren is niet alleen onjuist op basis van de vijf tegenargumenten die Craig opsomde. De bewering is ook onjuist omdat zij met zichzelf in strijd is. In feite beweerde Atkins dat wetenschap de enige objectieve bron voor waarheidsvinding is. Wanneer we de *Road runner*–strategie uit hoofdstuk 1 hierop loslaten, komen we tot de ontdekking dat deze bewering zichzelf relativeert, in andere woorden, niet op zichzelf van toepassing is en daarom niet juist kan zijn. De bewering dat 'wetenschap de enige objectieve bron is voor waarheidsvinding' bevat al een waarheidsclaim – maar het is geen wetenschappelijke waarheid. Deze stelling is van filosofische aard en kan niet bewezen worden door de wetenschap. Daarom is het een stelling die zichzelf weerlegt.

Dit brengt ons bij de belangrijkste les die we kunnen trekken uit de slechte wetenschapsbeoefening door darwinisten: *wetenschap is gebaseerd op filosofie. Sterker nog: wetenschap is een slaaf van de filosofie.* Slechte filosofie levert slechte wetenschap op, en goede filosofie resulteert in goede wetenschappelijke resultaten. Waarom dat zo is? Om de volgende redenen:

1. **Wetenschapsbeoefening is onmogelijk zonder filosofie.** Filosofische vooronderstellingen worden gebruikt bij de zoektocht naar oorzaken en daarom kunnen zij er niet het resultaat van zijn. Bijvoorbeeld: wetenschappers gaan uit van het geloof dat het gebruik van de rede en de wetenschappelijke methode ons in staat stellen om de wereld om ons heen te begrijpen. Deze vooronderstelling kan zelf niet door de wetenschap bewezen worden. De gereedschappen die de wetenschapsbeoefening gebruikt kun je zelf niet bewijzen. De wetten van de logica, het causaliteitsprincipe, het uniformiteitsprincipe en de betrouwbaarheid van de waarneming zijn niet experimenteel te toetsen. Je moet van de betrouwbaarheid van deze principes uitgaan om een experiment te *kunnen* doen! Wetenschap is dus gebaseerd op filosofie. Helaas zijn veel zogenaamde wetenschappers slechte filosofen.
2. **Filosofische vooronderstellingen kunnen een enorme invloed hebben op de wetenschappelijk conclusies.** Als een wetenschapper er bij voorbaat al vanuit gaat dat slechts natuurlijke oorzaken mogelijk zijn, dan is hij door geen enkel bewijs te overtuigen dat er een intelligente oorzaak voor het eerste eencellige leven moet zijn. Als darwinisten vanwege hun vooronderstelling intelligente oorzaken principieel als

verklaring voor het eerste leven blijven uitsluiten, dan blijven er alleen nog natuurlijke verklaringen over. Hetzelfde geldt voor creationisten. Als zij bij voorbaat natuurlijke verklaringen zouden uitsluiten (wij kennen geen creationisten die dat doen) dan lopen zij het risico dat zij het juiste antwoord niet vinden. Maar wetenschappers die open staat voor zowel natuurlijke als intelligente oorzaken, kunnen onbevangen het spoor van de bewijsvoering volgen – waarheen dit spoor hen ook leidt.

3. **Wetenschap beweert zelf niets – dat doen de wetenschappers.** Gegevens worden altijd geïnterpreteerd door wetenschappers. Als die wetenschappers zich laten leiden door hun persoonlijke voorkeuren of onbewezen filosofische vooronderstellingen, dan doen zij exact wat zij gelovigen verwijten – hun ideologische opvattingen zijn dan bepalend voor de conclusies. Als dat het geval is, moeten wij die conclusies in twijfel trekken, want het zou dan om vooringenomen filosofische standpunten kunnen gaan die gepresenteerd worden als wetenschappelijke feiten.

EEN MATERIALISTISCHE LEVENSBESCHOUWING MAAKT LOGISCH REDENEREN ONMOGELIJK

Wanneer je tot de kern van de zaak doordringt, ontdek je dat de slechte wetenschapsbeoefening van darwinisten het resultaat is van hun levensbeschouwing die 'naturalistisch' ofwel 'materialistisch' is. Waarom is dat filosofische uitgangspunt onjuist? Hieronder maken wij op vijf manieren duidelijk dat materialisme niet redelijk is.

Ten eerste, wij hebben er al op gewezen dat het leven een boodschap bevat die we met de term 'gespecificeerde complexiteit' aanduiden. Die boodschap kan niet op een materialistische manier verklaard worden. Deze boodschap kan niet louter het resultaat zijn van de werking van hersenloze natuurwetten, net zomin als dit boek het product kan zijn van de natuurlijke reactie tussen papier en inkt.

Ten tweede, menselijke gedachten en theorieën bestaan niet slechts uit materie. Er komen met zekerheid chemische processen aan te pas, maar deze kunnen niet de verklaring zijn voor alle menselijke gedachten en ideeën. De *theorie* van het materialisme bestaat niet uit moleculen. Zo zijn iemands liefdevolle of hatelijke gedachten evenmin te reduceren tot een chemisch proces. Hoe zwaar weegt liefde? Wat is de chemische samenstelling van haat? Dit zijn absurde vragen, want gedachten, overtuigingen en emoties zijn niet terug te brengen tot pure materie. En omdat zij niet volledig op materie berusten, is het materialistische uitgangspunt onjuist.

Ten derde, als het leven niet méér zou zijn dan materie, dan zouden we alle bouwstoffen van het leven kunnen nemen – dezelfde materialen die we in de blubber kunnen terugvinden – om daarmee een levend wezen te scheppen. Maar dat kunnen wij niet. Er is ongetwijfeld een aspect in het leven dat de materie overstijgt. Welke materialisten kunnen verklaren waarom het ene lichaam levend is en het andere niet? Beide lichamen hebben dezelfde materiële samenstelling. Waarom is een lichaam op het ene moment nog levend en op het volgende moment dood? Uit welke materiële bouwstenen is ons bewustzijn opgebouwd? Zelfs Atkins moest in zijn debat met Craig toegeven dat het voor atheïsten een groot probleem is om een verklaring te vinden voor het bewustzijn.

Ten vierde, als het materialisme het bij het juiste eind zou hebben, dan betekent dit dat ieder individu in de menselijke geschiedenis die ooit een bepaalde geestelijke ervaring heeft gehad, zich daarin volledig vergist heeft. Hoewel dit in theorie mogelijk is, lijkt het op basis van de enorme hoeveelheid van dergelijke spirituele ervaringen zeer onwaarschijnlijk dat dit het geval is. Het is moeilijk voorstelbaar dat elke grote spirituele leider en denker uit onze menselijke geschiedenis – waaronder zich een aantal van de meest rationele, wetenschappelijke en kritische geesten bevinden – zich wat deze ervaringen betreft compleet heeft vergist. Tot deze grote geesten behoren dan Abraham, Mozes, Jesaja, Kepler, Newton, Pascal en – niet te vergeten – Jezus Christus zelf. *Als ook maar één spirituele ervaring in de totale geschiedenis van de mensheid op waarheid berust, dan is het materialisme onjuist.*

Ten slotte, als het materialisme waar is, dan kunnen wij niet meer rationeel redeneren. Want als mentale processen niets meer zijn dan chemische reacties in ons brein, dan hoeven we niet langer te geloven dat iets waar is – en dat geldt ook voor de materialistische theorie zelf. Chemische stoffen kunnen niet beoordelen of een theorie al dan niet waar is. Chemische stoffen redeneren niet, zij reageren.

Dit is het toppunt van ironie omdat uitgerekend darwinisten claimen dat zij de grote verdedigers van de rede en de waarheid zijn. Juist door hun materialistische theorie worden rationeel redeneren en waarheidsvinding onmogelijk. Dus zelfs als darwinisten op een bepaald punt gelijk hebben, geeft hun materialistische wereldbeeld ons geen enkele aanleiding hen te geloven. De rede is namelijk van geen betekenis in een wereld die louter bestaat uit chemische stoffen en natuurlijke krachten.

De rede is niet alleen onmogelijk in een darwinistische wereld, maar de darwinistische bewering dat we ons uitsluitend zouden baseren op de rede kan niet onderbouwd worden. Waarom niet? Omdat je voor het gebruik van de rede over *geloof* moet beschikken. J. Budziszewski wees hier al op: 'Het motto "Alleen de rede!" is sowieso onzinnig. Gebruik van de rede veronderstelt geloof. Waarom? Omdat je de rede alleen met een cirkelredenering kunt verdedigen, en daarom is die redenering waardeloos. De enige garantie die we hebben dat de menselijke rede betrouwbaar is, is vertrouwen op God die de rede gemaakt heeft.'[20]

Laten we deze bewering van Budziszewski eens nader beschouwen door na te denken over de bron van de rede. Ons vermogen om rationeel te denken kan maar uit twee bronnen afkomstig zijn: ofwel dit vermogen hebben wij te danken aan een intelligentie die al vóór ons bestond, of dit vermogen is voortgekomen uit hersenloze materie. Het atheïstische / darwinistische / materialistische *geloofsstandpunt* komt erop neer dat ons brein uit hersenloze materie is voortgekomen zonder de tussenkomst van een of andere intelligentie. Wij stellen hier dat dit een geloofsstandpunt is, omdat deze opvatting indruist tegen de wetenschappelijke observatie dat een gevolg nooit groter kan zijn dan zijn oorzaak. Je kunt niet geven wat je niet hebt, maar toch geloven materialisten dat dode, onintelligente materie intelligent leven heeft voortgebracht. Dat is verglijkbaar met het geloof dat een wetenschappelijke bibliotheek het product is van een explosie in een drukkerij!

Het is veel rationeler om te geloven dat het menselijk brein geschapen is naar het beeld van het Grote Brein – God. Met andere woorden: ons verstand kan de waarheid vatten en redeneren over de werkelijkheid omdat ons brein gemaakt is door de Architect van waarheid, werkelijkheid en redelijkheid. Materialisme heeft geen verklaring voor de rede en net zomin voor het leven. Materialisme is gewoon onredelijk. *En daarom hebben wij te weinig geloof om materialist te kunnen zijn!*

WAT DOET EEN ADVISEUR KRITISCH DENKEN?

Het feit dat darwinisten menen dat zij redenen hebben om niet in God te geloven, pleit al voor het bestaan van God. Waarom dat zo is? Omdat je alleen kunt redeneren als we in een redelijk universum leven en een redelijk universum is gebaseerd op orde, logica, ontwerp en waarheid. Maar orde, logica, ontwerp en waarheid kunnen alleen bestaan en worden gekend als daarvoor een onveranderlijke, objectieve bron of standaard bestaat. Wanneer darwinisten beweren dat iets *onredelijk* is, dan moeten zij eerst weten wat *redelijk* is. Om te kunnen beweren dat iets *niet ontworpen* is, moeten darwinisten weten wat *ontworpen* is. Om te kunnen beweren dat iets *onwaar* is, moeten darwinisten eerst weten wat *waar* is, enzovoorts… Net als alle niet-theïstische levensbeschouwingen maakt het darwinisme gebruik van de theïstische levensbeschouwing om zelf zinnig over te kunnen komen.

Deze neiging van atheïsten om leentjebuur te spelen bij theïsten werd schitterend blootgelegd door Pete Bocchino[21]. Deze auteur nam deel aan een vergadering van het Ministerie van Onderwijs van Georgia, waarin het lesprogramma werd opgesteld. Pete, die destijds actief was voor een internationaal bekende christelijke organisatie, was opgeroepen om plaats te nemen in een werkgroep die zich bezighield met de herziening en verbetering van een onderwijsprogramma. Daarbij ging het om onderwerpen als landsregering, wetgeving, ethiek en karaktervorming.

De vergadering zou een week in beslag nemen en de eerste bijeenkomst werd gehouden in een grote zaal waar alle leden van de werkgroep de gelegenheid kregen zich voor te stellen. Pete, die te laat was gekomen door de verkeersdrukte, had deze introductieronde gemist en ging direct op zijn stoel zitten. Toen de voorzitter van de werkgroep Pete zag binnenkomen, vertelde hij dat de anderen zich al aan elkaar hadden voorgesteld en dat hij ook zijn naam, achtergrond en beroep mocht meedelen. Pete stelde zich voor en zei dat hij een technische opleiding had. Hij dacht bij zichzelf: ik wil niet direct het geloof ter sprake brengen door te vertellen dat ik voor een christelijke organisatie werk. Pete gaf daarom een cryptische omschrijving en zei: 'Ik werk voor een non-profit organisatie als adviseur kritisch denken.'

De voorzitter reageerde verbaasd: 'Als wat?!'

'Als adviseur kritisch denken', herhaalde Pete.

'Wat doet een adviseur kritisch denken?' wilde de voorzitter weten.

'Nou ja, we zijn al laat en ik wil jullie tijd verder niet verspillen...' antwoordde Pete, 'maar jullie komen er in de loop van de week wel achter...'

In de dagen daarna werden allerlei onderwerpen door de werkgroep besproken zoals diversiteit, verdraagzaamheid en mensenrechten. Toen de werkgroep de criteria voor het vak psychologie besprak, merkte Pete dat er geen definitie voor het begrip 'persoonlijkheid' in het lesmateriaal was opgenomen. Om dat hiaat op te vullen, stelde Pete voor dat men een definitie zou overnemen van Mortimer Adler, afkomstig uit diens boek *Haves Without Have-Nots* [22]

Cursus: Psychologie / Onderwerp: uniciteit

Standaard: Evalueert de uniciteit van de menselijke natuur en het concept 'persoonlijkheid'.
1. Intellect / conceptueel denken
2. Keuzevrijheid / vrije wil
3. Ethische verantwoordelijkheid (normen)
4. Morele aansprakelijkheid (plichten) en
5. Onvervreemdbare persoonlijkheidsrechten.

Zodra Pete deze uitgangspunten voor het lesprogramma voorstelde, begon een onderwijskundige – die eerder kenbaar had gemaakt dat ze atheïst was – te protesteren. Maar voordat ze dat kon doen, onderbrak Pete haar. Hij zei:

Wanneer iemand tegen deze uitgangspunten bezwaar maakt, dan doet zij daarmee het volgende:

1. Die persoon gaat met mij in discussie en maakt daarbij gebruik van haar intellect en conceptueel denkvermogen (zoals bij punt 1 hierboven);
2. Die persoon maakt daarbij gebruik van haar keuzevrijheid / vrije wil (zoals bij punt 2 hierboven);
3. Die persoon moet er daarbij vanuit gaan dat zij de ethische verantwoordelijkheid heeft om duidelijk te maken wat wel of niet waar is (zoals bij punt 3 hierboven);
4. Die persoon houdt mij moreel aansprakelijk door mij te wijzen op mijn plicht de waarheid te vertellen (zoals bij punt 4 hierboven) en
5. Die persoon heeft het volste recht om met mij van mening te verschillen (zoals bij punt 5 hierboven).

Dus wanneer iemand bezwaar maakt tegen deze criteria, dan bevestigt die persoon daarmee in feite alle genoemde uitgangspunten.

Het werd even heel stil in de groep. Toen nam de voorzitter het woord en zei: 'Nu weten we dus wat een *adviseur kritisch denken* doet!' Daarna gaf hij de secretaris van de werkgroep opdracht de criteria over te nemen in de aanbevelingen.

Met een beetje kritisch denken zien we dat het darwinistische wereldbeeld instort – niet alleen vanwege een gebrek aan bewijs, maar ook omdat er selectief gebruik gemaakt wordt van de theïstische visie om het eigen gelijk te onderbouwen. Intelligentie, vrije wil, objectieve moraliteit en mensenrechten, maar ook de rede, logica, ontwerp en waarheid kunnen slechts bestaan als God bestaat. Darwinisten maken van sommige of van al deze zaken gebruik om hun atheïstische wereldbeeld te verdedigen, maar het is het een of het ander...

DARWINISTEN GEBRUIKEN HET VERKEERDE DEKSEL VAN DE PUZZELDOOS

In de inleiding van dit boek stelden wij dat een wereldbeeld de afbeelding op het deksel van een puzzeldoos is die je kunt gebruiken om de puzzelstukjes van het leven op de juiste plaats te leggen zodat een samenhangend totaalbeeld ontstaat. Wanneer je het juiste deksel gebruikt dan valt elk stukje op z'n plaats.

Maar wat gebeurt er wanneer je steeds puzzelstukjes ontdekt die niet blijken te passen bij het deksel van de puzzeldoos? Het gezonde verstand zou je duidelijk maken dat je het verkeerde deksel gepakt hebt en dat je op zoek moet naar het totaalplaatje dat wel bij de puzzel past. Helaas doen darwinisten dat niet. Het wordt steeds duidelijker dat ze het verkeerde deksel gebruiken, maar die mogelijkheid willen ze desondanks niet eens overwegen. Laat staan dat ze op zoek gaan naar het juiste deksel! De zelfgeconstrueerde afbeelding op hun puzzeldoos laat geen intelligente oorzaken toe. Ze geven zelfs toe dat ze veel puzzelstukjes hebben ontdekt die op het oog *intelligent design* tonen. Het komt erop neer dat zij deze theïstische puzzelstukjes moeten zien in te passen in hun atheïstische/materialistische puzzel. Maar hoe spelen ze dat klaar?

In plaats van het eigen deksel van de puzzeldoos opzij te leggen en op zoek te gaan naar het juiste deksel, stellen darwinisten dat de puzzelstukjes in feite slechts *ogenschijnlijk* ontworpen zijn. Ze proberen elk stukje in te passen – van het nauwkeurig ontworpen universum tot aan de kleinste levende cel die bomvol informatie zit. En dat terwijl deze stukjes helemaal niet in hun puzzel passen! Door zo te handelen, negeren ze hun eigen observaties – dezelfde observaties die de essentie van de empirische wetenschapsbeoefening vormen die zij zeggen te verdedigen. Zoals zij zelf ook toegeven, zijn darwinisten op filosofische gronden gebonden aan de afbeelding op het deksel van hun puzzeldoos – zelfs als die afbeelding niet past bij de gevonden puzzelstukjes.

Hoe krijg je het juiste deksel van de puzzeldoos van het leven in handen? Dat is geen kwestie van voorkeur (ik prefereer atheïsme en jij geeft de voorkeur aan theïsme) – nee, het gaat hier om de objectieve werkelijkheid. Door gebruik te maken van logica en de juiste wetenschappelijke onderzoeksmethodes hebben we in de hoofdstukken 3 en 4 vastgesteld dat wij in een theïstisch universum leven. En als wij in een theïstisch universum leven, dan is de naturalistische visie onjuist. En als de naturalistische visie onjuist is, dan zouden darwinisten de feiten wel eens verkeerd kunnen interpreteren.

Het is van belang dat je het juiste deksel van de puzzeldoos gebruikt wanneer je de feiten interpreteert. De context is de brede omgeving waarin de gevonden feiten moeten passen. Als je de verkeerde context hebt, dan zou je tot de verkeerde conclusie kunnen komen over de feiten die je waarneemt. Ik kan je bijvoorbeeld vertellen dat ik zojuist gezien heb hoe een man de buik van een vrouw opensneed met een mes en dan zou jij misschien concluderen dat die man iets misdadigs deed. Maar kijk eens wat er gebeurt wanneer ik deze gebeurtenis in de juiste context plaats door je te vertellen dat deze handeling plaatsvond op de kraamafdeling van een ziekenhuis en dat deze man een arts was die acuut moest ingrijpen omdat de hartslag van de baby plotseling was opgehouden. Wat is nu jouw oordeel over de handelswijze van deze man? Zodra je de omgeving begrijpt krijg je een geheel andere kijk op het totaal van de feiten: nu zie je de man als een held en niet als een schurk want hij had met zijn handeling slechts de bedoeling het leven van de baby te redden.

Zo moeten ook de feiten uit de biologie gezien worden in het licht van de ons bekende context. En zoals we al hebben ontdekt, bestaat de ons bekende context uit een theïstisch universum. In feite is er een niet-stoffelijk, machtig, intelligent en bovennatuurlijk Wezen dat het universum heeft geschapen en dat ons exact de juiste voorwaarden voor het leven op aarde heeft gegeven. Met andere woorden: we weten al met aan zekerheid grenzende waarschijnlijkheid dat een Ontwerper deel uitmaakt van het totaalbeeld van de puzzel. Alle feiten duiden er immers op dat dit ontzagwekkende, complexe universum met grote nauwkeurigheid tot stand is gebracht.

Wanneer we biologische systemen waarnemen die – zelfs volgens darwinisten als Richard Dawkins – 'de indruk wekken dat zij voor een bepaald doel zijn ontworpen', dan moeten we wellicht tot de conclusie komen dat dit niet slechts een *indruk* is. Misschien moeten we wel vaststellen dat deze systemen *in werkelijkheid* met een doel zijn geschapen. Of, zoals William Dembski het stelt: 'Als een schepsel eruit ziet als een hond, ruikt als een hond, blaft als een hond, aanvoelt als een hond en zich gedraagt als een hond, dan ligt de bewijslast bij degenen die stug vol blijven houden dat het hier niet om een hond gaat.'[23]

Omdat het universum geschapen en ontworpen is, moeten we ervan uitgaan dat dit ook voor het leven geldt. (In ieder geval moeten we met de mogelijkheid van een intelligente schepping rekening houden en deze verklaring niet bij voorbaat uitsluiten).

De constatering dat het leven het werk is van een intelligente Ontwerper is rationeel. Deze uitspraak berust immers niet op een enkel waargenomen feit maar past in het geheel van andere wetenschappelijke ontdekkingen. Of, om in de beeldspraak van de puzzel te blijven: het is een stukje dat naadloos aansluit op de andere puzzelstukjes.

SAMENVATTING EN CONCLUSIE

Omdat we in dit hoofdstuk veel zaken aan de orde hebben gesteld, geven we hier een kort overzicht van de besproken punten:

1. Het leven bestaat niet louter uit chemische stoffen. Als dat wel het geval zou zijn, dan zou je leven kunnen vormen door deze stoffen in een reageerbuisje met elkaar te vermengen. Het leven bestaat klaarblijkelijk uit meer dan materiële componenten – het vertoont ook gespecificeerde complexiteit (en dat moet voortkomen uit een verstand, een geest). Materialisme geeft daarom een onjuiste verklaring. (Materialisme is om nog een aantal redenen onjuist – alleen al omdat de rede zelf niet kan worden verklaard binnen een materialistisch universum).
2. Er zijn geen natuurwetten bekend die verantwoordelijk kunnen zijn voor het ontstaan van gespecificeerde complexiteit. (Alleen intelligentie kan informatie voortbrengen als: 'Zet het afval buiten – Mam', 'Drink Coke', Mount Rushmore enzovoort).
3. De eenvoudigste levensvormen bevatten verbazingwekkende gespecificeerde complexiteit – te vergelijken met 1.000 complete sets van de *Encyclopedia Britannica*. Of, zoals Albert Einstein zei: 'God dobbelt niet met het universum'[24] Hij had gelijk. Zoals Philip Gold riposteerde: 'God speelt Scrabble!'[25]
4. Wetenschap is een zoektocht naar oorzaken, gebaseerd op filosofie. Er zijn slechts twee mogelijke oorzaken: intelligente en natuurlijke. Darwinisten sluiten intelligente oorzaken op filosofische gronden bij voorbaat uit – nog voordat zij de bewijzen zelfs maar bekeken hebben. Daarom gaan ze er bij voorbaat van uit dat er een natuurlijke verklaring te vinden is, zelfs wanneer zij waarnemen dat er sprake moet zijn van ontwerp. Als er intelligentie nodig is voor het opstellen van de zin 'Zet het afval buiten – Mam', dan geldt dat ook voor de samenstelling van 1.000 sets encyclopedieën.
5. Een spontane oorsprong van het leven is een noodzakelijke voorwaarde voor de darwinistische theorie, maar dit is nog nooit waargenomen. Er wordt alleen *geloof* aan gehecht. Op

grond van de sterke kosmologische en teleologische bewijzen die aantonen dat wij in een theïstisch universum leven, kunnen we het darwnistische vertrouwen in natuurkrachten en materialisme beschouwen als een geloofsstandpunt. Darwinisme is dan ook niets anders dan een seculiere religie die voor wetenschap doorgaat.

De scepticus zal nu tegenwerpen: 'Wacht eens even, dit is allemaal veel te kort door de bocht! Op grond waarvan kom jij tot de conclusie dat *Intelligent Design* wetenschappelijk is? Is ID niet gewoon een nieuwe versie van de oude theorie van de gaten die voor alle nog onverklaarde zaken God als oplossing aandraagt? Waarom zouden we niet verder op zoek gaan naar een natuurlijke verklaring? Dat hele ID-gedoe is niets anders dan een nieuwe naam die door bijbelfanaten is verzonnen om het aloude zes-daagse-scheppingsgeloof weer het publieke domein binnen te smokkelen. En wat heb je te zeggen over de bewijzen voor evolutie van nieuwe levensvormen?'

In het volgende hoofdstuk zullen we op deze vragen en tegenwerpingen van darwinisten ingaan. Dat niet alleen, we zullen ook meer puzzelstukjes aandragen die het beeld bevestigen dat niet de darwinisten, maar de voorstanders van ID het juiste deksel van de puzzeldoos in handen hebben.

6

NIEUWE LEVENSVORMEN: VAN HET OERSLIJM VIA DE DIERENTUIN NAAR JOU?

'Op school leerden ze me dat een kikker die in een prins verandert een sprookje is. Op de universiteit leerden ze me dat een kikker die in een prins verandert werkelijkheid is!'

RON CARLSON

In de film *Contact* speelt Jodie Foster een wetenschapper die deel uitmaakt van een team dat naar buitenaardse intelligentie zoekt. Het team, dat gebaseerd is op het echt bestaande SETI-team, telt wetenschappers die de ruimte afspeuren naar onmiskenbare tekenen van intelligent leven. Wat een onmiskenbaar teken van intelligent leven is? Een boodschap. Inderdaad, zoiets als 'Zet het afval buiten – Mam'.

In de film raakt Foster helemaal opgewonden als haar antenne radiogolven opvangt die een intelligent patroon lijken te vertonen. 'Eén, twee, drie, vijf, zeven, elf... dat zijn priemgetallen!' roept ze uit. 'Dat kan geen natuurlijk verschijnsel zijn!'

In de natuur kunnen inderdaad willekeurige radiogolven ontstaan, maar als ze een boodschap bevatten, hebben ze altijd een intelligente bron. Priemgetallen, van 1 tot 101 in volgorde van grootte, vormen een boodschap die alleen van een intelligent wezen afkomstig kan zijn.

Foster is er zo vast van overtuigd dat ze buitenaards leven heeft gevonden dat ze haar ontdekking openbaar maakt. Ze krijgt meteen een bezoek van de overheid en het leger. 'Als het zo'n intelligente bron is, waarom spreken ze dan niet gewoon Engels?' wordt er een beetje spottend gevraagd.

'Omdat wiskunde de enige universele taal is!' antwoordt Foster fel.

Ze heeft natuurlijk gelijk. Alfabetten, en dus ook taal zelf, zijn uiteindelijk tot getallen te herleiden. Daarom is ons alfabet wiskundig gezien identiek aan het genetische DNA-alfabet en is de vergelijking tussen de informatie in cellen en encyclopedieën niet zomaar een analogie, maar is er letterlijk sprake van een een-op-een-relatie.

Terwijl Foster en haar collega's later een complexere boodschap in de radiogolven ontdekken, zijn ze er absoluut van overtuigd dat de priemgetallen op zich al bewijzen dat de boodschap van intelligent leven afkomstig is. Hoe weten ze dat zo zeker? Omdat we keer op keer waarnemen dat alleen intelligente wezens boodschappen creëren en dat natuurwetten dat nooit doen. Als we een reeks priemgetallen zien, realiseren we ons dat die een intelligente oorsprong moet hebben, net als de boodschappen 'Zet het afval buiten – Mam' en 'Mandy houdt van Tom.'

Opvallend genoeg was Contact gebaseerd op een roman van wijlen Carl Sagan, een vurig evolutionist die in spontane generatie geloofde en die aan de wieg stond van het echte SETI-programma. Het is opvallend omdat Sagan er vast van overtuigd was dat een simpele reeks priemgetallen wel het bestaan van een intelligent wezen bewijst, maar het equivalent van duizend encyclopedieën in het eerste eencellige leven niet. *Je moet een heleboel geloof hebben om niet in God te geloven. Meer geloof dan wij hebben!*

En het was Sagan die dit over het menselijk brein schreef:

> De informatie-inhoud van de menselijke hersenen, uitgedrukt in bits, is waarschijnlijk vergelijkbaar met het totale aantal verbindingen tussen de neuronen – ongeveer honderd biljoen, of 10^{14}, bits. In geschreven vorm zou deze informatie ongeveer twintig miljoen boekdelen omvatten, evenveel als in de grootste bibliotheken ter wereld. Het equivalent van twintig miljoen boeken bevindt zich in het hoofd van ieder van ons. Het brein is een geweldig groot orgaan in een zeer kleine ruimte... De neurochemie van de hersenen is verbijsterend actief; zij vormt de bedrading van een machine die wonderbaarlijker is dan alles wat mensen hebben ontworpen. [1]

Sagans schatting van twintig miljoen boeken is waarschijnlijk zelfs nog aan de voorzichtige kant. Het is niettemin een verbijsterend getal. Stel je voor dat je op het center court van Madison Square Garden staat, een paar uur voor een basketbalwedstrijd. De zaal is helemaal leeg en je wordt omringd door bijna twintigduizend lege stoeltjes. Hoeveel boeken zou je op elk stoeltje moeten stapelen om er twintig miljoen in het stadion te krijgen?

Op elk stoeltje zou je maar liefst duizend boeken moeten zetten om alle twintig miljoen boeken kwijt te kunnen in Madison Square Garden. Probeer je dat eens voor te stellen. Het dak is niet hoog genoeg voor zoveel boeken; je zou het dak eraf moeten slopen om te kunnen blijven stapelen! Zoveel specifieke, complexe informatie zit er tussen je oren. Het brein is inderdaad een geweldig groot orgaan in een zeer kleine ruimte, zoals Sagan zegt, en het is oneindig veel ingenieuzer dan alles wat de mens ooit heeft gemaakt.

Laten we de feiten eens bekijken: Sagan besefte dat het menselijk brein evenveel informatie bevat als twintig miljoen boeken. Hij besefte ook dat die informatie aanzienlijk specifieker en complexer is dan een reeks priemgetallen. Waarom dacht hij dan dat de ene boodschap van een intelligent wezen afkomstig moest zijn, maar de andere, die twintig miljoen boeken lang is, niet? We zouden Sagan en zijn mede-darwinisten ook de volgende, even belangrijke vraag kunnen stellen: als *intelligente* mensen niets kunnen creëren wat ook maar in de buurt komt van het menselijk brein, waarom zouden we dan verwachten dat *niet-intelligente* natuurwetten dat wel kunnen?

Een darwinist zal dan meestal over 'natuurlijke selectie' beginnen. Maar is dat een afdoende verklaring voor nieuwe levensvormen? Het is immers een lange weg van één cel naar het menselijk brein.

HOE ZIT HET MET NIEUWE LEVENSVORMEN?

Voordat we de oorsprong van nieuwe levensvormen gaan bespreken, moeten we het nog even over de oorsprong van het eerste leven hebben. Het is inderdaad een lange weg van één cel naar het menselijk brein, maar de reis van levenloze stoffen naar de eerste cel is misschien nog wel langer. Dat is het lastigste probleem voor darwinisten. Waar kwam het *eerste* leven vandaan?

Zie je hoe groot dit probleem is voor darwinisten? Als je geen verklaring voor het eerste leven hebt, wat heeft het dan voor zin om het over nieuwe levensvormen te hebben? Het proces van macro-evolutie kan, voor zover het al mogelijk is, niet eens beginnen, tenzij er al leven bestaat.

Maar zoals we in het vorige hoofdstuk zagen, laten darwinisten zich daar niet door afschrikken. Tegen alle empirische en forensische bewijzen in verzinnen darwinisten een fantastisch verhaal – spontane generatie of *panspermia* – waarmee ze het eerste leven dat ze nodig hebben tevoorschijn toveren. Dat is geen wetenschap, dat is een farce. Het doet ons denken aan een grap van Steve Martin: 'Ik weet hoe je een miljonair kunt zijn zonder één cent belasting te betalen! Zorg eerst dat je aan een miljoen dollar komt. Oké, vervolgens...'

Het darwinistisch standpunt is nog problematischer als je bedenkt dat ze niet eens een verklaring hebben voor de oorsprong van de levenloze stoffen, laat staan voor het leven. Een van de fundamenteelste vragen die je kunt stellen, zoals we ook zagen in hoofdstuk 3, is: 'Als er geen God is, waarom is er dan iets in plaats van niets?' We zagen dat atheïsten geen steekhoudend antwoord hebben op deze vraag. Ze kunnen wel een mogelijke verklaring bedenken, maar als ze wetenschappelijk willen zijn, zullen ze met bewijzen moeten komen. Ze weten overduidelijk niet waar het heelal vandaan komt. Een goed deksel (wereldbeschouwing) moet plausibele verklaringen kunnen bieden voor alle gegevens. Als het de fundamentele vragen naar de oorsprong van de wereld of van het leven niet kan beantwoorden, is het waardeloos als deksel. Dan wordt het tijd om een nieuwe te zoeken.

Hoewel we gezien hebben dat het darwinistische deksel fundamentele gebreken vertoont, moeten we een paar claims van de darwinisten aangaande de oorsprong van nieuwe levensvormen bekijken. Hun theorie is die van de macro-evolutie.

MICRO-EVOLUTIE VERSUS MACRO-EVOLUTIE

Macro-evolutie – die term heb je vast wel eens gehoord: van het oerslijm via de dierentuin naar jou. Het is de opvatting dat alle levensvormen van een gemeenschappelijke voorouder, het eerste eencellige organisme, afstammen – en dat allemaal via natuurlijke processen, zonder tussenkomst van een intelligent wezen. God had er niets mee te maken. Het is een volkomen 'blind' proces.

Darwinisten noemen natuurlijke selectie als de sturende kracht. Maar de term 'natuurlijke selectie' is een onjuiste benaming. Omdat het evolutieproces per definitie zonder intelligentie plaatsvindt, is er so-wie-so geen sprake van 'selectie'. Het is een blind proces. De term 'natuurlijke selectie' betekent domweg dat de best aangepaste wezens overleven. Nou en? Dat is per definitie waar: wie het best aangepast zijn, overleven (dat heet een tautologie, een cirkelredenering die niets bewijst). Dat zijn logischerwijs de wezens die genetisch of structureel gezien het best ingesteld zijn op veranderende omstandigheden in het leefmilieu (daardoor overleven ze ook).

Denk als voorbeeld van 'natuurlijke selectie' maar eens aan wat er gebeurt met bacteriën die door antibiotica worden aangevallen. Wanneer bacteriën een gevecht met antibiotica overleven en zich vermenigvuldigen, is die groep bacteriën die overleeft mogelijk resistent tegen dat antibioticum. De bacteriën die overleven, zijn bestand tegen dat antibioticum doordat de ouderbacterie de genetische capaciteit bezat om weerstand te bieden, of door een zeldzame biochemische mutatie geholpen werd om te overleven (we zeggen 'zeldzame', omdat mutaties bijna altijd schadelijk zijn). Doordat de gevoelige bacteriën doodgaan, vermenigvuldigen de overlevende bacteriën zich en zijn die nu dominant.

Volgens darwinisten zijn de overlevende bacteriën geëvolueerd. De overlevende bacteriën hebben zich aangepast aan hun omgeving en zijn dus een voorbeeld van evolutie. Oké, maar wat voor evolutie? Hoe we die vraag beantwoorden is van cruciaal belang. Naast de filosofische vooronderstellingen die we hebben blootgelegd is het definiëren van de term 'evolutie' misschien wel de grootste bron van verwarring in het debat rond schepping en evolutie. Op dat punt vermenigvuldigen de dwalingen en onjuiste beweringen van de darwinisten zich als bacteriën als ze niet in toom worden gehouden door mensen die vinden dat waarneming belangrijk is in de wetenschap. En dit nemen we waar: *de overlevende bacteriën blijven altijd bacteriën.* Ze ontwikkelen zich niet tot een ander soort organisme. Dat zou macro-evolutie zijn. Er is nog nooit waargenomen dat door natuurlijke selectie nieuwe soorten ontstonden.

Maar macro-evolutie is nou juist de conclusie die darwinisten uit de gegevens trekken. Volgens hen kun je uit deze waarneembare veranderingen op mícroniveau afleiden dat er evolutie op mácroniveau heeft plaatsgevonden. Ze maken geen onderscheid tussen *micro-* en *macro-*evolutie en gebruiken dus het bewijs voor het een om het ander te bewijzen. Doordat darwinisten dat cruciale onderscheid niet maken, kunnen mensen misleid worden en denken dat elke waarneembare verandering in een organisme bewijst dat alle leven geëvolueerd is uit het eerste eencellige organisme.

Daarom is het essentieel dat het juiste onderscheid wordt gemaakt en dat alle verborgen vooronderstellingen worden blootgelegd als het over schepping versus evolutie gaat. Dus als iemand aan je vraagt: 'Geloof jij in evolutie?', dan moet je die persoon vragen: 'Wat bedoel je met evolutie? Bedoel je micro- of macro-evolutie?' Micro-evolutie is waargenomen, maar kan niet als bewijs dienen voor macro-evolutie, die nog nooit waargenomen is.

Darwinisten weten als geen ander de term 'evolutie' zo ruim te definiëren dat bewijs in de ene situatie kan gelden als bewijs in een andere situatie. Helaas voor hen beginnen mensen deze tactiek door te krijgen, vooral dankzij de populaire boeken van Phillip Johnson, een hoogleraar in de rechten aan de universiteit van Berkeley. Johnson ontmaskerde dit darwinistische trucje voor het eerst in zijn baanbrekende boek *Darwin on Trial.* Daarin zegt hij: 'De "harde bewijzen" [voor natuurlijke selectie] tonen geen van alle aan dat nieuwe soorten, organen of andere grote – of zelfs kleine – permanente veranderingen het gevolg kunnen zijn van natuurlijke selectie.'[2] Bioloog Jonathan Wells is het daarmee eens: 'Biochemische mutaties kunnen de grootschalige veranderingen in organismen die we in de geschiedenis van het leven zien niet verklaren.'[3]

Waarom is natuurlijke selectie geen toereikende verklaring? Hier zijn vijf redenen:

1. Genetische beperkingen – Volgens darwinisten bewijst micro-evolutie binnen soorten dat er macro-evolutie heeft plaatsgevonden. Als die kleine veranderingen zich binnen een korte periode kunnen voordoen, is er met natuurlijke selectie over een langere periode heel wat mogelijk.

Helaas voor darwinisten lijkt het erop dat de genetische beperkingen ingebouwd zitten in de basissoorten. Hondenfokkers stuiten bijvoorbeeld altijd op genetische beperkingen wanneer ze nieuwe hondenrassen proberen te creëren. Honden kunnen in grootte variëren van de chihuahua tot de Deense dog, maar ondanks dappere pogingen van intelligente fokkers blijven honden altijd honden. Zo hebben ook de dappere pogingen van intelligente wetenschappers om fruitvliegjes te manipuleren altijd alleen maar nog meer fruitvliegjes opgeleverd (die vaak ook nog van alles mankeerden).[4] Dat is met name veelzeggend omdat wetenschappers dankzij de korte levensduur van fruitvliegjes een heleboel generaties genetische variatie kunnen onderzoeken binnen een kort tijdsbestek.

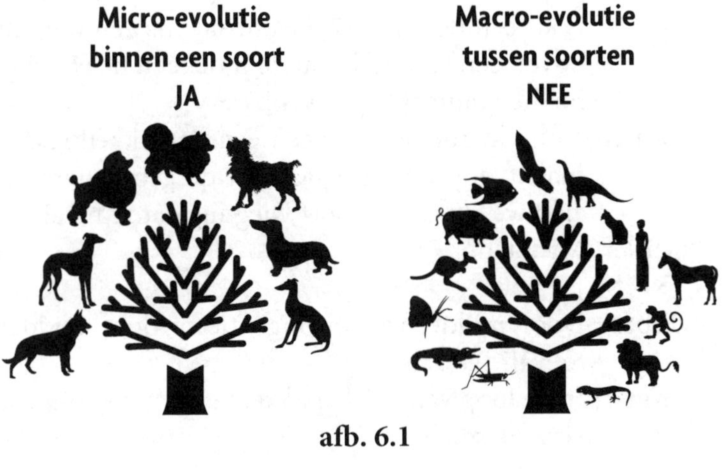

afb. 6.1

Bovendien gaat de vergelijking tussen natuurlijke selectie en de kunstmatige selectie door fokkers volledig mank, zoals tabel 6.1 laat zien. Het grootste verschil is dat kunstmatige selectie gestuurd wordt door een intelligentie en natuurlijke selectie niet.

Cruciale verschillen:	KUNSTMATIGE SELECTIE	NATUURLIJKE SELECTIE
Doel	Doel in zicht	Geen doel in zicht
Proces	Intelligent gestuurd proces	Blind proces
Keuzes	Intelligente keuze van rassen	Geen intelligente keuze van rassen
Bescherming	Rassen beschermd tegen destructieve processen	Rassen niet beschermd tegen destructieve processen
Afwijkende exemplaren	Gewenste afwijkende exemplaren worden behouden	Elimineert de meeste afwijkende exemplaren
Onderbrekingen	Voortdurende onderbrekingen om gewenste doel te bereiken	Geen voortdurende onderbrekingen om welk doel dan ook te bereiken
Overleving	Overleving op basis van voorkeur	Overleving niet op basis van voorkeur

Tabel 6.1

Darwinisten halen intelligente en niet-intelligente processen vaak door elkaar. Zo ook toen ik (Norman) in 1986 met Paul Kurtz discussieerde over evolutie. Op een gegeven moment kwam de discussie, geleid door tv-apologeet John Ankerberg, op macro-evolutie:

Geisler: [Chandra] Wickramasinghe *[een atheïst]* heeft gezegd: 'Dat het leven het product van toeval zou zijn, is als een Boeing 747 die ontstaat na een wervelwind boven een schroothoop.' Je moet een heleboel geloof hebben om dat te geloven!

Kurtz: Nou, de Boeing 747 heeft een ontwikkeling doorgemaakt. Als we teruggaan tot de gebroeders Wright zien we het eerste soort vliegtuig dat ze maakten…

Geisler: Maakten?

Kurtz: Ja, maar…

Ankerberg: Door middel van intelligentie of door middel van toeval? [gelach]

Kurtz: In de loop van een bepaalde periode zijn die vormen veranderd…

Ankerberg: Maar hebben ze die vliegtuigen niet gemaakt met behulp van intelligentie?
Kurtz: Ik gebruikte de vergelijking die dr. Geisler gebruikte.
Geisler: En daarmee bevestigt u mijn argument! [gelach] U kunt beter een andere vergelijking zoeken!
Kurtz: Nee, nee, ik vind dat mijn redenering juist is, want er hebben veranderingen plaatsgevonden van de simpelste tot de complexere vliegtuigen.
Geisler: Ja, maar die veranderingen zijn het resultaat van intelligent ingrijpen!

Gerichte verandering in vliegtuigen *met behulp van intelligentie* zegt inderdaad niets over de mogelijkheid van gerichte verandering in levende wezens *zonder de hulp van intelligentie.* Zoals we straks zullen zien heeft men nog nooit gerichte verandering in levende wezens door natuurlijke selectie waargenomen. En gerichte verandering in levende wezens met behulp van intelligentie stuit op genetische beperkingen. Dus zelfs als het intelligent gestuurd wordt, loopt het evolutieproces steeds dood. *Met andere woorden, zelfs als wetenschappers dieren intelligent manipuleren met een doel voor ogen – wat haaks staat op het blinde darwinistische proces – is macro-evolutie nog steeds niet mogelijk!* Als intelligente wetenschappers de genetische barrières niet kunnen doorbreken, waarom zouden we dat dan wel van niet-intelligente natuurlijke selectie verwachten?

2. Cyclische verandering – Naast de genetische beperkingen op verandering binnen typen is die verandering waarschijnlijk ook nog eens cyclisch van aard. Met andere woorden, de veranderingen zijn niet gericht op de ontwikkeling van nieuwe levensvormen, zoals de theorie van de macro-evolutie wil, maar gaan in een kringetje rond binnen vastomlijnde grenzen. De snavels van darwins vinken varieerden bijvoorbeeld in grootte afhankelijk van het weer. [5] Een grote snavel kon tijdens droge periodes grote, harde zaden kraken, terwijl een kleinere snavel prima werkte als er door nat weer een overvloed aan kleine, zachte zaden was. Wanneer het weer droger werd, groeide het aantal vinken met grote snavels in verhouding tot vinken met kleinere snavels. Na een periode met aanhoudend nat weer waren de rollen omgedraaid. Let wel: er ontstonden geen nieuwe levensvormen (het bleven altijd vinken), alleen de verhouding tussen vinken met grote snavels en vinken met kleine snavels verschoof. Opgemerkt zij ook dat natuurlijke selectie niet kan verklaren hoe vinken eigenlijk zijn ontstaan. Met andere woorden, natuurlijke selectie verklaart misschien hoe soorten *overleven*, maar niet hoe soorten *ontstaan*.

3. Onherleidbare complexiteit – In 1859 schreef Charles Darwin: 'Als iemand het bestaan zou kunnen aantonen van een complex orgaan dat zich onmogelijk ontwikkeld kan hebben via talrijke opeenvolgende kleine wijzigingen, dan zou mijn theorie volledig instorten.'[6] We weten dat er tal van organen, systemen en processen in het leven zijn waarop die omschrijving van toepassing is.

Een voorbeeld is de cel. In de tijd van Darwin was de cel een 'zwarte doos', een mysterieus deeltje van het leven waarin niemand een blik kon werpen. Maar nu we in staat zijn om in de cel te kijken, zien we dat het leven op moleculair niveau onnoemelijk complexer is dan Darwin ooit vermoedde. Het is zelfs onherleidbaar complex. Een onherleidbaar complex systeem 'bestaat uit meerdere, goed in elkaar passende, en met elkaar in wisselwerking staande onderdelen die allemaal tot de basisfunctie bijdragen. Verwijdering van één van deze onderdelen heeft tot gevolg dat het hele systeem niet meer werkt.'[7]

Dat zijn de woorden van Michael Behe, hoogleraar biochemie aan de Lehigh University, die het revolutionaire boek *De zwarte doos van Darwin: het biochemische vraagteken bij de evolutie*. Uit Behe's onderzoek blijkt dat levende dingen vol met moleculaire 'machines' zitten die de vele levensfuncties uitvoeren. Die moleculaire machines zijn onherleidbaar complex, wat betekent dat zo'n machine het alleen doet als alle onderdelen volledig gevormd zijn, op de juiste plaats zitten, de juiste afmetingen hebben en goed werken.

De motor van een auto is een voorbeeld van een onherleidbaar complex systeem. Als de omvang van de zuigers wordt veranderd, moeten er tegelijkertijd veranderingen worden aangebracht in de nokkenas, motorblok, het koelingssysteem, de motorbehuizing en andere systemen, anders werkt de nieuwe motor niet.

Behe laat zien dat levende wezens, net als een automotor, onherleidbaar complex zijn. Op zeer gedetailleerde wijze laat hij zien dat tal van lichaamsfuncties, zoals het stollen van bloed, trilhaartjes en het zicht, onherleidbaar complexe systemen vereisen die zich niet volgens een geleidelijk, darwinistisch scenario hadden kunnen ontwikkelen. Waarom dat zo is? Omdat tussenvormen niet functioneel zouden zijn. Net als bij een automotor moeten alle juiste onderdelen tegelijkertijd op hun plek zitten en de juiste grootte hebben, anders is er geen enkele functie mogelijk. Je kunt een motor onderdeel voor onderdeel bouwen (en daar is intelligentie voor nodig), maar als de motor incompleet is kom je niet op je werk. Je zou evenmin naar je werk kunnen rijden als één essentieel onderdeel van je motor veranderd was, maar de andere niet. Zo zouden ook leefsystemen al snel niet meer functioneren als ze stukje voor stukje gewijzigd werden.

De mate van onherleidbare complexiteit in levende wezens is verbluffend. Het genetische alfabet bestaat uit vier letters: A, T, C en G. *Elke menselijke cel* telt zo'n 3000 *miljoen* paren van die letters.[8] Je lichaam heeft *biljoenen* cellen en maakt elke seconde miljoenen nieuwe cellen, en bovendien is elke cel onherleidbaar complex en bevat onherleidbaar complexe subsystemen!

Behe's bevindingen zijn fataal voor het darwinisme. Onherleidbare complexiteit betekent dat nieuw leven niet kan ontstaan op de darwinistische manier, door middel van kleine, opeenvolgende veranderingen over een lange periode. Darwinisme is vergelijkbaar met natuurkrachten die – zonder enige intelligente hulp – een werkende automotor (een amoebe) produceren en dan die onherleidbaar complexe motor zo wijzigen dat er een reeks tussenvormen ontstaan, totdat die natuurkrachten uiteindelijk een spaceshuttle (een mens) produceren. Darwinisten kunnen niet verklaren waar de materialen voor een motor vandaan komen, laat staan dat ze kunnen verklaren hoe er een onherleidbaar complexe motor is ontstaan. Evenmin kunnen ze laten zien volgens welk *niet-intelligent* proces zich een motor heeft ontwikkeld tot een spaceshuttle – met behoud van de aandrijving bij elke tussenstap. Dat blijkt uit het feit dat darwinisten geen enkele verklaring bieden voor de vraag hoe onherleidbaar complexe systemen geleidelijk konden ontstaan. Behe ontmaskert de lege claims van de darwinisten:

> *Het idee van de darwinistische moleculaire evolutie heeft geen wetenschappelijke basis.* De wetenschapsliteratuur – tijdschriften of boeken – bevat geen enkele publicatie die beschrijft hoe de moleculaire evolutie van echte, complexe biochemische systemen heeft plaatsgevonden of ook maar zou kunnen plaatsvinden. Er wordt wel beweerd dat een dergelijke evolutie heeft plaatsgevonden, maar die beweringen worden nooit gestaafd met relevante experimenten of berekeningen. Gezien het ontbreken van een autoriteit om kennisclaims op te baseren, kun je met recht zeggen dat darwinistische moleculaire evolutie een leeg begrip is.[9]

Uit de zwakke tegenargumenten van darwinisten blijkt wel hoe problematisch onherleidbare complexiteit is voor hun theorie. Darwinist Ken Miller meent dat hij het concept van de onherleidbare complexiteit ontkracht heeft doordat hij kan aantonen dat Behe's voorbeeld van onherleidbare complexiteit – een muizenval – niet echt onherleidbaar complex is. Volgens Behe werkt een traditionele muizenval alleen als alle vijf de onderdelen tegelijkertijd op hun plaats zitten en naar behoren functioneren. Je kunt geen muizen vangen met bijvoorbeeld alleen een plankje en een veer. Maar Miller denkt dat hij Behe's stelling kan ontkrachten door een vergelijkbare muizenval te bouwen met maar vier onderdelen. (Miller bracht dit eind jaren negentig te berde tijdens een discussie op het Amerikaanse tv-station PBS.)

Maar Millers kritiek slaat de plank mis. Ten eerste vergeet Miller als een typische darwinist dat er voor het bouwen van zijn muizenval intelligentie nodig is. Ten tweede zegt Behe niet dat je voor *elke* muizenval vijf onderdelen nodig hebt, maar alleen voor de traditionele muizenval. Millers muizenval blijkt geen fysieke voorloper te zijn van Behe's traditionele muizenval. Met andere woorden, tussen Millers muizenval en die van Behe zit meer dan één door het toeval gestuurde (darwinistische) stap; er zou een heel specifiek onderdeel moeten worden toegevoegd, en de bestaande onderdelen zouden verschillende zeer specifieke aanpassingen moeten ondergaan (en daar is intelligentie voor nodig). Ten derde, zelfs al zouden die veranderingen via niet-intelligente processen tot stand kunnen komen, dan zou de muizenval tijdens de overgangsperiode in ieder geval niet functioneren. Maar het darwinisme kan alleen waar zijn als de functionaliteit te allen tijde behouden blijft, want levende wezens kunnen niet overleven als bijvoorbeeld hun vitale organen niet hun normale functie uitvoeren tijdens trage, darwinistische overgangsfasen die via de weg van trial-and-error verlopen.[10] Ten slotte is de muizenval maar een illustratie. Levende systemen zijn oneindig veel complexer dan een muizenval. Behe's stelling is dus niet weerlegd door Miller of door enig andere darwinist.[11]

Tijdens een Intelligent Design-conferentie in juli 2002 waar zowel Behe als ik (Frank) sprak, was er één darwinist die zich tijdens het vragenuurtje van de lezingen nogal strijdbaar opstelde. Ik wilde de rollen omdraaien en hem een paar vragen stellen, dus zorgde ik dat ik bij de lunch naast hem zat.

'Hoe staat u tegenover Behe's argument van de onherleidbare complexiteit?' vroeg ik tussen twee happen pizza door.

Hij draaide met zijn ogen en zei: 'O, dat is simpel. Het systeem staat in biochemische steigers die ervoor zorgen dat het zich geleidelijk ontwikkelt.'

Toen ik Behe later die dag tegenkwam, vertelde ik hem over die verklaring. Behe merkte terecht op dat er ten eerste geen bewijzen zijn voor zulke 'steigers' en ten tweede, dat die 'steigers' de zaak voor darwinisten alleen maar ingewikkelder maken, want als die 'steigers' inderdaad bestaan, wie bouwt ze dan steeds op de juiste plaatsen? Daar is intelligentie voor nodig.

Meer mensen hebben het 'probleem' van de onherleidbare complexiteit via darwinistische weg proberen te omzeilen, maar tot nu toe is er niemand in geslaagd. Behe bevestigt dat ook als hij categorisch stelt: 'Er bestaat momenteel geen experimenteel bewijs dat natuurlijke selectie het "probleem" van de onherleidbare complexiteit kan omzeilen.'[12]

De implicaties van onherleidbare complexiteit en van andere ontdekkingen aangaande de complexiteit van het leven worden door Behe niet onderschat. Hij schrijft: 'Het resultaat van al deze pogingen om de cel te onderzoeken – om het leven op moleculair niveau te onderzoeken – is een luide, scherpe kreet: "Ontwerp!" Het resultaat is zo ondubbelzinnig en veelbetekend dat het een plaats verdient bij de grootste prestaties in de geschiedenis van de natuurwetenschap. De ontdekking kan zich meten met die van Newton en Einstein.'[13]

4. Gebrek aan levensvatbaarheid bij overgangsvormen – De kans dat door natuurlijke selectie nieuwe levensvormen ontstaan, wordt nog kleiner door het feit dat overgangsvormen niet zouden kunnen overleven. Neem bijvoorbeeld de darwinistische theorie dat vogels zich in de loop van lange periodes geleidelijk ontwikkeld hebben vanuit reptielen. Dat vereist een overgang van schubben naar veren. Hoe kan een dier overleven dat geen schubben meer heeft, maar ook nog niet echt veren heeft? Veren zijn onherleidbaar complex. Een dier met half ontwikkelde veren kan niet vliegen. Het zou een gemakkelijke prooi zijn op het land, in het water en vanuit de lucht. En als tussenstation tussen reptiel en vogel zou het waarschijnlijk ook niet zo handig zijn in het zoeken van voedsel. Het probleem voor darwinisten is dus tweeledig: ten eerste hebben ze geen realistisch mechanisme om van reptiel naar vogel te gaan; en ten tweede, zelfs al zou er een realistisch mechanisme ontdekt worden, dan nog zouden de overgangsvormen weinig kans op overleven hebben.

fig. 6.2

5. Moleculaire isolatie – Darwinisten zeggen vaak dat het be-

wijs voor een gemeenschappelijke afstamming gelegen is in het feit dat alle levende wezens DNA bezitten. Zo stelt Richard Dawkins: 'We weten zeker dat we allemaal verwant zijn, inclusief de bacteriën, vanwege de universaliteit van de genetische code en andere biochemische basisprincipes.'[14] Darwinisten zien bijvoorbeeld in de overeenkomst in DNA tussen mensapen en mensen, die volgens sommigen varieert van 85 tot meer dan 95 procent [15], een sterke aanwijzing dat we een gemeenschappelijke voorouder hebben.

Maar wijst dat op een gemeenschappelijke *afstamming* of op een gemeenschappelijke *schepper*? Beide interpretaties zijn mogelijk. Misschien hebben de darwinisten gelijk – het is mogelijk dat we een gemeenschappelijke genetische code hebben omdat we allemaal afstammen van een gemeenschappelijke voorouder. Maar ze zouden net zo goed ongelijk kunnen hebben – misschien hebben we een gemeenschappelijke genetische code omdat een gemeenschappelijke schepper ons ontworpen heeft voor een leven in dezelfde biosfeer. Immers, als alle levende wezens biochemisch gezien van elkaar zouden verschillen, zou er waarschijnlijk geen voedselketen kunnen bestaan. Misschien is leven met een andere biochemische samenstelling niet mogelijk. En als het wel mogelijk was, zou het misschien niet in deze biosfeer kunnen bestaan.

Kijk eens naar fig. 6.3. Bewijzen overeenkomst en opeenvolging dat de ketel zich uit het theelepeltje heeft ontwikkeld? Nee. Overeenkomst en opeenvolging wijzen niet automatisch op gemeenschappelijke afstamming. In dit geval weten we dat het te maken heeft met een gemeenschappelijke schepper of ontwerper. Zo is het ook met echte levende wezens.

fig. 6.3

Zoals gezegd is de capaciteit van het genetische DNA-alfabet om een boodschap te bevatten equivalent aan de capaciteit van ons alfabet om een boodschap te bevatten (het enige verschil is dat het DNA-alfabet maar vier letters telt in plaats van 26). Aangezien alle levende wezens DNA hebben met zijn vier stikstofbasen (voorgesteld door de letters A, T, C en G), ligt een hoge mate van overeenkomst in de informatie die levende wezens bevatten in de lijn der verwachting.

Een voorbeeld op basis van ons eigen alfabet illustreert wat we bedoelen. Hier zijn twee Engelse zinnen met precies dezelfde letters:

Charles Darwin was a scientific god.
Charles Darwin was a scientific dog.

Hoewel de letters in de twee zinnen identiek zijn en de volgorde vrijwel hetzelfde is (voor meer dan 90 procent), betekent de ene zin door het kleine verschil in volgorde het tegenovergestelde van de andere zin. Zo kan ook een klein verschil in de volgorde van de letters (A, T, C en G) in levende wezens dieren opleveren die ver van elkaar verwijderd zijn aan de hypothetische boom van de evolutie. Hoewel uit sommige studies blijkt dat de overeenkomst in DNA tussen de mens en de mensaap die het meest op hem lijkt ongeveer 90 procent bedraagt, tonen andere studies aan dat de overeenkomst in DNA tussen mens en *muis* ook ongeveer 90 procent is.[16] Zulke vergelijkingen zijn omstreden en het is nog onduidelijk wat ze precies betekenen. Er moet meer onderzoek verricht worden op dit terrein. Maar als muizen genetisch even dicht bij de mens staan als mensapen wordt het wel heel lastig om dit darwinistisch te verklaren.

Maar laten we eens aannemen dat verdere studies op een dag aantonen dat het DNA van mensapen inderdaad dichter bij mensen staat dan het DNA van enig ander dier. Dat zou nog geen bewijs zijn voor de darwinistische conclusie dat er sprake is van een gezamenlijke voorouder. Zoals gezegd zou het net zo goed op een gemeenschappelijke schepper kunnen wijzen. We moeten nog andere aanwijzingen zoeken op moleculair niveau om erachter te komen of de gemeenschappelijke genetische code op een gemeenschappelijke voorouder of op een gemeenschappelijke schepper wijst.

Die andere aanwijzingen zijn al gevonden – door eiwitsequenties met elkaar te vergelijken. Eiwitten zijn de bouwstenen van het leven. Ze bestaan uit lange ketens chemische eenheden genaamd aminozuren. De meeste eiwitten bevatten meer dan honderd van die aminozuren, die een heel specifieke volgorde moeten hebben. Het DNA bevat de instructies voor het ordenen van de aminozuren in de eiwitten, en de volgorde is cruciaal, want de minste variatie levert meestal een defect eiwit op.

En daar ligt het probleem voor darwinisten. Als alle soorten een gemeenschappelijke voorouder hebben, zou je eiwitsequenties verwachten die een overgang laten zien van bijvoorbeeld vis naar amfibie, of van reptiel naar zoogdier. Maar daar is helemaal geen sprake van. We zien juist dat de basistypen moleculair gezien volkomen losstaan van elkaar; een gezamenlijke voorouder lijkt daarmee uitgesloten. Michael Denton schrijft:

> Op moleculair niveau zie je geen spoor van de evolutionaire overgang van vis – amfibie – reptiel – zoogdier. Amfibieën, die traditioneel worden beschouwd als tussenvormen tussen vissen en de andere gewervelde landdieren, staan moleculair gezien dus net zo ver van vissen als van een willekeurige groep reptielen of zoogdieren! Voor hen die bekend zijn met het traditionele plaatje van de evolutie van de gewervelde dieren is de uitkomst werkelijk verbazingwekkend. [17]

Dus hoewel alle organismen hun genetische code in wisselende mate gemeen hebben, heeft die code de aminozuren in eiwitten zo gerangschikt dat de basistypen moleculair gezien volkomen losstaan van elkaar. Er zijn geen darwinistische overgangen, maar alleen onmiskenbare moleculaire gaten. Darwinisten kunnen de aanwezigheid van die moleculaire gaten niet verklaren met natuurlijke selectie, zoals ze ook de aanwezigheid van enorme gaten in het fossielenbestand niet kunnen verklaren (waar we het hierna over zullen hebben).

Hoe zit het met het fossielenbestand?

Wat hebben we tot nu toe ontdekt? Er zijn vijf redenen waarom natuurlijke selectie geen nieuwe levensvormen kan hebben opgeleverd:

1. Genetische beperkingen
2. Cyclische verandering
3. Onherleidbare complexiteit
4. Het gebrek aan levensvatbaarheid bij overgangsvormen
5. Moleculaire isolatie

Maar wordt de darwinistische theorie niet ondersteund door het fossielenbestand? We zullen zien.

Omdat Charles Darwin het zonder de huidige technologie moest stellen, kon hij niet zien op welke problemen zijn theorie stuitte op celniveau. Hij zag echter wel dat het fossielenbestand zijn theorie voor een groot probleem stelde, omdat het geen geleidelijke ontwikkeling liet zien. Daarom schreef hij: 'Waarom is niet elke geologische formatie en elke aardlaag vol van dergelijke tussenliggende schakels? De geologie laat zeker niet zo'n fijne graduele organische ketting zien, en dat is misschien wel de duidelijkste en ernstigste tegenwerping die tegen mijn theorie kan worden aangevoerd.'[18]

Maar Darwin dacht dat verdere fossielvondsten de juistheid van zijn theorie zouden aantonen. Dat bleek een misvatting. In tegenstelling tot wat je over het algemeen hoort, brengt het fossielenbestand darwinisten volkomen in verlegenheid. Als het darwinisme waar was, zouden we inmiddels duizenden, zo niet miljoenen overgangsfossielen gevonden moeten hebben. Maar in de woorden van de inmiddels overleden Harvard-paleontoloog Stephen Jay Gould (een evolutionist):

> 'De geschiedenis van de meeste fossielsoorten behelst twee kenmerken die met name indruisen tegen een geleidelijke ontwikkeling. 1) Stasis. De meeste soorten vertonen geen doelgerichte verandering gedurende hun verblijf op aarde. Ze verschijnen in het fossielenbestand in dezelfde gedaante als waarmee ze verdwijnen. Morfologische veranderingen zijn meestal beperkt en doelloos. 2) Plotselinge verschijning. In geen enkel gebied komen soorten ooit geleidelijk te voorschijn middels gestage transformatie van de voorouders, maar ze verschijnen altijd plotseling en "volledig gevormd".'[19]

Met andere woorden, Gould geeft toe dat fossielsoorten plotseling en volledig gevormd verschijnen, en tot hun uitsterven hetzelfde blijven zondere enige doelgerichte verandering – precies wat je zou verwachten als de schepping waar is.

Maar in plaats van creationist te worden, verwierp Gould het 'gradualisme' van Darwin en formuleerde hij een theorie genaamd 'Punctuated Equilibrium' (PE), of 'Onderbroken Evenwicht'. Volgens PE evolueerden de soorten sneller in een kleiner tijdsbestek, wat de enorme gaten in het fossielenbestand zou verklaren. Gould had geen natuurlijk mechanisme door middel waarvan dat had kunnen plaatsvinden, maar omdat hij atheïst was, moest hij het fossielenbestand toch op de een of andere manier verklaren. Dit is een klassiek geval van iemand die zijn waarnemingen laat beïnvloeden door zijn vooroordelen.

Maar we dwalen af. Waar het hier om gaat is dat het fossielenbestand eigenlijk beter aansluit bij een bovennatuurlijke schepping dan bij macro-evolutie. Er zijn geen ontbrekende schakels – er ontbreekt een ketting!

Er is geen ketting, omdat bijna alle grote diergroepen die ons bekend zijn, plotseling en volledig gevormd in lagen uit het cambrium (dat door veel wetenschappers tussen 600 en 500 miljoen jaar geleden wordt gedateerd) in het fossielenbestand opduiken. Jonathan Wells schrijft: 'Het fossiele bewijsmateriaal is zo sterk en de gebeurtenis zo ingrijpend dat men van "de Cambrische explosie" of "de big bang van de biologie" spreekt.'[20]

Dit bewijsmateriaal sluit natuurlijk helemaal niet aan bij het darwinisme. Alle diergroepen duiken los van elkaar, volledig gevormd en tegelijkertijd op. Dat is geen bewijs van geleidelijke evolutie, maar van plotselinge schepping. De darwinistische boom waar we zo aan gewend zijn geeft dus geen accurate voorstelling van het eigenlijke fossielenbestand. Zoals Wells opmerkt: 'Als je al een botanische analogie wilt gebruiken, zou ik eerder aan een *gazon* denken dan aan een boom.'[21] En dat gazon zou bestaan uit stukken met verschillende grassen en planten, gescheiden door grote stukken met enkel aarde.

Misschien zit je nu te denken: 'Maar hoe zit het dan met die schedels die zo mooi op elkaar volgen? Het lijkt er toch op dat de mens zich ontwikkeld heeft uit de mensapen?'

Een aantal jaar geleden debatteerde ik (Norman) met een darwinist die een serie schedels op een tafel zette als illustratie van de evolutie. 'Dames en heren, hier is het bewijs voor de evolutie', kondigde hij aan.

Tja, de fossielen kun je toch niet negeren? De schedels lijken op elkaar te volgen. Ze zien eruit alsof ze een gemeenschappelijke voorouder zouden kunnen hebben. Is dit een goed bewijs voor het darwinisme? Nee, het is geen haar beter dan het bewijs dat de grote ketel uit het theelepeltje is ontstaan.

Het probleem voor de darwinisten is dat het fossielenbestand geen uitsluitsel kan geven over gemeenschappelijke voorouders. Waarom niet? Omdat, aldus Michael Denton, '99 % van de biologie van een organisme in zijn zachte anatomie zit, en die vind je niet in een fossiel.'[22] Met andere woorden, het is buitengewoon lastig om aan de hand van fossiele resten de biologische samenstelling van een dier te achterhalen. Jonathan Wells schrijft: 'Het fossiele bewijsmateriaal is voor velerlei uitleg vatbaar, omdat individuele exemplaren op verschillende manier gereconstrueerd kunnen worden, en omdat uit het fossielenbestand weinig af te leiden is over eventuele voorouders en afstamming.'[23]

Maar dat kan darwinisten niet deren. Aangezien het darwinisme wel waar móet zijn vanwege hun filosofische uitgangspunt, móeten darwinisten wel bewijzen vinden die hun theorie staven. Dus in plaats van toe te geven dat uit fossielen niets over voorouders is af te leiden, nemen darwinisten die ene procent die ze wel kunnen afleiden en gebruiken ze die 99 % speelruimte om hun fossielvondsten elk gat te laten vullen dat ze maar willen. Met zoveel speelruimte en zonder feiten die roet in het eten kunnen gooien, hebben darwinisten altijd vrij spel gehad om hele 'ontbrekende schakels' te creëren aan de hand van de meest onbenullige fossiele resten, zoals één enkele tand. Dat is ook de reden waarom zoveel zogenaamde 'ontbrekende schakels' later ontmaskerd zijn als bedrog of vergissingen.[24] Henry Gee, wetenschapsredacteur van Nature, schrijft: 'Een lijn fossielen nemen en beweren dat zij een afstammingslijn vormen, is geen wetenschappelijke hypothese die getest kan worden, maar een bewering die dezelfde waarde heeft als een verhaaltje voor het slapen gaan – vermakelijk, misschien zelfs leerzaam, maar niet wetenschappelijk.'[25]

Het fossielenbestand is niet alleen ontoereikend om een eventuele afstamming vast te stellen, maar gezien onze huidige kennis van de onherleidbare complexiteit van biologische systemen *doet het fossielenbestand in dit opzicht zelfs niet ter zake.* De overeenkomsten in structuur of anatomie tussen soorten (ook wel homologie genaamd) zegt ook niets over gemeenschappelijke afstamming. Michael Behe schrijft:

> Anatomie doet simpelweg niet ter zake als het gaat om de vraag of evolutie op moleculair niveau mogelijk is. En dat geldt ook voor het fossielenbestand. Het maakt niet meer uit of het fossielenbestand gaten vertoont of dat de fossielen elkaar even ononderbroken opvolgen als de presidenten van Amerika. En als er gaten zijn, maakt het niet uit of er een plausibele verklaring voor is. Het fossielenbestand heeft ons niets te vertellen over de vraag of de wisselwerkingen van 11-cis-retinal met rodopsine, transducine en fosfodiesterase [onherleidbaar complexe systemen] zich stap voor stap hebben kunnen ontwikkelen.[26]

Volgens Behe valt anatomie dus in het niet bij biologie als het gaat om de plausibiliteit van macro-evolutie. Zoals de inhoud van een boek veel meer informatie geeft dan het omslag, zo geeft de biologie van een organisme veel meer informatie dan de structuur van zijn skelet. Desondanks beweren darwinisten al heel lang dat de overeenkomsten tussen de skeletten van bijvoorbeeld aap en mens een bewijs vormen van een gemeenschappelijke voorouder (of gemeenschappelijke afstamming). Komt het ooit bij hen op dat overeenkomst in structuur misschien wel op een gemeenschappelijke ontwerper wijst in plaats van een gemeenschappelijke voorouder?[27] Immers, in een wereld waar bepaalde fysieke en chemische wetten gelden, is misschien maar een beperkt scala van skeletstructuren geschikt voor dieren die op twee benen lopen. Aangezien we allemaal in dezelfde biosfeer moeten leven, is het te verwachten dat sommige dieren qua ontwerp op elkaar lijken.

En bovendien, apen hebben misschien eenzelfde soort bouw als mensen, maar men ziet vaak over het hoofd dat apen en mensen nauwelijks op slangen, schimmels en bomen lijken. Maar volgens het darwinisme hebben alle levende dingen zich uit dezelfde voorouder ontwikkeld. Om het darwinisme vol te kunnen houden, moet je het enorme *gebrek aan overeenkomst* tussen levende dingen kunnen verklaren. Je moet verklaren hoe de palm, de pauw, de inktvis, de sprinkhaan, de vleermuis, het nijlpaard, het stekelvarken, het zeepaardje, de venusvliegenvanger, de mens en de meeldauwschimmel, om er een paar te noemen, allemaal zijn ontstaan uit het eerste onherleidbaar complexe leven zonder dat er intelligentie aan te pas kwam. En je moet ook verklaren hoe het eerste leven en het universum zijn ontstaan. Zonder steekhoudende verklaringen – en die hebben darwinisten nog steeds niet gegeven – vergt het gewoon te veel geloof om een darwinist te zijn. *En daarom hebben wij niet genoeg geloof om darwinist te zijn.*

IS INTELLIGENT DESIGN EEN INTELLIGENT ALTERNATIEF?

Er is nog veel meer te zeggen over macro-evolutie, maar het ontbreekt ons aan ruimte om er nog verder op in te gaan. Uit de gegevens die we in dit hoofdstuk hebben behandeld, kan niettemin een redelijke conclusie worden getrokken. Je zou denken dat darwinisten, gezien het fossielenbestand, moleculaire isolatie, de problemen rond overgangsvormen, onherleidbare complexiteit, cyclische verandering en genetische beperkingen (en het feit dat ze de oorsprong van het universum of het eerste leven niet kunnen verklaren), eindelijk zouden toegeven dat hun theorie niet aansluit bij datgene wat we waarnemen. Maar in plaats daarvan komen ze nog steeds met allerlei fantastische verklaringen die in feite in strijd zijn met wetenschappelijke waarnemingen. Ze blijven er gewoon stug op hameren dat evolutie een feit is!

Wij zijn het ermee eens dat evolutie een feit is, maar niet in de zin waarin darwinisten de term gebruiken. Als je evolutie omschrijft als 'verandering', dan is het leven zeker geëvolueerd. Maar dat is evolutie op micro- en niet op macro-niveau. En we hebben gezien: er zijn géén bewijzen dat macro-evolutie heeft plaatsgevonden, maar er zijn wél bewijzen dat die níet heeft plaatsgevonden.

Maar als macro-evolutie niet klopt, wat dan wel? Als er geen natuurlijke verklaring is voor het ontstaan van nieuwe levensvormen, dan moet er een intelligente verklaring zijn. Dat is het enige alternatief. Er zit niks tussen intelligentie en 'niet-intelligentie'. Of er is intelligentie aan te pas gekomen, of niet. Maar darwinisten vinden dat geen leuke optie. Dus zodra ze hun arsenaal aan objectief wetenschappelijk bewijs ter onderbouwing van hun eigen positie hebben uitgeput (en dat is zo gebeurd), richten ze hun pijlen op de aanhangers van het Intelligent Design – degenen onder ons die geloven dat er achter het universum en het leven intelligentie zit. Hier volgen hun vaste bezwaren en onze antwoorden:[28]

Bezwaar: Intelligent Design is geen wetenschap.
Antwoord: Zoals we gezien hebben, is wetenschap een zoeken naar oorzaken, en er zijn maar twee soorten oorzaken: intelligente en niet-intelligente (natuurlijke). De darwinistische claim dat Intelligent Design geen wetenschap is, is gebaseerd op hun vooringenomen definitie van wetenschap. Maar dat is een cirkelredenering! Als je definitie van wetenschap intelligente oorzaken op voorhand uitsluit, zul je de Intelligent Design-theorie nooit serieus in overweging nemen.

Het vervelende voor de darwinisten is echter: als Intelligent Design geen wetenschap is, dan is darwinisme het ook niet. Waarom? Omdat zowel darwinisten als ID-wetenschappers proberen te achterhalen wat er in het verleden gebeurd is. Vragen naar een oorsprong zijn forensische vragen en zijn dus alleen te beantwoorden met behulp van de forensische principes die we al besproken hebben. Sterker nog, als darwinisten Intelligent Design uit het wetenschappelijk domein willen weren, zullen ze naast zichzelf ook de archeologie, cryptologie, alle forensisch onderzoek en het werk van het SETI-instituut, dat naar buitenaardse intelligentie zoekt, moeten weren. Dat zijn allemaal legitieme forensische wetenschappen die in het verleden naar intelligente oorzaken zoeken. Er moet dus iets mis zijn met de darwinistische definitie van wetenschap.

Tabel 6.2 laat het verschil zien tussen empirische wetenschap en forensische wetenschap:

Empirische (operationaliserende) wetenschap	**Forensische (oorsprong-gerichte) wetenschap**
bestudeert het heden	bestudeert het verleden
bestudeert regelmatigheden	bestudeert eenmalige gebeurtenissen
studies reproduceerbaar	getrouwe nabootsing niet mogelijk
getrouwe nabootsing mogelijk	bestudeert hoe dingen zijn begonnen
bestudeert hoe dingen werken	getoetst op basis van uniformiteit
getoetst met reproduceerbare experimenten	
vraagt hoe iets werkt	
voorbeelden: Hoe valt water? Hoe erodeert steen? Hoe werkt een motor? Hoe hecht inkt zich aan papier? Hoe functioneert het leven? Hoe werkt het universum?	voorbeelden: Wat is de oorsprong van een water-krachtcentrale? Wat is de oorsprong van Mount Rushmore? Wat is de oorsprong van een motor? Wat is de oorsprong van dit boek? Wat is de oorsprong van het leven? Wat is de oorsprong van het universum?

Tabel 6.2

Bezwaar: Intelligent Design bezondigt zich aan het God-van-de-gaten-argument.

Antwoord: Het argument van 'de God van de gaten' houdt in dat iemand ten onrechte gelooft dat God een gebeurtenis veroorzaakt, terwijl de eigenlijke oorzaak een nog niet ontdekt natuurverschijnsel is. Vroeger geloofden mensen bijvoorbeeld dat onweer direct door God werd veroorzaakt. Omdat er een 'gat' in onze kennis van de natuur zat, schreven we het effect aan God toe. Darwinisten beweren dat theïsten dezelfde fout maken als ze stellen dat God het universum en het leven heeft geschapen. Klopt dat? Nee. Er zijn een aantal redenen waarom ze geen gelijk hebben.

Ten eerste, als we concluderen dat de eerste cel of het menselijk brein het resultaat is van intelligentie, is dat niet alleen omdat er geen bewijzen zijn voor een natuurlijke verklaring, maar ook omdat er positief, empirisch waarneembaar bewijs is voor een intelligente oorzaak. Een boodschap (gespecificeerde complexiteit) is empirisch waarneembaar. Wanneer we een boodschap waarnemen, zoals: 'Zet het afval buiten – Mam', of 1000 encyclopedieën, dan weten we dat die van een intelligent wezen afkomstig moet zijn omdat we uit ervaring weten dat boodschappen alleen van intelligente wezens komen. Telkens als we een boodschap waarnemen, komt die van een intelligent wezen. Die informatie koppelen we aan het feit dat we nooit waarnemen dat natuurwetten boodschappen creëren, en dan weten we dat een intelligent wezen de oorzaak moet zijn. Dat is een geldige wetenschappelijke conclusie op basis van waarneming en herhaling. Het is geen argument vanuit onwetendheid, en het berust evenmin op een 'gat' in onze kennis.

Ten tweede staan ID-wetenschappers open voor *zowel* natuurlijke *als* intelligente oorzaken. Ze zijn niet tegen voortgaand onderzoek naar een natuurlijke verklaring voor het eerste leven. Ze stellen alleen maar vast dat alle natuurlijke verklaringen op niets uitlopen en dat alle empirisch waarneembare bewijzen op een intelligente Ontwerper duiden.

Nu kun je je afvragen of het wijs is om te blijven zoeken naar een natuurlijke oorzaak van het leven. William Dembski, die uitvoerig onderzoek op het terrein van Intelligent Design gepubliceerd heeft, vraagt: 'Wanneer wordt vastberadenheid [om een natuurlijke oorzaak te vinden] stijfkoppigheid?... Hoelang moeten we blijven zoeken voordat we het recht hebben om het zoeken te staken en te verklaren dat voortzetting van de zoektocht niet alleen zinloos is, maar dat datgene wat wordt gezocht niet eens bestaat?'[29]

Het is een terechte vraag. Moeten we blijven zoeken naar een natuurlijke oorzaak voor fenomenen als Mount Rushmore of boodschappen als 'Zet het afval buiten – Mam'? Wanneer is genoeg genoeg?

Walter Bradley, medeauteur van het baanbrekende *The Mystery of Life's Origin*, meent: 'Het vinden van [een natuurlijke verklaring voor de oorsprong van het leven] lijkt niet mogelijk.' Hij voegt eraan toe: 'Mensen die geloven dat het leven op naturalistische wijze ontstaan is, moeten mijns inziens heel wat meer geloof hebben dan mensen die redelijkerwijs concluderen dat er een Intelligente Ontwerper bestaat.'[30]

Of je nu wel of niet vindt dat we moeten blijven zoeken naar een natuurlijke verklaring, het gaat erom dat ID-wetenschappers openstaan voor zowel natuurlijke als intelligente oorzaken. Maar een intelligente oorzaak sluit nu eenmaal het beste aan bij de gegevens die we hebben.

Ten derde is de conclusie van de ID-theorie falsificeerbaar. Met andere woorden, ID kan weerlegd worden als men op een dag ontdekt dat natuurwetten gespecificeerde complexiteit kunnen creëren. Dat geldt echter *niet* voor het darwinistische standpunt. Darwinisten laten geen ruimte voor falsificatie van hun 'scheppingsverhaal', want zoals we zagen, sluiten ze elk ander scheppingsverhaal bij voorbaat uit. Hun 'wetenschap' heeft geen voorlopig karakter en laat zich niet corrigeren, maar is nog kleingeestiger dan de meest dogmatische kerkleer waar darwinisten zo graag kritiek op leveren.

Ten slotte zijn het juist de darwinisten die zich bezondigen aan het 'God van de gaten'-argument. Darwin werd er zelf ooit van beschuldigd dat hij natuurlijke selectie als 'een actieve kracht of Godheid' beschouwde (zie hoofdstuk 4 van *Over het ontstaan van soorten*). Maar het lijkt erop dat voor de darwinisten van tegenwoordig natuurlijke selectie daadwerkelijk de godheid of 'God van de gaten' ís. Als ze geen flauw idee hebben hoe onherleidbaar complexe, informatierijke biologische systemen zijn ontstaan, bedekken ze het gat in hun kennis met de bewering dat natuurlijke selectie, de tijd en het toeval verantwoordelijk waren.

De stelling dat zo'n mechanisme informatierijke biologische systemen kan creëren, is in strijd met wat we waarnemen. Mutaties zijn bijna altijd schadelijk, en de tijd en het toeval baten de darwinisten ook niet, zoals we in hoofdstuk 5 hebben uitgelegd. Natuurlijke selectie is hooguit verantwoordelijk voor kleine veranderingen in levende soorten, maar de oorsprong van de basale vormen van leven kun je er niet mee verklaren. Zonder iets levends is er hoe dan ook geen natuurlijke selectie mogelijk. Maar ondanks de overduidelijke problemen die er aan hun mechanisme kleven, houden darwinisten vol dat het elk gat in hun kennis toedekt. Bovendien negeren ze willens en wetens het positieve, empirisch waarneembare bewijs voor een intelligent wezen. Dat is geen wetenschap, maar het dogma van een wereldlijke godsdienst. Net als de tegenstanders van Galileo maken darwinisten de wetenschappelijke waarnemingen ondergeschikt aan hun godsdienst!

Bezwaar: Intelligent Design berust op godsdienstige motieven.
Antwoord: Dit bezwaar heeft twee aspecten. Het eerste is dat sommige aanhangers van ID wellicht godsdienstige motieven hebben. Nou en? Is Intelligent Design daarom onjuist? Is het darwinisme onjuist omdat sommige darwinisten godsdienstige motieven hebben? Nee, de waarheid zit hem niet in de motieven van de wetenschappers, maar in de kwaliteit van het bewijsmateriaal. Het feit dat een wetenschapper bepaalde motieven of vooroordelen heeft, betekent niet per se dat hij ernaast zit. Zelfs iemand met vooroordelen kan toch gelijk hebben. Vooroordelen of motieven doen niet ter zake – het gaat om de waarheid.

Soms wordt het bezwaar zo verwoord: 'Alles wat hij zegt over de oorsprong van het leven is onbetrouwbaar, want hij is een creationist!' Maar het zwaard snijdt aan twee kanten. Wij zouden net zo goed kunnen zeggen: 'Alles wat hij zegt over de oorsprong van het leven is onbetrouwbaar, want hij is een darwinist!'

Waarom zijn creationistische conclusies meteen verdacht, terwijl darwinistische conclusies automatisch als objectief worden gezien? Omdat de meeste mensen niet beseffen dat darwinisten net als creationisten een wereldbeeld hebben. Zoals we zien, is het wereldbeeld van de atheïst niet neutraal en vergt het zelfs meer geloof dan dat van de creationist.

We hebben het al eerder gezegd: als iemands filosofische of godsdienstige vooroordelen hem weerhouden van een correcte interpretatie van de gegevens, dan hebben we reden om de conclusies van die persoon te betwijfelen. In het huidige debat zijn het vooral de darwinisten die met dat euvel kampen. Het belangrijkste punt is echter dat de conclusies van iemand met godsdienstige of filosofische motieven gecorrigeerd kunnen worden door eerlijk naar de bewijzen te kijken. Wetenschappers aan beide kanten kunnen moeite hebben om objectief te zijn, maar als ze integer zijn, kunnen ze objectief zijn.

Het tweede aspect van dit bezwaar is de beschuldiging dat ID-aanhangers hun visie niet kunnen staven, maar dat ze domweg de Bijbel napraten. Dat aspect van het bezwaar snijdt ook geen hout. ID-opvattingen *stroken* misschien met de Bijbel, maar zijn niet *gebaseerd* op de Bijbel. Zoals we gezien hebben, is Intelligent Design een conclusie die niet berust op heilige geschriften, maar op empirisch waarneembaar bewijs. Zoals Michael Behe schrijft: 'Op het meest fundamentele niveau en in zijn meest essentiële onderdelen is het leven op aarde het product van intelligente activiteit. De conclusie van Intelligent Design vloeit als vanzelf voort uit de gegevens zelf, en niet uit heilige boeken of sektarische geloofsopvattingen.'[31]

Intelligent Design is ook geen 'scheppingswetenschap'. ID-wetenschappers maken geen claims zoals 'scheppingswetenschappers' die maken. Ze zeggen niet dat de gegevens eenduidig de zes dagen van 24 uur uit Genesis of een wereldwijde zondvloed staven. In plaats daarvan erkennen ze dat de gegevens voor Intelligent Design niet berusten op een bepaalde leeftijd of geologische geschiedenis van de aarde. ID-wetenschappers bestuderen dezelfde zaken in de natuur als de darwinisten – het leven en het universum zelf – maar ze trekken een redelijkere conclusie over de oorzaak van die zaken. Kortom, ongeacht wat er in de Bijbel over dit onderwerp staat, verwerpen we het darwinisme *omdat het niet aansluit bij de wetenschappelijke gegevens* en onderschrijven we de conclusie van Intelligent Design omdat die wel aansluit bij de gegevens.

Bezwaar: Intelligent Design klopt niet, want het zogenaamde ontwerp is niet volmaakt.

Antwoord: Sinds jaar en dag zeggen darwinisten dat als er een ontwerper zou bestaan, hij zijn schepselen beter zou hebben ontworpen. Stephen Jay Gould wees daarop in zijn boek *The Panda's Thumb*, waarin hij het benige uitsteeksel dat de panda tot duim dient, noemt als voorbeeld van een ontwerp dat schijnbaar niet optimaal is.

Het probleem voor de darwinisten is alleen dat dit argument juist vóór een ontwerper blijkt te pleiten. Ten eerste geeft het feit dat Gould kan zien of een ontwerp niet optimaal is aan dat hij weet wat optimaal ontwerp is. Je kunt niet weten of iets onvolmaakt is, tenzij je weet wat volmaakt is. Met zijn waarneming van suboptimaal ontwerp geeft Gould dus in feite toe dat er een ontwerp waar te nemen is in de duim van de panda. (Dat is trouwens ook een reden waarom darwinisten ongelijk hebben als ze zeggen dat Intelligent Design geen wetenschap is. Wanneer ze beweren dat iets niet goed ontworpen is, zeggen ze in feite dat ze het zouden weten als het wél goed ontworpen was. Dat bewijst wat ID-wetenschappers al de hele tijd zeggen: ID is wetenschap, want ontwerp is empirisch waarneembaar.)

Ten tweede betekent suboptimaal ontwerp niet dat er geen sprake is van ontwerp. Met andere woorden, als je toegeeft dat iets niet optimaal ontworpen is, betekent dat nog niet dat het helemaal niet ontworpen is. Je auto is niet optimaal ontworpen, maar hij is wel ontworpen – hij is in elk geval niet in elkaar gezet door natuurwetten.

Ten derde, als je zegt dat iets niet optimaal is, moet je eerst weten wat de intenties van de ontwerper zijn. Als Gould niet weet wat de ontwerper met het ontwerp voor ogen had, kan hij ook niet zeggen dat het niet voldoet aan de intenties van de ontwerper. Hoe weet Gould dat de duim van de panda niet precies zo is als de ontwerper voor ogen had? Gould gaat ervan uit dat de panda een opponeerbare duim moet hebben zoals de mens. Maar misschien wilde de ontwerper juist dat de duim van de panda zo is als hij is. Met die duim kan de panda per slot van rekening prima de eetbare kern van bamboestengels blootleggen. Misschien hebben panda's geen opponeerbare duim nodig omdat ze geen boeken hoeven te schrijven, zoals Gould; ze hoeven alleen maar bamboe af te stropen. Gould kan de ontwerper niet bekritiseren als die duim louter bedoeld was om bamboe af te stropen.

Ten slotte, in een wereld waar fysieke beperkingen gelden, is ontwerp altijd een kwestie van compromissen sluiten. Laptops moeten een balans zien te vinden tussen omvang, gewicht en prestatie. Grotere auto's zijn misschien veiliger en comfortabeler, maar ze zijn ook minder manoeuvreerbaar en verbruiken meer brandstof. Een hoog plafond maakt een kamer imposanter, maar zorgt ook voor een hoger energieverbruik. Omdat compromissen niet te vermijden zijn in deze wereld, moeten ontwerpers naar een tussenweg zoeken die het beste aansluit bij de doelstellingen. Als een compacte auto bijvoorbeeld geen vijftien passagiers kan vervoeren, betekent dat niet dat het ontwerp slecht is. Zo'n auto is bedoeld om vier mensen te vervoeren en geen vijftien. De maker leverde een stuk omvang in voor zuinigheid en bereikte zijn doelstelling. Misschien is het ontwerp van de duim van de panda ook een compromis dat nog steeds aan de doelstelling voldoet. De duim is precies goed om bamboe mee af te stropen. Misschien zou de panda op andere terreinen hinder hebben van de duim als hij anders ontworpen was. We weten het gewoon niet zolang we de intenties van de ontwerper niet kennen. Wat we wel weten, is dat Goulds kritiek geen hout snijdt als die intenties niet bekend zijn.

WAAROM ZIJN ER DAN NOG STEEDS DARWINISTEN?

Als het bewijs voor Intelligent Design zo sterk is, waarom zijn er dan nog steeds darwinisten? Het zijn tenslotte geen domme mensen – hun naam wordt meestal voorafgegaan door de letters dr.!

In de eerste plaats is dit niet zomaar een intellectuele kwestie waarbij darwinisten objectief naar de gegevens kijken en dan een rationele conclusie trekken. Richard Dawkins schreef de beroemde woorden: 'Als je iemand tegenkomt die beweert niet in evolutie te geloven, kun je er gerust van uitgaan dat diegene onwetend, achterlijk of waanzinnig is (of boosaardig, maar die mogelijkheid laat ik liever rusten).[32] Dawkins opmerking klopt natuurlijk van geen kant. Er zijn briljante doctors die in Intelligent Design geloven. Maar de echte vraag is: vanwaar die beschimpingen? Vanwaar die emotie? Vanwaar die vijandigheid? Ik dacht dat het om wetenschap ging. Kennelijk staat er iets anders op het spel.

Laten we even teruggaan naar het citaat van Richard Lewontin uit het vorige hoofdstuk. Hij stelde dat darwinisten in zulke absurditeiten geloven omdat 'materialisme vooral absoluut is omdat we geen goddelijke voet tussen de deur kunnen toelaten.' Dáár gaat het in feite om. God buiten de deur houden. Maar waarom zouden darwinisten geen 'goddelijke voet tussen de deur' willen? We zullen vier belangrijke redenen noemen.

Ten eerste, als darwinisten God toelaten, geven ze daarmee toe dat ze niet het hoogste gezag vormen als het om de waarheid gaat. Met de huidige technologische vooruitgang worden wetenschappers door het publiek gezien als eerbiedwaardige gezagsfiguren – de nieuwe priesters die een beter leven mogelijk maken en die de enige bron van objectieve waarheid zijn. Met een erkenning dat God wellicht bestaat zouden ze hun aanspraak op het hoogste gezag opgeven.

Ten tweede, als darwinisten God toelaten, geven ze daarmee toe dat ze geen absoluut gezag hebben als het gaat om het verklaren van oorzaken. Met andere woorden, als God bestaat, kunnen ze niet elke gebeurtenis verklaren als het resultaat van voorspelbare natuurwetten. Richard Lewontin zegt het zo: 'De mogelijkheid van een almachtige godheid houdt in dat de regelmatigheden van de natuur elk moment doorbroken kunnen worden, dat er wonderen kunnen gebeuren.'[33] Als dat gebeurt, zoals Jastrow opmerkt, 'moet de wetenschapper de controle uit handen geven', zeker aan God en misschien aan de theoloog.[34]

Ten derde, als darwinisten God toelaten, brengen ze hun financiële zekerheid en de bewondering van collega's in gevaar. Waarom? Omdat men in de academische wereld enorm onder druk staat om dingen te publiceren die de evolutietheorie onderbouwen. Als je iets belangrijks ontdekt, is het zomaar mogelijk dat je voor op *National Geographic* komt te staan of dat er een tv-special over je wordt gemaakt. Als je niets ontdekt, kun je zomaar op straat komen te staan, je subsidie kwijtraken of op zijn minst uit de gunst vallen bij je materialistische collega's. Geld, werk en prestige zijn dus motieven om het darwinistische wereldbeeld te promoten.

Ten slotte – en dit is misschien wel de belangrijkste reden –, als darwinisten God toelaten, erkennen ze dat ze niet het gezag hebben om voor zichzelf te bepalen wat goed en wat fout is. Door het bovennatuurlijke als een fabeltje af te doen kunnen darwinisten de mogelijkheid uitsluiten dat iets moreel verboden is. Want als er geen God is, is alles geoorloofd, zoals een romanpersonage van Dostojevski opmerkt.[35] (In het volgende hoofdstuk gaan we dieper in op de relatie tussen God en moraliteit.)

Wijlen Julian Huxley, eens een prominent darwinist, gaf toe dat seksuele vrijheid een populaire drijfveer is achter het dogma van de evolutie. Toen talkshowpresentator Merv Griffin hem vroeg: 'Waarom geloven mensen in evolutie?' antwoordde Huxley eerlijk: 'De reden waarom we het darwinisme zelfs zonder bewijs aannamen, is dat we niet wilden dat God zich met onze seksuele zeden zou bemoeien.'[36] Geen bewijs van spontane generatie of indrukwekkende voorbeelden van fossielen; het belangrijkste motief dat hij bij evolutionisten waarnam, berustte op morele voorkeur en niet op wetenschappelijk bewijs.

Voormalig atheïst Lee Strobel erkent dat hij hetzelfde motief had toen hij in het darwinisme geloofde. Hij schrijft: 'Ik greep het darwinisme met beide handen aan als excuus om het idee van God over boord te gooien, zodat ik ongegeneerd mijn eigen gang kon gaan in het leven, zonder morele beperkingen.'[37]

Auteur en spreker Ron Carlson kent darwinisten die precies hetzelfde tegen hem zeiden. Na een lezing op een grote universiteit over de problemen die aan het darwinisme kleven en over het bewijs voor Intelligent Design at Carlson met een biologieprofessor die zijn lezing had bijgewoond.

'Wat vond je van mijn lezing?' vroeg Carlson.

'Het is wel waar wat je zegt, Ron', begon de professor, 'en het klinkt ook heel logisch. Maar ik blijf toch het darwinisme doceren.'

Carlson was verbijsterd. 'Maar waarom dan?' vroeg hij.

'Nou, om eerlijk te zijn, Ron, het is omdat het darwinisme moreel comfortabel is.'

'Moreel comfortabel? Wat bedoel je?' wilde Carlson weten.

'Ik bedoel, als het darwinisme waar is – als er geen God is en we zijn allemaal geëvolueerd uit slijmerige groene algen – dan kan ik naar bed met wie ik maar wil', zei de professor. 'Het darwinisme kent geen morele verantwoordelijkheid.'[38]

Dat is nog eens een moment van totale openhartigheid. Natuurlijk betekent dat niet dat alle darwinisten zo denken of dat alle darwinisten immoreel zijn – sommige leiden ongetwijfeld een moreel beter leven dan veel zogenaamde christenen. Het geeft alleen aan dat sommige darwinisten niet gedreven worden door het bewijs, maar door een verlangen om zich te vrijwaren van de morele beperkingen die ze met God associëren. Zulke mensen kunnen de neiging hebben om het bewijs voor de Schepper te verzwijgen zodat ze kunnen blijven leven zoals ze willen. (Wat dat betreft verschilt het darwinisme niet van veel andere wereldreligies, in die zin dat het een manier aanreikt om om te gaan met het schuldgevoel dat immoreel gedrag met zich meebrengt. Het verschil is dat sommige darwinisten, in plaats van te erkennen dat er sprake is van schuld en een mogelijkheid tot verzoening aan te reiken, of regels om zulk gedrag te voorkomen, proberen alle schuld van zich af te schuiven door te beweren dat er überhaupt geen immoreel gedrag bestaat om je schuldig over te voelen!)

Van de vier motieven die wij genoemd hebben, hoeft niemand vreemd op te kijken. Seks en macht vormen de drijfveren achter de meest verhitte culturele debatten, zoals die over abortus en homoseksualiteit. Al te vaak nemen mensen in dat soort debatten een standpunt in waarbij ze hun persoonlijke verlangens laten prevaleren boven het bewijs.

Zo is ook het geloof in het darwinisme vaak een zaak van de wil en niet van het verstand. Soms willen mensen de waarheid niet accepteren vanwege de gevolgen voor hun persoonlijk leven. Dat verklaart waarom sommige darwinisten met zulke absurde, 'contra-intuïtieve' verklaringen komen, verklaringen die 'tegen het gezonde verstand' ingaan. Ondanks de overduidelijke aanwijzingen dat het leven ontworpen is, maken deze darwinisten zich drukker over de invloed van God in hun persoonlijk leven dan over de juistheid van hun wetenschappelijke conclusies.

Dat wil niet zeggen dat alle darwinisten door zulke motieven gedreven worden. Er zijn er die echt geloven dat het wetenschappelijk bewijs hun theorie staaft. Dat misverstand heeft volgens ons te maken met het feit dat de meeste darwinisten zich zelden in onderzoek binnen andere disciplines verdiepen. Daardoor zijn er maar heel weinig die het hele plaatje zien.

Dat geldt vooral voor biologen. Moleculair en celbioloog Jonathan Wells schrijft: 'De meeste biologen zijn eerlijke, hardwerkende wetenschappers die aan een nauwkeurige voorstelling van de gegevens hechten, maar die zich zelden buiten hun eigen terrein begeven.'[39] Met andere woorden, hoewel ze eerlijk werk doen, zien ze alleen hun eigen stukje van de puzzel. Omdat ze geleerd hebben dat het darwinistische deksel van de puzzel over het algemeen klopt (alleen die irritante details moeten nog opgelost worden), interpreteren de meeste biologen hun stukje van de puzzel met dat deksel in hun achterhoofd, terwijl ze de darwinistische visie het voordeel van de twijfel geven in de veronderstelling dat het echte sterke bewijs voor het darwinisme op een ander terrein van de biologie ligt. Dus zelfs al kunnen ze in hun stukje van de puzzel geen aanwijzingen vinden voor spontane generatie of macro-evolutie, moet het bewijs elders in de biologie te vinden zijn, want volgens het darwinistische deksel moeten die dingen waar zijn. Het gevolg is dat de meeste biologen nooit vraagtekens plaatsen bij het evolutionair paradigma.

HOE BELANGRIJK IS DE LEEFTIJD VAN HET UNIVERSUM?

We kunnen onze bespreking van evolutie en schepping niet afsluiten zonder ten minste de leeftijd van het universum te noemen. Er bestaan verschillende visies op dat onderwerp, met name in christelijke kringen, en het ontbreekt ons aan de ruimte om die hier allemaal te behandelen (ze worden uitvoerig besproken in de *Baker Encyclopedia of Christian Apologetics* en *Systematic Theology, Volume 2*).[40]

We willen echter wel dit zeggen: de leeftijd van het universum is beslist een interessant theologisch vraagstuk, maar belangrijker dan de vraag *wanneer* het universum geschapen is, is het feit *dat* het geschapen is. Zoals we gezien hebben, is het universum uit het niets ontstaan en is het nauwkeurig afgestemd op leven op aarde. Aangezien dat universum – inclusief het hele ruimte-tijdcontinuüm – een begin had, moet er ook een Beginner zijn, hoe lang geleden dat begin ook was. En aangezien het universum ontworpen is, moet er ook een Ontwerper zijn, hoe lang geleden het ook ontworpen is.

We kunnen erover discussiëren hoe lang de dagen uit Genesis waren, en of er bij dateringsmethoden van de juiste veronderstellingen wordt uitgegaan. Maar daarbij moeten we het belangrijkste niet uit het oog verliezen, namelijk dat deze schepping een Schepper vereist[41]

SAMENVATTING EN CONCLUSIE

Wat is de moraal van dit hele verhaal? Er zijn maar twee mogelijkheden: of God heeft ons geschapen of wij hebben God geschapen. Of God bestaat echt, of hij is een product van onze eigen geest. Zoals we gezien hebben, is het darwinisme – en niet God – een product van de menselijke geest. Je moet een heleboel geloof hebben om een darwinist te zijn. Je moet geloven dat er, *zonder dat er intelligentie aan te pas kwam*:

1. Iets ontstond uit het niets (de oorsprong van het universum).
2. Orde ontstond uit chaos (het ontwerp van het universum).
3. Leven ontstond uit niet-leven (wat betekent dat intelligentie ontstond uit 'niet-intelligentie' en persoonlijkheid uit 'niet-persoonlijkheid').
4. Nieuwe levensvormen onstonden uit bestaande levensvormen, hoewel het tegenovergestelde blijkt uit:
   (1) Genetische beperkingen
   (2) Cyclische verandering
   (3) Onherleidbare complexiteit
   (4) Moleculaire isolatie
   (5) Het gebrek aan levensvatbaarheid bij overgangsvormen, en
   (6) Het fossielenbestand

Oké, macro-evolutie is dus kennelijk niet mogelijk. Maar theïstische macro-evolutie dan? Een natuurlijke verklaring schiet tekort, maar als je God bij het verhaal betrekt, valt alles misschien wel op zijn plaats.

Waarom zou je dat doen? Als er nu bewijzen waren voor God én voor macro-evolutie, dan zou je een reden hebben om die twee te combineren. Maar zoals we gezien hebben, zijn er geen bewijzen voor macro-evolutie. Het is niet zo dat sommige gegevens suggereren dat er macro-evolutie heeft plaatsgevonden, terwijl uit andere het tegendeel af te leiden is. Als er nu enerzijds een fossielenbestand was met miljoenen overgangsvormen, maar anderzijds onherleidbaar complexe wezens, dan zou je misschien kunnen opperen dat God de evolutie door die onoverbrugbare gaten heen heeft geleid. Maar aangezien dat niet het geval is, was er geen God nodig om de macro-evolutie te leiden, want er zijn helemaal geen bewijzen dat er macro-evolutie heeft plaatsgevonden!

Laten we ten slotte eens naar de bewijzen kijken met een andere vraag in het achterhoofd: wat zou je verwachten als de wereld geschapen is? Wat dacht je van:

1. Een universum dat uit het niets is ontstaan
2. Een universum met meer dan honderd op het leven afgestemde constanten voor deze kleine planeet die aarde heet
3. Leven dat:
   - alleen uit bestaand leven ontstaat (er is nog nooit waargenomen dat het spontaan ontstond);
   - bestaat uit duizenden en zelfs miljoenen boekdelen van empirisch waarneembare gespecificeerde complexiteit (en dat daarom meer is dan alleen de levenloze stoffen die het bevat);
   - cyclisch verandert en alleen binnen vast omlijnde grenzen;
   - niet geleidelijk gemaakt of gewijzigd kan worden (oftewel, het is onherleidbaar complex);
   - moleculair geïsoleerd is tussen basissoorten (er is geen doorlopende afstammingslijn op moleculair niveau);
   - een fossielenbestand achterlaat van volledig gevormde wezens die opeens opduiken, niet veranderen en dan opeens weer verdwijnen.

Wie eerlijk naar de feiten kijkt, moet concluderen dat niet macro-evolutie maar schepping met de werkelijkheid strookt. Zoals we gezien hebben, moeten atheïsten hun uiterste best doen om niet datgene te conluderen wat voor de hand ligt. *Daarom hebben ze veel meer geloof nodig dan wij.*

Ten slotte willen we een oplossing aandragen voor het debat in Amerika over het onderwijs ten aanzien van schepping en evolutie. Wat is er mis mee als er op scholen datgene onderwezen wordt wat we net behandeld hebben in de hoofdstukken 3 tot en met 6? Het is je misschien opgevallen dat we geen Bijbelverzen hebben geciteerd om ons pleidooi te onderbouwen. We hebben alleen wetenschappelijke bewijzen aangehaald. Dit is dus geen strijd tussen wetenschap en godsdienst – het is een strijd tussen *goede* wetenschap en *slechte* wetenschap. Op het moment wordt kinderen slechte wetenschap onderwezen, want ze leren alleen evolutie. Maar het kan ook anders. Is het tegen de grondwet om ze te onderwijzen in Einsteins 'irritante feiten', om ze de complexiteit van de simpelste vorm van leven te laten zien, om onderscheid te maken tussen micro- en macro-evolutie en tussen forensische en empirische wetenschap, of om te laten zien welke problemen er aan macro-evolutie kleven? Absoluut niet. Waarom blijven we kinderen dan indoctrineren met een theorie die op zijn laatste benen loopt en meer gebaseerd is op filosofische vooronderstellingen dan op wetenschappelijke waarneming? Waarom geven we onze kinderen niet alle wetenschappelijke bewijzen – voor en tegen – zodat ze hun eigen keuze kunnen maken? Moeten we ze per slot van rekening niet leren zelf kritisch na te denken? Natuurlijk. Maar darwinisten doen er alles aan om dat te voorkomen. Darwinisten hebben liever dat de bewijzen stil worden gehouden dan dat iedereen er vrij kennis van kan nemen. Waarom? Omdat dit het enige terrein is waarop het darwinisten aan geloof ontbreekt – *ze geloven niet dat hun theorie nog steeds geloofd wordt als onze kinderen alle bewijzen zien.*

7.

MOEDER TERESA TEGENOVER HITLER

'Wij beschouwen deze waarheden als vanzelfsprekend: dat alle mensen gelijk geschapen zijn, dat ze door hun Schepper zijn uitgerust met bepaalde onvervreemdbare rechten en dat tot die rechten behoren: het recht op leven, op vrijheid en op het nastreven van geluk..'

AMERIKAANSE ONAFHANKELIJKHEIDSVERKLARING

BESTAAT ER EEN STANDAARD?

Aan het eind van het avondeten dat ik samen met mijn vriend Dave genuttigd had in een restaurant in Portland, Maine, kwam het gesprek op religie. 'Ik denk niet dat er één religie is die exclusief waar kan zijn', zei Dave. 'Maar het lijkt erop dat jij, Frank, een ankerpunt gevonden hebt. Jij hebt iets ontdekt dat waar is voor jou – en dat vind ik mooi.'

Ik ging even mee met zijn aanname dat iets waar kan zijn voor de een en onwaar voor de ander en vroeg: 'Dave, wat is waar voor jou? Wat geeft het leven voor jou zin en betekenis?'

Zijn antwoord was: 'Geld verdienen en mensen helpen!' Nu is Dave een zeer succesvolle zakenman, dus ik voerde de druk nog een beetje op.

Ik zei: 'Dave, ik ken mensen die de absolute top in het zakenleven bereikt hebben, maar die geen plannen gemaakt hebben – en ook niets bereikt hebben – in hun privéleven. Nu ze op het punt staan om met pensioen te gaan vragen ze zich af: *En wat nu?*'

Dave knikte instemmend en zei: 'Ja, en ik weet dat veel van die topzakenmensen nare echtscheidingsprocedures achter de rug hebben, meestal omdat ze in hun jacht naar geld hun familieleven verwaarloosd hebben. Maar zo ben ik niet. Ik zal mijn gezinsleven niet opofferen voor geld en ook in mijn zakendoen wil ik graag mensen helpen.'

Ik complimenteerde hem vanwege zijn toewijding aan zijn gezin en vanwege zijn verlangen om andere mensen te helpen – maar toch bleven er vragen onbeantwoord. Waarom zouden we trouw zijn aan onze families? Wie heeft gezegd dat wij anderen zouden moeten helpen? Is het helpen van mensen een universele morele plicht, of is dat slechts waar voor jou maar niet voor mij? En in welk opzicht zou je mensen moeten helpen? Financieel? Emotioneel? Lichamelijk? Geestelijk?

Ik zei: 'Dave, als er geen objectieve standaard bestaat, dan is het leven in feite niets meer dan een veredeld Monopolyspel. Je kunt bergen met geld verdienen en allerlei bezittingen vergaren, maar als het spel uit is, gaat alles weer terug in de doos. Is dat echt waar het in wezen om gaat in het leven?'

Kennelijk voelde Dave zich niet prettig met de wending die ons gesprek genomen had en daarom veranderde hij gauw van onderwerp. Maar met zijn gevoel dat hij mensen moest helpen was natuurlijk niets mis. Hij was alleen niet in staat om te onderbouwen waarom hij dat zou moeten doen. Waarom was hij van mening dat hij mensen 'moest helpen'? Waar haalde hij dat idee vandaan? En waarom zijn jij en ik het ten diepste van harte met hem eens?

Laat deze vragen eens even rustig op je inwerken... Ben jij niet net als Dave? Heb jij ook niet dat diepe besef dat je mensen zou 'moeten helpen'? Dat besef hebben we allemaal. Waarom? En waarom lijkt het erop dat de meeste mensen intuïtief aanvoelen dat zij het goede moeten doen en het slechte moeten laten?

Achter de antwoorden op deze vragen gaan nog meer argumenten schuil die duiden op een theïstische God. Daarbij gaat het niet om bewijzen van wetenschappelijke aard – daar hebben we ons in de vorige hoofdstukken mee beziggehouden – maar om bewijzen van morele aard. En net als met de wetten van de wiskunde en de logica gaat het hier niet om materiële, maar om immateriële zaken

– maar die zijn net zo reëel. Ons gevoel dat we het goede moeten doen en het slechte moeten laten wordt ingegeven door de morele wet die in ons hart geschreven is. Met andere woorden: aan alle mensen is het voorschrift gegeven dat zij goed moeten doen.

Sommige mensen noemen dit morele voorschrift 'geweten', anderen noemen het 'Natuurrecht'. Weer anderen – zoals de Amerikaanse *Founding Fathers* – spreken over de 'natuurlijke wet'. Wij noemen het hier 'de morele wet'. Maar hoe je het ook noemt, het feit dat er een morele standaard in elk menselijk brein is gegeven duidt op een morele Wetgever. Elk voorschrift is door iemand voorgeschreven. Dat geldt ook voor de morele wet. Iemand moet ons de morele plichten gegeven hebben.

Deze morele wet is ons derde argument voor het bestaan van een theïstische God (volgend op het kosmologische en teleologische argument). Dit is onze argumentatie:

1. Elke wet heeft een wetgever
2. Er bestaat een morele wet
3. Dus bestaat er een morele Wetgever.

Als de eerste en tweede aanname juist zijn, dan is de conclusie hiervan het noodzakelijke resultaat. Natuurlijk heeft elke wet een wetgever. Er kan geen wetgeving zijn zonder een wetgevende instantie. Sterker nog: als er morele plichten bestaan, dan moet er iemand bestaan aan wie wij die schuldig zijn.

Maar is het echt waar dat er een morele wet bestaat? De mannen die de Amerikaanse onafhankelijkheidsverklaring opstelden – de *Founding Fathers* – dachten er in ieder geval zo over. Thomas Jefferson schreef in de Onafhankelijkheidsverklaring dat de natuurlijke wetten vanzelfsprekend (*self-evident*) zijn. Je hoeft niet te redeneren om de waarheid van die wetten aan te tonen, je *weet* gewoon dat ze waar zijn. Misschien dat mijn vriend Dave daarom tegen een hindernis aanliep toen hij hierover nadacht. Hij wist dat het juist was om 'mensen te helpen', maar hij kon niet uitleggen waarom dit zo was zonder zich te beroepen op een standaard van buitenaf.

Zonder een objectieve standaard die aangeeft wat betekenisvol en moreel juist is, is het leven zinloos en bestaat er helemaal niets dat absoluut goed of fout is. Alles wat dan overblijft is een kwestie van meningen.

Wanneer wij stellen dat de morele wet bestaat, dan bedoelen wij daarmee dat alle mensen beschikken over een fundamenteel gevoel voor goed en kwaad. Iedereen weet bijvoorbeeld dat liefde beter is dan haat en dat moed beter is dan lafhartigheid. J. Budziszewski, professor aan de universiteit van Texas, schrijft: 'Iedereen kent bepaalde principes. Er bestaat geen land waar moord een deugd is en dankbaarheid een ondeugd.' [1]

C.S. Lewis, die over dit onderwerp uitgebreid geschreven heeft in zijn boek *Onversneden christendom*, stelt het als volgt: 'Stel je een land voor waar mensen bewonderd worden omdat ze middenin de strijd de benen nemen, of waar een man er trots op zou zijn dat hij alle mensen bezwendeld heeft die aardig voor hem zijn geweest. Je kunt je net zo goed een land voorstellen waar twee plus twee vijf is.' [2]

Anders gezegd, iedereen weet dat er absolute morele plichten bestaan. Een absolute morele plicht is bindend voor alle mensen van alle tijden op alle plaatsen. En een absolute morele wet impliceert het bestaan van een absolute morele Wetgever.

Nu betekent dit niet dat er voor elke morele kwestie een gemakkelijk antwoord gevonden kan worden. Het betekent evenmin dat er geen mensen zijn die het bestaan van een absolute moraal ontkennen. Er bestaan ingewikkelde morele kwesties en mensen onderdrukken en loochenen dagelijks de morele wet. Het betekent slechts dat er basale principes bestaan die aangeven wat goed en fout is en dat iedereen die principes kent – of ze dat nu toegeven of niet. Budziszewski noemt deze elementaire kennis van goed en kwaad 'datgene wat we niet *niet* kunnen weten' [3].

We kunnen bijvoorbeeld niet naar eer en geweten zeggen dat we *niet weten* dat het verkeerd is om zonder reden een onschuldig mens te doden. Sommige mensen zullen dit ontkennen en een moord plegen, maar diep in hun hart weten ze dat moorden slecht is. Zelfs seriemoordenaars *weten* dat moorden slecht is – ook als ze geen last hebben van wroeging. [4] En zoals met alle absolute morele wetten, geldt ook voor deze wet dat het voor alle mensen overal – in Amerika, India, Zimbabwe of waar dan ook ter wereld – altijd verkeerd is om te moorden. Dat is wat de morele wet elk mensenhart duidelijk maakt.

HOE WETEN WE DAT DE MORELE WET BESTAAT?

Er zijn veel redenen die ons duidelijk maken dat de morele wet bestaat en wij zullen er acht noemen. Sommige van deze redenen overlappen elkaar, maar we zullen ze in deze volgorde bespreken:

1. De morele wet is onmiskenbaar.
2. We kennen de morele wet door onze reacties.
3. De morele wet vormt de basis voor de mensenrechten.
4. De morele wet is de onveranderlijke standaard van het recht.
5. De morele wet definieert het wezenlijke verschil tussen morele posities (bijvoorbeeld tussen Moeder Teresa en Hitler).
6. Omdat we weten wat absoluut verkeerd is, moet er een absolute standaard voor rechtvaardigheid bestaan.
7. De morele wet vormt de legitimatie voor politieke oppositie en burgerlijke ongehoorzaamheid.
8. Als er geen morele wet zou bestaan, dan zouden we ons niet verontschuldigen voor daden die deze wet geweld aandoen.

1. De morele wet is onmiskenbaar – Relativisten houden zich gewoonlijk aan twee waarheden vast: a) absolute waarheid bestaat niet, en b) absolute morele waarden bestaan niet. Met behulp van de Road Runner-tactiek kan de eerste waarheidsclaim eenvoudig onschadelijk gemaakt worden: als absolute waarheden niet bestaan, dan geldt dat ook voor de absolute waarheidsclaim dat er geen absolute waarheid bestaat. Vooronderstelling a) kan dus niet waar zijn. Het is duidelijk dat deze uitspraak van relativisten irrationeel is, want hiermee bevestigen zij juist wat zij proberen te ontkennen.

Zelfs Joseph Fletcher, geestelijk vader van de moderne situatie-ethiek, stapte in deze val. In zijn boek *Situation Ethics* beweert hij dat 'de situationist woorden als *nooit*, *perfect* en *altijd* mijdt als de pest – zoals hij ook het woord *absoluut* mijdt.' [5]. Uiteraard is dit een andere manier om te zeggen dat je nooit *nooit* moet zeggen of dat je altijd moet vermijden *altijd* te zeggen. Deze uitspraken gaan zelf niet uit de weg wat zij ons zeggen te vermijden. Relativisten zijn er absoluut zeker van dat *niets absoluut* is.

Absolute waarheid is onmiskenbaar en datzelfde geldt voor absolute waarden. De claim dat 'absolute waarden niet bestaan' ontkracht zichzelf niet, maar het bestaan van absolute waarden valt praktisch niet te ontkennen. Immers: de persoon die alle waarden ontkent, hecht waarde aan zijn recht om waarden te ontkennen. Bovendien verwacht hij dat iedereen zijn persoonlijke waardigheid respecteert – ook al ontkent hij zelf dat er waarden bestaan die voor iedereen gelden. Dit werd een aantal jaren geleden duidelijk geïllustreerd toen ik (Norman) een toespraak hield voor welgestelde, goed opgeleide mensen uit de buitenwijken van Chicago. Nadat ik had gesteld dat er zoiets bestaat als absolute morele waarden waar we ons allen aan hebben te houden, stond een dame op die luidkeels protesteerde: 'Er bestaan geen echte waarden. Uiteindelijk is het allemaal slechts een kwestie van persoonlijke smaak en zienswijze!' Ik onderdrukte mijn neiging om haar het zwijgen op te leggen met: 'Hou je kop, kletskous! Wie is er nu geïnteresseerd in jouw mening?!' Natuurlijk zou ze zich terecht beklaagd hebben over een dergelijke onbeschofte reactie van mijn kant en vanzelfsprekend zou ze opkomen voor haar mening en voor het recht om die mening te mogen uiten. Daar zou ik dan op hebben kunnen zeggen: 'Dat recht heb je niet, want je hebt me zojuist verteld dat dergelijke rechten niet bestaan!'

Met haar klacht zou ze in feite aangetoond hebben dat ze wel degelijk gelooft in een echte absolute waarde – ze hechtte waarde aan haar recht om te zeggen dat er geen absolute waarden bestaan. Met andere woorden, zelfs degenen die alle absolute waarden ontkennen hechten waarde aan hun recht om deze ontkenning te uiten. En precies daar zit de inconsistentie waaruit blijkt dat morele waarden praktisch onontkenbaar zijn.

2. Onze reacties helpen ons bij het ontdekken van de morele wet (het verschil tussen goed en kwaad) – In het hierboven beschreven scenario zou de reactie van de dame haar hebben kunnen herinneren aan het feit dat absolute morele waarden bestaan. Een tijdje geleden liet een docent aan een grote universiteit in Indiana een van zijn relativistische studenten deze waarheid proefondervindelijk ontdekken. Deze docent die ethiek onderwees, gaf zijn studenten de opdracht een essay te schrijven. Het onderwerp mocht over elk ethisch thema gaan wat zij maar konden bedenken, mits het betoog goed onderbouwd werd door argumentatie en documentatie.

Een van de studenten, een atheïst, schreef een uitstekende verhandeling over het onderwerp moreel relativisme. Hij betoogde dat 'moraliteit altijd relatief is en dat er geen absolute standaard bestond voor recht of gerechtigheid; alles was uiteindelijk slechts een kwestie van persoonlijke opinies en voorkeuren – jij houdt van chocolade en ik van vanille' – enzovoorts. Zijn essay was goed onderbouwd en gedocumenteerd. Qua omvang voldeed het aan de eisen en het werd tijdig ingeleverd in een keurige blauwe map.

Toen de docent het essay geheel gelezen had, schreef hij op de blauwe map: '1 – ik houd niet van blauwe mappen!' Toen de student zijn essay terugkreeg was hij in alle staten. Hij stormde de kamer van de docent binnen en protesteerde: 'Een één alleen omdat u niet van blauwe mappen houdt?! Dat is oneerlijk! Dat is onrechtvaardig! U hebt dit essay niet op de juiste gronden beoordeeld!'

De docent probeerde de razende student met een handgebaar tot bedaren te brengen en reageerde kalm. 'Wacht eens even, ik lees heel veel essays. Eens kijken… had jij niet iets geschreven over eerlijkheid, gerechtigheid en recht?'

'Ja', antwoordde de student.

'Wat heb jij mij dan nu te melden over eerlijkheid, gerechtigheid en recht? Was de essentie van jouw betoog niet dat dit allemaal slechts een kwestie van persoonlijke smaak was? Dat jij van chocolade houdt en ik van vanille?'

'Ja', antwoordde de student, 'dat is mijn mening.'

'Mooi zo', reageerde de docent. 'En ik houd niet van blauwe mappen en jij krijgt een één.'

Plotseling ging er een lampje branden in het hoofd van de student. Hij realiseerde zich dat hij wel degelijk geloofde in morele absoluten. Op z'n minst geloofde hij in rechtvaardigheid. Immers, hij had zojuist zijn docent beschuldigd van een onrechtvaardig oordeel omdat deze hem een één had gegeven vanwege de kleur van de map waarin hij zijn essay aangeboden had. Dit simpele feit was genoeg om zijn hele betoog over relativisme te weerleggen.

De moraal van dit verhaal is dat absolute moraal bestaat. En als je relativisten zo ver wilt krijgen dat ze dit toegeven, dan hoef je ze slechts oneerlijk te behandelen. Hun reactie zal onthullen dat de morele wet ook in hun harten en hersens geschreven is. De student kwam er door zijn eigen reactie op een oneerlijke behandeling achter dat er een objectieve standaard voor rechtvaardigheid bestaat. Op dezelfde wijze zou ik van mening kunnen zijn dat het niet verkeerd is om iets van jou te stelen. Maar kijk eens hoe ik reageer als jij iets van mij steelt!

Uit onze reacties blijkt dat moreel relativisme uiteindelijk tot een onleefbare situatie leidt. Mensen mogen wel beweren dat zij relativisten zijn, maar zij stellen het gewoonlijk niet op prijs als hun partners seksueel gaan leven als relativisten. Ze willen niet dat hun partners *relatief* trouw zijn. Bijna elke gehuwde mannelijke relativist verwacht van zijn echtgenote dat zij leeft alsof overspel absoluut verkeerd is; en hij zou niet positief reageren wanneer zijn vrouw door het plegen van overspel haar relativistische opvattingen in praktijk zou brengen. En hoewel er wel een paar relativisten zullen zijn die geen bezwaar hebben tegen het plegen van overspel – denk je dat zij evenmin bezwaar zullen hebben tegen verkrachting of tegen het plegen van moord als iemand hen zou willen verkrachten of vermoorden? Natuurlijk zullen ze daar bezwaar tegen hebben! Relativisme is in tegenspraak met onze reacties en ons gezonde verstand.

Onze reacties helpen ons ook om als een natie het onderscheid te maken tussen goed en kwaad. Toen terroristen *onze* vliegtuigen tegen *onze* gebouwen vlogen waar *onze* onschuldige geliefden in zaten, paste *onze* emotionele reactie bij de omvang van deze misdaad. Onze reactie als Amerikanen bevestigde de waarheid dat deze terroristische aanslag absoluut verkeerd was. Nu zullen sommigen zeggen: 'Maar Bin Laden en zijn medecriminelen zullen van mening zijn dat deze daad moreel juist was.' Dat is dan deels te verklaren uit het feit dat zij niet degenen waren die deze misdaad moesten ondergaan. Hoe denk je dat Bin Laden zou reageren als Amerikanen *zijn* vliegtuigen tegen *zijn* gebouwen zouden hebben gevlogen zodat *zijn* onschuldige geliefden daarbij om het leven kwamen? Hij zou in dat geval direct geweten hebben dat een dergelijke daad onmiskenbaar verkeerd is.

De morele wet blijkt niet altijd uit onze acties, zoals duidelijk wordt uit alle verschrikkelijke dingen die mensen elkaar aandoen. Maar de morele wet wordt zonneklaar door onze *re*acties – dus door wat wij doen wanneer wij oneerlijk behandeld worden. Met andere woorden: we behandelen anderen niet altijd volgens de standaard van de morele wet, maar vrijwel altijd verwachten we dat anderen ons wel volgens die morele wet behandelen. De wet beschrijft niet hoe wij ons in praktijk gedragen, maar schrijft voor hoe wij ons *behoren* te gedragen.

Zonder de morele wet zouden er geen mensenrechten zijn - De *Founding Fathers*, de oprichters van de Verenigde Staten van Amerika, baseerden zich op hun geloof in de morele wet en in de door God gegeven mensenrechten. Thomas Jefferson schreef in de Amerikaanse onafhankelijkheidsverklaring:

> 'Wij beschouwen deze waarheden als vanzelfsprekend: dat alle mensen gelijk geschapen zijn, dat ze door hun Schepper zijn uitgerust met bepaalde *onvervreemdbare rechten* en dat tot die rechten behoren: het recht op leven, op vrijheid en op het nastreven van geluk. Om deze rechten veilig te stellen zijn er onder mensen re-

geringen ingesteld die hun *gerechtvaardigde gezag* ontlenen aan de instemming van degenen over wie zij regeren' (Cursivering toegevoegd).

Let op deze formulering: '... dat ze door hun Schepper zijn uitgerust met onvervreemdbare rechten.' Met andere woorden: de opstellers van deze onafhankelijkheidsverklaring geloofden dat mensenrechten door God gegeven zijn en dat deze als zodanig universeel en absoluut geldig zijn; het gaat hier om de rechten van alle mensen op alle plaatsen en van alle tijden – onafhankelijk van hun nationaliteit of religie.

Jefferson en de andere *Founding Fathers* erkenden het bestaan van een hogere autoriteit – de Schepper – op wie zij zich konden beroepen om hun onafhankelijkheidsverklaring in moreel opzicht te onderbouwen. Zouden zij hun verklaring hebben aangevangen met 'Wij beschouwen dit als onze mening...' (in plaats van de formulering 'vanzelfsprekende waarheden', dan hadden zij geen objectieve morele rechtvaardiging geboden voor hun onafhankelijkheidsverklaring. Het zou dan gewoon hun meningsuiting zijn tegenover die van de Engelse koning George. De opstellers van de verklaring beriepen zich echter op de Schepper omdat zij geloofden dat zijn morele wet de ultieme standaard was voor goed en kwaad waarmee zij hun zaak konden legitimeren. Deze zaak had betrekking op het beëindigen van de regeringsmacht van koning George over de Amerikaanse kolonies. Zij waren ervan overtuigd dat er een eind moest worden gemaakt aan de regering door koning George omdat deze vorst de elementaire mensenrechten in de Amerikaanse kolonies schond.

In zekere zin was de positie van de *Founding Fathers* te vergelijken met die van de geallieerden na de Tweede Wereldoorlog. Toen de nazi-oorlogsmisdadigers voor het Neurenberg-tribunaal gedaagd werden, werden zij veroordeeld voor het schenden van de elementaire mensenrechten zoals deze zijn gedefinieerd in de morele wet (die tot uiting komt in het internationaal recht). Dit is de wet die alle mensen van nature begrijpen en waaraan alle naties onderworpen zijn. Als een dergelijke internationale basis voor moraliteit die verheven is boven het seculiere recht van de Duitse regering niet zou bestaan, dan zouden de geallieerden geen rechtsgronden hebben om de nazi's te veroordelen. Anders gezegd, wij zouden niet kunnen oordelen dat de nazi's absoluut fout zaten zonder een notie te hebben van wat absoluut goed is. Omdat we wel weten dat de nazi's absoluut fout zaten, moet de morele wet bestaan.

4. Zonder de morele wet zouden we niet weten wat recht of onrecht is – De hardnekkige aanwezigheid van het kwade in de wereld is misschien wel het populairste argument tegen het bestaan van God. Als een goede en rechtvaardige God werkelijk bestaat, waarom staat Hij dan toe dat goede mensen getroffen worden door zoveel ellende? Atheïsten hebben lang beweerd dat het logischer is om te geloven dat God niet bestaat dan allerlei pogingen te ondernemen om uit te leggen hoe God en het kwaad naast elkaar kunnen bestaan.

C.S. Lewis was ooit zelf zo'n atheïst. Hij geloofde dat al het onrecht in de wereld de waarheid van zijn atheïstische overtuiging bevestigde. Dat wil zeggen – hij geloofde dat tot op het moment dat hij zich begon af te vragen hoe het kwam dat hij wist dat er onrecht in de wereld heerst. Hij schreef: '[Als atheïst] was mijn argumentatie tegen God dat het universum zo wreed en onrechtvaardig scheen. Maar waar kwam mijn rechtvaardigheidsgevoel vandaan? Je kunt een lijn niet gebogen noemen zonder een idee te hebben van wat een rechte lijn is. Welk criterium hanteerde ik als ik dit universum als onrechtvaardig beschouwde?[6] Dit besef voerde Lewis uiteindelijk vanuit zijn atheïsme naar het christelijk geloof.

Lewis kan onrecht alleen maar herkennen omdat er – net als bij jou en mij – een onveranderlijke standaard voor rechtvaardigheid in zijn hart geschreven is. Je kunt niet weten wat kwaad is zonder een besef te hebben van wat goed is. En je kunt niet weten wat goed is tenzij er een onveranderlijke norm voor goedheid is die van buiten jou zelf komt. Zonder die objectieve standaard is elk bezwaar tegen onrecht niets meer dan jouw persoonlijke mening.

Ik (Norman) houd ervan om in discussie te gaan met joodse atheïsten. Waarom? Omdat ik nog nooit iemand van joodse afkomst heb ontmoet die gelooft dat het oordeel over de holocaust slechts een persoonlijke mening betreft. Zij geloven allemaal dat de holocaust werkelijk verkeerd was, onafhankelijk van hoe andere mensen daar over denken. Tijdens een van die debatten met een joodse atheïst vroeg ik mijn opponent: 'Op grond waarvan veroordeel jij de holocaust?' Zijn antwoord was: 'Op basis van mijn eigen goedaardige morele gevoel'.

Wat kon hij anders zeggen? Hij had geen andere morele basis om de holocaust te veroordelen – tenzij hij bereid zou zijn het bestaan van een objectieve morele wet te erkennen – maar dat impliceert een erkenning van het bestaan van God. Zijn afkeer van de holocaust had niet meer gewicht dan zijn persoonlijke mening.

Maar wij weten allemaal dat het morele oordeel over de holocaust niet slechts een zaak van persoonlijk inzicht is. Je eigen reactie op het kwaad van de holocaust zou je erop moeten wijzen dat het vermoorden van onschuldige mensen verschrikkelijk verkeerd is. Immers, je reageert niet op een vergelijkbare manier op de uitspraken 'dat eten was erg goed!' of: 'de holocaust was erg goed!' Je voelt vanzelf aan dat er een groot verschil zit tussen kwesties van persoonlijke smaak en een moreel oordeel over goed en kwaad. Er zit een moreel verschil tussen een maaltijd en een moordpartij – de ene keer gaat het om een voorkeur en de andere keer om een zaak van moreel onrecht. Je reacties op bovenstaande uitspraken maken je van dit verschil bewust.

In Bijlage 1 gaan we nader in op het naast elkaar bestaan van God en het kwaad. Voor nu is het belangrijkste punt: als er geen morele wet zou zijn, dan zouden we kwaad of onrecht van welke aard dan ook niet kunnen ontdekken. Zonder het bestaan van recht heeft het begrip onrecht geen betekenis. Alleen indien er een onveranderlijke standaard voor het goede bestaat kun je vaststellen wat objectief gesproken kwaad is. Omdat we allemaal weten dat het kwaad bestaat, moet er een morele wet zijn die dit kwaad veroordeelt.

5. Zonder de morele wet kun je geen onderscheid maken tussen verschillende morele posities – Kijk eens naar de twee kaartjes van Schotland in fig. 7.1. Welke kaart is beter? En hoe kun je zeggen welke kaart beter is? Dat kun je alleen bepalen door te kijken naar de contouren van het echte Schotland. Met andere woorden: je zult beide kaarten moeten vergelijken met een echte onveranderlijke plaats genaamd Schotland. Als Schotland niet bestaat, dan zijn beide kaarten zonder betekenis. Maar omdat Schotland wel bestaat, kunnen we zien dat kaart A een betere weergave biedt van de werkelijkheid: het echte Schotland.

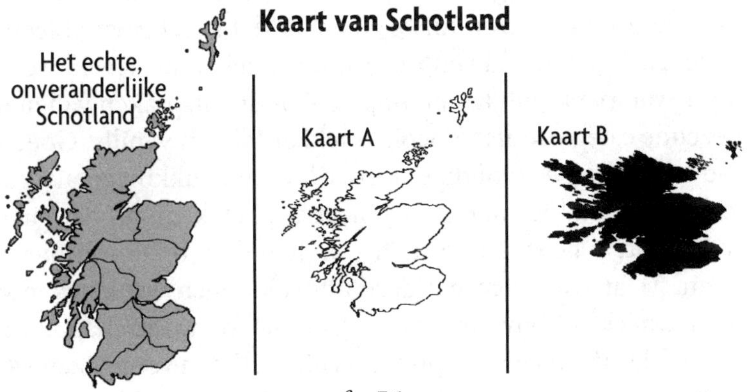

fig. 7.1

Op precies dezelfde wijze maken wij een afweging wanneer wij het gedrag van Moeder Teresa vergelijken met dat van Hitler. We beoordelen hen op grond van een absolute morele standaard die boven beide personen verheven is. Deze standaard is de morele wet. C.S. Lewis omschreef dit als volgt:

> Op het moment dat je zegt dat het ene stelsel van morele ideeën beter kan zijn dan een ander geheel aan morele denkbeelden, dan beoordeel je deze zaken volgens een morele standaard. In feite beweer je dat de ene set opvattingen beter voldoet aan deze standaard dan de andere set. Maar de standaard die je hierbij als referentie gebruikt, is van een heel andere orde. Je zet de opvattingen af tegen

> een reële moraliteit – en daarmee geef je impliciet toe dat er zoiets bestaat wat werkelijk juist is – los van wat mensen daar over denken. Je concludeert dat de morele opvattingen van sommige mensen beter voldoen aan deze standaard dan die van andere mensen. Nog anders gezegd: als jouw morele ideeën dichter bij de waarheid kunnen liggen dan die van de nazi's, dan moet er iets bestaan – een objectieve moraal – die ze méér waar maakt.[7]

Als de morele wet niet bestaat, dan kun je geen moreel onderscheid maken tussen het gedrag van moeder Teresa en dat van Hitler. Evenzo hebben stellingen als 'moord is slecht', 'racisme is verkeerd' of 'je mag geen kinderen misbruiken' in dat geval geen objectieve waarde. Het gaat dan alleen maar om oordelen die geveld worden op basis van persoonlijke meningen – en de uitspraken vallen dan in dezelfde categorie als 'chocola is lekkerder dan vanille'. Goed beschouwd hebben eenvoudige normatieve uitdrukkingen als 'goed', 'slecht', 'beter' en 'slechter' geen objectieve betekenis als deze in een morele context gebruikt worden – indien de morele wet niet zou bestaan. Maar wij weten dat deze uitdrukkingen wel betekenisvol zijn. Wanneer wij bijvoorbeeld zeggen dat 'de maatschappij beter wordt', of dat 'de maatschappij achteruit gaat', dan vergelijken we de samenleving met een morele standaard die van een hogere orde is dan ons eigen oordeel. Die standaard is de morele wet die geschreven staat in ons hart.

Ten slotte, als je gelooft in moreel relativisme (er is geen absolute norm voor goed en kwaad) dan betekent dit dat er geen werkelijk moreel verschil bestaat tussen moeder Teresa en Hitler, tussen vrijheid en slavernij, tussen gelijkheid en racisme, tussen zorg en misbruik, tussen liefde en haat, tussen respect voor het leven en moord. We weten allemaal dat dergelijke conclusies absurd zijn en op grond daarvan moet moreel relativisme wel onjuist zijn. En als moreel relativisme onjuist is, dan bestaat er een objectieve morele wet.

6. Zonder morele wet zou je niet kunnen weten wat goed of fout is – Tijdens een debat over het onderwerp 'religie in de publieke ruimte', dat in september 2000 gehouden werd tussen de agnosticus Alan Dershowitz en zijn rooms-katholieke opponent Alan Keyes, kreeg Dershowitz de volgende vraag voorgelegd van iemand uit het publiek: 'Wat bepaalt of iets goed is?'

Dershowitz complimenteerde de vragensteller en zei: 'We weten wat kwaad is, dat hebben we met onze eigen ogen kunnen zien.' Daarbij verwees Dershowitz naar de gruwelen van de holocaust, de kruistochten en andere duidelijke manifestaties van het kwaad. Daarna keek Dershowitz indringend naar zijn publiek, verhief zijn stem en verklaarde met grote nadruk: '*Ik weet niet wat goed is*! Ik weet wat *verkeerd* is!'

Vervolgens leek het wel of Dershowitz het publiek de les wilde lezen: 'Maar ik heb u nog iets anders mee te delen. *Jullie* weten niet wat goed is! Op hetzelfde moment dat je denkt te weten wat goed is, op hetzelfde moment dat je meent te kunnen zeggen wat juist is, ben je iets kostbaars kwijtgeraakt wat je nodig hebt om te groeien en om je te kunnen ontwikkelen. Ik ga er niet vanuit dat ik ooit zal weten wat goed is, maar ik neem me voor de rest van mijn leven te wijden aan de zoektocht naar het juiste antwoord!' [8] Na deze woorden begonnen sommige toehoorders te applaudisseren.

Keyes kreeg niet de gelegenheid om te reageren op Dershowitz' woorden. Als dat wel had gemogen, dan was dit een goede gelegenheid geweest om de Road Runner-tactiek te gebruiken. Dershowitz's argumentatie werspreekt zichzelf namelijk en Keyes had hem de volgende vraag kunnen stellen om dat aan te tonen: 'Hoe kunt u weten wat verkeerd is zonder te weten wat goed is?' Je kunt niet weten dat 5 de verkeerde uitkomst is van de rekensom 2+2 zonder te weten wat het correcte antwoord moet zijn! Zo kan Dershowitz niet zeggen wat verkeerd is zonder te weten wat moreel gezien goed is.

Tijdens het debat had Dershowitz er in het geheel geen problemen mee tekeer te gaan tegen allerlei zaken die hij moreel verwerpelijk vond (zo sprak hij zich uit tegen anti-sodomiewetten, anti-abortuswetten, racisme, slavernij, de morele code van de scoutingbeweging en tegen de vermenging van kerk en staat... et cetera). Maar door te beweren dat bepaalde zaken *verkeerd* zijn, gaf hij impliciet toe dat andere zaken *goed* zijn. Elke ontkenning impliceert dat er ook een bevestiging bestaat. Door te beweren dat anti-abortuswetten verkeerd zijn (de ontkenning), moet Dershowitz weten dat vrouwen het morele recht op abortus hebben (de bevestiging). Maar als er geen morele wet bestaat, heeft Dershowitz geen mogelijkheid om dat morele standpunt te onderbouwen – het gaat dan per slot van rekening slechts om zijn persoonlijke opvatting.

Het is bovendien het toppunt van arrogantie en misverstand te denken dat er niemand in het publiek zit die weet wat goed is. Christenen krijgen vaak het verwijt te horen dat zij doen alsof ze de waarheid in pacht hebben, maar Dershowitz claimde nu de waarheid te kennen *dat niemand de waarheid kan kennen*. Om dat te kunnen weten moest Dershowitz de waarheid kennen en dus is deze uitspraak met zichzelf in tegenspraak.

Er zijn veel relativisten die naam hebben gemaakt met dergelijke arrogante, zichzelf ontkrachtende uitspraken. Zij beweren eerst dat waarheid niet bestaat, en vervolgens claimen zij zelf wel een aantal waarheden te kennen. Zij beweren niet te weten wat goed is en beweren vervolgens dat zij het in politiek opzicht bij het rechte eind hebben. In de ene zin ontkennen ze het bestaan van de morele wet en in de volgende zin gaan ze impliciet van het bestaan van die morele wet uit.

7. Zonder de morele wet bestaan er geen morele gronden voor politieke oppositie of burgerlijke ongehoorzaamheid – Vrijdenkers als Alan Dershowitz en allerlei Hollywoodsterren hebben naam gemaakt met hun morele oppositie tegen oorlog, anti-abortus wetgeving, anti-sodomie wetten, belastingverlagingen en zo'n beetje alle andere zaken waar 'religieus rechts' zich in Amerika voor zou kunnen uitspreken. Veel van deze mensen zijn atheïsten die zich bij hun oordeelvorming niet kunnen beroepen op objectieve morele gronden. Als de morele wet niet bestaat, dan is geen enkel standpunt over morele kwesties aan te merken als objectief goed of fout. Dat geldt dus ook voor de standpunten van atheïsten.

Zonder morele wet kun je christenen of moslims niet veroordelen als zij hun religie dwingend aan atheïsten op willen leggen. Er zou niets mis zijn met het onwettig verklaren van atheïsme, het in beslag nemen van eigendommen van atheïsten om deze te schenken aan bekende evangelisten. Er zou geen bezwaar gemaakt kunnen worden tegen intimidatie, racisme of veroveringsoorlogen. Evenmin zou er iets mis zijn met een verbod op abortus, geboortebeperking of zelfs op seks tussen volwassenen! Anders gezegd, zonder morele wet hebben atheisten geen basis voor hun morele verontwaardiging over allerlei zaken. Evenmin kun je aanspraken maken op allerlei 'rechten' die op de politieke agenda van atheïstische vrijdenkers staan, want in een non-theistische wereld bestaan zulke rechten niet. Alleen als atheïsten claimen dat er wel een God bestaat en dat zijn morele wet hun opvattingen en gedragingen goedkeurt of voorschrijft, zijn hun standpunten niet meer dan hun persoonlijke opvattingen en subjectieve voorkeuren. En niemand is in moreel opzicht gebonden om het met deze opvattingen of voorkeuren eens te zijn. Evenmin hoeft iemand zich te storen aan de wetgeving als deze door atheïsten wordt opgesteld [9].

Het is ironisch dat atheïsten zichzelf hebben beroofd van hun recht om ergens bezwaar tegen te maken juist *doordat* zij zich afzetten tegen het bestaan van de morele wet! Goedbeschouwd heeft niemand het objectieve recht om ergens voor of tegen te zijn als er geen morele wet bestaat! Maar omdat wij allemaal weten dat vraagstukken rond levensvragen en individuele vrijheid méér zijn dan kwesties van persoonlijke smaak (het gaat hier immers om reële morele rechten), *moet* er logischerwijs een morele wet bestaan.

8. Als er geen morele wet zou bestaan, dan zouden we ons niet verontschuldigen voor daden die deze wet geweld aandoen – Is het je wel eens opgevallen dat mensen zich verontschuldigen voor immoreel gedrag? Door het aanbieden van excuses geef je impliciet toe dat de morele wet bestaat. Waarom zou je je ergens voor verontschuldigen als er geen immoreel gedrag zou bestaan?

Zelfs de favoriete deugd van onze hedendaagse cultuur – tolerantie – toont het bestaan van de morele wet aan. Verdraagzaamheid is immers een moreel principe. Zonder morele wet is er geen enkele reden om tolerant te zijn. Maar de werkelijkheid is nog anders: de morele wet geeft ons een grondbeginsel dat uitstijgt boven principiële verdraagzaamheid: liefde! Tolerantie is te zwak, want dit principe zegt alleen dat je je neus moet dichtknijpen en de stank moet verdragen. Het grondbeginsel van de liefde gebiedt ons echter om ons op een hulpvaardige manier uit te strekken naar anderen. Kwaad tolereren is liefdeloos, maar toch is dat wat wat veel mensen in onze tijd van ons verwachten.

Maar er is meer aan de hand. De roep om tolerantie laat zien dat het gedrag wat kennelijk verdragen moet worden, verkeerd is. Waarom is dat zo? Omdat je geen pleidooi behoeft te houden voor het verdragen van goed gedrag, maar wel voor het tolereren van slecht gedrag. We hoeven geen mens ervan te overtuigen dat het werk van moeder Teresa getolereerd moet worden; dat geldt slechts voor het gedrag van sommige relativisten. Wanneer iemand handelt als moeder Teresa voelt hij of zij zich niet gedrongen om zich voor die handelswijze te verontschuldigen. We bedenken alleen excuses wanneer we de morele wet overtreden. En dat zouden we niet doen als die wet niet bestond.

ABSOLUUT TEGENOVER RELATIEF: WAAR KOMT DE VERWARRING VANDAAN?

Indien er werkelijk een morele wet bestaat – zoals wij hiervoor betoogd hebben – waarom zijn zoveel mensen dan van mening dat normen en waarden relatieve begrippen zijn? En waarom lijkt het erop dat mensen tot zulke verschillende morele oordelen komen? Rationeel bezien is dit te verklaren doordat mensen bij hun oordeelsvorming het verkeerde onderscheid maken. Laten we dit punt eens nader bestuderen.

Verwarring nr. 1: absolute moraal versus veranderend gedrag

Relativisten maken vaak niet het juiste onderscheid tussen vertoond gedrag en de onderliggende waarden. Men verwart dat wat gebeurt met *dat wat zou moeten* gebeuren. Datgene wat mensen doen is aan verandering onderhevig, maar dat geldt niet voor datgene wat zij *behoren* te doen. Dat is het verschil tussen sociologie en moraliteit. Sociologie is *beschrijvend*, moraliteit is *voorschrijvend*.

Anders gezegd, relativisten maken vaak niet het juiste onderscheid tussen veranderlijk gedrag in een bepaalde situatie en een onveranderlijke morele plicht. Wanneer we het bijvoorbeeld hebben over een morele kwestie – ongehuwd samenwonen of seks voor het huwelijk – hoor je mensen vaak zeggen: 'Kom op zeg, we leven in de eenentwintigste eeuw!' Dat zou betekenen dat het huidige menselijk gedrag bepalend is voor wat goed of fout is. Het is niet moeilijk om het absurde karakter van het relativistische standpunt aan te tonen; je hoeft slechts een morele kwestie met een veel gewichtiger karakter als voorbeeld te nemen. Moord komt in deze dagen frequenter voor dan vijftig jaar geleden. Hoe veel relativisten zullen dit goedpraten door te zeggen: 'Kom op zeg, we leven in de eenentwintigste eeuw!'? Tot zo'n absurde uitspraak kun je alleen komen als je niet het juiste onderscheid maakt tussen het vertoonde gedrag van mensen en het gedrag dat zij in moreel opzicht *behoren* te vertonen.

Wanneer wordt beweerd dat de morele wet niet bestaat omdat mensen een dergelijke wet niet gehoorzamen, blijkt uit die bewering dat men niet het juiste onderscheid maakt tussen vertoond gedrag en behoorlijk gedrag. Natuurlijk overtreedt elk mens in meer of mindere mate de morele wet – variërend van het vertellen van een leugentje om bestwil tot het plegen van moord. Maar dat betekent nog niet dat er geen morele wet bestaat – dit feit toont slechts aan dat mensen de morele wet overtreden! Iedereen maakt rekenfouten, maar daarmee is niet gezegd dat er geen onveranderlijke rekenkundige regels bestaan.

Verwarring nr. 2: absolute moraal versus verschil in perceptie van de feiten

Een andere vorm van verwarring heeft te maken met het bestaan van een absolute morele waarde enerzijds, en de feiten die men in relatie tot deze onveranderlijke waarde waarneemt anderzijds. C.S. Lewis schrijft bijvoorbeeld dat aan het eind van de achttiende eeuw heksen als moordenaressen veroordeeld werden maar dat dit nu niet meer gebeurt. [10] Een relativist kan nu roepen: 'Zie je wel! Onze morele waarden zijn veranderd want nu zijn wij er niet meer op uit heksen te doden. Moraliteit is dus afhankelijk van tijden en culturele omstandigheden.'

Maar deze relativistische claim is onjuist. Het morele principe is in dit geval niet veranderd, want moord is nog altijd verkeerd. Alleen zijn we er in deze tijd niet meer van overtuigd dat heksen met hun vervloekingen daadwerkelijk moorden plegen. De mensen geloven niet meer dat heksen hiertoe in staat zijn en daarom worden heksen niet meer als moordenaressen terechtgesteld. Met andere woorden: de waarneming van een morele situatie is relatief (we geloven nu niet meer dat heksen daadwerkelijk moordenaressen zijn), maar de achterliggende morele waarden zijn dat niet (moord is altijd verkeerd geweest en dat zal altijd zo blijven).

Er is sprake van eenzelfde misverstand als mensen geloven dat culturele verschillen een weerspiegeling zijn van andere achterliggende morele waarden. We zien dat hindoeïsten koeien als heilige dieren beschouwen terwijl Amerikanen deze dieren opeten en trekken vervolgens de conclusie dat er een wezenlijk verschil bestaat tussen de morele waarden van hindoeïsten en Amerikanen. Maar veel bewoners van India beschouwen de runderen niet als heilig op basis van essentiële morele waarden, maar op grond van hun geloof in reïncarnatie. Deze mensen geloven dat in deze koeien de zielen van overleden en gereïncarneerde mensen wonen, en *daarom* eten zij deze dieren niet op. In Amerika denkt men hier anders over en daarom eet men daar wel rundvlees. Maar per slot van rekening zijn hindoeïsten en Amerikanen het roerend eens over het morele principe dat het verwerpelijk is om je grootmoeder op te eten! Dit grondbeginsel wordt onderschreven door mensen uit beide culturen. Zij zijn het alleen niet eens over de vraag of de ziel van grootmoeder in een koe kan huizen! [11] Mensen kijken op uiteenlopende wijzen naar de feiten, maar zij zijn het roerend met elkaar eens als het om diepe morele grondbeginselen gaat.

Verwarring nr. 3: absolute moraal versus toepassing daarvan in bijzondere omstandigheden

Zoals we gezien hebben, kennen mensen het verschil tussen goed en kwaad. Die kennis blijkt uit hun acties, maar nog meer uit hun *reacties*. Wanneer mensen het slachtoffer van verwerpelijk gedrag zijn, dan kost het hen geen moeite om vast te stellen dat dit gedrag absoluut verkeerd is. Maar zelfs wanneer twee slachtoffers met elkaar in discussie gaan over het morele gehalte van een bepaalde daad, kan daar nog niet uit geconcludeerd worden dat moraliteit een relatieve zaak is. Een absolute morele code kan bestaan, óók als mensen niet weten wat in een specifieke situatie de juiste handelswijze is.

Laten we eens nadenken over een moreel dilemma dat door universiteitsdocenten graag gebruikt wordt om hun studenten een relativistische visie aan te praten: vijf mensen proberen te overleven op een reddingsboot die slechts ruimte biedt aan vier personen. Tenzij er één persoon over boord wordt gegooid, zal iedereen verdrinken. Studenten bijten hun tanden stuk op dit morele dilemma en komen tot uiteenlopende conclusies. Vervolgens stellen zij vast dat uit hun verschil van inzicht blijkt dat morele oordelen altijd subjectief zijn.

Maar het dilemma toont in werkelijkheid het tegenovergestelde aan, namelijk het bestaan van een objectieve moraal! Waar blijkt dit dan uit? Nou, simpel uit het feit dat deze discussie volstrekt betekenisloos is als er geen objectieve moraal zou bestaan! Als alle normen en waarden relatief zijn en er geen absoluut recht op leven zou bestaan, dan kun je in deze situatie zeggen: 'Het maakt geen bal uit wat je beslist. Gooi iedereen maar overboord! Wat kan mij het schelen?' Juist uit het feit dat wij in onze maag zitten met dit dilemma blijkt duidelijk dat we weten hoe kostbaar het leven is.

Het kan dus zijn dat mensen in bepaalde omstandigheden een onjuist moreel oordeel vellen, maar over de grondbeginselen kunnen we het alleen maar eens zijn. Iedereen weet bijvoorbeeld dat moord verkeerd is. Hitler wist dat ook. Daarom moest hij de joden eerst van hun menselijke waardigheid beroven voordat hij op een rationele manier kon beweren dat deze mensen gedood moesten worden. Zelfs kannibalen schijnen te weten dat het verkeerd is onschuldige mensen te doden. Misschien zijn kannibalen van mening dat wezens die bij een andere stam horen niet als mensen aangemerkt hoeven te worden – maar het is ook mogelijk dat ze wel degelijk weten wat ze doen. Waarom anders – zoals J. Budziszewski opmerkt – zouden kannibalen omstandige uitdrijvingsrituelen uitvoeren voordat zij het leven van hun slachtoffers nemen? [12] Zij zouden deze rituelen nooit uitvoeren als zij zich er niet van bewust waren dat er iets grondig mis is met wat zij van plan zijn te gaan doen.

Over de grondbeginselen zijn we het dus met elkaar eens – ook al kunnen we over ingewikkelde problemen verschillend denken. Het feit dat er ingewikkelde morele kwesties bestaan betekent nog niet dat er geen objectieve morele wetten zijn – net zo min dat ingewikkelde wetenschappelijke vraagstukken aantonen dat er geen objectieve natuurwetten zijn. Wetenschappers ontkennen niet dat er een objectieve wereld bestaat wanneer zij in de natuurlijke omgeving op een lastig vraagstuk stuiten (oftewel: wanneer zij grote moeite moeten doen om het juiste antwoord te achterhalen). Wij moeten dus niet het bestaan van een objectieve moraal ontkennen omdat het ons moeite kost om in bepaalde omstandigheden het juiste antwoord te vinden.

Op het gebied van de moraal zijn er eenvoudige en complexe vraagstukken, zoals dit ook het geval is op het terrein van de wetenschap. Het antwoord op de eenvoudige wetenschappelijke kwestie 'Waarom vallen objecten op de grond?' laat zien dat er ten minste één natuurwet van kracht is: de zwaartekracht. Evenzo laat het antwoord op de vraag 'Is moord gerechtvaardigd?' zien dat er tenminste één morele wet bestaat die luidt: 'Je mag geen moord plegen'. Als er één objectief moreel voorschrift bestaat (zoals je mag niet moorden, verkrachten, of baby's martelen) dan toont dit het bestaan van de morele wet aan. En als de morele wet bestaat, dan is er ook een Wetgever die deze morele wet heeft opgesteld.

Verwarring nr. 4: Een absoluut voorschrift (wat?) tegenover een relatieve culturele invulling (hoe?)

Een ander belangrijk onderscheid dat vaak door morele relativisten over het hoofd wordt gezien, is dat tussen een absoluut moreel voorschrift en de relatieve manier waarop dit voorschrift tot uiting komt binnen verschillende culturen. Alle culturen kennen een bepaalde wijze van begroeten en daarmee geeft men blijk van liefde en respect. Maar er bestaan grote variaties in de wijze van begroeten tussen culturen. Soms geeft men elkaar een kus, soms een knuffel, maar in andere samenlevingen geeft men een hand of buigt men voor elkaar. In alle culturen is het duidelijk *wat* er moet gebeuren, maar over *hoe* dat moet gebeuren verschilt men onderling van mening. Wanneer dit onderscheid niet gemaakt wordt, kan men gemakkelijk tot de verkeerde conclusie komen dat verschillende gebruiken ook duiden op afwijkende waarden. De morele waarde is absoluut, maar de wijze waarop deze waarde in praktijk tot uiting komt kan verschillen.

Verwarring nr. 5: Absolute moraal versus moreel verschil van inzicht

Relativisten wijzen graag op de controversiële abortuskwestie om aan te tonen dat morele oordelen altijd relatief zijn. Sommige mensen zijn van mening dat het plegen van abortus acceptabel is, terwijl anderen deze handeling gelijkstellen aan het plegen van moord. Maar omdat er blijkbaar verschillen van inzicht bestaan over deze kwestie, mag je nog niet concluderen dat morele voorschriften dus relatief zijn.

Goed beschouwd laat dit voorbeeld niet zien dat morele waarden relatief zijn, de hele abortuskwestie toont juist aan dat voor- en tegenstanders zich beroepen op iets wat zij beschouwen als een absoluut moreel grondrecht – de beschermwaardigheid van het leven en de individuele keuzevrijheid van een vrouw (ofwel de zeggenschap van een vrouw over haar eigen lichaam). De controverse gaat over welk grondprincipe hier van toepassing is of een hogere geldigheid heeft.[13] Als het bij het ongeboren leven niet om menselijke wezens zou gaan, dan zou het principe van individuele keuzevrijheid de doorslag moeten geven bij de wetgeving. Maar omdat het bij ongeboren leven wél om menselijk leven gaat, zou het *pro-life* standpunt doorslaggevend moeten zijn omdat de individuele keuzevrijheid van een persoon ondergeschikt is aan het recht op leven van een ander individu. (De baby is niet zomaar een onderdeel van het vrouwelijk lichaam, het ongeboren kind heeft een eigen lichaam met een eigen unieke genetische code, eigen bloedtype en geslacht). Zelfs als er twijfel bestaat over het moment waarop het leven begint, zou het voordeel van de twijfel gegeven moeten worden aan het standpunt dat het leven beschermd moet worden – redelijke mensen schieten niet met een pistool tenzij zij er *absoluut* zeker van zijn dat zij daarmee niet een onschuldig mens om het leven brengen.

Denk er nog even aan dat onze reactie op een bepaald gedrag onthult hoe wij werkelijk denken over het morele gehalte van die handeling. Ronald Reagan zei eens: 'Ik heb gemerkt dat alle voorstanders van abortus zelf wel al geboren zijn.' Reagan heeft gelijk – alle pro-abortus activisten zouden ogenblikkelijk *pro-life* worden als zij zelf weer in de baarmoeder zaten. Hun *reactie* op de mogelijkheid dat zij gedood worden zou hen direct duidelijk moeten maken dat abortus moreel verkeerd is. Natuurlijk weten de meeste mensen diep in hun hart wel dat een ongeboren kind een menselijk wezen is en dat het doden van een menselijk wezen verkeerd is. Zelfs enkele pro-abortus activisten geven dit nu toe. [14] Uiteindelijk komt deze onenigheid over een morele kwestie niet voort uit het feit dat moraliteit relatief is. Evenmin heeft dit iets van doen met een onduidelijke morele wet. De morele onenigheid bestaat omdat sommige mensen de morele wet onderdrukken omdat zij graag hun gedrag willen rechtvaardigen. Anders gezegd: steun voor het pro-abortus standpunt heeft meer te maken met de wil dan met het verstand. (Voor een meer gedetailleerde discussie over deze en andere morele kwesties verwijzen wij naar ons boek *Legislative Morality*.[15])

Verwarring nr. 6: absolute doelen (waarden) versus relatieve middelen

Vaak verwarren morele relativisten het doel (de waarde zelf) met de middelen om dit doel te bereiken. Dit is vaak het geval bij disputen over politieke kwesties. In sommige gevallen (niet in alle gevallen) zijn progressieve en conservatieve mensen uit op dezelfde doelen. Alleen verschillen zij van mening over de wijze waarop die doelen nagestreefd moeten worden.

Progressieve mensen vinden bijvoorbeeld dat je armen het beste kunt helpen met overheidsondersteuning. Conservatieve mensen moedigen liever aan dat arme mensen zelf initiatieven nemen zodat ze in economisch opzicht onafhankelijk van anderen worden. Beide benaderingen hebben hetzelfde doel voor ogen en beide groepen willen de armen helpen, maar ze zijn het niet met elkaar eens over de juiste methode. Zo zijn militaristen en pacifisten allebei uit op vrede (het doel) maar zij zijn het simpelweg met elkaar oneens over de vraag of je dit doel kunt bereiken met een sterk leger. Over het absolute doel is er geen verschil van inzicht, over de wijze waarop dit doel bereikt kan worden kan men verschillend denken.

WAT ZEGGEN DARWINISTEN OVER DE MORELE WET?

De argumenten voor het bestaan voor een morele wet zijn sterk en bezwaren hiertegen missen hun doel. Maar hoe gaan darwinisten dan om met vragen van morele aard? De meeste darwinisten ontwijken dit onderwerp volledig. Waarom doen zij dat? Omdat het niet gemakkelijk is om uit te leggen hoe je onderscheid kunt maken tussen objectief goed en objectief kwaad (zelfs darwinisten weten dit diep in hun hart!) zonder rekening te houden met een objectieve Wetgever.

Darwinist Edward O. Wilson vormt een opmerkelijke uitzondering op deze regel. Hij beweert dat ons morele besef zich geleidelijk ontwikkeld heeft, zoals wij zelf geëvolueerd zijn: door natuurlijke selectie. Hoewel hij toegeeft dat er ‘nog maar heel weinig vooruitgang is geboekt bij het verkennen van morele gevoelens’, stelt

Wilson dat het biologische proces van mensen die hun genetisch materiaal doorgeven aan volgende generaties 'door duizenden generaties heen onvermijdelijk geleid heeft tot het ontstaan van morele sentimenten,' [16] Anders gezegd: moraliteit is materieel van aard en genetisch bepaald. Het besef van goed en kwaad is gebaseerd op onze erfelijk bepaalde gevoelens en instincten, en wordt niet ontleend aan een objectieve morele standaard. We hebben al vastgesteld dat het principe van natuurlijke selectie niet een afdoende verklaring biedt voor het ontstaan van nieuwe levensvormen (hoofdstuk 6) en zoals we zullen ontdekken biedt dit mechanisme ook geen afdoende verklaring voor het ontstaan van 'morele sentimenten' *in* die nieuwe levensvormen.

Om te beginnen gaat het darwinisme ervan uit dat alleen materie bestaat, maar materie kent geen moraliteit. Wat is het gewicht van haat? Bestaat er een liefdesatoom? Wat is de chemische samenstelling van het moordmolecule? Dit zijn betekenisloze vragen omdat fysieke deeltjes niet verantwoordelijk zijn voor moraliteit. Als alleen materiële zaken verantwoordelijk zijn voor moraliteit, dan was Hitler niet werkelijk moreel aansprakelijk voor zijn daden – hij was alleen samengesteld uit slechte moleculen. Dit is onzin, en iedereen weet dat! Menselijke gedachten en bovenzinnelijke morele wetten zijn geen zaken van materiële aard, net zo min als de wetten der logica en rekenkunde een materieel karakter hebben. Dit zijn immateriële grootheden die niet gewogen of fysiek gemeten kunnen worden. Daardoor kunnen deze grootheden niet in materiële termen verklaard worden langs een weg van natuurlijke selectie of via een andere atheïstische methode.

Ten tweede – moraliteit kan niet slechts een instinctieve zaak zijn, zoals Wilson suggereert, want 1) onze instincten wedijveren met elkaar en 2) 'iets anders' vertelt ons vaak dat we onze overheersende instincten moeten negeren om iets te doen wat nobeler is. Als je bijvoorbeeld iemand om hulp hoort roepen omdat hij in elkaar wordt geslagen, dan zou je overheersende instinctieve neiging kunnen zijn dat je zelf in veiligheid en 'buiten schot' blijft. Je minder overheersende instinct (als we dat al zo mogen noemen) zou je kunnen oproepen het slachtoffer te hulp te schieten. C.S. Lewis formuleert dit als volgt:

> Maar binnenin je, in aanvulling op die twee impulsen, vertelt iets je dat je de impuls moet gehoorzamen die je duidelijk maakt dat je iemand behoort te helpen en de aandrang om te vluchten moet onderdrukken. Datgene wat oordeelt over deze instinctieve reacties, datgene wat je aanmoedigt om de ene impuls te gehoorzamen en de andere te negeren, kan niet zelf een van beide impulsen zijn. Je kunt net zo goed beweren dat een blad met muziek dat je op een bepaald moment vertelt dat je de ene toets van de piano wel moet aanslaan en de andere niet, zelf ook één van die noten is. De morele wet maakt ons duidelijk welke melodie wij moeten spelen, onze instincten zijn slechts de toetsen. [17]

Ten derde, Wilson beweert dat sociale moraal zich geleidelijk ontwikkeld heeft omdat deze 'coöperatieve' normen de mensen geholpen hebben om samen te overleven. Maar hierbij wordt ervan uitgegaan dat evolutie een doel heeft – overleving, terwijl darwinisme er per definitie vanuit gaat dat evolutie een onintelligent, ongericht proces is. En zelfs als we ermee instemmen dat 'overleven' een doel is waar evolutie naar streeft, kunnen darwinisten nog niet uitleggen waarom mensen bewust toegeven aan zelfvernietigend gedrag (bijvoorbeeld roken, alcohol drinken, drugs gebruiken, zelfmoord plegen…et cetera). Evenmin kan het darwinisme uitleggen waarom sommige mensen hun natuurlijke instincten negeren om anderen te helpen, soms zelfs ten koste van hun eigen leven.[18] We weten allemaal dat er nobelere doelen zijn dan simpelweg overleven: soldaten offeren hun leven voor hun vaderland, ouders geven hun leven voor hun kinderen, en – als het christelijk geloof waar is – dan offerde God zijn Zoon voor ons.

Ten vierde – Wilson en andere darwinisten nemen aan dat overleven iets goeds is, maar zonder een objectieve morele wet kan er niets bestaan wat werkelijk goed is. Dat is dan ook een probleem voor pragmatische en utilitaire ethische systemen die stellen dat je 'moet doen wat werkt' of 'dat je moet doen wat de meeste positieve resultaten oplevert'. Als je moet doen wat werkt, wat is daarbij dan je doel? Het doel van moeder Teresa of het doel van Hitler? Als je datgene moet doen wat de meeste positieve resultaten oplevert, hoe moet je dat 'positieve' dan definieren? Volgens de normen van moeder Teresa of volgens die van Hitler? Dergelijke ethische systemen moeten daarom de morele wet via de achterdeur binnensmokkelen om ons te kunnen vertellen wat we behoren te doen en welke hoogste goede doelen we na zouden moeten streven.

Ten vijfde – darwinisten verwarren de wijze waarop je de morele wet *leert kennen* met het feitelijke *bestaan* van die morele wet. Zelfs als wij een aantal van onze 'morele sentimenten' leren kennen vanwege genetische eigenschappen of omgevingsfactoren, betekent dit nog niet dat er buiten onszelf geen objectieve morele wet bestaat.

Dit punt kwam ook ter sprake tijdens het debat tussen Peter Atkins en William Lane Craig. Atkins beweerde dat moraliteit zich ontwikkeld heeft langs genetische weg en dankzij ons 'enorme brein'. Craig reageerde terecht met: 'Daarmee kun je misschien aantonen hoe morele wetten *ontdekt* werden, maar je kunt er niet mee laten zien dat deze waarden *uitgevonden* zijn.' Inderdaad zou ik over een bepaalde wiskundige aanleg kunnen beschikken en daarom de tafels van vermenigvuldiging eenvoudig van mijn moeder kunnen leren, maar de rekenkundige wetten bestaan in ieder geval – onafhankelijk van de vraag of ik deze wetten ken. Op dezelfde wijze kunnen we stellen dat moraliteit bestaat, los van de vraag hoe wij er kennis van krijgen.

Ten slotte, darwinisten kunnen niet uitleggen waarom iemand gehoor zou moeten geven aan een door een biologisch proces gevormd 'moreel sentiment'. Waarom zouden mensen niet moorden? Waarom zouden zij niet stelen om datgene in bezit te krijgen wat ze willen hebben? Waarom zouden zij dat niet doen als er toch niets buiten henzelf bestaat wat hen veroordeelt? Waarom zouden de sterken 'samenwerken' met de zwakkeren terwijl die sterken langer kunnen overleven door de zwakkeren uit te buiten? De menselijke geschiedenis toont ons een aaneenschakeling van misdadigers en dictators die door het uitschakelen en onderdrukken van hun opponenten hun eigen bestaan hebben opgerekt – juist *omdat* zij geen gehoor gaven aan hun 'morele sentimenten'.

IDEEËN HEBBEN CONSEQUENTIES

Als de darwinisten gelijk hebben en de moraliteit voortkomt uit een natuurlijke bron, dan bestaan er geen absolute of objectieve waarden. Want als God niet bestaat en mensen zijn geëvolueerd uit slijm, dan hebben wij geen hogere morele status dan slijm want dan is er niets boven ons dat ons een objectieve moraal of waardigheid oplegt.

Het is niet zo dat darwinisten en gelijkgestemden deze implicaties niet kennen. Adolf Hitler gebruikte Darwins theorie als filosofische legitimatie van de holocaust. In zijn in 1924 gepubliceerde boek *Mein Kampf* schreef hij:

> Als de natuur niet wenst dat zwakkere individuen paren met sterkere, dan wenst zij evenmin dat een superieur ras zich vermengt met een inferieure soort; want in dergelijke gevallen worden al haar pogingen om na honderden en duizenden jaren een hoger evolutionair stadium te bereiken, teniet gedaan.
> Maar zo'n beschermende maatregel gaat hand in hand met de onveranderlijke wet dat het de sterkste en de beste zijn die moeten triomferen en dat zij het recht hebben voort te bestaan. Hij die wil blijven leven, moet vechten. Hij die niet wenst te vechten in deze wereld, waar permanente strijd de wet van het leven is, heeft geen recht te bestaan. [19]

Hitler doet hier wat veel darwinsten ook doen: hij verpersoonlijkt de natuur door haar een eigen wil toe te schrijven ('de natuur wenst niet' en dergelijke). Maar zijn voornaamste punt is dat er superieure en inferieure rassen zijn, en de joden, in zijn ogen een inferieur ras, hebben geen recht om voort te bestaan als zij niet vechten. Met andere woorden, racisme en volkerenmoord is de logische uitwerking van het darwinisme. Daar staat tegenover dat liefde en zelfopoffering de logische uitwerking is van het christelijk geloof. Ideeën hebben consequenties.

Dat het racisme zich kan vermengen met en beroepen op de evolutiegedachte werd duidelijk in 1925 tijdens het geruchtmakende *Scopes Trial*. Het biologieschoolboek dat centraal stond tijdens deze juridische strijd, leerde dat er vijf menselijke rassen waren. De schrijvers van dit boek kwamen tot de conclusie dat het 'caucasische' (blanke) ras 'het superieure type' was. [20] Uiteraard is dit regelrecht in tegenspraak met het onderwijs van de Bijbel (zie Genesis 1:27; Handelingen 17:26- 29; Galaten 3:28). Ook is deze opvatting in tegenspraak met wat er in de Amerikaanse onafhankelijkheidsverklaring wordt gezegd, namelijk dat alle mensen gelijk(waardig) geschapen zijn.

In onze dagen stelde Peter Singer, een aan de universiteit van Princeton verbonden professor, op grond van het darwinisme dat 'het leven van een pasgeborene minder waarde heeft dan het leven van een varken, een hond of een chimpansee.' [21] Ja, u leest het goed.

Wat zijn de consequenties van Singers schokkende darwinistische ideeën? Hij gelooft dat ouders hun pasgeboren kinderen zouden mogen doden totdat zij 28 dagen oud zijn! Deze ideeën sluiten goed aan op het darwinistisch denken. Als wij allemaal voortgekomen zijn uit het slijm, dan kunnen wij nergens het recht aan ontlenen te beweren dat mensen in moreel opzicht verheven zijn boven welke diersoort dan ook. Je kunt je alleen afvragen waarom je een arbitraire grens van 28 dagen zou aanhouden. Waarom geen 28 maanden of 28 jaren? Als er geen morele Wetgever bestaat, dan is er niets verkeerd aan het vermoorden van mensen van welke leeftijd dan ook! Natuurlijk moeten darwinisten zoals Singer deze conclusie verwerpen, maar zij kunnen dat niet doen op basis van objectieve grondbeginselen – tenzij zij zich toch beroepen op een morele standaard buiten en boven henzelf – een morele Wetgever.

James Rachels, auteur van *Created from Animals: The Moral Im-*

plications of Darwinism, verdedigt de darwinistische visie dat de menselijke soort geen aanspraak mag maken op een hogere intrinsieke waarde dan welke andere soort dan ook. In relatie tot verstandelijk gehandicapte mensen schrijft Rachels:

> Wat moeten wij over hen zeggen? De natuurlijke conclusie, op basis van de doctrine die wij hier aan de orde stellen [darwinisme], zou zijn dat hun status gelijkgesteld kan worden aan dieren. En misschien moeten we verder gaan en tot de conclusie komen dat zij als niet-menselijke dieren gebruikt zouden kunnen worden – misschien in een laboratorium of als voedsel?[22]

Hoe gruwelijk dit ook klinkt – verstandelijk gehandicapte mensen gebruiken als laboratoriumratten of voedsel – darwinisten kunnen zich niet beroepen op morele gronden die ons van deze huiveringwekkende gedachten moeten afhouden. De experimenten die door nazi's werden uitgevoerd kunnen niet veroordeeld worden door darwinisten, want in een darwinistisch universum is er geen objectieve morele standaard.

Twee andere darwinisten schreven recent een boek waarin zij stelden dat verkrachting een natuurlijk gevolg is van evolutie. [23] Volgens deze auteurs, Randy Thornhill en Craig Palmer, is verkrachting 'een natuurlijk, biologisch fenomeen en een product van onze menselijke evolutionaire erfenis', te vergelijken met de 'vlekken van een luipaard en de lange nek van een giraffe.' [24]

Hoe schokkend deze ideeën ook zijn, deze darwinistische conclusies over moord en verkrachting komen niet als een verrassing voor mensen die hebben nagedacht over de morele implicaties van het darwinistisch denken. Waarom niet? Omdat volgens het darwinisme *al het gedrag* genetisch bepaald is. Hoewel darwinisten het oneens kunnen zijn met de conclusie dat moord en verkrachting op zichzelf genomen niet slecht zijn (en dat zeggen ze dan omdat de morele wet dit aan hun geweten duidelijk maakt), zijn deze conclusies het onvermijdelijke gevolg van hun wereldbeeld. Want als alleen het materiële bestaat, dan zijn moord en verkrachting niets meer dan de uitkomst van een chemisch proces in een crimineel brein dat door middel van natuurlijke selectie tot stand is gekomen. Sterker nog, moord en verkrachting kunnen niet objectief verkeerd zijn (dat wil zeggen in strijd met de morele wet) want wetten bestaan niet als er alleen scheikundige componenten zijn. Voor objectieve morele wetten heb je een transcendente Wetgever nodig, maar het darwinistische wereldbeeld heeft deze Wetgever al bij voorbaat buitengesloten. Darwinisten die uit hun filosofie de consequenties trekken, kunnen alleen zeggen dat zij niet houden van moord en verkrachting – zij kunnen niet met recht zeggen dat het objectief verkeerd is om te moorden of te verkrachten.

Om te kunnen begrijpen wat er schuilgaat achter de darwinistische uitleg van moraliteit, moeten we onderscheid maken tussen een bewering en een rechtvaardiging. Een bewering doet niet meer dan een stelling poneren; een rechtvaardiging bestaat echter uit een conclusie die ondersteund wordt door bewijzen. Darwinisten beweren van alles, maar leggen geen verantwoording af. Er bestaat geen empirisch of forensisch bewijs voor de bewering dat het proces van natuurlijke selectie verantwoordelijk kan zijn voor het ontstaan van nieuwe levensvormen – laat staan voor de ontwikkeling van moreel besef. Darwinisten beweren gewoonweg dat normen en waarden langs natuurlijke weg geëvolueerd zijn, niet omdat zij dit geloof met bewijzen kunnen onderbouwen, maar omdat ze externe intelligente oorzaken bij voorbaat uitsluiten. De darwinistische uitleg van moreel besef is dus een ander 'just-so' verhaal dat zich alleen kan verdedigen met een cirkelredenering en op basis van onjuiste filosofische vooronderstellingen.

SAMENVATTING EN CONCLUSIE

Telkens als wij ons seminar *'Twaalf punten die aantonen dat het christelijk geloof waar is'* geven, hebben wij de volle aandacht van het publiek wanneer wij de volgende stellingen over moraliteit poneren:

> Als God niet bestaat, dan kun je alleen een mening hebben over wat Hitler deed.

en:

> Als er ook maar één ding werkelijk moreel verkeerd is – bijvoorbeeld dat het verachtelijk is om baby's te martelen, of dat het verwerpelijk is om vliegtuigen gebouwen met onschuldige mensen binnen te laten vliegen – dan bestaat God.

Deze stellingen helpen mensen zich te realiseren dat je – zonder objectieve norm voor goed en kwaad – niet meer dan een persoonlijke voorkeur kunt uitspreken over morele kwesties. Hitler vond het leuk om mensen te doden, moeder Teresa gaf er de voorkeur aan mensen te helpen. Tenzij er een morele standaard bestaat die uitstijgt boven de ideeën van Adolf Hitler en moeder Teresa, kun je niet zeggen dat iemand 'goed' of 'slecht' is. Het is dan uiteindelijk allemaal slechts een kwestie van persoonlijke opvattingen.

Gelukkig bestaat er – zoals we gezien hebben – wél een objectieve morele standaard die de menselijke normen overstijgt. C.S. Lewis schreef: 'Mensen overal ter wereld hebben het opmerkelijke idee dat ze zich op een bepaalde manier behoren te gedragen. Ze kunnen zich niet werkelijk van dit idee losmaken. Daarnaast valt op dat mensen zich niet gedragen volgens dit idee. Ze kennen het natuurlijk recht, maar schenden dit recht toch. Deze twee feiten vormen de basis voor een ieder die helder wil nadenken over onszelf en over het universum waarin wij leven.'[25]

Hopelijk hebben wij in dit hoofdstuk helder nagedacht. Hieronder geven we een samenvatting van de dingen die we besproken hebben:

1. Er is een absolute standaard voor goed en kwaad en die standaard is geschreven in het hart van elk menselijk wezen. Mensen kunnen deze standaard ontkennen, ze kunnen hem onderdrukken, ze kunnen met hun acties tegen deze absolute basisnormen ingaan, maar aan hun reacties kun je aflezen dat ze zich van deze standaard bewust zijn.
2. Relativisme is onjuist. Menselijke wezens *bepalen* niet wat goed of kwaad is, zij *ontdekken* wat goed en kwaad is. Als mensen

wel zelf uitmaken wat goed of kwaad is, dan kan iemand het 'recht' aan zijn zijde hebben als hij beweert dat verkrachting, moord, de holocaust en al het andere kwaad niet echt verkeerd is. Maar wij weten intuïtief dat deze zaken verwerpelijk en slecht zijn op grond van de werking van ons geweten, dat zelf een manifestatie is van de morele wet.

3. De morele wet moet afkomstig zijn van een bron die zich buiten (boven) onszelf bevindt, want deze wet is een voorschrift dat in het hart van alle mensen geschreven is. En omdat voorschriften altijd door iemand voorgeschreven worden – ze komen niet uit het niets te voorschijn – moet er een morele Wetgever (God) bestaan.
4. De morele wet is Gods standaard voor gerechtigheid en deze absolute norm helpt ons te oordelen over de uiteenlopende morele meningen die mensen kunnen hebben. Zonder Gods standaard blijft er niets over dan precies dat: menselijke meningen. De morele wet is de ultieme standaard waarmee alles gewogen en beoordeeld wordt. (In de christelijke theologie is de morele wet het karakter van God zelf. Met andere woorden, moraliteit is niet arbitrair – het is niet zoiets als 'doe dat wel en dat niet want ik ben God en ik heb het zo gezegd' – nee, God bedenkt niet zomaar wat regels. De norm voor gerechtigheid is de aard van God zelf: oneindige rechtvaardigheid én onmetelijke liefde).
5. Hoewel er over het algemeen vaak gedacht wordt dat alle moraliteit relatief is, bestaan er absolute morele grondprincipes en deze principes overstijgen culturele verschillen. Verwarring hierover is vaak te verklaren door een verkeerd begrip of een verkeerde toepassing van deze absolute morele grondprincipes en niet door een verwerping hiervan. Morele waarden zijn dus absoluut, ook als ons *begrip* van deze waarden en de *omstandigheden* waarin deze worden toegepast niet absoluut zijn.
6. Atheïsten beschikken niet over een reële basis voor hun oordeel over goed en kwaad. Daarmee is niet gezegd dat atheïs-

> ten immoreel zijn of geen besef van goed en kwaad hebben. Integendeel, atheïsten kennen en begrijpen het verschil tussen goed en kwaad omdat de morele Wetgever zijn morele wet ook in hun harten geschreven heeft. Maar hoewel zij kunnen geloven in objectief goed en kwaad, beschikken zij niet over een rechtvaardiging voor een dergelijk geloof (tenzij zij toegeven dat er een morele Wetgever bestaat, maar op dat moment houden zij op atheïsten te zijn).

Uiteindelijk kan atheïsme niet onderbouwd stellen waarom iets goed of kwaad zou zijn. Het kan mensenrechten niet garanderen of ultieme gerechtigheid in het universum. Om een atheïst te kunnen zijn – een consistent denkende atheïst – moet je geloven dat er niets mis is met moorden, verkrachten, volkerenmoord, marteling of welke andere gruweldaad dan ook. Op basis van dit geloof moet je onder ogen zien dat er geen werkelijk moreel verschil bestaat tussen een moordenaar en een missionaris, een leraar en een terrorist, moeder Teresa of Adolf Hitler. Of – op basis van een ander geloof – moet je aannemen dat morele principes zich uit het niets hebben ontwikkeld. Omdat dergelijke geloofsovertuigingen overduidelijk onredelijk zijn, *hebben wij te weinig geloof om atheïst te zijn.*

Hoofdstuk 8
gaat over:

1. De waarheid over de werkelijkheid is kenbaar.
2. Het tegenovergestelde van waar is onwaar.
3. Het is waar dat de theïstische God bestaat. Dat blijkt uit:
   a. Het begin van het heelal (kosmologisch bewijs)
   b. Het ontwerp van het heelal (teleologisch bewijs/anthropisch argument)
   c. Het ontwerp van het leven (teleologisch bewijs)
   d. De morele wet (moreel bewijs)

→ 4. **Als God bestaat, zijn wonderen mogelijk.**
5. **Wonderen kunnen dienen om een boodschap van God te bevestigen (dat wil zeggen als daden van God ter bevestiging van een woord van God)**
6. Het Nieuwe Testament is historisch betrouwbaar. Dat blijkt uit:
   a. Vroege getuigenissen
   b. Het getuigenis van ooggetuigen
   c. Niet-verzonnen (authentieke) getuigenissen
   d. Ooggetuigen die niet misleid zijn
7. Volgens het Nieuwe Testament beweerde Jezus dat hij God was.
8. Jezus' bewering dat hij God was, werd op wonderbaarlijke wijze bevestigd door:
   a. Zijn vervulling van tal van profetieën aangaande zichzelf
   b. Zijn zondeloze leven en wonderdaden
   c. Zijn voorzegging en volbrenging van zijn opstanding
9. Jezus is dus God.
10. Wat Jezus (die God is) leert, is altijd waar.
11. Jezus leerde dat de Bijbel het Woord van God is.
12. Het is dus waar dat de Bijbel het Woord van God is (en alles wat ertegenin gaat, is dus onwaar).

8

WONDEREN: TEKENEN VAN GOD OF GOEDGELOVIGHEID?

'Als we God erkennen, moeten we dan ook Wonder erkennen? Inderdaad, ja, daar ontkom je niet aan. Dat is de afspraak.'

C.S. Lewis

WIE KOMT ER DOOR DE SELECTIE?

We moeten even een moment nemen om de puzzelstukjes die we tot dusver gevonden hebben in elkaar te passen. We waren op zoek naar eenheid in diversiteit, weet je nog? We proberen van de ogenschijnlijk verschillende stukjes van het leven één samenhangend plaatje te maken. Tot dusver laat ons samenhangende plaatje zien dat waarheid bestaat en gekend kan worden. Elke ontkenning van de waarheid vooronderstelt dat waarheid bestaat, dus we kunnen er niet aan ontkomen. En hoewel we door onze menselijke beperkingen nooit absolute zekerheid hebben, kunnen we van een heleboel waarheden vrij zeker zijn (waarheden waarvan de zekerheid boven redelijke twijfel verheven is). Eén zo'n waarheid is het bestaan en de aard van God. Op grond van de argumenten die we behandeld hebben – het kosmologische, het teleologische en het morele argument – kunnen we met een zekerheid die boven redelijke twijfel verheven is, weten dat er een theïstische God bestaat die bepaalde eigenschappen heeft.

Het kosmologische bewijs leert ons:

1. God bestaat in zichzelf, is tijdloos, niet-ruimtelijk, onstoffelijk (aangezien hij[1] tijd, ruimte en materie schiep, moet hij buiten tijd, ruimte en materie staan). Met andere woorden, hij kent geen beperkingen. Hij is dus oneindig.

2. God is onvoorstelbaar machtig, want hij schiep het hele universum uit het niets.
3. God is een persoon, want hij koos ervoor om het niets te veranderen in een heelal van tijd, ruimte en materie (een onpersoonlijke kracht is niet in staat om keuzes te maken).

Het teleologische argument leert ons:

1. God is buitengewoon intelligent, want hij ontwierp het leven en het heelal op kunstige en nauwkeurige wijze.
2. God is doelgericht, want hij ontwierp de vele levensvormen om in die specifieke en geordende omgeving te leven.

Het morele argument leert ons:

1. God is van een absoluut zuivere moraliteit (Hij is de onveranderlijke standaard van de moraliteit. Oneindige gerechtigheid en oneindige liefde maken deel uit van die standaard).

Theïsme is de correcte term voor zo'n God. En nu is het wonderlijke van deze bevindingen dat de theïstische God die wij ontdekt hebben, overeenkomt met de God van de Bijbel, maar we hebben hem ontdekt zonder de Bijbel te gebruiken. We hebben laten zien dat je door correct te redeneren en met behulp van wetenschap en filosofie veel te weten kunt komen over de God van de Bijbel. Dat zegt de Bijbel ook zelf (bijv. Psalm 19 en Rom. 1:18-20 en 2:14-15). Theologen noemen die openbaring van God *natuurlijke* of *algemene openbaring* (datgene wat los van enige heilige tekst evident is). De openbaring in de Bijbel wordt *speciale openbaring* genoemd.

We weten dus door natuurlijke openbaring dat het theïsme waar is. Dankzij die ontdekking weten we niet alleen hoe het echte deksel eruit moet zien, maar ook hoe het er niet uit kán zien. Omdat het tegenovergestelde van waar onwaar is (hoofdstuk 2), weten we dat een niet-theïstische wereldbeschouwing niet waar kán zijn. Of anders gezegd, van de grote wereldreligies kan alleen een van de theïstische religies – jodendom, christendom of islam – waar zijn. Alle andere wereldreligies kunnen niet waar zijn, omdat ze niet theïstisch zijn.

Kan waar zijn (theïstisch)	Kan niet waar zijn (niet-theïstisch)
1. Jodendom	1. Hindoeïsme (pantheïstisch en polytheïstisch)
2. Christendom	2. Boeddhisme (pantheïstisch of atheïstisch)
3. Islam	3. New age (pantheïstisch)
	4. Humanisme (atheïstisch)
	5. Mormonisme (polytheïstisch)
	6. Wicca (pantheïstisch of polytheïstisch)
	7. Taoïsme (pantheïstisch of atheïstisch)
	8. Confucianisme (atheïstisch)
	9. Shinto (polytheïstisch)

tabel 8.1

Het lijkt misschien aanmatigend om zoveel wereldreligies nu al buiten spel te zetten. Maar volgens simpele logica – de wet van de non-contradictie – kunnen religies die elkaar tegenspreken niet allemaal waar zijn. Zoals bepaalde voetballers terecht van de lijst met mogelijke spelers worden geschrapt omdat ze bepaalde vaardigheden missen, zo worden wereldreligies terecht van de lijst met mogelijke ware religies geschrapt omdat ze bepaalde noodzakelijke kwalificaties missen.

Dus als het theïsme waar is, zijn alle niet-theïstische geloven onwaar. Dat betekent niet dat alles wat niet-theïstische religies onderwijzen en stellen onwaar is of dat er niets goeds in die religies zit – in de meeste wereldreligies is zeker waarheid en goedheid te vinden. Als manier om naar de wereld te kijken (dus als wereldbeschouwing) rust elke niet-theïstische religie echter op een onjuist fundament. Hoewel sommige details misschien waar zijn, zijn alle niet-theïstisch geloofssystemen in de kern onwaar. Het zijn 'dwaalsystemen' waar misschien wat dingen in zitten die waar zijn.

Hindoes leren bijvoorbeeld terecht dat je oogst wat je zaait, hoewel de wereldbeschouwing van het hindoeïsme – dat 'jij' niet echt bestaat omdat alles deel uitmaakt van één ondeelbare werkelijkheid genaamd *Brahman* – onwaar is. Seculiere humanisten stellen terecht dat het kwaad een realiteit is, hoewel de humanistische wereldbeschouwing, waarin geen objectieve maatstaf voor het kwaad bestaat, onwaar is. Mormonen leren terecht dat er morele maatstaven zijn waaraan we ons moeten houden, hoewel de mormoonse wereldbeschouwing dat er vele goden zijn onwaar is.[2]

Dat laatste doet de vraag rijzen: waarom bewijst het bestaan van een theïstische God dat het polytheïsme niet waar is? Omdat God oneindig is, en er kan niet meer dan één oneindig wezen zijn. Om het ene wezen van het andere te onderscheiden, moeten ze in een of ander opzicht van elkaar verschillen. Als ze van elkaar verschillen, mist de een iets wat de ander wel heeft. Als het ene wezen iets mist wat het andere heeft, dan is dat ene wezen niet oneindig, want aan een oneindig wezen ontbreekt per definitie niets. Er kan dus maar één oneindig wezen zijn.

Nu zou je kunnen aanvoeren dat er eindige wezens (of 'goden') bestaan die machtiger zijn dan mensen. Het jodendom, het christendom en de islam leren ook allemaal het bestaan van engelen en demonen. Maar dat is geen polytheïsme, want daarin bestaat er geen oneindig, eeuwig opperwezen aan wie alle schepselen hun bestaan danken en aan wie alle schepselen uiteindelijk verantwoording moeten afleggen. Omdat het theïsme waar is, is het polytheïsme net zo onwaar als het atheïsme, pantheïsme en alle andere niet-theïstische wereldbeschouwingen.

Maar we dwalen af. Waar het om gaat, is dat het juiste deksel voor het universum een theïstische God toont. Dat betekent dat slechts één van de drie grote theïstische wereldreligies door de selectie van de waarheid komt: het jodendom, het christendom of de islam. Logisch geredeneerd kunnen deze theïstische wereldreligies niet allemaal waar zijn, want ze maken claims die elkaar uitsluiten. Bovendien is het mogelijk dat geen van deze wereldreligies helemaal waar is. Ze zijn wel theïstisch, maar daar is misschien alles mee gezegd. Dat zou kunnen. Maar aangezien we met een zekerheid die boven redelijke twijfel verheven is weten dat God bestaat, en dat hij de eigenschappen bezit die we hierboven hebben genoemd, zoals doelgerichtheid, rechtvaardigheid en liefde, kunnen we verwachten dat hij meer van zichzelf en zijn doel voor ons leven openbaart. Om dat te doen, moet hij met ons communiceren. De kans is groot dat in een van de drie grote theïstische religies die communicatie te vinden is.

HOE COMMUNICEERT GOD?

Zoals we gezien hebben, heeft God al met ons gecommuniceerd via de schepping en het geweten (natuurlijke en algemene openbaring), waardoor we een basaal idee hebben van zijn bestaan, macht en morele eisen. Maar hoe zou God zich zo kunnen openbaren dat we meer inzicht krijgen in zijn uiteindelijke doel voor ons?

Waarom kan hij niet aan ieder van ons verschijnen? Dat kan hij wel doen, maar onze vrije wil zou dan in het gedrang kunnen komen. C.S. Lewis heeft heel verhelderend over dit onderwerp geschreven. In zijn *Brieven uit de hel* schrijft Schroefstrik, de hoofddemon, het volgende aan zijn leerling Galsem:

> Je hebt je vermoedelijk dikwijls afgevraagd waarom de Vijand niet méér gebruik maakt van zijn macht om voor mensen zintuigelijk waarneembaar aanwezig te zijn, zo intens als Hij verkiest en op elk door Hem verlangd ogenblik. Maar nu begrijp je dat het 'Je zult' en het 'Zwijg!' twee wapens zijn die Hij, juist door de aard zelf van zijn werkwijze, niet mag gebruiken. Als Hij alleen maar de wil van een mens zou overweldigen (wat vast en zeker zou gebeuren als Zijn aanwezigheid ook maar in de allergeringste graad voelbaar was), dan zou Hem dat geen voordeel opleveren. Hij is geen spelbreker. Hij kan alleen maar vragen om toegelaten te worden.[3]

Als God niet voor een overweldigende directe confrontatie heeft gekozen, dan heeft hij misschien een subtielere aanpak gekozen. (De Bijbel zegt ook dat God niet altijd zo openlijk opereert als we wel zouden willen [Jes. 45:15].) Misschien heeft God zich in de loop van vele eeuwen aan een selecte groep mensen gemanifesteerd die hij geïnspireerd heeft om op te schrijven wat ze van hem zagen en hoorden. Geschreven taal is een nauwkeurig communicatiemiddel dat gemakkelijk gekopieerd en aan volgende generaties doorgegeven kan worden; en het is tegelijkertijd gemakkelijk te negeren voor mensen die in vrijheid besluiten dat ze niets met God te maken willen hebben.

Een boek is dus een goed middel voor God om met mensen te communiceren zonder hen te overweldigen. Maar welk boek? Heeft God gecommuniceerd door het boek van de joden, het boek van de christenen of het boek van de moslims? Hoe komen we erachter of een van deze boeken, en zo ja welke, de echte boodschap van God is?

HET ZEGEL VAN DE KONING

Toen er nog geen massacommunicatie bestond en alle boodschappen met de hand werden verzonden, drukte een koning zijn zegel op zijn boodschap. Dat zegel was voor de ontvanger van de boodschap een teken dat de boodschap authentiek was, dat de brief inderdaad van de koning kwam en niet van iemand die deed alsof hij de koning was. Dat werkte natuurlijk alleen als het zegel bijzonder of uniek was, makkelijk te herkennen en alleen iets wat de koning bezat.

God zou iets soortgelijks kunnen gebruiken om zijn boodschappen een teken van authenticiteit te verlenen. Hij zou bijvoorbeeld wonderen kunnen gebruiken. Wonderen zijn bijzonder en uniek, makkelijk te herkennen en alleen God kan ze verrichten. Door een teken van God te eisen geven zelfs sceptici in feite toe dat wonderen zouden bewijzen dat hij bestaat.

Wat is een wonder? Een wonder is een speciale daad van God die de normale loop der dingen onderbreekt. Atheïst Antony Flew heeft het goed omschreven: ‘Een wonder is iets wat nooit gebeurd zou zijn als de natuur als het ware aan haar lot was overgelaten.’[4] Je kunt dus zeggen dat natuurwetten datgene beschrijven wat regelmatig, door natuurlijke oorzaken, gebeurt; wonderen – voor zover ze gebeuren – beschrijven wat zelden, door bovennatuurlijke oorzaken, gebeurt.

Door middel van wonderen zou God de wereld kunnen laten weten welk boek of welke persoon namens hem spreekt. Dus als God een boodschap zou willen doorgeven via Mozes, Elia, Jezus, Paulus, Mohammed of wie dan ook, zou hij allerlei wonderen door die persoon heen kunnen doen.

Als God inderdaad zo werkt, bevestigt een wonder de boodschap en bevestigt een teken de preek. Of anders gezegd, een wonder is een daad van God om het woord van God via een boodschapper van God te bevestigen.

De vraag is: werkt God op die manier? Gebruikt de Koning van het universum zulke tekenen? Zijn wonderen eigenlijk wel mogelijk? De meeste mensen zeggen van niet. Zoals we zullen zien, zitten ze er lelijk naast.

IS DE DOOS OPEN OF DICHT?

Toen seminarieprofessor Ronald Nash onlangs naar Rusland ging om met Russische leraren te spreken, stond hij voor een grote uitdaging. Hij wilde met hen praten over God, maar wist dat het niet veel zou uithalen, tenzij hij hun oude vooroordelen tegen het theïsme kon overwinnen. Meer dan zeventig jaar was de Russen een wereldbeeld bijgebracht waarin God bij voorbaat werd uitgesloten. De officiële staatsgodsdienst was het atheïsme, en volgens het atheïstische wereldbeeld bestaat alleen de natuurlijke, materiële wereld. Volgens atheïsten zijn wonderen onmogelijk omdat er geen bovennatuurlijke wereld bestaat. Als je daarin gelooft, geloof je in sprookjes.

Nash liet hen eerst twee kleine kartonnen dozen zien. De een was open, de ander dicht.

'Dit is het verschil tussen jullie wereldbeeld en het mijne', zei hij. Wijzend naar de dichte doos zei hij: 'Jullie geloven dat het fysieke universum gesloten is, dat het universum het enige is wat er bestaat en dat daarbuiten niets is.'

Hij wees naar de open doos en zei: 'Ik geloof net als jullie dat het fysieke universum bestaat. Maar ik geloof ook dat het universum open is, dat er buiten het universum iets is wat we God noemen.' Nash zweeg even en voegde eraan toe: 'En God heeft de doos geschapen!'

Daarna stak hij zijn hand in de open doos en zei: 'Zoals ik mijn hand in deze doos kan steken om iets met de inhoud te doen, zo kan God zijn hand in ons universum steken en dingen doen die we wonderen noemen.'[5]

Om de een of andere reden had die illustratie een diepe uitwerking op de Russen. Overal in de zaal gingen er lampjes branden. Deze leraren hadden altijd aangenomen dat hun naturalistische wereldbeeld correct was en hadden nooit nagedacht over alternatieven. Dankzij Nash gingen ze beseffen dat er voor een ander wereldbeeld, zoals het theïsme, misschien betere bewijzen waren.

Zoals we in de hoofdstukken 3 t/m 7 hebben gezien, zijn er voor het theïsme inderdaad betere bewijzen. We weten met een zekerheid die boven redelijke twijfel verheven is, dat er een theïstische God bestaat. Aangezien God bestaat, is het universum van de dichte doos onjuist. De doos is open en is geschapen door God. Het ís dus mogelijk dat God in de natuurlijke wereld ingrijpt door wonderen te verrichten. *Sterker nog, wonderen zijn niet alleen mogelijk, wonderen zijn een feit, want het allergrootste wonder – de schepping van het universum uit het niets – heeft al plaatsgevonden. Dus wat de Bijbel betreft, als Genesis 1:1 waar is – 'In het begin schiep God de hemel en de aarde' – dan is elk ander wonder in de Bijbel makkelijk te geloven.*

Kan een God die het hele universum uit het niets heeft geschapen, de Rode Zee splijten? Vuur laten neerdalen uit de hemel? Iemand drie dagen in een grote vis laten zitten zonder dat hem iets overkomt?[6] Toekomstige gebeurtenissen correct voorspellen? Water in wijn veranderen? Op slag zieken genezen? De doden opwekken? Natuurlijk. Al die wonderlijke gebeurtenissen zijn een peulenschil voor een eindeloos machtig Wezen dat het universum heeft geschapen.

Dat betekent echter niet dat God die Bijbelse wonderen inderdaad verricht heeft. Dat valt nog te bezien. Het betekent alleen dat het een mogelijkheid is, dat zulke wonderen mogelijk zijn. Gezien het feit dat we in een theïstisch universum leven is het duidelijk dat we wonderen niet zomaar bij voorbaat mogen uitsluiten (zoals veel atheïsten doen). Zoals C.S. Lewis zei: 'Als we God erkennen, moeten we dan ook Wonder erkennen? Inderdaad, ja, daar ontkom je niet aan. Dat is de afspraak.'[7]

Waarom zeggen zoveel mensen tegenwoordig dan dat wonderen niet mogelijk zijn of dat je er niet in moet geloven? Hoe kunnen sceptici niet in wonderen geloven terwijl het hele universum één groot wonder lijkt? Die vragen moeten we beantwoorden voordat we ons afvragen of God de waarheid van het jodendom, het christendom of de islam heeft bevestigd door middel van wonderen.

BEZWAREN TEGEN WONDEREN

Sinds het einde van de zeventiende eeuw zijn er twee grote bezwaren tegen wonderen ingebracht die we nader moeten bekijken. Het eerste is van Benedictus de Spinoza en het tweede is van David Hume. We beginnen met Spinoza's bezwaar.

Natuurwetten zijn onveranderlijk – Het argument dat natuurwetten onveranderlijk zijn, werd voor het eerst gepopulariseerd in de jaren zeventig van de zeventiende eeuw door Benedictus de Spinoza, een joodse pantheïst. Spinoza's argument tegen wonderen gaat ongeveer als volgt:

1. Wonderen zijn schendingen van natuurwetten.
2. Natuurwetten zijn onveranderlijk.
3. Het is onmogelijk om onveranderlijke wetten te schenden.
4. Daarom zijn wonderen onmogelijk.

Als Spinoza gelijk heeft – als natuurwetten niet bedwongen, doorbroken of gemanipuleerd kunnen worden – dan zijn wonderen onmogelijk.

Het probleem met dit bezwaar is dat het een onterechte aanname doet. Als je natuurwetten als onveranderlijk omschrijft, natuurlijk zijn wonderen dan onmogelijk. Maar dat is nu juist de vraag! Wie zegt dat natuurwetten onveranderlijk zijn?

In overeenstemming met zijn pantheïstische wereldbeeld sluit Spinoza de theïstische God, en daardoor ook wonderen, bij voorbaat uit. Terwijl we gezien hebben dat het allergrootste wonder, de schepping van het universum uit het niets, al heeft plaatsgevonden.

De schepping zelf laat zien dat natuurwetten niet onveranderlijk zijn. Dingen ontstaan niet van nature uit niets. Maar toch zijn we er.

We weten ook dat natuurwetten niet onveranderlijk zijn omdat ze niet *voorschrijven* wat er moet gebeuren, maar *beschrijven* wat er gebeurt. Natuur*wetten* veroorzaken eigenlijk niets; ze beschrijven alleen datgene wat regelmatig gebeurt in de natuur. Ze beschrijven de effecten van de vier natuurkrachten die we kennen: zwaartekracht, magnetisme en de sterke en de zwakke nucleaire kracht. Zodra er intelligente wezens in het spel zijn, kunnen natuurwetten bedwongen worden. We weten dat die krachten bedwongen kunnen worden, want we doen het zelf elke dag.

Als bijvoorbeeld een honkballer een vallende bal vangt, bedwingt hij de zwaartekracht. Hetzelfde gebeurt als we met een vliegtuig of een ruimteschip het luchtruim kiezen. In zulke gevallen wordt de zwaartekracht niet veranderd maar alleen bedwongen. Als beperkte wezens zoals wij natuurkrachten kunnen bedwingen, dan is het almachtige Wezen dat die krachten schiep daar zeker toe in staat.[8]

Wonderen zijn niet geloofwaardig – Een aantal jaar geleden werd ik (Norman) uitgenodigd om te komen spreken op de theologische faculteit van de Harvard-universiteit, een van de vrijzinnigste theologische faculteiten van Amerika. Mijn onderwerp was 'Harvards vroegtijdige afscheid van het evangelisch christendom'. Het is moeilijk voor te stellen, maar Harvard is, net als de meeste andere scholen uit die tijd, opgericht door evangelische christenen om studenten in de kennis van Jezus Christus te onderwijzen. Harvards handvest uit 1646 is duidelijk over het doel van de school (met de oorspronkelijke tekstverwijzingen):

> Laat iedere student hier onomwonden geleerd en er in alle ernst bij bepaald worden dat het hoofddoel van zijn leven en studie is, God te kennen en Jezus Christus, die het eeuwige leven is (Joh. 17:3), en dus te bouwen op Christus als het enige fundament voor alle betrouwbare kennis en studie. En daar alleen de Heer wijsheid geeft, laat elkeen serieus in gebed gaan in het verborgene om Hem daarom te vragen (Spr. 2:3).[9]

Hoe komt het dat Harvard zo ver van zijn handvest is af geraakt? Omdat men viel voor een van de krachtigste argumenten tegen wonderen die ooit geformuleerd zijn. Het was niet Spinoza's argument. Door de vooruitgang in de moderne wetenschap en een beter begrip van de natuur zijn er weinig mensen die nog echt geloven dat natuurwetten onveranderlijk zijn. Het argument tegen wonderen dat vandaag de dag geaccepteerd wordt – ook op Harvard – is afkomstig van de grote scepticus David Hume (1711-1776), ongeveer een eeuw na Spinoza.

We hadden het al over Hume in hoofdstuk 2. Hij was degene die zei dat het zinloos is om over God te praten omdat daar geen empirische waarneming of vanzelfsprekende waarheden bij te pas komen. We hebben gezien dat die bewering zichzelf ontkracht.

Maar Humes argument tegen wonderen is wat geraffineerder en niet zo gemakkelijk te weerleggen als zijn argument tegen uitspraken over God. Dat is misschien een reden waarom mensen er nog steeds in geloven. Humes argument tegen wonderen is zelfs een van de pijlers van de zogenaamde Verlichting (toen we 'verlicht' genoeg raakten om ons bijgelovige geloof in wonderen te laten varen en ons vertrouwen te stellen op de rede en de empirische waarheden die gevonden werden met behulp van de wetenschappelijke methode). Humes argument bevorderde het naturalistische wereldbeeld, dat zich later via Darwins evolutietheorie door de hele samenleving verspreidde.

Het nu volgende is in essentie een weergave van mijn betoog op Harvard. Ik begon met een uiteenzetting van Humes argument tegen wonderen en leverde er vervolgens kritiek op. Hier is Humes argument in syllogistische vorm:

1. Een natuurwet is per definitie een beschrijving van een regelmatige gebeurtenis.
2. Een wonder is per definitie een zeldzame gebeurtenis.
3. Het bewijs voor wat regelmatig gebeurt is altijd sterker dan dat voor wat zelden gebeurt.
4. Een verstandig mens baseert zijn opvattingen altijd op het sterkste bewijs.
5. Een verstandig mens moet dus nooit in wonderen geloven.

Als die vier premissen waar zijn, dan is de conclusie onontkoombaar – dan moet een verstandig mens nooit in wonderen geloven. Helaas voor Hume en voor degenen die hem door de jaren heen geloofd hebben, bevat de redenering een onjuiste premisse: premisse 3 is niet per se waar. Het bewijs voor wat regelmatig gebeurt is niet altijd sterker dan dat voor wat zelden gebeurt.

Op het eerste gezicht lijkt dat misschien niet het geval. In deze tijd van 'instant replay' klinkt premisse 3 heel logisch. Een scheidsrechter ziet een voetbalwedstrijd bijvoorbeeld uit één hoek en op volle snelheid, terwijl wij de wedstrijd uit verschillende hoeken en ook vertraagd zien. Wij hebben sterker bewijs doordat we steeds herhalingen zien (regelmatig) dan de scheidsrechter, die alles maar één keer ziet (zelden).

Maar wat opgaat voor een voetbalwedstrijd op tv hoeft nog niet op te gaan voor elke gebeurtenis in het leven. Om premisse 3 te weerleggen hoeven we maar één tegenvoorbeeld te bedenken. In feite hebben we er verschillende, en ze zijn afgeleid uit Humes eigen naturalistische wereldbeeld:

1. **De oorsprong van het universum was eenmalig.** Het was een zeldzame, onherhaalbare gebeurtenis; toch gelooft bijna elke natuurwetenschapper dat de aanwijzingen voor de oerknal bewijzen dat het universum uit het niets is ontstaan.
2. **De oorsprong van het leven was eenmalig.** Ook dat was een zeldzame, onherhaalbare gebeurtenis; toch gelooft elke natuurwetenschapper dat het leven spontaan is ontstaan uit niet-leven ergens op aarde of elders in het universum.
3. **De oorsprong van nieuwe levensvormen was ook eenmalig.** Aan die zeldzame, onherhaalbare gebeurtenissen hechten de meeste natuurwetenschappers die zeggen dat het allemaal gebeurd is door middel van niet-waargenomen (dus zeldzame) macro-evolutionaire processen niettemin een dogmatisch geloof.
4. **De hele geschiedenis van de wereld bestaat in feite uit zeldzame, onherhaalbare gebeurtenissen.** David Humes eigen geboorte was bijvoorbeeld eenmalig, maar hij geloofde zonder meer dat die had plaatsgevonden!

In al deze tegenvoorbeelden uit Humes eigen naturalistische wereldbeeld moet zijn derde premisse genegeerd of als onjuist beschouwd worden. Als Hume echt in die premisse had geloofd, zou hij niet in zijn eigen geboorte of zijn eigen naturalistische wereldbeeld hebben geloofd!

Uit deze tegenvoorbeelden kunnen we dus afleiden dat Humes derde premisse, en dus zijn hele argument, niet waar kan zijn. Maar welke problemen kleven er precies aan deze naturalistische manier van denken?

Ten eerste wordt *geloofwaardigheid* verward met *mogelijkheid.* Zelfs als premisse 3 waar is, bewijst het argument nog niet dat wonderen *onmogelijk* zijn; het suggereert alleen dat ze *ongeloofwaardig* zijn. Dus zelfs als je er bijvoorbeeld persoonlijk getuige van was geweest hoe Jezus Christus opstond uit de dood zoals hij voorzegd had – als je in het graf was geweest, had vastgesteld dat het lichaam dood was en hem vervolgens had zien opstaan en uit het graf zien komen lopen – moet je dat volgens Humes argument als 'verstandig' persoon niet geloven. Er klopt iets niet met een argument dat ongeloof bepleit ten aanzien van iets waarvan je zelf hebt geconstateerd dat het waar is.

Ten tweede verwart Hume waarschijnlijkheid met bewijs. Hij weegt het bewijs voor elke zeldzame gebeurtenis niet, maar telt hij alle bewijzen voor alle gebeurtenissen die regelmatig plaatsvinden bij elkaar op en suggereert dan dat alle zeldzame gebeurtenissen dús ongeloofwaardig zijn. Maar die redenering klopt ook niet. Er zijn tal van onwaarschijnlijke (zeldzame) gebeurtenissen in het leven die we geloven als we er goede bewijzen voor hebben. Een hole-in-one is bijvoorbeeld een zeldzame gebeurtenis, maar als we er een zien, hebben we er geen moeite mee om het te geloven. We zeggen in elk geval niet tegen de golfer: 'Aangezien de bewijzen voor het regelmatige altijd talrijker zijn, hecht ik geen geloof aan je slag, tenzij je hem vijf keer achter elkaar kunt uitvoeren!' En tegen een loterijwinnaar die een winkans had van 1 op 76 miljoen zeggen we ook niet dat hij zijn geld pas krijgt als hij de loterij vijf keer achter elkaar kan winnen! Nee, in deze gevallen is het bewijs voor het zeldzame sterker dan dat voor het regelmatige. Nuchtere ooggetuigen die bij hun volle verstand zijn vormen sterker bewijs voor een zeldzame hole-in-one, hoe regelmatig die golfer de hole in het verleden ook gemist had. Zo vormt ook een winnend lot sterker bewijs dat iemand tegen alle verwachtingen in de loterij heeft gewonnen, hoe regelmatig die persoon in het verleden ook niet had weten te winnen.[10]

Het gaat er dus niet om of een gebeurtenis regelmatig of zelden plaatsvindt, maar of we er goed bewijs voor hebben. We moeten het bewijs voor de gebeurtenis in kwestie *wegen* en niet de bewijzen voor alle voorgaande gebeurtenissen bij elkaar *optellen*.

Ten derde is Humes argument een cirkelredenering. In plaats van het bewijs voor elke 'wonderclaim' op zijn waarde te schatten, sluit Hume het geloof in wonderen bij voorbaat uit omdat ze volgens hem ingaan tegen de ervaring van alle mensen. Zoals gewoonlijk werpt C.S. Lewis licht op de zaak:

> Nu moeten wij Hume natuurlijk gelijk geven dat *als* er absoluut 'uniforme ervaring' tegen wonderen getuigt, of anders gezegd: als zij nooit gebeurd zijn, dat zij *dan* ook... nu ja: nooit gebeurd zijn. Helaas kan de ervaring die tegen wonderen getuigt alleen uniform zijn als alle wonderverhalen onwaar zijn. En dat alle wonderverhalen onwaar zijn, kunnen wij alleen weten als wij al weten dat wonderen nooit gebeurd zijn. Zo komen wij dus in een cirkelredenering terecht.[11]

Hume maakt dus dezelfde fout als de darwinisten: hij verbergt zijn conclusie in de premisse van zijn argument door middel van een onjuiste filosofische vooronderstelling. Zijn onjuiste vooronderstelling is dat alle menselijke ervaring tegen wonderen pleit. Hoe kan hij dat weten? Dat kan hij niet, en daarom vooronderstelt hij het. Zoals we gezien hebben, zijn wonderen mogelijk omdat God bestaat. Daarom is het mogelijk dat mensen echte wonderen hebben meegemaakt. Daar kun je alleen achter komen door het bewijs voor elke wonderclaim te onderzoeken. Te veronderstellen dat geen enkele wonderclaim waar is, zoals Hume doet, is duidelijk ongeoorloofd.

Ten slotte, hoewel Hume een wonder terecht omschrijft als een zeldzame gebeurtenis, straft hij het vervolgens omdat het een zeldzame gebeurtenis is! Het is alsof Hume zegt: 'Kwamen wonderen maar vaker voor, dan zouden we erin kunnen geloven.' Maar als wonderen vaker voorkwamen, bijvoorbeeld regelmatig (om in Humes terminologie te blijven), dan zouden het geen wonderen (zeldzame gebeurtenissen) meer zijn en zouden we ze misschien beschouwen als natuurwetten of onverklaarde natuurlijke verschijnselen. Maar zodra we ze als natuurlijk in oorsprong zien, zouden we er geen aandacht meer aan besteden als speciale daden van God. Zijn zeldzaamheid is juist een van de eigenschappen die een wonder van alle andere dingen onderscheidt! Anders gezegd, wonderen krijgen onze aandacht omdat we weten dat zo'n gebeurtenis niet veroorzaakt had kunnen worden door natuurwetten.

Dus zelfs als er een God is die wonderen doet, moeten we volgens Humes logica geen geloof hechten aan zijn wonderen omdat ze niet regelmatig plaatsvinden. Nogmaals, er klopt iets niet met een argument dat ongeloof bepleit ten aanzien van iets wat feitelijk heeft plaatsgevonden. En er klopt iets niet met een argument dat stelt dat wonderen alleen geloofd kunnen worden als het geen wonderen zijn.

Het komt erop neer dat Hume zonder enige grond simpelweg stelt dat alleen gebeurtenissen die regelmatig plaatsvinden geloofwaardig zijn, en aangezien een wonder niet regelmatig plaatsvind, voldoet het niet aan dat kunstmatige criterium. Zoals gezegd, als we niet in zeldzame gebeurtenissen kunnen geloven, dan kunnen we geen enkel historisch gegeven geloven, want de geschiedenis bestaat uit een lange reeks zeldzame, onherhaalbare gebeurtenissen. Een dergelijk standpunt is duidelijk onredelijk.

Toen ik deze informatie op Harvard presenteerde, kreeg ik geen vragen of commentaar op mijn kritische bespreking van Hume, alleen een stomverbaasd zwijgen. In diezelfde periode (de jaren tachtig) nodigde een professor van een andere Ivy League-universiteit, Princeton University, me uit voor een debat over dit onderwerp. De professor vroeg van tevoren om een exemplaar van mijn presentatie, wat erg ongebruikelijk is. De meeste debaters hechten grote waarde aan het verrassingselement in een debat. Maar ik was er zo van overtuigd dat mijn kritiek op Hume correct was dat ik het verzoek van de professor inwilligde. Nadat hij mijn presentatie ontvangen had, nam hij contact met me op om te zeggen dat hij liever had dat ik zijn klas een college gaf in plaats van met hem te discussiëren. Maar bij het vragenuurtje na afloop zou hij aanwezig zijn om 'de aanval te leiden'. Geen probleem, zei ik.

Toen ik op de afgesproken tijd en plaats op de universiteit arriveerde, was de professor nergens te bekennen. Zijn assistent zei dat hij een 'noodgeval in de privésfeer' had en dat de bijeenkomst was afgelast. Uiteindelijk hield ik mijn verhaal voor een groep studenten die Ravi Zacharias had meegenomen van het Nyack College. Naderhand heb ik herhaaldelijk contact met de professor proberen op te nemen, maar tevergeefs.

Ik kreeg een vergelijkbare reactie van Antony Flew, een van de prominentste atheïsten. Eind jaren tachtig vroeg ik zijn commentaar op mijn boek *Miracles and Modern Thought*,[12] waarin ik tal van argumenten tegen wonderen kritisch bespreek, inclusief dat van hem (dat heel veel op Humes argument lijkt). Flew zou in het volgende nummer van een belangrijk humanistisch tijdschrift zijn commentaar leveren. In het bewuste artikel deed hij echter geen poging om mijn argumenten te weerleggen, maar deelde hij een dubieus compliment uit door te zeggen dat atheïsten betere argumenten moeten verzinnen als ze de huidige theïsten van repliek willen dienen.

Die aarzeling om in te gaan op de zwakke plekken in Humes argument suggereert dat ongeloof aan wonderen eerder een zaak van de wil dan van het verstand is. Het is alsof sommige mensen klakkeloos aan Humes argument vasthouden omdat ze gewoon niet willen toegeven dat God bestaat. Maar aangezien we weten dat God bestaat, zijn wonderen mogelijk. Elk argument tegen wonderen dat maar verzonnen wordt, inclusief dat van David Hume, wordt tenietgedaan door dat ene feit. Want als er een God is die kan ingrijpen, kunnen er wonderen plaatsvinden.

Het zijn dus niet de wonderen, maar het is het argument van David Hume dat moeilijk te geloven is! Het is eigenlijk een 'wonder' dat zoveel mensen er nog in geloven.

HET IS NIET ALLES *GOD* WAT ER BLINKT – WAT IS EEN WONDER EN WAT NIET?

De doos is dus open – wonderen zijn mogelijk. Maar hoe herken je een wonder? Om die vraag te beantwoorden moeten we eerst vaststellen wat een wonder is en wat niet, zodat we weten waar we naar zoeken.

Zoals je ziet in tabel 8.2 zijn er ten minste zes verschillende soorten uitzonderlijke gebeurtenissen, waarvan er slechts één een wonder is.

Er zijn ten minste zes verschillende categorieën uitzonderlijke gebeurtenissen:

	Anomalieën	**Goochelarij**	**Psychosomatisch**	**Satanische tekenen**	**Voorzienigheid**	**Wonderen**
Beschrijving **Kracht**	Spelingen der natuur	Vingervlugheid	Geesteskracht	Kwade kracht	Van tevoren bepaalde ge-beurtenissen	Goddelijke daad
Kenmerken	Fysiek	Menselijk	Mentaal	Psychisch	Goddelijk	Bovennatuurlijk
Voorbeeld	Natuurlijke gebeurtenis met patroon	Onnatuurlijk en onder menselijke controle	Vergt geloof; werkt niet bij alle ziekten	Kwaad, leugen-achtig, occult, beperkt	Natuurlijk verklaard; gees-telijke context	Faalt nooit, direct, blijvend, tot eer van God
	Hommel	Konijn uit hoed	Psychosomati-sche remedies	Demonische invloed	Mist bij Nor-mandië	Doden opwekken

Tabel 8.2

Laten we even kort kijken naar deze uitzonderlijke gebeurtenissen. We beginnen met de wonderen, want als we weten wat een wonder is, kunnen we ook beter begrijpen waarom andere uitzonderlijke gebeurtenissen geen wonderen zijn.

Wonder – Een daad van God is een onmiskenbaar teken van God als de daad aan bepaalde criteria beantwoordt die Gods daden van andere uitzonderlijke gebeurtenissen onderscheiden. Net als het zegel van een koning moet Gods teken iets unieks en makkelijk herkenbaars zijn waartoe alleen God in staat is. Met andere woorden, het heeft kenmerken die niet te verklaren zijn aan de hand van natuurwetten, natuurkrachten of iets anders in het fysieke universum. Over wat voor criteria hebben we het dan?

Zoals bleek uit het kosmologische, het teleologische en het morele argument bezit alleen God onbeperkte kracht (kracht die uitstijgt boven de kracht in de natuurlijke wereld), een volmaakt plan en volkomen morele zuiverheid. Het is dus aannemelijk dat die eigenschappen terugkeren in zijn daden. Criteria voor echte wonderen zijn dus:

A. Een onmiddellijk begin van een krachtige daad, zoals blijkt uit het kosmologische bewijs (het begin van het universum).
B. Intelligent Design en doelgerichtheid, zoals blijkt uit het teleologisch bewijs (het precieze ontwerp van het universum om leven mogelijk te maken, en het gespecificeerde en complexe ontwerp van het leven zelf).

C. De bevordering van goed of juist gedrag, zoals blijkt uit het morele argument (de morele wet die ons dringt).

De factor kracht (A) betekent dat het teken niet natuurlijk verklaard kan worden. Want als er een natuurlijke oorzaak mogelijk is, kan het teken niet met zekerheid als wonder worden aangemerkt. Een wonder heeft een onmiskenbaar bovennatuurlijke oorzaak, een oorzaak die de natuur overstijgt.

De factor ontwerp en doelgerichtheid (B) betekent dat een teken zonder een duidelijk doel – het bevestigen van een waarheid of een boodschapper van waarheid of het verheerlijken van God – waarschijnlijk geen teken van God is. Met andere woorden, God zal niet snel wonderen doen om ons te vermaken. Zoals de meeste aardse koningen hun zegel niet lichtzinnig gebruiken, zo zal de Koning van het universum zijn zegel ook niet snel gebruiken voor onbenullige doeleinden. Immers, als hij wonderen als puur vermaak gebruikte, zouden we het minder snel doorhebben als hij een nieuwe waarheid of een nieuwe boodschapper bevestigt. Dus om te voorkomen dat op een gegeven moment niemand ze meer serieus neemt, moeten wonderen gericht zijn op de bevestiging van een waarheidsclaim en relatief zeldzaam zijn.

De factor moraliteit (C) betekent dat elk teken dat met dwaling of immoraliteit samenhangt, geen teken van God kan zijn. Dwaling en immoraliteit gaan tegen Gods aard in, want hij is de onveranderlijke standaard van waarheid en moraliteit. Hij kan geen dwaling of immoraliteit bevestigen.

Aan de hand van deze criteria – onmiddellijke kracht, ontwerp en doelgerichtheid, en moraliteit – kunnen we nagaan welke uitzonderlijke gebeurtenissen echte tekenen van God zijn. We hebben deze criteria afgeleid uit wat we de natuur ons geleerd heeft over God en uit wat we geleerd hebben over de beperkingen van de natuur zelf. De Bijbel onderschrijft onze visie door gebeurtenissen die aan deze criteria voldoen wonderen te noemen.[13] En zowel de Bijbel als de Koran leert dat wonderen zijn gebruikt om een woord van God te bevestigen.[14]

Een gebeurtenis die samenhangt met een goddelijke waarheidsclaim en die deze kenmerken vertoont, zou een wonder zijn – een daad van God om een woord van God te bevestigen. Er heeft bijvoorbeeld een wonder plaatsgevonden als Jezus, een man die voorzegd had dat hij zou opstaan uit de dood, werkelijk is opgestaan uit de dood. Zo'n gebeurtenis geeft blijk van onmiddellijke, de natuur overstijgende kracht, een plan en een moreel doel door te bevestigen dat Jezus van God komt (en dat wij dus maar beter kunnen luisteren naar wat hij te zeggen heeft!). Er is geen natuurkracht of andere krachtbron die zo'n gebeurtenis zou kunnen verklaren.

En bovendien kwam de opstanding, voor zover die echt heeft plaatsgevonden, niet 'uit de lucht vallen' maar vond ze plaats binnen een bepaalde context. Met andere woorden, de opstanding was een gebeurtenis binnen de context van een theïstisch universum waarin een man die zei dat hij van God kwam en wonderen verrichtte, voorzegd had dat het zou gebeuren. Zo'n context suggereert dat het een wonder is en niet slechts een natuurlijke gebeurtenis die we nog niet kunnen verklaren. Kortom, als de opstanding echt heeft plaatsgevonden (en dat gaan we zometeen bekijken), zit die gebeurtenis onder Gods 'vingerafdrukken'.

Voorzienigheid – Godsdienstige mensen, met name christenen, strooien de term 'wonder' nogal kwistig rond. Vrij vaak omschrijven ze een gebeurtenis als een wonder terwijl je beter van voorzienigheid kunt spreken.

Voorzienigheid houdt in dat God gebeurtenissen niet direct maar indirect veroorzaakt. Dat wil zeggen, God gebruikt natuurwetten om ze te bewerkstelligen. Verhoorde gebeden en onwaarschijnlijke maar gelukkige voorvallen zijn mogelijke voorbeelden hiervan. Zulke dingen kunnen heel bijzonder zijn en ons geloof versterken, maar ze zijn niet bovennatuurlijk. De mist bij Normandië was een voorbeeld van voorzienigheid omdat daardoor de geallieerde aanval lang onopgemerkt bleef door het slechte nazi-regime. Het was geen wonder, want het was te verklaren aan de hand van natuurwetten, maar mogelijk zat God erachter. Voor een wonder daarentegen zouden bijvoorbeeld de kogels hebben moeten afketsen op de borst van onze jongens toen ze het strand bestormden.

Satanische tekenen – Een andere mogelijke oorzaak van een uitzonderlijke gebeurtenis zijn andere geestelijke wezens. Aangezien God bestaat, is het mogelijk dat er nog andere geestelijke wezens bestaan. Maar als er een duivel en demonen bestaan, hebben ze beperkte macht. Waarom? Omdat, zoals we eerder in dit hoofdstuk zagen, het onmogelijk is dat er twee almachtige wezens bestaan. Aangezien God almachtig is, kan geen enkel ander wezen almachtig zijn.

Bovendien is puur dualisme – een almachtige Goede macht tegenover een almachtige Kwade macht – onmogelijk. Puur kwaad bestaat niet. Het kwaad is de afwezigheid van of een parasiet op het goede; het kan niet op zichzelf bestaan. Het kwaad is als roest op een auto. Als je alle roest verwijdert, heb je een betere auto. Als je de hele auto verwijdert, heb je niets. Satan kan dus niet het kwade equivalent van God zijn. Satan heeft zelfs goede eigenschappen, zoals macht, vrije wil en rationaliteit, maar hij gebruikt ze ten kwade.

Het komt erop neer dat God geen gelijke heeft. Hij is het ene almachtige Wezen dat oppermachtig is over de hele schepping. Geestelijke wezens, voor zover ze bestaan, zijn daarom per definitie beperkt en kunnen niet de bovennatuurlijke daden verrichten waartoe alleen God in staat is.

Dus alleen al op grond van natuurlijke openbaring – zonder openbaring vanuit een religieus boek – weten we dat voorzover er andere geestelijke wezens bestaan, deze beperkt zijn in hun macht. Dat is trouwens ook precies wat de Bijbel leert.

Maar hoe beperkt zijn die andere geestelijke wezens? Nu hebben we speciale openbaring nodig. We hebben nog niet afdoende aangetoond dat de Bijbel waar is, maar laten we aannemen dat zulke wezens echt bestaan en contact kunnen hebben met de natuurlijke wereld zoals de Bijbel beschrijft.

Volgens de Bijbel kan alleen God leven scheppen en de doden

opwekken (Gen. 1:21, Deut. 32:39). De magiërs van de farao hadden de eerste twee plagen geïmiteerd, maar de derde plaag, waarbij leven geschapen werd (in de vorm van muggen), konden ze niet imiteren. Deze magiërs erkenden dat de derde plaag de 'hand van een god' was (Ex. 8:15).

Satan is in staat tot betere trucs dan de beste magiërs – in de Bijbel staan daar genoeg voorbeelden van [15] – maar die trucs voldoen niet aan de criteria voor een echt wonder. Echte wonderen, zo hebben we gezien, wekken meer achting voor God, vertellen de waarheid en bevorderen moreel gedrag. Valse tekenen van Satan doen dat niet. Die verheerlijken meestal de persoon die ogenschijnlijk het teken verricht en hangen vaak samen met dwaling en immoreel gedrag. Ze zijn ook niet per se direct, onmiddellijk of blijvend.

Kortom, alleen God verricht echte wonderen; Satan doet valse wonderen. Dat is ook precies de term die de Bijbel gebruikt als Paulus in 2 Tess. 2:9 schrijft: 'De komst van de wetteloze mens is het werk van Satan en gaat gepaard met groot machtsvertoon en *valse* tekenen en wonderen.' Voor wie niet kritisch is, kunnen zulke tekenen natuurlijk misleidend zijn en al snel voor wonderen worden aangezien (Matt. 24:24).

Tabel 8.3 vat de verschillen tussen een goddelijk wonder en een satanische teken samen:[16]

Goddelijk wonder	**Satanisch teken**
• echt bovennatuurlijke daad	• slechts een boven*normale* daad
• onder controle van de Schepper	• onder controle van het schepsel
• nooit verbonden met het occulte	• verbonden met het occulte
• verbonden met de ware God	• vaak verbonden met pantheïstische of polytheïstische goden
• hangt samen met de waarheid	• hangt samen met dwaling
• hangt samen met het goede	• hangt samen met het kwaad
• bevat ware profetieën	• bevat valse profetieën
• verheerlijkt de Schepper	• verheerlijkt het schepsel

Tabel 8.3

Psychosomatisch – Jaren geleden ontwikkelde ik (Norman) een allergie voor bloeiende bloemen – althans, dat dacht ik. In het voorjaar begon ik met een sterk medicijn om de symptomen te verlichten. Op een zondagochtend had ik een spreekbeurt in een plaatselijke kerk en ik ging wat vroeger om kennis te maken met de oudsten. Toen ik in de buurt van de preekstoel kwam, zag ik een bosje bloemen op een tafel staan. Ik begon bijna direct te niezen en mijn ogen begonnen te tranen.

Ik zei tegen een van de oudsten: 'Ik kan zo niet spreken met die bloemen in mijn buurt, want ik krijg last van mijn allergie. Zou u ze alstublieft ergens anders willen neerzetten?'

Hij keek me aan en zei: 'Ze zijn van plastic!'

Ik zei tegen mezelf: 'Geisler, je begint te niezen van plastic bloemen. Die allergie moet in je hoofd zitten!' Ik gooide mijn receptje weg en ik heb er nooit meer last van gehad.

Misschien zijn niet alle allergieën zuiver psychosomatisch. Maar er zijn zeker ziektes en remedies die psychosomatisch zijn, en die zijn goed gedocumenteerd. In zijn boek *Anatomy of an Illness* beschrijft Norman Cousins uitvoerig hoe hij zich letterlijk beter lachte van zijn kanker. Mentale spanning kan een negatieve invloed hebben op onze lichamelijke gezondheid, terwijl een positieve instelling, geloof en geluk een positief, helend effect kunnen hebben (zie Spr. 17:22).

Maar er zijn aandoeningen, zoals een doorgesneden ruggengraat of geamputeerde ledematen, die niet te genezen zijn door mentale kracht omdat het geen psychosomatische ziektes zijn. Zulke aandoeningen zijn alleen te genezen door een echt wonder.

Waar het op neerkomt, is dat psychosomatische remedies psychisch van aard zijn, en niet bovennatuurlijk. Ze tonen aan dat de geest een beperkte maar wezenlijke invloed kan hebben op het lichaam. We moeten ze niet met wonderen verwarren.

Goochelarij – Het bekendste voorbeeld van een uitzonderlijke gebeurtenis is misschien wel goochelarij. Goochelarij is gebaseerd op vingervlugheid of het bedriegen van de menselijke geest. Een goede goochelaar kan je laten geloven dat hij een vrouw door midden heeft gezaagd, een konijn uit een hoed heeft gehaald of een olifant heeft laten verdwijnen. Maar het is allemaal een illusie, een handigheidje. Als je eenmaal hoort hoe de vork in de steel zit, zeg je: 'Waarom had ik dat niet door?' Goochelkunsten gebeuren onder menselijke controle en zijn dus geen wonderen. Alleen God kan wonderen doen.

Anomalieën – Een anomalie is een onverklaarde speling van de natuur. Lange tijd begrepen wetenschappers niet hoe een hommel kon vliegen. Zijn vleugels waren te klein voor zijn lichaam. Wetenschappers beschouwden de vlucht van een hommel als een anomalie, totdat ze een soort 'krachtcentrale' ontdekten die als compensatie voor de kleine vleugels diende. Ze wisten dat het geen wonder was vanwege het waarneembare patroon: alle hommels vliegen. Dus bleven ze zoeken naar een natuurlijke verklaring en die vonden ze ook.

De scepticus vraagt misschien: 'Waarom kan de opstanding van Jezus Christus dan niet als een anomalie worden gezien?' Omdat de opstanding voorzegd was. Er zat een intelligent ontwerp achter – Gods vingerafdrukken zaten erop. Anomalieën hangen niet samen met intelligente waarheidsclaims en kennen geen morele of theologische dimensie. Als de opstanding van Christus echt heeft plaatsgevonden, was het geen anomalie.

Waarom zien we nu geen Bijbelse wonderen meer?

Veel mensen hebben een erg kortzichtig beeld van de geschiedenis en de menselijke ervaring. 'Als ik bepaalde gebeurtenissen nu niet zie gebeuren', denken ze, 'hebben ze waarschijnlijk nooit plaatsgevonden.' Het is duidelijk wat dat voor wonderen betekent: 'Als er nu geen wonderen van bijbelse kwaliteit gebeuren in het openbaar (en als ze gebeurden, zou je ze wel op het journaal zien), waarom zou ik dan denken dat ze in het verleden wel hebben plaatsgevonden?' Een redelijke vraag.

Maar deze vraag berust op een algemene misvatting, namelijk dat de Bijbel vol staat met wonderen die door de Bijbelse geschiedenis heen continu plaatsvinden. Dat is maar gedeeltelijk waar. De Bijbel staat inderdaad vol met wonderen – zo'n 250 in totaal.[17] Maar de meeste van die wonderen vinden plaats binnen drie heel beperkte, afzonderlijke periodes: tijdens het leven van Mozes, Elia en Elisa, en Jezus en de apostelen. Waarom? Omdat dat de tijden waren dat God een nieuwe waarheid (openbaring) bevestigde, en nieuwe boodschappers die die waarheid kwamen brengen.[18]

Als de meeste wonderen daar samengebundeld zijn, wat gebeurt er dan voor wonderlijks tijdens de andere periodes die de Bijbel beslaat? Niets. De bijbelse geschiedenis kent enorme 'gaten' (van honderden jaren zelfs) waarin geen wonderen van God opgetekend zijn. Hoe dat komt? Omdat er geen nieuw woord van God was, en de meeste wonderen bevestigden een nieuw woord van God.

Waarom zien we nu dus geen Bijbelse wonderen? Omdat God, als de Bijbel waar en volledig is, geen nieuwe openbaring te bevestigen heeft, waarmee een belangrijke grond voor het verrichten van wonderen ontbreekt. Er is geen nieuw woord van God dat bevestigd moet worden door God.

Begrijp ons goed, we zeggen níet dat God nu geen wonderen doet of kan doen. Als de soevereine Schepper en onderhouder van het universum kan hij een wonder doen wanneer hij maar wil. Het ontbreekt hem alleen aan een reden om zijn macht openlijk te tonen zoals in Bijbelse tijden, omdat alle waarheden die hij wilde openbaren al geopenbaard en bevestigd zijn. Net als met een huis hoeft het fundament maar één keer gelegd te worden. Bijbelse wonderen waren speciale daden van God die het fundament legden voor zijn blijvende openbaring aan de mensheid.

SAMENVATTING EN CONCLUSIE

1. De wezenskenmerken van de bijbelse God zijn te ontdekken zonder de Bijbel door middel van natuurlijke openbaring, zoals blijkt uit het kosmologische, teleologische en morele argument. Deze zeer sterk onderbouwde argumenten laten ons zien dat dit een theïstisch universum is. Omdat dit een theïstische universum is, kunnen alleen het jodendom, het christendom en de islam waar zijn. Alle niet-theïstische religies rusten op een verkeerd fundament omdat ze ernaast zitten wat het bestaan en de aard van God betreft.
2. Omdat God bestaat, zijn wonderen mogelijk. Het allergrootste wonder – de schepping van het universum uit het niets – heeft al plaatsgevonden, wat betekent dat Genesis 1:1 en elk ander wonder in de Bijbel geloofwaardig is. Argumenten tegen wonderen schieten tekort omdat ze op onjuiste filosofische veronderstellingen berusten en niet op waarneming. Daardoor kunnen ze het bestaan van wonderen niet weerleggen. God kan ingrijpen in het universum dat hij geschapen heeft, wat David Hume ook zegt.
3. Een echt wonder is een daad die alleen God kan verrichten, wat inhoudt dat een echt wonder goddelijke kenmerken vertoont, zoals bovennatuurlijke kracht, intelligent ontwerp en het bevorderen van moreel gedrag. Aan de hand van deze kenmerken kunnen we het wonder onderscheiden van andere typen uitzonderlijke gebeurtenissen, zoals voorzienigheid, satanische tekenen, psychosomatische remedies, goochelkunsten en anomalieën.
4. Gezien zijn morele aard kunnen we verwachten dat God ons meer informatie geeft over zijn specifieke plan (speciale openbaring naast de natuurlijke openbaring). God zou wonderen kunnen gebruiken als zijn teken om zijn speciale openbaring aan ons te bevestigen. In dat geval is een wonder een daad van God om een boodschap van God te bevestigen.

Onze enige vraag is nu: ‘Heeft God wonderen gebruikt om het jodendom, het christendom of de islam te bevestigen?’ Die vraag proberen we in het volgende hoofdstuk te beantwoorden.

Hoofdstuk 9-12 gaan over:

1. De waarheid over de werkelijkheid is kenbaar.
2. Het tegenovergestelde van waar is onwaar.
3. Het is waar dat de theïstische God bestaat. Dat blijkt uit:
   a. Het begin van het heelal (kosmologisch bewijs)
   b. Het ontwerp van het heelal (teleologisch bewijs/anthropisch argument)
   c. Het ontwerp van het leven (teleologisch bewijs)
   d. De morele wet (moreel bewijs)
4. Als God bestaat, zijn wonderen mogelijk.
5. Wonderen kunnen dienen om een boodschap van God te bevestigen (dat wil zeggen als daden van God ter bevestiging van een woord van God)
6. → Het Nieuwe Testament is historisch betrouwbaar. Dat blijkt uit:
   a. Vroege getuigenissen
   b. Het getuigenis van ooggetuigen
   c. Niet-verzonnen (authentieke) getuigenissen
   d. Ooggetuigen die niet misleid zijn
7. Volgens het Nieuwe Testament beweerde Jezus dat hij God was.
8. Jezus' bewering dat hij God was, werd op wonderbaarlijke wijze bevestigd door:
   a. Zijn vervulling van tal van profetieën aangaande zichzelf
   b. Zijn zondeloze leven en wonderdaden
   c. Zijn voorzegging en volbrenging van zijn opstanding
   9. Jezus is dus God.
10. Wat Jezus (die God is) leert, is altijd waar.
11. Jezus leerde dat de Bijbel het Woord van God is.
12. Het is dus waar dat de Bijbel het Woord van God is (en alles wat ertegenin gaat, is dus onwaar).

9.

ZIJN ER VROEGE GETUIGENISSEN OVER JEZUS?

'De historische bewijzen tonen de juistheid van ons geloof bijna aan; daarom is de hoeveelheid geloof die nodig is om de overgebleven hiaten te dichten niet onredelijk.'

CRAIG BLOMBERG

HET EVANGELIE VOLGENS NIET-CHRISTENEN

In het jaar 66 na Chr. kwamen joden uit Palestina in verzet tegen de Romeinse overheersing. Op z'n zachtst gezegd waren de Romeinen niet blij met deze opstand. De keizer stuurde troepen die onder leiding stonden van generaal Vespasianus. In 67 belegerde Vespasianus de opstandige plaats Jotapata in Galilea. Op de zevenenveertigste dag van die belegering besloot een joodse revolutionair zich aan het superieure Romeinse leger over te geven en geen zelfmoord te plegen, zoals veel van zijn volksgenoten deden. Die jongeman won de gunst van Vespasianus en werd later door diens zoon, generaal Titus, meegenomen naar Rome. Dat gebeurde nadat Titus in het jaar 70 Jeruzalem en de joodse tempel vernietigd had.

Deze jongeman was Flavius Josephus (circa 37- circa 100). Hij zou uiteindelijk uitgroeien tot de grootste geschiedschrijver van zijn tijd. Josephus begon met zijn schrijfwerk in Rome, waar hij als historicus werkte voor keizer Domitianus en waar hij zijn autobiografie en twee belangrijke geschiedkundige werken schreef. Een van die werken is het inmiddels befaamde *Joodse oudheden* (*Antiquitates Judaicae*), een werk dat hij afrondde in 93 na Chr. In boek 18, hoofdstuk 3, sectie 3 van dat werk, schreef Josephus – die zelf geen christen was – deze woorden:

> In deze tijd [de tijd van Pilatus] was er een wijs man die Jezus genoemd werd. Zijn gedrag was goed en (hij) stond bekend als deugdzaam en veel mensen vanuit het joodse volk en andere volken werden zijn leerlingen. Pilatus veroordeelde hem tot de kruisdood. Maar zij die zijn leerlingen geworden waren, gaven hun discipelschap niet op. Zij vertelden dat hij drie dagen na zijn kruisiging aan hen verschenen was en dat hij leefde; volgens die visie was hij misschien de Messias aan wie de profeten wonderen hadden toegeschreven.[1]

Dat was niet de enige vermelding van Josephus over Jezus. [2] In een andere passage uit hetzelfde werk, onthult Josephus hoe de joodse hogepriester (Ananus de jongere) gebruik maakte van een machtsvacuüm in het Romeinse bestuur om Jakobus, de broer van Jezus, te doden. In het jaar 62 stierf de Romeinse gouverneur Festus onverwachts. Het duurde drie maanden voordat zijn opvolger, Albinus, in Judea aan kon komen, en dat gaf Ananus voldoende tijd voor het uitvoeren van zijn slechte plan. Josephus schrijft hier als volgt over:

> Festus was nu dood en Albinus was nauwelijks onderweg; dus hij [Ananus de hogepriester] riep het Sanhedrin met de rechters bijeen, en Jakobus, de broer van Jezus, die Christus genoemd werd, en sommige anderen, [of sommige van zijn metgezellen], en toen hij een aanklacht tegen hen als overtreders van de wet had opgesteld, gaf hij hen over om gestenigd te worden.[3]

Hier hebben we dus niet alleen een verwijzing naar Jezus uit de eerste eeuw, maar ook een bevestiging dat Jezus een broer had die Jakobus heette, die, om begrijpelijke redenen, niet geliefd was bij het joods gezag. Zou het zo kunnen zijn dat Jakobus een martelaar werd omdat hij de leider was van de kerk in Jeruzalem, zoals uit het Nieuwe Testament kan worden opgemaakt?[4]

Hoeveel niet-christelijke bronnen zijn er eigenlijk die Jezus vermelden? Met Flavius Josephus inbegrepen, zijn er tien als niet-christelijk bekend staande auteurs die Jezus noemen binnen het tijdsbestek van 150 jaar na zijn leven. [5] In dezelfde 150 jaar staan daar negen niet-christelijke bronnen tegenover die melding maken van Tiberius Caesar, de Romeinse keizer in de tijd van Jezus. [6] Afgezien van alle christelijke bronnen, wordt Jezus één keer vaker vermeld dan de Romeinse keizer. Als je de christelijke bronnen daarbij optelt, dan zijn er 43 auteurs die Jezus vermelden tegenover de 10 die melding maken van Tiberius! [7]

Sommige van deze niet-christelijke bronnen – zoals Celsus, Tacitus en de joodse Talmoed – kunnen aangemerkt worden als *antichristelijke* bronnen. Hoewel deze werken geen ooggetuigenverslagen bevatten die in tegenspraak zijn met de gebeurtenissen die in het Nieuwe Testament vermeld zijn, zijn zij wel het product van auteurs die zich duidelijk afzetten tegen het christelijk geloof. Wat kunnen wij leren van hen en van de meer neutrale niet-christelijke bronnen? Zij geven bepaalde feiten over het vroege christendom toe met behulp waarvan wij een verhaallijn kunnen opstellen die opmerkelijk parallel loopt met die van het Nieuwe Testament. Wanneer we alle niet-christelijke verwijzingen samenvoegen, dan blijkt dat:

1. Jezus leefde in de tijd van keizer Tiberius;
2. Hij een deugdzaam leven leidde;
3. Hij een wonderdoener was;
4. Hij een broer had die Jakobus heette;
5. Men beweerde dat hij de Messias was;
6. Hij gekruisigd werd onder Pontius Pilatus;
7. Hij gekruisigd werd aan de vooravond van het joodse paasfeest;
8. Duisternis inviel en de aarde beefde terwijl hij stierf;
9. Zijn discipelen geloofden dat hij uit de dood was opgestaan;
10. Zijn discipelen bereid waren te sterven voor hun geloof;
11. Het christendom zich snel verspreidde – tot Rome aan toe;
12. Jezus' discipelen de Romeinse goden niet erkenden en Jezus als God aanbaden.

In het licht van deze niet-christelijke bronnen kan de theorie dat Jezus nooit bestaan heeft als onredelijk van de hand gewezen worden. Hoe is het mogelijk dat niet-christelijke auteurs gezamenlijk een verhaallijn weergeven die overeenstemt met die van het Nieuwe Testament als Jezus nooit bestaan zou hebben?

Maar de gevolgtrekkingen leiden ons nog verder. Wat zegt dit over het Nieuwe Testament? Zo op het eerste gezicht bevestigen niet-christelijke bronnen het Nieuwe Testament. Hoewel de niet-christelijke schrijvers niet zeggen dat zij geloof hechten aan de opstanding van Jezus, vermelden zij dat de discipelen er in ieder geval wel in geloofden.

Eerst hebben we vastgesteld dat het redelijk is te geloven in God en in de mogelijkheid dat wonderen plaatsvinden en nu blijkt dat niet-christelijke auteurs het verhaal over Jezus en het getuigenis van de eerste christenen bevestigen. Mogen we concluderen dat de wonderen van Jezus daadwerkelijk hebben plaatsgevonden, zoals de discipelen beweren? Mogen we de nieuwtestamentische geschriften als betrouwbare geschiedschrijving opvatten? Zou het zo kunnen zijn dat het hier niet gaat om vooringenomen religieuze schrijfsels die vol zitten met mythologische en fantastische elementen – zoals veel mensen in onze moderne tijd veronderstellen? Gaat het hier om betrouwbare beschrijvingen van wat zo'n 2.000 jaar geleden is gebeurd? Als dat het geval is, dan komen we dicht bij het antwoord op de vraag welke theïstische godsdienst de waarheid is.

Om vast te kunnen stellen dat het bij de nieuwtestamentische geschriften om feitelijke geschiedschrijving gaat, moeten wij de volgende twee vragen over deze geschriften beantwoorden:

1. Beschikken wij over nauwkeurige kopieën van de originele documenten uit de eerste eeuw?
2. Spreken deze documenten de waarheid?

Om geloof te kunnen hechten aan de boodschap van het Nieuwe Testament moeten beide vragen bevestigend beantwoord worden. Het is niet voldoende om aan te tonen dat we over nauwkeurige kopieën beschikken – zoals bij de eerste vraag aan de orde is – want deze documenten zouden vol leugens kunnen staan. We moeten een betrouwbare kopie hebben én voldoende redenen hebben te geloven dat deze documenten gebeurtenissen beschrijven die bijna 2.000 jaar geleden feitelijk hebben plaatsgevonden. Laten we met de eerste vraag beginnen.

VRAAG 1: BESCHIKKEN WE OVER BETROUWBARE KOPIEËN VAN DE ORIGINELE DOCUMENTEN?

Je hebt vast wel eens gezien hoe het telefoonspelletje verloopt dat kinderen soms met elkaar spelen. Het ene kind geeft een boodschap aan een ander kind door, dat kind fluistert deze woorden in het oor van een volgend kind, enzovoorts. Op het moment dat de boodschap bij het laatste kind uit de ketting is aangekomen, komt de boodschap nog maar nauwelijks overeen met de informatie die het eerste kind is ingefluisterd. Oppervlakkig bezien zou je een dergelijke vervuiling van de informatie verwachten wanneer een boodschap over een tijdspanne van 2.000 jaar wordt doorgegeven.

Gelukkig is de boodschap van het Nieuwe Testament niet op deze wijze doorgegeven. Het ging niet om informatie die van een enkele persoon werd doorgegeven aan een ander en zo verder, en daarom hebben we hier niet te maken met de verstoring van de inhoud die optreedt bij het telefoonspelletje. Verscheidene mensen hebben los van elkaar getuigenis afgelegd van de nieuwtestamentische gebeurtenissen. Velen van hen bewaarden persoonlijke herinneringen aan deze gebeurtenissen en negen ooggetuigen / tijdgenoten stelden hun getuigenissen op schrift.

Op deze plaats moeten we een algemeen misverstand over het Nieuwe Testament uit de weg ruimen. Wanneer wij over de geschriften van het Nieuwe Testament spreken, hebben we het niet over één document, maar over 27 geschriften. Het Nieuwe Testament bestaat uit 27 geschriften die op 27 verschillende boekrollen zijn geschreven door negen schrijvers over een periode van twintig tot vijftig jaar. Deze afzonderlijke geschriften zijn samengevoegd met die van het Oude Testament en vormen samen het boek dat wij nu de Bijbel noemen. Het Nieuwe Testament is dus niet slechts één bron, maar een verzameling bronnen.

Maar er is wel een probleem, want tot dusver is niet één van de oorspronkelijke geschriften van het Nieuwe Testament ontdekt. We beschikken alleen over kopieën van de originele manuscripten. Betekent dit dat we niet kunnen achterhalen wat er in de originele manuscripten staat?

Dat betekent dit helemaal niet. Alle belangrijke literatuur uit de Oudheid is gereconstrueerd door de geschriften die bewaard zijn gebleven met elkaar te vergelijken. Om het originele manuscript te kunnen reconstrueren, is het prettig om over een groot aantal kopieën te beschikken die op schrift zijn gesteld niet lang nadat het origineel werd geschreven. Meer geschriften en vroegere manuscripten zorgen normaliter voor een betrouwbaarder getuigenis en een betere reconstructie van het origineel.

Hoe is het wat dit betreft met de geschriften van het Nieuwe Testament gesteld? Heel goed – en feitelijk veel beter dan welke tekst dan ook uit de klassieke Oudheid. Er zijn meer manuscripten, vroegere manuscripten en beter onderbouwde manuscripten voor het Nieuwe Testament bewaard gebleven dan voor alle klassieke literatuur bij elkaar! Dit bedoelen we daarmee:

Meer manuscripten – Volgens de laatste telling zijn er 5.700 handgeschreven Griekse versies van het Nieuwe Testament bewaard gebleven. Daarnaast zijn er nog 9.000 manuscripten bekend in andere talen (zoals Aramees, Koptisch, Latijn, Arabisch). Sommige van deze 15.000 manuscripten zijn complete Bijbels, andere zijn boeken of bladzijden, in enkele gevallen gaat het slechts om tekstfragmenten. Zoals we bij fig. 9.1 laten zien, is er geen tekst uit de klassieke Oudheid bekend die zo massaal door oude manuscripten ondersteund wordt. De *Ilias* van Homerus komt met 643 manuscripten nog het dichtst in de buurt. De meeste andere klassieke geschriften berusten op een stuk of tien manuscripten[8], maar toch twijfelen maar weinig geschiedkundigen aan de historiciteit van de gebeurtenissen die in deze geschriften zijn opgetekend.

Vroegere manuscripten – Het is niet alleen zo dat het Nieuwe Testament ondersteund wordt door een vloed aan manuscripten, maar het gaat hierbij bovendien om manuscripten die geschreven zijn vlak na de originele documenten. Het vroegste onomstreden manuscript is een fragment van Johannes 18:31-33, 37-38. Deze tekst staat bekend als het John Rylands fragment (omdat deze tekst bewaard wordt in de John Rylands bibliotheek in Manchester, Engeland). Wetenschappers dateren deze tekst op 117-138 na Chr., maar sommigen zeggen dat het manuscript nog ouder is. De tekst is gevonden in Egypte – aan de andere kant van de Middellandse Zee vanaf de waarschijnlijke plaats van oorsprong in Klein-Azië (het huidige Turkije). Hieruit blijkt dat het evangelie van Johannes aan het begin van de tweede eeuw al vermenigvuldigd en over een behoorlijke afstand verspreid werd.

Er zijn negen fragmenten bekend die nog ouder zijn dan het John Rylands fragment, maar daarbij gaat het om omstreden fragmenten die gedateerd worden tussen 50-70 en die tot de Dode Zee-rollen behoren. [9] Sommige wetenschappers menen dat deze fragmenten deel hebben uitgemaakt van zes nieuwtestamentische boeken, waaronder Marcus, Handelingen, Romeinen, 1 Timotheus, 2 Petrus en Jakobus. Hoewel andere wetenschappers deze conclusie bestrijden (misschien wel omdat ze graag vast willen houden aan een latere datering aangezien dit beter past bij hun schriftkritische opvattingen) hebben zij, buiten het Nieuwe Testament, geen andere teksten gevonden waarin deze fragmenten ingepast zouden kunnen worden.[10]

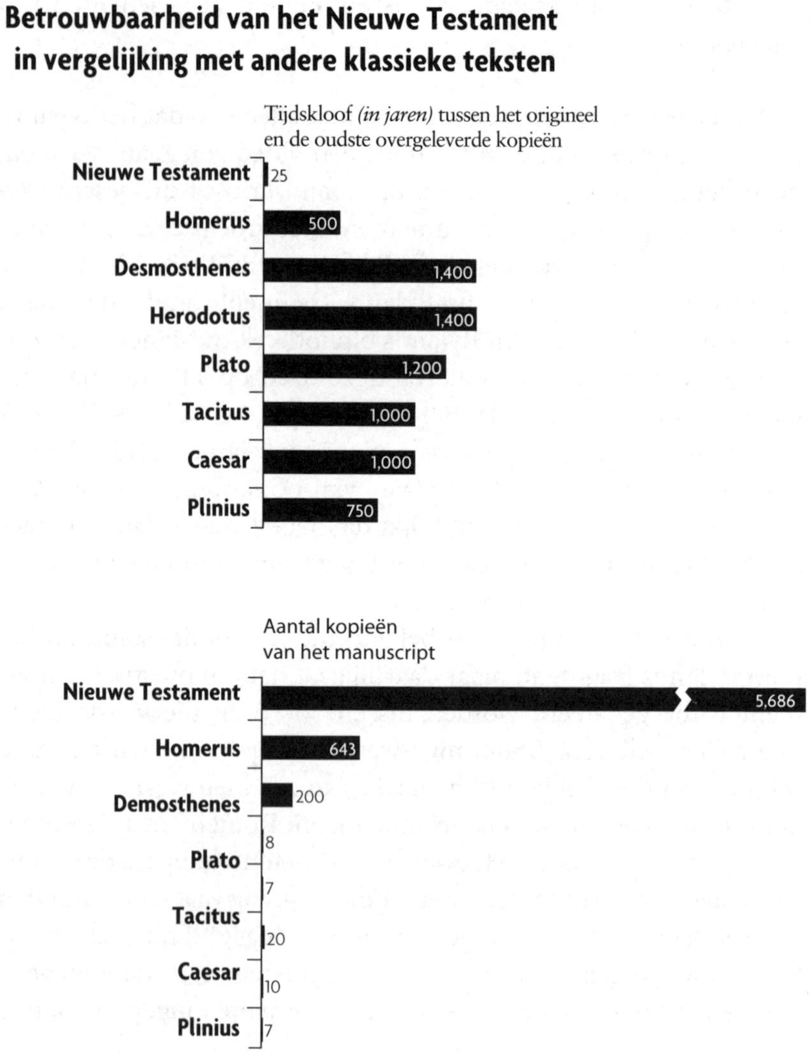

Fig. 9.1

De fragmenten werden gevonden in een grot waarvan eerder was vastgesteld dat deze materiaal uit 50 vóór tot 50 na Chr. bevatte. De wetenschapper die deze fragmenten als eerste identificeerde als nieuwtestamentisch, was Jose O'Callahan, een befaamde Spaanse paleograaf. De *New York Times* erkende het belang van O'Callahans theorie door toe te geven dat als deze waar is 'dit zou bewijzen dat tenminste een van de evangeliën – namelijk dat van Marcus – een paar jaar na de dood van Jezus geschreven is.' [11]

Maar zelfs als het hier niet gaat om authentieke fragmenten van het Nieuwe Testament en als het John Rylands fragment toch het vroegste bewaarde tekstgedeelte is, dan nog is de kloof tussen het originele manuscript en de vroegste kopieën kleiner dan welk geschrift dan ook uit de klassieke Oudheid. [12] De *Ilias* komt nog het dichtst in de buurt met een kloof van ongeveer 500 jaar; de meeste andere geschriften uit de Oudheid moeten het doen met kopieën die (meer dan) 1.000 jaar na het origineel op schrift gesteld werden. Bij het Nieuwe Testament moet een kloof van 25 jaar overbrugd worden – en misschien zelfs minder dan dat. (Hiermee is niet gezegd dat er geen andere geschriften bestaan hebben in de tussenliggende periode, het betekent slechts dat deze manuscripten waarschijnlijk vergaan, vernietigd of nog altijd onontdekt zijn).

Van wanneer dateren de oudste manuscripten die complete boeken uit Nieuwe Testament bevatten? Die oudste exemplaren dateren van circa 200 na Christus. En hoe zit dat met compleet bewaarde versies van het gehele Nieuwe Testament? Manuscripten met de meeste boeken van het Nieuwe Testament – inclusief alle evangeliën – zijn te dateren op 250 na Christus; een manuscript met het complete Nieuwe Testament (inclusief een Griekse versie van het Oude Testament) genaamd *Codex Vaticanus* dateert van 325. Verscheidene andere complete versies uit dezelfde eeuw zijn bewaard gebleven. Deze manuscripten bevatten spelling- en grammaticakenmerken die erop wijzen dat zij behoren tot een familie van manuscripten die te traceren zijn tot 100-150 na Christus.

Als dit grote aantal vroege manuscripten alles zou zijn waar wetenschappers over kunnen beschikken, dan zouden zij daarmee al in staat zijn het gehele Nieuwe Testament met grote nauwgezetheid te reconstrueren. Maar zij beschikken daarnaast over een grote hoeveelheid ondersteunend bewijsmateriaal uit de wereld van de klassieke Oudheid, zodat de reconstructie nog betrouwbaarder wordt. Laten we ons eens over dat aanvullende bewijs buigen.

Overvloedig ondersteunend bewijs voor de manuscripten – Begin februari van het jaar 303 vaardigde keizer Diocletianus drie edicten uit tegen de christenen omdat hij van mening was dat het christendom het verbond tussen Rome en haar goden schond. De edicten riepen op tot het vernietigen van kerken, manuscripten en boeken en tot het vermoorden van christenen. [13]

Honderden, zo niet duizenden manuscripten werden ten tijde van deze christenvervolging in het Romeinse Rijk vernietigd. Deze periode duurde voort tot 311 na Chr. Maar zelfs als Diocletianus er in geslaagd zou zijn om elk bijbels manuscript te vernietigen, dan zouden wij nu toch nog in staat zijn om het Nieuwe Testament te reconstrueren. De eerste kerkvaders – mannen uit de tweede en derde eeuw, zoals Justinus Martyr, Irenaeus, Clemens van Alexandrië, Origenes, Tertullianus en anderen – hebben zoveel uit het Nieuwe Testament geciteerd (36.289 maal, om precies te zijn) dat op 11 verzen na het complete Nieuwe Testament samengesteld kan worden uit hun citaten. [14] Met andere woorden, je kunt naar de plaatselijke openbare bibliotheek gaan, de werken van de vroege kerkvaders opvragen, om vrijwel het volledige Nieuwe Testament te kunnen lezen uit de door hen geciteerde gedeelten! We hebben dus niet alleen duizenden manuscripten, maar ook nog eens duizenden citaten uit deze manuscripten. Met deze hoeveelheid materiaal staat de betrouwbaarheid van het gereconstrueerde origineel vrijwel vast.

Maar hoe zeker kunnen we daar van zijn? Hoe zijn de originele teksten gereconstrueerd en hoe betrouwbaar is deze gereconstrueerde tekst van het Nieuwe Testament?

Hoe is de originele tekst van het Nieuwe Testament gereconstrueerd?

Deze drie feiten – de hoeveelheid, de leeftijd en het overvloedige ondersteunende materiaal – maken het voor wetenschappers relatief makkelijk om de originele tekst te reconstrueren. Door het zorgvuldig vergelijken van de talrijke manuscripten en citaten kan men tot een betrouwbaar resultaat komen, zelfs als er tijdens het overschrijven vergissingen zijn gemaakt. Hoe verloopt zo'n vergelijkingsproces in praktijk? Laten we eens naar het volgende voorbeeld kijken. Stel je voor dat we over vier verschillende manuscripten beschikken waarin de tekst van Filippenzen 4:13 is opgenomen ('Ik ben tegen alles bestand door hem die mij kracht geeft.') Gesteld dat er in elk van deze teksten een overschrijffout is gemaakt:

1. Ik ben tegen alles #estand door hem die mij kracht geeft.
2. Ik ben tegen alles be#tand door hem die mij kracht geeft.
3. Ik ben tegen alles best#nd door hem die mij kracht geeft.
4. Ik ben tegen alles bestan# door hem die mij kracht geeft.

Is het in dit voorbeeld moeilijk om vast te stellen wat er in de originele tekst gestaan heeft? Absoluut niet. Door de zinnen met elkaar te vergelijken kun je deze oorspronkelijke tekst uit het Nieuwe Testament nauwkeurig vaststellen. En de reconstructie van de nieuwtestamentische tekst is zelfs nog gemakkelijker dan in dit voorbeeld, want er zijn veel minder overschrijffouten gemaakt in de tekst van het Nieuwe Testament dan in dit gegeven voorbeeld.

Laten we er nu eens voor een moment van uitgaan dat het Nieuwe Testament daadwerkelijk het Woord van God is. Sceptici zullen nu zeggen: 'Als het Nieuwe Testament werkelijk het Woord van God is, waarom heeft God er dan niet voor gezorgd dat het origineel bewaard is gebleven?' Over die vraag kunnen we hier alleen maar speculeren, maar het is mogelijk dat Gods Woord beter beschermd is door kopieën dan door het bewaren van de originele manuscripten. Hoe dat zo? Omdat als de originelen in iemands bezit zouden zijn, die persoon er veranderingen in zou kunnen aanbrengen. Maar als er over de gehele wereld van de Oudheid kopieën verspreid zijn, dan is het voor een enkele schrijver of priester niet mogelijk om wijzigingen aan te brengen in het Woord van God. Zoals we gezien hebben zijn veranderingen en variaties gemakkelijk te ontdekken tijdens het reconstructieproces. Het feit dat we *niet* over de oorspronkelijke teksten beschikken blijkt – ironisch genoeg – geen nadeel bij het betrouwbaar overleveren van het Woord van God.

Hoe nauwkeurig is de reconstructie?

Voordat we hier het onderwerp 'betrouwbaarheid' aan de orde kunnen stellen, moeten we eerst afrekenen met een aantal misvattingen van critici over vermeende 'fouten' in de bijbeltekst. Sommige van hen komen zelfs tot een totaal van 200.000 fouten in de manuscripten van het Nieuwe Testament. Om te beginnen gaat het hier niet om 'fouten' maar om variaties in de tekst. De meeste van deze variaties zijn grammaticaal van aard (het gaat dan bijvoorbeeld om interpunctie en spelling). Ten tweede zijn deze variaties in lezingen verspreid over 5.700 manuscripten, dus een afwijkende schrijfwijze van *één* letter in *één* woord van *één* vers in 2.000 manuscripten wordt gerekend als 2.000 'fouten'.

De tekstwetenschappers Westcott en Hort schatten dat slechts één op de zestig variaties in schrijfwijze van betekenis is. Op basis hiervan zouden we een tekst overhouden die voor 98,33 % zuiver is. [15] Philip Schaff berekende dat van de 150.000 bekende variaties in schrijfwijze die hem bekend waren, slechts 400 een andere interpretatie van de tekst veroorzaakten. Slechts 50 variaties waren echt van betekenis, en *niet één van de variaties in de tekst* was van invloed op 'een geloofsartikel of een plichtsopvatting die niet afdoende wordt ondersteund bij andere, onomstreden, passages – of door de algemene strekking van het onderwijs in de Bijbel.' [16]

Er is geen ander boek uit de Oudheid waarvan de authenticiteit zo goed onderbouwd is. Bruce Metzger, een befaamd nieuwtestamenticus en professor van Princeton, schatte dat de *Mahabharata* van het Hindoeïsme is overgeleverd met een betrouwbaarheid van 90 procent en Homerus' *Ilias* met een accuratesse van 95 procent. Ter vergelijking: Metzger schat de betrouwbaarheid van de nieuwtestamentische tekst op 99,5 procent. [17] Opnieuw kan gesteld worden dat de resterende 0,5 procent niet van wezenlijke invloed is op één enkele leerstelling van het christelijk geloof.

Frederic Kenyon, een autoriteit op het gebied van oude manuscripten, bracht goed onder woorden hoe het met de betrouwbaarheid van het Nieuwe Testament gesteld is:

> Het kan niet genoeg benadrukt worden dat de bijbeltekst inhoudelijk vaststaat – en dat geldt met name voor het Nieuwe Testament. Het aantal manuscripten van het Nieuwe Testament, de vroege vertalingen hiervan, en de citaten van auteurs uit de vroege kerkgeschiedenis, is zo omvangrijk, dat de correcte lezing van elke twijfelachtige passage wel terug te vinden is bij één van deze oude autoriteiten. Een dergelijke uitspraak kun je over geen enkel ander boek uit de wereld van de klassieke Oudheid doen. [18]

We weten dus dat de tekst van ons huidige Nieuwe Testament overeenstemt met de tekst die bijna 2.000 jaar geleden werd opgeschreven. Maar de volgende vraag is nóg belangrijker: beschikken we nu over een betrouwbare tekst over de waarheid – of over een leugen? Anders gezegd: is het Nieuwe Testament historisch betrouwbaar?

VRAAG 2: IS HET NIEUWE TESTAMENT HISTORISCH BETROUWBAAR?

Wanneer we ons afvragen of het Nieuwe Testament historisch betrouwbaar is, dan proberen we vast te stellen of de gebeurtenissen die in het Nieuwe Testament beschreven staan daadwerkelijk hebben plaatsgevonden. Nog specifieker: bestond er 2.000 jaar geleden werkelijk een man die Jezus heette, die diepe waarheden onderwees, wonderen verrichtte, gekruisigd werd door de Romeinse en joodse autoriteiten omdat Hij claimde God te zijn, en die aan veel getuigen verscheen nadat hij drie dagen later uit de dood was opgestaan?

Nu moeten wij in gedachten houden dat we er op deze plaats niet op uit zijn te ontdekken of het Nieuwe Testament foutloos is of als 'het Woord van God' kan worden beschouwd. We proberen hier slechts vast te stellen of het verhaal in grote lijnen gebaseerd is op feit of fictie. Om dit te kunnen ontdekken, moeten we vaststellen uit welk soort documenten het Nieuwe Testament is samengesteld. Gaat het hierbij om documenten met beschrijvingen van gebeurtenissen door ooggetuigen (of door mensen die deze ooggetuigen geïnterviewd hebben) en zijn deze getuigenissen op schrift gezet vlak nadat zij plaatsvonden? Of hebben we te maken met verdichtsels en verfraaiingen die veel later door bevooroordeelde volgelingen zijn toegevoegd aan de levensgeschiedenis van een reële historische figuur?

Om deze vragen te kunnen beantwoorden gaan we in de volgende hoofdstukken de nieuwtestamentische documenten beoordelen volgens criteria die historici vaak hanteren om de geloofwaardigheid van een bepaald historisch document vast te kunnen stellen. We zullen deze criteria aanduiden als 'historische tests'. Daarbij komen de volgende vragen aan de orde:

1. **Beschikken wij over vroege getuigenissen?** Over het algemeen kan gesteld worden dat aan de vroegste getuigenissen een hogere mate van betrouwbaarheid kan worden toegekend.
2. **Beschikken wij over verklaringen van ooggetuigen?** De verslagen van ooggetuigen geven ons vaak de beste mogelijkheden om de ware toedracht van gebeurtenissen vast te stellen.
3. **Beschikken wij over verklaringen en ooggetuigenverslagen uit diverse onafhankelijke bronnen?** Diverse onafhankelijke ooggetuigenverslagen kunnen bevestigen of een gebeurtenis daadwerkelijk heeft plaatsgevonden en dat het niet om fictie gaat. Bovendien kunnen deze verschillende verslagen details bevatten die in andere bronnen niet vermeld worden. (Bronnen die werkelijk onafhankelijk zijn, vertellen over het algemeen in grote lijnen hetzelfde verhaal, maar met uiteenlopende details. Historici noemen dit 'coherentie met dissimilariteit'.)
4. **Zijn de ooggetuigen betrouwbaar?** Moeten wij geloof hechten aan hun verklaringen? Het karakter van de personen is hierbij van belang.

5. **Beschikken wij over ondersteunend bewijs vanuit de archeologie of van andere auteurs?** Hiermee kun je nog meer bevestigingen verkrijgen.
6. **Beschikken we over getuigenissen van tegenstanders?** Wanneer tegenstanders bepaalde feiten of waarnemingen van ooggetuigen toegeven, dan is het waarschijnlijk dat het om de waarheid gaat (als je moeder bijvoorbeeld zegt dat je moedig bent, dan is dat misschien waar – maar het is pas echt geloofwaardig wanneer je aartsvijand hetzelfde over jou beweert).
7. **Bevat het getuigenis bepaalde gebeurtenissen of details die pijnlijk of gênant zijn voor de auteurs?** Omdat de meeste mensen liever geen negatieve dingen over zichzelf op schrift stellen, kun je ervan uitgaan dat – wanneer dat wel het geval is – de auteur de waarheid opbiecht.

In de meeste gevallen mag je de inhoud van een document als 'boven elke twijfel verheven' beschouwen als het aan alle bovengenoemde criteria voldoet. Hoe is het in dit opzicht gesteld met het Nieuwe Testament? Daar zullen we in dit hoofdstuk en de volgende drie hoofdstukken achter komen. Maar voordat we ons met de eerstgenoemde historische test gaan bezighouden (vroege getuigenissen), moeten we eerst een paar bezwaren uit de weg ruimen. Daarbij doelen we op enkele bezwaren die veel sceptici beletten om de betrouwbaarheid van het Nieuwe Testament zelfs maar in overweging te nemen.

Algemene bezwaren ten aanzien van de betrouwbaarheid

De geschiedenis kan niet gekend worden – Het meest recente bezwaar dat wordt aangevoerd om de betrouwbaarheid van het Nieuwe Testament zelfs maar in overweging te nemen, heeft te maken met de aanname dat de geschiedenis niet kenbaar is. Gek genoeg wordt dit standpunt verdedigd door dezelfde mensen die beweren dat ze *weten* dat het eerste leven spontaan is voortgekomen uit dode materie en dat alle daaropvolgende levensvormen zich geëvolueerd hebben zonder tussenkomst van enige intelligentie. Ze twijfelen geen moment aan die geschiedenis, ook al zijn ze geen ooggetuigen geweest en ontbreken de overtuigende bewijzen voor dergelijke gebeurtenissen. Toch beweren zij dat de wederopstanding van Jezus Christus – een gebeurtenis waar wel ooggetuigenverslagen en ondersteunende bewijzen voor zijn – als historisch feit niet gekend kan worden!

De bewering dat de geschiedenis niet gekend kan worden druist in tegen ons gezonde verstand. Zijn wij er soms niet zeker van dat George Washington de eerste president van de Verenigde Staten was? En dat Lincoln de zestiende president was? Twijfelen we aan het feit dat Japan op 7 december 1941 een aanval uitvoerde op Pearl Harbor? Geloven we soms niet dat de New York Mets in 1969 de World Series gewonnen hebben? Natuurlijk twijfelen we niet aan deze historische feiten. De scepticus zit er gewoon naast. We *kennen* de geschiedenis en we *kunnen* de geschiedenis kennen. Sterker nog, als we niet in staat zouden zijn de geschiedenis te kennen, dan konden we ons niet uitspreken tegen revisionisme of historische propaganda. We kunnen die verdraaiingen van de geschiedschrijving onderkennen juist omdat we er vanuit gaan dat we door objectief onderzoek de ware historische toedracht kunnen achterhalen.

Waarom zou iemand geen kennis kunnen hebben over een gebeurtenis uit het verleden? De scepticus zal nu zeggen: 'Omdat je geen toegang hebt tot alle feiten!' En daarop is ons antwoord: 'Dat kan de wetenschap ook niets weten, want ook wetenschappers hebben geen toegang tot *alle* feiten.' Natuurlijk is dit absurd. We beschikken misschien niet over alle feiten, maar kunnen wel voldoende bewijsmateriaal verzamelen om redelijk zeker te kunnen zijn van wat er gebeurd is.

Een deel van de verwarring komt voort uit het feit dat hier onvoldoende gedefinieerd is wat er onder 'kennis' wordt verstaan. We kunnen niet terug in de tijd gaan om de historische feiten opnieuw te beleven en daarom is onze historische kennis gebaseerd op waarschijnlijkheden. We gebruiken dezelfde standaard die bij juryrechtspraak wordt gehanteerd. Indien moet worden vastgesteld of een beklaagde een bepaalde misdaad heeft gepleegd, dan moet deze beschuldiging 'boven alle twijfel verheven zijn'. Als het waar is dat de geschiedenis onkenbaar is, dan kan een jury geen enkele uitspraak meer doen! Immers, de jury beoordeelt of er sprake is van onschuld of strafbaar handelen door zich te baseren op *kennis* over een *gebeurtenis* die in het verleden heeft plaatsgevonden. Historici moeten gebeurtenissen uit het verleden op dezelfde wijze ontdekken en beoordelen als rechercheurs en forensische onderzoekers dat doen: door het logisch samenvoegen van stukjes verzameld bewijsmateriaal en door het ondervragen van ooggetuigen. Wanneer deze onderzoekers dat doen, dan maken ze gebruik van dezelfde zeven criteria die wij hierboven benoemd hebben.

Ten slotte, als wij de geschiedenis niet zouden kunnen kennen, dan kunnen sceptici niet beweren dat het christendom onwaar is. Om dat te kunnen zeggen, moet de scepticus de geschiedenis kennen. Waarom? Omdat elke ontkenning de mogelijkheid van een bevestiging impliceert. Als je zegt dat Jezus niet uit de dood is opgestaan (de ontkenning), moet de scepticus *weten* wat er dan *wel* exact met hem gebeurd is (de bevestiging).

Sceptici zitten uiteindelijk vast in een dilemma. Als zij beweren dat de geschiedenis niet gekend kan worden, dan verliezen zij daarmee de mogelijkheid om te stellen dat evolutie waar is en het christelijk geloof onwaar. Als zij toegeven dat de geschiedenis gekend kan worden, dan moeten zij de verschillende historische argumenten die pleiten voor de schepping en het christelijk geloof onder ogen zien.

In het Nieuwe Testament wordt verhaald over wonderen – Sceptici zeggen gewoonlijk: 'Er staan wonderen in het Nieuwe Testament, daarom *moet* het hier wel voor een belangrijk deel om legendevorming gaan!' Dat bezwaar hebben we al ontzenuwd. Omdat God bestaat, kunnen wonderen plaatsvinden. En, zoals we in hoofdstuk 13 zullen bespreken, de gebeurtenissen in het Nieuwe Testament vinden plaats binnen een context waar wonderen niet alleen mogelijk zijn, maar waar deze ook vooraf voorspeld zijn. Het feit dat er wonderen in het Nieuwe Testament voorkomen is dus niet een argument tegen de betrouwbaarheid, het kan zelfs de historiciteit van de verhalen versterken (omdat het hier gaat om de verslaglegging van vooraf voorspelde gebeurtenissen).

De schrijvers van het Nieuwe Testament waren vooringenomen – De bekende scepticus David Hume stelde dat alleen onbevooroordeelde getuigen geloofwaardig zijn. Wanneer sceptici naar het Nieuwe Testament kijken, vragen zij vaak: 'Hoe kun je nu zeggen dat deze geschriften betrouwbaar zijn terwijl de auteurs allemaal gelovigen waren? Dit zijn vooringenomen verhalen, op schrift gesteld door vooringenomen mensen.'

Het is waar dat de auteurs van het Nieuwe Testament gelovigen, 'bekeerlingen' waren. Maar dat wil nog niet zeggen dat zij gelogen of overdreven hebben. Het zou zelfs zo kunnen zijn dat zij door hun bekering en geloof met nóg meer nauwgezetheid gewerkt hebben. Laten we eens bezien waarom dat zo kan zijn.

Een paar jaar geleden werd op een televisiekanaal een documentaire uitgezonden die over Jezus handelde. De commentaarstem luidde dit programma als volgt in: 'Het meeste van wat wij denken te weten over Jezus is gebaseerd op de evangeliën uit het Nieuwe Testament: Matteüs, Marcus, Lucas en Johannes. Maar we kunnen niet uitgaan van de betrouwbaarheid van deze boeken, want zij werden geschreven door bekeerlingen.'

Wat mankeert er nu aan deze logica? De volgende vraag is buiten beschouwing gelaten bij deze redenering: *waarom* hebben deze mensen zich bekeerd? De allerbelangrijkste vraag is niet: 'Wat geloofden de auteurs van het Nieuwe Testament?', maar: 'Waarom bekeerden zij zich tot dit nieuwe geloof?' Anders gesteld: waarom zetten de schrijvers van het Nieuwe Testament plotseling hun broodwinning en hun dierbare godsdienstige tradities opzij voor deze nieuwe overtuigingen?

Ik (Frank) stelde deze vraag tijdens een radiodiscussie niet zo lang geleden aan een aantal zogenaamde *Black Muslims*. Zoals alle moslims geloven deze zwarte moslims niet dat Jezus aan het kruis ging, dus daarmee kan er ook geen sprake zijn van een latere opstanding uit de dood. Met deze kennis in het achterhoofd vroeg ik hen: 'Waarom bekeerden de auteurs van het Nieuwe Testament zich zo plotseling van het judaïsme tot het nieuwe geloof in een Jezus die opstond uit de dood?'

Een van hen zei: 'Omdat zij macht over de mensen wilden uitoefenen!' Ik reageerde daarop met: 'Welke macht verkregen deze schrijvers door de bewering dat Jezus uit de dood is opgestaan? Het antwoord hierop is: geen enkele macht. Het omgekeerde was het geval. Deze mensen werden vernederd, vervolgd, gemarteld en gedood.' Hier konden zij niets tegenin brengen.

Daarop stelde ik hun dezelfde vraag op een andere wijze: 'Waarom zouden de schrijvers van het Nieuwe Testament een leugenachtig opstandingsverhaal verzinnen? Welk motief hadden zij daarvoor?'

Ook hierop konden zij niet antwoorden. Waarom niet? Omdat zij zich begonnen te realiseren dat de schrijvers van het Nieuwe Testament er persoonlijk veel meer bij gebaat waren om de opstanding van Christus te loochenen dan deze te verkondigen. Er was geen enkel voordeel te behalen met het verzinnen van een nieuwtestamentische verhaallijn. Voor zover wij weten, is er niet veel aantrekkelijks aan onderwerping, vernedering, vervolging, marteling en dood. Niemand zou met deze dingen in het vooruitzicht gemotiveerd worden een leugenachtig verhaal te verspreiden.

De schrijvers van het Nieuwe Testament hadden er geen belang bij een nieuwe religie te stichten. We moeten ons realiseren dat zij allen (met de mogelijke uitzondering van Lucas) joden waren die er al vast van overtuigd waren dat zij de enige ware godsdienst beleden. Die bijna 2000 jaar oude religie stelde dat zij – de joden – het door God uitverkoren volk waren. Waarom zouden joden door hun bekering tot het christendom het risico nemen van vervolging, dood en mogelijk eeuwige verdoemenis – alleen om iets te starten dat 1) onwaar was en 2) niet-joden in een unieke relatie met de Schepper van het universum zou brengen (iets wat juist een exclusief voorrecht van de joden was). Alleen als de opstanding van Christus een historisch feit is, kun je begrijpen waarom deze vrome joden vrijwel onmiddellijk leerstellingen loslieten over het houden van de Sabbat, de besnijdenis, de wet van Mozes, de centrale plaats van de tempel, het priestersysteem en het oudtestamentische onderwijs. De schrijvers van het Nieuwe Testament moeten met heel overtuigend bewijs geconfronteerd zijn – anders hadden zij zich niet zo plotseling losgemaakt van een oude religie met gebruiken die bijna 2000 jaar lang hun identiteit hadden bepaald.

Bekeerde mensen zijn niet objectief – De scepticus kan natuurlijk roepen: 'De schrijvers van het Nieuwe Testament waren bekeerde mensen, dus zij kunnen nooit objectief geweest zijn' – maar dat is nonsens. Mensen kunnen objectief zijn, ook als zij niet neutraal zijn. Een arts kan ook een objectieve diagnose stellen als hij diepe gevoelens heeft voor de patiënt. Sterker nog, die gevoelens zouden er voor kunnen zorgen dat hij zijn diagnose nog nauwgezetter stelt zodat de ziekte optimaal bestreden kan worden.

Terwijl wij dit boek schrijven, zijn wij zeker niet neutraal. Maar wij presenteren wel objectieve feiten. Atheïsten zijn evenmin neutraal, maar als zij dat willen kunnen ook zij objectieve feiten presenteren. En datzelfde kan gezegd worden van de schrijvers van het Nieuwe Testament.

Natuurlijk zijn alle boeken vanuit een bepaalde motivatie geschreven en vanzelfsprekend geloven de meeste auteurs in wat zij schrijven! Maar dat betekent niet dat wat zij schrijven onjuist is, of dat er in hun werk geen objectieve elementen verwerkt zijn. Zoals wij in het voorwoord al schreven, kunnen we de overlevenden van de holocaust die hun ervaringen te boek stelden, zeker niet aanmerken als neutrale buitenstaanders. Zij wilden hartstochtelijk graag hun ervaringen op schrift stellen opdat de wereld deze nooit zou vergeten en opdat deze gruweldaden – hopelijk – nooit herhaald zullen worden. Hoewel sommige mensen gedreven door hun passie kunnen gaan overdrijven, zullen anderen juist nog nauwkeuriger en gewetensvoller te werk gaan – juist omdat zij hun geloofwaardigheid willen behouden en juist vanwege het belang dat zij hechten aan de boodschap die zij willen doorgeven.

Het is uitermate belangrijk om onderscheid te maken tussen de neutraliteit en de objectiviteit van de nieuwtestamentische schrijvers. Maar al te vaak gaat men er automatisch vanuit dat de geschriften van het Nieuw Testament wel onbetrouwbaar en bevooroordeeld moeten zijn. Dit is ironisch, want degenen die zich zo'n oordeel aanmatigen zijn vaak zelf bevooroordeeld. Zij zijn bevooroordeeld omdat zij niet eerst onderzoek hebben gedaan naar de geschriften van het Nieuwe Testament of naar de context waarin zij werden geschreven. Zonder zo'n onderzoek kun je niet een onderbouwd oordeel geven over de betrouwbaarheid van deze geschriften.

Zoals we dadelijk zullen zien, bestaat het Nieuwe Testament niet uit een verzameling documenten met 'kerkpropaganda'. Evenmin gaat het bij deze geschriften om een of ander massief werk dat bol staat van door de kerk gedicteerde theologie. Om wat voor geschriften gaat het hier dan wel? Dat is de vraag die we in de rest van dit hoofdstuk en in de volgende drie hoofdstukken zullen bespreken.

Laten we daar dus maar mee beginnen. We weten dat we een goede kopie hebben van wat de nieuwtestamentische auteurs geschreven hebben. Maar is de inhoud van die documenten ook betrouwbaar? Onze eerste vraag houdt verband met historische test nr. 1: gaat het bij de geschriften van het Nieuwe Testament om vroege documenten?

GAAT HET BIJ DE GESCHRIFTEN VAN HET NIEUWE TESTAMENT OM VROEGE GETUIGENISSEN?

Zo ja, hoe vroeg?

Alle nieuwtestamentische boeken werden geschreven vóór 100 n. Chr. (ongeveer 70 jaar na de dood van Christus). Tabel 9.1 (op pagina 298) laat zien dat de vroege kerkvaders Clemens, Ignatius en Polycarpus in brieven die zij schreven tussen 95 en 110 na Chr., uit 25 van de 27 boeken van het Nieuwe Testament passages geciteerd hebben.[19]

Alleen het korte boek Judas en 2 Johannes worden niet aangehaald, maar deze boeken waren toen zeker al geschreven. (Judas had zijn korte brief al geschreven, want hij was een halfbroer van Jezus dus hij moet vrijwel zeker vóór het jaar 100 gestorven zijn; 2 Johannes moet ook al geschreven zijn, want die brief is opgevolgd door 3 Johannes, en dat is één van de 25 boeken waaruit wel wordt geciteerd door de vroege kerkvaders).

Nieuwtestamentische boeken geciteerd door:		
Clemens, schrijvend vanuit Rome (circa 95 na Chr.)	**Ignatius, schrijvend vanuit Klein-Azië (circa 107)**	**Polycarpus, schrijvend vanuit Smyrna in Klein-Azië (circa 110 na Chr.)**
Matteüs	Matteüs	Matteüs
Marcus	Marcus	Marcus
Lucas	Lucas	Lucas
Romeinen	Johannes	Johannes
1 Korintiërs	Handelingen	Handelingen
Efeziërs	Romeinen	Romeinen
1 Timoteüs	1 Korintiërs	1 Korintiërs
Titus	2 Korintiërs	2 Korintiërs
Hebreeën	Galaten	Galaten
Jakobus	Efeziërs	Efeziërs
1 Petrus	Filippenzen	Filippenzen
	Kolossenzen	Kolossenzen
	1 Tessalonicenzen	2 Tessalonicenzen
	1 Timoteüs	1 Timoteüs
	2 Timoteüs	2 Timoteüs
	Titus	Hebreeën
	Filemon	1 Petrus
	Hebreeën	1 Johannes
	Jakobus	
	1 Petrus	
	2 Petrus	
	1 Johannes	
	3 Johannes	
	Openbaring	

Tabel 9.1

Aangezien Clemens vanuit Rome schreef en Polycarpus zich honderden kilometers verderop in Smyrna bevond, moeten de originele geschriften van het Nieuwe Testament beduidend eerder geschreven zijn, anders hadden ze in de wereld van de Oudheid niet zo wijd verspreid kunnen zijn. We mogen dus rustig aannemen dat het gehele Nieuwe Testament geschreven werd vóór het jaar 100, en de boeken uit de linkerkolom moeten zelfs van voor het jaar 95 zijn.

Maar dan hebben wij het over het laatste tijdstip dat zij geschreven kunnen zijn. De meeste nieuwtestamentische boeken zijn waarschijnlijk veel eerder geschreven. Hoeveel eerder? De meeste, zo niet alle, voor het jaar 70.

De meeste, zo niet alle boeken van het Nieuwe Testament werden geschreven vóór 70 na Chr. (circa 40 jaar na de dood van Christus) – Stel je het volgende eens voor: jij bent een vrome jood en je leeft in de eerste eeuw van onze jaartelling. Jeruzalem is het centrum van jouw nationale, economische en religieuze leven – en dat geldt met name voor de tempel. En zo is het niet alleen voor jou, maar zo is het voor generaties voor jou. Het geldt voor jouw volk, je familie en bijna elke andere joodse familie sinds koning Salomo zo'n 1000 jaar daarvoor de tempel bouwde. Het grootste deel van de nieuwe tempel, die gebouwd werd door koning Herodes, was gereed toen jij een kind was, maar aan sommige gedeelten wordt nog gewerkt – en dat is al zo sinds 19 jaar vóór Christus. Je hele leven heb je de tempeldiensten meegemaakt en offers gebracht om te boeten voor de zonden die je ten opzichte van God hebt begaan. Waarom? Omdat jij en je volksgenoten deze tempel beschouwen als de aardse woonplaats van de God van het universum, de Schepper van hemel en aarde, die God die zo heilig is dat je zijn naam niet durft uit te spreken.

Als jongeman word je een volgeling van een jood die Jezus heet en die beweert dat Hij de langverwachte en door de profeten aangekondigde Messias is. Hij verricht wonderen, onderwijst diepe waarheden en vermaant en berispt de priesters die de dienst uitmaken in de tempel. Tot ieders verbazing voorspelt Hij zijn eigen dood en opstanding. Hij voorspelt ook dat de tempel vernietigd zal worden voordat jouw generatie verdwenen is (Marcus 13:2, 30).

Dit is een schandaal! Jezus is door jouw tempelpriesters veroordeeld wegens godslastering en wordt gekruisigd aan de vooravond van het heilige paasfeest. Hij wordt begraven in een joods graf, maar drie dagen later zien jij en andere joodse volgelingen Hem weer in levende lijve – precies zoals Hij het voorspeld heeft. Je raakt hem aan, eet met Hem en Hij gaat door met het verrichten van wonderen tot op het moment dat Hij voor je ogen opstijgt naar de hemel. Veertig jaar later ligt de heilige tempel in puin – precies zoals Jezus aangekondigd heeft – samen met de rest van de stad en het leven van duizenden volksgenoten.

Vraagje: Als jij en je medevolgelingen verslagen schrijven over Jezus nadat de tempel en de stad in het jaar 70 zijn vernietigd, zou je dan niet ergens in jouw geschrift melding maken van deze ongekende nationale, menselijke, economische en religieuze tragedie – en al helemaal omdat Jezus dit alles voorzegd heeft? Natuurlijk zou je dat doen! En dat is nu precies het probleem voor al die mensen die beweren dat het Nieuwe Testament geschreven werd na het jaar 70. Er wordt namelijk nergens in het Nieuwe Testament verwezen naar de vervulling van deze door Jezus voorspelde tragedie. Dit betekent dat de meeste – zo niet alle – nieuwtestamentische geschriften al op schrift stonden vóór het jaar 70.

Nu zullen sommige mensen tegenwerpen: 'Maar dat is een bewijs uit het ongerijmde. De documenten zwijgen misschien over deze gebeurtenis, maar dat bewijst op zich niets.' Die tegenwerping houdt echter geen stand, want er wordt helemaal niet gezwegen over de tempel of over de activiteiten die daar plaats vonden. Integendeel, overal wordt in het Nieuwe Testament over een tempel gesproken die ongeschonden en volop in gebruik is op het moment dat deze teksten worden geschreven. [20] Maar al zou onze argumentatie enkel gebaseerd zijn op het feit dat het Nieuwe Testament over de vernietiging van de tempel zwijgt… dan betekent dat toch niet dat ons argument niet geldig is? Laten we eens een parallel trekken met een eigentijds voorbeeld. Als een voormalig opvarende van de *USS Arizona* een boek zou schrijven over de geschiedenis van dat schip, en hij zou met geen woord reppen over het feit dat het schip vergaan is tijdens de aanval op Pearl Harbor – waarbij 1.177 bemanningsleden het leven lieten, zou je er dan maar ook een moment aan twijfelen dat dit boek geschreven werd vóór 7 december 1941? Of gesteld dat een voormalige huurder uit het World Trade Center in New York een boek zou schrijven over de geschiedenis van de *twin towers*, en dit boek zou eindigen zonder melding te maken van het feit dat deze torens vernietigd werden door een terroristische aanval waarbij 3.000 mensen om het leven kwamen, zou je er dan een moment aan twijfelen dat dit boek geschreven werd vóór 11 september 2001? Natuurlijk niet.

De ramp die Jeruzalem trof in het jaar 70 na Chr. deed voor de inwoners van deze stad qua impact en omvang zeker niet onder voor de aanslagen op Pearl Harbor en het World Trade Center. Deze gebeurtenis betekende het einde van een verschrikkelijke oorlog. Flavius Josephus, die zichzelf in het jaar 67 aan de Romeinen overgaf, sprak over 'de grootste oorlog aller tijden'.[21] De joden raakten niet een schip of een aantal prominente bouwwerken kwijt, zij verloren hun complete land, hun hoofdstad en hun tempel – het gebouw dat duizend jaar lang het centrum van hun religieuze, politieke en economische leven vormde. Bovendien hadden tienduizenden volksgenoten hun leven verloren en waren honderden steden tot de grond toe afgebrand.

Als we al zouden verwachten dat er in de relevante geschriften van onze tijd melding zou worden gemaakt van ingrijpende gebeurtenissen als de aanval op Pearl Harbor en de aanslagen van 9/11, dan mogen we verwachten dat er na het jaar 70 ook geschreven zou worden over de dramatische gebeurtenissen van die tijd – en al helemaal als deze gebeurtenissen door Jezus voorzegd werden! Maar aangezien het Nieuwe Testament nergens melding maakt van deze gebeurtenissen en overal de indruk geeft dat de stad Jeruzalem en de tempel nog recht overeind staan, mogen we er redelijkerwijs van uitgaan dat de meeste, zo niet alle, boeken van het Nieuwe Testament op schrift gesteld zijn vóór het jaar 70. Hoe veel eerder?

Veel nieuwtestamentische boeken werden samengesteld vóór 62 (circa 30 jaar na de dood van Jezus) – Stel je het volgende eens voor: jij bent een arts uit de eerste eeuw van onze jaartelling en je houdt je bezig met het vastleggen van de geschiedenis van de jonge kerk. Voor dit onderzoek moet je ooggetuigen interviewen en meegaan met de apostel Paulus tijdens zijn reizen die hij onderneemt om de nieuwe kerken te bezoeken in het Middellandse-Zeegebied. Je neemt in je verslag belangrijke gebeurtenissen uit de geschiedenis van de jonge kerk op, zoals de eerste activiteiten van Johannes en Petrus, maar je verhaalt ook over het martelaarschap van Stefanus en Jakobus (de broer van Johannes). Ook over het leven van Paulus leg je van alles vast. Je schrijft over zijn preken, maar ook over vervolging, beproeving, gevangenschap en schipbreuk. Je rapporteert eveneens over het theologisch topoverleg met Petrus en Jakobus (een broer van Jezus en de leider van de kerk te Jeruzalem).

Uit alle gedetailleerde verslagen die jij schrijft, blijkt dat je over informatie van ooggetuigen beschikt, of dat je zelf ooggetuige van de gebeurtenissen bent geweest. Bijvoorbeeld, als je de reizen van Paulus op de voet volgt, schakel je over van de 'zij' op de 'wij' – vorm, vermeld je correct de namen van locale politici, gebruik je woorden uit het plaatselijk dialect en blijk je goed op de hoogte te zijn van de plaatselijke weersgesteldheid, de topografie en de handelspraktijken van de gebieden die je beschrijft. Je weet zelf nauwkeurig te vermelden hoe diep het water rond Malta is, als je schip door een storm aan de grond dreigt te lopen! Sterker nog, je vermeldt maar liefst 84 van dergelijke details in de laatste helft van je verslaglegging.

Vraag: omdat je het klaarblijkelijk van belang vindt om al deze bijzonderheden te vermelden, zou je dan ook niet vermelden dat de hoofdpersoon van deze verhalen, de apostel Paulus, ter dood gebracht is door de Romeinse keizer Nero? Zou je ook niet vermelden dat Jakobus, de broer van Jezus, de leider van de kerk in Jeruzalem, vermoord werd in opdracht van het Sanhedrin, dezelfde joodse instelling die Jezus ter dood veroordeelde? Natuurlijk zou je dit vermelden! En als je dergelijke belangrijke feiten in je verslag zou weglaten, zouden we er terecht vanuit gaan dat je dit alles op schrift gesteld hebt vóórdat deze doodvonnissen voltrokken werden.

Dit is de situatie die wij aantreffen in het Nieuwe Testament. Lucas, de arts, vermeldt nauwgezet allerlei details in het boek Handelingen, de kronieken van de jonge kerk. (In het volgende hoofdstuk geven we een opsomming van de 84 historische en bevestigde details die Lucas vermeldt). Lucas beschrijft de dood van twee christelijke martelaren (Stefanus en Jakobus, de broer van Johannes), maar als zijn historische verslag ophoudt, zijn twee van de hoofdpersonen nog in leven (Paulus en Jakobus, de broer van Jezus). Het boek Handelingen houdt abrupt op als Paulus te Rome onder huisarrest gesteld is en nergens wordt vermeld dat Jakobus gestorven is. We weten van Clemens van Rome, die in de tweede helft van de eerste eeuw schrijft, en van andere vroege kerkvaders, dat Paulus ten tijde van de regeringsperiode van Nero ter dood gebracht is en die periode liep af in het jaar 68.[22] Bovendien weten we van Flavius Josephus dat Jakobus vermoord werd in het jaar 62. We mogen dus concluderen dat het boek Handelingen geschreven werd vóór het jaar 62 en dat dit feit boven redelijke twijfel verheven is.

Als je nog altijd niet overtuigd bent, denk dan eens na over deze moderne parallel: stel je voor dat je een boek schrijft over de burgerrechtenbeweging in de Verenigde Staten, zoals deze zich manifesteerde in de jaren zestig van de vorige eeuw. Het boek begint met de moord op John F. Kennedy en behandelt de wetgeving over de burgerrechten uit het jaar 1964, de marsen en protestacties van dominee Martin Luther King jr. Je maakt in je boek ook melding van de arrestatie en de gevangenschap van dominee King en je neemt de beroemde *'I have a dream'* -toespraak op die hij uitsprak in Washington... Als aan het eind van je boek de grote leider van de burgerrechtenbeweging nog in leven is, zou je dan niet tot de conclusie komen dat dit boek geschreven is vóór de moord op dominee Martin Luther King jr. in april 1968? Dit voorbeeld is te vergelijken met de situatie waarin Lucas zich bevindt aan het eind van zijn boek Handelingen. Als het verslag in zijn boek eindigt, is de hoofdpersoon, Paulus, nog in leven. Dit betekent dat dit boek niet na het jaar 62 geschreven werd. (Colin Hemer, een historicus gespecialiseerd in de klassieke Oudheid, geeft nog dertien andere redenen waarom Handelingen geschreven moet zijn vóór het jaar 62). [23]

Als het boek Handelingen voltooid was in het jaar 62, dan moet het evangelie van Lucas nog eerder voltooid zijn. Hoe weten we dat? Omdat Lucas de oorspronkelijke geadresseerde van het boek Handelingen, Theofilus (waarschijnlijk een belangrijke Romeinse ambtsdrager) eraan herinnert dat hij hem eerder geschreven heeft. Lucas begint zijn boek Handelingen met deze woorden: 'In mijn eerste boek, Theofilus, heb ik de daden en het onderwijs van Jezus beschreven…' 'Mijn eerste boek' moet een verwijzing zijn naar het evangelie van Lucas, want dat boek is door Lucas ook gericht aan Theofilus (Lucas 1:1-4, zie het citaat hieronder).

Hoeveel eerder is het boek Lucas geschreven? Het lijkt redelijk om dit boek rond of voor het jaar 60 te dateren. Waarom? Omdat Handelingen op z'n laatst in het jaar 62 geschreven werd en er moet wel enige tijd gezeten hebben tussen Lucas eerste en tweede boek aan Theofilus. Als Handelingen niet na 62 geschreven is (waarschijnlijk zelfs eerder), dan kunnen we redelijkerwijs stellen dat het evangelie van Lucas uit het jaar 60 of daarvoor dateert.

Deze datering past ook bij het feit dat Paulus uit het evangelie van Lucas citeert in 1 Timoteüs 5:18. Hij spreekt in dit verband zelfs over 'de Schrift'. Het evangelie van Lucas moet dus al geruime tijd in omloop zijn geweest, want klaarblijkelijk kennen zowel Paulus als Timoteüs de inhoud van dit boek en beschouwen zij het als heilige Schrift. (Overigens, dit was geen onbeduidende claim. Paulus zegt hiermee in feite dat het evangelie van Lucas dezelfde status heeft als de geïnspireerde joodse Schrift: het Oude Testament, waarvoor hij zoveel achting had!)

Als Lucas geschreven is vóór het jaar 60, dan moet Marcus geschreven zijn in het midden of tegen het eind van de jaren 50 uit de eerste eeuw. Waarom? Omdat Lucas meldt dat hij zich baseert op feiten die hij geverifieerd heeft door met ooggetuigen te spreken:

> Nadat reeds velen zich tot taak hebben gesteld om een verslag te schrijven over de gebeurtenissen die zich in ons midden hebben voltrokken, en die ons zijn overgeleverd door degenen die vanaf het begin ooggetuigen zijn geweest en dienaren van het Woord zijn geworden, leek het ook mij goed om alles van de aanvang af nauwkeurig na te gaan en deze gebeurtenissen in ordelijke vorm voor u, hooggeachte Theofilus, op schrift te stellen, om u te overtuigen van de betrouwbaarheid van de zaken waarin u onderricht bent. (Lucas 1:1-4)

Veel geleerden gaan ervan uit dat het evangelie van Marcus één van de ooggetuigenverslagen is waar Lucas zich op baseert. Als die fragmenten uit de Dode Zeerollen waar we het hiervoor over hadden werkelijk uit 50-70 na Chr. zijn, dan is Marcus met zekerheid eerder geschreven. Maar zelfs als Marcus niet voor Lucas geschreven is, blijft het zo dat Lucas zo goed als zeker van vóór het jaar 62 of mogelijk 60 dateert. Dit betekent dat we zorgvuldige getuigenverslagen hebben die op schrift gesteld zijn zo'n 25-30 jaar na Jezus' dood, begrafenis en opstanding! Die periode is te kort voor legendevorming. We mogen bovendien concluderen dat de bronnen die voor deze getuigenissen geraadpleegd werden nog verder terug in de tijd gaan. Hoe ver?

Sommige boeken van het Nieuwe Testament werden in de jaren veertig en vijftig na Chr. op schrift gesteld – op basis van bronnen uit de jaren dertig van deze eeuw (dus slechts een paar jaar na de dood van Jezus) – We zijn zelf al overtuigd van een vroege datering van Lucas, maar er bestaat in ieder geval geen enkele twijfel (ook niet bij de meest vrijzinnige Bijbelwetenschappers) over het feit dat Paulus zijn eerste brief aan de kerk te Korinte (een stad in het huidige Griekenland) schreef tussen 55 en 56.

In deze brief gaat Paulus in op morele problemen waarmee deze kerk geconfronteerd wordt en op controverses rond het spreken in tongen, profetieën en het Heilig Avondmaal. Hieruit blijkt dat de kerk in Korinte een periode met wonderbaarlijke gebeurtenissen doormaakte en dat men het Heilig Avondmaal al hield binnen een periode van 25 jaar na de opstanding van Christus.

Maar het meest betekenisvolle aspect van deze brief is dat er een authentiek getuigenis over de opstanding van Jezus in is opgenomen! In het vijftiende hoofdstuk van de eerste Korintebrief geeft Paulus een weergave van een getuigenis dat hij van anderen ontvangen heeft. Dat getuigenis werd bekrachtigd door de verschijning van Christus aan Paulus:

> Het belangrijkste dat ik u heb doorgegeven, heb ik op mijn beurt ook weer ontvangen: dat Christus voor onze zonden is gestorven, zoals in de Schriften staat, dat hij is begraven en op de derde dag is opgewekt, zoals in de Schriften staat, en dat hij is verschenen aan Kefas en vervolgens aan de twaalf leerlingen. Daarna is hij verschenen aan meer dan vijfhonderd broeders en zusters tegelijk, van wie er enkelen gestorven zijn, maar de meesten nu nog leven. Vervolgens is hij aan Jakobus verschenen en daarna aan alle apostelen. Pas op het laatst is hij ook aan mij verschenen, aan het misbaksel dat ik was. (1 Kor. 15:3-8)

Hoe kwam Paulus aan wat hij *ontvangen* had? Waarschijnlijk ontving hij dit van Petrus en Jakobus toen hij hen drie jaar na zijn bekering in Jeruzalem bezocht (Galaten 1:18). Waarom is dit van belang? Omdat, zoals Gary Habermas betoogt, de meeste wetenschappers geloven dat deze woorden deel uitmaakten van een geloofsbelijdenis die geformuleerd werd in de periode vlak na de opstanding: 18 maanden tot 8 jaar na deze gebeurtenis, maar volgens sommigen zelfs eerder. [24] Het is niet mogelijk dat deze geloofsbelijdenis verwijst naar een legende. Dit credo is immers afkomstig uit de tijd en omgeving van deze gebeurtenis zelf! [25] Als er ergens een stad was waar voor legendevorming rond dit thema geen plaats was, dan was het wel Jeruzalem. Zowel de Joden als de Romeinen wilden maar al te graag het jonge christendom een vernietigende slag toebrengen en dat hadden ze heel eenvoudig kunnen doen door het lichaam van Christus in de stad tentoon te stellen.

Paulus beroept zich op veertien ooggetuigen die hij bij name noemt: de twaalf apostelen, Jakobus en Paulus zelf (Kefas is Aramees voor Petrus). Daarnaast verwijst hij nog naar een verschijning aan meer dan 500 mensen tegelijkertijd. Onder deze mensen bevond zich tenminste één scepticus, Jakobus, en een fanatieke vijand – Paulus zelf. Door zoveel mensen te noemen die konden nagaan of Paulus de waarheid sprak, daagde Paulus zijn gehoor in Korinte eigenlijk uit om zelf op onderzoek uit te gaan. Bijbelwetenschapper William Lillie brengt dit als volgt onder woorden:

> Deze lijst krijgt een bijzonder gezag als historisch bewijs, omdat de meeste van de vijfhonderd ooggetuigen nog in leven waren. Paulus zegt in feite: 'Als je mij niet gelooft, dan moet je het maar aan hen vragen.' Zo'n stelling in een als authentiek aangemerkte brief, geschreven in een periode van dertig jaar na deze gebeurtenis, is het best denkbare bewijs waar men op kan hopen wanneer het gaat om iets wat bijna tweeduizend jaar geleden heeft plaatsgevonden.[26]

Als de opstanding niet zou hebben plaatsgevonden, waarom zou Paulus dan zo'n lijst met vermeende ooggetuigen weergeven? Hij zou ogenblikkelijk al zijn geloofwaardigheid bij zijn lezers te Korinte verloren hebben, als hij zo'n flagrante leugen verkondigd zou hebben.

Naast de eerste Korintebrief zijn er nog verscheidene andere nieuwtestamentische documenten die op schrift gesteld zijn in de jaren vijftig van de eerste eeuw – of zelfs eerder. Galaten (48), 1 Tessalonicenzen (50-54) en Romeinen (57-58) vallen allemaal in deze vroege categorie. Goed beschouwd – *en misschien is dit wel een rare gedachtesprong van ons* – moet Paulus al zijn boeken geschreven hebben voordat hij stierf! En dat moet ergens midden jaren zestig van de eerste eeuw zijn geweest.

Het zijn niet alleen de conservatieve theologen die vasthouden aan deze vroege dateringen. Zelfs een radicale criticus als de atheïst John A. T. Robinson geeft toe dat de nieuwtestamentische documenten zo vroeg al geschreven werden. Robinson kreeg bekendheid vanwege zijn betrokkenheid bij de zogenaamde 'Death of God'-beweging. Hij schreef een opzienbarend boek getiteld *Redating the New Testament*, waarin hij stelde dat de meeste boeken van het Nieuwe Testament, inclusief alle vier de evangeliën, geschreven moeten zijn tussen 40 en 65.

De bekende en voorheen als 'vrijzinnig' bekendstaande archeoloog William F. Albright, schreef – nadat hij ontdekt had hoe goed het Nieuwe Testament past bij de geschiedkundige en archeologische gegevens: 'We kunnen nu al nadrukkelijk vaststellen dat er geen basis meer bestaat voor een latere datering van elk van de nieuwtestamentische boeken dan circa het jaar 80.' [27] Ergens anders schreef Albright: 'Naar mijn mening is elk boek van het Nieuwe Testament geschreven door een gedoopte Jood tussen de jaren 40 en 80 van de eerste eeuw (zeer waarschijnlijk ergens tussen het jaar 50 en 75).'[28]

Het staat dus zo goed als vast dat de meeste, zo niet alle, boeken van het Nieuwe Testament van vroege datum zijn. Maar voor sceptici blijven er nog een paar bezwaren over.

ADVOCAAT VAN DE SCEPTICUS

De documenten zijn niet vroeg genoeg

Sommige sceptici zullen van mening zijn dat een tijdspanne van 15 tot 40 jaar tussen het leven van Christus en het op schrift stellen van de getuigenissen toch nog te veel ruimte laat om betrouwbaar te kunnen zijn. Maar deze sceptici zitten er naast.

Denk eens aan gebeurtenissen die zich zo'n 15 tot 40 jaar geleden hebben afgespeeld. Wanneer historici schrijven over gebeurtenissen uit zo'n recent verleden, dan zeggen wij niet: 'O, maar dat kan niet! Niemand kan zich gebeurtenissen uit zo'n ver verleden herinneren!' Een dergelijke sceptische reactie is duidelijk ongegrond. Moderne historici schrijven met grote nauwgezetheid over gebeurtenissen die hebben plaatsgevonden in de jaren zeventig, tachtig en negentig van de vorige eeuw. Zij putten daarbij uit hun eigen geheugen, interviewen andere ooggetuigen en raadplegen geschreven bronnen uit die tijd.

De schrijvers van het Nieuwe Testament deden precies hetzelfde. Als een bekwame onderzoeksjournalist interviewde Lucas de ooggetuigen. [29] En zoals we in het volgende hoofdstuk zullen zien, waren sommige nieuwtestamentische schrijvers zelf ooggetuige geweest van de gebeurtenissen. Zij konden zich de gebeurtenissen van 15 tot 40 jaar geleden uitstekend herinneren, zoals jij dat nu ook nog kunt. Waarom kun jij je gebeurtenissen van 15 tot 40 jaar geleden nog levendig herinneren (of van nog langer terug, als je tenminste oud genoeg bent)? Je bent in staat om je bepaalde gebeurtenissen te herinneren wanneer deze destijds een grote indruk op je hebben gemaakt; dus waneer deze je emotioneel geraakt hebben. (Sterker nog, degene die net als wij 'middelbaar' zijn, kunnen zich de gebeurtenissen van dertig jaar geleden scherper voor de geest halen dan die van dertig minuten geleden!).

Waar was je en wat was je aan het doen toen president Kennedy vermoord werd? Toen de Challenger ontplofte? Toen dat tweede vliegtuig de toren binnenvloog? Hoe komt het dat je je deze gebeurtenissen zo goed kunt herinneren? Omdat dit gebeurtenissen zijn die je emotioneel diep hebben geraakt. We mogen ervan uit gaan dat een gebeurtenis als de opstanding uit de dood beslist een diepe indruk heeft gemaakt op de schrijvers van het Nieuwe Testament en op de andere ooggetuigen die zij konden raadplegen. Daarom is het eenvoudig te begrijpen waarom de geschiedenis van Jezus Christus nog vele jaren later levendig in herinnering kon worden geroepen, vooral binnen een cultuur waar men zich van oudsher baseerde op betrouwbare mondelinge overlevering (hier komen we later nog op terug).

Als de belangrijkste boeken van het Nieuwe Testament ooggetuigenverslagen zijn die binnen twee generaties na de gebeurtenissen op schrift werden gesteld, dan is het onwaarschijnlijk dat we hier met legendevorming te maken hebben. Waarom is dat onwaarschijnlijk? Omdat we uit historisch onderzoek weten dat een mythe de historische feiten niet kan vervangen terwijl de ooggetuigen nog in leven zijn. De oudheidkundige A.N. Sherwin-White noemt de mythologische visie op het Nieuwe Testament dan ook 'ongeloofwaardig'. [30]. William Lane Craig schrijft: 'Uit onderzoek blijkt dat je binnen twee generaties niet voldoende tijd hebt om de harde kern van historisch feitenmateriaal uit te wissen en te vervangen voor legendarische verzinsels.'[31] Binnen een tijdsbestek van twee generaties zijn er nog ooggetuigen in leven. Zij kunnen optreden tegen historisch revisionisme.

Wij kunnen in onze tijd zien hoe dit proces verloopt rond de visie op de holocaust. Aan het begin van de eenentwintigste eeuw hebben we al mensen gehoord die beweerden dat de holocaust nooit heeft plaatsgevonden. Waarom proberen mensen op dit moment de geschiedenis te verdraaien? Omdat de meeste ooggetuigen inmiddels niet meer in leven zijn. Gelukkig beschikken we nog over geschreven ooggetuigenverslagen en daarom kunnen mensen die de geschiedenis willen vervalsen de waarheid niet vervangen door leugens. Maar datzelfde kan gezegd worden over het Nieuwe Testament. Als het Nieuwe Testament geschreven werd in een periode van zestig jaar nadat de beschreven gebeurtenissen speelden, is het zeer onwaarschijnlijk dat deze gebeurtenissen een legendarisch karakter hebben. En zoals we gezien hebben, zijn alle boeken van het Nieuwe Testament geschreven binnen een tijdsbestek van zestig jaar na de gebeurtenissen. Sommige van deze boeken zijn zelfs van nog vroegere datum!

Waarom niet eerder?

Op dit punt aangekomen, zou de scepticus kunnen tegenwerpen: 'Vooruit. Het Nieuwe Testament is van vroege datum, maar het is nog steeds niet zo oud als je zou verwachten. Waarom schreven die getuigen hun verslagen niet eerder op? Als ik zou zien wat zij hebben gezien, dan zou ik niet 15 tot 20 jaar wachten met het op schrift stellen.'

Er zijn diverse verklaringen mogelijk voor deze gang van zaken.

Om te beginnen leefden de schrijvers van het Nieuwe Testament in een cultuur waar de overgrote meerderheid van de mensen niet kon lezen of schrijven. Er bestond kennelijk geen behoefte of dwingende noodzaak om de getuigenissen direct op schrift te stellen. De bewoners van het Palestina uit de eerste eeuw beschikten – uit pure noodzaak – over een sterk ontwikkeld geheugen. Alleen zo konden zij zich bepaalde informatie blijven herinneren en aan anderen doorgeven. Craig schrijft:

> In een cultuur van mondelinge overlevering – zoals die van Palestina uit de eerste eeuw – werd veel waarde toegekend aan het vermogen lange tekstpassages te kunnen onthouden en reproduceren. Dit was een bijzonder gewaardeerde en hoogontwikkelde vaardigheid. Van jongs af aan werd kinderen thuis, op school en in de synagoge geleerd om de heilige traditie getrouw te memoriseren. De discipelen zullen met dezelfde nauwgezetheid zijn omgegaan met het onderwijs van Jezus. [32]

In zo'n orale cultuur kunnen feiten over Jezus in een vorm zijn doorgegeven die goed te memoriseren was. Er bestaan sterke aanwijzingen dat dit inderdaad het geval was. Gary Habermas heeft eenenveertig korte passages in het Nieuwe Testament geïdentificeerd die als geloofsbelijdenissen kunnen zijn doorgegeven. Het gaat daarbij om compacte tekstgedeelten die eenvoudig uit het hoofd geleerd en mondeling doorgegeven konden worden voordat deze op schrift gesteld werden. (Een van die geloofsbelijdenissen hebben wij al genoemd – 1 Kor. 15:3-8). [33]

Ten tweede, omdat sommige van de nieuwtestamentische schrijvers vurig hoopten dat Jezus nog terug zou keren tijdens hun leven, zagen zij niet de noodzaak in van het op schrift stellen. Maar toen zij ouder werden, bedachten zij wellicht dat het verstandig was hun getuigenissen toch op schrift vast te leggen.

Ten derde, toen het christendom zich steeds verder verspreidde in de antieke wereld werd schrijven de effectiefste communicatiemethode binnen de snelgroeiende kerk. Met andere woorden, tijd en afstand noodzaakten de schrijvers van het Nieuwe Testament om het op schrift te stellen.

Overigens kan er bij ten minste één van de evangeliën wel eens helemaal geen sprake zijn van zo'n kloof. Als die fragmenten van de Dode Zee-rollen werkelijk uit Markus komen (en dat is zeer waarschijnlijk het geval), dan zou dit evangelie in de vroege jaren dertig geschreven kunnen zijn. Waarom? Omdat het hier om fragmenten gaat met overgeschreven tekst – het zijn geen originele manuscripten. Als wij kopieën hebben uit de jaren vijftig, dan moeten de originelen van eerdere datum zijn. [34]

Er zijn bovendien veel wetenschappers die geloven dat er schriftelijke bronnen zijn geweest die voorafgegaan zijn aan de evangeliën. Lucas schrijft in de eerste vier verzen van zijn evangelie dat hij bronnenonderzoek gedaan heeft – hoewel hij daar ook zou kunnen verwijzen naar vroegere evangeliën (Matteüs en Marcus) [35]. Was het Marcus-evangelie één van zijn bronnen? Dat weten we niet zeker. Het lijkt er echter wel op dat Lucas verwijst naar diverse andere schriftelijke bronnen, want hij schrijft: 'Nadat reeds velen zich tot taak hebben gesteld om een verslag te schrijven over de gebeurtenissen die zich in ons midden hebben voltrokken…' (Lucas 1:1). Lucas zou hier kunnen verwijzen naar het evangelie van Marcus en andere schriftelijke getuigenissen – zoals openbare verslagen van de rechtzaak tegen Jezus.

Maar uiteindelijk is het niet echt van belang of er wel of geen schriftelijke bronnen vooraf zijn gegaan aan het Nieuwe Testament. Het doet er ook niet echt toe of Marcus geschreven werd in de jaren dertig. Waarom niet? Omdat de documenten die we kennen vroeg genoeg zijn en oud bronnenmateriaal bevatten. Zoals we in het volgende hoofdstuk zullen zien, waren veel – zo niet alle – nieuwtestamentische documenten geschreven door ooggetuigen of hun tijdgenoten in een tijdsbestek van 15-40 jaar na Jezus, en sommige documenten bevatten mondelinge of schriftelijke getuigenissen die teruggaan tot de opstanding zelf. Met andere woorden: *het gaat ten diepste niet om de datering van de geschriften, maar om de datering van de bronnen die voor deze geschriften gebruikt zijn.*

Waarom niet meer?

Sceptici zullen nu vragen: 'Als Jezus werkelijk is opgestaan uit de dood, zou er dan niet meer over Hem geschreven moeten zijn dan nu het geval is?' Ons antwoord hierop is dat er feitelijk meer getuigenissen zijn dan wij zouden mogen verwachten, en zeker meer dan genoeg om met overtuiging vast te kunnen stellen wat er feitelijk gebeurd is. Zoals we gezien hebben wordt er door auteurs veel vaker naar Jezus verwezen dan naar de Romeinse keizer van die tijd (Jezus wordt genoemd door 43 auteurs, terwijl Tiberius door 10 auteurs genoemd wordt in een tijdsbestek van 150 jaar na hun leven). Negen van die auteurs waren ooggetuigen of tijgenoten en zij schreven 27 documenten, waarvan de meerderheid expliciet of impliciet verwijst naar de opstanding. Dat is meer dan genoeg om de historiciteit vast te kunnen stellen.

Voor degenen die desondanks van mening blijven dat er nog meer geschreven bronnen over Jezus zouden moeten zijn, geeft nieuwtestamenticus Craig Blomberg vier redenen waarom dat geen redelijke verwachting is: 1) de eenvoudige oorsprong van het christendom; 2) de afgelegen ligging van Palestina aan het oostfront van het Romeinse rijk; 3) het relatief kleine deel van werken van antieke Grieks-Romeinse historici dat bewaard gebleven is (historisch materiaal kan verloren gegaan zijn, het kan vergaan of vernietigd zijn – of een combinatie van deze dingen); en 4) de gebrekkige aandacht die over het algemeen geschonken is aan joodse figuren in de bewaard gebleven historische documenten.[36]

Ondanks dit alles zijn er nog altijd sceptici die vinden dat er meer getuigenissen zouden moeten zijn van sommige van de 500 mensen die naar verluidt de opgestane Christus hebben gezien. Scepticus Farell Till is een van hen. Tijdens een debat over de opstanding tussen hem en mij (Norman) dat plaatsvond in 1994, eiste Till: 'Kom voor de dag met één van die 500 getuigen of geef ons iets wat zij geschreven hebben en wij zullen dat accepteren als overtuigend bewijs.'[37]

Dat is – om allerlei redenen – een onredelijke verwachting. Om te beginnen hebben we te maken met een orale cultuur in het Palestina van de eerste eeuw – zoals we hiervoor al vastgesteld hebben. De meeste mensen waren ongeletterd. Zij leerden belangrijke informatie uit hun hoofd en gaven die mondeling door.

Ten tweede, hoeveel van deze overwegend ongeletterde ooggetuigen zouden iets hebben opgeschreven als zij wél hadden kunnen schrijven? Zelfs vandaag, met een veel hogere graad van geletterdheid en met alle gemakken van de moderne schrijf- en onderzoekstechnieken, kun je de vraag stellen: hoeveel mensen ken jij die een boek of zelfs maar een artikel hebben geschreven over het een of andere onderwerp? Hoeveel mensen ken jij die een boek hebben geschreven over een hedendaagse gebeurtenis van historische betekenis – zoals de aanslagen van 11 september 2001? Waarschijnlijk zijn dat er niet veel, en zeker minder dan 1 op de 500. (Heeft Farrell Till ooit zelf een artikel of boek geschreven over een belangrijke historische gebeurtenis waarvan hij getuige is geweest?)

Ten derde, zelfs als sommige van deze 500 mensen op schrift hebben gesteld wat zij gezien hebben, waarom zouden sceptici dan kunnen verwachten dat deze geschriften 2000 jaar later nog zouden bestaan? Het Nieuwe Testament heeft de tand des tijds doorstaan vanwege de duizenden handschriften die in de loop der eeuwen gekopieerd werden door de groeiende kerk. Van historische geschriften van de belangrijkste historici uit de Oudheid, zoals die van Josephus, Tacitus en Plinius zijn slechts een handvol kopieën bewaard gebleven, en deze kopieën zijn honderden jaren jonger dan de originele documenten. Waarom zouden de sceptici dan denken dat er iets geschreven – of zelfs bewaard – zou zijn uit de tijd van ongeletterde landarbeiders en handwerkslieden uit Galilea? [38]

Ten slotte, we kennen veel namen van die 500 mensen en hun getuigenissen zijn opgetekend in de boeken van het Nieuwe Testament. Tot deze groep behoren Matteüs, Marcus, Lucas, Johannes, Petrus, Paulus en Jakobus – plus negen anderen die elders als apostelen worden genoemd (Matteüs 10 en Handelingen 1).

We zouden dus niet moeten rekenen op méér bronnen dan wij nu al hebben over Jezus. En datgene wat wij hebben is meer dan genoeg om de historiciteit vast te kunnen stellen.

SAMENVATTING EN CONCLUSIE

Er valt nog veel meer te onderzoeken waar het de historiciteit van het Nieuwe Testament betreft.

1. We beschikken over een accurate kopie van de originele tekst van het Nieuwe Testament:
   a. Hoewel de originele documenten met de teksten van het Nieuwe Testament niet bewaard gebleven of niet teruggevonden zijn, beschikken we wel over een hoeveelheid nauwgezet gekopieerde manuscripten die ruim genoeg is – het zijn er veel meer dan we hebben voor de tien belangrijkste literaire documenten uit de Oudheid bij elkaar! Bovendien kunnen we tot een nagenoeg perfecte reconstructie van de originelen komen door de duizenden kopieën die wel bewaard gebleven zijn zorgvuldig met elkaar te vergelijken. Er zijn fragmenten van manuscripten ontdekt die dateren van de vroege tweede eeuw en misschien wel uit het midden van de eerste eeuw. Er zijn naast het Nieuwe Testament *geen* werken uit de klassieke Oudheid die op een dergelijk manier door manuscripten ondersteund worden.
   b) De kwaliteit van de reconstructie kan met nog meer bewijskracht ondersteund worden door de duizenden citaten die zijn opgenomen in de werken van de vroege kerkvaders. Het totale Nieuwe Testament – op 11 verzen na – kan volledig worden samengesteld uit de verzameling van deze citaten!
2. De documenten van het Nieuwe Testament zijn van vroege datum en bevatten bronnenmateriaal dat nog verder terug in de tijd gedateerd kan worden:
   a. Omdat de documenten van het Nieuwe Testament aangehaald worden door andere auteurs van rond het jaar 100 na Chr., moeten deze teksten wel eerder op schrift gesteld zijn.
   b. Omdat de tekst van het Nieuwe Testament er als vanzelfsprekend vanuit gaat dat de tempel en de stad Jeruzalem

nog recht overeind staan op het moment van schrijven – en omdat er nergens melding wordt gemaakt van het uitbreken van de Joodse oorlog of de vernietiging van de tempel en de stad – moet het grootste deel van het Nieuwe Testament wel vóór het jaar 70 geschreven zijn.

c. We hebben sterke aanwijzingen dat het boek Handelingen al in het jaar 62 voltooid was, en op grond hiervan moet het evangelie van Lucas nog eerder op schrift gesteld zijn.
d. We beschikken over bronnenmateriaal dat teruggaat tot de jaren dertig. Vrijwel alle onderzoekers zijn het erover eens dat het getuigenis over de dood, begrafenis en opstanding van Jezus, zoals verwoord in 1 Korintiërs 15, stamt uit de tijd van die gebeurtenissen of van een periode direct daarna. Bovendien zijn er ten minste veertig andere geloofsbelijdenissen in het Nieuwe Testament opgenomen die klaarblijkelijk van zeer vroege datum zijn.

De documenten zijn dus van vroege datum en het bronnenmateriaal is nog verder terug in de tijd te plaatsen. Maar daarmee is de historiciteit nog niet boven alle redelijke twijfel verheven. Om de historiciteit te kunnen bewijzen, moeten we er zeker van zijn dat deze documenten echt ooggetuigenverslagen bevatten. Is dat zo? Dat is een kwestie die wij hierna gaan onderzoeken.

10

HEBBEN WE OOGGETUIGENVERSLAGEN OVER JEZUS?

'Toen wij u de glorierijke komst van onze Heer Jezus Christus verkondigen, baseerden wij ons niet op vernuftige verzinsels – integendeel, wij hebben met eigen ogen zijn grootheid gezien.'

SIMON PETRUS

We hebben goede bewijzen gezien dat de geschriften van het Nieuwe Testament vroeg zijn en dus voldoen aan historische test nummer 1. Maar hoe zit het met historische test nummer 2? Bevatten de nieuwtestamentische geschriften ooggetuigenverslagen? Laten we om te beginnen eens kijken wat de nieuwtestamentische schrijvers zelf hierover zeggen.

Als je de tekst neemt voor wat hij is, bevat het Nieuwe Testament zeker ooggetuigenverslagen. Diverse apostelen beweren herhaaldelijk dat ze ooggetuigen zijn:

> Deze Jezus heeft God opgewekt, *waarvan wij allen getuigen zijn* (Handelingen 2:32, NBG 1951)

> De leidsman ten leven hebt gij gedood, maar God heeft Hem opgewekt uit de doden, *waarvan wij getuigen zijn* (Handelingen 3:15, NBG 1951)

> Ze [de leiders, oudsten en schriftgeleerden] riepen hen terug en bevalen hun de naam van Jezus op geen enkele manier meer te gebruiken en het volk niet meer over hem te onderrichten. Maar

Petrus en Johannes zeiden: 'Kunnen wij het tegenover God verantwoorden om wel naar u te luisteren en niet naar hem? Oordeelt u zelf! We moeten immers wel spreken over *wat we gezien en gehoord hebben*.' (Handelingen 4:18-20).

De God onzer vaderen heeft Jezus opgewekt, die gij hebt gehangen aan een hout en omgebracht; Hem heeft God door zijn rechterhand verhoogd, tot een Leidsman en Heiland om Israël bekering en vergeving van zonden te schenken. En *wij zijn getuigen* van deze dingen en ook de heilige Geest, die God hun gegeven heeft, die Hem gehoorzaam zijn (Handelingen 5:30-32, NBG 1951).

Wij zijn de getuigen van alles wat hij gedaan heeft, in het land van de Joden en ook in Jeruzalem. Zeker, ze hebben hem gedood door hem aan een kruishout te hangen, maar God heeft hem op de derde dag weer tot leven gewekt en hem aan de mensen laten verschijnen (Handelingen 10:39-40).

... dat Christus voor onze zonden is gestorven, zoals in de Schriften staat, dat hij is begraven en op de derde dag is opgewekt, zoals in de Schriften staat, en dat hij is verschenen aan Kefas en vervolgens aan de twaalf leerlingen. Daarna is hij verschenen aan meer dan vijfhonderd broeders en zusters tegelijk, van wie er enkelen gestorven zijn, maar de meesten nu nog leven. Vervolgens is hij aan Jakobus verschenen en daarna aan alle apostelen. Pas op het laatst is hij ook aan mij verschenen, aan het misbaksel dat ik was (1 Kor. 15:3-8).

Ik doe een beroep op de oudsten onder u. Als uw mede-oudste en als *ooggetuige* van Christus' lijden, en omdat ik evenals u zal delen in de luister die binnenkort zal worden geopenbaard (1 Petr. 5:1).

Toen wij u de glorierijke komst van onze Heer Jezus Christus verkondigden, baseerden wij ons niet op vernuftige verzinsels – integendeel, *wij hebben met eigen ogen* zijn grootheid *gezien* (2 Petr. 1:16).

> Vervolgens kwamen ze bij Jezus, maar ze zagen dat hij al gestorven was. Daarom braken ze zijn benen niet. Maar een van de soldaten stak een lans in zijn zij en meteen vloeide er bloed en water uit. Hiervan getuigt iemand *die het zelf heeft gezien*, en zijn getuigenis is betrouwbaar (Joh. 19:33-35).

> Een van de twaalf, Tomas (dat betekent 'tweeling'), was er niet bij toen Jezus kwam. Toen de andere leerlingen hem vertelden: '*Wij hebben de Heer gezien!*' zei hij: 'Alleen als ik de wonden van de spijkers in zijn handen zie en met mijn vingers kan voelen, en als ik mijn hand in zijn zij kan leggen, zal ik het geloven.' Een week later waren de leerlingen weer bij elkaar en Tomas was er nu ook bij. Terwijl de deuren gesloten waren, kwam Jezus in hun midden staan. 'Ik wens jullie vrede!' zei hij, en daarna richtte hij zich tot Tomas: '*Leg je vingers hier en kijk naar mijn handen, en leg je hand in mijn zij.* Wees niet langer ongelovig, maar geloof.' Tomas antwoordde: 'Mijn Heer, mijn God!' Jezus zei tegen hem: '*Omdat je me gezien hebt, geloof je.* Gelukkig zijn zij die niet zien en toch geloven.' *Jezus heeft nog veel meer wondertekenen voor zijn leerlingen gedaan,* die niet in dit boek staan (Joh. 20:24-30).

> Wat er was vanaf het begin, *wat wij gehoord hebben, wat wij met eigen ogen gezien en aanschouwd hebben, wat onze handen hebben aangeraakt,* dat verkondigen wij: het Woord dat leven is. Het leven is verschenen, *wij hebben het gezien* en getuigen ervan, we verkondigen u het eeuwige leven dat bij de Vader was en *aan ons verschenen is* (1 Joh. 1:1-2).

Je zou haast de indruk krijgen dat deze mensen iedereen wilden laten weten dat ze iets gezien hadden! Bovendien beweren Lucas en de schrijver van de Hebreeënbrief dat ze zich op ooggetuigen baseren:

> Nadat reeds velen zich tot taak hebben gesteld om een verslag te schrijven over de gebeurtenissen die zich in ons midden hebben

> voltrokken, en die ons zijn overgeleverd door degenen die vanaf het begin *ooggetuigen zijn geweest* en dienaren van het Woord zijn geworden (Luc. 1:1-2).

> … de… redding die begonnen is met de woorden van de Heer, *en die voor ons bevestigd werd door hen die deze woorden hebben gehoord*? Ook God zelf getuigde daarvan, door tekenen en wonderen en allerlei grote daden te verrichten, en door de gaven van de heilige Geest overeenkomstig zijn wil te verdelen (Hebr. 2:3-4).

Kortom, Petrus, Paulus en Johannes beweren allemaal ooggetuigen te zijn, en Lucas en de schrijver van de Hebreeënbrief baseren zich rechtstreeks op ooggetuigen. Daarnaast noemen de nieuwtestamentische schrijvers nog anderen die de opstanding hebben gezien. Paulus noemt veertien namen van mensen van wie bekend is dat ze ooggetuigen van de opstanding zijn (de twaalf apostelen, Jakobus en hijzelf) en beweert dat er nog ruim vijfhonderd anderen waren. Matteüs en Lucas bevestigen de verschijningen aan de apostelen. Allevier de evangeliën noemen de vrouwen als getuigen, van wie Marcus Maria uit Magdala, Maria de moeder van Jakobus en Salome bij name noemt. Lucas voegt daar Johanna aan toe. Dat zijn er nog vier. In Handelingen 1 blijkt ook Josef Barsabbas een ooggetuige te zijn (Hand. 1:23).

De apostelen beweren niet alleen ooggetuigen te zijn, maar bij verschillende gelegenheden zeggen ze tegen hun gehoor dat iedereen weet dat ze de waarheid spreken. Dit zijn geen ondoordachte opmerkingen, maar onverschrokken proclamaties tegenover machtige mensen.

Het sterkste voorbeeld hiervan is misschien wel Paulus wanneer hij terechtstaat voor koning Agrippa en procurator Festus. Paulus staat net te vertellen tegen Agrippa en Festus hoe hij bekeerd is tot het christendom en hoe Christus opgestaan is uit de dood zoals voorzegd was in het Oude Testament, als Festus hem opeens onderbreekt om te zeggen dat hij niet goed bij zijn hoofd is! Deze dramatische woordenwisseling is opgetekend door Lucas in Handelingen 26:24-28:

> Toen Paulus dat tot zijn verdediging aanvoerde, riep Festus: 'U slaat wartaal uit, Paulus! Het vele studeren drijft u tot waanzin!' Maar Paulus zei: 'Het is geen wartaal, excellentie. Integendeel, wat ik zeg is waar en getuigt van gezond verstand. Bovendien weet de koning waarover het gaat, en daarom kan ik vrijuit tegen hem spreken. Ik denk niet dat iets hiervan hem is ontgaan, het heeft zich immers niet in een uithoek afgespeeld. Koning Agrippa, hecht u geloof aan de woorden van de profeten? Ik ben ervan overtuigd dat u dat doet.' Agrippa zei tegen Paulus: 'Dadelijk krijgt u me nog zover dat ik me voor christen uitgeef.'

Zie je hoe moedig, bijna overmoedig, Paulus is? Niet alleen getuigt hij vrijmoedig tegen de koning en de procurator, maar hij heeft ook het lef om tegen de koning te zeggen dat hij al weet dat Paulus de waarheid spreekt! Waarom is Paulus daar zo zeker van? Omdat de gebeurtenissen van het christendom 'zich immers niet in een uithoek afgespeeld' hebben. Iedereen wist ervan en Paulus kon zich niet indenken 'dat iets hiervan [de koning] is ontgaan'. Stel je voor dat een beklaagde een leider of rechter op die manier zou uitdagen! Zo'n getuige moet weten dat de gebeurtenissen die hij beschrijft welbekend zijn.

Die provocerende benadering wordt door verschillende nieuwtestamentische figuren gehanteerd; ze dagen hun toehoorders zonder schroom uit om de waarheid van hun getuigenis na te gaan. De andere apostelen, onder leiding van Petrus, zijn bijvoorbeeld net zo vrijmoedig en zeker van hun zaak als ze ondervraagd worden door boze Joodse autoriteiten. Lucas beschrijft het voorval in Handelingen 5:27-32:

> Ze namen de apostelen mee en leidden hen voor het Sanhedrin. De hogepriester begon het verhoor met de vraag: 'Hebben wij u niet nadrukkelijk verboden de naam van Jezus nog te gebruiken en onderricht over hem te geven? En toch verspreidt u uw leer in heel Jeruzalem en stelt u ons aansprakelijk voor de dood van deze man.' Petrus en de andere apostelen antwoordden: 'Men moet God meer

> gehoorzamen dan de mensen. De God van onze voorouders heeft Jezus weer tot leven gewekt, nadat u hem had vermoord door hem aan een kruishout te hangen. God heeft hem een plaats gegeven aan zijn rechterhand, hem tot leidsman en redder verheven om de Israëlieten tot inkeer te brengen en hun zonden te vergeven. Daarvan getuigen wij, en daarvan getuigt ook de heilige Geest, die God geschonken heeft aan wie hem gehoorzamen.'

Daarna, zo vertelt het verhaal, 'ontstaken [de Joodse autoriteiten] in woede en wilden ze de apostelen ter dood brengen', maar een gerespecteerde Farizeeër genaamd Gamaliël wist ze om te praten.

Het risico dat Paulus, Petrus en de andere apostelen namen door te beweren dat ze ooggetuigen waren, wijst er zeker op dat ze de waarheid spraken. Als deze nieuwtestamentische verslagen waar zijn, tonen het onwankelbare getuigenis en de uitdagende woorden van de apostelen aan dat ze ooggetuigen waren die werkelijk geloofden dat Jezus uit de dood was opgestaan.

Maar zijn de verslagen waar? Want waarom zouden we ervan uitgaan dat Lucas de waarheid vertelt over deze gebeurtenissen? Je kunt wel zeggen dat je een ooggetuige bent of over ooggetuigenverslagen beschikt, maar of je het kunt bewijzen is vraag twee. Hebben we bewijzen dat de nieuwtestamentische schrijvers werkelijk ooggetuigen waren of over ooggetuigenverslagen konden beschikken? Veel meer dan je misschien zou denken.

WAREN HET ECHTE OOGGETUIGEN?

Ooggetuigenbewijzen: Lucas

Stel: iemand schrijft in 1980 een boek waarin hij jouw woonplaats beschrijft zoals die in dat jaar was. In dat boek geeft de auteur correcte beschrijvingen van: de politici van jouw stad, haar unieke wetten en regels, de plaatselijke industrie, plaatselijke weerpatronen, plaatselijk taalgebruik, de wegen en ligging van de stad, zijn bijzondere topografie, plaatselijke bedehuizen, hotels in de omgeving, beelden en sculpturen in de stad, de diepte van het water in de haven en talloze andere unieke gegevens van jouw stad in dat jaar. Vraag: als de auteur beweerde dat hij jouw stad dat jaar bezocht had – of zei dat hij goede informatie had gekregen van mensen die er waren geweest – zou je dan denken dat hij de waarheid sprak? Natuurlijk, want hij beschrijft dingen die alleen een ooggetuige kan weten. Dat is het soort getuigenis waarmee we in een groot deel van het Nieuwe Testament te maken hebben.

Lucas geeft de meeste ooggetuigeninformatie. (Lucas was misschien geen ooggetuige van de opstanding zelf, maar hij heeft zeker veel nieuwtestamentische gebeurtenissen met eigen ogen gezien.) In de tweede helft van Handelingen geeft Lucas bijvoorbeeld blijk van een onvoorstelbaar uitgebreide kennis van lokale steden, namen, het landschap, gebruiken en omstandigheden waarover alleen een ooggetuige uit die tijd kan beschikken.

Classicus en geschiedkundige Colin Hemer behandelt vers voor vers de accuratesse van Lucas in het boek Handelingen. Met grote zorgvuldigheid catalogiseert Hemer 84 feiten uit de laatste zestien hoofdstukken van Handelingen die bevestigd zijn door historisch en archeologisch onderzoek.[1] Als je de volgende lijst leest, bedenk dan dat Lucas niet over moderne land- of zeekaarten kon beschikken:

1. de natuurlijke oversteek tussen correct aangeduide havens (Hand. 13:4-5)
2. de juiste haven (Perge) op de directe route van een schip dat oversteekt vanuit Cyprus (13:13)
3. de juiste locatie van Lykaonië (14:6)
4. de ongewone maar correcte verbuiging van de naam Lystra (14:6)
5. de correcte taal die in Lystra gesproken wordt, nl. Lykanonisch (14:11)
6. twee goden die bij elkaar hoorden: Zeus en Hermes (14:12)
7. de juiste haven, Attalia, die reizigers op de terugreis aandeden (14:25)

8. de correcte volgorde van de steden die men passeerde vanaf de Cilicische Poort: eerst Derbe en dan Lystra (16:1, vgl. 15:41)
9. de juiste vorm van de naam Troas (16:8)
10. de plaats van een herkenbaar oriëntatiepunt voor zeelieden, Samotrake (16:11)
11. de juiste beschrijving van Filippi als een Romeinse kolonie (16:12)
12. de juiste locatie van de rivier (Gangites) bij Filippi (16:13)
13. de juiste beschrijving van Tyatira als een centrum van de purperververijen (16:14)
14. correcte aanduiding van de magistraten van de kolonie (16:22)
15. de juiste locaties (Amfipolis en Apollonia) waar reizigers achtereenvolgende nachten doorbrachten op deze reis (17:1)
16. de aanwezigheid van een synagoge in Tessalonica (17:1)
17. de juiste term ('politarchen') voor de magistraten daar (17:6)
18. de correcte suggestie dat Athene het comfortabelst te bereiken was via zee, dankzij de gunstige zomerse oostenwinden (17:14-15)
19. de aanwezigheid van vele godenbeelden in Athene (17:16)
20. de verwijzing naar een synagoge in Athene (17:17)
21. de beschrijving van de Atheense gewoonte om filosofische debatten te houden op het marktplein (17:17)
22. het gebruik van een typisch Atheense scheldnaam voor Paulus (*spermologos*, 17:18) en voor het hof (*Areios pagos*, 17:19)
23. de juiste typering van de Atheense volksaard (17:21)
24. een altaar voor een 'onbekende god' (17:23)
25. de juiste reactie van Griekse filosofen, die de lichamelijke opstanding ontkenden (17:32)
26. Areopagiet als de correcte benaming voor een lid van het hof (17:34)

27. een Korintische synagoge (18:4)
28. de correcte aanduiding van Gallio als proconsul, wonend in Korinte (18:12)
29. de *bema* (rechterstoel), die uitkijkt over het *forum* van Korinte (18:16 e.v.)
30. de naam Tyrannus zoals we die kennen van eerste-eeuwse inscripties uit Efeze (19:9)
31. bekende tempeltjes en beelden van Artemis (19:24)
32. de 'grote godin Artemis' die we uit tal van bronnen kennen (19:27)
33. het feit dat het theater in Efeze de ontmoetingsplaats van de stad was (19:29)
34. de correcte titel *grammateus* voor de stadssecretaris in Efeze (19:35)
35. de juiste eretitel *neokoros*, geautoriseerd door de Romeinen (19:35)
36. de correcte naam om de godin aan te duiden (19:37)
37. de juiste term voor degenen die rechtspreken (19:38)
38. gebruik van het meervoud *anthupatoi*, wellicht een opmerkelijke verwijzing naar het feit dat rond die tijd twee mannen gezamenlijk de functie van proconsul uitoefenden (19:38)
39. de 'reguliere' vergadering – de precieze term die we ook elders tegenkomen (19:39)
40. gebruik van precieze etnische aanduiding *beroiaios* (20:4)
41. gebruik van de etnische term *Asianos* (20:4)
42. de impliciete onderkenning van het strategische belang dat men toekende aan de stad Troas (20:7 e.v.)
43. het gevaar van de tocht langs de kust op die locatie (20:13)
44. de correcte volgorde van plaatsen (20:14-15)
45. de correcte naam van de stad als onzijdig meervoud (Patara) (21:1)
46. de beste route over open zee ten zuiden van Cyprus dankzij aanhoudende noordwestenwinden (21:3)
47. de juiste afstand tussen deze steden (21:8)

48. een typische Joodse daad van vroomheid (21:24)
49. de Joodse wet aangaande het gebruik van het tempelterrein door heidenen (21:28) (Archeologische ontdekkingen en citaten uit Josephus bevestigen dat heidenen geëxecuteerd konden worden als ze het tempelterrein betraden. Eén inscriptie luidt: 'Geen heiden mag zich binnen de balustrade en de omheining rondom het heiligdom begeven. Wie betrapt wordt, haalt zich hiermee de doodstraf op de hals.)'[2]]
50. de permanente stationering van een Romeins cohort (*chiliarch*) in Antonia om tijdens feestdagen opstootjes de kop in te drukken (21:31)
51. de trappen die de wachters gebruikten (21:31, 35)
52. de gebruikelijke manier om in die tijd het Romeinse burgerrecht te verwerven (22:28)
53. het feit dat de tribuun onder de indruk is van Romeins burgerschap en niet van het burgerschap van Tarsus (22:29)
54. het feit dat Ananias toen hogepriester was (23:2)
55. het feit dat Felix toen procurator was (23:34)
56. de gebruikelijke pleisterplaats op weg naar Caesarea (23:31)
57. onder wiens jurisdictie Cilicië toen viel (23:34)
58. de provinciale strafprocedure in die tijd (24:1-9)
59. de naam Porcius Festus, die precies overeenkomt met de naam die Josephus noemt (24:27)
60. het beroepsrecht van Romeinse burgers (25:11)
61. de correcte wettelijke formule (25:18)
62. de uitdrukking waarmee doorgaans naar de keizer verwezen werd (25:26)
63. de beste vaarroutes in die tijd (27:5)
64. de gebruikelijke verbinding van Cilicië en Pamfylië (27:4)
65. de belangrijkste haven om een schip naar Italië te vinden (27:5-6)
66. de trage vaart naar Knidus vanwege de typische noordwestenwind (27:7)
67. de juiste zeilroute met het oog op de winden (27:7)

68. de locaties van de Goede Havens en het naburige Lasea (27:8)
69. Goede Havens als een slecht beschutte ankerplaats (27:12)
70. de welbekende neiging van een zuidenwind in dat klimaat om opeens om te slaan in een hevige noordoostenwind, de bekende *gregale* (27:13)
71. het feit dat een vierkant getuigd schip uit die tijd bij storm geen andere keuze had dan zich te laten voortdrijven (27:15)
72. de precieze plaats en naam van dit eiland (27:16)
73. de juiste manoeuvres die een schip in die hachelijke situatie moest uitvoeren
74. de veertiende nacht: een opmerkelijke berekening, ongetwijfeld gebaseerd op een combinatie van diverse schattingen en bevestigd in het oordeel van ervaren zeelui
75. de juiste term in die tijd voor de Adriatische Zee (27:27)
76. de precieze term (*Bolisantes*) voor peilingen en de correcte diepte van het water bij Malta (27:28)
77. een positie die aansluit bij de waarschijnlijke aanvaarroute van een schip dat voor een oostenwind vaart (27:39)
78. de zware gevolgen voor bewakers die een gevangene lieten ontsnappen (27:42)
79. de lokale bevolking en het bijgeloof van die tijd (28:4-6)
80. de correcte titel *protos tes nesou* (28:7)
81. Regium als geschikte plek om te wachten op een zuidenwind die hen door de zeestraat voert (28:13)
82. Forum Appii en Tres Tabernae als pleisterplaatsen op de juiste locaties langs de Via Appia (28:15)
83. correcte wijze van inbewaringneming door Romeinse soldaten (28:16)
84. de omstandigheden van zijn gevangenschap, levend 'op eigen kosten' (28:30-31)

Lijdt het enige twijfel dat Lucas een ooggetuige was van deze gebeurtenissen of op zijn minst over betrouwbare ooggetuigenverslagen beschikte? Wat had hij nog meer moeten doen om zijn authenticiteit als historicus te bewijzen?

Kenner van de Romeinse geschiedenis A.N. Sherwin-White zegt: 'De historiciteit van het boek Handelingen is op overweldigende wijze bevestigd… Iedere poging om zijn fundamentele historiciteit van de hand te wijzen lijkt nu zonder meer ongerijmd. Kenners van de Romeinse geschiedenis gingen hier al lange tijd van uit.[3] Classicus en archeoloog William M. Ramsay was zeer sceptisch toen hij zich in Handelingen ging verdiepen, maar hij deed ontdekkingen die hem van gedachten deden veranderen. Hij schrijft:

> In het begin stond ik er [Handelingen] heel kritisch tegenover… Het lag toen niet in de lijn van mijn leven om het onderwerp nauwkeurig te bestuderen. Maar de laatste tijd stuitte ik vaak op het boek Handelingen als een autoriteit voor de topografie, oudheden en samenleving van Klein-Azië. Langzaam daagde het besef dat de tekst in verschillende details een wonderbare accuratesse aan de dag legde.[4]]

Lucas' accuratesse in Handelingen is inderdaad verbazingwekkend.

Wat de sceptici nerveus maakt, is het feit dat Lucas niet minder dan 35 wonderen vermeldt in hetzelfde boek waarin hij ook al die 84 historisch bevestigde feiten heeft opgetekend.[5]Verschillende wonderen van Paulus zijn opgetekend in de tweede helft van Handelingen. Zo beschrijft Lucas hoe Paulus: tijdelijk een tovenaar verblindt (13:11), een man geneest die vanaf zijn geboorte verlamd was (14:8), een boze geest uitwerpt uit een bezeten meisje (16:18), 'buitengewoon grote wonderen' verricht die velen in de stad Efeze ertoe brengt zich van de tovenarij tot Jezus te bekeren (19:11-20), een man uit dood opwekt die uit een raam was gevallen tijdens een wel heel lange toespraak van Paulus (20:9-10), en de vader van Publius van dysenterie geneest en talloze andere zieken op Malta hun gezondheid teruggeeft (28:8-9). Al die wonderen staan in dezelfde historische tekst waarvan de authenticiteit op 84 punten is bevestigd. En de verslagen van de wonderen vertonen geen tekenen van verfraaiing of overdrijving, maar worden verteld met dezelfde nuchtere efficiëntie als de rest van de historische tekst.

Waarom zou Lucas triviale details als de windrichting, de diepte van het water en bijzondere plaatsnamen wel accuraat weergeven en belangrijke gebeurtenissen als wonderen niet? Gezien het feit dat Lucas zoveel triviale details accuraat weergeeft, getuigt het van pure anti-bovennatuurlijke vooringenomenheid om te zeggen dat hij niet de waarheid spreekt over de wonderen die hij optekent. Zoals we gezien hebben is een dergelijke vooringenomenheid onterecht. Dit is een theïstische wereld waarin wonderen mogelijk zijn. Het is dus veel logischer om Lucas' verslagen van wonderen te geloven dan ze te verwerpen. Met andere woorden, Lucas is op zoveel punten een betrouwbaar historicus gebleken dat er meer geloof voor nodig is om zijn verslagen van wonderen *niet* te geloven dan om ze wel te geloven.

Is het evangelie van Lucas 'evangelie'?

Hoe zit het met het evangelie van Lucas? Eerst moeten we beseffen dat Handelingen en het evangelie van Lucas bij elkaar horen. Hoe we dat weten? Ten eerste komen ze overeen in vocabulaire en literaire stijl. Maar wat belangrijker is: beide documenten zijn gericht aan de 'hooggeachte Theofilus'. Waarschijnlijk gaat het om een Romeins ambtenaar, want 'hooggeachte' is hetzelfde predicaat waarmee Paulus de Romeinse procurators Felix en Festus aanspreekt.[6]]

Ongeacht de ware identiteit van Theofilus gaat het erom dat Lucas Handelingen presenteert als het vervolg van zijn evangelie. Hij opent met: 'In mijn *eerste boek*, Theofilus, heb ik de daden en het onderricht van Jezus beschreven' (Hand. 1:1). Lucas gebruikt de rest van Handelingen om Theofilus te vertellen wat er gebeurde na de hemelvaart van Christus. En zoals we gezien hebben, doet hij dat met opvallende nauwkeurigheid.

Mogen we van zijn evangelie eenzelfde accuratesse verwachten? Waarom niet? Lucas zegt het eigenlijk zelf als hij schrijft: 'Het [leek] ook mij goed om alles van de aanvang af nauwkeurig na te gaan en deze gebeurtenissen in ordelijke vorm voor u, hooggeachte Theofilus, op schrift te stellen' (Luc. 1:3). Zijn nauwgezette werk in Handelingen suggereert dat Lucas een zorgvuldig historicus is die we kunnen vertrouwen. Zoals nieuwtestamenticus Craig Blomberg zegt: 'Een historicus die betrouwbaar is gebleken wanneer zijn woorden getoetst konden worden, verdient het voordeel van de twijfel wanneer we hem op zijn woord moeten nemen.'[7] Aangezien de woorden van Lucas op 84 punten betrouwbaar zijn gebleken, hebben we alle reden om ook zijn evangelie als 'evangelie' aan te nemen.

Maar we hoeven ons niet alleen op zijn werk in Handelingen te verlaten om zijn evangelie bevestigd te zien. Verschillende details in Lucas' evangelie zijn los van Handelingen geverifieerd. Alleen al in de eerste drie hoofdstukken van zijn evangelie noemt Lucas bijvoorbeeld elf historisch bevestigde leiders (twaalf als je Jezus meetelt), zoals Herodes de Grote (1:5), keizer Augustus (2:1) en Quirinius (2:2). Aan het begin van hoofdstuk 3 schrijft hij:

> In het vijftiende jaar van de regering van keizer Tiberius, toen Pontius Pilatus Judea bestuurde, en Herodes tetrarch was over Galilea, zijn broer Filippus over het gebied van Iturea en Trachonitis, en Lysanias over Abilene, en toen Annas en Kajafas hogepriester waren, richtte God zich in de woestijn tot Johannes, de zoon van Zacharias. Daar ging Johannes in de omgeving van de Jordaan verkondigen dat de mensen zich moesten laten dopen en tot inkeer moesten komen, om zo vergeving van zonden te verkrijgen.

Klinkt dat alsof Lucas een verhaal verzint? Natuurlijk niet. Als dat zo was, zou hij de gebeurtenissen die hij beschrijft niet van verificatiemomenten voorzien door deze prominente leiders en hun data te noemen. Zoals Bijbelgeleerde F.F. Bruce opmerkt: 'Een schrijver die op een dergelijke manier zijn verhaal in het wijdere verband van de wereldgeschiedenis plaatst vraagt om moeilijkheden als hij niet heel voorzichtig is; hij geeft zijn kritische lezers zoveel mogelijkheden om zijn nauwkeurigheid te controleren. Lukas neemt dit risico en hij doorstaat de test op bewonderenswaardige wijze.'[8] Alle elf historische figuren die Lucas noemt in de eerste drie hoofdstukken van zijn evangelie, inclusief Johannes de Doper (zoon van Zacharias), zijn bevestigd door niet-christelijke schrijvers en/of archeologie. Zo komen we Johannes de Doper tegen bij Josephus (*Joodse oudheden* 18:5.2) en noemt een inscriptie uit 14-29 n.Chr. de naam Lysanias.

Een ander historisch accuraat detail vinden we in Lucas 22:44. Daar beschrijft Lucas hoe Jezus de nacht voor zijn kruisiging in doodsangst druppels bloed zweet. Blijkbaar kampte Jezus met een zeldzame, door stress veroorzaakte aandoening die we nu kennen als hematohidrose. Daarbij barsten kleine bloedvaatjes als gevolg van extreme stress, waardoor bloed zich met zweet kan vermengen. Aangezien Lucas deze aandoening 2000 jaar geleden waarschijnlijk niet kende, had hij er niet over kunnen schrijven tenzij hij iemand kende die het had zien gebeuren.

Dit soort details bracht de al eerder genoemde William Ramsay tot de uitspraak: 'Lucas' geschiedenis is onovertroffen wat haar betrouwbaarheid betreft', en 'Lucas is een eersteklas geschiedschrijver… en behoort tot de allergrootste geschiedkundigen.'[9] Waar het op neerkomt, is dat Lucas te vertrouwen is. Omdat hij op zoveel punten door onafhankelijke bronnen bevestigd is, hebben we alle reden om te geloven dat hij elders ook de waarheid spreekt.

Het cruciale punt is nu: *als Lucas de waarheid vertelt, dan vertellen Marcus en Matteüs ook de waarheid, want hun evangeliën vertellen in wezen hetzelfde verhaal.* Het is een ramp voor de sceptici, maar er is geen speld tussen te krijgen. *Je hebt heel wat geloof nodig om dat te negeren.*

Ooggetuigenbewijzen: Johannes

Lucas – en met hem Matteüs en Marcus – is betrouwbaar gebleken, maar hoe zit het met Johannes? Volgens de critici is Johannes een veel later geschrift met een verzonnen theologie van de godheid van Christus, dat dus geen betrouwbare historische informatie bevat. Maar als de critici ongelijk hebben en Johannes wel accuraat is, hebben we nog een onafhankelijk bewijs dat het nieuwtestamentisch verhaal waar is. Dus hoe accuraat is Johannes? Wat zeggen de bewijzen?

Op het eerste gezicht lijkt Johannes een ooggetuige, want hij geeft gedetailleerde beschrijvingen van diverse persoonlijke gesprekken van Jezus (zie Johannes 3, 4, 8-10 en 13-17). Maar er is nog veel sterker bewijs dat Johannes een ooggetuige was – bewijs van vrijwel dezelfde aard als het al genoemde bewijs voor Handelingen.

Zoals Colin Hemer met Handelingen heeft Craig Blomberg een gedetailleerde studie van het evangelie van Johannes gemaakt. In *The Historical Reliability of John's Gospel*[10] onderzoekt Blomberg het evangelie van Johannes vers voor vers en identificeert tal van historische details.

Omdat Johannes alleen gebeurtenissen in het Heilige Land beschrijft bevat zijn evangelie niet zoveel geografische, topografische en politieke details als Handelingen. Toch treffen we er een vrij indrukwekkend aantal historisch bevestigde of historisch waarschijnlijke details in aan. Veel van die details zijn bevestigd door archeologisch onderzoek en/of niet-christelijke geschriften, en sommige zijn historisch waarschijnlijk omdat een christelijke schrijver ze hoogstwaarschijnlijk niet zou verzinnen. Deze details beginnen in het tweede hoofdstuk van het evangelie van Johannes en worden hieronder opgesomd:

1. Archeologisch onderzoek bevestigt het gebruik van stenen watervaten in nieuwtestamentische tijden (Joh. 2:6).
2. Gezien de vroegchristelijke neiging naar ascese is het niet waarschijnlijk dat het wonder met de wijn verzonnen is (2:8).
3. Archeologisch onderzoek bevestigt de locatie van de Jacobsbron (4:6).
4. Josephus (*De Joodse oorlog* 2.232) bevestigt de vijandigheid tussen Joden en Samaritanen in Jezus' tijd (4:9).
5. 'Afdaalde' stemt overeen met de topografie van West-Gali-

lea. (Er is een aanzienlijk hoogteverschil tussen Kana en Kapernaüm.) (4:51, NBG 1951).[11]

6. 'Ging op' is een accurate beschrijving van de stijging in het landschap naar Jeruzalem toe (5:1, NBG 1951).
7. Archeologisch onderzoek bevestigt de locatie en beschrijving van de vijf zuilengangen bij het bad Betesda (5:2). (Bij opgravingen tussen 1914 en 1938 werd het bad blootgelegd, dat precies zo bleek te zijn als Johannes het beschrijft. Aangezien dat bouwwerk verloren ging toen de Romeinen de stad in 70 n.Chr. verwoestten, is het niet waarschijnlijk dat iemand die geen ooggetuige is geweest het later zo levendig had kunnen beschrijven. Bovendien zegt Johannes dat het bad 'in Jeruzalem *is*', wat suggereert dat hij vóór het jaar 70 schrijft.)
8. Jezus' opmerking dat zijn getuigenis niet waar is zonder de Vader komt over als authentiek (5:31); een latere christelijke toevoeging zou waarschijnlijk juist de godheid van Jezus en het gezag van diens eigen getuigenis benadrukt hebben.
9. Het feit dat de mensen Jezus tot koning wilden maken, weerspiegelt de nationalistische gevoelens in het Israël van de eerste eeuw (6:15).
10. Plotselinge, hevige winden komen vaak voor op het Meer van Galilea (6:18).
11. Christus' opdracht om zijn vlees te eten en zijn bloed te drinken zou niet verzonnen worden (6:53).
12. De verwerping van Jezus door veel van zijn discipelen zou ook niet zo snel verzonnen zijn (6:66).
13. De twee overheersende opvattingen over Jezus, namelijk dat hij 'een goed mens' was en dat hij 'het volk misleidde', zouden niet de twee opties zijn die Johannes verzonnen zou hebben (7:12); een latere christelijke schrijver zou waarschijnlijk de opvatting hebben toegevoegd dat Jezus God was.
14. De beschuldiging dat Jezus bezeten was, zou niet snel verzonnen zijn (7:20).
15. Het gebruik van 'Samaritaan' om Jezus te beschimpen sluit

aan bij de vijandigheid tussen Joden en Samaritanen (8:48).

16. Dat Joodse *gelovigen* Jezus wilden stenigen zou niet snel verzonnen zijn (8:31, 59).
17. Archeologisch onderzoek bevestigt het bestaan en de locatie van het badhuis van Siloam (9:7).
18. De angst om door de Farizeeën uit de synagoge gezet te worden, was voor Joden heel reëel; de genezen man belijdt zijn geloof in Jezus ook pas nadat de Farizeeën hem uitgeworpen hebben (9:13-39), wanneer hij niets meer te verliezen heeft. Het verhaal komt authentiek over.
19. Dat de genezen man Jezus een 'profeet' noemt in plaats van iets verheveners suggereert dat het voorval onopgesmukte geschiedenis is (9:17).
20. Tijdens een winterfeest liep Jezus in de zuilengang van Salomo, de enige kant van het tempelterrein waar je beschut was tegen de koude oostenwind (10:22-23); dit deel van het tempelterrein komen we verschillende keren tegen bij Josephus.
21. Vijftien Stadie (een kleine drie kilometer) is precies de afstand van Bethanië naar Jeruzalem (11:18).
22. Gezien de latere vijandigheid tussen christenen en Joden is de positieve beschrijving van Joden die Marta en Maria troosten waarschijnlijk niet verzonnen (11:19).
23. De grafdoeken van Lazarus waren heel gewoon bij Joodse begrafenissen in de eerste eeuw (11:44); zo'n theologisch irrelevant detail zou niet snel opgenomen worden in een verzonnen verhaal.
24. De precieze beschrijving van de samenstelling van het Sanhedrin (11:47); tijdens Jezus' bediening bestond dat hoofdzakelijk uit hogepriesters (voornamelijk Sadduceeërs) en Farizeeën.
25. Kajafas was inderdaad hogepriester dat jaar (11:49); bij Josephus lezen we dat Kajafas dat ambt bekleedde van 18 tot 37 n.Chr.
26. Het obscure, kleine dorpje Efraïm (11:54) bij Jeruzalem

wordt genoemd door Josephus.

27. Het was gebruikelijk dat men zich ceremonieel reinigde in voorbereiding op het Joodse paasfeest (11:55).
28. In de Joodse cultuur werden speciale gasten wel de voeten gezalfd met parfum of olie (12:3); dat Maria Jezus' voeten afveegt lijkt geen verzonnen element (zo'n daad zou gemakkelijk als een seksuele avance kunnen worden opgevat).
29. Joden zwaaiden vaak met palmtakken om militaire overwinningen te vieren of nationale heersers te verwelkomen (12:13).
30. De voetwassing was nodig in het eerste-eeuwse Palestina vanwege het stof en het open schoeisel; dat Jezus deze nederige taak uitvoert zou niet snel verzonnen worden (het was een taak die zelfs Joodse *slaven* niet hoefden te verrichten) (13:4); dat Petrus uit alle macht helemaal gewassen wil worden, past bij zijn impulsieve persoonlijkheid (er is zeker geen reden om dit verzoek te verzinnen).
31. Petrus vraagt Johannes of hij Jezus iets wil vragen (13:24); als dit fictie was, zou er geen reden zijn om dat detail in te voegen: Petrus had het gewoon zelf aan Jezus kunnen vragen.
32. 'De Vader is meer dan ik' zou Johannes niet snel verzonnen hebben (14:28), zeker niet als de godheid van Christus zijn eigen idee was, zoals de critici beweren.
33. De wijnstok als metafoor lag voor de hand in Jeruzalem (15:1); in de buurt van de tempel lagen wijngaarden en volgens Josephus was er in de tempelpoorten een gouden wijnstok uitgesneden.
34. De metafoor van een barende vrouw is typisch Joods; we komen hem ook tegen in de Dode Zeerollen (1QH 11:9-10).
35. De normale Joodse gebedshouding was met de ogen ten hemel gericht (17:1).
36. Jezus' opmerking dat hij zijn woorden van de Vader ontvangen heeft (17:7-8), strookt niet met de theorie dat Johannes de godheid van Christus zelf verzonnen heeft.
37. Er wordt geen specifieke tekst genoemd met betrekking tot

het verraad door Judas; als het verhaal verzonnen of later bewerkt was, zou waarschijnlijk de oudtestamentische tekst waar Jezus naar verwijst wel vermeld zijn (17:12).

38. De naam van de slaaf van de hogepriester (Malchus), wiens oor werd afgehouwen, komt niet over als een verzinsel (18:10).
39. De juiste identificatie van de schoonvader van Kajafas, Annas, die hogepriester was van 6 tot 15 n.Chr. (18:13); dat Jezus naar Annas wordt gebracht, is geloofwaardig vanwege de familieband en het feit dat voormalige hogepriesters een grote invloed behielden.
40. Johannes' claim dat de hogepriester hem kende (18:15), lijkt historisch; het zou zinloos zijn om zoiets te verzinnen, en bovendien zou Johannes de Joodse autoriteiten dan de kans geven om hem als onbetrouwbaar af te schilderen.
41. Annas' vragen over Jezus' leerlingen en leer zijn historisch geloofwaardig; het ligt voor de hand dat Annas bang is voor een opstand en de ondermijning van het Joods godsdienstig gezag (18:19).
42. De vermelding van een familielid van Malchus (de slaaf wiens oor werd afgehouwen) is een detail dat Johannes niet verzonnen zou hebben (18:26); het is van geen enkel theologisch belang en het zou Johannes' geloofwaardigheid alleen maar kunnen schaden als hij fictie als waarheid afschilderde.
43. Er zijn goede historische redenen om te geloven dat Pilatus liever niets te maken had met Jezus (18:28 e.v.): Pilatus moest zowel de Joden als Rome tevreden houden; onrust onder de bevolking kon hem zijn baan kosten (de Joden wisten van zijn tegenstrijdige belangen toen ze hem tergden met de woorden: 'Als u die man vrijlaat bent u geen vriend van de keizer, want iedereen die zichzelf tot koning uitroept pleegt verzet tegen de keizer', 19:12). De Joodse filosoof Philo beschrijft een ander geval waarbij de Joden Pilatus ook met succes onder druk zetten om hun zin door te drijven (*Naar*

Gaius 38.301302).

44. Een stenen oppervlak dat vergelijkbaar is met het Mozaiekterras is aangetroffen bij het fort Antonia (19:13) en vertoont markeringen die er wellicht op wijzen dat soldaten daar spelletjes speelden (zoals bij het loten om Jezus' kleren in 19:24).
45. De uitroep van de Joden 'Wij hebben geen andere koning dan de keizer!' (19:15) zou niet verzonnen zijn gezien de haat van de Joden voor de Romeinen, vooral als Johannes na 70 n.Chr. schreef (Dit is te vergelijken met New Yorkers die verklaren: 'Wij hebben geen andere koning dan Osama bin Laden!')
46. De kruisiging van Jezus (19:17-30) wordt bevestigd in niet-christelijke bronnen als Josephus, Tacitus, Lucianus en de Joodse Talmoed.
47. Veroordeelden droegen meestal hun eigen dwarsbalk (19:17).
48. Josephus bevestigt dat de Romeinen mensen terechtstelden door ze te kruisigen (*De Joodse oorlog* 1.97, 2.305, 7.203); bovendien vond men in 1968 in Jeruzalem een doorboord sprongbeen van een gekruisigde man (meer hierover in hoofdstuk 12).
49. De executieplaats was waarschijnlijk buiten het oude Jeruzalem, zoals Johannes zegt (19:17); zo werd voorkomen dat de heilige Joodse stad werd ontwijd door de aanwezigheid van een lijk (Deut. 21:23).
50. Toen Jezus' zij doorstoken werd, leek er bloed en water uit te vloeien (19:34). Nu weten we dat het hartzakje van een gekruisigde kan vollopen met een waterige vloeistof.[12] Johannes kende deze aandoening waarschijnlijk niet en had dit verschijnsel niet kunnen beschrijven tenzij hij een ooggetuige was geweest of over ooggetuigenverslagen beschikte[13]
51. Josef uit Arimatea (19:38), een lid van het Sanhedrin die Jezus begraaft, lijkt geen verzinsel (meer hierover in het volgende hoofdstuk).

52. Josephus (*Joodse oudheden* 17.199) bevestigt dat men specerijen (19:39) gebruikte voor koninklijke begrafenissen; dit detail suggereert dat Nikodemus er niet op rekende dat Jezus zou opstaan uit de dood, en het geeft ook aan dat Johannes geen latere christelijke geloofselementen in de tekst inlaste.
53. Maria uit Magdala (20:1), die *bezeten* was geweest (Luc. 8:2), zou niet verzonnen zijn als de eerste getuige van het lege graf; vrouwen zouden sowieso niet gebruikt worden als getuigen in een verzonnen verhaal (ook hier komen we later op terug).
54. Maria die Jezus aanziet voor de tuinman (20:15) is niet iets wat een latere schrijver verzonnen zou hebben (zeker niet als de schrijver Jezus wilde verhogen).
55. 'Rabboeni' (20:16), het Aramese woord voor 'meester', lijkt een authentiek detail, want ook dit is niet iets wat een schrijver die Jezus wil verhogen zou verzinnen.
56. Jezus' uitspraak dat hij teruggaat naar 'mijn God, die ook jullie God is' (20:17) zou niet verzonnen zijn door een latere schrijver die uit alle macht Jezus als God wil afschilderen.
57. 153 vissen (21:11) is een theologisch irrelevant detail, maar sluit perfect aan bij de neiging van vissers om hun grote vangsten te tellen en er over op te scheppen.
58. De angst van de discipelen om Jezus te vragen wie hij was (21:12), lijkt geen verzinsel; het getuigt van natuurlijke menselijke verbazing over de verrezen Jezus en wellicht van het feit dat het verheerlijkte lichaam 'anders' was.
59. Jezus' cryptische opmerking over het lot van Petrus is niet duidelijk genoeg om er bepaalde theologische conclusies uit te trekken (21:18); waarom zou Johannes het dan verzinnen?

Deze bijna zestig historisch bevestigde of historisch waarschijnlijke details, gekoppeld aan Johannes' kennis van Jezus' persoonlijke gesprekken, laten er weinig twijfel over bestaan dat Johannes een ooggetuige was of op zijn minst over ooggetuigenverslagen beschikte.

Wij vinden in ieder geval dat het heel wat meer geloof vergt om het evangelie van Johannes *niet* te geloven dan om het wel te geloven.

HISTORISCHE VERIFICATIEMOMENTEN

Laten we even de balans opmaken. Een paar nieuwtestamentische geschriften (Johannes, Lucas en de helft van Handelingen) leveren al meer dan 140 details op die authentiek lijken en waarvan de meeste historisch bevestigd en andere historisch waarschijnlijk zijn. Als we de andere geschriften van het Nieuwe Testament ook zouden bekijken, zouden we waarschijnlijk nog veel meer historische feiten aantreffen. Daarvoor ontbreekt het ons aan tijd en ruimte. Maar wat we in Johannes, Lucas en Handeling gevonden hebben, is al meer dan genoeg om het basisverhaal van het Nieuwe Testament (het leven van Jezus en de vroege geschiedenis van de Gemeente) als historisch te bevestigen.

Maar er zijn nog meer bewijzen. De nieuwtestamentische schrijvers hebben historische verificatiemomenten in hun verslagen aangebracht door te verwijzen naar echte historische figuren en hun daden. *Al met al telt het Nieuwe Testament ten minste dertig figuren die door archeologisch onderzoek of niet-christelijke bronnen zijn bevestigd*[14] (zie tabel 10.1 op de volgende bladzijde).

Matteüs noemt bijvoorbeeld onafhankelijk bevestigde historische figuren zoals Herodes de Grote (2:3) en zijn drie zoons Herodes Archelaüs (2:22), Filippus (14:3) en Herodes Antipas (14:1-11). Matteüs beschrijft ook de man die Herodes Antipas liet ombrengen, Johannes de Doper (hoofdstuk 14, geïntroduceerd in hoofdstuk 3), en de twee vrouwen die hem daartoe aanzetten, Herodias en haar dochter. Marcus vertelt hetzelfde verhaal over Herodes Antipas en Johannes de Doper (6:14 e.v.). En Lucas breidt de Bijbelse informatie over de Herodiaanse geslachtslijn nog uit met de kleinzoon van Herodes de Grote, Agrippa I, de koning die Jakobus, de broer van Johannes, liet ombrengen (Hand. 12), en zijn achterkleinzoon Agrippa II, de koning tegenover wie Paulus getuigde (Hand. 25:13-

26:32).

Pilatus is een prominente figuur in alle vier de evangeliën en wordt genoemd door Paulus.[15] Deze zelfde Pilatus komen we een aantal keer tegen in twee werken van Josephus (*Joodse oudheden* en *De Joodse oorlog*) en wordt in een oude inscriptie genoemd als de prefect (gouverneur) van Judea. Deze archeologische ontdekking werd in 1961 gedaan in de Israëlische kustplaats Caesarea.

Naast Pilatus noemen Matteüs, Lucas en Johannes nog een leider die een hoofdrol speelt in het lijdensverhaal van Jezus: de hogepriester Kajafas, die Jezus ter dood veroordeelde.[16] Kajafas wordt niet alleen door Josephus genoemd, maar in 1990 werden zijn beenderen ontdekt. Deze fantastische archeologische vondst was mogelijk dankzij een oud Joods begrafenisgebruik.

Nieuwtestamentische figuren die vermeld worden door niet-christelijke schrijvers en/of bevestigd worden door archeologisch onderzoek

persoon	NT verwijzing	niet-christelijke bron (-nen)*
Jezus	vele verwijzingen	Josephus, Tacitus, Plinius de Jongere, Phlegon, Thallus, Suetonius, Lucianus, Celsus, Mara Bar-Serapion, de Talmoed
Agrippa I	Hand. 12:1-24	Philo, Josephus
Agrippa II	Hand. 25:13-26:32	munten, Josephus
Ananias	Hand. 23:2, 24:1	Josephus
Annas	Luc 3:2, Joh. 18:13, 24, Hand. 4:6	Josephus
Aretas	2 Kor. 11:32	Josephus
keizer Augustus	Luc. 2:1	Josephus en anderen
Bernice (vrouw van Agrippa II)	Hand. 23:13	Josephus
Claudius	Hand. 11:28, 18:2	Josephus
Drusilla (vrouw van Felix)	Hand. 24:24	Josephus
Egyptische valse profeet	Hand. 21:38	Josephus
Erastus	Hand. 19:22	Inscriptie
Felix	Hand. 23:24-25:14	Tacitus, Josephus
Gallio	Hand. 18:12-17	inscriptie
Gamaliël	Hand. 5:34, 22:3	Josephus
Herodes Antipas	Matt. 14:1-12, Marc. 6:14-29, Luc. 3:1, 23:7-12	Josephus
Herodes Archelaüs	Matt. 2:22	Josephus
Herodes de Grote	Matt. 2:1-19, Luc. 1:5	Tacitus, Josephus
Herodes Filippus I	Matt. 14:3, Marc. 6:17	Josephus
Herodes Filippus II	Matt. 14:1-12, Marc.	Josephus
Herodias	6:14-29	Josephus
Herodias' dochter (Salome)	Luk. 3:1	Josephus
Jakobus	Matt 14:3, Marc. 6:17	Josephus
Johannes de Doper	diverse verwijzingen	Josephus
Judas de Galileeër	diverse verwijzingen	Josephus
Kajafas	Hand. 5:37	ossuarium, Josephus
Lysanias	diverse verwijzingen	inscriptie, Josephus
Pilatus	Luc. 3:1	inscriptie, munten,
Quirinius	diverse verwijzingen	Josephus, Philo, Tacitus
Porcius Festus	Luc. 2:2	Josephus
Sergius Paulus	Hand. 24:27-26:32	Josephus
keizer Tiberius	Hand. 13:6-12	inscriptie
	Luc. 3:1	Tacitus, Suetonius, Paterculus, Dio Cassius, Josephus

**Noot: Dit is geen uitputtend overzicht van niet-christelijke verwijzingen. Deze en/of andere niet-christelijke bronnen kunnen nog meer verwijzingen naar deze nieuwtestamentische figuren bevatten.*

Tabel 10.1

Van ongeveer 20 v.Chr. tot 70 n.Chr. hadden de Joden de gewoonte om belangrijke personen ongeveer een jaar na hun dood op te graven en de stoffelijke resten in een kalkstenen kistje, een zogenaamd ossuarium, te leggen. In een graf ten zuiden van Jeruzalem zijn verschillende van deze ossuaria gevonden, waarvan er één de Aramese inscriptie 'Yehosef bar Kayafa' (Josef zoon van Kajafas) droeg. In het kistje lagen beenderen van een heel gezin: vier jonge mensen, een volwassen vrouw en een zestigjarige man. De man is hoogstwaarschijnlijk voormalig hogepriester Josef Kajafas, dezelfde man die als hogepriester genoemd wordt door Josephus en dezelfde man die volgens het Nieuwe Testament Jezus ter dood veroordeelde.[18] Dus nu hebben we niet alleen niet-christelijke verwijzingen naar de hogepriester tijdens het proces van Jezus, maar we hebben ook nog zijn botten![19]

Zoals tabel 10.1 laat zien, zijn er verschillende andere nieuwtestamentische figuren die buiten het Nieuwe Testament bevestigd worden, zoals Quirinius, Sergius Paulus, Gallio, Felix, Festus, keizer Augustus, keizer Tiberius en Claudius.[20] Hadden de nieuwtestamentische schrijvers nog duidelijker kunnen maken dat ze ooggetuigen waren die geen verhaaltje verzonnen?

HET NIEUWE TESTAMENT: EEN HISTORISCHE ROMAN OF GEROMANTISEERDE HISTORIE?

Ondanks deze ruim 140 ooggetuigendetails en ruim 30 verwijzingen naar echte mensen zou een doorgewinterd scepticus kunnen zeggen: 'Maar dat betekent niet per se dat het Nieuwe Testament waar is. Misschien is het wel een historische roman – fictie in een historische setting – zoiets als een roman van Tom Clancy?'

Er zitten nogal wat haken en ogen aan deze theorie. Ten eerste verklaart ze niet hoe het komt dat niet-christelijke schrijvers onafhankelijk van elkaar een verhaallijn weergeven die correspondeert met het Nieuwe Testament. Als de nieuwtestamentische gebeurtenissen fictief zijn, waarom geven de niet-christelijke schrijvers sommige van die gebeurtenissen dan weer alsof ze echt gebeurd zijn?

Ten tweede kan deze theorie niet verklaren dat de nieuwtestamentische schrijvers zich lieten vervolgen, martelen en ombrengen. Zouden ze dat gedaan hebben voor een verzonnen verhaal? (Meer hierover in het volgende hoofdstuk.)

Ten derde geven schrijvers van historische romans hun hoofdpersonages meestal niet de namen van echte mensen. Anders zouden die echte mensen – met name machtige politieke en godsdienstige personen – het verhaal ontkennen, de geloofwaardigheid van de auteur de grond inboren en hem misschien zelfs straffen. Zoals we gezien hebben, telt het Nieuwe Testament ten minste dertig feitelijke historische figuren die bevestigd zijn door niet-christelijke bronnen, en in veel gevallen gaat het om prominente en machtige leiders.

Ten slotte, aangezien het Nieuwe Testament meerdere onafhankelijke verslagen van deze gebeurtenissen van negen verschillende auteurs bevat, zou de theorie van de historische roman een gigantische samenzwering suggereren over een periode van twintig tot vijftig jaar tussen die negen auteurs, die verspreid over de toenmalige wereld leefden. Dat is ook niet plausibel. Sterker nog, de bewering dat de nieuwtestamentische gebeurtenissen deel uitmaken van een grote samenzwering komt alleen in romans voor. In de echte wereld bezwijken dat soort beweringen onder het gewicht van het bewijs.

HET NIEUWE TESTAMENT: ÉÉN BRON OF VELE?

'Wacht eens even!' sputtert de scepticus misschien tegen. 'Je hebt misschien ooggetuigenverslagen, maar je kunt het Nieuwe Testament niet geloven omdat het maar op één bron gebaseerd is. Er is geen sprake van 'meerdere onafhankelijke verslagen', zoals jullie zeggen!' Dat is een fout die sceptici vaak maken doordat ze geen onderscheid maken tussen de Bijbel als 'religieus boek' en de historische documenten waaruit de Bijbel bestaat.

Als we het over de historiciteit van het Nieuwe Testament hebben, moeten we steeds bedenken dat het Nieuwe Testament dat we in de Bijbel aantreffen een verzameling geschriften is van negen verschillende auteurs. Het is niet geschreven of geredigeerd door één persoon of door de Kerk. Hoewel de nieuwtestamentische schrijvers veelal dezelfde gebeurtenissen beschrijven en mogelijk zelfs uit dezelfde vroegere bronnen putten, hebben we alle reden om aan te nemen dat er door de nieuwtestamentische geschriften verschillende lijnen lopen die gebaseerd zijn op onafhankelijke ooggetuigenverslagen.

Hoe weten we dat we onafhankelijke ooggetuigenverslagen hebben? Ten eerste omdat de belangrijkste schrijvers vroeg en uniek materiaal gebruiken dat alleen ooggetuigen kunnen weten en ten tweede omdat hun verslagen dezelfde gebeurtenissen beschrijven maar op details van elkaar afwijken. Waarom zijn afwijkende details belangrijk? Als de verslagen allemaal uit één bron of van één enkele redacteur kwamen, zouden de details juist met elkaar harmoniëren. Wanneer vroege verslagen hetzelfde basisverhaal vertellen, maar op details van elkaar afwijken, concluderen historici terecht dat ze te maken hebben met onafhankelijke ooggetuigenverslagen van feitelijke historische gebeurtenissen (historische test nr. 3 van blz. 290-291). Het verhaal kan onmogelijk verzonnen zijn, want onafhankelijke bronnen zouden nooit hetzelfde verhaal kunnen bedenken.

Op basis van deze criteria weten we dat Johannes en Marcus onafhankelijk zijn en weten we dat Lucas en Matteüs voldoende van Marcus en van elkaar verschillen om eveneens het product van onafhankelijke getuigenissen te zijn. Het nieuwtestamentisch basisverhaal heeft dus ten minste vier onafhankelijke bronnen, en met Paulus (1 Kor. 15:8) en Petrus (1 Petr. 1:21) erbij zijn er ten minste zes onafhankelijke bronnen voor de opstanding.

Zes weldenkende, nuchtere ooggetuigen die hun getuigenis zelfs niet herroepen als ze met de dood worden bedreigd, zouden wie dan ook van wat dan ook overtuigen in een rechtszaak (zelfs zonder alle andere bewijzen die het nieuwtestamentische verhaal staven). Zulke ooggetuigenverslagen dwingen een oordeel af dat boven redelijke twijfel verheven is. Meer zekerheid over de historische betrouwbaarheid kun je niet krijgen wanneer je niet zelf ooggetuige van de gebeurtenissen bent geweest.

SAMENVATTING EN CONCLUSIE

1. In hoofdstuk 9 zagen we:
    a. De nieuwtestamentische geschriften zijn van vroege datum en bevatten zelfs materiaal uit nog vroegere bronnen.
    b. Minstens tien oude niet-christelijke schrijvers binnen 150 jaar na Jezus' leven geven informatie over hem, en hun verwijzingen vormen samen een verhaallijn die overeenstemt met het Nieuwe Testament.
2. Uit dit hoofdstuk concluderen wij:
    a. Het Nieuwe Testament bevat ten minste vier tot zes lijnen van *vroege, onafhankelijke ooggetuigeverslagen*. We trekken die conclusie omdat:
        i. De belangrijkste nieuwtestamentische schrijvers beschrijven dezelfde gebeurtenissen maar wijken op details van elkaar af.
        ii. Ze noemen ten minste dertig historische figuren die bevestigd zijn door oude niet-christelijke schrijvers en diverse archeologische vondsten.
        iii. Lucas kruidt de tweede helft van Handelingen met ten minste 84 historisch bevestigde ooggetuigendetails en noemt er ook nog een aantal in zijn evangelie.
        iv. Lucas' bewezen geloofwaardigheid bevestigt die van Matteüs en Marcus, want ze beschrijven hetzelfde basisverhaal.
        v. In het evangelie van Johannes vinden we ten minste 59 historisch bevestigde of historisch waarschijnlijk ooggetuigendetails.

vi. Paulus en Petrus geven ons het vijfde en zesde geschreven ooggetuigenverslag van de opstanding.

b. Omdat deze vroege, onafhankelijke ooggetuigenverslagen binnen één generatie vanaf de gebeurtenissen te plaatsen zijn, kunnen de gebeurtenissen in het Nieuwe Testament niet als legendarisch worden beschouwd.

Het staat dus buiten kijf dat het Nieuwe Testament op echte historische gebeurtenissen berust. *Het komt erop neer dat een scepticus een heleboel geloof moet hebben om te geloven dat het Nieuwe Testament verzonnen is.*

Maar er zijn nog andere zaken die onze aandacht vragen voordat we definitief kunnen concluderen dat het Nieuwe Testament historisch betrouwbaar is. Hoe weten we bijvoorbeeld dat de ooggetuigen hun verhaal niet aangedikt of verfraaid hebben? Die vraag komt in het volgende hoofdstuk aan bod.

11

DE TIEN VOORNAAMSTE REDENEN WAAROM WE WETEN DAT DE NIEUWTESTAMENTISCHE SCHRIJVERS DE WAARHEID VERTELDEN

> 'Waarom zouden de apostelen liegen?... Als ze logen, wat waren dan hun motieven, wat leverde het hun op? Ze werden verkeerd begrepen, met de nek aangekeken, vervolgd, gemarteld en gedood – dat leverde het hun op. Niet echt een aanlokkelijk vooruitzicht!'
>
> PETER KREEFT

We hebben ijzersterke bewijzen gezien dat de grote nieuwtestamentische geschriften geschreven zijn door ooggetuigen en hun tijdgenoten binnen een tijdsbestek van 15 tot 40 jaar na de dood van Jezus. Bovendien worden ze bevestigd door niet-christelijke bronnen en door archeologisch bewijs, en we weten vrijwel zeker dat het Nieuwe Testament op historische feiten berust. Maar hoe weten we dat de auteurs de dingen die ze zagen niet overdreven of verfraaiden? Er zijn ten minste tien redenen waarom we er gerust van uit kunnen gaan dat de nieuwtestamentische schrijvers geen loopje namen met de feiten.

1. De nieuwtestamentische schrijvers vermelden pijnlijke details over zichzelf

Historici kunnen nagaan of een auteur de waarheid vertelt door zijn woorden te toetsen aan 'het principe van de pijnlijkheid' (historische test nr. 7 op blz. [???]). Dit principe gaat ervan uit dat details die pijnlijk zijn voor de auteur waarschijnlijk waar zijn. Waarom? Omdat de meeste auteurs geneigd zijn alles weg te laten wat hen in een slecht daglicht plaatst.

Hoe is het in dit opzicht met het Nieuwe Testament gesteld? Laten we het zo zeggen: als jij en je vrienden een verhaal verzonnen dat jullie voor waargebeurd wilden laten doorgaan, zouden jullie jezelf dan afschilderen als domme, gevoelloze, berispte, twijfelende lafaards? Natuurlijk niet. Maar dat is nu precies wat we aantreffen in het Nieuwe Testament. De mensen die een groot deel van het Nieuwe Testament schreven, zijn personages (of vrienden van personages) in het verhaal, en vaak zetten ze zichzelf neer als volslagen debielen:

- Ze zijn dom: menigmaal begrijpen ze niet wat Jezus zegt (Marc. 9:32, Luc. 18:34, Joh. 12:16).
- Ze zijn gevoelloos: ze vallen tot twee keer toe in slaap als Jezus hun vraagt te bidden (Marc. 14:32-41). De nieuwtestamentische schrijvers geloven later dat Jezus de God-mens is, en toch geven ze toe dat ze twee keer in slaap vielen toen zijn nood het grootst was! Bovendien doen ze geen moeite om hun vriend een correcte begrafenis te geven, maar schrijven ze dat Jezus begraven werd door Jozef van Arimatea, een lid van het Joodse sanhedrin, de raad die Jezus nota bene ter dood had veroordeeld.
- Ze worden berispt: Petrus wordt 'satan' genoemd door Jezus (Marc. 8:33), en Paulus berispt Petrus inzake een theologische kwestie. Paulus schrijft: 'Toen Kefas in Antiochië was, heb ik me openlijk tegen hem verzet, want zijn gedrag was verwerpelijk' (Gal. 2:11). Petrus was een van de pijlers van de vroege kerk, en desondanks tekent Paulus in de Schrift op dat Petrus fout zat!
- Ze zijn laf: alle discipelen op één na verbergen zich als Jezus naar het kruis gaat. Petrus verloochent hem zelfs driemaal nadat hij uitdrukkelijk had beloofd: 'Misschien zal iedereen u afvallen, ik nooit!' (Matt. 26:33-35). En terwijl de mannen zich

verborgen houden uit angst voor de Joden, laten de dappere vrouwen Jezus niet in de steek, en zij ontdekken als eersten het lege graf.

- Ze twijfelen: hoewel Jezus hun verschillende keren verteld had dat hij zou opstaan uit de dood (Joh. 2:18-22, 3:14-18, Matt. 12:39-41, 17:9, 22-23), twijfelen de discipelen als ze horen dat hij opgestaan is. Sommige twijfelen zelfs nog *nadat* ze de opgestane Jezus hebben gezien (Matt. 28:17)!

Zeg eens eerlijk: als jij een nieuwtestamentische schrijver was, zou jij deze pijnlijke details dan vermeld hebben als je een verhaal aan het verzinnen was? Zou jij opschrijven dat een van je voornaamste leiders 'satan' werd genoemd door Jezus, de Heer driemaal verloochende, zich verborg tijdens de kruisiging en later gecorrigeerd werd inzake een theologische kwestie? Zou jij jezelf en je vrienden afschilderen als gevoelloze, stuntelende lafaards, en de vrouwen – die niet eens mochten getuigen voor de rechtbank – als degenen die Jezus dapper steunden en later het lege graf ontdekten? Zou jij toegeven dat sommigen van jullie (de elf overgebleven discipelen) aan de Zoon van God zelf twijfelden *nadat* hij als de Opgestane aan jullie allemaal verschenen was? Natuurlijk niet.

Wat denk je dat de nieuwtestamentische schrijvers gedaan zouden hebben als ze een verzonnen verhaal op schrift stelden? Dat weet je heel goed: ze zouden hun onbekwaamheid, hun lafheid, de berispingen, de drie verloocheningen en hun theologische problemen weggelaten hebben en zichzelf afgeschilderd hebben als onverschrokken gelovigen die Jezus door dik en dun steunden en die zondagochtend vol vertrouwen tussen de Romeinse wachters door naar het graf togen, waar de opgestane Jezus hen opwachtte om hen te geluk te wensen met hun grote geloof! De mannen die het verhaal schreven, zouden ook zeggen dat *zij* de opgestane Jezus aan de *vrouwen* verkondigden, die degenen waren die zich verborgen hielden uit angst voor de Joden. En als het verhaal verzonnen was, zou er natuurlijk geen enkele discipel zijn die op enig moment twijfelde (zeker niet nadat Jezus was opgestaan).

Kortom, *wij hebben niet genoeg geloof om te geloven dat de nieuwtestamentische schrijvers al die pijnlijke details verwerkten in een verzonnen verhaal.* De beste verklaring is dat ze werkelijk de waarheid vertelden, zonder verfraaiing.

2. De nieuwtestamentische schrijvers vermelden pijnlijke details en moeilijke uitspraken van Jezus

De nieuwtestamentische schrijvers zijn ook eerlijk over Jezus. Ze vermelden niet alleen gênante details over zichzelf, maar ze vermelden ook pijnlijke details over hun leider, Jezus, die hem in een negatief daglicht lijken te plaatsen. Jezus:

- heeft volgens zijn moeder en broers (zijn eigen familie), die hem komen halen om hem mee naar huis te nemen, zijn verstand verloren (Marc. 3:21, 31);
- wordt niet geloofd door zijn eigen broers (Joh. 7:5);
- wordt gezien als een misleider (Joh. 7:12);
- wordt de rug toegekeerd door veel van zijn volgelingen (Joh. 6:66);
- jaagt 'Joden die in hem geloofden' (Joh. 8:30-31) zo tegen zich in het harnas dat ze hem willen stenigen (v. 59);
- wordt een 'dronkaard' genoemd (Matt. 11:19);
- wordt 'bezeten' genoemd (Marc. 3:22, Joh. 7:20, 8:48);
- wordt 'gek' genoemd (Joh. 10:20);
- laat toe dat een prostituee zijn voeten afdroogt met haar haar (een handeling die uitgelegd kon worden als een seksuele toenaderingspoging – Luc. 7:36-39);
- wordt gekruisigd door de Joden en Romeinen, ondanks het feit dat 'op een gehangene…Gods vloek [rust]' (Deut. 21:23, vgl. Gal. 3:13).

Dit is bepaald geen lijst met voorvallen en eigenschappen die de nieuwtestamentische schrijvers zouden uitkiezen als ze Jezus wilden afschilderen als de volmaakte, zondeloze God-mens. Ook stroken deze eigenschappen niet met de Joodse verwachting dat de

Messias de Joden zou komen bevrijden van politieke onderdrukking. Sterker nog, volgens hun eigen toenmalige Bijbel (het Oude Testament) was Jezus vervloekt door God omdat hij aan een hout hing! De beste verklaring voor deze pijnlijke details is dat ze werkelijk plaatsvonden en dat de nieuwtestamentische schrijvers de waarheid vertellen.

Naast de pijnlijke details zijn er verschillende moeilijke uitspraken die toegeschreven worden aan Jezus, die de nieuwtestamentische schrijvers nooit zouden hebben vermeld in een verhaal dat ze verzonnen om Jezus als God voor te stellen. In het Nieuwe Testament lezen we bijvoorbeeld dat Jezus:

- verklaart: 'De Vader is meer dan ik' (Joh. 14:28);
- schijnbaar een onjuiste voorspelling doet als hij zegt dat hij binnen een generatie zal terugkeren naar de aarde (Matt. 24:34);
- vervolgens over zijn wederkomst zegt dat niemand het moment weet, 'ook de hemelse engelen en de Zoon niet' (Matt. 24:36);
- schijnbaar zijn goddelijkheid ontkent als hij aan de rijke jongeling vraagt: 'Waarom noemt u mij goed? Niemand is goed, alleen God' (Luc. 18:19);
- een vijgenboom vervloekt omdat hij geen vijgen draagt terwijl het niet eens het seizoen voor vijgen was (Matt. 21:18 e.v.);
- kennelijk geen wonderen kan doen in zijn woonplaats, behalve dat hij een paar zieken geneest (Marc. 6:5).

Als de nieuwtestamentische schrijvers tegenover iedereen wilden bewijzen dat Jezus God was, waarom lieten ze deze moeilijke uitspraken die tegen zijn goddelijkheid lijken te pleiten, dan niet weg uit hun verhaal?

Bovendien doet Jezus een bewering die wel heel morbide overkomt: 'Waarachtig, ik verzeker u: als u het lichaam van de Mensenzoon niet eet en zijn bloed niet drinkt, hebt u geen leven in u' (Joh. 6:53). Na die moeilijke uitspraak zegt Johannes: 'Toen trokken veel leerlingen zich terug en gingen niet verder met hem mee' (Joh. 6:66). Aangezien de nieuwtestamentische schrijvers deze vreemde uitspraak en ongunstige reactie niet zouden hebben verzonnen, moet hij wel authentiek zijn.

Hoewel er plausibele verklaringen zijn voor deze moeilijke uitspraken,[1] is het niet logisch dat de nieuwtestamentische schrijvers ze in hun verhaal zouden hebben opgenomen als ze leugens voor waarheid probeerden te laten doorgaan. (Het is sowieso niet logisch dat ze een personage als Jezus zouden verzinnen. Een zwakke, stervende Messias – een offerlam – is het tegenovergestelde van een door mensen bedachte held.) Opnieuw is de beste verklaring dat de nieuwtestamentische schrijvers geen loopje namen met de feiten, maar uiterst accuraat te werk gingen bij het optekenen van wat Jezus zei en deed.

3. De nieuwtestamentische schrijvers vermelden veeleisende uitspraken van Jezus

Als de nieuwtestamentische schrijvers een verhaal verzonnen, was het in elk geval geen verhaal dat hun het leven gemakkelijker maakte. Deze Jezus hanteerde een aantal zeer hoge maatstaven. De Bergrede wekt bijvoorbeeld niet de indruk dat hij door mensen bedacht is:

- 'En ik zeg zelfs: iedereen die naar een vrouw kijkt en haar begeert, heeft in zijn hart al overspel met haar gepleegd' (Matt. 5:28).
- 'En ik zeg jullie: ieder die zijn vrouw verstoot, drijft haar tot overspel – tenzij er sprake was van een ongeoorloofde verbintenis; en ook wie trouwt met een verstoten vrouw, pleegt overspel' (Matt. 5:32).
- 'En ik zeg jullie je niet te verzetten tegen wie kwaad doet, maar wie je op de rechterwang slaat, ook de linkerwang toe te keren. Als iemand een proces tegen je wil voeren en je onderkleed van je wil afnemen, sta hem dan ook je bovenkleed af. En als iemand je dwingt één mijl met hem mee te gaan, loop er dan

twee met hem op. Geef aan wie iets van je vraagt, en keer je niet af van wie geld van je wil lenen' (Matt. 5:39-42).
- 'En ik zeg jullie: heb je vijanden lief en bid voor wie jullie vervolgen, alleen dan zijn jullie werkelijk kinderen van je Vader in de hemel' (Matt. 5:44-45).
- 'Wees dus volmaakt, zoals jullie hemelse Vader volmaakt is' (Matt. 5:48).
- 'Verzamel voor jezelf geen schatten op aarde: mot en roest vreten ze weg en dieven breken in om ze te stelen. Verzamel schatten in de hemel, daar vreten mot noch roest ze weg, daar breken geen dieven in om ze te stelen. Waar je schat is, daar zal ook je hart zijn' (Matt. 6:19-21).
- 'Oordeel niet, opdat er niet over jullie geoordeeld wordt. Want op grond van het oordeel dat je velt, zal er over je geoordeeld worden, en met de maat waarmee je meet, zal jou de maat genomen worden' (Matt. 7:1-2).

Al deze geboden zijn moeilijk of onmogelijk te houden door mensen en lijken haaks te staan op de natuurlijke belangen van de mensen die ze optekenden. Ze gaan in ieder geval lijnrecht in tegen de verlangens van veel mensen die nu leven en die een godsdienst van spiritualiteit zonder morele eisen willen. Laten we even stilstaan bij het extreme karakter en de onwenselijke implicaties van deze geboden:

- Als denken aan een zonde al zondig is, dan is iedereen – inclusief de nieuwtestamentische schrijvers – schuldig.
- Met zulke strenge maatstaven voor scheiden en hertrouwen lijken de aardse belangen van de mannen die deze uitspraak optekenden niet gediend.
- Het gaat tegen onze menselijke aard in om ons niet te verzetten tegen de beledigingen van een boosaardig persoon. Bovendien creëert dit gebod een lastige gedragsnorm voor de apostelen, die vervolgd werden toen deze uitspraak werd opgetekend.

- Bidden voor onze vijanden gaat veel verder dan enig andere ethische norm die ooit onder woorden is gebracht en vereist vriendelijkheid waar haat de natuurlijke reactie zou zijn.
- Geen rijkdommen vergaren gaat in tegen onze diepste behoeften aan tijdelijke zekerheid.
- Volmaaktheid is niet haalbaar voor onvolmaakte mensen.
- Niet oordelen tenzij ons eigen leven op orde is, gaat in tegen onze natuurlijke neiging om op fouten van anderen te wijzen.

Deze geboden zijn duidelijk geen geboden die mensen zichzelf zouden opleggen. Wie kan aan zulke maatstaven voldoen? Alleen een volmaakt persoon. Misschien is dat wel juist de strekking ervan.

4. De nieuwtestamentische schrijvers maken zorgvuldig onderscheid tussen Jezus' woorden en die van henzelf

Hoewel het eerste-eeuwse Grieks geen aanhalingstekens kende, gaven de nieuwtestamentische schrijvers heel duidelijk aan welke woorden van Jezus waren. De meeste Bijbeledities waarin Jezus' woorden rood gedrukt staan zijn identiek, waaruit blijkt dat de nieuwtestamentische schrijvers het de lezer bijzonder gemakkelijk maakten om te zien wat Jezus zei en wat hij niet zei.

Waarom halen we dit aan als bewijs van hun betrouwbaarheid? Omdat de nieuwtestamentische schrijvers heel gemakkelijk eersteeeuwse theologische twistpunten hadden kunnen beslechten door Jezus woorden in de mond te leggen. Als jij het 'verhaal van het christendom' aan het verzinnen was en het voor de waarheid wilde laten doorgaan, zou je dan niet gewoon nog een stel citaten van Jezus bedenken om koppige mensen te overtuigen van jouw gelijk? Denk je eens in hoe makkelijk ze een einde hadden kunnen maken aan alle discussie over omstreden kwesties als de besnijdenis, gehoorzaamheid aan de Wet van Mozes, spreken in tongen, vrouwen in de gemeente enzovoort, door gewoon citaten van Jezus te verzinnen!

Ondanks de eindeloze ergernis met sommige vroege gelovigen doen de nieuwtestamentische schrijvers dat nooit. In plaats van op hun strepen te gaan staan, lijkt het erop dat de nieuwtestamentische schrijvers altijd trouw bleven aan wat Jezus had gezegd en niet had gezegd. Paulus, de man die bijna de helft van de nieuwtestamentische boeken schreef (ten minste 13 van de 27) en zich met de meeste van die controversiële problemen in de gemeente bezighield, ging nooit op zijn strepen staan. En een van de weinige keren dat hij Jezus citeert, maakt hij heel uitdrukkellijk onderscheid tussen zijn eigen woorden van die van Jezus (1 Kor. 7:10-12).

Waarom zou Paulus zo zorgvuldig zijn geweest als hij niet de waarheid sprak? Ook hier is de beste verklaring voor de nauwkeurigheid van de nieuwtestamentische schrijvers dat ze werkelijk de waarheid vertelden.

5. De nieuwtestamentische schrijvers vermelden gebeurtenissen met betrekking tot de opstanding die ze nooit zouden hebben verzonnen

Naast de pijnlijke details over zichzelf en Jezus beschrijven de nieuwtestamentische schrijvers ook gebeurtenissen met betrekking tot de opstanding die ze niet in het verhaal verwerkt zouden hebben als ze het verzonnen hadden. Voorbeelden hiervan zijn:

De begrafenis van Jezus – De nieuwtestamentische schrijvers vermelden dat Jezus begraven werd door Josef van Arimatea, een lid van het sanhedrin, de Joodse raad die Jezus ter dood veroordeeld had wegens godslastering. Dit is geen gebeurtenis die ze verzonnen zouden hebben. Waarom zouden ze, gezien de wrok die sommige christenen tegen de Joodse autoriteiten koesterden, een lid van het sanhedrin in zo'n positief licht plaatsen? En waarom zouden ze Jezus in het graf van een Joodse gezagsdrager leggen? Want als Josef Jezus niet echt begraven had, hadden de Joodse vijanden van het christendom het verhaal gemakkelijk onderuit kunnen halen. Maar de Joden hebben het verhaal nooit ontkend, en er is nooit een alternatief verslag van de begrafenis gevonden.

De eerste getuigen – Volgens alle vier de evangeliën waren vrouwen de eerste getuigen van het lege graf en de eersten die hoorden dat Jezus was opgestaan. Een van die vrouwen was Maria Magdalena, van wie Lucas toegeeft dat ze bezeten was geweest (Luc. 8:2). In een verzonnen verhaal zou dat nooit vermeld zijn. Afgezien van het feit dat een ex-bezetene een dubieuze getuige zou zijn, golden *vrouwen* in het algemeen niet als betrouwbare getuigen in die eerste-eeuwse cultuur. Voor een rechtbank legde het getuigenis van een vrouw geen enkel gewicht in de schaal. Dus als je in de eerste eeuw een opstandingsverhaal verzon, zou je geen vrouwelijke getuigen gebruiken, maar jezelf en je vrienden – de dappere mannen – als eersten het lege graf en de opgestane Jezus laten ontdekken. Door het getuigenis van vrouwen – vooral bezeten vrouwen – aan te halen, zou je alleen maar je eigen glazen ingooien.[2]

De bekering van priesters – 'Waarom verscheen de opgestane Jezus niet aan de Farizeeën?' een veelgehoorde vraag van sceptici. Het antwoord is misschien dat het niet nodig was. Men vergeet vaak dat veel priesters in Jeruzalem tot geloof kwamen. Lucas schrijft: 'Het woord van God vond steeds meer gehoor, zodat het aantal leerlingen in Jeruzalem sterk groeide; ook *een grote groep priesters aanvaardde het geloof*' (Hand. 6:7). Deze priesters brachten later een controverse teweeg in de gemeente te Jeruzalem. Tijdens een bijeenkomst waar Petrus, Paulus, Jakobus en andere oudsten aanwezig waren, '[gaven] enkele gelovigen die tot de partij van de Farizeeën behoorden... echter te verstaan dat ook de niet-Joodse gelovigen dienden te worden besneden en opdracht moesten krijgen zich aan de wet van Mozes te houden' (Hand. 15:5).

De zaak werd uiteindelijk opgelost, maar waar het ons hier om gaat, is dat Lucas deze details zou hebben weggelaten als ze verzonnen waren. Waarom? Omdat iedereen geweten zou hebben dat Lucas een bedrieger was als er onder de Farizeeën geen belangrijke bekeerlingen waren geweest. Theofilus en andere eerste-eeuwse lezers zouden het geweten hebben – of hadden er gemakkelijk achter kunnen komen – of zulke bekeerlingen echt bestonden. En de Farizeeën natuurlijk ook. Waarom zou Lucas hun een makkelijke manier aanreiken om zijn leugens te ontmaskeren. Als je leugens voor waarheid probeert te laten doorgaan, ga je het je vijanden immers niet gemakkelijk maken om je verhaal onderuit te halen. Farizese bekeerlingen en Josef van Arimatea waren twee onnodige details die, als ze niet juist waren, Lucas volledig ontmaskerd zouden hebben. En het verhaal van Josef zou niet alleen Lucas, maar ook de andere evangelisten ontmaskerd hebben, want ze beschrijven allemaal dezelfde begrafenisgeschiedenis.

De verklaring van de Joden – De Joodse verklaring voor het lege graf vinden we in het laatste hoofdstuk van Matteüs:

> Terwijl de vrouwen onderweg waren, gingen enkele van de bewakers naar de stad. Daar vertelden ze de hogepriesters alles wat er gebeurd was. Die vergaderden met de oudsten en besloten de soldaten een flinke som geld te geven en hun op te dragen: 'Zeg maar: "Zijn leerlingen zijn 's nachts gekomen en hebben hem heimelijk weggehaald terwijl wij sliepen." En mocht dit de prefect ter ore komen, dan zullen wij hem wel bepraten en ervoor zorgen dat jullie buiten schot blijven.' Ze namen het geld aan en deden zoals hun was opgedragen. En tot op de dag van vandaag doet dit verhaal onder de Joden de ronde (Matt. 28:11-15).

Matteüs geeft heel duidelijk aan dat zijn lezers al op de hoogte zijn van deze Joodse verklaring voor het lege graf, want hij schrijft: 'En tot op de dag van vandaag doet dit verhaal onder de Joden de ronde.' Matteüs' lezers (en zeker de Joden zelf) zouden dus weten of hij al dan niet de waarheid vertelde. Als Matteüs het verhaal over het lege graf verzon, waarom zou hij het zijn lezers dan zo gemakkelijk maken om zijn leugens te ontmaskeren? De enige plausibele verklaring is dat het graf werkelijk leeg was en dat de Joodse vijanden van het christendom daadwerkelijk die specifieke verklaring voor het lege graf verspreidden. (Justinus Martyr en Tertullianus schreven, respectievelijk in 150 en 200 n.Chr., dat de Joodse autoriteiten dit verhaal dat het lichaam gestolen was ook tijdens de tweede eeuw volhielden. In het volgende hoofdstuk bespreken we de problemen die aan deze theorie kleven.[3]

6. De nieuwtestamentische schrijvers vermelden ruim dertig historisch bevestigde personen in hun geschriften

Dit is een essentieel punt dat best nog eens benadrukt mag worden. De nieuwtestamentische geschriften kunnen niet verzonnen zijn, omdat ze te veel historisch bevestigde personen bevatten (zie tabel 10.1, in hoofdstuk 10). De nieuwtestamentische schrijvers zouden hun geloofwaardigheid bij hun toenmalige lezerspubliek verspeeld hebben als ze een verhaal hadden verzonnen met echt bestaande personages, vooral als dat beruchte en machtige mensen waren. De nieuwtestamentische schrijvers hadden nooit kunnen wegkomen met regelrechte leugens over Pilatus, Kajafas, Festus, Felix en de hele Herodiaanse geslachtslijn. Iemand zou ze ontmaskerd hebben als ze gesuggereerd hadden dat deze personen direct betrokken waren geweest bij gebeurtenissen die nooit hadden plaatsgevonden. Dat wisten de nieuwtestamentische schrijvers, en ze zouden nooit zoveel prominente, echt bestaande personen hebben opgenomen in een verzonnen verhaal dat bedoeld was om mensen te misleiden. Opnieuw is de beste verklaring dat de nieuwtestamentische schrijvers zorgvuldig datgene optekenden wat ze zagen.

7. De nieuwtestamentische schrijvers wijken op verschillende punten van elkaar af

Critici halen altijd graag de schijnbaar tegenstrijdige verslagen van de evangelisten aan als bewijs dat de evangeliën geen betrouwbare informatie bevatten. Matteüs zegt bijvoorbeeld dat er één engel bij het graf van Jezus was, terwijl Johannes er twee noemt. Is dat geen tegenstrijdigheid die funest is voor de geloofwaardigheid van deze verslagen? Nee, het tegendeel is waar: het feit dat de schrijvers op bepaalde punten van elkaar afwijken, bevestigt juist dat dit ooggetuigenverslagen zijn. Hoezo?

Allereerst willen we erop wijzen dat de verslagen over de engelen niet tegenstrijdig zijn. Matteüs zegt niet dat er *maar* één engel bij het graf was. De criticus moet een woord toevoegen aan het verslag van Matteüs voordat het tegenstrijdig is met dat van Johannes.[4]]

Maar waarom noemde Matteüs maar één engel als er in werkelijkheid twee waren? Om dezelfde reden dat twee verschillende krantenjournalisten die dezelfde gebeurtenis verslaan, verschillende details in hun verhaal vermelden. Twee onafhankelijke ooggetuigen zien zelden dezelfde details en zullen een gebeurtenis nooit in precies dezelfde bewoordingen beschrijven. Ze zullen het over dezelfde grote gebeurtenis hebben (bijv. Jezus stond op uit de dood), maar op details misschien van elkaar afwijken (bijv. hoeveel engelen er bij het graf waren). Als een rechter twee getuigen verhalen hoort afsteken die woordelijk overeenkomen, wat denkt hij dan terecht? Dat de getuigen onder één hoedje spelen en de verhalen van tevoren op elkaar hebben afgestemd.

Het is dus volkomen normaal dat Matteüs en Johannes van elkaar verschillen – ze geven allebei ooggetuigenverslagen weer. Misschien noemde Matteüs alleen de engel die sprak (Matt. 28:5), terwijl Johannes beschreef hoeveel engelen Maria zag (Joh. 20:12). Of misschien trad de ene engel meer op de voorgrond dan de andere. We weten het niet met zekerheid. We weten alleen dat zulke verschillen normaal zijn onder ooggetuigen.

Uit de vele afwijkende details in het Nieuwe Testament blijkt duidelijk dat de nieuwtestamentische schrijvers de koppen niet bij elkaar hebben gestoken om hun verslagen op elkaar af te stemmen. Dat betekent dat ze zeker geen leugens voor waarheid probeerden te laten doorgaan. Want als ze het verhaal van het Nieuwe Testament verzonnen, zouden ze de koppen bij elkaar hebben gestoken om ervoor te zorgen dat ze één lijn trokken. Maar van een dergelijke harmonisatie is duidelijk geen sprake, en dat bevestigt het authentieke ooggetuigenkarakter van het Nieuwe Testament en de onafhankelijkheid van elke schrijver.

Ironisch genoeg zijn het niet de boeken van het Nieuwe Testament die elkaar tegenspreken, maar de critici. Aan de ene kant beweren de critici dat de synoptische evangeliën (Matteüs, Marcus en Lucas) te veel overeenkomen om onafhankelijke bronnen te zijn. Aan de andere kant beweren ze dat ze te veel van elkaar afwijken om waar te zijn. Wat is het nou? Komen ze te veel overeen of wijken ze te veel van elkaar af?

Volgens ons zijn ze precies in balans. Ze komen namelijk voldoende overeen en wijken voldoende van elkaar af (maar niet te veel) juist *omdat* het onafhankelijke ooggetuigenverslagen van dezelfde gebeurtenissen zijn. Van drie onafhankelijke krantenberichten over dezelfde gebeurtenis verwacht je inderdaad dat ze op de belangrijke punten overeenstemmen en op sommige onbelangrijke punten van elkaar afwijken.

Als je ons niet gelooft, moet je vandaag maar eens op internet drie onafhankelijke berichten over een bepaalde gebeurtenis in het nieuws opzoeken. Kies een bericht van AP, één van Reuters en misschien één van UPI of een onafhankelijke verslaggever. Alle drie de verhalen zullen dezelfde belangrijke feiten bevatten, maar op minder belangrijke punten mogelijk van elkaar afwijken. In de meeste gevallen zullen de verslagen elkaar aanvullen in plaats van tegenspreken.

Als bijvoorbeeld drie nieuwsbronnen een bezoek van de Amerikaanse president aan een ander land verslaan, zullen de berichten allemaal het land correct aanduiden, maar krijgen mogelijk verschillende details de nadruk. Als de president volgens het ene bericht een ontmoeting had met de premier van Groot-Brittannië, en als hij volgens een ander bericht een ontmoeting had met de premier in een vertrek met marmeren pilaren, spreken die twee berichten elkaar dan tegen? Nee, ze vullen elkaar aan. Het tweede bericht spreekt het eerste niet tegen, maar voegt er alleen iets aan toe.

Zo zijn ook alle evangeliën het eens over hetzelfde belangrijke feit: Jezus stond op uit de dood. Ze bevatten alleen verschillende aanvullende details. En zelfs als men een paar minder belangrijke details zou kunnen vinden waarin de evangeliën van elkaar afwijken, zou dat nog niet bewijzen dat de opstanding verzonnen is. De leer dat de Bijbel geen enkel foutje bevat, zou dan misschien in het gedrang komen, maar je zou er niet uit kunnen afleiden dat de belangrijke gebeurtenis niet heeft plaatsgevonden.

Simon Greenleaf, de Harvardprofessor in de rechten die een standaardwerk schreef over de aard van juridisch bewijs, schreef zijn eigen bekering tot het christendom toe aan zijn zorgvuldig onderzoek van de getuigenissen in de evangeliën. Als iemand de kenmerken van authentieke ooggetuigenverslagen kende, dan Greenleaf wel. Hij concludeerde dat de vier evangeliën 'door elke rechtbank zonder de minste aarzeling als bewijs geaccepteerd zouden worden.'[5]

Het komt hierop neer: overeenstemming op de belangrijke punten en verschil op de minder belangrijke is kenmerkend voor ooggetuigenverslagen, en dat is nu precies wat we bij de nieuwtestamentische geschriften zien.

8. De nieuwtestamentische schrijvers dagen hun lezers uit om verifieerbare feiten na te trekken, zelfs feiten met betrekking tot wonderen

We hebben al gezien dat de nieuwtestamentische schrijvers een aantal keer hun betrouwbaarheid betuigen tegenover hun lezers. Voorbeelden hiervan zijn de opmerkingen van Lucas gericht aan Theofilus (Luc. 1:1-4), de claim van Petrus dat ze geen vernuftige verzinsels zijn nagevolgd, maar de grootheid van Christus met eigen ogen hebben gezien (2 Petr. 1:16), de vrijmoedige verklaring van Paulus tegenover Festus en koning Agrippa over de opgewekte Christus (Handelingen 26), en Paulus' verwoording van een vroege geloofsbelijdenis waarin meer dan 500 ooggetuigen van de opgestane Christus worden genoemd (1 Korintiërs 15).

Daarnaast zegt Paulus iets tegen de Korintiërs wat hij nooit zou zeggen als het niet waar was. In zijn tweede brief aan de Korintiërs beweert Paulus dat hij in het verleden wonderen onder hen gedaan heeft. Sprekend over zijn eigen kwalificaties als apostel – iemand die namens God spreekt – herinnert Paulus de Korintiërs aan het volgende: 'Alles wat een apostel tot apostel maakt, heb ik u laten zien: elke volharding, alle tekenen en wonderen, elke kracht' (2 Kor. 12:12).

Waarom zou Paulus dit aan de Korintiërs schrijven, tenzij hij werkelijk wonderen voor hen had gedaan? Het is niet echt bevorderlijk voor je geloofwaardigheid om wonderen in herinnering te roepen die je nooit verricht hebt! De enige plausibele conclusie is dat 1) Paulus werkelijk een apostel van God was, 2) hij dus werkelijk in staat was om zijn apostelschap met wonderen te bevestigen, en 3) hij deze openlijk verricht had onder de Korintiërs.

9. De nieuwtestamentische schrijvers beschrijven wonderen net als andere historische gebeurtenissen: op sobere wijze, zonder enige verfraaiing

Verfraaiende, extravagante details zijn een duidelijk teken dat een historisch verslag legendarische elementen bevat. Er bestaat bijvoorbeeld een legendarisch verslag van Christus' opstanding dat ruim honderd jaar na de eigenlijke gebeurtenis geschreven is. Het staat in het zogenaamde evangelie van Petrus, een apocriefe vervalsing, en gaat als volgt:

> Vroeg in de morgen, toen de sabbat aanbrak, kwam er een grote groep mensen uit Jeruzalem en uit de omgeving om het verzegelde graf te bezien.
>
> Maar in de nacht waarin de dag des Heren aanbrak, toen de soldaten om beurten getweeën de wacht hielden, klonk er een groot geluid uit de hemel, en zij zagen de hemelen geopend en twee mannen in een grote lichtglans vandaar neerdalen en naar het graf toegaan. En de steen die voor de ingang gelegd was begon vanzelf opzij te rollen en het graf werd geopend en de beide jongelingen gingen naar binnen. Toen de soldaten dat zagen wekten zij de centurio en de oudsten – want ook zij waren bij de wacht aanwezig – en terwijl zij nog aan het vertellen waren wat zij gezien hadden, zagen zij drie mannen weer uit het graf komen. Twee van hen ondersteunden de derde en een kruis volgde hen. En het hoofd van

> de twee reikte tot aan de hemel, maar dat van degene die zij bij de hand leidde stak boven de hemelen uit. En zij hoorden een stem uit de hemelen zeggen: 'Hebt Gij de ontslapenen gepredikt?' en van het kruis kwam het antwoord 'Ja'.[6]

Wauw! Zo zou ik het dus hebben aangepakt als ik het opstandingsverhaal verzonnen had of het verfraaien wilde! We zien grote menigten, bewegende stenen, mannen met hun hoofd in de hemel en nog hoger. En we zien zelfs een lopend en sprekend kruis. Wat spannend! Wat verfraaid.

In de nieuwtestamentische verslagen van de opstanding zoek je dit soort elementen tevergeefs. De evangeliën geven sobere, haast klinische beschrijvingen van de opstanding.

Marcus beschrijft datgene wat de vrouwen zagen als volgt:

> Maar toen ze opkeken, zagen ze dat de steen al was weggerold; het was een heel grote steen. Toen ze het graf binnengingen, zagen ze rechts een in het wit geklede jongeman zitten. Ze schrokken vreselijk. Maar hij zei tegen hen: 'Wees niet bang. U zoekt Jezus, de man uit Nazaret die gekruisigd is. Hij is opgewekt uit de dood, hij is niet hier; kijk, dat is de plaats waar hij was neergelegd. Ga terug en zeg tegen zijn leerlingen en tegen Petrus: "Hij gaat jullie voor naar Galilea, daar zullen jullie hem zien, zoals hij jullie heeft gezegd."'
> Ze gingen naar buiten en vluchtten bij het graf vandaan, want ze waren bevangen door angst en schrik. Ze waren zo erg geschrokken dat ze tegen niemand iets zeiden (Marc. 16:4-8).

Lucas' beschrijving is bijna even sober:

> Bij het graf aangekomen, zagen ze echter dat de steen voor het graf was weggerold, en toen ze naar binnen gingen, vonden ze het lichaam van de Heer Jezus niet. Hierdoor raakten ze helemaal van streek. Plotseling stonden er twee mannen in stralende gewaden bij hen. Ze werden door schrik bevangen en sloegen de handen

voor hun ogen. De mannen zeiden tegen hen: 'Waarom zoekt u de levende onder de doden? Hij is niet hier, hij is uit de dood opgewekt. Herinner u wat hij u gezegd heeft toen hij nog in Galilea was: de Mensenzoon moest worden uitgeleverd aan zondaars en moest gekruisigd worden en op de derde dag opstaan.' Toen herinnerden ze zich zijn woorden (Luc. 24:2-8).

Het evangelie van *Johannes* vertelt kort dat Maria Magdalena het lege graf ontdekt, beschrijft de ervaring van Petrus en Johannes en keert dan terug naar Maria die bij het graf staat. Ook dit verslag vertoont geen enkel verfraaid of extravagant element:

> Vroeg op de eerste dag van de week, toen het nog donker was, kwam Maria uit Magdala bij het graf. Ze zag dat de steen van de opening van het graf was weggehaald. Ze liep snel terug naar Simon Petrus en de andere leerling, van wie Jezus veel hield, en zei: 'Ze hebben de Heer uit het graf weggehaald en we weten niet waar ze hem nu neergelegd hebben.' Petrus en de andere leerling gingen op weg naar het graf. Ze liepen beiden snel, maar de andere leerling rende vooruit, sneller dan Petrus, en kwam als eerste bij het graf. Hij boog zich voorover en zag de linnen doeken liggen, maar hij ging niet naar binnen. Even later kwam Simon Petrus en hij ging het graf wel in. Ook hij zag de linnen doeken, en hij zag dat de doek die Jezus' gezicht bedekt had niet bij de andere doeken lag, maar apart opgerold op een andere plek. Toen ging ook de andere leerling, die het eerst bij het graf gekomen was, het graf in. Hij zag het en geloofde. Want ze hadden uit de Schrift nog niet begrepen dat hij uit de dood moest opstaan. De leerlingen gingen terug naar huis.
> Maria stond nog bij het graf en huilde. Huilend boog ze zich naar het graf, en daar zag ze twee engelen in witte kleren zitten, een bij het hoofdeind en een bij het voeteneind van de plek waar het lichaam van Jezus had gelegen (Joh. 20:1-12).

Daarna beschrijft Johannes de verschijning van Jezus aan Maria.

Matteüs' verslag van de ervaringen van de vrouwen is dramatischer, maar bevat beslist geen bizarre elementen als de lange hoofden of het lopende en sprekende kruis in het legendarische verslag uit het evangelie van Petrus:[7]

> Plotseling begon de aarde hevig te beven, want een engel van de Heer daalde af uit de hemel, liep naar het graf, rolde de steen weg en ging erop zitten. Hij lichtte als een bliksem en zijn kleding was wit als sneeuw. De bewakers beefden van angst en vielen als dood neer. De engel richtte zich tot de vrouwen en zei: 'Wees niet bang, ik weet dat jullie Jezus, de gekruisigde, zoeken. Hij is niet hier, hij is immers opgestaan, zoals hij gezegd heeft. Kijk maar, dat is de plaats waar hij gelegen heeft. En ga nu snel naar zijn leerlingen en zeg hun: "Hij is opgestaan uit de dood, en dit moeten jullie weten: hij gaat jullie voor naar Galilea, daar zul je hem zien." Dat is wat ik jullie te zeggen had' (Matt. 28:2-7).

De opstanding is de centrale gebeurtenis in het christendom. Zoals Paulus schrijft: 'Als Christus niet is opgewekt, is uw geloof nutteloos, bent u nog een gevangene van uw zonden' (1 Kor. 15:17). Als de opstanding een verzonnen verhaal was, bedoeld om sceptici te overtuigen, zouden de nieuwtestamentische schrijvers hun verslagen beslist langer en gedetailleerder hebben gemaakt. Bovendien zouden ze waarschijnlijk gezegd hebben dat ze Jezus lichamelijk uit de dood hadden zien opstaan. In plaats daarvan komen ze bij het graf nadat hij is opgestaan, en ze doen geen poging om hun ontdekking aan te kleden met breedvoerige beschrijvingen of stripverhaalachtige sprekende kruizen. Matteüs, Marcus en Lucas zwijgen zelfs over de verstrekkende theologische implicaties van de opstanding, en Johannes wijdt er maar één zin aan (Joh. 20:31).

Dit punt van de theologische terughoudendheid van de evangelisten verdient enige toelichting. Blijkbaar ging het de evangelisten om historische accuratesse en waren ze er niet op uit om een nieuw soort theologie te creëren. De nieuwtestamenticus N.T. Wright merkt treffend op dat 'noch "naar de hemel gaan als je sterft", noch "leven na de dood", noch "eeuwig leven", noch "de opstanding van alle gelovigen in Christus" ook maar genoemd wordt in de vier canonieke opstandingsverhalen. Als Matteüs, Marcus, Lucas en Johannes verhalen wilden vertellen met de strekking "Jezus is opgestaan en u zult dus ook opstaan", dan hebben ze jammerlijk gefaald.'[8]

Het is haast een schokkende gedachte. Als je tegenwoordig naar een evangelische gemeente gaat, ligt de nadruk voortdurend op 'kom tot Jezus om gered te worden'. Dat wordt zeker geleerd in het hele Nieuwe Testament, maar in de evangeliën wordt het nauwelijks genoemd. Waarom? Omdat de evangelisten geschiedenis schreven, en niet zozeer theologie. Natuurlijk heeft de nieuwtestamentische geschiedenis ingrijpende gevolgen voor de theologie, maar die gevolgen worden uitgewerkt in andere nieuwtestamentische geschriften, namelijk in de brieven. De evangelisten hadden gemakkelijk van elke historische gebeurtenis de theologische implicaties kunnen inlassen, maar dat hebben ze niet gedaan. Ze waren ooggetuigen die geschiedenis schreven, en geen fictieschrijvers of theologen die bekeerlingen wilden maken.

Hun nuchtere aanpak zien we ook bij de andere wonderen die ze beschrijven. De 35 andere wonderen die Jezus in de evangeliën doet, worden beschreven als door verslaggevers in plaats van predikers met een wilde blik in hun ogen. De evangelisten geven geen flamboyante beschrijvingen of vlammende commentaren – alleen de feiten.

10. De nieuwtestamentische schrijvers verruilden hun diep verankerde geloofsopvattingen en religieuze gebruiken voor nieuwe en herriepen hun getuigenis niet toen ze vervolgd en met de dood bedreigd werden

De nieuwtestamentische schrijvers zeggen niet alleen dat Jezus wonderen verrichtte en uit de dood opstond, maar bevestigen dat getuigenis ook met drastisch daden. Om te beginnen zeggen ze bijna van het ene op het andere moment vele van hun diep verankerde geloofsopvattingen en religieuze gebruiken vaarwel. Voorbeelden van de ruim 1500 jaar oude instellingen die ze vaarwelzeiden, zijn:

1. Het offersysteem – ze verruilen het voor altijd voor het ene volmaakte offer van Christus.
2. Het bindende oppergezag van de wet van Mozes – zij zeggen dat het geen macht meer heeft vanwege het zondeloze leven van Christus.
3. Strikt monotheïsme – nu aanbidden ze Jezus, de God-mens, hoewel 1) hun dierbaarste belijdenis was: 'Luister, Israël: de HEER, onze God, de HEER is de enige' (Deut. 6:4), en 2) de aanbidding van een mens altijd als godslastering was beschouwd, waarop de doodstraf stond.
4. De sabbat – ze nemen hem niet meer in acht, hoewel ze altijd geloofd hadden dat op het schenden van de sabbat de doodstraf stond (Ex. 31:14).
5. Geloof in een overwinnende Messias – Jezus is het tegenovergestelde van een overwinnende Messias. Hij is een offerlam (bij zijn eerste bezoek aan de aarde althans!).

En het zijn niet alleen de nieuwtestamentische schrijvers die dat doen – duizenden Joden in Jeruzalem, onder wie Farizese priesters, bekeren zich tot het christendom en zeggen net als de schrijvers van het Nieuwe Testament hun dierbare geloofsopvattingen en religieuze gebruiken vaarwel. J.P. Moreland helpt ons beter te begrijpen wat het betekende dat deze vrome Joden hun eeuwenoude instellingen bijna op slag vaarwelzeiden:

> De Joden geloofden dat deze instellingen aan hen toevertrouwd waren door God. Ze geloofden dat als ze deze instellingen vaarwel zouden zeggen, ze het risico liepen op de eeuwige verdoemenis voor hun ziel.
> Dan verschijnt een rabbi genaamd Jezus vanuit een uithoek van het land. Hij onderwijst drie jaar lang, verzamelt een achterban van mensen uit de lagere sociale klassen en de middenklasse, raakt in problemen met de autoriteiten, en wordt gekruisigd als één van de dertigduizend Joodse mannen die in deze periode worden gekruisigd.

Maar vijf weken na zijn kruisiging beweren de meer dan tienduizend Joden die hem volgen dat hij de oprichter is van een nieuwe religie. En dan zijn ze ook nog eens bereid om alle vijf de sociale instituties waarvan ze al sinds hun jeugd het sociologische en theologische belang ingeprent krijgen, op te geven of te veranderen.... Er is iets ongekend groots aan de gang.[9]

Hoe verklaar je deze dramatische veranderingen als de nieuwtestamentische schrijvers hun verhaal verzonnen hebben? Hoe verklaar je die als de opstanding niet heeft plaatsgevonden?

Ten tweede, deze nieuwe gelovigen zeggen niet alleen hun eeuwenoude geloofsopvattingen en religieuze gebruiken vaarwel, maar nemen bovendien een aantal nieuwe, radicale opvattingen aan, zoals:

- Zondag, een werkdag, als de nieuwe dag van aanbidding;
- De doop als een nieuw teken dat men deelhad aan het nieuwe verbond (de besnijdenis was een teken van het oude verbond);
- Het Avondmaal ter nagedachtenis aan het offer van Christus voor hun zonden[10]

Vooral het Avondmaal is niet te verklaren tenzij de opstanding waar is. Waarom zouden Joden een gebruik bedenken waarbij ze op symbolische wijze Jezus' lichaam eten en zijn bloed drinken?

Tabel 11.1 geeft een opsomming van de ingrijpende veranderingen in geloof en gebruiken die de opstanding teweegbracht:

Voor de opstanding	**Na de opstanding**
dierenoffers	niet nodig vanwege het offer van Christus
bindende wet van Mozes	niet bindend want vervuld in het leven van Christus
strikt monotheïsme	drie-eenheid (drie personen in één goddelijke essentie)
de sabbat	vervangen door aanbidding op zondag
overwinnende Messias	Messias die zich offert (hij zal overwinnen als hij terugkomt)
besnijdenis	vervangen door doop en Avondmaal

tabel 11.1

Ten slotte, afgezien van het feit dat ze eeuwenoude heilige instellingen vaarwelzeiden en nieuwe omhelsden, werden de nieuwtestamentische schrijvers vervolgd en gedood terwijl ze zichzelf hadden kunnen redden door hun geloof te herroepen. Als ze het opstandingsverhaal verzonnen hadden, zouden ze dat vast en zeker gezegd hebben toen ze werden gekruisigd (Petrus), gestenigd (Jakobus) of onthoofd (Paulus). Maar ze herriepen hun geloof geen van allen – elf van de twaalf stierven als martelaar voor hun geloof (de enige die bleef leven was Johannes, die verbannen werd naar het Griekse eiland Patmos). Waarom zouden ze willens en wetens sterven voor een leugen?

Chuck Colson, een naaste medewerker van president Nixon en oprichter van Prison Fellowship, ging naar de gevangenis vanwege het Watergate-schandaal. Hij vergelijkt zijn ervaringen met die van de apostelen:

> Bij Watergate zweerden de meest naaste medewerkers van de president van de Verenigde Staten, de machtigste mannen van Amerika, die uiterst loyaal waren aan hun president, samen om de zaak in de doofpot te stoppen. Maar een van hen, John Dean, getuigde tegen Nixon om, zoals hij zelf zei, 'zijn eigen hachje te redden', en hij deed dat slechts twee weken nadat hij de president had ingelicht over wat er werkelijk gaande was – twee weken! De eigenlijke doofpotaffaire, de leugen, kon maar twee weken worden volgehouden, en toen verliet iedereen het zinkende schip om zichzelf te redden. Het ergste wat degenen rond de president te wachten stond, was publieke schande, misschien de gevangenis. Niemands leven stond op het spel. Maar hoe stonden de discipelen ervoor? Twaalf mannen zonder macht, boeren eigenlijk, hadden geen politieke schande te duchten, maar slaag, steniging en terechtstelling. Tot hun laatste ademtocht hielden alle discipelen stuk voor stuk vol dat ze Jezus in den lijve gezien hadden, opgestaan uit de dood. Denk je niet dat ten minste een van die apostelen gezwicht zou zijn voordat hij onthoofd of gestenigd werd? Dat er toch wel één een deal zou hebben gesloten met de autoriteiten? Maar ze deden het geen van allen.[11]

Colson heeft gelijk. De apostelen zouden absoluut zwichten om zichzelf te redden. Petrus had Jezus vóór de opstanding al drie keer verloochend om 'zijn hachje te redden'! Hij zou hem zeker na de opstanding verloochend hebben als het verhaal bedrog was gebleken.

Antonin Scalia, een lid van het Amerikaanse Hooggerechtshof, wees erop hoe absurd het is om de historiciteit van het Nieuwe Testament te betwijfelen. In een opmerking die droop van het sarcasme tegen de moderne intellectuelen zei Scalia precies wat wij ook gezegd hebben over de motieven van de nieuwtestamentische schrijvers: omdat de nieuwtestamentische schrijvers niets te winnen en alles te verliezen hadden, behoren we te geloven wat ze zeggen over de opstanding. Scalia zei: 'Het is niet irrationeel om het getuigenis te geloven van ooggetuigen die niets te winnen hadden... De wijzen [van deze wereld] geloven niet in de opwekking van de doden. Alles van paasochtend tot de hemelvaart moet dus verzonnen zijn door die verachtelijke enthousiastelingen in het kader van hun plan om als martelaar te sterven.'[12]

Scalia en Colson hebben absoluut gelijk. We hebben geen enkele reden om de nieuwtestamentische verslagen te betwijfelen, en alle reden om ze te geloven. Hoewel veel mensen bereid zijn om te sterven voor een leugen die ze voor waar houden, zal geen enkel normaal mens willen sterven voor iets waarvan hij *weet* dat het een leugen is. De nieuwtestamentische schrijvers en de andere apostelen wisten zeker dat Jezus was opgestaan, en ze bevestigden die kennis met hun eigen bloed. Wat moeten ooggetuigen nog meer doen om te bewijzen dat ze de waarheid spreken!

EN MOSLIMMARTELAREN DAN?

'Wacht eens even!' werpt de scepticus wellicht tegen. 'We zien dagelijk mensen sterven voor hun geloof! Kijk je wel eens naar het journaal? In het Midden-Oosten vindt bijna elke dag wel een zelfmoordaanslag plaats! Ben je 9/11 al vergeten? De kapers deden het voor Allah! Wat bewijst martelaarschap? Bewijst het dan ook dat de islam waar is?'

Absoluut niet. Er zijn overeenkomsten, maar er is één cruciaal verschil tussen de nieuwtestamentische martelaren en die van nu. Iets wat alle martelaren gemeen hebben, is hun oprechtheid. Of je het nu over christenen, moslims, kamikazepiloten of suïcidale sekteleden hebt, iedereen is het erover eens dat martelaren oprecht in hun zaak geloven. Maar het cruciale verschil is dat de nieuwtestamentische christelijke martelaren niet alleen oprecht waren, maar bovendien bewijs hadden dat de opstanding waar was. Hoezo? *De nieuwtestamentische martelaren waren namelijk ooggetuigen van de opgestane Christus.* Zij wisten dat de opstanding waar was en geen leugen, omdat ze het geverifieerd hadden met hun eigen zintuigen. Bij verschillende gelegenheden zagen zij de opgestane Jezus, raakten ze hem aan en aten ze met hem. En ze hadden hem meer dan dertig wonderen zien doen. Met zulke sterke empirische bewijzen hadden ze heel weinig geloof nodig om in de opstanding te geloven. Volgens normale maatstaven van waarneming hadden ze er *onweerlegbaar* bewijs voor. Daarom gaven ze zich bereidwillig over aan vervolging en terechtstelling omwille van zaken waarvan ze de waarheid zelf hadden vastgesteld.

Dit is niet te vergeleken met de islam (of enig ander geloofssysteem dat martelaren voortbrengt). Hoewel de huidige martelaren voor de islam zonder meer oprecht zijn in hun geloof, hebben ze geen wonderbaarlijke ooggetuigenbewijzen dat de islam waar is. Ze zijn geen ooggetuigen van wonderen.

Sterker nog, *de tijdgenoten van Mohammed waren ook geen ooggetuigen van wonderen.* Wanneer Mohammed gevraagd werd wonderen te verrichten om te bevestigen dat hij van God kwam, nam hij de uitdaging nooit aan (soera 3:181-184, 4:153, 6:8-9, 17:88-96). In plaats daarvan zei hij dat hij maar een mens was (17:93) en suggereerde hij dat de Koran hem bevestigde als profeet (17:88). Maar er zijn geen onmiskenbare wonderen opgetekend in de Koran.[13] Pas honderd tot tweehonderd jaar na Mohammeds dood schreven moslims wonderen aan hem toe omdat christenen hun steeds om bewijs vroegen dat Mohammed een profeet was. Deze wonderclaims berusten niet op ooggetuigenverslagen en vertonen alle kenmerken van legenden. Zo is er sprake van bomen die bewegen of Mohammed groeten als hij voorbijkomt. Mohammed zou ook begroet zijn door bergen en wolven. En andere wonderverhalen lijken variaties op de wonderen die Jezus verrichtte (zoals het veranderen van melk in water en het voeden van duizenden mensen door een kleine maaltijd te vermenigvuldigen). Deze wonderverhalen staan in de Hadith, een latere verzameling van Mohammeds uitspraken en daden.

De betrouwbaarste auteur van de Hadith, al-Boekhari, en de meeste *islamitische* geleerden geven toe dat de meeste van Mohammeds zogenaamde wonderen niet authentiek zijn.[14]Aangezien Mohammed zelf nooit beweerde dat hij wonderen deed, en aangezien deze wonderverhalen ontstaan zijn toen Mohammeds tijdgenoten allang dood waren, zien wij geen enkele reden om ook maar één wonder te geloven dat aan Mohammed wordt toegeschreven.

Als Mohammed niet bevestigd werd door wonderen, waarom volgden mensen hem dan? Aanvankelijk deden ze dat ook niet. Hij en zijn weinige volgelingen werden in 622 n.Chr. Mekka uitgetrapt, twaalf jaar na zijn eerste vermeende openbaring. (Mekka was een polytheïstische stad vol huldebewijzen aan andere goden, en Mohammeds boodschap van monotheïsme werd dan ook niet goed ontvangen door de plaatselijke kooplieden die de kost verdienden met handel die gerelateerd was aan het polytheïsme.) Pas na verschillende succesvolle militaire overwinningen tussen 622 en 630 kreeg Mohammed een grote aanhang. Zijn populariteit steeg aanzienlijk toen hij aanvallen leidde op karavanen uit Mekka en de buit van die aanvallen met zijn volgelingen deelde. Hij nam ook talrijke echtgenotes, waarmee hij zich van een hechtere achterban vergewiste. Met andere woorden, Mohammeds populariteit was het resultaat van zijn lucratieve militaire overwinningen, waarin hij zijn volgelingen liet delen, zijn politieke handigheid en zijn persoonlijke charisma, en niet van een wonderbaarlijke bevestiging.

Het militaire aspect van de islam brengt ons bij een ander groot verschil tussen de oorsprong van het christendom en de oorsprong van de islam. Het christendom begon als een vreedzaam geloof dat ongeveer de eerste 280 jaar van zijn bestaan verboden was (en in die periode maakte het zijn grootste groei door). Als je voor ca. 311 in het Romeinse Rijk een christen werd, liep je de kans gedood te worden.

Mohammed daarentegen besloot na een kortstondige doch vruchteloze poging om zijn geloof op vreedzame wijze te verspreiden de islam met militair geweld te verbreiden. In 630 had hij inmiddels met geweld Mekka ingenomen en had hij een groot deel van het Arabisch Schiereiland in handen. Hoewel Mohammed in 632 stierf, zetten zijn volgelingen de militaire campagnes in naam van de islam voort. In 638 – slechts zes jaar na Mohammeds dood – hadden de moslims inmiddels met geweld het Heilige Land ingenomen. In de eerste honderd jaar van de islam veroverden de moslims niet alleen Jeruzalem, maar probeerden ze ook tot twee keer toe Constantinopel (het huidige Istanboel in Turkije) in te nemen. Daarnaast trokken ze zegevierend door Noord-Afrika en via de Straat van Gibraltar tot in Europa. Zonder Charles Martel, de burgemeester van de Franse stad Tours, zou heel Europa nu waarschijnlijk Arabisch spreken. Martel (wat 'hamer' betekent) verdreef de moslims uit Tours in 732, precies honderd jaar na Mohammeds dood. (Uiteindelijk trokken de moslims zich terug via de Straat van Gibraltar, maar Noord-Afrika is nog steeds overwegend islamitisch.)

Het verschil zit hem dus hierin: in de begindagen van het christendom liep je leven gevaar als je christen werd, en in de begindagen van de opkomende islam liep je leven gevaar als je *geen* moslim werd! Met andere woorden, de verspreiding van deze twee grote monotheïstische geloven laat het grootst denkbare contrast zien: de islam verspreidde zich door anderen met het zwaard te bestrijden; het christendom verspreidde zich terwijl anderen het met het zwaard bestreden.

'En de kruistochten dan?' werpt de scepticus tegen. Lees je geschiedenisboek nog maar eens na: de kruistochten begonnen pas tegen 1100, ruim duizend jaar na de geboorte van het christendom. En de kruistochten waren in de eerste plaats bedoeld om het land terug te veroveren dat de moslims eerst met militair geweld van de christenen hadden afgepakt. Het was dus de islam, en niet het christendom, dat zich aanvankelijk door middel van militaire campagnes verspreidde.

Je kunt begrijpen hoe het komt dat een godsdienst zich verspreidt als het militaire middelen gebruikt. Maar hoe kan een godsdienst zich verspreiden als zijn aanhangers de eerste 280 jaar vervolgd, gemarteld en gedood worden? (Daar trek je weinig mensen mee.) Misschien bestaan er wel heel betrouwbare getuigenissen met betrekking tot wonderbaarlijke gebeurtenissen die bewijzen dat de godsdienst waar is. Hoe verklaar je anders waarom een stel bange, uiteengejaagde, sceptische lafaards opeens de meest toegewijde, vastberaden, zelfopofferende en vreedzame zendingsmacht aller tijden wordt?

SAMENVATTING EN CONCLUSIE

In de laatste twee hoofdstukken zagen we dat we een accurate kopie hebben van de vroege getuigenissen, onder anderen van ooggetuigen, die we aantreffen in de geschriften van het Nieuwe Testament. De kernvraag in dit hoofdstuk is: hebben de nieuwtestamentische schrijvers het verhaal verzonnen, verfraaid of op bepaalde punten overdreven? Hebben ze een loopje genomen met de feiten?

Nee. Zoals we gezien hebben, zijn er minstens tien goede redenen om te geloven dat het eerlijke mannen waren die zorgvuldig en getrouw weergaven wat ze zagen. De nieuwtestamentische schrijvers:

1. vermelden tal van pijnlijke details over zichzelf
2. vermelden tal van pijnlijke details over en moeilijke uitspraken van Jezus
3. vermelden veeleisende uitspraken van Jezus
4. maken zorgvuldig onderscheid tussen de woorden van Jezus en die van henzelf

5. vermelden gebeurtenissen met betrekking tot de opstanding die ze nooit zouden hebben verzonnen
6. vermelden ruim dertig historisch bevestigde publieke figuren in hun geschriften
7. wijken op verschillende punten van elkaar af
8. dagen hun lezers uit om verifieerbare feiten na te trekken, zelfs feiten met betrekking tot wonderen
9. beschrijven wonderen net als andere historische gebeurtenissen: op sobere wijze, zonder enige verfraaiing
10. verruilden hun diep verankerde geloofsopvattingen en religieuze gebruiken voor nieuwe en herriepen hun getuigenis niet toen ze vervolgd en met de dood bedreigd werden

We hebben dus reden te over om aan te nemen dat de nieuwtestamentische schrijvers zich buitengewoon strikt aan de waarheid hielden. En waarom ook niet? Waarom zouden ze überhaupt liegen, overdrijven of hun verhaal verfraaien? Wat schoten ze daarmee op? Hun getuigenis leverde hun enkel vervolging en terechtstelling op. Met andere woorden, de nieuwtestamentische schrijvers hadden alle reden om de nieuwtestamentische gebeurtenissen te *ontkennen*, in plaats van ze te verzinnen, te verfraaien of te overdrijven. Zoals gezegd hadden ze niet bepaald behoefte aan een nieuwe godsdienst! Toen Jezus kwam, waren de meeste nieuwtestamentische schrijvers vrome joden die meenden dat het jodendom de ware godsdienst was en dat ze Gods uitverkoren volk waren. Er moet wel iets ingrijpends gebeurd zijn dat ze die eeuwenoude en diepgewortelde ideeën loslieten om een nieuw geloofssysteem te omhelzen. *Met dat alles in het achterhoofd hebben wij niet genoeg geloof om sceptisch te zijn ten aanzien van het Nieuwe Testament.*

Maar ondanks al deze bewijzen hebben de sceptici nog steeds geloof. Omdat het gezien de bewijzen haast onmogelijk is om te concluderen dat Jezus een legende was of dat de nieuwtestamentische schrijvers leugenaars waren, klampen sommige sceptici zich vast aan de enige mogelijkheid die hun nog rest: de nieuwtestamentische schrijvers zijn misleid. Ze dachten oprecht dat Jezus uit de dood was opgestaan, maar ze hadden het mis. Die mogelijkheid bespreken we in het volgende hoofdstuk.

12

IS JEZUS ECHT OPGESTAAN UIT DE DOOD?

'Sceptici kunnen niet volstaan met alternatieve theorieën voor de opstanding; ze moeten ook eerste-eeuwse bewijzen voor die theorieën aandragen.'

GARY HABERMAS

DE OPSTANDING: WAT ZEGGEN DE GELEERDEN

Gary Habermas heeft de opvattingen van geleerden over de opstanding in kaart gebracht. In deze omvangrijkste studie naar dit onderwerp verzamelde Habermas ruim 1400 van de meest kritische academische werken over de opstanding die tussen 1975 en 2003 zijn verschenen. In *The Risen Jesus and Future Hope*[1] schrijft Habermas dat vrijwel alle geleerden, van de grootste vrijdenkers tot de meest Bijbelvaste conservatievelingen, het erover eens zijn dat de volgende punten met betrekking tot Jezus en het christendom historische feiten zijn:

1. Jezus stierf aan een Romeins kruis.
2. Hij werd begraven, waarschijnlijk in een privégraf.
3. Direct daarna waren de discipelen ontmoedigd, diep bedroefd, vertwijfeld en zonder hoop.
4. Jezus' graf werd kort na zijn teraardebestelling leeg aangetroffen[2]
5. De discipelen hadden ervaringen die zij als daadwerkelijke verschijningen van de opgestane Jezus interpreteerden.
6. Door deze ervaringen veranderde het leven van de discipelen radicaal. Ze waren zelfs bereid om te sterven voor hun geloof.

7. De verkondiging van de opstanding vond al heel vroeg plaats, vanaf het begin van de geschiedenis van de Kerk.
8. De discipelen predikten en getuigden van de opstanding in Jeruzalem, waar Jezus pas geleden was gekruisigd en begraven.
9. In de boodschap van het evangelie stond de dood en opstanding van Jezus centraal.
10. Zondag was de belangrijkste dag waarop er werd samengekomen en aanbeden.
11. Jakobus, de broer van Jezus en een scepticus, kwam tot bekering toen hij ook de opgestane Jezus meende gezien te hebben.
12. Een paar jaar later werd Saulus van Tarsus (Paulus) een christen, eveneens na een ervaring die hij als een verschijning van de opgestane Jezus interpreteerde.[3]

Op grond van wat we tot dusver gezien hebben, is het redelijk om deze feiten te aanvaarden. Uit de gegevens blijkt:

Het nieuwtestamentisch verhaal is geen legende – De nieuwtestamentische geschriften zijn door ooggetuigen of hun tijdgenoten geschreven binnen twee generaties vanaf de gebeurtenissen, de nieuwtestamentische verhaallijn wordt gestaafd door niet-christelijke schrijvers. Daarnaast noemt het Nieuwe Testament ten minste dertig historische figuren die bevestigd zijn door bronnen buiten het Nieuwe Testament. Daarom kan het nieuwtestamentische verhaal geen legende zijn.

Het nieuwtestamentisch verhaal is geen leugen – De nieuwtestamentische schrijvers vermeldden ook afwijkende en gênante details en moeilijke en veeleisende uitspraken, en ze maakten zorgvuldig onderscheid tussen hun eigen woorden en die van Jezus. Ze verwezen ook naar feiten en ooggetuigen die hun lezers kenden of konden verifiëren. De nieuwtestamentische schrijvers daagden hun lezers en prominente eerste-eeuwse vijanden zelfs uit om hun woorden na te trekken. Wie dan nog twijfelt aan hun geloofwaardigheid moet bedenken dat deze ooggetuigen vervolgd en gedood werden vanwege de empirische claim dat ze de opgestane Jezus hadden gezien, gehoord en aangeraakt, terwijl ze hun leven hadden kunnen redden door hun getuigenis eenvoudigweg te ontkennen.

Het nieuwtestamentisch verhaal is niet verfraaid – De nieuwtestamentische schrijvers waren buitengewoon accuraat, zoals blijkt uit de ruim 140 historisch bevestigde details. In diezelfde historisch bevestigde verhalen beschreven ze wonderen, en dat deden ze zonder duidelijke verfraaiingen of uitvoerig theologisch commentaar.

Is het Nieuwe Testament dus waar? – Als de meeste geleerden de twaalf bovenstaande feiten onderschrijven omdat uit de gegevens blijkt dat het nieuwtestamentisch verhaal geen legende, leugen of verfraaiing is, weten we met een zekerheid die boven redelijke twijfel verheven is dat de nieuwtestamentische schrijvers accuraat weergaven wat ze zagen. Betekent dat dat alle gebeurtenissen in het Nieuwe Testament waar zijn? Niet per se. De scepticus heeft nog één uitweg.

De laatste uitweg voor een scepticus is dat de nieuwtestamentische schrijvers misleid zijn. Met andere woorden, misschien vergisten de nieuwtestamentische schrijvers zich gewoon in wat ze meenden te zien.

Gezien de kenmerken van het Nieuwe Testament die we al bekeken hebben, lijkt het niet plausibel dat de nieuwtestamentische schrijvers zich zouden vergissen in alledaagse, niet-miraculeuze gebeurtenissen. Zoveel historische details die ze beschrijven zijn bevestigd. Waarom dan twijfelen aan hun waarneming van alledaagse gebeurtenissen?

Maar hebben ze zich vergist in miraculeuze gebeurtenissen als de opstanding? Misschien geloofden ze echt dat Jezus was opgestaan uit de dood – en daarom waren ze bereid om te sterven – maar vergisten ze zich of werden ze misleid. Misschien zijn er natuurlijke verklaringen voor alle wonderen die ze meenden te zien.

Kritische geleerden laten die mogelijkheid open. Neem bijvoorbeeld feit nummer 5 van de twaalf feiten die bijna alle geleerden geloven: 'De discipelen hadden ervaringen die zij als daadwerkelijke verschijningen van de opgestane Jezus *interpreteerden*.' Met andere woorden, geleerden zeggen *niet* per se dat Jezus werkelijk uit de dood is opgestaan (al zijn er die dat geloven). De minimale consensus onder vrijwel alle geleerden is dat de discipelen *geloofden* dat Jezus was opgestaan uit de dood.

Als de ooggetuigen van de gebeurtenissen en hun tijdgenoten er naast zitten, moet er een andere verklaring zijn voor de opstanding en de andere wonderen die zijn opgetekend in het Nieuwe Testament. Omdat de opstanding de kerngebeurtenis van het christendom is, beginnen we daar. Hoe verklaren sceptici de opstanding?

SCEPTISCH OVER SCEPTISCHE THEORIEËN

Dit zijn de meest gehanteerde verklaringen voor de opstanding onder sceptici:

De hallucinatietheorie – Werden de discipelen misleid door hallucinaties? Misschien dachten ze oprecht dat ze de opgestane Christus hadden gezien, terwijl ze in feite hallucineerden. Er kleven een aantal grote problemen aan deze theorie waarvan we er twee zullen bespreken.

Ten eerste worden hallucinaties niet beleefd door groepen maar alleen door individuen. Wat dat betreft, hebben ze veel weg van dromen. Als een vriend op een ochtend tegen je zegt: 'Wauw! Wat hadden *wij* vannacht een mooie droom, hè?' zeg je niet: 'Ja, geweldig! Zullen we er vannacht mee doorgaan?' Nee, dan denk je dat je vriend gek is geworden of gewoon een grap maakt. Je neemt hem niet serieus, omdat dromen geen collectieve ervaringen zijn. Individuen hebben dromen, groepen niet. Hallucinaties werken net zo. Onder *zeldzame* psychische omstandigheden kan een individu een hallucinatie hebben, maar zijn vrienden niet. En zelfs als die wel hallucineren, hebben ze niet dezelfde hallucinatie.

De hallucinatietheorie werkt niet omdat Jezus niet maar één keer aan één persoon verscheen – hij verscheen twaalf keer op verschillende plaatsen aan verschillende mensen gedurende een periode van *veertig dagen*. Hij werd gezien door mannen en vrouwen. Ze zagen hem lopen, praten en eten. Ze zagen hem binnen en buiten. Hij werd gezien door grote en kleine aantallen mensen. Ruim 500 mensen zagen deze opgestane Jezus. En ze zagen geen hallucinatie of een geest, want bij zes van de twaalf verschijningen werd Jezus lichamelijk aangeraakt en/of at hij echt voedsel (zie tabel 12.1 op de volgende bladzijde).

Het bestaan van het lege graf is de tweede zwakke plek van de hallucinatietheorie. Als de ruim 500 ooggetuigen bij twaalf verschillende gelegenheden inderdaad dezelfde hallucinatie zagen – een unicum in de geschiedenis –, waarom droegen de Joodse of Romeinse autoriteiten Jezus' lichaam dan niet gewoon de stad rond? Dat zou de nekslag zijn geweest voor het christendom, en die zouden ze graag hebben toegediend, maar blijkbaar konden ze het niet omdat het graf echt leeg was.

De getuigen gingen naar het verkeerde graf – Misschien gingen de discipelen naar het verkeerde graf en namen ze aan dat Jezus was opgestaan. Deze theorie kent ook twee grote problemen.

Ten eerste, als de discipelen naar het verkeerde graf waren gegaan, zouden de Joodse of Romeinse autoriteiten gewoon naar het goede graf zijn gegaan en Jezus' lichaam met veel vertoon de stad hebben rondgedragen. Het graf was bekend bij de Joden want het was *hun* graf (het behoorde toe aan Josef uit Arimatea, een lid van het Joodse Sanhedrin). En het graf was bekend bij de Romeinen, getuige het feit dat ze er wachters bij zetten. Zoals William Lane Craig opmerkt, gaat de theorie van het lege graf ervan uit dat alle Joden (en alle Romeinen) aan een soort permanent 'collectief geheugenverlies' leden ten aanzien van wat ze gedaan hadden met het lichaam van Jezus[4]

De volgorde van de twaalf verschijningen van Christus

	personen	zagen	hoorden	raakten aan	andere bewijzen
1.	Maria uit Magdala (Joh. 20:10-18)	X	X	X	leeg graf
2.	Maria uit Magdala en de andere Maria (Matt. 28:1-10)	X	X	X	leeg graf (leeg graf en linnen doeken ook in Luc. 24:1-12)
3.	Petrus (1 Kor. 15:5) en Johannes (Joh. 20:1-10)	X	X		leeg graf, linnen doeken
4.	Twee discipelen (Luc. 24:13-35)	X	X		aten met hem
5.	Tien apostelen (Luc. 24:36-49, Joh. 20:19-23)	X	X	X**	zagen wonden, aten voedsel
6.	Elf apostelen (Joh. 20:24-31)	X	X	X**	zagen wonden
7.	Zeven apostelen (Joh. 21)	X	X		aten voedsel
8.	Alle apostelen (Matt. 28:16-20, Marc. 16:14-18)	X	X		
9.	500 broeders (1 Kor. 15:6)	X	X*		
10.	Jakobus (1 Kor. 15:7)	X	X*		
11.	Alle apostelen (Hand. 1:4-8)	X	X		aten met hem
12.	Paulus (Hand. 9:1-9, 1 Kor. 15:8)	X	X		

*af te leiden uit de tekst **nodigde hen uit om hem aan te raken

Tabel 12.1

Ten tweede, zelfs als de discipelen naar het verkeerde graf gingen, verklaart deze theorie nog niet hoe de opgestane Jezus twaalf keer kon verschijnen. Met andere woorden, niet alleen het lege graf, maar ook de verschijningen moeten worden verklaard.

Het lege graf overtuigde de meeste discipelen (misschien met uitzondering van Johannes) er trouwens niet van dat Jezus was opgestaan uit de dood. Het waren de verschijningen van Jezus die hen van bange, uiteengejaagde, sceptische lafaards veranderden in de grootste vreedzame zendingsmacht uit de geschiedenis. Dat geldt vooral voor de gezworen vijand van het christendom Saulus (Paulus). Het lege graf overtuigde hem allerminst, en kort na de opstanding vervolgde hij de christenen zelfs. Paulus kwam pas tot inkeer toen Jezus aan hem verscheen. Vermoedelijk kwam Jakobus, de sceptische broer van Jezus, ook na een verschijning van Jezus tot bekering. Zoals we gezien hebben, was de bekering van Jakobus zo ingrijpend dat hij de leider van de gemeente te Jeruzalem werd en later onder de handen van de hogepriester de marteldood stierf.

Het komt hierop neer: zelfs als je het lege graf natuurlijk kunt verklaren, heb je nog niet de opstanding weerlegd. Een alternatieve theorie voor de opstanding moet ook de verschijningen van Jezus verklaren. De theorie van het lege graf verklaart geen van beide.

De schijndoodtheorie – Is het mogelijk dat Jezus niet echt stierf aan het kruis? Misschien viel hij alleen in zwijm. Met andere woorden, hij leefde nog toen hij in het graf werd gelegd, maar op de een of andere manier wist hij eruit te komen en zijn discipelen te overtuigen dat hij was opgestaan uit de dood. Aan deze theorie zitten ook allerlei haken en ogen.

Ten eerste geloofden vriend en vijand dat Jezus dood was. De Romeinen, die professionele beulen waren, geselden en sloegen Jezus zo erg dat hij bijna bezweek. Daarna sloegen ze zware, smeedijzeren spijkers door zijn polsen en voeten en staken ze een speer in zijn zij. Ze braken zijn benen niet om zijn dood te bespoedigen, omdat ze wisten dat hij al dood was. (Gekruisigden stierven vaak door verstikking doordat ze zich op een gegeven moment niet meer omhoog konden duwen om adem te halen. Dus met gebroken benen stierven ze sneller.) Bovendien liet Pilatus controleren of Jezus dood was, en de dood van Jezus was de reden waarom de discipelen alle hoop verloren.

De wrede Romeinse kruisigingsmethoden zijn bevestigd door archeologisch onderzoek en niet-christelijke geschreven bronnen (zie hoofdstuk 15 voor een levendige beschrijving van Jezus' kruisiging). In 1968 werden in een grot in Jeruzalem de resten van een gekruisigde man uit de eerste eeuw gevonden; door zijn hielbeen stak een spijker van zo'n 18 centimeter, en zijn onderarmen vertoonden ook tekenen van spijkers. [5] De speer in het hart is ook bevestigd als typerend voor een Romeinse kruisiging door de Romeinse auteur Quintilianus (35-95 n.Chr.). [6] Als je bedenkt dat dat met Jezus werd gedaan, is het niet verwonderlijk dat de ooggetuigen dachten dat hij dood was.

Niet alleen in de eerste eeuw geloofde men dat Jezus dood was, ook moderne artsen menen dat Jezus echt stierf. In het *Journal of the American Medical Association* van 21 maart 1986 concludeerden drie artsen, onder wie een patholoog van de Mayo Clinic:

> De historische en medische gegevens wijzen erop dat Jezus dood was voordat de wond in zijn zij werd toegebracht, wat aansluit bij de traditionele visie dat de speer, die tussen zijn rechterribben werd gestoken, waarschijnlijk niet alleen de rechterlong doorboorde maar ook het hartzakje en het hart, waarmee zijn lot bezegeld werd. Interpretaties die ervan uitgaan dat Jezus niet stierf aan het kruis lijken dan ook strijdig met de moderne medische kennis. [7]

Zoals we aangaven in het vorige hoofdstuk lijken het bloed en het water uit de speerwond het zoveelste authentieke ooggetuigendetail uit de pen van Johannes. Dat gegeven alleen al zou genoeg moeten zijn om een eind te maken aan alle twijfel of Jezus dood was.

Het tweede grote probleem met de schijndoodtheorie is dat Jezus gebalsemd werd in 35 kilo zwachtels en specerijen. Het is erg onwaarschijnlijk dat Josef uit Arimatea en Nikodemus (Joh. 19:40) per ongeluk een levende Jezus gebalsemd zouden hebben.

Ten derde, zelfs als Jezus nog leefde toen hij in het graf werd gelegd, hoe zou een zwaar gewonde en bloedende man na 36 uur nog kunnen leven? Hij zou dood zijn gebloed in dat koude, vochtige, donkere graf.

Ten vierde, zelfs als hij het koude, vochtige, donkere graf overleefd had, hoe zou hij er dan in geslaagd zijn om zich van zijn zwachtels te ontdoen, de loodzware steen voor de ingang van het graf te verwijderen, voorbij de speciaal uitgekozen Romeinse wachters (die na zo'n blunder de doodstraf konden verwachten) te geraken en dan de bange, uiteengejaagde, sceptische lafaards ervan te overtuigen dat hij de dood had overwonnen? Zelfs al had hij uit het graf weten te komen en langs de Romeinse wachters weten te komen, dan nog zou Jezus een zielig, bloederig hoopje mens zijn geweest, geen man om te aanbidden maar om medelijden mee te hebben. De discipelen zouden hebben gezegd: 'Je leeft misschien, maar je bent zeker niet uit de dood opgestaan. We brengen je snel naar een dokter!'

Ten vijfde biedt de schijndoodtheorie geen verklaring voor Jezus' stralende verschijning aan Paulus op de weg naar Damascus. Wat bracht deze gezworen vijand van het christendom kort na de kruisiging tot inkeer? In elk geval geen gewoon mens die hersteld was van een kruisiging.

Paulus' beschrijving van zijn bekering staat twee keer opgetekend in het als historisch betrouwbaar bevestigde boek Handelingen. In hoofdstuk 22 vertelt Paulus een vijandige Joodse menigte hoe Christus aan hem verscheen:

> Maar onderweg, niet ver van Damascus, gebeurde er tegen het middaguur iets onverwachts: opeens werd ik omstraald door een fel licht uit de hemel. Ik viel op de grond en hoorde een stem tegen me zeggen: 'Saul, Saul, waarom vervolg je mij?' Ik vroeg: 'Wie bent u, Heer?' En de Heer antwoordde: 'Ik ben Jezus van Nazaret, die jij vervolgt' (vv. 6-8).

Paulus was daarna drie dagen blind en onderging een radicale ommekeer, van fanatiekste vijand tot vurigste pleitbezorger van het christendom.

Paulus' bekeringservaring is niet te verklaren door een in zwijm gevallen Jezus die tussen de struiken met een fakkel zwaait en zijn 'Godstem' opzet. Dit was een indrukwekkend vertoon van goddelijke macht op klaarlichte dag waarna Paulus, en de wereld, nooit meer hetzelfde zouden zijn. [8]

Ten zesde bevestigen verschillende niet-christelijke schrijvers dat Jezus stierf aan een kruis, waaronder Josephus, Tacitus, Thallus en de Joodse Talmoed. De Talmoed zegt bijvoorbeeld dat Yeshua (Jezus) aan een hout werd gehangen op de avond van het Joodse paasfeest. [9] Dat is geen bron die het christendom welgezind is, dus er is geen reden om het in twijfel te trekken.

Om deze en andere redenen geloven maar heel weinig geleerden nog in de schijndoodtheorie. Er zijn gewoon te veel bewijzen tegen.

De discipelen hebben het lichaam gestolen – De theorie dat de discipelen Jezus' lichaam hebben gestolen, kan niet als onderbouwing dienen voor de laatste optie van de scepticus, namelijk dat de nieuwtestamentische schrijvers misleid waren. Waarom niet? Omdat in deze theorie de nieuwtestamentische schrijvers niet misleid worden, maar zelf misleiden! Dat gaat natuurlijk lijnrecht in tegen alles wat we tot nu toe gezien hebben. Deze theorie neemt het onhoudbare standpunt in dat de nieuwtestamentische schrijvers allemaal leugenaars waren. Om onverklaarbare redenen stalen ze het lichaam om vervolgens zelf geslagen, gemarteld en gedood te worden! Aanhangers van deze theorie kunnen niet uitleggen waarom iemand zoiets zou doen. Waarom zouden de discipelen aan zo'n contraproductieve samenzwering beginnen? En waarom hielden ze stuk voor stuk vol dat Jezus uit de dood was opgestaan terwijl ze hun leven hadden kunnen redden door dat getuigenis te herroepen?

Naast het enorme belangenconflict van de discipelen zijn er nog meer absurditeiten die uit deze theorie voortvloeien die haar aanhangers niet kunnen verklaren. Hoe kwamen de discipelen bijvoorbeeld langs de Romeinse wachters, die getraind waren om het graf met hun leven te bewaken? Als Jezus niet is opgestaan uit de dood, wie verscheen er dan aan Paulus, Jakobus en de andere ooggetuigen? Logen de nieuwtestamentische schrijvers ook over hun bekeringen? Heeft Paulus de dingen die hij in 1 Korintiërs 15:1-8 schrijft gewoon verzonnen? En hoe zit het met de niet-christelijke schrijvers? Loog Josephus toen hij schreef dat Jakobus gedood werd door het Sanhedrin? Loog de Romeinse schrijver Phlegon (geboren circa 80 n.Chr.) ook toen hij in zijn *Kronieken* schreef: ‘Bij zijn leven bewees Jezus zichzelf geen dienst, maar na zijn dood stond hij op en vertoonde de tekenen van zijn straf en toonde hij hoe zijn handen doorboord waren door spijkers?’ [10] Deze theorie vergt een nog groter ‘wonder’ dan een opstanding uit de dood. *Wij hebben in elk geval niet genoeg geloof om erin te geloven!*

Zoals we gezien hebben, is het idee dat de discipelen het lichaam hebben gestolen precies de verklaring die de Joden gaven om het lege graf te verklaren. Afgezien van het feit dat het de discipelen ontbrak aan een motief of de mogelijkheid om het lichaam te stelen, was deze oude Joodse verklaring nog om twee andere redenen geen goede leugen: 1) Hoe konden de slapende wachters weten dat de discipelen het lichaam stalen, en 2) Een Romeinse wachter zou nooit toegeven dat hij tijdens zijn werk had geslapen en daarmee de doodstraf riskeren. (Misschien moesten de Joodse autoriteiten, zoals Matteüs schrijft, de wachters daarom omkopen en hun beloven dat ze geen problemen zouden krijgen met de prefect.)

In 1878 deed men een fascinerende archeologische vondst die de bijbelse claim lijkt te ondersteunen dat de Joden het gerucht van de diefstal de wereld in hadden gestuurd. In Nazaret werd een marmeren plaat van 38 bij 61 centimeter ontdekt met deze inscriptie:

> Verordening van de keizer: het behaagt mij dat graven voorgoed onaangeroerd blijven voor hen die ze gemaakt hebben voor de cultus van hun voorouders of kinderen of leden van hun huis. Indien echter iemand beschuldigingen aanvoert dat een ander ze verwoest

> heeft of op enig andere wijze de begraven lichamen verwijderd of met boos opzet ze elders heen gebracht heeft om ze onrecht aan te doen, of de verzegeling op andere stenen verwijderd heeft – tegen zo iemand moet naar mijn bevel een proces gestart worden, zowel ten aanzien van de goden als met betrekking tot de cultus van stervelingen. Want meer dan ooit moet hun die begraven zijn eerbied betoond worden. Het zij een ieder ten strengste verboden hen te storen. In geval van overtreding gebied ik dat de overtreder veroordeeld wordt tot de doodstraf wegens grafschennis. [11]

Geleerden denken dat dit edict is uitgevaardigd door keizer Tiberius, die regeerde van 14 tot 37 n.Chr. (tijdens het grootste deel van Christus' leven), of keizer Claudius, die regeerde van 41 tot 54. Het opvallende van dit edict is dat het de straf op grafroof verhoogt van een boete tot de doodstraf!

Waarom zou de Romeinse keizer op dat moment de moeite nemen om zo'n strenge verordening uit te vaardigen in zo'n afgelegen deel van zijn rijk? Niemand weet het zeker, maar er zijn twee mogelijkheden en die wijzen allebei in de richting van Jezus.

Als de inscriptie van Tiberius is, is het waarschijnlijk dat Tiberius van Jezus hoorde via een van de jaarlijkse verslagen die Pilatus hem zond. Dat beweert Justinus Martyr. [12] In dat verslag stond wellicht ook de Joodse verklaring voor het lege graf (de discipelen hebben het lichaam gestolen), wat Tiberius er misschien toe bracht om via dit edict eventuele 'opstandingen' in de toekomst uit te sluiten.

Als de inscriptie van Claudius is, was het edict misschien een onderdeel van zijn reactie op de rellen in Rome in 49 n.Chr. In Handelingen 18:2 vermeldt Lucas dat Claudius de Joden uit Rome had verdreven. Dat wordt bevestigd door de Romeinse historicus Suetonius, die schrijft: 'Omdat de Joden te Rome, opgehitst door Chrestus, voortdurend ongeregeldheden veroorzaakten, verdreef hij [Claudius] hen uit de stad.' [13] (Chrestus is een andere spelling van Christus.)

Wat had Christus te maken met Joodse rellen in Rome? Misschien ging het in Rome net als in Tessalonica. In Handelingen 17 schrijft Lucas dat er in Tessalonica (rond dezelfde tijd als de rellen in Rome) 'grote beroering' teweeg werd gebracht toen de Joden 'jaloers' werden op Paulus die predikte dat Jezus was opgestaan uit de dood. Deze Joden klaagden bij de stadsprefecten: 'De mensen die in het hele rijk de orde verstoren, zijn nu ook hier gekomen… Allemaal overtreden ze de verordeningen van de keizer door te beweren dat iemand anders koning is, namelijk Jezus!' (vv. 6-7).

Als dat het is wat er in Rome gebeurde, was Claudius ongetwijfeld niet blij met een groep die zijn decreten in de wind sloeg en een andere koning navolgde. Als hij erachter kwam dat deze nieuwe oproerige sekte was begonnen bij Joden die geloofden dat hun leider uit de dood was opgestaan, is het heel goed mogelijk dat hij alle Joden uit Rome verbande en van grafroof een halsmisdaad maakte.

Deze twee mogelijkheden verklaren allebei het tijdstip, de locatie en de strengheid van het edict. Maar zelfs als het edict niets te maken heeft met het lege graf van Christus, hebben we al goede bewijzen dat de Joden het verhaal van het gestolen lichaam de wereld instuurden (zie vorige hoofdstuk). Waar het om gaat, is dat ze met dat verhaal stilzwijgend toegaven dat het graf werkelijk leeg was. *Immers, waarom zouden de Joden een verklaring verzinnen voor het lege graf als Jezus' lichaam er nog in lag?*

Een ander nam Jezus' plaats aan het kruis in – Dat is de verklaring die veel moslims tegenwoordig geven: Jezus is niet gekruisigd, maar iemand als Judas werd gedood in zijn plaats. De Koran zegt over Jezus:

> Zij hebben hem niet gedood en zij hebben hem niet gekruisigd, maar het werd hun gesuggereerd. Zij die het daarover oneens zijn, verkeren erover in twijfel. Zij hebben er, behalve het afgaan op vermoedens, geen kennis van. Zij hebben hem vast en zeker niet gedood. Echter God heeft hem tot Zich omhoog gebracht. God is machtig en wijs (soera 4:157-158).

Dus volgens de Koran leek het alleen zo dat Jezus gekruisigd werd en nam Allah hem direct in de hemel op.

Er kleven een aantal problemen aan deze theorie, zoals het feit dat er geen enkel bewijs voor is. Deze woorden uit de Koran dateren van ruim 600 jaar na Christus. Hoe zou je deze bron voor het leven van Jezus meer gezag kunnen toekennen dan de verslagen van ooggetuigen? Deze theorie staat namelijk haaks op alle ooggetuigenverslagen en alle niet-christelijke bronnen.

Bovendien roept deze theorie meer vragen op dan ze beantwoordt. Moeten wij geloven dat die tientallen mensen die op enige wijze getuige waren van Jezus' dood – de discipelen, de Romeinse wachters, Pilatus, de Joden, Jezus' familie en vrienden – allemaal niet doorhadden wie er gedood werd? Hoe kunnen zoveel mensen zich zo vergissen in iemands identiteit? Dat is net als als je zou zeggen dat Abraham Lincoln niet degene was die op die avond in april 1865 gedood werd naast zijn vrouw in het *Ford's Theater*. Vergiste Mary Lincoln zich in de identiteit van de man die naast haar zat? Vergiste Lincolns bodyguard zich in de identiteit van de man die hij bewaakte? Vergiste iedereen zich in de identiteit van de president? Dat kan toch niemand geloven.

Deze theorie roept nog tal van andere vragen op. Als Jezus niet gedood was, hoe kwam het dan dat het graf van de man die wel echt gedood was leeg werd aangetroffen? Moeten we geloven dat deze plaatsvervanger uit de dood opstond? En zo ja, hoe kreeg hij dat voor elkaar? Moeten we geloven dat alle niet-christelijke historici ernaast zitten wat de dood van Jezus betreft? En hoe zit het dan met de Talmoed, waarin van Joodse kant wordt erkend dat Jezus aan een hout werd gehangen op de avond van het Joodse paasfeest? Kortom, moeten we geloven dat iedereen in de eerste eeuw er in alle opzichten naast zat?

Een theorie die 600 jaar na de gebeurtenissen opduikt en verlangt dat je alle bewijzen uit de eerste eeuw verwerpt, moet met argwaan bekeken worden. Deze theorie is in strijd met de meeste van de twaalf feiten die door vrijwel alle geleerden worden geloofd (zie het begin van dit hoofdstuk). Net als andere alternatieve theorieën berust ook deze volledig op speculatie. *Wij hebben dan ook niet genoeg geloof om erin te geloven.*

De geloofsopvattingen van de discipelen bepaalden hun geloof in de opstanding – John Dominic Crossan is medeoprichter van de linkse groep geleerden en critici die zich het '*Jesus Seminar*' noemen. Zij menen dat slechts 18 procent van de woorden die in de evangeliën aan Jezus worden toegeschreven authentiek is (voor meer hierover zie bijlage 3). Ze geven geen echte argumenten voor hun scepsis, alleen speculatieve theorieën over hoe de geloofsopvattingen van de discipelen leidden tot hun geloof in de opstanding en zo'n beetje het hele Nieuwe Testament.

Deze theorie kwam goed tot uiting tijdens het debat over de opstanding dat Crossan voerde met William Lane Craig. Crossan opperde de theorie dat de discipelen het opstandingsverhaal verzonnen omdat ze na Jezus' dood 'de Schriften doorzochten' en merkten dat 'vervolging, zo niet executie, min of meer bij je taakomschrijving hoort als Gods uitverkorenen.'[15]

Het kardinale punt van het twee uur durende debat was Craigs antwoord. Hij zei: 'Juist. En dat was ná de verschijningen van de opgestane Christus... *Het geloof van de discipelen leidde niet tot de verschijningen, maar het waren de verschijningen die tot hun geloof leidden;* daarna doorzochten ze de Schriften.'[16]

Inderdaad, de bange, uiteengejaagde, sceptische discipelen hadden niet de geestesgesteldheid om een opstandingsverhaal te verzinnen en er dan hun leven voor op het spel te zetten. Integendeel, ze verborgen zich uit angst voor de Joden! De verschijningen van de opgestane Christus gaven hun stoutmoedig geloof en niet andersom. Crossan draait de zaken om.

Afgezien van het feit dat er geen bewijs is voor zijn theorie heeft Crossan geen verklaring voor de verschijningen aan meer dan 500 mensen, en evenmin voor het lege graf of de Joodse poging om dat lege graf te verklaren. De Joden wisten dat de discipelen beweerden dat de opstanding een echte historische gebeurtenis was en niet slechts het product van hun geloof. Als de opstanding, zoals Crossan zegt, niet echt heeft plaatsgevonden, waarom hielden de Joodse autoriteiten dan nog de hele tweede eeuw vol dat de discipelen het lichaam hadden gestolen? Crossan heeft daar geen antwoord op, want zijn theorie klopt van geen kant. *Je moet een heleboel geloof hebben – en een hoop bewijzen negeren – om erin te geloven.*

De nieuwtestamentische schrijvers kopieerden heidense opstandingsmythen – Deze theorie stelt dat het Nieuwe Testament niet historisch is omdat de nieuwtestamentische schrijvers simpelweg heidense opstandingsmythen kopieerden. Sceptici verwijzen graag naar opstandingen van mythische figuren als Marduk, Adonis en Osiris. Is het Nieuwe Testament niet meer dan een mythe? Zou deze theorie waar kunnen zijn? Dat is niet waarschijnlijk om een aantal redenen.

Ten eerste is het Nieuwe Testament, zoals we gezien hebben, allesbehalve mythologisch. Anders dan heidense mythen staat het Nieuwe Testament vol ooggetuigenverslagen en echte historische figuren en wordt het bevestigd door verschillende bronnen buiten de Bijbel. Volgens C.S. Lewis, zelf een schrijver van mythen, bevatten de nieuwtestamentische verhalen geen mythologische kenmerken. 'In mijn persoonlijk leven ben ik niets anders dan literair criticus en historicus – dat is mijn werk', schrijft Lewis. 'En op grond daarvan durf ik te zeggen dat iemand die meent dat de evangeliën legenden of fictie zijn simpelweg blijk geeft van zijn incompetentie als literair criticus. Ik heb heel wat fictie gelezen en ik ben aardig thuis in de legendes die ontstaan zijn onder vroege volken, en ik weet drommels goed dat de evangeliën iets heel anders zijn.'[17]

Ten tweede biedt deze theorie geen verklaring voor het lege graf, het martelaarschap van de ooggetuigen of het getuigenis van de niet-christelijke geschriften, en evenmin voor het bewijs op grond waarvan bijna alle geleerden de andere historische feiten aanvaarden die we aan het begin van dit hoofdstuk opsomden.

Ten derde wisten de oude niet-christelijke bronnen dat de nieuwtestamentische geschriften geen mythische verslagen waren. Zoals Craig Blomberg opmerkt: 'De vroegste Joodse en heidense critici van de opstanding begrepen dat de schrijvers van de evangeliën historische claims maakten en geen mythen of legenden schreven. Wat zij betwistten, was de plausibiliteit van die claims.'[18]

Ten vierde gaat geen enkele Griekse of Romeinse mythe over de letterlijke menswording van een monotheïstische God (vgl. Joh. 1:1-3, 14), via een letterlijke maagdelijke geboorte (Matt. 1:18-25), gevolgd door zijn dood en lichamelijke opstanding. De Grieken waren polytheïsten en geen monotheïsten zoals de nieuwtestamentische schrijvers. Bovendien geloofden de Grieken in reïncarnatie in een ander sterfelijk lichaam; nieuwtestamentische christenen geloofden in een opstanding in hetzelfde, maar nu onsterfelijk gemaakte fysieke lichaam (vg. Luc. 24:37, Joh. 9:2, Hebr. 9:27).

Ten vijfde duikt het eerste andere voorbeeld van een god die sterft en herrijst pas op in 150 n.Chr., ruim honderd jaar na de geboorte van het christendom.[19] Dus voor zover het een het ander heeft beïnvloed was het de historische gebeurtenis uit het Nieuwe Testament die de mythologie beïnvloedde, en niet andersom.

De enige voorchristelijke god die de dood overleefde, is de Egyptische god Osiris. In zijn mythe wordt Osiris in veertien stukken gesneden, over Egypte verspreid en vervolgens weer samengevoegd en tot leven gewekt door de godin Isis. Osiris komt echter niet terug naar het fysieke leven, maar komt terecht in een schemerige onderwereld. Zoals Habermas en Licona schrijven: 'Dit wijkt sterk af van Jezus' opstandingsverhaal, waarin hij de glorieus verrezen Levensvorst is die gezien wordt door anderen op aarde voordat hij ten hemel vaart.'[20]

Ten slotte, zelfs al zijn er voorchristelijke mythen over stervende en herrijzende goden, dan betekent dat nog niet dat de nieuwtestamentische schrijvers die verhalen kopieerden. De tv-serie *Star Trek* was er eerder dan het Amerikaanse spaceshuttleprogramma, maar dat betekent niet dat krantenverslagen van spaceshuttlemissies beïnvloed worden door afleveringen van *Star Trek*! Je moet naar de bewijzen voor elk verslag kijken om te zien of het historisch of mythisch is. Er zijn geen ooggetuigenverslagen of andere bewijzen voor de historiciteit van de opstanding van Osiris of enig andere heidense god. Niemand gelooft dat het echte historische figuren zijn. Maar zoals we gezien hebben, zijn er sterke ooggetuigenbewijzen en andere aanwijzingen voor de historiciteit van de dood en opstanding van Jezus Christus.

HEB JE DAAR BEWIJZEN VOOR?

Christenen zijn gewend aan het pareren van alternatieve theorieën voor de opstanding. Dat hebben we zojuist gedaan door zelf op de talloze zwakke plekken in de alternatieve theorieën te wijzen. Maar dat is niet genoeg. Hoewel sceptici terecht vinden dat het aan christenen is om de opstanding te onderbouwen (en christenen hebben, zoals we gezien hebben, uitstekende argumenten), *is het aan sceptici om hun alternatieve theorieën te onderbouwen.* Gezien alle positieve bewijzen voor de opstanding moeten sceptici positieve, eerste-eeuwse bewijzen aandragen voor hun alternatieve standpunten.

Je kunt wel een alternatieve theorie voor de opstanding verzinnen, maar het is nog een ander verhaal om er werkelijk eerste-eeuwse bewijzen voor te vinden. Een theorie is geen bewijs. Redelijke mensen willen bewijzen zien en niet alleen een theorie. Iedereen kan een theorie verzinnen om een historische gebeurtenis te verklaren. Als iemand bijvoorbeeld zou beweren dat alle filmbeelden van de Duitse concentratiekampen in scène waren gezet door Joden om sympathie en steun te kweken voor een Joodse staat, zou jij die theorie dan geloven? Natuurlijk niet, want ze gaat lijnrecht in tegen alle bewijzen. Om serieus genomen te worden, moeten de bedenkers van zo'n theorie geloofwaardige, onafhankelijke ooggetuigenverslagen en andere bewijzen aandragen om de vele verslagen te ontkrachten die zeggen dat de holocaust echt was en uitgevoerd is door de nazi's. Maar zulke tegenbewijzen bestaan niet.

Zo is het ook met de opstanding. Hoewel sceptici allerlei alternatieve theorieën bedacht hebben om de opstanding weg te verklaren, is er geen enkele eerste-eeuwse bron die ze staaft.[21] De enige alternatieve theorie die genoemd wordt in een bron uit de eerste eeuw (dat de discipelen het lichaam hebben gestolen) vinden we bij Matteüs, die duidelijk aangeeft dat het om een leugen gaat. Niemand uit de eerste eeuwen na Christus – zelfs niet de vijanden van het christendom – heeft een *plausibele* alternatieve verklaring aangedragen voor de opstanding. Veel alternatieve theorieën uit de afgelopen 200 jaar zijn fundamenteel anti-bovennatuurlijk. Omdat moderne geleerden wonderen op filosofische gronden van tevoren uitsluiten, verzinnen ze ad-hocverklaringen om de opstanding weg te verklaren. Zoals we gezien hebben, bevatten hun ad-hocverklaringen tal van absurditeiten of onwaarschijnlijkheden.

Iemand met een alternatieve theorie voor de opstanding moet de vraag gesteld worden: 'Wat voor bewijzen heb je voor je theorie? Zou je alsjeblieft drie of vier eerste-eeuwse bronnen willen noemen die je theorie staven?' Wanneer eerlijke sceptici deze vraag wordt voorgelegd, reageren ze meestal met stilzwijgen of geven ze stamelend toe dat ze zulke bewijzen niet hebben omdat ze niet bestaan.[22]

En het is niet alleen de opstanding die de sceptici moeten verklaren. Ze moeten ook de 35 andere wonderen verklaren waar Jezus volgens ooggetuigen bij betrokken was. Moeten we geloven dat de vier evangelisten allemaal misleid zijn ten aanzien van al die wonderen én de opstanding?

Zijn er bewijzen voor deze massale misleiding? Zijn er nog andere eerste-eeuwse bronnen die een andere verklaring bieden voor de werken van Jezus? De enige die we kennen (en die dateert waarschijnlijk uit de tweede eeuw) is de Talmoed, die erkent dat Jezus ongewone daden verrichtte door te zeggen dat hij 'magie bedreef'. Maar die verklaring is net zo zwak als de Joodse verklaring voor de opstanding (dat de discipelen het lichaam hebben gestolen). Misschien kan magie sommige 'wonderen' van Jezus verklaren, maar alle 35? Tovenaars en magiërs kunnen niet de daden verrichten die aan Jezus worden toegeschreven: doden opwekken, blinden het zicht geven, over het water lopen, enzovoort.

Als er dus geen vroege bewijzen zijn dat er sprake was van misleiding, moeten we de nieuwtestamentische wonderen dan zomaar geloven? Waarom niet? We leven in een theïstisch universum waar wonderen mogelijk zijn. En hoewel niet alle wonderen in het Nieuwe Testament onafhankelijk bevestigd zijn (omdat sommige maar door één schrijver worden genoemd), zijn veel van die wonderen dat wel (inclusief de opstanding). De wonderen van Jezus die vermeld worden in onafhankelijke bronnen zijn gewoon te talrijk om zich weg te laten verklaren als misleiding. Eén persoon kan misschien één keer misleid worden, maar dat talrijke waarnemers herhaaldelijk worden misleid, is onmogelijk.

De Duitse geleerde Wolfgang Trilling schrijft: 'We zijn ervan overtuigd en achten het historisch zeker dat Jezus inderdaad wonderen verrichtte… De verslagen van wonderen beslaan zo'n groot deel van de evangeliën dat het onmogelijk is dat ze allemaal achtereenvolgens verzonnen zijn of achteraf toegeschreven aan Jezus.'[23] William Lane Craig concludeert: 'Het feit dat het verrichten van wonderen bij de historische Jezus hoort, staat niet meer ter discussie.'[24] Dat wil zeggen dat wonderen niet worden betwist om historische redenen maar alleen om filosofische (meer hierover zo meteen).

Het komt er op neer dat er gewoon te veel wonderen en te veel getuigenissen zijn om te geloven dat alle ooggetuigen er iedere keer naast zaten. Met betrekking tot de opstanding schieten alle alternatieve theorieën hopeloos tekort, en we hebben sterke ooggetuigenbewijzen en aanwijzingen dat Jezus werkelijk uit de dood is opgestaan. Met andere woorden, het ontbreekt ons niet alleen aan een natuurlijke verklaring voor het lege graf, maar we hebben bovendien positief bewijs *voor* de opstanding. De verklaring die het *minste* geloof vergt, is dat Jezus werkelijk wonderen verrichtte en werkelijk opstond uit de dood zoals hij voorspelde. *We hebben daarom niet genoeg geloof om te geloven dat de nieuwtestamentische schrijvers allemaal misleid zijn.*

WAAROM GELOVEN NIET ALLE GELEERDEN?

We hebben een accurate weergave van vroege getuigenissen (hoofdstuk 9); die getuigenissen zijn niet alleen vroeg, maar zelfs afkomstig van ooggetuigen (hoofdstuk 10); die ooggetuigen legden nauwkeurig vast wat ze zagen (hoofdstuk 11); en die ooggetuigen waren niet misleid (dit hoofdstuk) – waarom nemen dan niet alle geleerden het Nieuwe Testament op zijn woord? Om dezelfde reden waarom darwinisten de bewijzen weigeren te accepteren die hun visie weerleggen: omdat ze filosofische vooroordelen tegen wonderen hebben.

Die vooringenomenheid bleek tijdens het debat tussen Craig en Crossan. Craig gelooft, net als wij, dat er sterke bewijzen zijn voor de historiciteit van een letterlijke opstanding. Crossan daarentegen gelooft niet dat Jezus letterlijk uit de dood is opgestaan. De volgende woordenwisseling tussen de twee mannen is veelzeggend:

Craig: Dr. Crossan, is er iets wat u ervan kan overtuigen dat Jezus letterlijk uit de dood is opgestaan?

Crossan: Ik moet eerst zeker weten waar we het over hebben. Stel dat we op de paasmorgen met een videocamera bij het lege graf hadden gestaan, zouden we dan op video hebben vastgelegd hoe er iemand uit het graf naar buiten kwam? Bedoel je zoiets?

Craig: Wat ik eigenlijk bedoel, en wat meneer Buckley [de gespreksleider] volgens mij ook wil weten, is dit: wat voor soort bewijzen zouden jou overtuigen? Of zijn jouw vooroordelen over de onmogelijkheid van het wonderbaarlijke enzovoort zo sterk dat ze je historische oordeel zo vertroebelen dat een dergelijke gebeurtenis al bij voorbaat niet ontvankelijk wordt verklaard?

Crossan: Nee… Een dokter in Lourdes zou kunnen zeggen: 'Ik heb geen enkele medische verklaring voor wat er gebeurd is.' Dat is een correcte uitspraak. Dan heb je het recht om te zeggen: 'Daarom geloof ik op grond van

> het geloof dat God hier heeft ingegrepen.' *Maar het is mijn theologische vooronderstelling dat God zo niet werkt*... Wat er voor nodig zou zijn om mij te overtuigen van wat u vraagt? Ik weet het niet, tenzij God het universum verandert. Stel dat morgenochtend elke boom voor mijn huis een meter is opgeschoven. Dat vraagt om een verklaring. Ik weet de verklaring niet, maar ik zou niet meteen uitgaan van een wonder.[25]

Crossan is zeer openhartig over zijn theologische vooronderstelling ten aanzien van wonderen. Natuurlijk spreekt Crossan niet voor alle sceptische geleerden. Maar de meerderheid neemt het Nieuwe Testament niet op zijn woord omdat ze net als Crossan filosofische vooroordelen hebben tegen wonderen. Het is niet zo dat de historische bewijzen voor het Nieuwe Testament zwak zijn (integendeel, die zijn juist heel sterk), maar deze sceptici sluiten wonderen bij voorbaat uit. Ze trekken de verkeerde conclusie omdat hun vooringenomenheid hen ervan weerhoudt de juiste conclusie te trekken.

CONTEXT! CONTEXT! CONTEXT!

Laten we nog eens kijken naar Crossans slotopmerking over die bomen in zijn tuin. Hij zou 'niet meteen uitgaan van een wonder'. Nou, wij ook niet, want de meeste gebeurtenissen kunnen inderdaad natuurlijk worden verklaard (daardoor vallen wonderen juist op áls ze plaatsvinden). Het is dus volkomen logisch om eerst een natuurlijke verklaring te zoeken.

Maar houdt dat in dat we *nooit* moeten concluderen dat een gebeurtenis (zoals verschuivende bomen) een wonder was? Crossan zou het in elk geval niet concluderen vanwege zijn theologische vooronderstelling dat God 'zo niet werkt'. Maar aangezien die vooronderstelling onjuist is – omdat God wel bestaat – wat zou dan de juiste conclusie zijn? Dat hangt af van de context van de gebeurtenis. In hoofdstuk 5 zagen we dat je dingen moet interpreteren binnen de context waarin je ze aantreft.[26]

Laten we aannemen dat Crossans bomenverschuiving plaatsvond in de volgende context: tweehonderd jaar van tevoren tekent iemand die een profeet van God beweert te zijn een voorzegging op dat alle bomen in een bepaald gedeelte van Jeruzalem op een nacht inderdaad een meter zouden verschuiven. Tweehonderd jaar later verschijnt er een man ten tonele die de inwoners vertelt dat het wonder van de bomenverschuiving binnenkort zal plaatsvinden. Deze man beweert dat hij God is, leert diepe waarheden en verricht tal van andere ongewone daden die wonderen lijken te zijn.

Op een ochtend beweren talrijke ooggetuigen dat de bomen in Crossans tuin – inclusief diep gewortelde eiken van dertig meter hoog – 's nachts daadwerkelijk een meter zijn verschoven, precies zoals de God-mens had voorspeld. Deze ooggetuigen zeggen ook dat dit maar één van ruim dertig wonderen is die deze God-mens heeft verricht. Vervolgens worden ze vervolgd en gedood omdat ze die wonderen rondbazuinen en hun getuigenis weigeren te herroepen. Tegenstanders van de God-mens ontkennen de bewijzen voor de boomverschuiving of de andere wonderen niet, maar bieden natuurlijke verklaringen die aan alle kanten rammelen. Jaren later, wanneer alle ooggetuigen dood zijn, dragen sceptici nog andere natuurlijke verklaringen aan, die ook blijken te rammelen. 1900 jaar lang proberen sceptici de gebeurtenis natuurlijk te verklaren, maar niemand slaagt erin.

Vraag: zou het binnen die context niet redelijk zijn om aan te nemen dat de verschuiving van de bomen eerder bovennatuurlijk dan natuurlijk van aard was? Vanzelfsprekend. Het zit hem in de context.

Zo is het ook met de opstanding. Het is niet alleen dat we geen natuurlijke verklaring voor het lege graf hebben, maar we hebben ooggetuigen en allerlei aanwijzingen *voor* het wonder van de opstanding. Dit is de context waarin we de bewijzen moeten interpreteren:

I. De theïstische aard van dit universum betekent dat wonderen *mogelijk* zijn – We leven in een theïstisch universum waar wonderen mogelijk zijn. (Het allergrootste wonder, de schepping van het universum uit het niets, heeft al plaatsgevonden.) Dus God kan profeten gebruiken om zijn boodschappen aan te kondigen en wonderen om ze te bevestigen. Oftewel, een wonder kan worden gebruikt om het woord van God, via een man van God, te bevestigen aan het volk van God.

II. Volgens oude geschriften zijn wonderen te *verwachten* – We hebben oudtestamentische geschriften, die honderden jaren van tevoren zijn geschreven, waarin voorzegd wordt dat de Messias – een man die feitelijk God zou zijn – zou komen, gedood zou worden op een bepaald moment als een offer voor een zondige mensheid en uit de dood zou opstaan (meer hierover in het volgende hoofdstuk).

III. Volgens historisch bevestigde ooggetuigendocumenten zijn wonderen *werkelijkheid* – Er zijn 27 geschriften, geschreven door negen ooggetuigen of hun tijdgenoten, waarin tal van wonderlijke gebeurtenissen worden beschreven. Veel van die geschriften bevatten historisch bevestigde ooggetuigenverslagen uit de tijd van de gebeurtenissen, en uit de bewijzen blijkt dat het verhaal niet verzonnen, verfraaid of het product van misleiding is. Dat weten we omdat de nieuwtestamentische geschriften aan alle zeven historiciteitscriteria zoals beschreven in hoofdstuk 9 voldoen. De nieuwtestamentische geschriften:

1. zijn vroeg (voornamelijk 15-40 jaar later geschreven, ruimschoots binnen twee generaties vanaf de gebeurtenissen),
2. bevatten ooggetuigenverslagen,
3. bevatten onafhankelijke ooggetuigenverslagen uit meerdere bronnen,
4. zijn geschreven door betrouwbare mensen die in woord en werk de hoogste ethische maatstaven hanteerden en die hun leven gaven voor hun getuigenis,

5. beschrijven gebeurtenissen, locaties en individuen die bevestigd worden door archeologisch onderzoek en andere schrijvers,
6. beschrijven enkele gebeurtenissen waarvan de waarheid stilzwijgend wordt erkend door vijanden (getuigenis van tegenstanders),
7. beschrijven gebeurtenissen en details die gênant zijn voor de auteurs en zelfs voor Jezus zelf.

Deze historisch bevestigde ooggetuigendocumenten vertellen het volgende verhaal:

1. Op het moment, de plaats en de wijze waarop het Oude Testament had voorzegd, arriveert Jezus in Jeruzalem en beweert de Messias te zijn. Hij leert diepe waarheden en verricht, volgens talrijke onafhankelijke getuigen, 35 wonderen (sommige aan groepen mensen) en staat op uit de dood.
2. Ooggetuigen die eerst laf en ongelovig waren, beginnen opeens vrijmoedig Jezus' opstanding te verkondigen hoewel ze erom vervolgd en gedood worden. (Misleide mensen sterven misschien voor een leugen die ze voor waar houden, maar ze sterven niet voor een leugen waarvan ze weten dat het een leugen is. De nieuwtestamentische schrijvers verkeerden in een positie dat ze de echte waarheid over de opstanding konden weten.)
3. In de stad van Jezus' dood en graf ontstaat een nieuwe beweging (de Kerk) die zich vlug en op vreedzame wijze verspreidt op grond van het geloof dat Jezus uit de dood is opgestaan. (Dat is moeilijk te verklaren als er geen opstanding was geweest. Hoe had het christendom kunnen onstaan in een vijandige stad als Jeruzalem als Jezus' lichaam nog steeds in het graf lag? De vijandige godsdienstige en andere autoriteiten zouden het christendom ontmaskerd hebben door het lichaam te tonen.)
4. Duizenden Joden in Jeruzalem, inclusief priesters uit de Farizeeën, verruilen vijf van hun dierbaarste geloofsopvattingen en gebruiken voor vreemde nieuwe na bekering tot het christendom.

5. Saulus, de vurigste vijand van de jonge Kerk, komt opeens tot bekering en wordt haar grootste pleitbezorger. Hij reist door de toenmalige wereld om de opstanding te verkondigen, waarbij hij vervolgd en gedood wordt. (Als er geen opstanding is geweest, hoe kan het dan dat de grootste vijand van het christendom opeens zijn grootste leider wordt? Waarom liet hij zich vrijwillig vervolgen en doden?)
6. Jakobus, de sceptische broer van Jezus, komt opeens tot de overtuiging dat zijn broer de Zoon van God is en wordt de leider van de kerk te Jeruzalem. Later sterft hij als martelaar onder de handen van de hogepriester. (We weten allemaal dat familieleden vaak het moeilijkst te overtuigen zijn van ons godsdienstig standpunt. Jakobus begon als de sceptische broer van Jezus [Joh. 7:5]. Als er geen opstanding is geweest, hoe kwam het dan dat Jakobus – die 'de Rechtvaardige' werd genoemd door de tweede-eeuwse historici Clemens en Hegesippus[27] – opeens ging geloven dat zijn broer werkelijk de Messias was? Waarom zou Jakobus de leider van de kerk in Jeruzalem zijn geworden en als martelaar zijn gestorven, tenzij hij de opgestane Christus had gezien?)
7. De Joodse vijanden van het christendom ontkennen de bewijzen niet, maar dragen er ondeugdelijke naturalistische verklaringen voor aan.

IV. Overige bevestiging – De gezamenlijke verwijzingen van andere oude historici en schrijvers bevestigen deze verhaallijn van de nieuwtestamentische documenten, en verscheidene archeologische vondsten bevestigen de details die deze documenten beschrijven.

Wanneer je de bewijzen in de juiste context plaatst, zie je waarom *wij niet genoeg geloof hebben om er sceptisch tegenover te staan.* Het is veel redelijker om sceptisch tegenover scepsis te staan!

Sceptici die de punten II-IV lezen (inclusief de subpunten), concluderen misschien dat Jezus niet uit de dood is opgestaan. Maar als ze die conclusie trekken, moeten ze bewijzen aandragen voor een alternatieve theorie die *al* deze punten verklaart. Zoals we gezien hebben, hebben ze daarin jammerlijk gefaald. De opstanding is de beste verklaring voor *alle* gegevens.

Als Gods bedoeling van tevoren is aangekondigd en je hebt goede ooggetuigenverslagen en andere aanwijzingen dat zulke gebeurtenissen werkelijk hebben plaatsgevonden, *vergt het veel meer geloof om die gebeurtenissen te ontkennen dan om ze te geloven.*

UITZONDERLIJKE CLAIMS EN BEWIJS DAT ZICHZELF ONTKRACHT

Er zijn nog twee bezwaren die sceptici vaak aantekenen tegen de opstanding en wonderen. Het eerste is een vraag om uitzonderlijk bewijs.

Uitzonderlijk bewijs – Sommige sceptici geven misschien toe dat de opstanding mogelijk is maar vinden dat er uitzonderlijk bewijs voor nodig is om erin te geloven. Omdat het Nieuwe Testament uitzonderlijke claims, zoals wonderen, maakt, moeten we uitzonderlijk bewijs hebben om die claims te geloven. Dat bezwaar lijkt redelijk, totdat je vraagt: 'Wat bedoel je met 'uitzonderlijk?"

Als er *bovennatuurlijk* mee bedoeld wordt, verlangt de scepticus dus dat de opstanding wordt bevestigd door een ander wonder. Wat betekent dat? Om het eerste wonder (de opstanding) te geloven zou de scepticus een tweede wonder nodig hebben om het te bevestigen. Dan zou hij om een derde wonder vragen ter onderbouwing van het tweede, en dat zou zo eindeloos doorgaan. Volgens dat criterium zou de scepticus dus nooit in de opstanding geloven, zelfs niet als die werkelijk plaatsvond. Er is iets mis met een bewijsvoeringsnorm die het je onmogelijk maakt om datgene te geloven wat werkelijk heeft plaatsgevonden.

Als met 'uitzonderlijk' *herhaalbaar* bedoeld wordt, als in een laboratorium, dan kun je geen enkele gebeurtenis uit de geschiedenis geloven, want historische gebeurtenissen kunnen niet herhaald worden. De geloofwaardigheid van historische gebeurtenissen laat zich alleen bevestigen door de kwaliteit van de ooggetuigenbewijzen en de aard van het forensische bewijs te bezien in het licht van de beginselen van de uniformiteit en causaliteit (we hebben die beginselen behandeld in hoofdstuk 5). Trouwens, atheïsten die verlangen dat Bijbelse wonderen herhaald kunnen worden, zijn niet consequent, want ze verlangen dat niet van de historische 'wonderen' waarin ze geloven: de oerknal, spontane generatie van het eerste leven en macro-evolutie van opeenvolgende levensvormen.

Als er met 'uitzonderlijk' *meer dan normaal* wordt bedoeld, komt dat goed uit, want dat is precies wat we hebben als het om de opstanding gaat. We hebben *meer* ooggetuigendocumenten en *vroegere* ooggetuigendocumenten voor de opstanding dan voor enig andere gebeurtenis uit oude tijden. Bovendien bevatten deze documenten *meer* historische details en figuren die door *meer* onafhankelijke en externe bronnen bevestigd zijn dan enig ander gegeven of persoon uit oude tijden. En zoals we net gezien hebben, hebben we ook *meer* indirecte bewijzen voor de opstanding.

Ten slotte kunnen we het bezwaar van de scepticus aanvechten. We hebben geen 'uitzonderlijk' bewijs nodig om iets te geloven. Atheïsten bevestigen dat met hun eigen wereldbeeld. Zij geloven niet in de oerknal omdat ze er 'uitzonderlijk' bewijs voor hebben, maar omdat er goede bewijzen zijn dat het universum uit het niets is ontstaan. Meer dan goed bewijs heb je niet nodig om iets te geloven. Atheïsten hebben echter niet eens goede bewijzen voor sommige van hun gekoesterde opvattingen. Atheïsten geloven bijvoorbeeld in spontane generatie en macro-evolutie op grond van geloof alleen, want zoals we in de hoofdstukken 5 en 6 zagen, is er weinig of geen bewijs voor spontane generatie en macro-evolutie, terwijl er wel sterke bewijzen tégen zijn.

Bovendien verlangen sceptici geen 'uitzonderlijk' bewijs voor andere 'uitzonderlijke' gebeurtenissen uit de geschiedenis. Weinig gebeurtenissen uit de geschiedenis zijn bijvoorbeeld zo 'uitzonderlijk' als de verrichtingen van Alexander de Grote (356-323 v.Chr.). Hoewel hij maar 33 jaar werd, behaalde Alexander ongekende successen. Hij veroverde een groot deel van de toenmalige beschaafde wereld, van Griekenland tot India in het oosten en Egypte in het zuiden. Maar hoe weten we dat van Alexander? We hebben geen bronnen uit zijn tijd of van vlak na zijn dood. En we hebben alleen fragmenten van twee werken van zo'n honderd jaar na zijn dood. *Bijna alles wat we weten over het 'uitzonderlijke' leven van Alexander de Grote danken we aan historici die 300 tot 500 jaar na zijn dood schreven!* Gezien de solide bewijzen voor het leven van Christus moet iedereen die aan de historiciteit van Christus twijfelt ook twijfelen aan die van Alexander de Grote. Sterker nog, als hij consequent is, moet zo'n scepticus aan de *hele* klassieke geschiedenis twijfelen.[28]

Waarom verlangen sceptici 'uitzonderlijk' bewijs voor het leven van Christus, maar niet voor het leven van Alexander de Grote? Het zijn weer die wonderen die hun dwars zitten. Ondanks het feit dat wonderen mogelijk zijn omdat God bestaat – en ondanks het feit dat wonderen voorzegd en vervolgens gadegeslagen werden – willen sceptici maar niet toegeven dat er werkelijk wonderen hebben plaatsgevonden. Dus leggen ze de lat te hoog. Het is alsof sommige sceptici zeggen: 'Ik weiger in wonderen te geloven want ik heb er nog nooit één gezien. Als de opgestane Jezus aan mij verscheen, dan zou ik in hem geloven.' Dat zou inderdaad uitzonderlijk bewijs zijn.

Het zou zeker uitzonderlijk zijn, maar is het ook nodig? Moet Jezus aan ieder mens op aarde verschijnen om zijn claims geloofwaardigheid te verlenen? Waarom zou hij? We hoeven niet elke gebeurtenis persoonlijk gade te slaan om te geloven dat die gebeurtenis echt heeft plaatsgevonden. Dat zou ook fysiek onmogelijk zijn. We geloven het getuigenis van anderen als het betrouwbare personen zijn, en vooral als hun getuigenis wordt bevestigd door andere gegevens. Dat is precies het geval met het getuigenis van de nieuwtestamentische schrijvers.

En zoals we in hoofdstuk 8 zagen, zou bovendien in sommige gevallen onze vrije wil in het gedrang kunnen komen als God zich al te zeer openbaart door middel van een regelmatig vertoon van wonderen. Als het doel van dit leven is om ons vrije keuzes te laten maken die ons voorbereiden op de eeuwigheid, dan zal God ons wel overtuigend maar geen overweldigend bewijs van zijn bestaan en plan geven. Daardoor kunnen zij die God willen volgen dat met vertrouwen doen, en wie dat niet wil, kan het bewijs wegduwen of negeren en leven alsof God niet bestaat.

Wonderen die zichzelf opheffen – De grote scepticus David Hume betoogde dat wonderen geen enkele godsdienst kunnen bevestigen omdat wonderen gebaseerd zijn op schamel bewijs en omdat je ze in alle godsdiensten tegenkomt. Met andere woorden, wonderclaims heffen zichzelf op. Helaas voor Hume stemt zijn bezwaar niet overeen met de feitelijke stand van zaken.

Ten eerste maakt Hume een gemakkelijke generalisatie door te zeggen dat de vermeende wonderen van alle godsdiensten gelijk zijn. Zoals we gezien hebben vanaf hoofdstuk 9 zijn de wonderen van het christendom niet gebaseerd op schamel bewijs, maar op vroege ooggetuigenverslagen uit meerdere bronnen; geen enkele andere wereldgodsdienst kan dat van zichzelf zeggen. Dat wil zeggen dat geen andere wereldgodsdienst kan bogen op geverifieerde wonderen als die in het Nieuwe Testament.

Ten tweede dateert Humes bezwaar van voor de ontdekkingen van de moderne wetenschap die bevestigen dat dit een theïstisch univerum is (hoofdstukken 3-6). Aangezien dit een theïstisch universum is, zijn het jodendom en de islam de enige andere grote wereldgodsdiensten die waar zouden kunnen zijn. Wonderen die het Oude Testament van het jodendom bevestigen, bevestigen ook het christendom. Dus dan blijft alleen de islam over als het enige alternatief om de wonderen van het christendom 'op te heffen'. Maar zoals we zagen in hoofdstuk 10 zijn er geen verifieerbare wonderen die de islam bevestigen. Alle vermeende wonderen van Mohammed dateren van lang na zijn dood en waren niet gebaseerd op ooggetuigenverslagen.

Ten slotte laten het unieke karakter, het aantal en de kwaliteit van de nieuwtestamentische wonderen zich slechts verklaren door een bovennatuurlijke oorzaak. Jezus verrichtte meer dan dertig wonderen die een onmiddellijke uitwerking hadden en die altijd succesvol en uniek waren. Sommige waren zelfs voorzegd. Zogenaamde wonderdoeners die enig succes boeken, brengen alleen psychosomatische genezingen teweeg, bedienen zich van trucs, verrichten satanische tekenen of verlaten zich op natuurlijk verklaarbare gebeurtenissen. Er is geen enkele genezer die beweert dat hij stante pede en met 100 procent succes alle ziekten (inclusief de 'ongeneeslijke') kan genezen. Maar Jezus en zijn discipelen deden dat wel. Daaruit blijkt het unieke karakter van de nieuwtestamentische wonderen ten opzichte van alle andere bovennatuurlijke claims van iedere andere godsdienst. Kortom, er is niets wat de wonderen van het Nieuwe Testament 'opheft'.

CONCLUSIE: ÉÉN ENKEL LEVEN

Aan het begin van hoofdstuk 9 zeiden we dat we twee vragen moesten beantwoorden om na te gaan of het Nieuwe Testament werkelijk historisch is:

1. Hebben we accurate versies van de originele documenten uit de eerste eeuw?
2. Spreken die documenten de waarheid?

Zoals we gezien hebben in de laatste vier hoofdstukken zijn er sterke aanwijzingen dat beide vragen bevestigend beantwoord kunnen worden. Anders gezegd, met een zekerheid die boven redelijke twijfel verheven is, kunnen we stellen dat het Nieuwe Testament historisch betrouwbaar is.

We zeggen nu nog *niet* dat er in het Nieuwe Testament geen fouten zitten. Daar gaan we later op in. Op dit moment kunnen we alleen concluderen dat de grote gebeurtenissen in het Nieuwe Testament werkelijk hebben plaatsgevonden bijna 2000 jaar geleden. Jezus heeft echt geleefd, onderwezen en wonderen verricht, is aan een kruis gestorven en daarna opgestaan uit de dood.

Als je nog steeds niet overtuigd bent, is hier nog een stukje indirect bewijs: de ongelofelijke impact van het leven van Christus zoals die tot uiting komt in een fragment uit een preek dat vaak wordt aangeduid met de titel 'Eén enkel leven':

Hij werd geboren in een obscuur dorp, als kind van een boerenvrouw. Hij groeide op in een ander dorp, waar Hij tot zijn dertigste in een timmermanswerkplaats werkte. Daarna was Hij drie jaar een rondreizend prediker. Hij schreef geen enkel boek. Hij bekleedde nooit een hoge functie. Hij had geen gezin. Hij had geen eigen huis. Hij heeft nooit gestudeerd. Hij heeft nooit in een grote stad gewoond. Hij heeft nooit verder gereisd dan driehonderd kilometer van zijn geboorteplaats. Hij deed geen dingen die wij van een groot man verwachten. Hijzelf was zijn enige aanbeveling.

Hij was nog maar 33 toen de publieke opinie zich tegen Hem keerde. Zijn vrienden lieten Hem in de steek. Een van hen verloochende hem. Hij werd overgeleverd aan zijn vijanden en onderworpen aan een schijnproces. Hij werd tussen twee dieven in aan een kruis gespijkerd. Terwijl hij stierf, wierpen zijn beulen het lot over zijn kleren, zijn enige bezitting op aarde. Toen Hij dood was, werd Hij dankzij het medelijden van een vriend in een geleend graf gelegd. Twintig eeuwen zijn inmiddels voorbijgegaan en tegenwoordig is hij de centrale figuur van het menselijk ras. Ik zit er beslist niet naast als ik zeg dat alle legers die ooit zijn opgetrokken, alle vloten die ooit zijn uitgevaren, alle parlementen die ooit in zitting zijn geweest en alle koningen die ooit geregeerd hebben bij elkaar het leven van de mens op aarde niet zo ingrijpend beïnvloed hebben als dit ene enkele leven. [29]

Als er geen opstanding is geweest, hoe is het dan mogelijk dat dit leven het invloedrijkste leven aller tijden is? Wij hebben niet genoeg geloof om te geloven dat dit ene leven van een man die eeuwen geleden in een afgelegen dorp geboren werd het invloedrijkste leven aller tijden zou kunnen zijn… *tenzij de opstanding waar is.*

Hoofdstuk 13-14
gaan over:

1. De waarheid over de werkelijkheid is kenbaar.
2. Het tegenovergestelde van waar is onwaar.
3. Het is waar dat de theïstische God bestaat. Dat blijkt uit:
   a. Het begin van het heelal (kosmologisch bewijs)
   b. Het ontwerp van het heelal (teleologisch bewijs/anthropisch argument)
   c. Het ontwerp van het leven (teleologisch bewijs)
   d. De morele wet (moreel bewijs)
4. Als God bestaat, zijn wonderen mogelijk.
5. Wonderen kunnen dienen om een boodschap van God te bevestigen (dat wil zeggen als daden van God ter bevestiging van een woord van God)
6. Het Nieuwe Testament is historisch betrouwbaar. Dat blijkt uit:
   a. Vroege getuigenissen
   b. Het getuigenis van ooggetuigen
   c. Niet-verzonnen (authentieke) getuigenissen
   d. Ooggetuigen die niet misleid zijn

→ 7. Volgens het Nieuwe Testament beweerde Jezus dat hij God was.

8. Jezus' bewering dat hij God was, werd op wonderbaarlijke wijze bevestigd door:
   a. Zijn vervulling van tal van profetieën aangaande zichzelf
   b. Zijn zondeloze leven en wonderdaden
   c. Zijn voorzegging en volbrenging van zijn opstanding
9. Jezus is dus God.
10. Wat Jezus (die God is) leert, is altijd waar.
11. Jezus leerde dat de Bijbel het Woord van God is.
12. Het is dus waar dat de Bijbel het Woord van God is (en alles wat ertegenin gaat, is dus onwaar).

13

WIE IS JEZUS: GOD? OF ALLEEN EEN GROOT LERAAR?

'Niemand is zo doof als hij die niet wil horen.'

BARRY LEVENTHAL

We hebben vastgesteld dat de nieuwtestamentische geschriften historisch betrouwbaar zijn. Dat wil zeggen dat we ervan kunnen uitgaan dat Jezus heeft gezegd en gedaan wat die geschriften hem toeschrijven, inclusief zijn opstanding uit de dood. Maar wie is deze Jezus? Wat zei hij over zichzelf? Is hij echt God, zoals christenen beweren?

Voordat we de claims van Christus onder de loep leggen, moeten we het eerst over de messiaanse profetieën hebben waar we in de afgelopen paar hoofdstukken naar hebben verwezen. Aan de hand daarvan kunnen we meer te weten komen over Jezus' ware identiteit en de authenticiteit van het Nieuwe Testament. We beginnen op de campus van een Californische universiteit halverwege de jaren zestig.

DE MESSIAS EN DE 'TRUKENBIJBEL'

Begin 1966 ging het Barry Leventhal, een joodse student, allemaal voor de wind. Onder zijn leiding won het team van UCLA, dat volgens de prognoses dat jaar als laatste zou eindigen, zijn eerste Rose Bowl.

'Ik had een fantastisch leven!' weet hij nog. 'Ik was een held. De mensen waren dol op me. Mijn joodse studentensociëteit koos mij tot nationale sporter van het jaar. En ik genoot met volle teugen van mijn roem.'[1]

Kort na de footballzege vertelde Barry's beste vriend Kent dat hij Jezus Christus persoonlijk had leren kennen.

'Ik had geen idee waar Kent het over had', zei Barry. 'Ik dacht dat hij altijd al christen was geweest. Hij was immers geboren in een christelijk gezin, zoals ik geboren was in een joods gezin. Zo kom je toch aan je godsdienst? Die geven je ouders toch aan je door?'

Maar de verandering in Kents leven intrigeerde Barry, vooral toen Kent tegen hem zei: 'Barry, je moet weten dat ik God elke dag dank voor de Joden.'

'Waar is dat in vredesnaam goed voor?' vroeg Barry.

'Ik dank God elke dag voor de Joden om twee redenen', begon Kent. 'Ten eerste heeft God hen gebruikt om mij de Bijbel te geven. Maar bovenal heeft God de Joden gebruikt om zijn Messias in de wereld te brengen, Degene die stierf voor de zonden van de hele wereld en in het bijzonder voor al mijn zonden.'

'Ik voel nog steeds de impact van die paar simpele maar ware woorden', herinnert Barry zich. '*Echte* christenen hebben toch geen hekel aan de Joden. Ze hebben ons zelfs oprecht lief en zijn dankbaar en vereerd dat God hen door het geloof in zijn eeuwige gezin heeft opgenomen.'

Een paar weken later stelde Kent Barry aan Hal voor, de leider van *Campus Crusade for Christ* op de campus van UCLA. Toen Barry en Hal op een dag in de drukke studentenlounge zaten, liepen de spanningen hoog op. Hal liet Barry zien dat de profetieën over de Messias uit het Oude Testament vervuld waren door Jezus, waarop Barry luidkeels uitriep: 'Hoe haal je het in je hoofd?!'

'Wat bedoel je?' vroeg Hal.

'Je gebruikt een trukenbijbel!' zei Barry op verwijtende toon. 'Je hebt een trukenbijbel om de joden voor de gek te houden!'

'Wat bedoel je met een 'trukenbijbel'?' vroeg Hal.

Barry antwoordde: 'Jullie christenen hebben die zogenaamde messiaanse profetieën uit je eigen Nieuwe Testament gehaald en ze vervolgens in jullie versie van het Oude Testament verwerkt om de joden voor de gek te houden. Maar ik verzeker je dat die messiaanse profetieën niet in onze joodse Bijbel staan!'

'Nee, Barry. Je vergist je', zei Hal.

'Nee, dat is een trukenbijbel!' schreeuwde Barry terwijl hij opsprong van zijn stoel.

'Nee, dat is niet waar!' zei Hal weer, verbaasd over de beschuldiging. 'Ik heb dit nog nooit van iemand gehoord. Ga alsjeblieft zitten.'

De mensen begonnen te kijken.

'Nee, Hal. Wij zijn uitgepraat!'

'Barry, Barry, wacht nou even. Heb jij een eigen Tenach [een joodse Bijbel]?'

'Ja, ik heb er een van mijn bar mitswa. Wat zou dat?'

'Als je deze verzen nou even opschrijft, dan kun je ze nalezen in je eigen Tenach.'

'Ik ga daar een beetje mijn tijd lopen verspillen!' snauwde Barry. 'Die verzen staan niet in de Tenach!'

'Alsjeblieft', drong Hal aan, 'schrijf ze nou even op; dan kun je ze zelf controleren.'

Zo ging het nog even heen en weer, totdat Barry, die van Hal af wilde, uiteindelijk maar toegaf. 'Oké', zei hij, terwijl hij de tekstverwijzingen overschreef, 'ik kijk er wel even naar. En als ik wil, neem ík wel contact met jou op!'

Barry ging weg in de veronderstelling dat hij Hal nooit meer zou zien. Er gingen enkele dagen voorbij zonder dat hij de verzen opzocht. Op een gegeven moment kreeg hij last van zijn geweten. 'Ik had tegen Hal gezegd dat ik ernaar zou kijken', herinnert Barry zich, 'dus dat moest ik toch even doen; dan kon ik dat hele christendom voorgoed achter me laten!'

Die avond veegde Barry het stof van zijn Tenach, die niet open was geweest sinds zijn dertiende, en geloofde zijn ogen niet. Elke profetie die Hal genoemd had, stond inderdaad in de Tenach!

Barry's eerste reactie was: 'Ik heb een probleem! Jezus is echt de Messias!'

Maar dat besef was nog alleen verstandelijk. Barry begon zich meteen zorgen te maken over de gevolgen als hij zijn ontdekking openbaar zou maken. 'Als ik Jezus als de Messias aanvaard, wat zullen mijn ouders dan denken? Hoe zullen mijn joodse vrienden van de sociëteit reageren? Wat zal mijn rabbijn zeggen?'

Voordat Barry naar buiten durfde te treden, wilde hij eerst nog meer studie verrichten, vooral naar die passage waar Hal verschillende keren naar verwezen had: Jesaja 53. We zullen zo zien hoe Barry's zoektocht afliep, maar laten we eerst eens kijken naar Jesaja 53 en een aantal andere messiaanse profetieën die hij bestudeerde.

DE LIJDENDE DIENAAR

In maart 1947 hoedde een jonge Arabische herdersjongen (Mohammed adh-Dhib) zijn schapen op twaalf kilometer ten zuiden van Jericho en anderhalve kilometer ten westen van de Dode Zee. Toen hij een steen naar een afgedwaald schaap gooide, hoorde hij het geluid van brekend aardewerk. Wat toen volgde, was een van de grootste archeologische vondsten aller tijden: de Dode Zeerollen.

In 1956 werden bij opgravingen in grotten in die streek tal van boekrollen en duizenden fragmenten van handschriften gevonden in aarden vaten die daar zo'n 2000 jaar geleden waren neergezet door een Joodse sekte genaamd de Essenen. De Essenen bestonden als groep van 167 v.Chr. tot 68 n.Chr. Ze hadden zich losgemaakt van de tempelautoriteiten en hun eigen kloostergemeenschap gevestigd in de Judese woestijn bij Qumran.

Een van hun boekrollen die men vond in Qumran is nu bekend als de grote Jesajarol. Deze zeven meter lange boekrol uit 100 v.Chr. is het complete boek Jesaja (alle 66 hoofdstukken) en de oudste Bijbelse boekrol die we kennen. [2] Hij wordt momenteel bewaard in een kluis ergens in Jeruzalem, maar een kopie ervan is te bezichtigen in het museum 'Het Heiligdom van het Boek' te Jeruzalem.

Deze vondst is niet alleen belangrijk omdat de boekrol dateert van voor Christus en in goede staat verkeert, maar ook omdat het misschien wel de duidelijkste en volledigste profetie over de komende Messias bevat. Jesaja noemt de Messias de 'dienaar van de

Heer' en introduceert hem in hoofdstuk 42. Maar de dienaar wordt meestal aangeduid als de 'lijdende dienaar' vanwege de beeldende beschrijving van zijn plaatsvervangend sterven in Jesaja 53.

Stel jezelf bij het lezen van deze passage (52:13-53:12) de volgende vraag: 'Over wie gaat dit?'

(52:13) Ja, mijn dienaar zal slagen,
hij zal groots zijn, hoog verheven in aanzien.
(14) Zoals hij velen deed huiveren
– zo gruwelijk, zo onmenselijk was zijn aanblik,
zijn uiterlijk had niets meer van een mens –,
(15) zo zal hij veel volken opschrikken,
en koningen zullen sprakeloos staan.
En zij aan wie niets was verteld, zullen zien,
zij die niets hadden gehoord, zullen begrijpen.

(53:1) Wie kan geloven wat wij hebben gehoord?
Aan wie is de macht van de HEER geopenbaard?
(2) Als een loot schoot hij op onder Gods ogen,
als een wortel die uitloopt in dorre grond.
Onopvallend was zijn uiterlijk,
hij miste iedere schoonheid,
zijn aanblik kon ons niet bekoren.
(3) Hij werd veracht, door mensen gemeden,
hij was een man die het lijden kende
en met ziekte vertrouwd was,
een man die zijn gelaat voor ons verborg,
veracht, door ons verguisd en geminacht.

(4) Maar hij was het die onze ziekten droeg,
die ons lijden op zich nam.
Wij echter zagen hem als een verstoteling,
door God geslagen en vernederd.
(5) Om onze zonden werd hij doorboord,
om onze wandaden gebroken.

Voor ons welzijn werd hij getuchtigd,
zijn striemen brachten ons genezing.
(6) Wij dwaalden rond als schapen,
ieder zocht zijn eigen weg;
maar de wandaden van ons allen
liet de HEER op hem neerkomen.

(7) Hij werd mishandeld, maar verzette zich niet
en deed zijn mond niet open.
Als een schaap dat naar de slacht wordt geleid,
als een ooi die stil is bij haar scheerders
deed hij zijn mond niet open.
(8) Door een onrechtvaardig vonnis werd hij weggenomen.
Wie van zijn tijdgenoten heeft er oog voor gehad?
Hij werd verbannen uit het land der levenden,
om de zonden van mijn volk werd hij geslagen.
(9) Hij kreeg een graf bij misdadigers,
zijn laatste rustplaats was bij de rijken;
toch had hij nooit enig onrecht begaan,
nooit bedrieglijke taal gesproken.

(10) Maar de HEER wilde hem breken, hij maakte hem ziek.
Hij offerde zijn leven voor hun schuld,
om zijn nageslacht te zien en lang te leven.
En door zijn toedoen slaagde wat de HEER wilde.
(11) Na het lijden dat hij moest doorstaan,
zag hij het licht en werd met kennis verzadigd.
Mijn rechtvaardige dienaar verschaft velen recht,
hij neemt hun wandaden op zich.
(12) Daarom ken ik hem een plaats toe onder velen
en zal hij met machtigen delen in de buit,
omdat hij zijn leven prijsgaf aan de dood
en zich tot de zondaars liet rekenen.
Hij droeg echter de schuld van velen
en nam het voor zondaars op.

Over wie denk je dat dit gaat? Barry had wel een idee. Lezend in zijn eigen Tenach stond hij versteld van de overeenkomsten met Jezus, maar hij twijfelde nog steeds. Hij wilde eerst zijn rabbijn de kans geven om het uit te leggen.

'Ik weet nog goed dat ik me voor het eerst serieus in Jesaja 53 verdiepte', vertelt Barry. 'Ik vroeg me af wie de dienaar in Jesaja 53 was, dus ik ging naar mijn rabbijn en zei tegen hem: "Rabbijn, ik heb mensen ontmoet op de universiteit die zeggen dat de zogenoemde dienaar uit Jesaja 53 niemand anders dan Jezus van Nazaret is. Maar ik zou van u willen weten: wie is deze dienaar uit Jesaja 53?"'

Barry stond versteld van het antwoord dat hij kreeg. De rabbijn zei: 'Barry, ik moet toegeven dat Jesaja 53 inderdaad over Jezus lijkt te gaan, maar omdat wij als joden niet in Jezus geloven, kan ik niet over Jezus gaan praten.'

Barry had nog niet veel verstand van formele logica, maar hij wist voldoende om bij zichzelf te denken: 'Dat lijkt me niet kosjer! De redenering van de rabbijn klinkt niet alleen circulair, maar ook ontwijkend en zelfs angstig.' Tegenwoordig zegt Barry: 'Niemand is zo doof als hij die niet wil horen.'

Voor wie wel wil horen, vat Larry Helyer de kenmerken en verrichtingen van Jesaja's dienaar heel goed samen. Beginnend bij hoofdstuk 42 schrijft Helyer over de dienaar:

1. Hij is uitverkoren door de Heer, gezalfd door de Geest en hij zal voorspoedig zijn (42:1, 4).
2. Gerechtigheid staat centraal in zijn bediening (42:1, 4).
3. Zijn bediening heeft een internationaal karakter (42:1, 6).
4. God heeft hem voorbestemd (49:1).
5. Hij is een begenadigd leraar (49:2).
6. Hij ervaart gevoelens van ontmoediging in zijn bediening (49:4).
7. Zijn bediening strekt zich uit tot de heidenen (49:6).
8. Het onderricht van de dienaar stuit op felle tegenstand en op hevig verzet dat zich zelfs in lichamelijk geweld uit (50:4-6).

9. Hij is vastbesloten om de taak te volbrengen waartoe God hem geroepen heeft (50:7).
10. De dienaar is van lage komaf en heeft weinig vooruitzicht op succes (53:1-2).
11. Hij ondergaat lijden en ziekte (53:3).
12. De dienaar treedt op als plaatsvervanger en lijdt in plaats van zijn volk (53:4-6, 12).
13. Hij wordt ter dood gebracht nadat hij veroordeeld is (53:7-9).
14. Wonder boven wonder komt hij weer tot leven en wordt hij verhoogd boven alle heersers (53:10-12, 52:13-15).[3]

Aan Helyers opmerkingen voegen wij nog toe dat de dienaar ook zonder zonde is (53:9).

Je hoeft de passage niet grondig te bestuderen om tot de conclusie te komen dat de lijdende dienaar Jezus is. In de joodse traditie werden de passages over de dienaar ook altijd geïnterpreteerd als voorzeggingen van de komende Messias. Totdat de Joden echter zo'n duizend jaar geleden meer contact kregen met christelijke apologeten, waarop ze voor de lijdende dienaar het volk Israël gingen invullen. De eerste Jood die beweerde dat de lijdende dienaar Israël was in plaats van de Messias was Shlomo Yitzchaki, beter bekend als Rashi (circa 1040-1105). Tegenwoordig is Rashi's uitleg de heersende visie in de joodse en rabbinische theologie.

Helaas voor Rashi en veel moderne joodse theologen zijn er minstens drie problemen met de theorie dat Israël de lijdende dienaar is. Ten eerste is de dienaar, in tegenstelling tot Israël, zonder zonde (53:9). De suggestie dat Israël zonder zonde is, staat haaks op bijna het hele Oude Testament. Het terugkerende thema van het Oude Testament is dat Israël gezondigd heeft doordat het Gods geboden overtreden heeft en andere goden dan de ene ware God is nagevolgd. Als Israël zonder zonde is, waarom heeft God de Joden dan een offerdienst gegeven? Waarom hadden ze een Grote Verzoendag? En waarom moesten er steeds profeten opstaan om hen te waarschuwen dat ze moesten ophouden met zondigen en terugkeren naar God?

Ten tweede is de dienaar, in tegenstelling tot Israël, een lam dat zich zonder het minste verzet overgeeft (53:7). De geschiedenis laat zien dat Israël beslist geen lam is, maar een volk dat voor niemand zwicht.

Ten derde sterft de lijdende dienaar, in tegenstelling tot Israël, als een plaatsvervangend zoenoffer voor de zonden van anderen (53:4-6, 8, 10-12). Maar Israël is niet gestorven en draagt evenmin de zonden van anderen. Niemand wordt gered op grond van wat het volk Israël doet. Volken, en de individuen waaruit ze bestaan, worden gestraft voor hun eigen zonden.

Deze late interpretatie van Jesaja 53 lijkt ingegeven door de onwil om te concluderen dat Jezus inderdaad de Messias is die honderden jaren van tevoren voorzegd was. Maar het is een conclusie waar je niet aan ontkomt. Je moet bedenken dat de grote Jesajarol zo'n honderd jaar voor Christus is geschreven, en we weten dat het gebruikte materiaal nog ouder is. De Septuaginta, de Griekse vertaling van het Hebreeuwse Oude Testament (inclusief heel Jesaja), wordt gedateerd rond 250 v.Chr. Het Hebreeuwse origineel moet dus nog ouder zijn. Bovendien vond men bij de Dode Zeerollen handschriften of fragmenten van handschriften van alle oudtestamentische boeken behalve Ester. Het staat dus buiten kijf dat het Oude Testament, inclusief de passage over de lijdende dienaar, van honderden jaren voor Christus dateert.

IN DE ROOS

Als Jesaja 53 de enige profetische passage in het Oude Testament was, zou dat al genoeg zijn om in elk geval het goddelijke karakter van het boek Jesaja aan te tonen. Maar het Oude Testament bevat verschillende andere passages die de komst van Jezus Christus voorzeggen of die uiteindelijk door hem vervuld worden. Voorbeelden hiervan zijn (tabel 13.1):

Messiaanse passage	Messiaanse profetie
Genesis 3:15 (NBG 1951) [God tegen Satan] 'En Ik zal vijandschap zetten tussen u en de vrouw, en tussen uw zaad en haar zaad; dit zal u de kop vermorzelen en gij zult het de hiel vermorzelen.'	Zaad van een vrouw: het nageslacht van Eva (letterlijk het 'zaad' van Eva) zal uiteindelijk Satan vermorzelen. Maar anders dan andere mensen zal deze mens van het zaad van een vrouw zijn in plaats van het zaad van een man (vgl. Matt. 1:23).
Genesis 12:3, 7 [God tegen Abraham] Ik zal zegenen wie jou zegenen, wie jou bespot, zal ik vervloeken. Alle volken op aarde zullen wensen gezegend te worden als jij... Maar de HEER verscheen aan Abram en zei: 'Ik zal dit land aan jouw nakomelingen geven.'	Zaad van Abraham: De nakomelingen van Abraham waar hier sprake van is, betekenen letterlijk 'zaad' (niet 'zaden'). Het woord verwijst naar één persoon – een messias – die uiteindelijk alle volken op aarde zal zegenen en over het land zal heersen (vgl. Gal. 3:16).
Genesis 49:10 In Juda's handen zal de scepter blijven, tussen zijn voeten de heersersstaf, totdat hij komt die er recht op heeft, die alle volken zullen dienen.	Stam van Juda: De scepter (de ceremoniële staf van de koning) zal in handen van de stam van Juda blijven totdat de uiteindelijke koning, de Messias, komt. Met andere woorden, de Messias komt uit de stam van Juda (een van Israëls twaalf stammen).
Jeremia 23:5-6: 'De dag zal komen – spreekt de HEER – dat ik aan Davids stam een rechtmatige telg laat ontspruiten, die als koning een wijs beleid zal voeren en die in het land recht en gerechtigheid zal handhaven. Dan wordt Juda verlost en zal Israël in vrede leven. Zijn naam zal zijn "De HEER is onze gerechtigheid".' (zie ook Jer. 33:15-16, Jes. 11:1)	Zoon van David: De Messias zal een zoon van David zijn, en hij zal God genoemd worden.
Jesaja 9:5-6 (nbg 1951) Want een Kind is ons geboren, een Zoon is ons gegeven, en de heerschappij rust op zijn schouder en men noemt hem Wonderbare Raadsman, Sterke God, Eeuwige Vader, Vredevorst. Groot zal de heerschappij zijn en eindeloos de vrede op de troon van David en over zijn koninkrijk, doordat hij het sticht en grondvest met recht en gerechtigheid, van nu aan tot in eeuwigheid.	Hij zal God zijn: De Messias zal geboren worden als een kind, maar hij zal ook God zijn. Hij zal regeren op de troon van David.

Messiaanse passage	Messiaanse profetie
Micha 5:1 (NBG 1951) En gij, Betlehem Efrata, al zijt gij klein onder de geslachten van Juda, uit u zal Mij voortkomen die een heerser zal zijn over Israël en wiens oorsprong is van ouds, van de dagen der eeuwigheid.	Geboren in Betlehem: De Messias, die eeuwig is, zal geboren worden in Betlehem.
Maleachi 3:1 Let op, ik zal mijn bode zenden; hij zal de weg voor mij effenen. Opeens zal hij naar zijn tempel komen, de HEER naar wie jullie uitzien, de engel van het verbond naar wie jullie verlangen. Komen zal hij – zegt de heer van de hemelse machten.	Hij zal naar de tempel komen: De Messias, die voorafgegaan wordt door een boodschapper, zal opeens naar de tempel komen.
Daniël 9:25-26: Je moet weten en begrijpen: Vanaf het ogenblik waarop het woord is uitgegaan dat Jeruzalem hersteld en weer opgebouwd zal worden tot het tijdstip waarop een gezalfde vorst verschijnt, zullen zeven weken verstrijken; en het herstel en de wederopbouw van de stad, met pleinen en wallen en al, zal tweeënzestig weken duren, en het zal een tijd van verdrukking zijn. Na de tweeënzestig weken zal een gezalfde worden vermoord, zonder dat iemand het voor hem opneemt. Het volk van een toekomstige vorst zal verderf brengen over de stad en het heiligdom.	Hij zal sterven in 33 n.Chr.: De Messias zal vermoord worden 483 jaar (69 x 7) nadat het woord is uitgegaan om Jeruzalem te herbouwen (dan kom je uit bij 33 n.Chr.). De stad en de tempel zullen dan worden verwoest. (Dat gebeurde in het jaar 70.)

Tabel 13.1

Vraag: Wie, in de hele wereldgeschiedenis,

1. was van het zaad van een vrouw;
2. was van het zaad van Abraham;
3. was uit de stam van Juda;
4. was uit het nageslacht van David;
5. werd geboren in Betlehem;
7. werd voorafgegaan door een boodschapper en bezocht de tempel in Jeruzalem voordat hij verwoest werd in 70 n.Chr.;
8. stierf in 33 n.Chr. en
9. stond op uit de dood (Jes. 53:11)?

Jezus Christus uit Nazaret is de enige mogelijke kandidaat. Alleen hij is het schot in de roos. En als je kijkt naar de andere aspecten van Jesaja 53 wordt het natuurlijk nog duidelijker, want aan al die criteria voldoet Jezus ook.

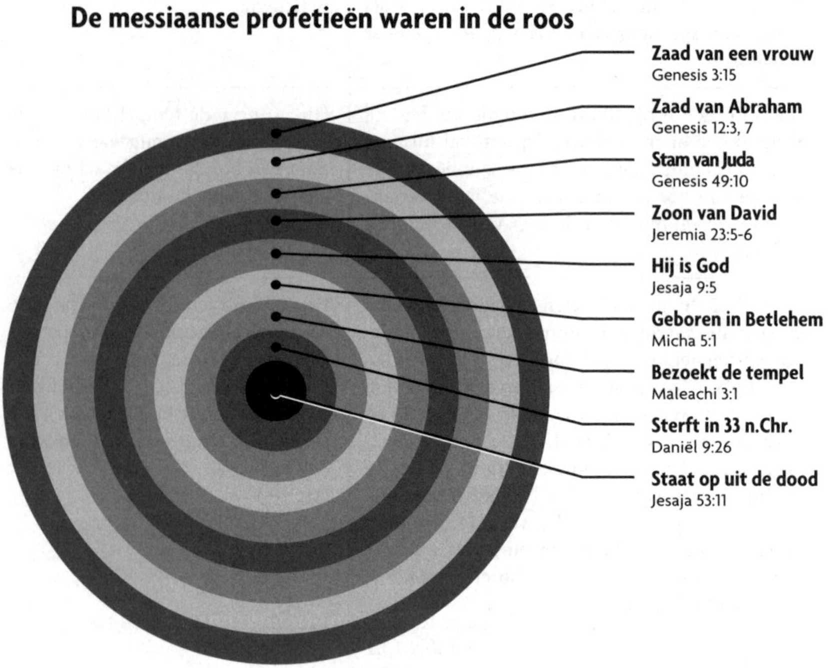

Fig. 13.1

Het messiasschap van Jezus wordt profetisch gezien nog verder onderbouwd als je bedenkt dat het Oude Testament voorzegt dat God zelf zou worden doorboord, zoals gebeurde toen Jezus werd gekruisigd. In het oudtestamentische boek Zacharia (ook ver voor Christus geschreven) *zegt God*: 'Ik zal over het huis van David en over de inwoners van Jeruzalem uitgieten de Geest der genade en der gebeden; zij zullen hem aanschouwen, die zij doorstoken hebben, en over hem een rouwklacht aanheffen als de rouwklacht over een enig kind, ja, zij zullen over hem bitter leed dragen als het leed om een eerstgeborene' (Zach. 12:10, NBG 1951). Later voorzegt Zacharia dat de Here 'zijn voeten op de Olijfberg [zal] planten, ten oosten van Jeruzalem' (Zach. 14:4). Deze profetieën verwijzen naar de wederkomst van Christus, maar de opmerking dat God 'doorboord' (oftewel gekruisigd) is door het 'huis van David en de inwoners van Jeruzalem' verwijst natuurlijk naar zijn eerste komst. De apostel Johannes haalt Zacharia 12:10 ook aan als voorzegging van de kruisiging (Joh. 19:37).

Je snapt wel waarom Barry besefte dat hij 'een probleem' had. Deze messiaanse profetieën kun je geen toeval meer noemen. Ze gaan veel verder dan de voorspellingen van een helderziende. [6] Hier is echt iets bovennatuurlijks aan de gang, maar veel van zijn Joodse volksgenoten zagen dat niet. Barry besefte dat terwijl de Joden een politieke messias verwachtten, ze zich niet realiseerden dat de Messias eerst zou moeten komen om geslacht te worden als een lam voor de zonden van de wereld (Jes. 53:7, 11-12, Joh. 1:29).

Geïntrigeerd nam Barry weer contact op met Hal. Ze keken opnieuw naar de messiaanse profetieën, met name Jesaja 53. Daarna gaf Hal Barry een klein boekje.

'Dit is een verslag van Jezus' leven van een jongeman die hem kende en hem volgde', zei Hal. 'Lees dat maar eens en laat me weten wat je ervan vindt.'

Toen Barry er eenmaal in begon te lezen, kon hij het niet meer wegleggen. Er zaten veel joodse elementen in het verhaal, van priesters tot Pesach (het Joodse paasfeest). En die Jezus was een geweldige figuur – een wonderdoener met diepe inzichten die sprak met gezag maar ook met zachtmoedigheid.

Barry wist toen nog niet dat hij het evangelie van Johannes aan het lezen was. Hij werd vooral getroffen door het gratis geschenk van eeuwige redding dat Jezus aanbood aan een ieder die hem wil aannemen. 'Voor alles wat ik wilde in het leven moest ik zelf hard werken', herinnert Barry zich. 'En nu bood Jezus zichzelf en de mooiste geschenken voor tijd en eeuwigheid aan als een gratis geschenk van zijn liefde. Wie zou zo'n aanbod niet met beide handen aangrijpen?'

Het was april, ruim drie maanden na het winnen van de Rose Bowl. 'Ik besefte opeens dat ik niets had wat de tand des tijds kon doorstaan, laat staan de tand der eeuwigheid', vertelt Barry. 'Het duidelijkste voorbeeld was wel de Rose Bowl zelf. Een paar maanden na de belangrijkste gebeurtenis van mijn leven, en misschien wel mijn *hele* leven, begon alle glorie en alles wat er verder mee samenhing langzaam te vervagen tot een verre herinnering.'

'Is dat alles wat het leven te bieden heeft?' dacht Barry. En toen herinneerde hij zich dat Jezus de Messias hem *eeuwig* leven aanbood! Weken eerder was Barry *verstandelijk* al tot de conclusie gekomen dat Jezus de Messias was, toen hij die messiaanse profetieën in zijn eigen Tenach las. Maar geloven *dat* Jezus de Messias is, was niet genoeg (de demonen weten immers ook *dat* Jezus de Messias is – Jak. 2:19). Barry moest *in* Jezus geloven als de Messias. Om het gratis geschenk van eeuwige redding van de straf die hij verdiende te ontvangen, moest Barry een wilsbesluit nemen. Het zou immers van weinig liefde getuigen als God Barry tegen zijn wil naar de hemel liet gaan.

Op de middag van 24 april 1966 was Barry bereid om met zijn hart te aanvaarden wat zijn verstand al wist. Hij knielde bij zijn bed en bad: 'Jezus, ik geloof dat u de beloofde Messias voor het Joodse volk en voor de hele wereld bent, en dus ook voor mij, en dat u voor mijn zonden gestorven bent en dat u dood bent geweest en voor eeuwig leeft. Daarom ontvang ik u in mijn leven als mijn persoonlijke Heer en Heiland. Dank u dat u in mijn plaats bent gestorven.' Barry zegt: 'Er was geen bliksemflits of donderslag – alleen zijn persoonlijke aanwezigheid en vrede zoals hij beloofd had, en die hebben me nooit meer verlaten.'

Sinds zijn bijzondere ontdekking probeert Barry het Joodse volk te bereiken met de waarheid dat de Messias gekomen is. Het bewijs voor deze waarheid is te vinden in hun eigen geschriften! En het onderzoeken van het bewijs voor die geschriften gebeurt bijvoorbeeld op het *Southern Evangelical Seminary* in de buurt van Charlotte, North Carolina, waar Barry momenteel dient als decaan en hoogleraar.

HET DEKSEL VAN DE PROFETIEËN

We hebben verschillende oudtestamentische passages gezien die duidelijk de Messias voorzeggen. Jezus Christus is de enige die ze vervuld heeft. Sceptici wijzen er dan echter meteen op dat sommige andere profetieën die als messiaans worden beschouwd uit hun verband zijn gerukt of niet echt de toekomst voorzeggen. Psalm 22 zegt bijvoorbeeld: 'Zij hebben mijn handen en voeten doorboord.' Veel christenen zeggen dat dit vers verwijst naar de kruisiging van Christus – een executiemethode die in de tijd van David (de schrijver van de psalm) niet eens gehanteerd werd. Maar volgens sceptici heeft David het niet over Christus, maar alleen over zichzelf, en mag je er dus geen messiaanse profetie in lezen. Er zijn drie mogelijkheden.

Ten eerste, sommige christelijke geleerden zijn het met de sceptici eens. Volgens hen is Psalm 22 niet profetisch bedoeld. (Zelfs als ze gelijk hebben, zijn er, zoals we gezien hebben, natuurlijk nog genoeg verzen die duidelijk *wel* profetisch zijn.)

Ten tweede menen andere christelijke geleerden dat sommige bijbelse profetieën van toepassing kunnen zijn op twee verschillende personen op twee verschillende momenten. Zowel David als Jezus had vijanden en problemen in zijn leven zoals die beschreven worden in Psalm 22. Dus waarom zou de psalm niet *zowel* voor David *als* voor Jezus kunnen gelden?

De derde optie – en die lijkt ons het meest plausibel – is dat Psalm 22 uitsluitend op Jezus slaat. De psalm bevat immers diverse rechtstreekse verwijzingen naar de kruisiging van Christus. Hij begint met Jezus' uitroep aan de kruis – 'Mijn God, mijn God, waarom hebt u mij verlaten?' (Ps. 22:2, vgl. Matt. 27:46) – en beschrijft vervolgens andere gebeurtenissen die met de kruiging samenhangen, zoals: de smaad, bespotting en beledigingen van zijn aanklagers (vv. 7-8), zijn dorst (v. 16), zijn doorboorde handen en voeten (v. 17), zijn ongebroken beenderen (v. 18), het verdelen van zijn kleren (v. 19), het feit dat zijn vijanden het lot werpen om zijn mantel (v. 19), zijn uiteindelijke redding door de Heer (v. 20) en zelfs de lof die hij na zijn redding aan God brengt te midden van zijn mede-Israëlieten (v. 23). Dat kan geen toeval zijn, en wij denken daarom dat Christus degene is die de hele psalm aan het woord is. Met andere woorden, David schreef de psalm, maar Christus is degene die aan het woord is. Dit is geen uniek geval, want in Psalm 110 spreekt God de Vader met God de Zoon.

De scepticus zegt misschien: 'Maar je interpreteert Psalm 22 alleen zo omdat je weet wat er gebeurd is met Christus. Voor iemand die in de tijd van het Oude Testament leefde, was het waarschijnlijk niet duidelijk dat Psalm 22 over Christus ging.'

Waarop wij antwoorden: al zou dat waar zijn, wat dan nog? Het zou kunnen dat je bepaalde messiaanse profetieën in het Oude Testament pas begrijpt in het licht van Christus' leven. Maar dat betekent niet dat die profetieën minder verbluffend zijn. Je moet het zo zien: als je zonder het deksel geen wijs wordt uit de stukjes van een puzzel, betekent dat dan dat niemand die puzzel heeft gemaakt? Nee. Betekent het dat de puzzel niet ontworpen is? Nee. Sterker nog, als je eenmaal het deksel ziet, besef je opeens niet alleen hoe de stukjes in elkaar passen, maar ook hoeveel denkwerk ervoor nodig was om de stukjes zo te ontwerpen. Zo dient ook het leven van Jezus als het deksel voor veel stukjes van de profetische puzzel die we verspreid door het Nieuwe Testament tegenkomen. Eén bijbelgeleerde heeft 71 oudtestamentische messiaanse profetieën geïdentificeerd die vervuld zijn door Christus en waarvan sommige duidelijk worden in het licht van Christus' leven.[7]

Sommige mensen vatten het zo samen: in het Oude Testament is Christus verborgen, in het Nieuwe Testament wordt hij onthuld. Hoewel veel profetieën van tevoren al duidelijk zijn, worden sommige het pas als je ze ziet in het licht van Christus' leven. Aan de profetieën die duidelijker werden *na* Christus ligt niet minder een bovennatuurlijk plan ten grondslag dan aan de profetieën die al duidelijk waren *voor* Christus.

IS JEZUS GOD?

Zoals we gezien hebben, voorzegt het Oude Testament de komst van een Messias die als mens geboren zou worden maar op de een of andere manier ook God zou zijn (Jes. 9:5). Jezus is de enige die aan de kwalificaties voor de Messias voldoet. Maar heeft hij gezegd dat hij God was?

De nieuwtestamentische schrijvers beweren in elk geval meermaals dat Jezus God was. Zo zegt Johannes in het eerste hoofdstuk van zijn evangelie 'het Woord was God' en 'het Woord is mens geworden' (Joh. 1:1, 14). Paulus zegt dat Christus 'boven alles, God' is (Rom. 9:5, NBG 1951), en 'in hem is de goddelijke volheid lichamelijk aanwezig' (Kol. 2:9). Petrus verklaart dat gelovigen gerechtigheid ontvangen van 'onze God en Heiland, Jezus Christus' (2 Petr. 1:1, NBG 1951). Matteüs schrijft Jezus goddelijkheid toe wanneer hij Jesaja 7:14 aanhaalt: '"De maagd zal zwanger zijn en een zoon baren, en men zal hem de naam Immanuël geven", wat in onze taal betekent 'God met ons''(Matt. 1:23). De schrijver van Hebreeën zegt: 'In hem schittert Gods luister, hij is zijn evenbeeld, hij schraagt de schepping met zijn machtig woord' (Hebr. 1:3). Hij haalt ook Psalm 45:7 aan wanneer hij schrijft dat God over de Zoon zegt: 'God, uw troon houdt stand tot in alle eeuwigheid' (Hebr. 1:8). De apostelen claimen dus duidelijk dat Christus God is. Zelfs de demonen erkenden dat Jezus God was (Matt. 8:29, Luc. 4:34, 41)! Maar beweerde Jezus zelf ook dat hij God was?

Expliciete claims op goddelijkheid

Nergens claimt Jezus zo expliciet dat hij God is als wanneer Kajafas hem recht op de man af vraagt:

> 'Bent u de messias, de Zoon van de Gezegende?'
>
> Jezus zei: 'Dat ben ik, en u zult de Mensenzoon aan de rechterhand van de Machtige zien zitten en hem zien komen op de wolken van de hemel.'

> De hogepriester scheurde zijn kleren en zei: 'Waarvoor hebben we nog getuigen nodig? U hebt de godslastering gehoord; wat is uw oordeel?' Allen oordeelden dat hij schuldig was en de doodstraf verdiende (Marc. 14:61-64).

Jezus beantwoordt de directe vraag met een direct antwoord: 'Dat ben ik.' Vervolgens noemt hij zichzelf de 'Mensenzoon' en zegt hij dat hij terug zal komen op de wolken van de hemel. Kajafas en zijn omstanders begrepen hem heel goed. Jezus verwees naar het visioen dat de oudtestamentische profeet Daniël had van het einde der tijden: de Messias – de Mensenzoon – zal naar de aarde komen om de wereld te oordelen op grond van het gezag dat hem gegeven is door God de Vader ('de Oude van dagen'), en alle mensen op aarde zullen hem aanbidden (Dan. 7:13). Natuurlijk mag alleen God zelf aanbeden worden. En nu claimde Jezus dat hij degene zou zijn die de wereld zou oordelen en aanbeden zou worden door zijn volk. Hij beweerde dat hij God was, en iedereen besefte dat.

Een ander duidelijk voorbeeld vinden we in het evangelie van Johannes. Tijdens een woordenwisseling tussen Jezus en een aantal Joden over Jezus' ware identiteit loopt de spanning steeds hoger op, totdat Jezus tegenover de Farizeeën verklaart:

> 'Uw vader Abraham heeft zich erop verheugd mijn dag te zien en hij heeft die gezien en zich verblijd.'
>
> De Joden dan zeiden tot Hem: 'Gij zijt nog geen vijftig jaar en hebt Gij Abraham gezien?'
>
> Jezus zeide tot hen: 'Voorwaar, voorwaar, Ik zeg u: Eer Abraham was, ben Ik.' Zij namen dan stenen op om naar Hem te werpen; maar Jezus verborg Zich en verliet de tempel (Joh. 8:56-59, NBG 1951).

Sceptici zeggen misschien: '"Eer Abraham was, ben Ik!" Die zin klopt niet eens! Hij gebruikt de verkeerde tijd.' Precies. Jezus maakt zich niet druk om grammatica, want hij citeert de naam die God noemde bij de brandende braamstruik.

Ken je de film *The Ten Commandments* (De Tien Geboden)? Wat deed Mozes (gespeeld door Charlton Heston) toen hij bij de brandende struik kwam? Hij vroeg aan God: 'Maar wanneer ik tot de Israëlieten kom en hun zeg: "De God uwer vaderen heeft mij tot u gezonden", en zij mij vragen: "Hoe is zijn naam" – wat moet ik hun dan antwoorden?'

God zei toen tegen Mozes: 'Ik ben, die Ik ben... Aldus zult gij tot de Israëlieten zeggen: "Ik ben heeft mij tot u gezonden"' (Ex. 3:13-14, NBG 1951).

IK BEN is de in zichzelf bestaande God. Hij heeft geen verleden of toekomst, want hij is eeuwig. Hij verkeert niet in de tijd. Jezus beweerde dat hij die eeuwige, in zichzelf bestaande God was, en daarom pakten ze stenen op om hem te stenigen.

Voor wie nu nog steeds zegt: 'Nee, Jezus heeft nooit beweerd dat hij God was', hebben we een vraag: als Jezus niet beweerde dat hij God was, waarom werd hij dan gedood? Jezus' kruisiging, waarvoor meer bewijs bestaat dan enig ander feit uit de oude geschiedenis, is moeilijk te verklaren, tenzij hij God beweerde te zijn.

De ongelovige Joden wisten in elk geval dat hij God beweerde te zijn. verschillende keren pakten ze stenen om hem te stenigen wegens godslastering. Hoe komt het dat het voor mensen in de eerste eeuw volstrekt duidelijk was dat Jezus God beweerde te zijn, terwijl het voor sommige moderne sceptici kennelijk niet duidelijk is?

Impliciete claims op goddelijkheid

Naast deze expliciete claims dat hij God is, deed Jezus verschillende andere uitspraken waaruit duidelijk af te leiden is dat hij God beweerde te zijn:

- Jezus bad: 'Vader, verhef mij nu tot uw majesteit, tot de grootheid die ik bij u had voordat de wereld bestond' (Joh. 17:5). Maar volgens het Oude Testament is er maar één God (Deut. 6:4, Jes. 45:5 e.v.), en God zegt: 'Ik deel mijn majesteit niet met een ander' (Jes. 42:8).

- Hij verklaarde: 'Ik ben de eerste en de laatste' (Op. 1:17), precies wat God over zichzelf zegt in Jesaja 44:6.
- Hij zei: 'Ik ben de goede herder' (Joh. 10:11), maar het Oude Testament zegt: 'De HEER is mijn herder' (Ps. 23:1). Bovendien zegt God: 'Zoals een herder naar zijn kudde op zoek gaat als zijn dieren verstrooid zijn geraakt, zo zal ik naar mijn schapen op zoek gaan' (Ez. 34:12).
- Jezus beweerde de rechter van alle mensen te zijn (Matt. 25:31 e.v., Joh. 5:27), maar in het boek Joël zegt God: 'Want daar zal Ik zitten om alle volken van rondom te richten' (Joël 3:12 NBG 1951).
- Jezus zei: 'Ik ben het licht voor de wereld. Wie mij volgt loopt nooit meer in de duisternis, maar heeft licht dat leven geeft' (Joh. 8:12). Maar de psalmist verklaart: 'De HEER is mijn licht' (Ps. 27:1).
- Jezus verklaarde: 'Want zoals de Vader doden opwekt en levend maakt, zo maakt ook de Zoon levend wie hij wil' (Joh. 5:21). Maar het Oude Testament leerde duidelijk dat alleen God het leven gaf (Deut. 32:39, 1 Sam. 2:6) en de doden opwekte (Jes. 16:19, Dan. 12:2, Job 19:25), en de enige rechter is (Deut. 32:35, Joël 3:12).
- Jezus zei nadrukkelijk: 'Niemand kan bij de Vader komen dan door mij' (Joh. 14:6).

God in het OT	Claim	Jezus in het NT
Ps. 23:1	Herder	Joh. 10:11
Jes. 44:6	Eerste en laatste	Op. 1:17
Joël 3:12	Rechter	Matt. 25:31 e.v.
Jes. 62:5	Bruidegom	Matt. 25:1
Ps. 27:1	Licht	Joh. 8:12
Jes. 43:11	Redder	Joh. 4:42
Jes. 42:8	Gods majesteit	Joh. 17:5
1 Sam. 2:6	Degene die leven geeft	Joh. 5:21

Tabel 13.2

Jezus gaf ook door middel van gelijkenissen indirect te kennen dat hij God was. In verschillende gelijkenissen bedeelt Jezus zichzelf de rol van God toe. Bijvoorbeeld:

- In antwoord op de klacht van de Farizeeën dat Jezus zondaars ontvangt en met hen eet (Luc. 15:2), vertelt Jezus drie gelijkenissen: het verloren schaap, het verloren muntstuk en de verloren zoon (Luc. 15:4-32). Daarin zien we dat Jezus doet wat God volgens het Oude Testament doet: hij is een herder die op zoek gaat naar het verlorene, en een vergevende vader die berouwvolle zondaars met open armen ontvangt (Ez. 34:11, Ps. 103:8-13). (De Farizeeën worden trouwens voorgesteld als de klagende oudere zoon in de gelijkenis van de verloren zoon. Net als de oudere zoon menen de Farizeeën dat zij de geschenken van de vader *verdienen* vanwege hun goede werken. Deze gelijkenis bevestigt dus niet alleen de godheid van Christus, maar leert ook dat redding een gratis geschenk is dat je niet kunt verdienen, maar alleen kunt aannemen.)
- In Matteüs 19:28-30 verklaart Jezus dat hij, de 'Mensenzoon', in majesteit zal regeren op de troon van Israël wanneer alles vernieuwd wordt, en dat zijn volgelingen met hem zullen regeren. Meteen daarna vertelt hij de gelijkenis van de arbeiders in de wijngaard (Matt. 20:1-16). Daarin wordt het koninkrijk van God voorgesteld als een wijngaard die in het bezit is van een werkgever. De werkgever betaalt alle arbeiders hetzelfde, ongeacht hoelang ze gewerkt hebben, wat aangeeft dat Gods genade niet berust op onze verdiensten, zoals de vraag hoelang we hem al dienen ('de eersten zullen de laatsten zijn en de laatsten de eersten'). Jezus wordt voorgesteld als de eigenaar van de wijngaard die overvloedig genade uitdeelt. Daarmee stelt hij zich gelijk aan God, want in het Oude Testament bezit God een wijngaard (Jes. 5:1-7). (Zoals we gezien hebben, is zijn gebruik van de term 'Mensenzoon' ook een claim op goddelijkheid.)
- Jezus noemt zichzelf herhaaldelijk de 'bruidegom' (Marc. 2:19, Matt. 9:15, Luc. 5:34), zoals in de gelijkenis van de tien meisjes (Matt. 25:1-13). Aangezien het Oude Testament God

aanduidt als de bruidegom (Jes. 62:5, Hos. 2:16) stelt Jezus zichzelf gelijk aan God.

Er zijn verschillende andere voorbeelden dat Jezus door middel van gelijkenissen indirect te kennen gaf dat hij God was. Hoewel het ons aan ruimte ontbreekt om ze hier allemaal te bespreken, concludeert Philip Payne: 'Van de 52 gelijkenissen van Jezus die opgetekend zijn, gebruiken er twintig typisch oudtestamentische beelden voor God.'[8]

Goddelijke daden

Naast de uitspraken die zijn goddelijkheid bevestigden (en naast de wonderen die hij deed), *handelde* Jezus ook alsof hij God was:

1. Tegen een verlamde zei hij: 'Vriend, uw zonden worden u vergeven' (Marc. 2:5-11). De schriftgeleerden reageerden terecht met: 'Wie kan zonden vergeven dan God alleen?' (NBG 1951).
2. Jezus verklaarde: 'Mij is alle macht gegeven in de hemel en op de aarde', waarna hij onmiddellijk een nieuw gebod gaf: 'Ga dus op weg en maak alle volken tot mijn leerlingen...' (Matt. 28:18-19).
3. God had aan Mozes de tien geboden gegeven, maar Jezus zei: 'Ik geef jullie een nieuw gebod: heb elkaar lief' (Joh. 13:34).
4. Hij droeg op tot gebed in zijn naam: 'En wat jullie dan in mijn naam vragen, dat zal ik doen... Wanneer je iets in mijn naam vraagt, zal ik het doen' (Joh. 14:13-14); 'Als jullie in mij blijven en mijn woorden in jullie, kun je vragen wat je wilt en het zal gebeuren' (Joh. 15:7).
5. Hoewel zowel het Oude als het Nieuwe Testament verbiedt om een andere God te aanbidden (Ex. 20:1-4, Deut. 5:6-9, Hand. 14:15, Op. 22:8-9), aanvaardde Jezus ten minste negen keer aanbidding. Zo liet hij zich aanbidden door:
    1. een genezen melaatse (Matt. 8:2)
    2. een leider wiens zoon door Jezus was genezen (Matt. 9:18)
    3. de discipelen na een storm (Matt. 14:33)
    4. een Kanaänitische vrouw (Matt. 15:25)

5. de moeder van Jakobus en Johannes (Matt. 20:20)
6. een Geraseense bezetene (Marc. 5:6)
7. een genezen blinde (Joh. 9:38)
8. alle discipelen (Matt. 28:17)
9. Tomas, die zei: 'Mijn Heer, mijn God' (Joh. 20:28)

Al deze mensen aanbaden Jezus zonder dat hij hen berispte. Niet alleen aanvaardde Jezus deze aanbidding, maar hij prees zelfs degenen die zijn goddelijkheid erkenden (Joh. 20:29, Matt. 16:17). Dat zou alleen iemand doen die zichzelf serieus als God zag.

Laten we dit alles eens in perspectief plaatsen. En wie kan dat beter dan C.S. Lewis? Hij schrijft:

> Te midden van deze Joden duikt plotseling een man op die loopt te praten alsof Hij God is. Hij beweert dat Hij zonden vergeeft. Hij zegt dat Hij altijd heeft bestaan. Hij zegt dat Hij aan het einde van de tijd de wereld komt oordelen. Laten we dit niet misverstaan. Onder pantheïsten, zoals in India, kan iedereen wel zeggen dat hij een stukje van God of één met God is; daar zou niets vreemds aan zijn. Maar deze man was een jood, dus kan Hij een dergelijke God niet hebben bedoeld. God betekende, in hun taal, het wezen buiten de wereld dat de wereld gemaakt had en oneindig verschilde van al het andere. En als je dit beseft, dan zie je ook dat deze man zonder meer de meest onthutsende bewering deed die ooit over mensenlippen is gekomen.[9]

Stel je voor dat je buurman dat soort dingen beweert: 'Ik ben de eerste en de laatste, Degene die in zichzelf bestaat. Wil je dat je zonden vergeven worden? Ik kan dat doen. Wil je weten hoe je moet leven? Ik ben het licht van de wereld, wie mij volgt, zal nooit in het donker wandelen, maar hij zal het licht van het leven hebben. Wil je weten wie je kunt vertrouwen? Alle gezag in hemel en op aarde is aan mij gegeven. Heb je zorgen of wensen? Bid in mijn naam. Als je in mij blijft en mijn woorden blijven in je, vraag wat je maar wilt en je zult het krijgen. Wil je bij God de Vader komen? Niemand kan bij de Vader komen behalve via mij. De Vader en ik zijn één.'

Wat zou je denken als je buurman die dingen serieus zei? Je zou beslist niet zeggen: 'Tjonge, wat een groot leraar!' Nee, je zou zeggen dat hij gek was, want hij denkt absoluut dat hij God is. Opnieuw is het C.S. Lewis die dit het beste onder woorden heeft gebracht. Hij schrijft:

> Wat ik hier tracht te voorkomen is dat men die onzinnige opmerking maakt die de mensen vaak over Hem maken: 'Ik ben bereid van Jezus te aanvaarden dat Hij een voorbeeldig leermeester is, maar niet dat Hij God is.' Dat is nu precies wat we niet moeten zeggen. Een mens die niet meer is dan een mens en de dingen zegt die Jezus zei kan helemaal geen groot leermeester zijn. Hij zou of een gek zijn – op het vlak van de man die ze ziet vliegen en in de waan leeft dat hij Napoleon is – of hij zou de duivel uit de hel zijn. U moet maar kiezen. Of deze man was, en is, de Zoon van God, of anders is hij een krankzinnige of nog iets ergers. Je kunt Hem opsluiten als een krankzinnige, je kunt op Hem spuwen en Hem als demon doden; of voor Hem neerknielen en Hem Heer en God noemen. Maar laten we niet aankomen met neerbuigende onzin dat Hij een groot menselijk leraar was. Die mogelijkheid heeft Hij voor ons niet opengelaten. Dat was Zijn bedoeling niet.[10]

Lewis heeft absoluut gelijk. Aangezien Jezus God beweerde te zijn, kan hij geen groot leermeester zijn. Grote leermeesters misleiden geen mensen door ten onrechte te beweren dat ze God zijn. Aangezien Jezus God beweerde te zijn, zijn er maar drie mogelijkheden: hij was een leugenaar, een krankzinnige of de Heer.

Leugenaar strookt niet met de feiten. Jezus leerde de hoogste ethische normen en leefde daar ook naar. En de kans is klein dat hij zijn leven zou hebben gegeven als hij niet dacht dat hij de waarheid sprak. Als Jezus dacht dat hij God was, terwijl hij het eigenlijk niet was, dan was hij een krankzinnige. Maar *krankzinnige* stemt ook niet overeen met de feiten. Zelden zijn er zulke diepzinnige uitspraken opgetekend als die van Jezus. En iedereen – zelfs zijn vijanden – zei dat Jezus een integer man was die de waarheid onderwees (Marc. 12:14).

Dan blijft alleen nog *Heer* over. Peter Kreeft vat deze redenering heel eenvoudig samen:

> Er zijn maar twee interpretaties mogelijk: Jezus is God of Jezus is niet God. In zijn eenvoudigste vorm ziet de redenering er zo uit: Jezus was ofwel (1) God, als zijn claim aangaande zichzelf waar was, of (2) een slecht mens, als wat hij zei niet waar was, want goede mensen zeggen niet dat ze God zijn. Maar hij was geen slecht mens. (Als er iemand in de geschiedenis geen slecht mens was, dan was het Jezus wel.) Dus was (en is) hij God.[11]

Dat klinkt logisch. Maar is *Heer* echt de juiste conclusie? Iedereen kan wel beweren dat hij God is, maar of hij het ook kan bewijzen, is een ander verhaal.

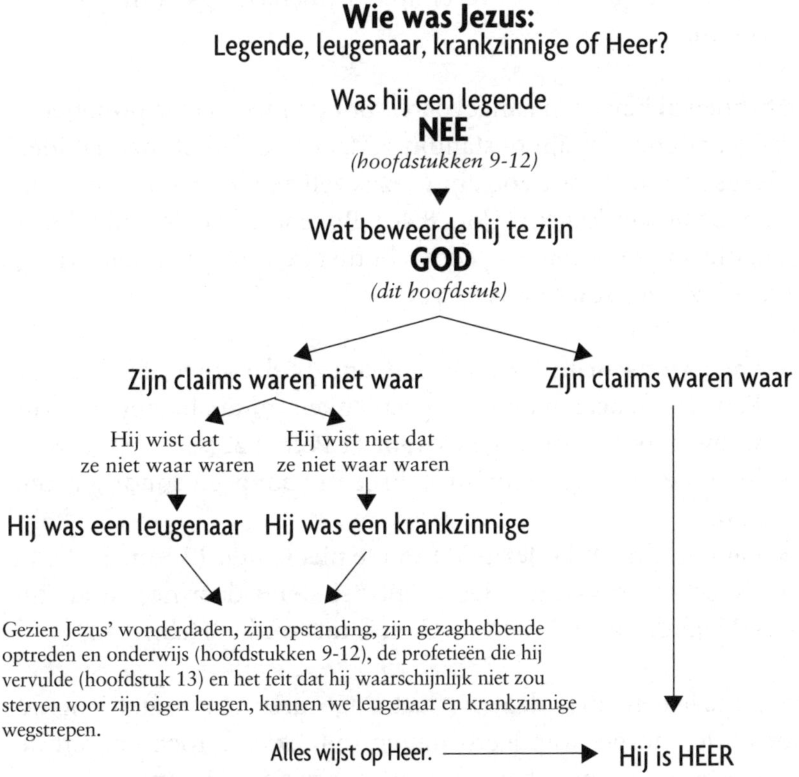

Fig. 13.2

Onomstotelijk bewijs dat Jezus God is

Zoals we gezien hebben, is het duidelijk dat Jezus God beweerde te zijn en zich ook vaak zo gedroeg. Maar het bleef niet bij woorden of gedrag, hij bewees het ook. Hij leverde drie ongeëvenaarde bewijzen dat hij God was:

1. Hij vervulde tal van messiaanse profetieën die honderden jaren eerder waren opgeschreven.
2. Hij leidde een leven zonder zonde en verrichtte wonderdaden.
3. Hij voorzegde en verwezenlijkte zijn eigen opstanding uit de dood.

We hebben al bewijzen aangevoerd voor de messiaanse profetieën, Jezus' wonderen en zijn opstanding. Maar hoe zit het met dat idee dat Jezus zonder zonde zou zijn? Jezus zelf zei: 'Kan een van u mij van zonde beschuldigen?' (Joh. 8:46). Bovendien zeiden zijn discipelen, die *drie jaar lang* dag en nacht met hem hadden optrokken, dat Jezus zonder zonde was:

- Petrus omschrijft Jezus als 'een lam zonder smet of gebrek' (1 Petr. 1:19), als iemand 'die geen enkele zonde beging en over wiens lippen geen leugen kwam' (1 Petr. 2:22).
- Johannes zegt van Christus: 'Er is in hem geen zonde' (1 Joh. 3:5).
- Paulus schrijft dat Jezus 'de zonde niet kende' (2 Kor. 5:21).
- De schrijver van de Hebreeënbrief stemt daarmee in als hij schrijft dat Jezus 'niet vervallen is tot zonde' (Hebr. 4:15).

Breng maar eens drie dagen – laat staan drie *jaar* – met iemand door en je zult gegarandeerd fouten ontdekken. Toch zeggen de nieuwtestamentische schrijvers dat Jezus zonder fouten was.

Maar het waren niet alleen zijn vrienden die zijn superieure karakter bevestigden. De vijanden van Christus konden ook geen fouten bij hem ontdekken. De Farizeeën probeerden mensen te vinden die iets slechts over Jezus te zeggen hadden, maar ze konden niemand vinden (Marc. 14:55). Ze gaven zelfs toe dat Jezus 'in alle oprechtheid onderricht over de weg van God' gaf (Marc. 12:14). Zelfs na alle pogingen van de Farizeeën om Jezus iets aan te wrijven, vond Pilatus geen kwaad in hem (Luc. 23:22).

Maar het bewijs voor de godheid van Christus hangt niet af van zijn zondeloosheid. De vervulde profetieën, zijn wonderen en zijn opstanding zijn bewijs genoeg dat Jezus God was. Toch zijn er een paar bezwaren die we moeten bespreken voordat we met een zekerheid die boven redelijke twijfel verheven is kunnen concluderen dat Jezus de enige ware God was (en is).

BEZWAREN TEGEN DE GODHEID VAN CHRISTUS

Waarom was Jezus niet duidelijker? – Ondanks enkele zeer duidelijke claims dat hij God was, wijzen sceptici op het feit dat Jezus veel vaker veel duidelijker had kunnen wezen als hij werkelijk God was. Dat is zeker waar. Hij had veel meer expliciete claims kunnen maken als hij dat nodig had geacht. Er zijn echter een aantal mogelijke redenen waarom hij dat niet deed.

Ten eerste wilde Jezus zijn werk niet laten verstoren door de Joden, die ten onrechte meenden dat de Messias hen zou komen bevrijden van de Romeinse onderdrukking. Dit werd zelfs nog een probleem ondanks Jezus' behoedzame aanpak: toen Jezus een keer wonderen had verricht, moest hij vluchten voor de Joden die hem tot koning wilden kronen (Joh. 6:15)!

Ten tweede zou Jezus als mens niet ons grootste voorbeeld kunnen zijn als hij telkens op zijn strepen ging staan wanneer hij in de problemen kwam. Zijn gedrag is voor ons een volmaakt voorbeeld van nederigheid en dienstbaarheid en laat zien hoe we de Vader moeten verheerlijken in plaats van onszelf.

Ten derde moest Jezus heel goed uitkijken wanneer en waar hij zijn godheid openbaarde, zodat hij zijn verzoeningswerk kon volbrengen. Als hij te openlijk was geweest in zijn claims en wondertekenen hadden ze hem misschien niet gedood. Maar als hij te terughoudend was geweest, zou er weinig bewijs zijn geweest dat hij werkelijk God was en had hij misschien niet genoeg volgelingen kunnen aantrekken om zijn boodschap te verspreiden.

Ten slotte moeten we begrijpen in wat voor godsdienstige context Jezus leefde en leerde. Hij verkondigde het idee dat hij persoonlijk de hele oudtestamentische wet vervulde (Matt. 5:17), de wet die eeuwenlang geëerd en gevolgd was en die de basis vormde van alle politieke en religieuze praktijken van de Joden. Zoals N.T. Wright zegt: '[Dat] is te vergelijken met iemand die in een moslimland verkondigt dat hij de wil van Allah vervult, terwijl hij kennelijk Mohammed belastert en een koran verbrandt!' [12]] Geen wonder dat Jezus gelijkenissen gebruikte om te onderwijzen en vaker indirect dan direct naar zijn godheid verwees. Hij leverde genoeg bewijs om hen te overtuigen die ervoor openstaan, maar niet zoveel dat de vrije wil van hen die aan hun eigen tradities wensen vast te houden in het gedrang kwam.

Er zijn dus goede redenen waarom Jezus niet vaker duidelijk claimde dat hij God was. We moeten echter niet vergeten dat hij het vaak genoeg deed. Voor de Joden (Joh. 8:58) en onder ede voor de hogepriester, toen hij wist dat zijn verzoeningswerk voltooid zou worden (Matt. 26:64, Marc. 14:62, Luc. 22:70), verklaarde Jezus duidelijk dat hij God was.

Indirecte ontkenningen dat Jezus God was – Critici halen vaak drie specifieke momenten in het Nieuwe Testament aan waarop de godheid van Christus in twijfel getrokken kan worden. Het eerste vinden we in Lucas 18:18-19, waar de rijke jongeman Jezus 'goed' noemt. Jezus lijkt zijn godheid te ontkennen als hij antwoordt: 'Niemand is goed, alleen God.'

Maar de critici hebben het mis. Jezus ontkent zijn godheid niet. Hij *bevestigt* zijn godheid juist door de jongeman te bepalen bij zijn eigen woorden. Jezus vraagt in feite: 'Besef je wel wat je zegt als je mij goed noemt? Bedoel je dat ik God ben?' In Matteüs 19, waar dit gesprek ook is opgetekend, blijkt dat duidelijk uit de context, want een paar verzen later spreekt Jezus over zichzelf als de 'Mensenzoon' die 'in majesteit zal zetelen op zijn troon' en die de discipelen met hem zal laten regeren (Matt. 19:28).

Het tweede en derde bezwaar tegen de godheid van Christus hebben te maken met Jezus' onderworpenheid aan de Vader en zijn beperkte kennis. In Johannes 14:28 onderwerpt Jezus zich duidelijk aan God als hij erkent: 'De Vader is meer dan ik.' En in Matteüs 24:36 zegt Jezus dat hij het moment van zijn eigen terugkeer niet weet wanneer hij verklaart: 'Niemand weet wanneer die dag en dat moment zullen aanbreken, ook de hemelse engelen en de Zoon niet, alleen de Vader weet het.' Hoe kan Jezus nu God zijn als hij ondergeschikt is aan de Vader en beperkt is in zijn kennis?

Het antwoord op beide bezwaren ligt in een juist begrip van de Drie-eenheid. Laten we eerst duidelijk stellen wat de Drie-eenheid *niet* is: de Drie-eenheid bestaat niet uit drie goden of drie goddelijke essenties. *De Drie-eenheid is drie personen in één goddelijke essentie.* Met andere woorden, er zijn drie personen – Vader, Zoon en heilige Geest – die deel uitmaken van één goddelijke natuur. De Drie-eenheid is als een driehoek: een driehoek heeft drie hoeken maar het is toch maar één driehoek (fig. 13.3a en 13.3b).

Jezus maakt deel uit van die ene goddelijke natuur, maar hij heeft ook een onmiskenbare menselijke natuur. Jezus is één 'wie' met twee 'watten' (een goddelijk 'wat' en een menselijk 'wat'); God is drie 'wieën' (Vader 'wie', Zoon 'wie' en heilige Geest 'wie') in één 'wat'; dat wil zeggen: drie personen in één goddelijke natuur. Volgens Athanasius, een van de vroege kerkvaders, werd Christus bij zijn menswording niet zijn goddelijkheid ontnomen, maar kreeg hij er menselijkheid bij. Toen Jezus verwekt werd, hield hij niet op God te zijn. Hij kreeg er alleen een menselijke natuur bij.

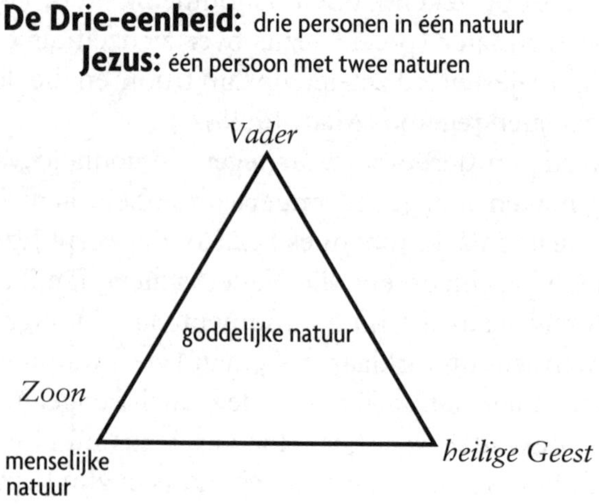

fig. 13.3a

fig. 13.3b

Wat hebben we hier aan als het om het tweede en derde bezwaar gaat? Aangezien Jezus twee naturen heeft, moeten we telkens als we een vraag over hem stellen eigenlijk altijd twee vragen stellen. Bijvoorbeeld: wist Jezus het moment van zijn wederkomst? Als God wel, maar als mens niet. Wist Jezus alles? Als God wel, als mens niet. (Lucas 2:52 geeft ook aan dat Jezus toenam in wijsheid.) Kreeg Jezus honger? Als God niet, als mens wel. Werd Jezus moe? Als God niet, als mens wel.

De Drie-eenheid werpt ook licht op Jezus opmerking: 'De Vader is meer dan ik.' De Vader en Zoon zijn gelijk *in essentie*, maar verschillend *in functie*. Je kunt het vergelijken met menselijke relaties. Een aardse vader is bijvoorbeeld evenzeer mens als zijn zoon, maar de vader vervult een hogere functie. Zo vervullen ook Jezus en de Vader verschillende functies, maar zijn ze allebei evenzeer God (Joh. 1:1, 8:58, 10:30). Toen Jezus een menselijke natuur verwierf, onderwierp hij zich vrijwillig aan de Vader en accepteerde hij de beperkingen die inherent zijn aan het mens-zijn (dat is precies wat Paulus uitlegt in zijn brief aan de Filippenzen [2:5-11]). Maar Jezus verloor nooit zijn goddelijke natuur – hij hield nooit op God te zijn. Tabel 13.3 toont de verschillen tussen Jezus en de Vader:

Jezus en de Vader als God	
Jezus is gelijkwaardig aan de Vader	**Jezus is ondergeschikt aan de Vader**
in zijn goddelijke natuur	in zijn menselijke natuur
in zijn goddelijke essentie	in zijn functie als mens
in zijn goddelijke eigenschappen	in zijn rol als mens
in zijn goddelijke karakter	in zijn positie als mens

Tabel 13.3

Bezwaren tegen de Drie-eenheid – De Drie-eenheid is niet onlogisch en druist niet tegen de rede in, wat sommige sceptici ook mogen zeggen. Zeggen dat er één God en drie Goden zijn, zou onlogisch zijn. Maar zeggen dat er één God is die uit drie personen bestaat, is niet onlogisch. Het gaat de rede misschien *te boven*, maar het *druist niet in tegen* de rede.

Dat betekent niet dat de Drie-eenheid volledig begrepen kan worden. Een eindig wezen kan immers onmogelijk een oneindig

God volledig bevatten. Maar we kunnen de Drie-eenheid wel *bevroeden*, zoals we ook de oceaan *bevroeden*, al kunnen we hem niet volledig *bevatten*. Als we op het strand staan, kunnen we aanvoelen dat er een oceaan voor ons ligt, al kunnen we zijn immense uitgestrektheid niet volledig bevatten.

Volgens sommige moslims is de Drie-eenheid te complex. Maar wie zei dat de waarheid altijd eenvoudig moet zijn? C.S. Lewis verwoordt het goed: 'Als het christelijk geloof iets was dat we zelf verzonnen, dan zou het natuurlijk wel te vereenvoudigen zijn. Maar we verzinnen het niet zelf. We kunnen in eenvoud nooit wedijveren met mensen die zelf een religie bedenken. Hoe zouden we? Wij houden ons bezig met feiten. Eenvoud is geen kunst als je je niet om feiten hoeft te bekommeren.' [13]

Sommige critici en sekteleiders zeggen dat de Drie-eenheid later door de Kerk bedacht is. Maar dat is gewoon niet waar. De Vader, de Zoon en de heilige Geest [14] worden allemaal God genoemd in de Bijbel. Trouwens, al werd de leer van de Drie-eenheid niet door alle kerkvaders geaccepteerd, dat betekent nog niet dat hij onjuist is. De waarheid wordt niet bepaald bij meerderheidsbesluit. De leer van de Drie-eenheid is zowel bijbels als filosofisch gezien volstrekt deugdelijk.

In plaats van theologische problemen te creëren, lost de Drie-eenheid juist theologische problemen op. Dankzij de Drie-eenheid kunnen we enigszins begrijpen hoe de liefde al van eeuwigheid her bestaat. Volgens het Nieuwe Testament is God liefde (1 Joh. 4:16). Maar hoe kan er liefde bestaan in een star monotheïstisch wezen? Er is niemand om van te houden! De Drie-enigheid in de Godheid lost dit probleem op. Liefde vergt immers iemand die liefheeft (de Vader), een geliefde (de Zoon) en een geest van liefde (de heilige Geest). Vanwege zijn drievuldige natuur heeft God van eeuwigheid her bestaan in een volmaakte liefdesrelatie. Hij is het volmaakte wezen waaraan niets ontbreekt, zelfs de liefde niet. Omdat hij alles heeft, *hoefde* God op zich geen mensen te maken (hij was niet eenzaam, zoals sommige predikanten wel zeggen). Hij *koos* er eenvoudigweg voor om ons te maken en ons lief te hebben in overeenstemming met zijn liefhebbende natuur. Zijn liefde was ook de reden waarom hij zijn Zoon – de tweede persoon van de Drie-eenheid – zond om de straf voor onze zonden te dragen. Zijn oneindige gerechtigheid veroordeelt ons, maar zijn oneindige liefde redt hen die gered willen worden.

SAMENVATTING EN CONCLUSIE

Jezus Christus uit Nazaret beweerde de Messias-God te zijn die voorzegd was door het Oude Testament, en hij bewees het ook. Hij maakte zijn claims in allerlei vormen: van expliciete uitspraken tot uitspraken die sterk suggereerden dat hij God was. Ook uit zijn daden – zoals het vergeven van zonden, het toe-eigenen van Gods gezag om geboden te geven en het accepteren van aanbidding die alleen God toekomt – blijkt dat Jezus werkelijk geloofde dat hij God was. Hij bewees dat hij God was door:

1. tal van specifieke messiaanse profetieën te vervullen die honderden jaren eerder waren opgeschreven (Jezus is de enige persoon uit de geschiedenis die al deze profetieën vervult),
2. een leven zonder zonde te leiden en wonderdaden te verrichten,
3. zijn eigen opstanding uit de dood te voorzeggen en vervolgens te verwezenlijken.

Wij geloven dat deze feiten boven redelijke twijfel verheven zijn. Daarom concluderen wij dat Jezus God is.

Aangezien we al hebben vastgesteld dat God moreel volmaakt is (aan de hand van het morele argument in hoofdstuk 7), is alles wat Jezus (die God is) leert waar. Wat leerde Jezus? Preciezer gezegd, wat leerde hij over de Bijbel? Dat is het onderwerp van het volgende hoofdstuk.

14

WAT LEERT JEZUS OVER DE BIJBEL?

'Mijn natuurkundeleraar zei ooit tegen me dat Genesis voor een groot deel niet waar is. Maar aangezien mijn natuurkundeleraar nooit heeft bewezen dat hij God is door uit de dood op te staan, geloof ik toch maar wat Jezus zegt.'

ANDY STANLEY

WEE JULLIE, HUICHELAARS!

Het Amerikaanse Congres was bijeen in een zeldzame gezamenlijke zitting. Alle 435 afgevaardigden en alle honderd senatoren waren aanwezig, en de camera's van C-SPAN-tv legden het gebeuren vast. De leden waren bijeengekomen om te luisteren naar een rede van een afstammeling van George Washington. Maar in plaats van de beleefde toespraak vol patriottische, historische bespiegelingen die ze verwachtten, werd hun ongenadig de mantel uitgeveegd. Met een opgeheven vingertje en een strenge blik verklaarde Washingtons nazaat:

> Wee jullie, zelfzuchtige huichelaars! Jullie zijn een en al hebzucht en genotzucht. Al jullie daden zijn erop gericht om door mensen gezien te worden: jullie houden hoogdravende toespraken en bespelen voor deze tv-camera's het publiek. Bij banketten verlangen jullie een ereplaats, en overal waar jullie komen, willen jullie de belangrijkste plaatsen. Jullie laten je graag begroeten in jullie districten en iedereen moet jullie aanspreken met 'senator' of 'congreslid'. Van buiten lijken jullie rechtvaardig, maar van binnen zijn

jullie vol huichelarij en boosheid! Jullie zeggen dat je Washington schoon wilt vegen, maar zodra je hier bent, word je twee keer zo erg als het kind der hel wiens plaats je hebt ingenomen!

Wee jullie, wetgevers. Huichelaars zijn jullie! Jullie doen zelf niet wat je anderen voorhoudt. Jullie leggen de burgers zware lasten op, maar vervolgens ontduiken jullie je eigen wetten!

Wee jullie, federale dwazen! Jullie leggen een eed af dat je de grondwet zult handhaven, maar vervolgens doen jullie de grondwet te niet door rechters hun eigen wetten te laten maken.

Wee jullie, blinde huichelaars! Jullie zeggen dat als jullie in de tijd van de stichters van ons land hadden geleefd je nooit met hen aan de slavernij zou hebben meegedaan. Jullie zouden er nooit mee hebben ingestemd dat slaven het eigendom van hun meester waren, maar jullie zouden benadrukt hebben dat het mensen waren met onvervreemdbare rechten. Jullie getuigen echter tegen jezelf, want nu zeggen jullie dat ongeboren kinderen het eigendom van hun moeder zijn en helemaal geen rechten hebben! Al het rechtvaardige bloed dat vergoten is in dit land zal op jullie hoofden komen. Slangen! Adderengebroed! Jullie hebben deze glorieuze kamer te gronde gericht! Hoe denken jullie aan de hel te ontkomen?!

Natuurlijk is deze toespraak nooit echt gehouden (anders had je er vast en zeker over gehoord!). Wie zou er zo bot en onbeleefd zijn om de leiders van het land zo toe te spreken? In ieder geval toch geen christen! Weet je het zeker?

Hoewel we niet zeker weten of Jezus zulke dingen tegen de politieke leiders van deze tijd te zeggen zou hebben, heeft hij wel degelijk dat soort dingen gezegd tegen de godsdienstige leiders van zijn tijd. Wat!? Die lieve, zachtmoedige Jezus? Zeker weten. Als je het 23e hoofdstuk van Matteüs leest, zul je zien dat onze verzonnen toespraak grotendeels is afgeleid van de toespraak die Jezus hield tot de menigte en de Farizeeën. In tegenstelling tot de slappe Jezus die tegenwoordig bedacht is door mensen die zelf geen ruggengraat willen tonen, leerde de echte Jezus met gezag en duldde hij geen dwaling. Als godsdienstige mensen fout zaten, velde hij een rechtvaardig oordeel en liet hij iedereen weten wat dat oordeel was. En wie kan er beter fouten corrigeren dan God zelf? Aangezien Jezus God is, is alles wat hij leert waar.

De historisch betrouwbare evangeliën vertellen wat Jezus leerde over tal van onderwerpen. Maar nergens is de impact van zijn onderwijs zo verstrekkend als wanneer hij het over de Bijbel heeft. Als Jezus leerde dat de Bijbel het Woord van God is, dan is de Bijbel onze belangrijkste bron van goddelijke waarheid. De vraag is dus: wat leerde Jezus over de Bijbel?

WAT LEERDE JEZUS OVER DE BIJBEL?

Het Oude Testament

Jezus leerde dat het Oude Testament in zeven opzichten het Woord van God is. Hij zei over het Oude Testament:

1. Het heeft goddelijk gezag – Toen Jezus verleid werd door Satan wees hij hem terecht door het Oude Testament aan te halen: "“Er staat geschreven: ‘De mens leeft niet van brood alleen, maar van ieder woord dat klinkt uit de mond van God.’”… Jezus antwoordde: “Er staat ook geschreven: ‘Stel de Heer, uw God, niet op de proef.’”… Daarop zei Jezus tegen hem: “Ga weg, Satan! Want er staat geschreven: ‘Aanbid de Heer, uw God, vereer alleen hem’”" (Matt. 4:4, 7, 10). Waarom zou Jezus zo vol vertrouwen het Oude Testament aanhalen als het Oude Testament niet gezaghebbend was? Het Oude Testament moet voor hem een bron van waarheid zijn geweest, want hij trad er zijn machtigste vijand mee tegemoet.

Maar liefst 92 keer lezen we hoe Jezus en zijn apostelen hun positie bekrachtigden door te zeggen ‘er staat geschreven’ (of iets van gelijke strekking) en vervolgens het Oude Testament aan te halen. Waarom? Omdat Jezus en zijn apostelen de oudtestamentische geschriften beschouwden als het geschreven Woord van God, dat daarom op alle terreinen van het leven het laatste woord had.

2. Het is onvergankelijk – In de Bergrede, een Bijbelgedeelte dat geliefd is bij zowel conservatieven als vrijdenkers, verklaarde Jezus dat nog niet het allerkleinste teken in de Schrift – het puntje op de i, zeg maar – ooit verloren zal gaan: 'Denk niet dat ik gekomen ben om de Wet of de Profeten af te schaffen. Ik ben niet gekomen om ze af te schaffen, maar om ze tot vervulling te brengen. Ik verzeker jullie: zolang de hemel en de aarde bestaan, blijft elke jota, elke tittel in de wet van kracht, totdat alles gebeurd zal zijn' (Matt. 5:17-18). Jezus had de onvergankelijkheid van de Schriften niet krachtiger onder woorden kunnen brengen.

3. Het is onfeilbaar – In Johannes 10 staat Jezus op het punt om gestenigd te worden wegens godslastering. Om zich uit die situatie te redden haalt Jezus het Oude Testament aan en verklaart hij: 'De Schrift blijft altijd van kracht' (Joh. 10:35). Met andere woorden, wanneer zijn leven op het spel stond, verwees Jezus naar een onfeilbare autoriteit die altijd van kracht bleef: de Schrift. Bovendien bevestigde hij de waarheid van de Schriften later toen hij voor de discipelen bad: 'Heilig hen dan door de waarheid. Uw woord is de waarheid' (Joh. 17:17).

4. Het bevat geen dwaling – Toen de Sadduceeën Jezus een strikvraag stelden, zei Jezus tegen hen: 'U dwaalt, blijkbaar kent u de Schriften niet, en de macht van God evenmin!' (Matt. 22:29). Dat betekent natuurlijk dat de Schriften niet dwalen. Het zou nergens op slaan als Jezus zei: 'U dwaalt, blijkbaar kent u de Schriften niet, die ook dwalen!'

5. Het is historisch betrouwbaar – Jezus verklaarde niet alleen dat het Oude Testament goddelijk gezag heeft, onvergankelijk en onfeilbaar is en geen dwaling bevat, maar hij bevestigde ook twee oudtestamentische verhalen waarvan de historiciteit sterk betwist wordt: Noach (Matt. 24:37-38) en Jona (Matt. 12:40). Jezus sprak over deze verhalen als historische gebeurtenissen. En waarom zouden ze niet echt gebeurd zijn? De wonderen uit de verhalen van

Noach en Jona zijn kinderspel voor de almachtige God die het universum schiep. Met onze beperkte intelligentie bouwen we grote schepen en kunnen we mensen maandenlang in leven houden onder water. Waarom zou God niet hetzelfde kunnen doen?

Jezus bevestigde ook twee andere aspecten van het Oude Testament die critici ontkennen. Jezus leerde dat Daniël een profeet was (Matt. 24:15), terwijl Daniël volgens veel critici slechts een historicus was. (De critici zeggen dat het boek Daniël later geschreven is, want hij kan nooit al die voorspellingen hebben gedaan. Daaruit blijken weer hun anti-bovennatuurlijke vooroordelen.) Verder citeerde Jezus specifiek verschillende passages uit het boek Jesaja (bijv. Matt. 7:6-7, 13:14-15, Lucas 4:17-19) zonder ooit te suggereren dat er twee of drie Jesaja's waren, zoals veel critici beweren.

6. Het is wetenschappelijk accuraat – Jezus maakte nog andere claims die ingaan tegen de mening van de huidige critici. Toen hem gevraagd werd of echtscheiding geoorloofd was, haalde Jezus een wetenschappelijk feit uit Genesis aan: "Hebt u niet gelezen dat de schepper de mens bij het begin mannelijk en vrouwelijk heeft gemaakt?' En hij vervolgde: 'Daarom zal een man zijn vader en moeder verlaten en zich hechten aan zijn vrouw, en die twee zullen één worden; ze zijn dan niet langer twee, maar één. Wat God heeft verbonden, mag een mens niet scheiden' (Matt. 19:4-6). Met andere woorden, de aard van het huwelijk is verbonden met het wetenschappelijke feit dat Adam en Eva zijn geschapen met een bepaald doel.

Bovendien verwierp Jezus de misvatting dat de Bijbel wel vertelt 'hoe je op aarde moet leven', maar niet 'hoe het leven op aarde kwam'. Hij zei tegen Nikodemus: 'Wanneer jullie me niet geloven als ik over aardse dingen spreek, hoe zouden jullie me dan geloven als ik over hemelse dingen spreek?' (Joh. 3:12). Met andere woorden, Jezus leerde dat als de Bijbel niet de waarheid spreekt over de fysieke wereld die je wel kunt zien, je de Bijbel niet kunt vertrouwen als hij spreekt over de geestelijke wereld die je niet kunt zien. Het christendom berust inderdaad op historische gebeurtenissen, zoals de schepping en de opstanding, die te verifiëren zijn door middel van wetenschappelijk en geschiedkundig onderzoek. Waar aanhangers van andere godsdiensten misschien een volledige scheiding tussen godsdienst en wetenschap accepteren, doen christenen dat niet. De waarheden over het universum mogen elkaar niet tegenspreken. Aangezien alle waarheid Gods waarheid is, moeten godsdienstige opvattingen overeenstemmen met de wetenschappelijke feiten. Zo niet, dan zit er ofwel een fout in ons wetenschappelijk inzicht, of onze godsdienstige opvattingen zijn onjuist. Zoals we gezien hebben, zijn veel claims van het christendom bevestigd door wetenschappelijk onderzoek. Christus wist dat dat zou gebeuren.

7. Het heeft het laatste woord – Aangezien Jezus leerde dat het Oude Testament goddelijk gezag heeft, onvergankelijk en onfeilbaar is, geen dwaling bevat, historisch betrouwbaar en wetenschappelijk accuraat is, zou je verwachten dat in zijn visie het Oude Testament het primaat heeft boven elke lering van mensen. Dat is precies wat Jezus zei. Hij wees de Farizeeën en schriftgeleerden terecht door te zeggen dat ze de oudtestamentische geschriften moesten gehoorzamen in plaats van hun eigen menselijke tradities. Hij zei: 'Waarom overtreedt u het gebod van God, alleen om uw eigen traditie in stand te houden?... U [ontkracht] het woord van God uit eerbied voor uw eigen traditie' (Matt. 15:3, 6). Daarna veegde hij hun de mantel uit omdat ze zich niet aan de Schriften hielden met een citaat uit het Oude Testament: 'Huichelaars, wat is Jesaja's profetie toch toepasselijk op u: 'Dit volk eert mij met de lippen, maar hun hart is ver van mij; tevergeefs vereren ze mij, want ze onderwijzen hun eigen leer, voorschriften van mensen" (Matt. 15:7-9). Waarom zou Jezus de godsdienstige leiders van Israël terechtwijzen met het Oude Testament, tenzij het Oude Testament het absolute primaat heeft boven hun eigen ideeën?

Jezus' onderricht laat er geen twijfel over bestaan dat hij het hele Oude Testament als het onfeilbare, geschreven Woord van God beschouwde. Hij zei dat hij was gekomen om het hele Joodse Oude

Testament te vervullen (Matt. 5:17), dat hij 'de Wet en de Profeten' noemde (Matt. 5:17, Luc. 24:26-27). En hij zei tegen de Joden: 'U bestudeert de Schriften en u denkt daardoor eeuwig leven te hebben. Welnu, de Schriften getuigen over mij, maar bij mij wilt u niet komen om leven te ontvangen' (Joh. 5:39-40).

Jezus kwam dus om de Schriften te vervullen die van hem getuigen. Maar waaruit bestond dat Oude Testament? Naar welke boeken verwees Jezus als hij het over 'de Schriften' had? Jezus' berisping van de Farizeeën in Matteüs 23 beslaat alle boeken van het Joodse Oude Testament, van het eerste tot het laatste, want hij zegt: 'Al het onschuldige bloed dat op aarde is vergoten zal jullie worden aangerekend, vanaf het bloed van Abel, de rechtvaardige, tot het bloed van Zecharja, de zoon van Berechja, die jullie vermoord hebben tussen het heiligdom en het brandofferaltaar' (v. 35). Abel werd gedood in het eerste boek van het Joodse Oude Testament (Genesis) en Zecharja in het laatste (Kronieken).

Gebeurtenis in het Oude Testament	**Bevestiging in het Nieuwe Testament**
1. Schepping van het universum (Gen. 1)	Joh. 1:3, Kol. 1:16
2. Schepping van Adam en Eva (Gen. 1-2)	1 Tim. 2:13, 14
3. Huwelijk van Adam en Eva (Gen. 1-2)	Matt. 19:13, 14
4. Verleiding van de vrouw (Gen. 3)	1 Tim. 2:14
5. Ongehoorzaamheid en zonde van Adam (Gen. 3)	Rom. 5:12, 1 Kor. 15:22
6. Offers van Abel en Kaïn (Gen. 4)	Hebr. 11:4
7. Moord op Abel door Kaïn (Gen. 4)	1 Joh. 3:12
8. Geboorte van Set (Gen. 4)	Luc. 3:38
9. Opname van Henoch (Gen. 5)	Hebr. 11:5
10. Huwelijk voor de zondvloed (Gen. 6)	Luc. 17:27
11. De zondvloed en vernietiging van de mens (Gen. 7)	Matt. 24:39
12. Bewaring van Noach en zijn familie (Gen. 8-9)	2 Petr. 2:5
13. Geslachtsregister van Sem (Gen. 10)	Luc. 3:35, 36
14. Geboorte van Abraham (Gen. 11)	Luc. 3:34
15. Roeping van Abraham (Gen. 12-13)	Hebr. 11:8
16. Tiende aan Melchisedek (Gen. 14)	Hebr. 7:1-3
17. Rechtvaardiging van Abraham (Gen. 15)	Rom. 4:3
18. Ismaël (Gen. 16)	Gal. 4:21-24

19. Belofte van Isaak (Gen. 17)	Hebr. 11:18
20. Lot en Sodom (Gen. 18-19)	Luc. 17:29
21. Geboorte van Isaak (Gen. 21)	Hand. 7:8
22. Offeren van Isaak (Gen. 22)	Hebr. 11:17
23. De brandende braamstruik (Ex. 3:6)	Luc. 20:37
24. Uittocht door de Rode Zee (Ex. 14:22)	1 Kor. 10:1, 2
25. Water en manna in de woestijn (Ex. 16:4, 17:6)	1 Kor. 10:3-5
26. Verheffing van slang in wildernis (Num. 21:9)	Joh. 3:14
27. Val van Jericho (Joz. 6:22-25)	Hebr. 11:30
28. Wonderen van Elia (1 Koningen 17:1, 18:1)	Jak. 5:17
29. Jona en de grote vis (Jona 2)	Matt. 12:40
30. Drie Hebreeërs in oven (Dan. 3)	Hebr. 11:34
31. Daniël in leeuwenkuil (Dan. 6)	Hebr. 11:33
32. Moord op Zecharja (2 Kron. 24:20-22)	Matt. 23:35

Tabel 14.1

Jezus en de nieuwtestamentische schrijvers haalden elk deel van het Oude Testament als gezaghebbend aan door te verwijzen naar gebeurtenissen in 18 van de 22 boeken in het Joodse Oude Testament.[1] Van veel van de gebeurtenissen in tabel 14.1[2] denken critici dat ze niet hebben plaatsgevonden. Maar Jezus en de apostelen verwijzen ernaar alsof ze wel echt gebeurd zijn. Naast Noach en Jona bevestigt Jezus zelf de historiciteit van de schepping (Marc. 13:19), Adam en Eva (Matt. 19:4-5), Sodom en Gomorra (Luc. 10:12) en Mozes en de brandende braamstruik (Luc. 20:37). Daaruit blijkt dat voor Jezus de historische realiteit van het Oude Testament verbonden was met de waarheid van zijn eigen geestelijke boodschap.

Maar kan Jezus er niet naast gezeten hebben? – Jezus verklaarde dus dat het hele Oude Testament het onfeilbare Woord van God is, en hij en zijn apostelen bevestigden oudtestamentische gebeurtenissen die veel critici niet als historisch beschouwen. Maar kan Jezus er naast gezeten hebben? Misschien bedoelde hij niet dat die gebeurtenissen in het Oude Testament echt gebeurd waren, maar alleen dat de Joden dat geloofden. Met andere woorden, misschien paste hij zich aan aan de geloofsopvattingen van de Joden en bedoelde hij: 'Zoals jullie in Jona geloven, moet je ook in mijn opstanding geloven.'

Deze theorie werkt niet. Zoals we gezien hebben, duldde Jezus geen dwaling. Hij paste zich niet aan aan de opvattingen van de Joden, zoals sommige sceptici suggereren. Hij berispte en bekritiseerde hen herhaaldelijk, van vlijmscherpe openbare tirades (zoals Matteüs 23) en het corrigeren van hun onjuiste interpretaties van het Oude Testament (Matt. 5:21-43), tot het omverwerpen van tafels (Matteüs 21; Marcus 11; Johannes 2). Jezus sjoemelde nooit en zeker niet met de waarheid van het Oude Testament.

De scepticus zegt misschien: 'Maar is het niet mogelijk dat Jezus zich vergiste vanwege zijn menselijke beperkingen? Immers, als hij niet wist wanneer hij terugkwam, wist hij misschien ook niet of er al dan niet fouten in het Oude Testament stonden.' Nee, deze theorie werkt ook niet. Beperkingen in kennis zijn wat anders dan misvattingen. Als mens wist Jezus sommige dingen niet. Maar dat betekent niet dat hij zich vergiste in wat hij wél wist. Wat Jezus wél wist, was waar, want hij leerde alleen dat wat de Vader hem gaf (Joh. 8:28, 17:8, 14). Dus wie Jezus van vergissingen beschuldigt, beschuldigt God de Vader van vergissingen. Maar God kan zich niet vergissen, want hij is de onveranderlijke norm en bron der waarheid.[3] Bovendien bevestigde Jezus de waarheid van zijn onderwijs toen hij verklaarde: 'Hemel en aarde zullen verdwijnen, maar mijn woorden zullen nooit verdwijnen' (Matt. 24:35), en: 'Mij is alle macht gegeven in de hemel en op de aarde' (Matt. 28:18).

Wat betekent dit? We hoeven maar één vraag te stellen: wie wist er meer van het Oude Testament, Christus of de critici? Als Jezus God is, is alles wat hij leert waar. Als hij leert dat het Oude Testament goddelijk gezag heeft, onvergankelijk en onfeilbaar is, geen dwaling bevat, historisch betrouwbaar en wetenschappelijk accuraat is en in alle dingen het laatste woord heeft, dan is dat zo. Hij heeft betere papieren dan welke feilbare criticus dan ook (vooral als de kritiek niet gebaseerd is op bewijzen maar op anti-bovennatuurlijke vooroordelen).

Andere bewijzen voor het Oude Testament – Naast de claims van Jezus zijn er tal van andere redenen om aan te nemen dat de oudtestamentische geschriften de waarheid vertellen. Zo vertoont het Oude Testament veel van de kenmerken die het Nieuwe Testament geloofwaardig maken: betrouwbare handschriften, archeologische bevestiging en een verhaallijn die zijn auteurs nooit zouden verzinnen.

Laten we eens naar dat laatste punt kijken. Wie zou de verhaallijn van het Oude Testament verzinnen? Een door de Hebreeërs verzonnen verhaal zou de Israëlieten waarschijnlijk afschilderen als een nobel en rechtschapen volk. Maar de oudtestamentische schrijvers zeggen wat anders. Zij schilderen hun eigen volk af als zondige, wispelturige slaven die keer op keer op wonderbaarlijke wijze door God worden gered, maar die hem om de haverklap vaarwelzeggen. Wat zij hebben opgetekend, is een geschiedenis van stijfkoppige ongehoorzaamheid, wantrouwen en zelfzucht. Hun leiders zijn allemaal zondaars van formaat: Mozes (een moordenaar), Saul (een paranoïde egomaan), David (een overspelige, een leugenaar en een moordenaar) en Salomo (een veelvoudig polygamist). Dat zijn de mensen die het volk moeten leiden dat door God is uitgekozen om de Redder van de wereld voort te brengen. Toch geven de oudtestamentische schrijvers toe dat onder de voorouders van deze Messias zondige figuren voorkomen als David en Salomo en zelfs een prostituee genaamd Rachab. Dat is duidelijk geen verzonnen verhaallijn!

Waar het Oude Testament over de ene flater na de andere vertelt, reppen andere oude historici het liefst met geen woord over gênante historische gebeurtenissen. Zo is er in de Egyptische annalen niets te vinden over de uittocht; sommige critici denken daarom dat die nooit heeft plaatsgevonden. Maar wat verwachten ze dan? De schrijver Peter Fineman stelt zich voor hoe een persbericht van Farao zou luiden:

> Een woordvoerder van Ramses de Grote, farao der farao's, hoogste heerser van Egypte, Zoon van Ra, voor wie allen in ontzag sidderen, verblind door zijn stralende aanwezigheid, heeft vandaag verklaard dat de man Mozes hem ten overstaan van alle mensen een poepie heeft laten ruiken en zo bewezen heeft dat God Jahweh

is en de 2000 jaar oude cultuur van Egypte een leugen. Film om 11:00.[4]

Natuurlijk zou een perschef van Farao een dergelijke gebeurtenis nooit toegeven! De Egyptische stilte rond de uittocht is te begrijpen. Maar als de Egyptenaren een militaire overwinning behaalden, werd dat breed uitgemeten en schromelijk overdreven. Dat blijkt uit de oudste verwijzing naar Israël buiten de Bijbel. Het gaat om een inscriptie op een granieten monument uit de graftempel van farao Merneptah in Thebe. Daarin wordt opgeschept over de militaire overwinning van de farao in de hooglanden van Kanaän met de woorden: 'Israël is weggevaagd, zijn zaad is niet meer.'[5] Historici dateren de veldslag in 1207 v.Chr., wat bevestigt dat Israël toen in het land was.

Er zijn nog verschillende andere archeologische vondsten die het Oude Testament bevestigen. En in hoofdstuk 3 zagen we dat er zelfs bewijs uit de astronomie is (de oerknal) voor Genesis. (Voor meer bewijzen voor het Oude Testament, zie *The Baker Encyclopedia of Christian Apologetics*).[6] Maar uiteindelijk komt het sterkste argument voor het Oude Testament van Jezus zelf. Als God heeft hij het laatste woord. Als de nieuwtestamentische geschriften betrouwbaar zijn, dan is het Oude Testament zonder fouten zoals Jezus zei.

Onze vriend Andy Stanley bracht het mooi onder woorden: 'Mijn natuurkundeleraar zei ooit tegen me dat Genesis voor een groot deel niet waar is. Maar aangezien mijn natuurkundeleraar nooit heeft bewezen dat hij God is door uit de dood op te staan, geloof ik toch maar wat Jezus zegt.'[7] Heel verstandig.

Hoe zit het met het Nieuwe Testament?

Jezus leerde dat het Oude Testament onfeilbaar is, maar wat kon hij zeggen over het Nieuwe Testament? Dat werd immers pas geschreven na Jezus' aardse leven.

Jezus *bevestigde* het Oude Testament, maar hij *beloofde* het

Nieuwe Testament. Hij zei dat het Nieuwe Testament via de apostelen tot stand zou komen, doordat de heilige Geest hun alles in herinnering zou brengen wat Jezus gezegd had en hun de weg zou wijzen naar de 'volle waarheid'. Dat is opgetekend in twee passsages uit het evangelie van Johannes. Jezus verklaarde:

> 'Dit alles zeg ik tegen jullie nu ik nog bij jullie ben. Later zal de pleitbezorger, de heilige Geest die de Vader jullie namens mij zal zenden, *jullie alles duidelijk maken en alles in herinnering brengen wat ik tegen jullie gezegd heb*' (Joh. 14:25-26).

En:

> 'Ik heb jullie nog veel meer te zeggen, maar jullie kunnen het nog niet verdragen. *De Geest van de waarheid zal jullie, wanneer hij komt, de weg wijzen naar de volle waarheid.* Hij zal niet namens zichzelf spreken, maar hij zal zeggen wat hij hoort en jullie bekendmaken wat komen gaat' (Joh. 16:12-13).

Met andere woorden, Jezus belooft zijn apostelen dat de heilige Geest hen zou inspireren tot het schrijven van wat we nu kennen als het Nieuwe Testament. Paulus zou daar later bij aansluiten door te zeggen dat de Gemeente 'gebouwd [is] op het fundament van de apostelen en profeten, met Jezus Christus zelf als de hoeksteen' (Ef. 2:20). De vroege Gemeente onderkende dit ook, want 'ze bleven trouw aan het onderricht van de apostelen' (Hand. 2:42).

Maar ontvingen de apostelen de boodschap echt van de heilige Geest, zoals Jezus beloofd had? Ze beweren van wel. Johannes schrijft dat de apostelen '*uit God*' zijn (1 Joh. 4:6) en begint het boek Openbaring met: 'Openbaring van Jezus Christus, *die hij van God ontving*' (Op. 1:1). Paulus claimt dat zijn woorden aan hem geopenbaard zijn door de Geest (1 Kor. 2:10, 13, 7:40) en dat wat hij schrijft '*een bevel van de Heer*' is (1 Kor. 14:37). In de opening van zijn brief aan de Galaten zegt Paulus: 'Want ik maak u bekend, broeders, dat het evangelie, hetwelk door mij verkondigd is, niet is naar de mens. Want *ik heb het ook niet van een mens ontvangen of geleerd, maar door openbaring van Jezus Christus*' (Gal. 1:11-12, NBG 1951). In zijn eerste brief aan de Tessalonicenzen bevestigt Paulus ook dat hij hun het woord van God geeft: 'Wij danken God dan ook onophoudelijk *dat u zijn woord, dat u van ons ontvangen hebt, niet hebt aangenomen als een boodschap van mensen, maar als wat het werkelijk is: als het woord van God dat ook werkzaam is in u, die gelooft*' (1 Tess. 2:13). Paulus bevestigt niet alleen dat zijn werken goddelijk geïnspireerd zijn, maar haalt ook Lucas en Matteüs als 'Schrift' aan, waarmee hij ze op hetzelfde niveau plaatst als Deuteronomium (1 Tim. 5:18, Luc. 10:7, Matt. 10:10).

Petrus erkent ook dat de brieven van Paulus (er zijn er dertien) geïnspireerd zijn. Hij schrijft: 'Daarin [in de brieven van Paulus] staat een en ander dat moeilijk te begrijpen is en dat door onwetende en onstandvastige mensen, tot hun eigen ondergang, wordt verdraaid; dat doen ze trouwens ook met *de overige geschriften*' (2 Petr. 3:16, vgl. 2 Tim. 3:15-16). Petrus bevestigt ook de goddelijke bron van zijn eigen woorden en die van de andere apostelen wanneer hij schrijft: 'Toen *wij* u de glorierijke komst van onze Heer Jezus Christus verkondigden, baseerden wij ons niet op vernuftige verzinsels – integendeel, wij hebben met eigen ogen zijn grootheid gezien… *Ons vertrouwen in de woorden van de profeten is daardoor alleen maar toegenomen.* U doet er goed aan uw aandacht altijd daarop gericht te houden… Besef daarbij vooral dat geen enkele profetie uit de Schrift een eigenmachtige uitleg toelaat, want nooit is een profetie voortgekomen uit menselijk initiatief: mensen die namens God spraken werden daartoe altijd gedreven door de heilige Geest' (2 Petr. 1:16-21).

Maar de apostelen *beweerden* niet alleen dat ze boodschappen van God ontvingen. Dat kan iedereen doen. Ze bewezen dat hun woorden geïnspireerd waren door wondertekenen te doen. Het vermogen om dat soort tekenen te doen was ook een van de twee kwalificaties waaraan een apostel moest voldoen; daarnaast moest hij ook een getuige van de opstanding zijn geweest (Hand. 1:22, 1 Kor. 9:1). Paulus bevestigde dat hij een apostel was toen hij zijn Korintische lezers voorhield: 'Alles wat een apostel tot apostel maakt, heb ik u laten zien: elke volharding, alle tekenen en wonderen, elke kracht' (2 Kor. 12:12). Paulus moet wel de waarheid hebben gesproken over de wonderen die hij in hun midden had gedaan, want anders zouden zijn lezers hem niet meer serieus hebben genomen.

Naast de wonderen die Paulus beweert te hebben gedaan, beschrijft Lucas 35 wonderen in het boek Handelingen alleen al, dat, zoals we zagen, een betrouwbaar boek is dat de geboorte van de Gemeente beschrijft vanaf de opstanding tot ongeveer het jaar 60. De meeste van deze wonderen worden verricht door de apostelen (een paar werden verricht door engelen of door God).[8] Verder schrijft de auteur van de Hebreeënbrief wanneer hij het heeft over de redding die de Heer heeft aangekondigd: '*Ook God zelf getuigde daarvan, door tekenen en wonderen en allerlei grote daden te verrichten,* en door de gaven van de heilige Geest overeenkomstig zijn wil te verdelen' (Hebr. 2:4).

In hoofdstuk 8 zagen we dat dit de manier is waarop God zijn profeten bevestigt: door wonderen. Het wonder bevestigt de boodschap. Het teken bevestigt de preek. Daden van God bevestigen het Woord van God aan het volk van God (Ex. 4, 1 Kon. 18, Joh. 3:2, Hand. 2:22). Zo laat God ons weten dat een boodschap echt van hem komt. En de nieuwtestamentische apostelen bevestigden dat hun boodschap van God kwam door wonderen te verrichten.

De scepticus zegt misschien: 'O, die wonderverhalen hebben ze gewoon verzonnen.' Onzin. In de hoofdstukken 10, 11 en 12 hebben we al gezien dat het ongelofelijk accurate historici waren die geen enkel motief hadden om wonderverhalen te verzinnen. Sterker nog, ze hadden alle reden om dat soort verhalen *niet* te verzinnen, want ze werden erom gemarteld, geslagen en gedood.

Bovendien konden ze zelf geen wonderen doen, maar was het God die ze door hen heen verrichtte. Hoe we dat weten? Daar zijn twee redenen voor. Ten eerste lijken de apostelen het vermogen om wonderen te doen ergens halverwege de jaren 60 verloren te hebben. De Hebreeënbrief, die eind jaren 60 geschreven is, spreekt in de verleden tijd over deze speciale wondergaven van de apostelen

(Hebr. 2:3-4). En later in zijn bediening was Paulus kennelijk niet in staat om een paar van zijn eigen trouwe helpers te genezen (Fil. 2:26, 2 Tim. 4:20). Als hij nog steeds de gave bezat om wonderen te verrichten, waarom vroeg hij dan om gebed en adviseerde hij zijn helpers om wat in te nemen (1 Tim. 5:23)?

Ten tweede, zelfs *in de tijd dat Paulus wonderen deed*, kon hij niet zijn eigen aandoening genezen (Gal. 4:13). In de hele Bijbel vind je niemand die een wonder deed ten behoeve van zichzelf of als vermaak. Daaruit blijkt dat het vermogen om wonderen te verrichten afhankelijk was van de wil van God (vg. Hebr. 2:4). Wonderen hadden een specifiek doel en dienden meestal om een nieuwe boodschapper of openbaring te bevestigen.

Dat is waarschijnlijk de reden waarom je geen apostolische wonderen tegenkomt in Paulus' brieven van na circa 62 n.Chr., de uiterste datum dat Handelingen geschreven kan zijn.[9] Tegen die tijd was het overduidelijk dat Paulus en de andere apostelen echte boodschappers van God waren en was het niet nodig dat ze nog verder bevestigd werden.

De Geest van de Heer rust op Jezus – Ook langs een andere weg kan worden aangetoond dat Jezus en de heilige Geest het Nieuwe Testament zouden geven. Het Oude Testament voorzegde dat de Messias zou komen om 'het goede nieuws te brengen'. Jezus verklaarde dat hij die profetie had vervuld. In Lucas 4 gaat Jezus naar de Synagoge in zijn geboorteplaats Nazaret en maakt hij die ongelofelijke claim. Lucas schrijft:

> Toen hij [Jezus] opstond om voor te lezen, werd hem de boekrol van de profeet Jesaja overhandigd, en hij rolde hem af tot de plaats waar geschreven staat:
>
> 'De Geest van de Heer rust op mij,
> want hij heeft mij gezalfd.
> Om aan armen het goede nieuws te brengen
> heeft hij mij gezonden,

> om aan gevangenen hun vrijlating bekend te maken
> en aan blinden het herstel van hun zicht,
> om onderdrukten hun vrijheid te geven,
> om een genadejaar van de Heer uit te roepen.'
>
> Hij rolde de boekrol op, gaf hem terug aan de dienaar en ging weer zitten; de ogen van alle aanwezigen in de synagoge waren op hem gericht. Hij zei tegen hen: 'Vandaag hebben jullie deze schrifttekst in vervulling horen gaan' (Luc. 4:14-21).

Wat ging er die dag in vervulling? De eerste komst van de Messias. Jezus las Jesaja 61:1-2, maar hij stopte halverwege om aan te geven dat hij de Messias was die gekomen was om 'aan armen het goede nieuws te brengen', 'aan gevangenen hun vrijlating bekend te maken', 'aan blinden het herstel van hun zicht… te geven' enzovoort. Hij stopte midden in vers 2, omdat de tweede helft van het vers 'een dag van wraak voor onze God' aankondigt, wat verwijst naar Jezus' wederkomst. De Joden in zijn geboorteplaats, die wisten dat Jezus de zoon van Jozef was, wisten ook dat hij de Messias beweerde te zijn. Toen Jezus weer een messiaanse claim maakte, ontstaken de mensen in de synagoge 'in grote woede' en dreven ze hem de stad uit om hem in de afgrond te gooien. Maar Jezus ontkwam door midden tussen hen door te lopen (4:22-30).

Jesaja 61 voorzegt dat de Messias wonderen van genezing zal verrichten en 'aan geketenden hun bevrijding' bekend te maken door de 'Geest van God, de HEER.' Met andere woorden, de Messias zal precies doen wat Jezus deed: een nieuwe openbaring brengen en die bevestigen met wonderen. Aangezien de Messias nieuwe dingen openbaart, moet er natuurlijk iemand zijn die ze optekent. Daarom beloofde Jezus zijn discipelen dat de heilige Geest hun al zijn woorden in herinnering zou brengen en hun de weg zou wijzen naar de 'volle waarheid' (Joh. 14:26, 16:13).

Op zoek naar de canon – Wat betekent dit allemaal voor het Nieuwe Testament? Het betekent dat volgens Jezus het Nieuwe Testament alleen die boeken moet omvatten die geschreven en/of bevestigd zijn door zijn apostelen. Welke boeken zijn dat precies?

Eerst moeten we een veelvoorkomende misvatting uit de weg ruimen over wat we 'de canon' noemen. Het is onjuist om te zeggen dat 'de Kerk' of de vroege kerkvaders *bepaalden* wat er in het Nieuwe Testament zou komen. Zij *bepaalden* niet wat er in het Nieuwe Testament zou komen – zij *ontdekten* wat God in het Nieuwe Testament *wilde* hebben. Bruce Metzger van de Princeton-universiteit bracht het goed onder woorden. Hij zei: 'De canon is meer een lijst van gezaghebbende boeken dan een gezaghebbende lijst van boeken. Deze documenten ontlenen hun gezag niet aan het feit dat ze geselecteerd zijn; ze waren stuk voor stuk al gezaghebbend voordat iemand ze bundelde.'[10] Met andere woorden, de enige boeken die deel zouden moeten uitmaken van het Nieuwe Testament zijn de boeken die God geïnspireerd heeft. Aangezien Jezus gezegd heeft dat zijn apostelen die boeken zouden schrijven, zijn onze enige vragen historisch van aard: 1) Wie waren de apostelen? En 2) Wat hebben zij geschreven?

De vroege kerkvaders kunnen ons helpen bij het beantwoorden van die vragen, want zij stonden veel dichter bij de gebeurtenissen dan wij. Zij hadden geen enkele moeite om het goddelijke karakter van de grote nieuwtestamentische boeken te *ontdekken*. Hoewel er aanvankelijk wat verdeeldheid bestond over een paar van de kleinere boeken (zoals Filemon, 3 Johannes en Jakobus), herkenden de vroege kerkvaders de evangeliën en de grote brieven direct als goddelijk geïnspireerd. Hoe dat kwam? Omdat ze wisten dat de boeken geschreven waren door apostelen (of door mensen die bevestigd waren door apostelen), en die apostelen waren bevestigd door wonderen. Hoe wisten ze dat? Doordat het getuigenis ten aanzien van het auteurschap en de authenticiteit van de nieuwtestamentische boeken ononderbroken is van de apostelen tot de vroege kerkvaders.

Johannes, die ongetwijfeld alle apostelen kende, had een leerling genaamd Polycarpus (69-155 n.Chr.), en Polycarpus had een discipel genaamd Irenaeus (130-202). Polycarpus en Irenaeus halen samen 23 van de 27 nieuwtestamentische boeken aan als waren ze authentiek – en in sommige gevallen zeggen ze expliciet dat ze authentiek zijn.[11] Irenaeus bevestigt uitdrukkelijk het auteurschap van alle vier de evangeliën.[12] Verder weten we dankzij de historicus Eusebius dat Papias (60-120) het auteurschap van Matteüs en Marcus bevestigde. En niemand twijfelt aan het auteurschap van de grote werken van Paulus.

Terwijl de grote werken van het Nieuwe Testament meteen als authentiek werden gezien door deze vroege kerkvaders, werd het merendeel van het Nieuwe Testament voor 200 n.Chr. geaccepteerd, en op het Concilie van Hippo Regius in 393 werd het uiteindelijk in zijn geheel officieel als authentiek erkend. Zie tabel 14.2.[13]

'Waarom duurde het zo lang voordat deze boeken erkend werden?' vraagt de scepticus misschien. Misschien omdat het christendom tot 313 over het algemeen een illegale godsdienst was in het Romeinse Rijk. Het was niet zo dat de vroege kerkvaders een Bijbelconferentie konden beleggen in het plaatselijke Hilton om zich samen over alle documenten te buigen en tot een conclusie te komen. Dikwijls vreesden ze voor hun leven in hun eigen huis! Het belangrijkste is: toen alle documenten eenmaal op tafel lagen, werden alle 27 nieuwtestamentische boeken, en alleen die 27 boeken, als authentiek erkend.

Die 27 boeken vormen de enige authentieke neerslag van het apostolisch onderwijs dat we hebben. Zoals we gezien hebben, zijn die allemaal geschreven in de eerste eeuw door ooggetuigen of door mensen die toegang hadden tot ooggetuigen. Met andere woorden, ze voldoen aan de criteria van Jezus: het zijn boeken die door de apostelen geschreven dan wel bevestigd zijn.[14] Aangezien er geen andere authentieke apostolische geschriften bekend zijn – en aangezien het onwaarschijnlijk is dat God een authentiek werk zo lang onontdekt zou laten – kunnen we er zeker van zijn dat de nieuwtestamentische canon compleet is.

De nieuwtestamentische canon tijdens de eerste vier eeuwen

	Matteüs	Marcus	Lucas	Johannes	Handelingen	Romeinen	1 Korintiërs	2 Korintiërs	Galaten	Efeziërs	Filippenzen	Kolossenzen	1 Tessalonicenzen	2 Tessalonicenzen	1 Timoteüs	2 Timoteüs	Titus	Filemon	Hebreeën	Jakobus	1 Petrus	2 Petrus	1 Johannes	2 Johannes	3 Johannes	Judas	Openbaring
PERSONEN																											
Pseudo-Barnabas (circa 70-130)	X	X	X							X						X	X		X		X	X					
Clemens van Rome (circa 95-97)	X			X		X	O			X					X		X		X	X		X					
Ignatius (circa 110)										X	X	X	X	X				X									
Polycarpus (circa 110-150)	X	X	X	X	X	X	X	X	X	X	X	X	X	X	X						X		X	X			
Hermas (circa 115-140)	X	X			X		X	X			X		X		X	X			X	X	X		X				X
Didachè (circa 120-150)	X		X			X	X						X		X												X
Papias (circa 130-140)				X																							O
Irenaeus (circa 130-202)	O	O	O	O	O	O	O	O	O	O	O	O	O	O	X	X	X		X		O		O	X		X	O
Diognetus (circa 150)								X	X			X					X										
Justinus Martyr (circa 150-155)	X	X	X	O	X	X	X	X	X	X		X	X	X							X						X
Clemens van Alexandrië (circa 150-215)	X	X	X	X	X	O	O	O	O	X	O	O	X	X	O		O		O		O		O			O	O
Tertullianus (circa 150-220)	X	X	X	X	X	X	X	X	X	X	X	X	X	X	X	X	X		X		X		X			X	X
Origenes (circa 185-254)	X	X	X	X	X	X	X	X	X	X	X	X	X	X	X	X	X		?		O	?		?	?		O
Cyrillus van Jeruzalem (circa 315-386)	O	O	O	O	O	O	O	O	O	O	O	O	O	O	O	O	O	O	O	O	O	O	O	O	O	O	
Eusebius (circa 325-340)	O	O	O	O	O	O	O	O	O	O	O	O	O	O	O	O	O	O	O	?	O	?	O	?	?	?	O
Jerome (circa 340-420)	O	O	O	O	O	O	O	O	O	O	O	O	O	O	O	O	O	O	O	O	O	O	O	O	O	O	O
Augustinus (circa 400)	O	O	O	O	O	O	O	O	O	O	O	O	O	O	O	O	O	O	O	O	O	O	O	O	O	O	O
CANONS																											
Marcion (circa 140)			O			O	O	O	O	O	O	O	O	O				O									
Muratori (circa 170)	O	O	O	O	O	O	O	O	O	O	O	O	O	O	O	O	O	O					O	O	O	O	O
Apostolische (circa 300)	O	O	O	O	O	O	O	O	O	O	O	O	O	O	O	O	O	O	O	O	O	O	O	O	O	O	
Cheltenham (circa 360)	O	O	O	O	O	O	O	O	O	O	O	O	O	O	O	O	O	O			O	?	O	?	?		O
Athanasius (367)	O	O	O	O	O	O	O	O	O	O	O	O	O	O	O	O	O	O	O	O	O	O	O	O	O	O	O
VERTALINGEN																											
Diatessaronus van Tatianus (circa 170)	O	O	O	O																							
oud-Latijnse (circa 200)	O	O	O	O	O	O	O	O	O	O	O	O	O	O	O	O	O	O					O	O	O	O	O
oud-Syrische (circa 400)	O	O	O	O	O	O	O	O	O	O	O	O	O	O	O	O	O	O	O	O	O		O				
CONCILIES																											
Nicea (circa 325-340)	O	O	O	O	O	O	O	O	O	O	O	O	O	O	O	O	O	O	O	?	O	?	O	?	?	?	O
Hippo (393)	O	O	O	O	O	O	O	O	O	O	O	O	O	O	O	O	O	O	O	O	O	O	O	O	O	O	O
Carthago (397)	O	O	O	O	O	O	O	O	O	O	O	O	O	O	O	O	O	O	O	O	O	O	O	O	O	O	O
Carthago (419)	O	O	O	O	O	O	O	O	O	O	O	O	O	O	O	O	O	O	O	O	O	O	O	O	O	O	O

X = citaat of verwijzing **O** = als authentiek vermeld **?** = als omstreden vermeld

Tabel 14.2

HOE KAN DE BIJBEL ONFEILBAAR ZIJN?

Als Jezus bevestigde dat het Oude Testament het onfeilbare Woord van God is, dan moet zijn beloofde Nieuwe Testament ook deel uitmaken van het onfeilbare Woord van God. Dat spreekt voor zich. Maar hoe is dat mogelijk? Staan er niet tientallen zo niet honderden fouten in de Bijbel?

Nee. De Bijbel bevat geen fouten, maar er staan zeker *vermeende* fouten of problemen in. Ik (Norman) en een andere professor van het *Southern Evangelical Seminary*, Thomas Howe, hebben een boek geschreven genaamd *When Critics Ask*, waarin we ingaan op ruim 800 problemen die critici hebben aangewezen in de Bijbel (meer over onfeilbaarheid vind je in *Systematic Theology, Volume One*).[15] Hoewel we natuurlijk niet de hele inhoud van die boeken hier kunnen weergeven, zullen we er een paar belangrijke punten uitlichten.

Laten we eerst logisch uiteenzetten waarom de Bijbel geen fouten kan bevatten:

1. God kan geen fouten maken.
2. De Bijbel is het Woord van God.
3. De Bijbel kan dus geen fouten bevatten.

Dit is een geldig syllogisme (een logische redenering): als de eerste twee premissen waar zijn, is de conclusie ook waar. De Bijbel noemt zichzelf het Woord van God, en we hebben de sterke bewijzen daarvoor gezien. De Bijbel vertelt ons ook verschillende keren dat God geen fouten kan maken, en we weten dat ook vanuit de algemene openbaring. De conclusie is dus onontkoombaar: de Bijbel kan geen fouten bevatten. Als de Bijbel zich op enig punt zou vergissen, zou dat betekenen dat God zich vergist heeft. Maar God kan zich niet vergissen.

Dus wat doen we als we een fout in de Bijbel denken te hebben gevonden? Augustinus had het antwoord. 'Als een schijnbare tegenstrijdigheid in de Schrift ons in verwarring brengt', zei hij in zijn wijsheid, 'mogen we niet zeggen: "De auteur van dit boek vergist zich"; maar of het handschrift deugt niet, of de vertaling is verkeerd, of we hebben het niet begrepen.' [16] Met andere woorden, de kans is groter dat *wij* een fout gemaakt hebben dan de Bijbel. In *When Critics Ask* noemen we zeventien fouten die critici vaak maken. Vier van die fouten worden hieronder samengevat:

- **Aannemen dat afwijkende verslagen elkaar tegenspreken** – Zoals we gezien hebben, is er geen sprake van een tegenstrijdigheid als de ene evangelist schrijft dat hij één engel bij het graf zag, terwijl de andere schrijft dat hij er twee zag. Matteüs schrijft niet dat hij er *maar* één zag. En als er twee waren, was er zeker (ten minste) één! Afwijkende verslagen spreken elkaar dus niet per se tegen. Het is vaak juist een teken dat het om echte ooggetuigenverslagen gaat.
- **Geen inzicht in de context van de passage** – Soms denken we misschien dat we een tegenstrijdigheid hebben gevonden in de Bijbel, terwijl we gewoon een passage uit zijn verband hebben gerukt. Een voor de hand liggend voorbeeld is Psalm 14:1b, waar staat: 'Er is geen God.' De juiste context wordt echter duidelijk als je het vers helemaal leest: 'Dwazen denken: Er is geen God.'
- **Aannemen dat de Bijbel alles goedkeurt wat erin beschreven wordt** – Critici noemen de polygamie van Solomo (1 Kon. 11:3) wel als voorbeeld van een tegenstrijdigheid. De Bijbel leert toch monogamie en geen polygamie? Natuurlijk. Maar God keurt zeker niet elke daad goed die is opgetekend in de Bijbel. Satans leugens staan er ook in, maar die keurt God ook niet goed. Gods normen blijken uit wat de Bijbel *openbaart* en niet uit alles wat de Bijbel *weergeeft*. (Zoals we gezien hebben, is dit juist een argument vóór de historiciteit van de Bijbel. Uit het feit dat de Bijbel alle zonden en fouten van de hoofdpersonen weergeeft, kun je afleiden dat het de waarheid moet zijn – niemand zou zo'n negatief verhaal over zichzelf verzinnen.)
- **Vergeten dat de Bijbel een menselijk boek is met menselijke eigenschappen** – Critici trekken nog wel eens de inte-

griteit van de Bijbel in twijfel door een hoger expressieniveau te verwachten dan normaal is voor een menselijk document. Maar dat is niet terecht, want het grootste deel van de Bijbel is niet letterlijk gedicteerd, maar geschreven door menselijke auteurs (een uitzondering vormen de Tien Geboden, die geschreven zijn 'door Gods vinger' [Ex. 31:18]). De schrijvers waren mensen met hun eigen literaire stijl en hun eigen unieke kenmerken. Ze schreven historische verhalen (bijv. Handelingen), poëzie (bijv. Hooglied), gebeden (bijv. veel psalmen), profetie (bijv. Jesaja), persoonlijke brieven (bijv. 1 Timoteüs), theologische verhandelingen (bijv. Romeinen) en andere vormen van literatuur. Deze schrijvers spreken vanuit een *menselijk oogpunt* als ze het hebben over de zon die opkomt of ondergaat (Jozua 1:15). Ze geven ook uiting aan *menselijke denkpatronen*, inclusief vergeetachtigheid (1 Kor. 1:14-16), en *menselijke emoties* (Gal. 4:14). Kortom, aangezien God de stijlen van zo'n veertig auteurs over een periode van bijna 1500 jaar gebruikt heeft om zijn boodschap over te brengen, is het niet juist om te verwachten dat het expressieniveau hoger ligt dan in andere documenten. Maar net als de menselijke natuur van Christus is ook de uitgesproken menselijke natuur van de Bijbel zonder fouten.

BEZWAREN TEGEN ONFEILBAARHEID

Critici zeggen misschien: 'Mensen maken fouten, dus de Bijbel moet fouten bevatten.' Maar opnieuw is het de criticus die fout zit. Het is waar dat mensen fouten maken, maar mensen maken niet *altijd* fouten. Feilbare mensen schrijven voortdurend boeken die geen fouten bevatten. Dus kunnen feilbare mensen die geleid worden door de heilige Geest zeker een boek zonder fouten schrijven.

'Maar redeneer je niet in een cirkel', zou de criticus kunnen vragen, 'als je de Bijbel gebruikt om de Bijbel te bewijzen?' Nee, we redeneren niet in een cirkel, want we beginnen niet bij de aanname dat de Bijbel een geïnspireerd boek is. We beginnen bij verschillende afzonderlijke documenten die historisch betrouwbaar zijn gebleken. Aangezien die documenten duidelijk maken dat Jezus God is, weten we dat zijn onderwijs over het Oude Testament waar moet zijn. Jezus heeft diverse malen gezegd dat het Oude Testament niet alleen het Woord van God is, maar ook onfeilbaar. Hij beloofde ook dat de rest van Gods waarheid ('de volle waarheid') door de heilige Geest aan de apostelen geopenbaard zou worden. De apostelen schreven vervolgens het Nieuwe Testament en bewezen hun gezag door middel van wonderen. Daarom is het Nieuwe Testament, op gezag van Jezus, die God is, eveneens onfeilbaar. Dat is geen cirkelredenering, maar inductief redeneren, bewijzen verzamelen en op basis daarvan een logische conclusie trekken.

Critici kunnen ook zeggen: 'Maar je visie op onfeilbaarheid is niet te falsificeren. Je wilt geen fouten in de Bijbel zien, omdat je op voorhand besloten hebt dat er geen fouten in kunnen zitten!' Het geval wil dat ons standpunt wél falsificeerbaar is, maar dat van de critici niet. We zullen uitleggen wat we bedoelen.

Ten eerste, omdat het gezag van Jezus afdoende vastgesteld is, geven wij de Bijbel redelijkerwijs het voordeel van de twijfel wanneer we bij het lezen van de tekst op een probleem of vraag stuiten. Met andere woorden, als we iets tegenkomen wat we niet kunnen verklaren, gaan wij ervan uit dat niet de eeuwige God, maar wij een fout maken. Het is waarschijnlijker dat Geisler en Turek het niet snappen dan dat de Bijbel ernaast zit.

Dat wil echter niet zeggen dat wij het voor absoluut onmogelijk houden dat de Bijbel fouten bevat. Per slot van rekening is er altijd de mogelijkheid dat onze conclusies ten aanzien van onfeilbaarheid onjuist zijn – want *wij* zijn zeker niet onfeilbaar. Onze conclusie met betrekking tot onfeilbaarheid zou gefalsificeerd worden als iemand een echte fout zou kunnen vinden in een oorspronkelijke boekrol.[17] Maar tot op de dag van vandaag heeft na bijna 2000 jaar zoeken nog nooit iemand zo'n onoverkomelijk probleem gevonden. (Dat is onvoorstelbaar als je bedenkt dat de Bijbel eigenlijk een verzameling geschriften is die geschreven zijn door veertig auteurs over een periode van 1500 jaar. Waar vind je een dergelijke overeenstemming over een scala van onderwerpen onder veertig auteurs die allemaal nu leven, laat staan over een periode van 1500 jaar?)

Ten tweede, al zou de onfeilbaarheid van de Bijbel op een dag gefalsificeerd worden, dan impliceert dat nog geen falsificatie van de kernwaarheden van het christendom. Zoals we gezien hebben, zijn de historische bewijzen dat Jezus diepe waarheden leerde, wonderen deed en stierf en verrees voor een zondige mensheid buitengewoon sterk. Zelfs als de Schrift één of twee fouten blijkt te bevatten, doet dat niets af aan de historische waarheid van het christendom. We zeggen er meteen bij dat we niet denken dat dit ooit zal gebeuren, maar als het gebeurt, zal de waarheid van het christendom nog steeds boven redelijke twijfel verheven zijn.

Is er een ontdekking waardoor we ons geloof in het christendom zouden verliezen? Ja. Als iemand het lichaam van Jezus zou vinden, zou het christendom een leugen blijken en zouden wij het bijltje erbij neergooien. Wat dat betreft, sluiten we ons aan bij Paulus, die zei dat ons christelijke geloof zinloos is als Jezus niet echt uit de dood is opgestaan (1 Kor. 15:14-18).

Dat is het unieke aan het christendom. Anders dan veel andere religieuze wereldbeelden berust het christendom op historische gebeurtenissen en kan het dus bewezen of weerlegd worden door historisch onderzoek. Het probleem voor de sceptici en critici is dat alle historische bewijzen in de richting van de opstanding wijzen. De mensen die destijds in Jeruzalem woonden – en sommigen van hen wilden maar wat graag Jezus' lichaam vinden om het aan iedereen te laten zien – konden zijn lichaam niet vinden en gaven zelfs toe dat zijn graf leeg was. En er is nog steeds niets gevonden. Als na 2000 jaar zoeken niemand de resten van Jezus of echte fouten in de Bijbel kan vinden, is het dan niet zeer wel mogelijk dat ze geen van beide bestaan? Wanneer kun je een vraagstuk als afgesloten beschouwen? Is 2000 jaar niet lang genoeg?

Ten derde, na jaren van voortdurende en zorgvuldige bestudering van de Bijbel kunnen wij slechts concluderen dat mensen die 'een fout gevonden hebben' in de Bijbel niet al te veel weten van de Bijbel. Dat betekent niet dat wij het antwoord hebben op alle problemen in de Schrift, maar het betekent wel dat we onderzoek blijven doen. Wij zijn niet anders dan wetenschappers die niet alle problemen of raadsels in de natuur begrijpen. Zij ontkennen ook niet de integriteit van de natuur omdat ze iets niet kunnen verklaren. Net als een onderzoeker van de natuur blijft een onderzoeker van de Bijbel naar antwoorden zoeken. En al doende wordt de lijst met problemen steeds korter.[18] (En voor degenen onder jullie voor wie de Bijbel toch nog onoverkomelijke problemen bevat: Mark Twain zei ooit dat het niet de delen van de Bijbel waren die hij niet begreep die hem dwarszaten, maar de delen die hij wel begreep!)

Ten slotte, in feite zijn het de critici die een onfalsificeerbaar standpunt innemen. Wat zou hen ervan kunnen overtuigen dat ze het verkeerd zien? Met andere woorden, wat zou hen ervan overtuigen dat Jezus werkelijk uit de dood is opgestaan of dat de Bijbel onfeilbaar is? Misschien moeten ze eens nadenken over de argumenten en bewijzen in dit boek. Helaas zullen veel critici dat niet doen. Ze laten hun verlangen om hun leven in eigen hand te houden niet verstoren door feiten. Immers, als een criticus zou toegeven dat de Bijbel waar is, zou hij ook moeten toegeven dat hij het niet meer alleen voor het zeggen heeft. Dan zou er een Autoriteit in het universum zijn die groter is dan hijzelf, en misschien zou die Autoriteit niet instemmen met het leven dat de criticus wil leiden.

CONCLUSIE EN SAMENVATTING

Jezus leerde dat het Joodse Oude Testament het onfeilbare Woord van God is, en hij beloofde dat de rest van Gods Woord via de apostelen zou komen. De apostelen, die bevestigd werden door wonderen, schreven of bevestigden 27 boeken. Alle grote boeken werden direct erkend als onderdeel van Gods Woord door hen die in contact stonden met de apostelen zelf. En alle 27 boeken werden later als authentiek erkend door de vroege concilies. Met andere woorden, de Bijbel die we nu hebben, is het ware, onfeilbare Woord van God.

Omdat de Bijbel onze maatstaf voor de waarheid is, is alles wat tegen het onderwijs van de Bijbel ingaat verkeerd. Dat wil *niet* zeggen dat er in andere godsdiensten geen waarheid te vinden is. Het betekent alleen dat een specifieke lering die tegen een Bijbelse lering ingaat onjuist is.

Laten we eens kijken welke conclusies we sinds hoofdstuk 1 hebben getrokken:

1. De waarheid over de werkelijkheid is kenbaar.
2. Het tegenovergestelde van waar is onwaar.
3. Het is waar dat de theïstische God bestaat. Dat blijkt uit:
   a. Het begin van het heelal (kosmologisch bewijs)
   b. Het ontwerp van het heelal (teleologisch bewijs/antropisch bewijs)
   c. Het ontwerp van het leven (teleologisch bewijs)
   d. De morele wet (moreel bewijs)
4. Als God bestaat, zijn wonderen mogelijk.
5. Wonderen kunnen dienen om een boodschap van God te bevestigen (dat wil zeggen als daden van God ter bevestiging van een woord van God)
6. Het Nieuwe Testament is historisch betrouwbaar. Dat blijkt uit:
   a. Vroege getuigenissen
   b. Het getuigenis van ooggetuigen
   c. Niet-verzonnen (authentieke) getuigenissen
   d. Ooggetuigen die niet misleid zijn
7. Volgens het Nieuwe Testament beweerde Jezus dat hij God was.
8. Jezus' bewering dat hij God was, werd op wonderbaarlijke wijze bevestigd door:
   a. Zijn vervulling van tal van profetieën aangaande zichzelf
   b. Zijn zondeloze leven en wonderdaden
   c. Zijn voorzegging en volbrenging van zijn opstanding
9. Jezus is dus God.

10. Wat Jezus (die God is) leert, is altijd waar.
11. Jezus leerde dat de Bijbel het Woord van God is.
12. Het is dus waar dat de Bijbel het Woord van God is (en alles wat ertegen ingaat, is dus onwaar).

Laten we teruggaan naar hoofdstuk 8 om te zien wat dit betekent. De bewijzen die we tot hoofdstuk 8 hadden verzameld (punt 1-3 hierboven), brachten ons tot de conclusie dat alle niet-theïstische wereldbeelden en godsdiensten onjuist waren. Daardoor bleven de drie grote theïstische godsdiensten over: het jodendom, het christendom en de islam. Welke van de drie is waar? Op grond van de bewijzen die we gepresenteerd hebben in de hoofdstukken 9-14 (punten 4-12 hierboven) komen we tot dit oordeel:

- De openbaring van het jodendom is waar, maar onvolledig. Wat eraan ontbreekt, is het Nieuwe Testament.
- De openbaring van de islam bevat enige waarheid, maar dwaalt op enkele fundamentele punten; zo ontkent de islam de godheid en opstanding van Christus (Soera 5:75, 4:157-159).
- Alleen de openbaring van het christendom is het volledige, onfeilbare Woord van God.

Is het mogelijk dat we er toch naast zitten? Het zou kunnen. *Maar gezien de bewijzen hebben critici, sceptici en aanhangers van andere geloven heel wat meer geloof nodig dan wij.*

15

CONCLUSIE: DE RECHTER, DE KONING-KNECHT EN HET DEKSEL

'Ten slotte zijn er maar twee soorten mensen: zij die tot God zeggen: "Uw wil geschiede", èn zij tot wie God uiteindelijk zegt: "Uw wil geschiede."'

C.S. LEWIS

DE RECHTER

Een jongeman wordt voorgeleid wegens rijden onder invloed. Als zijn naam wordt omgeroepen, gaat er een schok door de rechtszaal: de beklaagde is de zoon van de rechter! De rechter hoopt dat zijn zoon onschuldig is, maar het bewijs is onweerlegbaar. Hij is schuldig.

Wat moet de rechter doen? Hij staat voor een dilemma tussen recht en liefde. Omdat zijn zoon schuldig is, verdient hij straf. Maar de rechter wil zijn zoon niet straffen omdat hij zoveel van hem houdt.

Met tegenzin velt hij het vonnis: 'Jongen, je moet óf $5000 boete betalen óf naar de gevangenis.'

De zoon kijkt op naar de rechter en zegt: 'Maar pap, ik beloof dat ik me van nu af aan zal gedragen! Ik ga als vrijwilliger in gaarkeukens werken. Ik zal oude mensen bezoeken. Ik zal zelfs een tehuis openen voor mishandelde kinderen. En ik zal nooit meer iets verkeerds doen! Laat me alsjeblieft gaan!'

De rechter vraagt: 'Ben je nog dronken? Dat lukt je nooit allemaal. Maar al zou je het voor elkaar krijgen, dan nog veranderen je toekomstige goede daden niets aan het feit dat je al schuldig bent aan rijden onder invloed.' De rechter weet dat *goede werken geen kwade werken kunnen uitwissen*! Het recht vereist dat zijn zoon gestraft wordt voor wat hij gedaan heeft.

Daarom zegt de rechter opnieuw: 'Het spijt me, jongen. Hoe graag ik je ook zou laten gaan, ik ben gebonden aan de wet. De straf voor dit misdrijf is $5000 of de gevangenis.'

De zoon smeekt: 'Maar papa, je weet dat ik geen $5000 heb. Er moet toch een andere manier zijn om niet naar de gevangenis te hoeven!'

De rechter staat op en doet zijn toga af. Hij komt van zijn verhoogde plaats en daalt af naar het niveau van zijn zoon. Als hij oog in oog met zijn zoon staat, haalt hij $5000 uit zijn zak, die hij zijn zoon aanreikt. De zoon is perplex, maar hij begrijpt dat als hij vrij wil zijn hem maar één ding te doen staat: het geld aannemen. Hij kan niet anders. Goede werken of goede voornemens kunnen hem niet bevrijden. Alleen door het gratis geschenk van zijn vader aan te nemen, kan hij zijn zekere straf ontlopen.

God verkeert in een vergelijkbare situatie: hij staat voor een dilemma tussen zijn rechtvaardigheid en zijn liefde. We hebben allemaal wel eens gezondigd, en Gods oneindige gerechtigheid vereist dat hij die zonde bestraft. Maar vanwege zijn oneindige liefde wil God een manier zoeken om ons niet te hoeven straffen.

Wat is de *enige manier* dat God rechtvaardig kan blijven zonder ons te straffen voor onze zonden? Hij moet een zondeloze plaatsvervanger straffen die vrijwillig onze straf draagt (zondeloos omdat de plaatsvervanger moet boeten voor onze zonden en niet voor zijn eigen, en vrijwillig omdat het onrechtvaardig zou zijn om de plaatsvervanger tegen zijn wil te straffen). Waar kan God een zondeloze plaatsvervanger vinden? Niet in de zondige mensheid, maar alleen in zichzelf. Ja, God *zelf* is de plaatsvervanger. Zoals de rechter van zijn hoge plaats kwam om zijn kind te redden, zo daalde God af uit de hemel om jou en mij te redden van de straf. En we verdienen allemaal straf. Jij en ik ook.

'Maar ik ben een goed mens!' zeg je. Misschien ben je 'goed' in vergelijking met Hitler of zelfs je buurman. Maar Gods maatstaf is niet Hitler of de buurman. Zijn maatstaf is morele volmaaktheid, want zijn onveranderlijke aard is morele volmaaktheid.

Het wijdst verbreide fabeltje op godsdienstig gebied vandaag de dag is dat je in de hemel kunt komen door een 'goed mens' te zijn. Volgens die opvatting maakt het niet uit wat je gelooft, zolang je maar een 'goed mens' bent, doen je goede daden je slechte teniet. Maar dat is een leugen, want een volmaakt rechtvaardige God moet slechte daden bestraffen ongeacht het aantal goede daden dat iemand verricht heeft. Als we eenmaal gezondigd hebben tegen een eeuwig Wezen – en dat hebben we allemaal – verdienen we een eeuwige straf, en daar kan geen goede daad iets aan veranderen.

Jezus kwam om ons een uitweg en eeuwig leven aan te bieden. Het verloren paradijs in Genesis werd het herwonnen paradijs in Openbaring. Dus toen Jezus zei: 'Ik ben de weg, de waarheid en het leven. Niemand kan bij de Vader komen dan door mij' (Joh. 14:6), beweerde hij niet zomaar iets, maar deed hij een uitspraak die de werkelijkheid van het universum weerspiegelt. Jezus is de enige weg, want er is maar één manier waarop God zijn oneindige gerechtigheid kan verzoenen met zijn oneindige liefde (Rom. 3:26). Als er een andere manier was, dan heeft God Christus voor niets laten sterven (Gal. 2:21).

Net als de vader van de dronken jongeman voldoet God aan de eis van zijn gerechtigheid door zichzelf te straffen voor onze zonden en elk van ons die betaling voor te houden. Het enige wat we moeten doen om vrij te worden, is dat geschenk aannemen. Er is echter één probleem: zoals de vader zijn zoon niet kan dwingen zijn geschenk aan te nemen, zo kan God jou ook niet dwingen zijn geschenk aan te nemen. God houdt zoveel van jou dat hij zelfs je beslissing om hem af te wijzen respecteert.

DE KONING-KNECHT

Je kunt Christus afwijzen, omdat hij je vrije wil werkelijk vrij heeft gelaten.[1] De schrijver Philip Yancey heeft een gelijkenis van de christelijke filosoof Søren Kierkegaard bewerkt die duidelijk maakt hoe God ons probeert te redden zonder onze vrijheid te schenden. Het is een gelijkenis van een koning die van een eenvoudig meisje houdt:

> De koning was als geen andere koning. Staatslieden beefden voor zijn macht. Niemand durfde hem tegen te spreken, want hij was bij machte om al zijn tegenstanders te vermorzelen. Toch werd deze koning verteerd door liefde voor een eenvoudig meisje.
> Hoe kon hij haar zijn liefde verklaren? Vreemd genoeg waren zijn handen gebonden juist doordat hij koning was. Als hij haar naar het paleis liet brengen en haar hoofd met sieraden kroonde en haar lichaam in koninklijke gewaden hulde, zou ze zich vast en zeker niet verzetten – niemand durfde zich tegen hem te verzetten. Maar zou ze ook van hem houden?
> Ze zou natuurlijk zeggen dat ze van hem hield, maar zou het echt waar zijn? Of zou ze in angst met hem leven en heimelijk, met pijn in haar hart, terugverlangen naar het leven dat ze had achtergelaten. Zou ze gelukkig zijn aan zijn zij? Hoe kwam hij daar achter?
> Als hij in zijn koninklijke rijtuig naar haar huisje in het bos zou rijden, begeleid door een gewapende escorte met felgekleurde wapperende vlaggen, zou ze ook overdonderd worden. Hij wilde geen van angst ineenkrimpende onderdaan. Hij wilde een gelijkwaardige geliefde. Hij wilde dat ze zou vergeten dat hij een koning was en zij een eenvoudig meisje, en dat de wederzijdse liefde de kloof tussen hen zou overbruggen. 'Want alleen in de liefde kan wat ongelijkwaardig is gelijkwaardig worden', concludeerde Kierkegaard.[2]

Dat is precies het probleem waar God voor staat: als hij ons overdondert met zijn macht kunnen we hem misschien niet in vrijheid liefhebben (liefde en macht zijn vaak elkaars tegenpolen). En als we onze vrijheid behouden, is het mogelijk dat we niet hém liefhebben, maar alleen wat hij ons geeft. Hoe kan God dit probleem oplossen? De koning deed het zo:

> De koning, die ervan overtuigd was dat hij het meisje niet kon verhogen zonder haar vrijheid teniet te doen, besloot *zichzelf te verlagen*. Hij kleedde zich als een bedelaar, en zo, met een wijde versleten mantel om zijn schouders, ging hij incognito naar haar huisje. Het was niet slechts een vermomming, maar een nieuwe identiteit die hij aannam. Hij deed afstand van de troon om haar hand te winnen.[3]

Dat is precies wat God heeft gedaan om jou en mij te winnen! Hij verlaagde zich tot het niveau van de mens – tot een van de allerlaagste maatschappelijke niveaus zelfs: tot dat van een slaaf. Paulus beschrijft het offer van Christus zo in zijn brief aan de Filippenzen (2:5-8):

> Laat onder u de gezindheid heersen die Christus Jezus had.
>
> Hij die de gestalte van God had,
> hield zijn gelijkheid aan God niet vast,
> maar deed er afstand van.
> Hij nam de gestalte aan van een slaaf en
> werd gelijk aan een mens.
> En als mens verschenen,
> heeft hij zich vernederd en
> werd gehoorzaam tot in de dood
> – de dood aan het kruis.

Stel je voor: de Schepper van het universum vernedert zichzelf door naar de aarde te komen om te dienen, te lijden en te sterven onder de handen van zijn eigen schepselen! Waarom zou hij dat doen? Omdat zijn oneindige liefde hem ertoe drijft redding aan te bieden aan hen die naar zijn beeld geschapen zijn. En om ons die redding aan te bieden zonder onze keuzevrijheid teniet te doen, moest hij de gedaante van een menselijke slaaf aannemen.

Het is niet moeilijk te erkennen dat Christus 'de gestalte van een slaaf' aannam om ons te redden van onze zonden, maar hoe zouden we de omvang van zijn lijden kunnen bevatten? Vaak staan we daar niet bij stil. De arts C. Truman Davis schreef een levendige beschrijving van Christus' lijden en kruisiging; het volgende verslag is daar een bewerking van.[4]

HET LIJDEN VAN DE KONING-KNECHT

Aan de zweep die de Romeinse soldaten bij Jezus gebruikten zitten ijzeren balletjes en scherpe stukjes schapenbot. Jezus wordt van zijn kleren ontdaan en met zijn handen aan een opstaande paal gebonden. Zijn rug, billen en benen worden door één soldaat gegeseld of door twee die steeds van plaats wisselen. De soldaten beschimpen hun slachtoffer. Terwijl ze Jezus uit alle macht op zijn rug slaan, veroorzaken de ijzeren balletjes diepe kneuzingen en snijden de schapenbotjes diep in de huid en weefsels. Het lichaam wordt steeds dieper opengereten, tot in de onderliggende skeletspieren, totdat de huid in trillende repen bloedend vlees aan het lichaam hangt. De pijn en het bloedverlies leiden tot een shocktoestand.

Pas als de leidinggevende centurion vaststelt dat Jezus bijna dood is, wordt de geseling gestaakt. Vervolgens wordt Jezus, die dan half bewusteloos is, losgemaakt, zodat hij nat van zijn eigen bloed in elkaar zakt op de stenen tegels. De Romeinse soldaten vinden het erg vermakelijk dat deze Jood van het platteland zichzelf een koning noemt. Ze gooien een mantel over zijn schouders en drukken hem een stok in de hand die zijn scepter moet voorstellen. Ze moeten nog een kroon hebben om de karikatuur compleet te maken. Van een bundeltje buigzame takken met lange doornen vlechten ze een kroon die ze op zijn hoofd drukken. Opnieuw stroomt het bloed overvloedig (onder de huid van de kruin zitten heel veel bloedvaten). Na bespotting en slagen in het gezicht nemen de soldaten de stok uit zijn hand en slaan hem ermee op het hoofd, waardoor de doornen nog dieper indringen.

Ten slotte hebben ze genoeg van hun wrede spel en scheuren ze de mantel van zijn rug. Deze zit vastgeplakt aan de bloedstolsels en het wondvocht, en de ruwe verwijdering veroorzaakt zo'n vreselijke pijn – te vergelijken met het onvoorzichtig lostrekken van een wondverband – dat het lijkt alsof hij weer gegeseld wordt. De wonden beginnen weer te bloeden. Uit respect voor de Joodse gebruiken geven de Romeinen hem zijn kleren terug. De zware dwarsbalk van het kruis wordt op zijn schouders gebonden, en een stoet bestaande uit de veroordeelde Christus, twee dieven en een detachement Romeinse soldaten loopt over de Via Dolorosa. Ondanks pogingen om rechtop te lopen, wordt het gewicht van de zware houten balk, in combinatie met de shock door het enorme bloedverlies, hem te veel. Hij struikelt en valt. Het ruwe hout drukt zich in de verscheurde huid en spieren van de schouders. Hij probeert op te staan, maar zijn spieren zijn al te zwaar beproefd. De centurion wil opschieten met de kruisiging en haalt een stevig gebouwde Noord-Afrikaan, Simon van Cyrene, uit de toekijkende menigte en laat hem de kruisbalk dragen. Jezus volgt, nog steeds bloedend en bezweet van het klamme zweet van de shock.

Uiteindelijk is de zeshonderd meter van de vesting Antonia naar Golgotha afgelegd. Jezus wordt opnieuw van zijn kleren ontdaan, met uitzondering van een lendendoekje dat de Joden mogen aanhouden. De kruisiging begint. Jezus krijgt wijn vermengd met mirre, een licht pijnstillende drank, aangeboden, maar hij weigert ervan te drinken. Simon krijgt bevel om de dwarsbalk op de grond te leggen, en Jezus wordt snel achterovergegooid met zijn schouders tegen het hout. De legionair voelt naar het kuiltje aan de voorzijde van de pols. Hij slaat een zware vierkante smeedijzeren spijker door de pols en diep in het hout. Snel gaat hij naar de andere kant en herhaalt de handeling, waarbij hij de armen niet te strak spant, zodat ze nog enige beweegruimte hebben. De dwarsbalk wordt omhooggehesen en de titel 'Jezus van Nazaret, koning der Joden' wordt op zijn plaats gespijkerd.

Het slachtoffer Jezus is nu gekruisigd. Terwijl hij langzaam omlaagzakt en er meer gewicht op de spijkers in de polsen komt te rusten, schiet er een ondraaglijke, brandende pijn door de vingers en de armen die als het ware explodeert in de hersenen – de spijkers in de polsen drukken op de mediaanzenuwen in de armen. Om deze pijn door uitrekken te vermijden, drukt hij zich omhoog en zet zijn volle gewicht op de spijker in zijn voeten. Dit geeft weer een intense pijn doordat de spijker de zenuwen tussen de middenvoetsbeentjes scheurt. Er treedt nu ook een ander fenomeen op. Doordat de armen vermoeid raken, worden de spieren geplaagd door grote krampaanvallen die een intense, onophoudelijke, kloppende pijn veroorzaken. Door de spierkrampen kan hij zich niet meer omhoogdrukken. Hij hangt aan zijn armen, de borstspieren zijn verlamd en de tussenribspieren werken ook niet meer. Hij kan wel inademen, maar niet meer uitademen. Jezus spant zich tot het uiterste in om zich omhoog te drukken, al is het maar voor een korte ademteug. Ten slotte blijft er zoveel kooldioxide in de longen en het bloed achter dat de spierkrampen iets minder worden. Hij is dan in staat om zich op een spastische manier omhoog te drukken, zodat hij kan uitademen en wat zuurstof in zijn longen kan laten lopen. In deze ademperioden doet hij ongetwijfeld de zeven korte uitspraken die zijn opgetekend.

Nu beginnen uren van grenzeloze pijn, telkens terugkerende krampen, gedeeltelijke verstikking en pijnscheuten door het op en neer schuren van zijn kapotte rug tegen het ruwe hout. Dan begint een andere kwelling. Een diepe pijn op borst, alsof hij wordt verpletterd, doordat het hartzakje zich langzaam met serum vult en het hart in elkaar drukt. Het is nu bijna afgelopen – het verlies van vloeistof uit de weefsels is kritiek geworden, het samengedrukte hart probeert uit alle macht nog het dikke, stroperige bloed door het lichaam te pompen, de gepijnigde longen doen verwoede pogingen om kleine beetjes lucht op te zuigen. De ernstig uitgedroogde weefsels sturen hun prikkels naar de hersenen. Zijn verzoeningswerk is volbracht. Hij kan nu eindelijk zijn lichaam laten sterven. Met een laatste krachtsinspanning drukt hij zijn uitgescheurde voeten opnieuw tegen de spijker, strekt zijn benen, haalt zo veel mogelijk adem en doet zijn zevende en laatste uitroep: 'Vader, in uw handen leg ik mijn geest.'

Jezus heeft dat allemaal ondergaan, zodat jij en ik met hem verzoend konden worden, zodat jij en ik van onze zonden gered konden worden door te zeggen: *Vader, in uw handen leg ik mijn geest.*

HET DEKSEL VAN DE PUZZELDOOS

We begonnen dit boek met het zoeken naar het 'deksel' van de puzzel van het leven. Als we dat deksel konden vinden, zeiden we, dan zouden we de vijf grootste vragen in het leven van ieder mens kunnen beantwoorden. We weten nu met een zekerheid die boven redelijke twijfel verheven is dat de Bijbel het deksel is, dus de antwoorden op die vragen zijn:

1. **Oorsprong: waar komen we vandaan?** Wij zijn geschapen wezens, op wonderbaarlijke wijze gemaakt naar het beeld en de gelijkenis van God (Gen. 1:27; Ps. 139:14).
2. **Identiteit: wie zijn we?** Omdat we naar het beeld en de gelijkenis van God zijn gemaakt, zijn we buitengewoon kostbaar. God houdt van ons en heeft ons begiftigd met bepaalde rechten en verantwoordelijkheden (Joh. 3:16-18; 1:12; Gal. 4:5).
3. **Zin: waarom zijn we hier?** Adam en Eva werden geschapen in een toestand van onschuld, maar hun keuze om ongehoorzaam te zijn veroordeelde het menselijk ras tot een straf die overeenstemt met Gods oneindige gerechtigheid (Gen. 3:6-19). Sindsdien heeft ieder van ons door zijn eigen ongehoorzaamheid de keuze van Adam en Eva bevestigd (Rom. 3:10-12; 5:12). We blijven in deze gevallen staat, zodat we vrije keuzes kunnen maken met eeuwige gevolgen. In dit tijdelijke leven maken we keuzes voor het eeuwige leven. Keuzes die God eer brengen (Jes. 43:7; Joh. 15:8) en waardoor wij eeuwige zegeningen ontvangen, zijn:
    a. *aanvaarding* van het losgeld dat Jezus betaalde om ons vrij te kopen van de eeuwige straf en ons te verwelkomen in zijn eeuwige tegenwoordigheid (Marc. 10:45; 1 Tim. 2:6; Hebr. 9:15; Luc. 16:9; Joh. 14:2)

b. *dienstbaar zijn* als ambassadeurs van Christus om anderen te helpen diezelfde keuze te maken (2 Kor. 5:17-21; Matt. 28:19)

c. *leren* van ons eigen lijden om anderen die lijden te troosten (2 Kor. 1:3-4), en beseffen dat ons lijden ons beter in staat stelt om van de eeuwigheid te genieten (2 Kor. 4:15-5:1; 2 Petr. 1:5-11)

4. **Moraal: hoe moeten we leven?** Omdat God ons eerst liefhad, moeten wij hem en anderen liefhebben (Rom. 5:8; 1 Joh. 4:19-21). Sterker nog, het is de taak van ieder mens om ontzag te hebben voor God en zijn geboden na te leven (Prediker 12:13-14). Dat houdt onder andere in dat we alle volken tot zijn leerlingen maken (Matt. 28:19) en genieten van het goede dat God ons geeft (1 Tim. 6:17).
5. **Bestemming: waar gaan we naartoe?** Gods oneindige gerechtigheid eist dat hij onze zonden straft, maar vanwege zijn oneindige liefde heeft hij zelf de straf op zich genomen (Jes. 53:4, 10, 12; Rom. 3:26; 2 Kor. 5:21; 1 Petr. 2:24). Dit is de enige manier waarop hij toch zondaars kon rechtvaardigen zonder onrechtvaardig te zijn (Joh. 14:6; Rom. 3:26). De redding van de eeuwige straf is een gratis geschenk voor ieder mens op aarde (Joh. 3:16; Ef. 2:8-9; Op. 22:17). Je kunt het niet verdienen door goede werken of door enige verdienste. En God wil dat iedereen wordt gered van de eeuwige straf die we allemaal verdienen (1 Tim. 2:4; 2 Petr. 3:9). Maar omdat hij ons niet kan dwingen hem lief te hebben (liefde en dwang sluiten elkaar uit), moeten we allemaal zelf een persoonlijke keuze maken wie we zullen dienen (Jozua 24:14; Joh. 3:18).

JOUW BESTEMMING

Wie wil je dienen? God laat die keuze aan jou. De liefde kan niet anders. Uit respect voor jouw vrije keuze heeft God ervoor gezorgd dat de bewijzen voor het christendom overtuigend maar niet overweldigend zijn. Als je de bewijzen die overal om je heen zijn (Rom. 1:18-20) – inclusief wat je in dit boek hebt gelezen – wilt wegdrukken of negeren, ben je daar vrij in. Maar dat zou een wilsbesluit zijn en geen rationele beslissing. *Je kunt Christus verwerpen, maar je kunt in alle eerlijkheid niet zeggen dat er niet genoeg bewijs is om in hem te geloven.*

C.S. Lewis bracht het het best onder woorden toen hij schreef: 'Ten slotte zijn er maar twee soorten mensen: zij die tot God zeggen: "Uw wil geschiede", èn zij tot wie God eindelijk zegt: "Uw wil geschiede". Allen die in de hel zijn, hebben dat zelf gekozen. Zonder die eigen keus zou er geen hel kunnen zijn. Geen ziel die oprecht en standvastig de vreugde begeert, zal haar ontberen. Wie zoekt, die vindt. Wie klopt, die wordt opengedaan.'[5]

De deur wordt opengehouden door Jezus Christus. Hoe je erdoorheen kunt gaan? Paulus schrijft: 'Als uw mond belijdt dat Jezus de Heer is en uw hart gelooft dat God hem uit de dood heeft opgewekt, zult u worden gered. Als uw hart gelooft, zult u rechtvaardig worden verklaard; als uw mond belijdt, zult u worden gered' (Rom. 10:9-10).

Je zegt: 'Ik geloof dat Jezus uit de dood is opgestaan.' Goed. Maar is het niet voldoende om alleen te geloven *dat* Jezus uit de dood is opgestaan. Je moet je vertrouwen op hem stellen. Je kunt geloven *dat* iemand een prima echtgenoot of echtgenote zou zijn, maar dat is niet voldoende om diegene tot je man of vrouw te maken. Je moet niet alleen je verstand gebruiken, maar ook een wilsbesluit nemen – je moet je vertrouwen op diegene stellen door te zeggen: 'Ik wil.' Het zelfde geldt voor je relatie met God. Hem vertrouwen is niet alleen een verstandelijke keuze, maar ook een keuze van het hart. Iemand zei eens: 'De afstand tussen hemel en hel is ongeveer 45 cm – de afstand tussen hoofd en hart.'

Wat gebeurt er als je de vrije keuze maakt om *niet* door de deur te gaan die Jezus voor je openhoudt? Jezus zegt dat je veroordeeld blijft: 'God heeft zijn Zoon niet naar de wereld gestuurd om een oordeel over haar te vellen, maar om de wereld door hem te redden. Over wie in hem gelooft wordt geen oordeel uitgesproken, *maar wie niet in hem gelooft is al veroordeeld*, omdat hij niet wilde geloven in de naam van Gods enige Zoon.' (Joh. 3:18). Met andere woorden, dan blijf je veroordeeld en voor eeuwig gescheiden van God. God zal je keuze respecteren door tegen je te zeggen: '*Uw* wil geschiede.'

Je zegt: 'God stuurt niemand naar de hel!' Je hebt gelijk. Als je Christus verwerpt, stuur je jezelf erheen.

Je zegt: 'God vernietigt gewoon degenen die niet geloven.' Nee, dat is niet zo. De hel is echt. Jezus sprak zelfs meer over de hel dan over de hemel. God zal ongelovigen niet vernietigen, want hij vernietigt geen wezens die naar zijn eigen beeld geschapen zijn. Dat zou een aanval betekenen op zichzelf. (Wat zou jij vinden van een aardse vader die zijn zoon doodmaakt omdat die niet wilde doen wat zijn vader wilde?) God is te liefhebbend om hen te vernietigen die niet in zijn tegenwoordigheid willen zijn. Hij heeft geen andere keuze dan hen die hem verwerpen in quarantaine te plaatsen. Dat is de functie van de hel: het kwaad, dat besmettelijk is, wordt in quarantaine gehouden.

Je zegt: 'God zal alle mensen redden!' Hoe dan? Tegen hun wil in? Sommige mensen willen liever ten onder gaan dan veranderen. Ze blijven liever rebelleren dan dat ze zich bekeren. Dan zegt God: 'Jij je zin. Je mag blijven rebelleren, maar dan word je wel in quarantaine geplaatst zodat je de rest van mijn schepping niet kunt aansteken.' Het zou van Gods kant ook niet van liefde getuigen om mensen voor wie het al een beproeving is om hem 's zondags een uur te prijzen naar een plek te sturen waar ze hem tot in eeuwigheid zullen prijzen. Dat zou een 'hel' voor hen zijn!

Je zegt: 'Ik kan niet geloven dat er maar één weg naar God is.' Waarom niet? Heb je meer dan één ingang nodig om een gebouw binnen te kunnen gaan? Zeg je dat ook tegen moslims als ze beweren dat de islam de enige weg is? En hindoes? Volgens hen is reïncarnatie de enige weg tot verlossing. We hebben filosofisch en vanuit de Bijbel aangetoond dat Jezus de enige is die oneindige gerechtigheid met oneindige liefde kan verzoenen. Als dat niet waar is, heeft God Jezus voor niets een wrede dood laten sterven.

Je zegt: 'Maar hoe zit het dan met mensen die nog nooit van Jezus hebben gehoord?' Wat heeft dat met *jouw* beslissing te maken? Jij hebt *wel* van hem gehoord!

'Ik kan gewoon niet geloven in een God die mensen foltert in de hel alleen maar omdat ze nooit van Jezus hebben gehoord.' Wie zegt dat God dat doet? Ten eerste foltert God niemand. De hel is geen plek waar gefolterd wordt, maar waar mensen van binnenuit *gekweld* worden (Luc. 16:23, 28). Het is zeker niet zo dat de mensen in de hel daar willen zijn, maar ten diepste kiezen ze ervoor. De hel is een verschrikkelijke plek, maar de deuren zitten *van binnenuit* op slot. Ten tweede is het mogelijk dat mensen voor de hel kiezen of ze nu van Jezus gehoord hebben of niet. Iedereen heeft weet van God vanwege de sterrenhemel en de morele wet in de mens (Rom. 1:18-20, 2:14-15). Wie die natuurlijke openbaring verwerpt, zal ook Jezus verwerpen. Maar wie God werkelijk zoeken, zullen beloond worden (Hebr. 11:6). Omdat God wil dat iedereen gered wordt (nog meer dan jij het wilt – 2 Petr. 3:9), zal hij ervoor zorgen dat zoekers de informatie krijgen die ze nodig hebben. En omdat God rechtvaardig is (Gen. 18:25, Ps. 9:8, Rom. 3:26), zal er niemand naar de hel gaan die eigenlijk naar de hemel moest, en andersom. 'Maar intussen is er', aldus C.S. Lewis, 'als je bezorgd bent over de mensen die buiten staan, niets zo onredelijk als zelf buiten blijven. Christenen zijn het lichaam van Christus, het organisme waardoorheen Hij werkt. Iedere aanvulling op dit lichaam stelt Hem tot meer in staat. Wil je de buitenstaanders helpen, dan moet je je eigen celletje toevoegen aan het lichaam van Christus, de enige die hen helpen kan. Het zou vreemd zijn als je iemand de vingers afsnijdt om hem meer werk te laten doen.'[6]

Je zegt: 'Jullie christenen willen mensen alleen maar bang maken met de hel!' Nee, we willen alleen maar dat mensen de waarheid kennen. Als die waarheid hun angst aanjaagt, is dat misschien wel goed. Wij vinden het ook niet leuk wat de Bijbel over de hel zegt. We zouden willen dat het niet waar was. Maar Jezus, die God is, sprak er uitdrukkelijk over, en met reden. Kennelijk is de hel noodzakelijk. Zonder een hel zou al het onrecht in deze wereld nooit rechtgezet worden, zou de vrije keuze van de mens niet gerespecteerd worden en zou het hogere doel van een verlossing nooit bereikt kunnen worden. Zonder een hemel om naar te streven en een hel om te schuwen heeft niets in dit universum uiteindelijk betekenis: je keuzes, je plezier, je lijden, jouw leven en dat van je dierbaren, het is allemaal zinloos. Wij zwoegen voort door dit leven zonder uiteindelijk doel, en Christus is tevergeefs gestorven. Zonder hemel en hel is dit onvoorstelbaar knap ontworpen universum een weg die nergens heen leidt.

'Nou en?' zegt de atheïst. 'Misschien is dit universum inderdaad een weg die nergens heen leidt. Het leven heeft niet automatisch zin omdat je wilt dat het zin heeft.' Dat is zo. Maar wij *willen* niet alleen dat het leven zin heeft, we hebben er ook *bewijzen* voor dat het zin heeft.[7]

We eindigen met het beste nieuws dat maar denkbaar is. Jouw keuzes doen ertoe. Jouw leven heeft wel degelijk zin. En dankzij Christus hoeft niemand de hel te ervaren. Ieder mens kan zijn gratis geschenk van eeuwige redding aanvaarden. Je hoeft er niets voor te doen. Heb je er enig geloof voor nodig? Ja, maar dat geldt voor elke keuze – zelfs de keuze om Christus te verwerpen. Omdat de waarheid van de Bijbel boven redelijke twijfel verheven is, is het aanvaarden van Christus de keuze die het *minste* geloof vergt. De keuze is aan jou. Heb jij genoeg geloof om iets anders te geloven?

Je zegt: 'Ik heb nog steeds twijfels en vragen.' Nou en? Wij ook. Iedereen heeft twijfels en vragen. En wat is daar mis mee? Als beperkte wezens moeten we niet verwachten dat we een oneindige God precies kunnen narekenen of kunnen bevatten hoe hij te werk gaat. Paulus deed dat in elk geval niet (Rom. 11:33-36), en veel oudtestamentische schrijvers uitten twijfels en plaatsten zelfs vraagtekens bij Gods handelen.[8] Maar aangezien we beperkte wezens zijn die keuzes moeten maken op grond van waarschijnlijkheid, moeten we ons bij het wegen van de bewijzen op een gegeven moment realiseren dat de weegschaal naar de ene of de andere kant doorslaat. We zullen nooit antwoord op *alle* vragen hebben. Maar in de loop van dit boek hebben we gezien dat er meer dan genoeg antwoorden zijn om God het voordeel van onze twijfel te geven.

Tot slot: heb je ooit overwogen om vraagtekens te plaatsen bij je twijfels? Stel jezelf deze vraag: ‘Is het redelijk om in het licht van alle bewijzen te betwijfelen dat het christendom waar is?’ Waarschijnlijk niet. Sterker nog, *in het licht van alle bewijzen zou je veel meer twijfels moeten hebben over het atheïsme en alle andere niet-christelijk geloofssystemen*. Die zijn niet redelijk, het christendom wel. Begin dus te twijfelen aan je twijfels en aanvaard Jezus. *Het vergt te veel geloof om iets anders te geloven!*

Bijlage 1:

ALS GOD BESTAAT, WAAROM IS ER DAN KWAAD?

Atheïst: Als er echt een algoede, almachtige, theïstische God bestaat, waarom laat hij het kwaad dan toe?

Christen: Hoe weet je wat kwaad is, tenzij je weet wat goed is? En hoe weet je wat goed is, tenzij er een objectieve maatstaf voor het goede buiten jezelf is?

Atheïst: Draai niet om de vraag heen.

Christen: Ik draai niet om de vraag heen. Ik laat alleen zien dat jouw klacht veronderstelt dat God bestaat. Het bestaan van het kwaad bewijst ook niet dat God niet bestaat. Het bewijst misschien dat er een duivel is, maar het bewijst niet dat er geen God is.

Atheïst: Interessante zet, maar ik ben nog niet overtuigd.

Christen: Je bent misschien niet overtuigd, maar je klacht veronderstelt toch dat God bestaat.

Atheïst: Stel dat ik aanneem dat God bestaat. Wil je dan mijn vraag beantwoorden?

Christen: Natuurlijk. Ik ben blij dat je vooruitgang boekt.

Atheïst: Ik zeg 'stel'! Goed dan, waarom stopt jouw zogenaamd 'almachtige' God het kwaad niet?

Christen: Wil je echt dat hij dat doet?

Atheïst: Natuurlijk!

Christen: Stel dat hij bij jou begint.

Atheïst: Even serieus.

Christen: Nee, ik meen het. We zeggen altijd dat God het kwaad moet stoppen, maar we vergeten dat hij ons dan ook zou moeten stoppen. We doen allemaal kwaad.

Atheïst: Kom nou! We hebben het niet over die kleine zondetjes van jou en mij – we hebben het over het echte kwaad, zoals wat Hitler deed!

Christen: Ik heb het niet over de gradaties van kwaad, maar over de bron van het kwaad. De bron van het kwaad is onze vrije wil. Als God het kwaad zou wegdoen, zou hij ook de vrije wil moeten afschaffen. En als hij onze vrije wil zou afschaffen, zouden wij niet meer in staat zijn om lief te hebben of goed te doen. Dan zou dit geen morele wereld meer zijn.

Atheïst: Maar niet al het kwaad heeft te maken met vrije wil. Waarom gaan er baby's dood? Waarom gebeuren er natuurrampen?

Christen: Volgens de Bijbel begon het allemaal met de zondeval. Niemand is werkelijk onschuldig, want we hebben allemaal gezondigd in Adam (Rom. 5:12) en verdienen daarom de dood (Rom. 6:23). Natuurrampen en het voortijdig overlijden van mensen zijn een direct gevolg van de vloek op de schepping vanwege de val van de mensheid (Genesis 3, Romeinen 8). Deze gevallen wereld wordt pas hersteld als Christus terugkomt (Openbaring 21-22). Daarom is niemand verzekerd van een probleemloos leven of een lang leven van zeventig jaar of meer.

Atheïst: Dat is ook gemakkelijk, zeg – gewoon het stof van de Bijbel kloppen en mededelen dat God uiteindelijk alles goed maakt! Ik ben niet geïnteresseerd in de toekomst. Ik wil dat er nu een einde komt aan alle pijn en lijden! Waarom maakt God er geen einde aan?

Christen: Dat gaat hij ook doen, maar niet op jouw tijd. Dat God *tot nu toe* geen einde heeft gemaakt aan het kwaad betekent nog niet dat hij er nooit een einde aan zal maken.

Atheïst: Maar waarom komt Christus niet nu direct terug om een eind te maken aan al deze pijn? De totaalsom van alle menselijke pijn is enorm!

Christen: Ten eerste ervaart niemand de 'totaalsom van alle menselijke pijn'. Als het in Manhattan 27 graden is, in Brooklyn 30 en in Queens 27, ervaart iedere New-Yorker dan een warmte van 84 graden?

Atheïst: Nee.

Christen: Inderdaad. Iedereen ervaart zijn eigen pijn.

Atheïst: Maar dan weet ik nog steeds niet waarom God er nu niet meteen een einde aan maakt. Waar wacht hij op?

Christen: Als God het wilde, zou hij nu meteen een einde aan het kwaad kunnen maken. Maar zou het kunnen dat God misschien andere doelen heeft die hij wil bereiken terwijl het kwaad bestaat?

Atheïst: Wat voor doelen?

Christen: Om te beginnen zou hij willen dat meer mensen voor de hemel kiezen, voordat hij het doek laat vallen voor deze wereld. Paulus schrijft dat Jezus terugkomt als 'de volheid der heidenen' tot geloof is gekomen (Rom. 11:25, NBG 1951).

Atheïst: En terwijl God wacht totdat 'de volheid der heidenen' tot geloof is gekomen, wordt er geleden door mensen!

Christen: Ja, dat klopt. En dat betekent dat christenen een taak hebben. Het is ons voorrecht om hen te helpen die lijden. Wij zijn de ambassadeurs van Christus hier op aarde.

Atheïst: Dat is mooi, maar als ik zou lijden, zou ik liever door *God* geholpen willen worden dan door jou!

Christen: Als God ervoor zorgde dat we nooit pijn zouden lijden als we in de problemen kwamen, zouden we de meest roekeloze, egocentrische wezens in het universum worden. En dan zouden we nooit leren van het lijden.

Atheïst: Leren van het lijden! Waar heb je het over?

Christen: Ah, daarmee snijd je een ander punt aan waarom God niet nu meteen een einde aan het kwaad maakt.

Kun jij mij één les van blijvende waarde noemen die je geleerd hebt van genot?

Atheïst: Even denken, hoor.

Christen: Je kunt denken tot je een ons weegt, maar ik betwijfel of het veel zou opleveren. Als je erover nadenkt, zul je ontdekken dat vrijwel elke waardevolle les die je geleerd hebt voortkwam uit tegenspoed. In de meeste gevallen is tegenspoed een leermeester en voorspoed een misleider. Je leert niet alleen van lijden, maar het is ook zo'n beetje de enige manier om deugden te kweken.

Atheïst: Wat bedoel je?

Christen: Je kunt geen moed kweken als er geen gevaar is. Je kunt geen volharding kweken als je geen obstakels op je weg vindt. Je leert niet hoe je moet dienen als er niemand is om te dienen. En je barmhartigheid zou nooit gewekt worden als er nooit iemand pijn leed of in nood verkeerde. Het is zoals ze in de sportwereld zeggen: '*No pain, no gain.*'

Atheïst: Maar ik zou al die deugden niet nodig hebben als God het kwaad gewoon nu meteen in quarantaine zou plaatsen!

Christen: Maar aangezien God goede redenen heeft om het kwaad niet nu meteen in quarantaine te plaatsen, moet jij deugden kweken voor dit leven en het leven hierna. Deze aarde is geen comfortabele woonplek, maar wel een uitstekende oefenschool voor het hiernamaals.

Atheïst: Jullie christenen beginnen altijd over het hiernamaals. Jullie zijn zo op de hemel gericht dat je amper ziet waar je loopt!

Christen: We zijn misschien op de hemel gericht, maar we weten dat wat we hier op aarde doen van belang is voor de eeuwigheid. Dankzij de deugden die een gelovige door lijden heen ontwikkelt, kan hij beter van de eeuwigheid genieten. Paulus zegt: 'De geringe last die we tijdelijk te dragen hebben, brengt ons een eeuwige luister, die alles omvat en alles overtreft' (2 Kor. 4:17, vgl. Rom. 8:18).

Atheïst: Hoe kan tegenspoed hier op aarde me helpen om meer te genieten op een plek waar toch geen pijn zal zijn?

Christen: Jij houdt toch van American Football?

Atheïst: Ik zie wel eens een wedstrijd.

Christen: Hoe voelt elke speler van het team dat de Super Bowl wint zich na de wedstrijd?

Atheïst: Geweldig, natuurlijk!

Christen: Geniet de aanvoerder van het winnende team – die ook tot meest waardevolle speler is gekozen – meer van de overwinning dan de reservequarterback die het hele jaar niet gescoord heeft?

Atheïst: Ik denk van wel.

Christen: Ik denk het ook. De reservequarterback is blij dat hij deel uitmaakt van het winnende team, maar voor de aanvoerder die tot meest waardevolle speler was gekozen is de overwinning veel zoeter omdat hij heeft bijgedragen tot de winst en er het hele jaar met volharding naartoe heeft gewerkt. Door te volharden onder de ontberingen en pijn van het spelen vergrootte hij zijn vermogen om van de overwinning te genieten, die nog zoeter werd omdat hij tot meest waardevolle speler was gekozen.

Atheïst: Wat heeft football met de hemel te maken?

Christen: De hemel zal als de kleedkamer van het winnende team zijn (maar zonder de zweetlucht!). We zullen daar allemaal gelukkig zijn, maar sommigen zullen beter in staat zijn om ervan te genieten en zullen meer beloning ontvangen dan anderen. Immers, Gods rechtvaardigheid verlangt dat er in de hemel gradaties van beloning zullen zijn, net zoals er in de hel gradaties van straf zullen zijn.

Atheïst: Dus volgens jou is het leven als een Super Bowl?

Christen: Tot op zekere hoogte wel, ja. Net als een Super Bowl kent het leven regels, een scheidsrechter en een beloning. Maar het leven kent geen toeschouwers – iedereen doet mee aan de wedstrijd – en we weten al wie er gaat winnen. Christus gaat winnen, en iedereen kan, ongeacht zijn vaardigheid, een winnaar worden door eenvoudig lid te worden van het team. Hoewel iedereen in het team van de triomftocht zal genieten, zullen sommigen het nog meer kunnen waarderen vanwege de pijn en moeite die ze tijdens de wedstrijd hebben ervaren en vanwege de beloning die ze ontvangen omdat ze goed gespeeld hebben. Met andere woorden, hoe intenser de strijd, hoe groter de voldoening na de overwinning.

Atheïst: Dus volgens jou dient het kwaad een doel dat gevolgen heeft voor de eeuwigheid.

Christen: Ja.

Atheïst: Waarom moet je steeds alles in het licht van de eeuwigheid plaatsen?

Christen: Omdat we allemaal veel langer dood zullen zijn dan dat we leven! Bovendien leert de Bijbel dat we bedacht moeten zijn op het eeuwige, en het leven heeft alleen zin in het licht van de eeuwigheid. Zonder eeuwigheid heeft niets uiteindelijk zin, of het nou om pijn gaat of genot.

Atheïst: Stel dat er geen eeuwigheid is. Stel dat we gewoon leven en sterven en dat is dan dat.

Christen: Dat zou kunnen, maar *ik heb niet genoeg geloof om het te geloven*.

Atheïst: Waarom niet?

Christen: Heb je dit boek niet gelezen?

Atheïst: Nee, ik ben meteen naar deze bijlage geskipt.

Christen: Dat is typerend voor jou, hè? Je wilt de wedstrijd niet spelen; je wilt alleen de einduitslag weten.

Atheïst: Ik lijd denk ik aan die typisch Amerikaanse ziekte dat ik onmiddellijke bevrediging van mijn behoeften wil.

Christen: Dat is waarschijnlijk de reden waarom de waarde van het lijden moeilijk tot je doordringt, en je moeite hebt met het principe van *'no pain, no gain!'*

Atheïst: Je hebt gelijk, het is te pijnlijk om dit boek te lezen. Het is te dik.

Christen: Het had dunner kunnen zijn als we niet al die dwaze argumenten hoefden te behandelen die jullie atheisten verzinnen. Trouwens, jij hebt tijd om te lezen. Zondagochtend heb je in ieder geval vrij.

Atheïst: Ik kan wel leukere dingen bedenken om te doen op zondagochtend.

Christen: Ik weet dat dit boek misschien pijnlijk is om te lezen, maar het is nog pijnlijker om de conclusie van het boek te verwerpen. Je moet het hele boek van begin tot eind lezen als je de volledige bewijsvoering voor het christendom wilt kennen. Het betoog is logisch opgebouwd. Elk hoofdstuk bouwt voort op het hoofdstuk ervoor.

Atheïst: Oké, ik lees het boek wel. Maar laten we intussen teruggaan naar het probleem van het kwaad. Als er een eeuwigheid is, kan het kwaad in deze wereld in bepaalde gevallen wel een eeuwig doel hebben. Maar er zijn beslist slechte daden in deze wereld die geen enkele zin hebben.

Christen: Hoe weet je dat?

Atheïst: Dat is toch overduidelijk! Wat voor zin zouden bijvoorbeeld de aanslagen op 11 september 2001 nou gehad kunnen hebben?

Christen: Hoewel ik zou willen dat het nooit gebeurd was, weten we dat die vreselijke gebeurtenis toch ook iets goeds heeft opgeleverd. Zo werd onze onderlinge eenheid als volk versterkt, we hielpen degenen die hulp nodig hadden, en we besloten het kwaad van het terrorisme te bestrijden. Door de schok werden we ook aan het denken gezet over de grote vragen van het leven, en sommige mensen kwamen daardoor tot Christus. Volgens C.S. Lewis is pijn Gods 'megafoon om een dove wereld wakker te schudden.'[1] 9/11 heeft ons zonder meer wakker geschud!

Atheïst: Ja, na regen komt altijd weer zonneschijn, maar jouw 'zonneschijn' kan nooit opwegen tegen alle pijn en lijden.

Christen: Hoe weet je dat? Hoe weet je dat de gebeurtenissen van 9/11 niet uiteindelijk een positieve uitwerking hebben, tenzij je alwetend bent en een eeuwig perspectief hebt? Misschien komen er wel hele goede dingen voort uit deze tragedie in het persoonlijk leven van mensen, zonder dat we daar ooit iets van horen. Het is zelfs mogelijk dat mensen generaties later de positieve gevolgen ervan ondervinden zonder dat ze het beseffen.

Atheïst: Hallo, zeg! Jij maakt je er gemakkelijk van af!

Christen: Nee, het gaat er gewoon om dat we onze beperkingen onder ogen zien en ons bewust worden van de onbeperkte kennis en het onzichtbare plan van God (Rom. 11:33-36). We kunnen de toekomst op aarde niet zien, laat staan dat we weten hoe de eeuwigheid in de hemel zal zijn. Dus hoe kunnen we dan zeggen dat de uiteindelijke eeuwige gevolgen van 9/11 niet positief zullen zijn? We kennen al een paar positieve gevolgen die het heeft gehad. Dat wij er geen uiteindelijke goede reden voor kunnen bedenken, betekent nog niet dat een oneindige God er geen heeft.

Atheïst: Als God mij zijn redenen vertelde, zou ik je misschien kunnen geloven.

Christen: Job probeerde die tactiek ook al. Nadat hij God had ondervraagd over de reden van zijn lijden, verbijsterde God Job met vragen over de wonderen van de schepping (Job 38-41). Het was alsof God tegen hem zei: 'Job, je begrijpt niet eens hoe ik de natuurlijke wereld die je *wel* kunt zien beheer, dus hoe zou je dan de oneindig veel complexere morele wereld die je *niet* kunt zien kunnen begrijpen, een wereld waar de gevolgen van miljarden vrije keuzes van mensen in een dagelijkse wisselwerking met elkaar zijn.' Een dergelijke complexiteit gaat ons verstand inderdaad te boven. Ken je trouwens die film *It's a Wonderful Life*?

Atheïst: Bedoel je die film met Jimmy Stewart die ze altijd met kerstm…, ik bedoel, met de winterzonnewende uitzenden?

Christen: Die bedoel ik, ja. Jimmy Stewart speelt George Bailey, een personage dat het vanwege zakelijke tegenslagen niet meer ziet zitten. Hij wil zelfmoord plegen, maar op het laatste moment houdt een engel hem tegen door hem te laten zien hoe het anderen zou zijn vergaan als George nooit geboren was. Het blijkt dat veel mensen in zijn woonplaats een vreselijk leven zouden hebben gehad. Maar George heeft dat nooit geweten. Hij was zich nooit bewust geweest van de geweldige impact die zijn leven had op anderen. Vandaar de titel *It's a Wonderful Life*.

Atheïst: Ach, lariekoek!

Christen: Doe niet zo flauw. Je snapt wat ik bedoel.

Atheïst: Ja, ik snap het wel: we weten niet wat voor impact iemand of een gebeurtenis op de lange termijn zou kunnen hebben, vooral omdat er zoveel keuzes worden gemaakt die weer invloed op elkaar uitoefenen.

Christen: Inderdaad, en zelfs keuzes die met kwade bedoelingen zijn gemaakt, kunnen positieve gevolgen hebben (Gen. 50:20). Het is mogelijk dat veel mensen nu of generaties later tot Christus zullen komen vanwege de directe of indirecte effecten van kwade gebeurtenissen.

Atheïst: Maar dat lijkt me een argument uit onwetendheid.

Christen: Nee, het is niet zo dat we helemaal geen idee hebben waarom er kwade dingen gebeuren. We weten dat we in een gevallen wereld leven, en we weten dat er goede dingen kunnen voortkomen uit kwade. Dus weten we dat het mogelijk is dat God goede redenen heeft voor de kwade dingen, zelfs al weten wij niet wat die redenen zijn. En we weten dat hij het kwade kan ombuigen ten goede. Het is dus geen argument uit onwetendheid, maar een redelijke conclusie op basis van wat we wel weten. En hoewel we niet de reden kennen voor elke *specifieke* kwade gebeurtenis, weten we waarom we die niet kennen, namelijk vanwege onze menselijke beperkingen.

Atheïst: Wat vind je van rabbijn Kushners antwoord op deze vraag? Je weet wel, hij schreef dat boek *Als 't kwaad goede mensen treft*.

Christen: Ik denk dat zijn antwoord niet klopt.

Atheïst: Niet klopt? Waarom niet?

Christen: Zijn antwoord is dat God niet machtig genoeg is om het kwaad op aarde het hoofd te bieden, dus moeten we God vergeven dat hij het kwaad toelaat.

Atheïst: Wat is daar mis mee?

Christen: Er zijn sterke aanwijzingen dat God oneindig machtig is. God wordt in de Bijbel 56 keer 'almachtig' genoemd, en hij wordt op verschillende andere manieren als almachtig beschreven. En vanuit de wetenschap weten we dat hij dit universum uit het niets heeft geschapen (kijk maar eens in hoofdstuk 3 van dit boek). Rabbijn Kushners God strookt dus niet met de feiten.

Atheïst: Als God, zoals jij zegt, oneindig machtig is, waarom laat hij dan toe dat het kwaad goede mensen treft?

Christen: We hebben al aangegeven dat pijn en lijden positieve gevolgen kunnen hebben. Maar we moeten er ook op wijzen dat het uitgangspunt van de vraag niet juist is.

Atheïst: Hoezo?

Christen: Er bestaan geen *goede* mensen!

Atheïst: Kom nou, zeg!

Christen: Nee, serieus. Sommige mensen zijn beter dan andere, maar niemand is echt goed. We zijn allemaal van nature geneigd tot zelfzucht. En we begaan allemaal dagelijks zonden.

Atheïst: Ik doe meer goede dan slechte dingen.

Christen: Volgens wiens maatstaven?

Atheïst: Die van de maatschappij. Ik ben een oppassende burger. Ik ben geen moordenaar of dief.

Christen: Dat is het probleem. We zien onszelf als goede mensen, enkel en alleen volgens de maatstaven van slechte mensen. We meten onszelf af aan andere mensen in plaats van aan absolute maatstaven van goedheid. Heb je trouwens wel eens iets gestolen?

Atheïst: Eh, ja.

Christen: Heb je wel eens ergens over gelogen?

Atheïst: Nee.

Christen: Dat lieg je.

Atheïst: Je hebt me door.

Christen: Jij bent dus een liegende dief!

Atheïst: Dat betekent nog niet dat ik alleen maar slecht ben.

Christen: Nee, het betekent ook niet dat je alleen maar goed bent. Denk maar na: het is veel gemakkelijker om slecht te zijn dan goed; het is van nature veel makkelijker voor je om zelfzuchtig te zijn dan vrijgevig. We hebben allemaal die verdorven menselijke natuur. Augustinus zei: 'We zijn allemaal geboren met de neiging om te zondigen en de noodzaak om te sterven.'[2] Die neiging is aangeboren. Daarom graaien kleine kinderen van nature naar dingen en roepen ze: 'Van mij!' Daarom zei James Madison ook: 'Als mensen engelen waren, zou er geen regering nodig zijn.'[3]

Atheïst: Kushner doet dus onjuiste veronderstellingen ten aanzien van de natuur van de mens en de natuur van God.

Christen: Precies. De vraag is niet waarom het kwaad goede mensen treft, maar waarom slechte mensen goede dingen overkomen.

Atheïst: Als God werkelijk almachtig is, zoals jij zegt, dan begrijp ik nog steeds niet waarom hij 9/11 niet tegenhield. Als jij wist dat het ging gebeuren en je had de macht om het tegen te houden, zou je dat dan niet doen?

Christen: Zeker.

Atheïst: Dus jij bent beter dan God?

Christen: Nee, door 9/11 tegen te houden zou ik kwaad voorkomen. Maar God, die een onbeperkt, eeuwig perspectief heeft, laat kwade keuzes toe in de wetenschap dat hij ze uiteindelijk ten goede kan keren. Wij kunnen zulke keuzes niet ten goede keren, dus proberen we ze allemaal tegen te houden.

Atheïst: Ja, maar volgens jouw eigen christelijke leer keert God niet alle kwade keuzes uiteindelijk ten goede. Sommige mensen gaan immers naar de hel!

Christen: Ja, maar dat komt doordat God het eeuwige goede alleen kan geven aan hen die het willen aannemen. Sommige mensen negeren de feiten of kiezen ervoor om de wedstrijd op zo'n manier te spelen dat ze de nederlaag lijden. Omdat God ze niet kan dwingen om er *vrijwillig* voor te kiezen de wedstrijd op de juiste manier te spelen, is een uiteindelijke goede uitkomst alleen mogelijk als je er zelf voor kiest. Daarom zegt Paulus ook: 'Wij weten nu, dat [God] alle dingen doet medewerken ten goede voor hen, die God liefhebben, die volgens zijn voornemen geroepenen zijn' (Rom. 8:28, NBG 1951). Let wel, hij zegt niet 'alle dingen zijn goed.' Hij zegt dat alle dingen medewerken *ten* goede *voor hen die God liefhebben*.

Atheïst: Hoe werkten alle dingen dan 'ten goede' voor degenen die omkwamen op 9/11?

Christen: Degenen die God liefhadden en zijn gratis geschenk van redding hadden aanvaard, zijn bij God in de eeuwigheid. Degenen voor wie dat niet gold, zagen hun vrije keuze voor eeuwige scheiding gerespecteerd.

Atheïst: En alle andere mensen?

Christen: De mensen die nog hier op aarde leven, hebben nog steeds tijd om hun keuze te maken. En voor wie toen al christen waren, was 9/11 mogelijk een gebeurtenis die hun karakter heeft gevormd.

Atheïst: Maar als God algoed en alwetend is, waarom schiep God dan wezens waarvan hij wist dat ze naar de hel zouden gaan?

Christen: Goeie vraag. God had maar vijf opties. Hij had: 1) niets kunnen scheppen, 2) een niet-vrije, door robotten bevolkte wereld kunnen scheppen, 3) een vrije wereld kunnen scheppen waar we niet zouden zondigen, 4) een vrije wereld kunnen scheppen waar we wel zouden zondigen, maar waar iedereen Gods redding zou aanvaarden, of 5) de wereld die we nu hebben kunnen scheppen, een wereld waar we zouden zondigen, en waar sommigen gered zouden worden, maar de rest verloren zou gaan.

Atheïst: Ja, en kennelijk heeft God de slechtste van die vijf opties gekozen! God is dus niet algoed!

Christen: Niet zo snel. De eerste optie is niet eens te vergelijken met de andere vier, want iets en niets hebben niets gemeen. Een echte wereld vergelijken met een niet-wereld is niet eens appels met peren vergelijken, want dat zijn allebei vruchten. Het lijkt meer op appels met niet-appels vergelijken, en dan zeggen dat niet-appels beter smaken. In de logica heet dat een categoriefout. Een voorbeeld is de vraag: "Wat voor kleur is wiskunde?" Wiskunde is geen kleur, dus de vraag is betekenisloos.

Atheïst: Als bestaan met niet-bestaan vergelijken een categoriefout is, dan maakte Jezus een categoriefout toen hij zei dat het beter was als Judas nooit geboren was (Matt. 26:24).

Christen: Nee, Jezus had het niet over de superioriteit van niet-bestaan ten opzichte van bestaan. Hij wilde alleen maar de ernst benadrukken van de zonde van Judas.

Atheïst: Oké, waarom maakte God dan niet zijn tweede optie: een robotwereld?

Christen: Dat had gekund, maar dat zou geen morele wereld zijn geweest. Het zou een wereld zonder kwaad geweest zijn, maar ook een wereld zonder morele goedheid.

Atheïst: Waarom maakte hij dan niet wereld nummer drie of vier? In die werelden is liefde mogelijk, en het zouden in elk geval betere werelden zijn dan deze.

Christen: Ja, maar niet alles wat voorstelbaar is, is ook realiseerbaar met vrije wezens. Je kunt je bijvoorbeeld voorstellen dat ik nu een bank aan het beroven was geweest in plaats van met jou te praten. Maar dat is niet realiseerbaar, omdat ik een vrije keuze maakte om met jou te praten. Zo kan God vrije wezens ook niet dwingen *niet* te zondigen. Dwang en vrijheid sluiten elkaar uit.

Atheïst: Maar deze wereld zou beter kunnen zijn als er één moord of één verkrachting minder was. God heeft dus gefaald, want hij heeft niet de best mogelijke wereld geschapen.

Christen: Wacht eens even. Ik geef toe dat deze wereld niet de best mogelijke wereld is, maar wellicht is het wel *de beste manier om de best mogelijke wereld te bereiken.*

Atheïst: Wat is dat nou weer voor theïstisch gezwets?

Christen: Misschien heeft God het kwaad toegelaten om het te verslaan. Ik heb al aangegeven dat als het kwaad niet toegelaten wordt, de hoogste deugden niet bereikt kunnen worden. Mensen die verlost zijn, hebben een sterker karakter dan mensen die niet beproefd zijn. Het doet altijd pijn als er aan je ziel wordt gewerkt. De Job van hoofdstuk 42 heeft meer vreugde en diepgang dan de Job van hoofdstuk 1. Het kwaad in deze wereld dient uiteindelijk dus een goed doel. Het creëert een eeuwige wereld die de best mogelijke wereld is.

Atheïst: Maar waarom schept God mensen terwijl hij weet dat ze voor de hel kiezen?

Christen: Heb jij kinderen?

Atheïst: Ja. En ik ben er ook zelf één geweest!

Christen: Waarom heb je voor kinderen gekozen, terwijl je wist dat ze je op een dag ongehoorzaam zouden zijn?

Atheïst: Dat vraagt mijn vrouw nou ook altijd!

Christen: Ik weet wel waarom ik voor kinderen heb gekozen. De liefde neemt namelijk risico's. Ik was bereid het risico te lopen dat ik ze zou kwijtraken om de vreugde van de liefde te kunnen proeven. Hetzelfde geldt voor elke Super Bowl. Beide teams weten dat een van beide zal verliezen, en toch zijn ze ondanks dat risico allebei bereid om de wedstrijd te spelen.

Atheïst: Ik moet toegeven dat er wel iets zit in je rationele antwoorden, maar toch zit het kwaad me nog steeds niet lekker.

Christen: Mij ook niet, en zo hoort het ook. We weten allemaal dat er gewoon dingen schorten aan deze wereld, en we verlangen allemaal naar de hemel. Misschien is ons verlangen naar de hemel ook een aanwijzing dat hij echt bestaat (diverse andere aanwijzingen vind je elders in dit boek).

Atheïst: Dat zou kunnen, maar ik denk niet dat jouw rationele antwoorden iemand door het kwaad heen zullen dragen.

Christen: Misschien heb je gelijk. Maar je hoeft het kwaad niet alleen met antwoorden te doorstaan. De goddelijke Trooster – de heilige Geest – wil je door dit zielsopbouwende leven van pijn en lijden heen helpen.

Atheïst: Ik wil liever helemaal niet lijden dan dat ik een trooster heb.

Christen: Misschien geeft God ons daarom geen zeggenschap over het lijden. Wie zou er anders voor kiezen om te lijden?

Atheïst: Niemand.

Christen: Nou, dat is niet helemaal waar. Eén man koos er beslist voor om te lijden. Jezus Christus was bereid om te lijden zodat jij en ik met God verzoend konden worden. Dat was de enige keer dat het kwaad werkelijk een volkomen goed mens trof. We kunnen dus tegen God klagen over het lijden, maar we moeten toegeven dat hij zichzelf er niet van verschoonde. Wat jou en mij betreft, soms verlost God ons *van* het kwaad, maar soms vertroost hij ons *door* het kwaad *heen*. Hoe dan ook, of we zijn beweegredenen nu weten of niet, gelovigen kunnen erop vertrouwen dat God alle dingen doet medewerken ten goede in overeenstemming met zijn eeuwige plan.

Bijlage 2:

IS DAT NIET GEWOON JOUW INTERPRETATIE?

Atheïst: Oké, ik heb dit hele boek gelezen zoals je gevraagd had, maar volgens mij heb je niet aangetoond dat het christendom waar is.

Christen: Waarom niet?

Atheïst: Het is niet meer dan *jouw* interpretatie.

Christen: Natuurlijk is het *mijn* interpretatie, maar dat betekent niet dat mijn interpretatie onjuist is.

Atheïst: Volgens mij is jouw interpretatie *wel* onjuist.

Christen: Volgens mij is dat niet meer dan *jouw* interpretatie.

Atheïst: Aha, je draait de rollen om.

Christen: Ja. Zonder een interpretatie kom je niet tot een conclusie. En om te weten dat mijn interpretatie (het christendom) objectief onjuist is, moet je weten wat objectief juist is. Dus wat is die juiste interpretatie?

Atheïst: Er bestaan geen objectieve interpretaties.

Christen: Vergeef me dat ik in herhaling verval, maar is *dat* een objectieve interpretatie?

Atheïst: Hou op!

Christen: Waarmee? Met logisch redeneren? Ik gebruik alleen maar de Road Runner-tactiek uit hoofdstuk 1. Als jij iets zegt wat met zichzelf in strijd is, vind ik dat ik je daarop moet wijzen. Hoe kom jij tot de objectieve interpretatie dat er geen objectieve interpretaties bestaan?

Atheïst: Oké, misschien bestaan er wel objectieve interpretaties.

Christen: Die bestaan inderdaad, ja. Terwijl jij misschien de gegevens interpreteert en concludeert dat het christendom niet waar is, kan ik hetzelfde doen en concluderen dat het wel waar is. Maar omdat twee tegengestelde conclusies niet allebei waar kunnen zijn, moet een van ons gelijk hebben en de ander ongelijk. Wie heeft er dus gelijk?

Atheïst: Ik.

Christen: Waarom?

Atheïst: Dat denk ik gewoon.

Christen: Maar dat is niet meer dan een bewering. Als je iets beweert, moet je het ook onderbouwen. In dit boek beweren we niet zomaar dat het christendom waar is, maar we onderbouwen het ook: van de vraag naar de waarheid tot de inspiratie van de Bijbel – elke stap in ons betoog onderbouwen wij met argumenten en bewijzen. Wat is jouw bewijs dat het atheïsme waar is?

Atheïst: Het kwaad en de wetenschap.

Christen: Dat zijn geen werkelijke bewijzen voor het atheïsme, maar alleen *vermeende* obstakels om in het christendom te geloven. Zoals we gezien hebben, bewijst het bestaan van het kwaad niet dat God niet bestaat (bijlage 1), en wetenschappelijke ontdekkingen staven juist het christelijke wereldbeeld (hoofdstuk 3-6).

Atheïst: Maar als het christendom waar is, worden er te veel mensen uitgesloten. Er zijn immers miljoenen mensen die geen christen zijn.

Christen: Dat zegt niets over de vraag of het christendom waar is. De waarheid wordt niet bepaald door het aantal mensen dat erin gelooft. De waarheid ontdek je door naar de bewijzen te kijken. Is jouw interpretatie (dat het christendom niet waar is) per definitie onjuist omdat die miljoenen christenen uitsluit?

Atheïst: Nee.

Christen: De mijne dus ook niet. Trouwens, toen we het over

het kwaad hadden, zagen we al dat het christendom niemand uitsluit – mensen sluiten zichzelf uit van het christendom. Iedereen weet dat God bestaat. Maar omdat we allemaal een vrije wil hebben, kiezen sommige mensen ervoor om die kennis te negeren, zodat ze hun eigen begeerten kunnen volgen. Paulus spreekt daarover in Romeinen hoofdstuk 1.

Atheïst: Dat zou kunnen, maar ik vind jouw conclusie erg veroordelend. En je weet: je mag niet oordelen!

Christen: Vergeef me, maar als we niet mogen oordelen, waarom oordeel jij dan over mij omdat ik oordeel?

Atheïst: Hoe zit het, meneer de godgeleerde – speel je liever logicaspelletjes dan dat je gelooft wat Jezus heeft gezegd?

Christen: Het is geen spelletje; ik stel alleen vast hoe de dingen werkelijk zijn. Jij spreekt jezelf tegen als je tegen mij zegt: 'Je mag niet oordelen,' terwijl dat ook een oordeel is. Bovendien vel je een oordeel als je zegt dat het christendom *niet* waar is!

Atheïst: Oké, maar mijn tweede punt dan. Geloof je niet wat Jezus heeft gezegd?

Christen: Waarom haal je de Bijbel aan? Geloof je nu dat de Bijbel waar is?

Atheïst: Nee, maar jij wel. Dus ik vraag opnieuw: waarom geloof je niet wat Jezus heeft gezegd?

Christen: Dat doe ik wel. Het probleem is dat *jij niet weet wat hij heeft gezegd*. Jezus heeft *niet* gezegd dat we niet mogen oordelen. Hij heeft alleen gezegd dat we niet schijnheilig mogen oordelen. Hij zegt: 'Oordeel niet, opdat er niet over jullie geoordeeld wordt. Want op grond van het oordeel dat je velt, zal er over je geoordeeld worden, en met de maat waarmee je meet, zal jou de maat genomen worden' (Matt. 7:1-2). En dan zegt hij: 'Verwijder eerst de balk uit je eigen oog, pas dan zul je scherp genoeg zien om de splinter uit het oog van je broeder of zuster te verwijderen.' Met andere woorden, als je oordeelt, moet je niet schijnheilig oordelen. De Bijbel *gebiedt ons ook om te oordelen*, want er staat dat we 'alles moeten onderzoeken' (1 Tess. 5:21) en 'niet elke geest moeten vertrouwen' (1 Joh. 4:1), maar in Jezus Christus moeten geloven om het eeuwige leven te ontvangen (Joh. 3:16).

Atheïst: Ben je klaar?

Christen: Nee. Ik wil nog één ding zeggen: je zou niet erg lang leven als je geen oordelen velt over wat goed is en wat kwaad. Je maakt elke dag honderden belangrijke keuzes die schadelijk of gunstig voor je zijn. Telkens als je zo'n keuze maakt, vel je een oordeel!

Atheïst: Oké, ik snap dat iedereen oordelen velt. En jij velt oordelen door de Bijbel te interpreteren zoals jij hem interpreteert. Wie zegt dat jouw interpretatie juist is?

Christen: Je moet naar de context van een passage kijken om de objectieve betekenis te ontdekken.

Atheïst: Als objectieve interpretaties mogelijk zijn, waarom zijn er dan zoveel verschillende interpretaties van de Bijbel?

Christen: Waarom worden wiskundevraagstukken zo vaak verkeerd beantwoord? Bestaat er geen correct antwoord op rekensommen?

Atheïst: Taal is anders. Ik denk dat er veel interpretaties van een zin of een Bijbelvers bestaan die waar zijn. Daarom heb je zoveel denominaties.

Christen: Dus jij zegt dat zinnen maar op *één* manier geïnterpreteerd kunnen worden.

Atheïst: Nee!... Heb je wel gehoord wat ik zei? Ik zei precies het tegenovergestelde. Er bestaan *vele* geldige interpretaties.

Christen: Als er vele geldige interpretaties bestaan, waarom verbeterde je me dan net omdat ik je woorden verkeerd interpreteerde?

Atheïst: Deed ik dat?

Christen: Ja, je zei net dat ik je verkeerd begreep. In feite zei je dat mijn interpretatie onjuist was! Waarom deed je dat als er vele geldige interpretaties bestaan?

Atheïst: Omdat ik wist wat ik bedoelde, en volgens mij was ik duidelijk genoeg.

Christen: Je hebt gelijk. Mijn vraag is dan: waarom verwacht je van anderen dat ze begrijpen wat *jij* bedoelt als je iets zegt, terwijl je, als God iets zegt in de Bijbel, jezelf de optie geeft om erin te lezen wat je wilt?

Atheïst: Oké, misschien bestaan er wel objectieve interpretaties. Maar als dat zo is, waarom zijn er dan zoveel denominaties?

Christen: Om dezelfde reden dat er een heleboel niet-christenen zijn. Het is niet omdat we de waarheid niet zien, maar omdat we de waarheid niet *willen* zien. Met andere woorden, we hechten meer aan onze eigen tradities en verlangens dan aan het Woord van God. Jezus heeft daar ernstig voor gewaarschuwd (Mattheüs 15 en 23).

Atheïst: Goed dan. Ik zal open kaart met je spelen.

Christen: Het zal tijd worden!

Atheïst: Mijn grootste bezwaar tegen het christendom is dat het intolerantie in de hand werkt. Jullie christenen denken allemaal dat jullie de waarheid bezitten!

Christen: Is het je nooit opgevallen dat *iedereen* denkt dat hij de waarheid bezit? Degenen die zeggen dat het christendom niet waar is, denken dat ze *die* waarheid bezitten. Zelfs degenen die zeggen dat elke godsdienst waar is, denken dat dat de waarheid is!

Atheïst: Oké, oké, je hebt gelijk. Ik denk dat het atheïsme waar is. Maar ik ben niet intolerant zoals de meeste christenen!

Christen: Zelfs als christenen intolerant zijn, betekent dat nog niet dat het christendom niet waar is.

Atheïst: Dat begrijp ik, maar het is toch een praktisch probleem.

Christen: Hoezo?

Atheïst: Mensen die denken dat ze de waarheid in pacht hebben, willen die waarheid opleggen aan anderen.

Christen: Door middel van politiek, bedoel je?

Atheïst: Ja.

Christen: Dan heb ik een verrassende mededeling voor je: in de politiek probeert iedereen – ook iedere nietchristen – datgene aan de mensen op te leggen wat volgens hem of haar de waarheid is. Wat wil je dus zeggen?

Atheïst: Wat ik wil zeggen, is dat christenen mensen hun rechten willen ontnemen!

Christen: Het christendom is in feite een van de weinige wereldbeschouwingen die absolute mensenrechten kan rechtvaardigen, omdat het bevestigt dat die rechten ons door God gegeven zijn. Zoals de stichters van ons land ook onderkenden, is het niet aan regeringen om mensen rechten te verlenen of te ontnemen – een regering behoort rechten te beschermen die de mensen al bezitten. Zo staat het in onze Onafhankelijkheidsverklaring.

Atheïst: Maar hoe zit het met de tolerantie?

Christen: Het christendom is een van de weinige wereldbeschouwingen die niet alleen religieuze tolerantie biedt, maar er ook voor pleit. Omdat God niemand dwingt te geloven (het doel van dit leven is dat we een *vrije keuze* maken), vinden de meeste christenen dat een regering ook niemand moet dwingen te geloven.

Atheïst: Maar tijdens de kruistochten hadden sommige christenen duidelijk andere opvattingen!

Christen: Misschien noemden ze zichzelf christenen, maar ze deden zeker niet wat Jezus leert. Jezus heeft dat soort gedrag nooit goedgekeurd.

Atheïst: Volgens mij is een seculiere regering het tolerantst van allemaal. In de seculiere Europese landen hebben ze immers godsdienstvrijheid.

Christen: Die landen bestaan inderdaad, maar de meeste teren op de overblijfselen van de christelijke wereldbeschouwing van voorgaande generaties. Hoeveel godsdienstvrijheid is er in een zelfverklaard atheïstisch land als China, of hoeveel was er in de vroegere Sovjet-Unie? Niet veel. En als je naar de meeste moslimlanden gaat, vind je daar ook heel weinig godsdienstvrijheid. Voor zover ik weet, zijn kerken nog steeds niet toegestaan in Saudi-Arabië, en de meeste andere moslimlanden behandelen christenen als tweederangsburgers.

Atheïst: Dat gaat misschien op voor religieuze tolerantie, maar de meeste christenen zijn niet erg tolerant als het om bepaalde morele kwesties gaat.

Christen: Geloof jij dat tolerantie een absolute morele plicht is?

Atheïst: Je probeert morele plichten weer met God in verband te brengen, hè?

Christen: Een ander verband is er niet. Zoals we in hoofdstuk 7 zagen, zijn er geen morele plichten of morele rechten als er geen God bestaat. Waarom zou je tolerant zijn als er geen morele plicht bestaat om tolerant te zijn?

Atheïst: Omdat het correct is.

Christen: Dat is ook maar een bewering. Als atheïst kun je niet verantwoorden waarom mensen tolerant zouden moeten zijn.

Atheïst: Misschien niet. Maar als christen kun je dat wel. Waarom geloof jij dan niet dat we tolerant moeten zijn?

Christen: De hoogste morele plicht is trouwens de liefde en niet tolerantie. Tolerantie zegt: 'Knijp je neus dicht en verdraag anderen.' De liefde zegt: 'Reik anderen de hand en help elkaar.'

Atheïst: Waarom kun je niet tolerant zijn én anderen liefhebben.

Christen: Dat kan wel, maar soms moet je omwille van de liefde intolerant zijn. Zou het bijvoorbeeld van liefde getuigen als je moord, verkrachting, diefstal of racisme tolereert?

Atheïst: Ik denk het niet.

Christen: Oké, maar we dwalen een beetje af. In het christendom gaat het niet zozeer om maatschappelijke maar om geestelijke redding. Hoewel christenen zeker maatschappelijke plichten hebben, kwam Christus om ons van onze zonden te bevrijden, en niet van 'de Romeinen'.

Atheïst: Dat zou je niet zeggen als je nu naar sommige christenen kijkt.

Christen: Je bedoelt dat hun Bijbelse opvattingen over ethische kwesties als abortus en homoseksualiteit je niet aanstaan?

Atheïst: Inderdaad.

Christen: Dus?

Atheïst: Hoezo 'dus'? Dat vind ik belangrijke punten!

Christen: Vind je ze zo belangrijk dat je bereid bent om de waarheid zelf eraan op te offeren?

Atheïst: Waar heb je het over?

Christen: Het gaat om de waarheid, en niet om wat jij politiek of persoonlijk aantrekkelijk vindt. Vind jij dat je datgene moet geloven wat waar is?

Atheïst: Natuurlijk. Dat zou ieder redelijk mens beamen!

Christen: Dus als het christendom waar is, zou je het moeten geloven ongeacht de impact die het volgens jou zou kunnen hebben op de politiek, ethische kwesties of enig ander facet van je leven.

Atheïst: Dat valt niet mee.

Christen: Misschien niet. Maar op de lange duur is het veel moeilijker om in een dwaling te geloven. Christus heeft gezegd: 'Indien iemand achter Mij wil komen, die verloochene zichzelf en neme zijn kruis op en volge Mij. Want ieder, die zijn leven zal willen behouden, die zal het verliezen; maar ieder, die zijn leven verloren heeft om Mijnentwil, die zal het vinden. Want wat zou het een mens baten, als hij de gehele wereld won, maar schade leed aan zijn ziel? Of wat zal een mens geven in ruil voor zijn leven?' Wil je echt je eeuwige ziel prijsgeven in ruil voor tijdelijke politieke standpunten of persoonlijke voorkeuren?

Atheïst: Als het christendom waar is, is dat de keuze die ik moet maken.

Christen: Ja. En God wil dat je voor hem kiest. Maar hij houdt zoveel van je dat hij je keuze respecteert, wat die ook is. Maar bedenk wel dat hoe je keuze ook uitvalt er tijdelijke en eeuwige consequenties aan verbonden zijn. En dat is niet maar gewoon mijn interpretatie.

Bijlage 3:

WAAROM HET JESUS SEMINAR NIET VOOR JEZUS SPREEKT

Onder veel christenen is de laatste tijd onrust ontstaan vanwege een groep genaamd het '*Jesus Seminar*', die bizarre dingen beweert over het Nieuwe Testament en 82 procent van wat de evangeliën aan Jezus toeschrijven in twijfel trekt. Eén lid van de groep, John Dominic Crossan, ging zelfs zo ver in zijn ontkenning van de opstanding dat hij beweerde dat Jezus begraven was in een ondiep graf, opgegraven door honden en opgegeten! Maar het zogenaamde Jesus Seminar spreekt niet voor de echte Jezus. Er zijn ten minste zeven redenen om die conclusie te trekken.

De verkeerde groep – Het in 1985 opgerichte Jesus Seminar bestaat uit ruim zeventig 'geleerden' van overwegend radicale signatuur. Sommigen zijn atheïst, terwijl anderen niet eens academisch geschoold zijn (een van hen is filmmaker). Oprichter en atheïst Robert Funk kwam openlijk uit voor het radicale karakter van hun werk toen hij verklaarde: 'Wij spitten in onderwerpen die voor miljoenen mensen heilig zijn, en we zullen dan ook voortdurend op het randje van de blasfemie balanceren.' Dat is een eerlijke en accurate omschrijving.

Het verkeerde motief – Hun doel, zoals ze zelf aangeven, is het creëren van een nieuwe 'fictieve' Jezus,[1] waarbij ze het oude beeld van Jezus in de evangeliën uit elkaar halen om er een in elkaar te zetten die aansluit bij de moderne mens. Wat dat betreft, hoef je de echte Jezus niet te zoeken in hun werk. Zij maken Jezus naar hun eigen beeld.

Bovendien wordt hun werk gecompromitteerd door het feit dat ze de publiciteit zoeken. Zoals ze zelf zeggen: 'We gaan ons werk voor het oog van het publiek proberen te verrichten. We zullen niet alleen de vrijheid van informatie in ere houden, maar zullen er zelfs op staan dat ons werk voor iedereen openbaar wordt gemaakt.'[2] Simpeler gezegd: het Jesus Seminar heeft van meet af aan de publiciteit gezocht. Uit een tv-top, talrijke artikelen, interviews met de pers, tapes en mogelijk zelfs een film blijkt hoe belangrijk ze het vinden om reclame te maken.

De verkeerde aanpak – Hun aanpak is bevooroordeeld – ze proberen de waarheid vast te stellen bij meerderheidsbesluit. Deze methode is vandaag niet beter dan toen de meeste mensen geloofden dat de wereld vierkant was. Zeventig overwegend radicale 'geleerden' over de woorden van Jezus laten stemmen, is hetzelfde als wanneer je honderd overwegend liberale congresleden de kans geeft om over hogere belastingen te stemmen!

De verkeerde boeken – Het Jesus Seminar baseert zich voor een deel op een hypothetisch 'Q-evangelie' (van het Duitse *Quelle*, wat bron betekent) en een tweede-eeuws evangelie van Thomas, dat afkomstig is van gnostische ketters. Daarnaast beroept het Jesus Seminar zich op een niet bestaand 'geheim evangelie van Marcus'. Als gevolg wordt het apocriefe tweede-eeuwse evangelie van Thomas authentieker geacht dan het vroegere Marcus of Johannes.

De verkeerde aannames – Hun conclusies berusten op radicale veronderstellingen; wonderen wijzen ze bijvoorbeeld van de hand. Ten onrechte, want als God bestaat, zijn wonderen mogelijk. Wie dus wonderen bij voorbaat van de hand wijst, wijst ook het bestaan van God van de hand. Gezien hun impliciete atheïsme zal het niemand verwonderen dat ze de Jezus van de evangeliën van de hand wijzen.

Daarnaast berusten hun conclusies op de ongefundeerde veronderstelling dat het christendom beïnvloed is door mysteriegodsdiensten. Zoals we al zagen in hoofdstuk 12 is dit onmogelijk. De monotheïstische joodse schrijvers van de Schrift zouden nooit uit polytheïstische, heidense bronnen hebben geput en konden zich onmogelijk op bronnen baseren die van na hun tijd waren.

De verkeerde datering – Ze poneren een onterecht late datering voor de vier evangeliën (waarschijnlijk 70 tot 100 n.Chr.). Op die manier menen ze genoeg tijd te creëren om te concluderen dat het Nieuwe Testament uit mythen over Jezus bestaat. Maar zoals we in hoofdstuk 9 en 10 zagen, gaat dat tegen de feiten in. Het Nieuwe Testament is van vroege datum en bevat nog vroeger bronmateriaal.

De verkeerde conclusie – Doordat het de basis voor de echte Jezus van de evangeliën verwoest heeft, kan het Jesus Seminar het er niet echt over eens worden wie Jezus nu eigenlijk was: een cynicus, een Joodse hervormer, een feminist, een leraar-profeet, een radicale sociale profeet of een eschatologische profeet. Het is niet verwonderlijk dat iets wat gedaan wordt door de verkeerde groep, met de verkeerde aanpak, gebaseerd op de verkeerde boeken, verankerd in de verkeerde aannames en met gebruikmaking van de verkeerde datering tot de verkeerde conclusie leidt!

NOTEN

Inleiding
Op zoek naar het deksel van de puzzel van het leven

1. Carl Sagan, *Cosmos*, New York: Random House 1980, 4.
2. Van de geluidsband 'Exposing Naturalistic Presuppositions of Evolution', bij het apologetiekcongres van de Southern Evangelical Seminary van 1998. Band AC9814. Online verkrijgbaar op www.impactapologetics.com.
3. Geciteerd in Plato, *Apology*, sectie 38.
4. Alle cursiveringen in Bijbelteksten zijn door de auteurs aangebracht.
5. Uit Friedrich Nietzsche: *The AntiChrist*, sectie 47, geciteerd in Walter Kaufmann, *The Portable Nietzche*, New York: Viking 1968, 627.
6. Geciteerd in Os Guinness, *Time for Truth*, Grand Rapids, Mich.: Baker 2000, 114.
7. C.S. Lewis, *The Screwtape Letters*, Westwood, N.J.: Barbour 1961, 46. Deze vertaling: *Brieven uit de hel*, vertaald door J.A. Schreuder, Baarn: Ten Have 1973.

Hoofdstuk 1
Kunnen wij de waarheid verdragen?

1. C.S. Lewis: *The Abolition of Man*, New York: Macmillan 1947, 35.
2. Frank Morison, *Who Moved the Stone?*, Grand Rapids, Mich.: Zondervan 1977.
3. Frank Turek en Norman Geisler, *Legislating Morality*, Eugene, Ore.: Wipf & Stock 2003. Eerder verschenen bij Bethany, 1998.

Hoofdstuk 2
Waarom zou je eigenlijk iets geloven?

1. Zie James Sire, 'Why Should Anyone Believe Anything At All?' in D.A. Carson (red.), *Telling the Truth*, Grand Rapids, Mich.: Zondervan 2000, 93-101. Zie ook James Sire, *Why Should Anyone Believe Anything At All*, Downers Grove, Ill.: InterVarsity Press, 1994.
2. Natuurlijk zijn er inductieve logica, deductieve logica en symbolische logica, maar die gaan allemaal uit van dezelfde fundamentele wetten van het denken.
3. David Hume, *An Inquiry Concerning Human Understanding*, xii, 3.
4. C.S. Lewis, 'Learning in War-Time', in C.S. Lewis, *The Weight of Glory and Other Addresses*, Grand Rapids, Mich.: Eerdmans 1965, 50.
5. Natuurlijk kunnen we volgens Kant dingen weten over deze wereld van de *phenomena* van onze zintuigen, zoals wetenschappelijke proposities. Bovendien stelde Kant dat hoewel we niets kunnen weten over de echte wereld (bijvoorbeeld God), we wel kunnen *stellen* dat er een God is en leven *alsof* hij bestaat, ook al kunnen we niets weten over hoe hij werkelijk is. Dit is wat Kant 'praktische rede' noemt.
6. In feite maken we de meeste beslissingen in ons leven – van wat we eten tot wie we als vrienden kiezen – door een proces van observatie en inductie. We kunnen bijvoorbeeld geen perfecte informatie hebben over de vloeistof in een Campbell-soepblik – we denken dat die eetbaar is en dat het ons niet zal vergiftigen – maar we zijn er niet honderd procent zeker van. We vertrouwen op onze eerdere ervaring dat soep van Campbell betrouwbaar is, en we concluderen dat er daadwerkelijk Campbell-soep en geen vergif in het blik zit. Zo hebben we ook geen perfecte informatie over het karakter van de mensen die we ontmoeten. Maar nadat we tijd met hen

doorbrengen kunnen we concluderen dat ze betrouwbaar zijn. Zijn we honderd procent zeker? Nee, want we generaliseren vanuit onze beperkte hoeveelheid ervaring. Onze conclusies kunnen dan wel zeer waarschijnlijk zijn, maar ze zijn niet zeker. Dit is het geval voor vele beslissingen die we in ons leven nemen.

7. Frank Turek en Norman Geisler, *Legislating Morality*, Eugene, Ore.: Wipf & Stock 2003. Eerder verschenen bij Bethany, 1998.
8. Naast de Koran (lees soera's 8 en 9 zelf), zie ook Norman Geisler en Abdul Saleeb, *Answering Islam*, 2e druk, Grand Rapids, Mich.: Baker 2002. Bijlage 5 geeft een lijst met twintig Korancitaten die geweld tegen 'ongelovigen' bevelen of goedkeuren.
9. Mensen die het niet eens zijn met de noodzaak van logica om de waarheid te vinden weerspreken zichzelf en bewijzen ons gelijk. Waarom? Omdat ze proberen om logica te gebruiken om logica te ontkennen. Dit is zoiets als proberen om taal te gebruiken om te communiceren dat taal niet gebruikt kan worden om te communiceren.

Hoofdstuk 3
In het begin was er een oerknal

1. Geciteerd in Hugh Ross, *The Creator and the Cosmos*, Colorado Springs: NavPress 1995, 57.
2. Alle sterrenstelsels bewegen zich van ons vandaan, maar dat betekent niet dat we ons in het centrum van het universum bevinden. Om je te visualiseren hoe dit zo kan zijn, stel je een ballon voor met zwarte stippen erop. Als je de ballon opblaast, scheiden alle stippen zich van elkaar, of ze nu dichtbij het centrum zijn of niet. De stippen aan weerszijden van de ballon (die het verst van elkaar vandaan staan) scheiden zich sneller van elkaar dan degenen die dichter bij elkaar staan. In feite ontdekte de Hubble een lineaire relatie tussen afstand en snelheid, wat aantoonde dat een sterrenstelsel twee keer zo ver van ons vandaan, zich twee keer zo snel van ons af beweegt. Dit werd bekend als de wet van Hubble.
3. Geciteerd in Fred Heeren, *Show Me God*, Wheeling, Ill.: Daystar 2000, 135.
4. Francis Bacon, *The New Organon*, 1620; herdruk, Indianapolis: Bobbs Merrill 1960, 121.
5. David Hume, in J.Y.T. Greig (red.), *The Letters of David Hume*, 2 delen, New York: Garland 1983, 1:187.
6. Je hebt misschien wel eens gehoord van de Eerste Wet van de Thermodynamica in deze formulering: 'Energie kan noch gecreëerd noch vernietigd worden.' Dat is een filosofische stelling, niet een empirische observatie. Hoe kunnen we weten dat energie niet gecreëerd is? Er waren geen ooggetuigen die dat kunnen verifiëren. Wat betreft observaties zou een accuratere definitie van de Eerste Wet zijn: 'de totale hoeveelheid energie in het universum (dat wil zeggen bruikbare en onbruikbare energie) blijft constant.' Dus wanneer bruikbare energie geconsumeerd wordt, wordt die omgezet in onbruikbare energie, maar de som van de twee blijft hetzelfde. Alleen de verhouding van bruikbaar tot onbruikbaar verandert.
7. Robert Jastrow, *God and the Astronomers*, New York: Norton 1978, 48.
8. Geciteerd in Paul Davies, *The Cosmic Blueprint*, New York: Simon & Shuster 1988, 20, onze cursivering.
9. Woorden zoals 'voor' en 'voorgaand' impliceren normaal gesproken tijd. We bedoelen dat niet op die manier, aangezien er geen tijd was 'voor' de big bang. Want er kan geen tijd zijn voordat de tijd begint. Wat kon er dan bestaan voor de tijd? Het antwoord is eevoudigweg het Eeuwige. Dat wil zeggen de Eeuwige Oorzaak die tijd, ruimte en materie schiep.

10. Het hele debat is beschikbaar op video op www.rzim.com.
11. Zie www.ravizacharias.com.
12. Isaac Asimov, *Beginning and End*, New York: Doubleday 1977, 148.
13. Anthony Kenny, *The Five Ways: St. Thomas Aquinas' Proofs of God's Existence*, New York: Schocken 1969, 66.
14. Jastrow, *God and the Astronomers*, 15-16.
15. Zie Fred Heeren, *Show Me God*, 163-168; en Ross, *Creator and the Cosmos*, 19.
16. Heeren, *Show Me God*, 168.
17. Zie Michael D. Lemonick, 'Echoes of the Big Bang', *Time*, 4 mei 1992, 62.
18. Jastrow, *God and the Astronomers*, 15-16.
19. Ibid., 14.
20. 'A Scientist Caught Between Two Faiths: Interview with Robert Jastrow', *Christianity Today*, 6 augustus 1982, onze cursivering.
21. Arthur Eddington, *The Expanding Universe*, New York: Macmillan 1933, 178.
22. Brits astronoom die in 1948 zijn *Steady State*–theorie tegenover de door hem bekritiseerde big bang-theorie stelde.
23. Geciteerd in Heeren, *Show Me God*, 156.
24. Geciteerd in ibid., 157.
25. Geciteerd in ibid.
26. Geciteerd in ibid., 139.
27. Voor een gedetailleerde beschrijving en weerlegging van atheïstische verklaringen voor het begin van het universum, zie William Lane Craigs artikel, 'The Ultimate Question of Origins: God and the Beginning of the Universe', online te lezen op http://www.leaderu.com/offices/billcraig/docs/ultimatequestion.html; zie ook Norman Geisler, *Baker Encyclopedia of Christian Apologetics*, Grand Rapids, Mich.: Baker 1999, 102-106.
28. Zie Jastrow, *God and the Astronomers*, 125.
29. Zie 'Baby Pic' Shows Cosmos 13 Billion Years Ago', CNN.com, 11 februari 2003, op http://www.cnn.com/2003/TECH/space/02/11/cosmic.portrait/.
30. Zie Kathy Sawyer, 'Cosmic Driving Force? Scientists' Work on "Dark Energy" Mystery Could Yield a New View of the Universe', *Washington Post*, 19 februari 2000, A1.
31. Stephen W. Hawking, *A Brief History of Time*, New York: Bantham 1988, 136-139; zie ook Norman Geisler en Peter Bocchino, *Unshakable Foundations*, Minneapolis: Bethany 2001, 107-110.
32. Geciteerd in Norman Geisler en Paul Hoffman (red.), *Why I Am a Christian: Leading Thinkers Explain Why They Believe*, Grand Rapids, Mich.: Baker 2001, 66.
33. Jastrow, *God and the Astronomers*, 16, cursivering toegevoegd.
34. Ibid., 28.
35. Ibid., 113-114.
36. V.J. Strenger, 'The Face of Chaos', *Free Inquiry* 13 (winter 1992-1993): 13.
37. Zie Cliff Walker, 'An Interview with Particle Physicist Victor J. Strenger', op http://www.positiveatheism.com/crt/strenger1.htm. Datum van interview: 6 november 1999.
38. Zie 'Baby Pic' Shows Cosmos 13 Billion Years Ago.'
39. George Will, 'The Gospel from Science', *Newsweek*, 8 november 1998.
40. Albert Einstein, in *Science, Philosophy, and Religion: A Symposium*, New York: The Conference on Science, Philosophy and Religion in Their Relation to the Democratic Way of Life, 1941. Online op http://www.sacred-texts.com/aor/einstein/einsci.htm. Bekeken 15 oktober 2003.
41. Jastrow, *God and the Astronomers*, 116.

Hoofdstuk 4
Goddelijk ontwerp

1. Isaac Newton, 'General Scholium', in *Mathematical Principles of Natural Philosophy* (1678) in *Great Books of the Western World*, Robert M. Hutchins (red.), Chicago: Encyclopedia Britannica z.j., 369.
2. Zoals dat voor de meeste constanten geldt, is deze constante afhankelijk van andere. De aantrekkingskracht is bijvoorbeeld ook een functie van de grootte van de maan, die in vergelijking met zijn planeet groter is dan de meeste andere manen.
3. Persoonlijke correspondentie met Jeffrey A. Zweerink, die natuurkundig onderzoeker is aan de UCLA, 23 oktober 2003.
4. Zie voor de volledige tekst en meer informatie over het ongeluk het rapport van de Appolo 13 Review Board dat op de website van de NASA staat. http://spacelink.msfc.nasa.gov/NASA.Projects/Human.Exploration.and.Development.of.Space/Human.Space.Flight/Apollo.Missions/Apollo.Lunar/Apollo.13.Review.Board.Report/Apollo.13.Review.Board.Report.txt; zie ook http://solarviews.com/eng/apo13.htm#bang. Voor de uitgeschreven tekst van de missie met verklarend commentaar zie: http://209.145.176.7~090/awh/as13.html.
5. Voor meer constanten, zie Hugh Ross, 'Why I Believe in Divide Creation', in Norman Geisler en Paul Hoffman (red.), *Why I Am a Christian: Leading Thinkers Explain Why They Believe*, Grand Rapids, Mich.: Baker 2001, hoofdstuk 8. Meer van deze constanten worden nog altijd ontdekt; daarom is Ross vna plan om de lijst elk kwartaal te updaten. Zie hiervoor zijn website op www.reasons.org. Voor meer over waarom dierlijk leven zeldzaam is in het universum, zie Peter Ward en Donald Brownlee, *Rare Earth: Why Complex Life Is Uncommon in the Universe*, New York: Copernicus 2000.
6. Hugh Ross, 'Why I believe in Divine Creation', 138-141.
7. Geciteerd in Walter Bradley, 'The "Just-so" Universe: The Fine-Tuning of Constants and Conditions in the Cosmos', in William Dembski en James Kushiner (red.), *Signs of Intelligence*, Grand Rapids, Mich: Baker 2001, 168.
8. Geciteerd in Geisler en Hoffman (red.), *Why I am a Christan*, 142.
9. Fred Hoyle, 'The Universe: Past and Present Reflections', *Engineering and Science*, november 1981, 12.

10. Voor het complete commentaar van de president, zie http://www.whitehouse.gov/news/releases/2003/02/20030201-2.html.
11. Dat is misschien ook wel de reden waarom het Tweede Gebod het maken van godenbeelden verbiedt. Beelden beperken de majesteit van God. Afgodenbeelden zijn afgodenbeelden, of ze nu van metaal zijn of mentaal.
12. Zie http:/www.whitehouse.gov/news/releases/2003/02/20030201-2.html.
13. C.S. Lewis, *The Screwtape Letters*, Westwood, N.J.: Barbour 1961, 14.
14. Geciteerd in Fred Heeren, *Show Me God*, deel 1, Wheeling, Ill.: Daystar 2000, 239.
15. Dennis Overbye, 'Zillions of Universes? Or Did Ours Get Lucky?' *The New York Times*, 28 oktober 2003, F1.

Hoofdstuk 5
Het eerste leven: speling van het lot of wonder van God?

1. Ontbijtgranen in lettervorm (vert.).
2. Informatietheoreticus Hubert Yockey van de Universiteit van Californië te Berke-

ly legt uit dat deze vergelijking tussen het Engelse alfabet en het genetische alfabet geen analogie is maar een vergelijking van mathematische identiteit. Hij schrijft: 'Het is belangrijk om te begrijpen dat we geen analogie gebruiken in onze redenering. De volgorde-hypothese slaat direct op zowel de proteïne en de genetische tekst als op geschreven taal, en daarom is de behandeling mathematisch identiek.' Zie Hubert P. Yockey, 'Self Organization, Origin-of-Life Scenarios and Information Theory', *Journal of Theoretical Biology* 91, 1981: 16.

3. Richard Dawkins, *The Blind Watchmaker*, New York: Norton 1987, 17-18, 116.
4. De beroemde rotsformatie met de uitgehakte portretten van de Amerikaanse presidenten George Washington, Thomas Jefferson, Theodore Roosevelt en Abraham Lincoln (vert.).
5. Voor een discussie van evolutionisten van de vele moeilijkheden bij de stelling dat het leven een product is van de natuurwetten, zie Peter Ward en Donald Brownlee, *Rare Earth*, New York: Copernicus 2000, hoofdstuk 4.
6. Voor meer informatie over de problemen met het Urey-Miller experiment en negen andere in opspraak geraakte 'bewijzen' voor evolutie, zie Jonathan Wells, *Icons of Evolution: Science or Myth? Why Much of What We Teach About Evolution Is Wrong*, Washington, D.C.: Regnery 2000.
7. Dawkins, *Blind Watchmaker*, 1.
8. Geciteerd in Philip E. Johnson, *The Wedge of Truth*, Downers Grove, Ill.: InterVarsity Press 2000, 153.
9. Ibid.
10. Klaus Dose, 'The Origin of Life: More Questions than Answers', *Interdisciplinary Science Review* 13, 1998: 348; geciteerd in Lee Strobel, *The Case for Faith, Grand Rapids*, Mich.: Zondervan 2000, 107.
11. Geciteerd in Strobel, *Case For Faith*, 107.
12. Chandra Wickramasinghe, interview door Robert Roy Britt, 27 oktober 2000. Online op http://www.space.com/searchforlife/chandra_sidebar_001027.html, cursivering toegevoegd.
13. Michael Denton, *Evolution: A Theory in Crisis*, Bethesda, Md.: Adler & Adler 1985, 264.
14. Hubert Yockey, Information Theory and Molecular Biology, Cambridge, NewYork: Cambridge University Press 1992, 284, cursivering toegevoegd.
15. Philip E. Johnson, 'The Unraveling of Scientific Materialism', *First Things*, november 1997: 22-25.
16. E-mail gestuurd op 10 juli 2001. De gehele uitwisseling die week kan gelezen worden op http://www.arn.org/docs/pjweekly/pj_weekly_010813.htm.
17. Richard Lewontin, 'Billions and Billions of Demons', *The New York Review of Books*, 9 januari 1997, 31.
18. Zie Strobel, *Case for Faith*, 99-101.
19. Het hele debat is beschikbaar op videotape, en kan online bekenen worden op http://www.leaderu.com/offices/billcraig/docs/craig-atkins.html.
20. J. Budziszewski, *Written on the Heart: The Case for Natural Law*, Downers Grove, Ill.: InterVarsity Press 1997, 54.
21. Zie Norman L. Geisler en Peter Bocchino, *Unshakable Foundations*, Minneapolis: Bethany 2001. Anekdote van een personlijk gesprek met Peter Bocchino, 3 april 2003.
22. Mortimer Adler, *Haves Without Have-Nots*, New York: Macmillan 1991.
23. William Dembski, *The Design Revolution: Answering the Toughest Questions About*

Intelligent Design, Downers Grove, Ill.: InterVarsity Press, nog te verschijnen.
24. Albert Einstein in een brief aan Max Born, 4 december 1926, geciteerd in Elizabeth Knowles (red.), *The Oxford Dictionary of Quotations*, Oxford: Oxford University Press 1999, 290.
25. Geciteerd in William Dembski en James Kushiner (red.), *Signs of Intelligence*, Grand Rapids, Mich.: Baker 2001, 102.

Hoofdstuk 6

Nieuwe levensvormen: van het oerslijm via de dierentuin naar jou?

1. Carl Sagan, *Cosmos*, New York: Random House 1980, 278; deze vertaling: Carl Sagan, *Cosmos*, vertaald door G. van Wageneningen, Bussum: Van Holkema & Warendorf 1981.
2. Philip E. Johnson, *Darwin on Trial*, Downers Grove, Ill.: InterVarsity Press 1993, 27.
3. Jonathan Wells, *Icons of Evolution: Science or Myth? Why Much of What We Teach About Evolution Is Wrong*, Washington, D.C.: Regnery 2000, 178.
4. Zie Norman L. Geisler en Peter Bocchino, *Unshakable Foundations*, Minneapolis: Bethany 2001, 149-150; zie ook Jonathan Wells, *Icons of Evolution*, hoofdstuk 9, 211; en Lane P. Lester en Raymond G. Bohlin, *The Natural Limits of Biological Change*, Grand Rapids, Mich.: Zondervan 1984, 88-89.
5. Voor meer over Darwins vinken, zie Wells, *Icons of Evolution*, 159-175.
6. Charles Darwin, *On the Origin of Species*, New York: Penguin 1958, 171.
7. Michael Behe, *Darwin's Black Box: The Biochemical Challenge to Evolution*, New York: Touchstone 1996, 39.
8. Ariel Roth: *Origins*, Hagerstown, Md.: Herald 1998, 66.

9. Michael Behe, 'Intelligent Design Theory as a Tool for Analyzing Biochemical Systems',in William Dembski (red.), *Mere Creation: Science, Faith and Intelligent Design*, Downers Grove, Ill.: InterVarsity Pres 1998, 183, cursivering toegevoegd.
10. Miller is het met Behe eens dat natuurlijke selectie geen voorkeur kan hebben voor de selectie van een nonfunctioneel systeem. Maar hij ontwijkt het argument door te zeggen dat een muizenval in overgang – hoewel niet in staat om muizen te vangen – toch best als een dasspeld of sleutelhanger kan functioneren (zie http://www.millerandlevine.com/km/evol/DI/Mousetrap.html). Dat is natuurlijk niet waar het om gaat. Complexe levende dingen kunnen niet willekeurig de ene functie voor de andere verruilen en toch overleven. Een levend wezen zou sterven als een van zijn vitale systemen zijn primaire functie niet uitoefent, zelfs al oefende het een andere functie uit tijdens zijn Darwiniaanse transitie. In andere woorden, het is het verlies van de vitale functie dat belangrijk is, niet het feit dat het tussenliggende systeem misschien wel iets anders zou kunnen doen in de tussentijd!
11. Zie meerdere van Behes antwoorden op zijn critici op http://www.trueorigin.org/behe08.asp.
12. Michael Behe, 'A Mousetrap Defended', 2000, http://www.trueorigin.org/behe05.asp.
13. Behe, *Darwin's Black Box*, 232-233.
14. E-mail gestuurd aan Peter Johnson op 10 juli 2001. De gehele uitwisseling die week kan gelezen worden op http://www.arn.org/docs/pjweekly/pj_weekly_010813.htm.
15. Zie 'Riken Finds Bigger Gap in Chimp, Human Genes', *Japan Times*, 12 juli 2003. Online op http://www.japantimes.co.jp/cgi-bin/getarticle.pl5?nn20030712b6.htm. Bekeken op 17 oktober 2003.

16. Mouse Genome Sequencing Consortium, 'Initial Sequencing and Comparative Analysis of the Mouse Genome', *Nature* 420, 5 december 2002; 520-526.
17. Michael Denton, *Evolution: A Theory in Crisis*, Bethesda, Md.: Adler & Adler 1985, 285.
18. Darwin, *On the Origin of Species*, 280.
19. Stephen J. Gould, 'Evolution's Erratic Pace', *Natural History* 86, 1977: 13-14. Recenter bevestigde Robert B. Carroll, curator van paleontologie van gewervelde dieren bij het Redpath Museum van McGill Universiteit Goulds beoordeling toen hij schreef, 'Wat onbreekt is de vele tussenvormen waarvan Darwin aanneemt dat ze er zullen zijn.' ('Towards a New Evolutionary Synthesis', *Trends in Ecology and Evolution* 15, 2000: 27-32).
20. Wells, *Icons of Evolution*, 37.
21. Ibid., 42.
22. Denton, *Evolution: A Theory in Crisis*, 286.
23. Wells, *Icons of Evolution*, 219
24. Zie Norman Geisler, Baker Encyclopedia of Christian Apologetics, Grand Rapids, Mich.: Baker 1999, 489; zie ook Wells, *Icons of Evolution*, 211.
25. Geciteerd in Wells, *Icons of Evolution*, 221.
26. Michael Behe, *Darwin's Black Box*, 22.
27. Zoals we hebben gezien kan hetzelfde gezegd worden voor de DNA overeenkomst – die zou net zo goed het resultaat kunnen zijn van een gemeenschappelijke ontwerper als een gemeenschappelijke voorouder.

28. Voor een uitgebreide verdediging van Intelligent Design, zie William Dembski, *The Design Revolution: Answering the Toughest Questions About Intelligent Design*, Downers Grove, Ill.: InterVarsity Press 2004.
29. William Dembski, *Intelligent Design: The Bridge Between Science and Theology*, Downers Grove, Ill.: InterVarsity Press 1999, 244.
30. Walter Bradley, interview door Lee Strobel, *The Case for Faith*, Grand Rapids, Mich.: Zondervan 2000, 108.
31. Behe, *Darwin's Black Box*, 193.
32. Oorspronkelijk uit een boekrecensie uit de *New York Times* in 1989. Online op http://members.tripod.com/doggo/doggdawkins.html. Bekeken op 15 mei 2003.
33. Richard Lewontin, 'Billions and Billions of Demons', *The New York Review of Books*, 9 januari 1997, 150.
34. Robert Gastrow, *God and the Astronomers*, New York: Norton 1978, 114.
35. Fyodor Dostoevsky, *The Brothers Karamazov*, New York: Norton 1976, 72. In het Nederlands verschenen als Fjodor Dostojevski, *De broers Karamazov*, Amsterdam: Van Oorschot 2005.
36. Geciteerd in D. James Kennedy, *Skeptics Answered*, Sisters, Ore.: Miltnomah 1997, 154.
37. Strobel, *Case for Faith*, 91.
38. Van de geluidsband 'Reaching Evolutionists', van het apologetiekcongres van de Southern Evangelical Seminary van 2001. Tape AC0108. Online te bestellen op www.impactapologetics.com.
39. Wells, *Icons of Evolution*, 230.
40. Norman Geisler, *Baker Encyclopedia of Christian Apologetics*, Grand Rapids, Mich.: Baker 1999; Norman Geisler, *Systematic Theology*, deel 2, Minneapolis: Bethany 2003.

41. Sommige christenen vrezen dat het toestaan van zulke lange perioden de macroevolutie plausibeler maakt. Maar zoals we zagen in hoofdstuk 5 is dit niet het geval.

Hoofdstuk 7
Moeder Teresa tegenover Hitler

1. J. Budziszewski, *Written on the Heart: The Case for Natural Law*, Downers Grove, Ill.: InterVarsity Press 1997, 208-209.
2. C.S. Lewis, *Mere Christianity*, New York: Macmillan 1952, 19. Deze vertaling: *Onversneden christendom*, vertaald door Arend Smilde, Baarn: Ten Have 1999.
3. Zie J. Budziszewski, *What We Can't Not Know*, Dallas: Spence 2003, 39.
4. Zie ibid.
5. Joseph Fletcher, *Situation Ethics: The New Morality*, Philadephia: Westminster 1966, 43-44.
6. Lewis, *Mere Christianity*, 45.
7. Ibid, 25.
8. Voor een uitgeschreven versie van de tapes zie http://www.renewamerica.us/archives/speeches/00_09_27debate.htm. Bekeken op 20 mei 2003.
9. In tegenstelling tot de gangbare mening proberen atheïsten, net als alle andere mensen die zich met politiek bezighouden, wetgeving over moraliteit op te stellen. Ons boek *Legislating Morality* geeft details over dit onderwerp (Frank Turek en Norman Geisler, *Legislating Morality*, Eugene, Ore.: Wipf & Stock 2003). Eerder verschenen bij Bethany, 1998.
10. Zie Lewis, *Mere Christianity*, 26.
11. Met dank aan onze vriend Francis Beckwith voor dit voorbeeld. Zie zijn boek *Relativism: Feet Firmly Planted in Mid-Air*, met co-auteur Greg Koukl, Grand Rapids, Mich.: Baker 1998.
12. Budziszewski, *What We Can't Not Know*, 114.
13. Voor een complete discussie over hoe om te gaan met conflicterende morele absoluten zie Norman Geislers *Christian Ethics: Options and Issues*, Grand Rapids, Mich.: Baker 1989, in het bijzonder hoofdstuk 7.
14. Feministe Naomi Wolf is een opmerkelijk voorbeeld hiervan. Ze geeft toe dat iedereen weet dat een ongeboren kind een menselijk wezen is, en dat abortus een echte zonde is waarvoor geboet moet worden. Maar in plaats van abortus te beëindigen stelt Wolf voor dat vrouwen die abortus laten plegen nachtwakes bij kaarslicht houden om hun verdriet te tonen! Dit klinkt als een boeteritueel vergelijkbaar met – en vergeef me de vergelijking – die van kannibalen.
15. Frank Turek en Norman Geisler, *Legislating Morality*, Eugene, Ore.: Wipf & Stock 2003. Eerder verschenen bij Bethany, 1998.
16. Edward O. Wilson, 'The Biological Basis of Morality', *The Atlantic Monthly*, april 1998. Online op http://www.theatlantic.com/issues/98apr/biomoral.htm. Bekeken op 13 mei 2003.
17. Lewis, *Mere Christianity*, 22.
18. Dr. Jeffrey Schloss (gepromoveerd in de ecologie en evolutionaire biologie) stelt dat hoewel sommige vormen van altruïstisch en zelfopofferend gedrag misschien wel kunnen worden verklaard vanuit het Darwinisme, dat bij andere vormen niet kan; Schloss concentreert zich vooral op degenen die potentiële holocaustslachtoffers hielpen en verborgen. Zie Jeffrey Schloss, 'Evolutionary Account of Altruism and the Problem of Goodness by Design', in William Dembski (red.), *Mere Creation*, Downers Grove, Ill.: InterVarsity Press 1998, 236-261.

19. Adolf Hitler, *Mein Kampf*, 4[e] druk, London: Hurst & Blackett 1939, 239-240, 242.
20. Dit is het volledige citaat: 'De mensenrassen. – In de huidige tijd bestaan er op aarde vijf rassen of variëteiten van mensen, elk heel verschillend van de anderen in instincten, sociale gewoonten, en tot op zekere hoogte, in structuur. Er is het Ethiopische of negroïde type, dat zijn oorsprong vindt in Afrika; het Maleisische of bruine ras, van de eilanden van de Stille Zuidzee; de Amerikaanse Indiaan; het Mongoolse of gele ras, waarbij de bewoners van China, Japan en de Eskimo's inbegrepen zijn; en ten slotte, het *superieure type, het caucasische*, vertegenwoordigd door de beschaafde blanke bewoners van Europa en Amerika' (George William Hunter, *Essentials of Biology: Presented in Problems*, New York, Cincinatti, Chicago: American Books 1911, 320, cursivering toegevoegd).
21. Peter Singer, *Practical Ethics*, 1[e] druk, Cambridge: Cambridge University Press 1979, 122-123; geciteerd in Scott Klusendorf, 'Death with a Happy Face: Peter Singer's Bold Defense of Infanticide', *Christian Research Journal* 23, nr. 1, 2001: 25. Zie ook Helga Kuhse en Peter Singer, *Should the Baby Live*, Brookfield, Vt.: Ashgate 1994, 194-197.
22. James Rachels, *Created from Animals: The Moral Implications of Darwinism*, New York: Oxford University Press 1990, 186.
23. Randy Thornhill en Craig Palmer, *A Natural History of Rape: Biological Bases of Sexual Coercion*, Cambridge, Mass.: MIT Press 2001.
24. Geciteerd in Nancy Pearcey, 'Darwin's Dirty Secret', *World Magazine*, 25 maart 2000.
25. Lewis, *Mere Christianity*, 21.

HOOFDSTUK 8
WONDEREN: TEKENEN VAN GOD OF GOEDGELOVIGHEID?

1. Dit Wezen is een hij, niet een het, niet een ding. We weten dat dit Wezen persoonlijkheid heeft omdat hij iets gedaan heeft wat alleen personen kunnen doen – hij heeft een keuze gemaakt, namelijk de keuze om te scheppen.
2. Zie Francis Beckwith, Norman Geisler, Ron Rhodes, Phil Roberts, Jerald Tanner en Sandra Tanner, *The Counterfeit Gospel of Mormonism*, Eugene, Ore.: Harvest 1998, 1998, hoofdstuk 2.
3. C.S. Lewis, *The Screwtape Letters*, Westwood, N.J.: Barbour 1961, 46.
4. Antony Flew, 'Miracles', in *The Encyclopedia of Philosophy*, Paul Edwards (red.), deel 5, New York: Macmillan and the Free Press 1967, 346.
5. Van de geluidsband 'Worldviews In Conflict', van het apologetiekcongres van de Southern Evangelical Seminary van 2002. Tape AC0213. Online te bestellen op www.impactapologetics.com.
6. We horen christenen vaak het wonder-verhaal van Jona uitleggen door te verwijzen naar zogenaamd waargebeurde verhalen van vissers die enige tijd overleven in walvissen. Zelfs al zijn deze verhalen waar, ze zijn compleet irrelevant. Het verhaal van Jona is wonderbaarlijk bedoeld – namelijk als iets wat alleen God kan doen. Natuurlijk zou een man niet drie dagen overleven in een grote vis en uitgespuwd worden op een specifieke landmassa als dat niet een handeling van God was.Als dat ongeloofwaardig overkomt omdat het normaal gesproken niet zo werkt, dan *hoort* dat zo te lijken! Een wonder is misschien geen wonder als het op natuurlijke wijze verklaard kan worden. Uiteindelijk zou de God die het grootste wonder van allemaal – de schepping van het universum, inclusief grote vissen en mensen – helemaal geen moeite hebben om het wonder van Jona te doen.

7. C.S. Lewis, *Miracles*, New York: Macmillan 1947, 106. Deze vertaling: *Wonderen*, C.S. Lewis. Vertaling van Arend Smilde. Franeker: Van Wijnen 1994.
8. In tegenstelling tot morele wetten zijn natuurlijke wetten niet gebaseerd op Gods natuur. Daarom kunnen natuurlijke wetten wél aangepast worden. Terwijl God geen morele wetten niet kan schenden – omdat hij de onveranderlijke standaard van moraliteit is – kan hij natuurlijke wetten wel veranderen of onderbreken als hij dat wil. God had zelfs de fysieke realiteit – inclusief natuurwetten, de natuurlijke omgeving en levende wezens – met volstrekt andere karakteristieken kunnen scheppen dan die we nu hebben.
9. Online op http://hcs.harvard.edu/~gsascf/shield.html. Bekeken op 1 juni 2003.
10. De meeste mensen geloven onterecht dat hoe vaker ze in het verleden meegedaan met de loterij, des te groter de kans is dat ze deze keer winnen. Het maakt niet uit hoe vaak iemand in het verleden aan de loterij heeft deelgenomen; elke loterij is een unieke gebeurtenis die niet beïnvloed wordt door voorgaande gebeurtenissen. Het is steeds 76 miljoen tegen één (of wat de onwaarschijnlijke kans ook is). Hume zou suggereren dat de herhaalde ervaring van het verliezen uit het verleden ertoe zou moeten leiden dat je het niet zou geloven als je wel won. Maar als je één dag zou winnen, dan zou je werkelijk gewonnen hebben, ook als je al duizenden malen verloren had. Zo kan ook een wonder plaatsvinden, hoe vaak het ook in het verleden niet heeft plaatsgevonden.
11. C.S. Lewis, *Miracles*, 105.
12. Herzien onder de nieuwe titel *Miracles and het Modern Mind*, Grand Rapids, Mich.: Baker 1992.
13. Voor een uitgebreide bespreking, zie Norman Geisler, *Signs and Wonders*, Wheaton, Ill.: Tyndale 1988, hoofdstuk 8. Zie ook Norman Geisler, *Baker Encyclopedia of Christian Apologetics*, Grand Rapids, Mich.: Baker 1999.
14. De Bijbel: Ex. 4:1-5; Num. 16:5 e.v.; 1 Koningen 18:21-22; Matt. 12:38-39; Luc. 7:20-22; Joh. 3:1-2; Hand. 2:34; 2 Kor. 12:12. De Koran: soera 3:184; vgl. soera 23:45.
15. Voor een uitgebreide bespreking, zie Norman Geisler, *Signs and Wonders*, hoofdstuk 7 en 8. Zie de lijst op pag. 107-108 (niet meer in de boekhandel).
16. Voor meer over dit onderwerp, zie het artikel waaruit deze tekst afkomstig is: 'Miracles, False', in Geisler, *Baker Encyclopedia of Christian Apologetics*, 471-475.
17. Bij een aantal van deze gelegenheden werden een aantal wonderen gedaan. Zo wordt er meerdere malen melding van gemaakt dat Jezus 'veel mensen' genas, meestal terwijl mensen uit een bepaalde plaats samenkwamen (bijvoorbeeld Marc. 1:34; 3:10; 6:56; Luc. 5:15; 6:18; 9:11). De apostelen deden ook meerdere wonderen bij één gelegenheid (Hand. 5: 16; 8:7; 19:11-12).
18. Theologisch gezien hebben de drie grote perioden van wonderen een aantal dingen gemeenschappelijk: Mozes had wonderen nodig om Israël te bevrijden en het grote aantal mensen in de woestijn te onderhouden (Ex. 4:8). Elia en Elisa deden wonderen om Israël van afgoderij te bevrijden (zie 1 Kon. 18). Jezus en de apostelen toonden wonderen om de komst van het nieuwe verbond en de bevrijding van zonden te bevestigen (Heb. 2:3-4).

Hoofdstuk 9
Zijn er vroege getuigenissen over Jezus?

1. Er is een versie van dit citaat in omloop waarin Josephus bevestigt dat Jezus de Messias is, maar de meeste wetenschappers geloven dat christenen dit ingevoegd

hebben. Volgens Origenes, een kerkvader die in de late tweede eeuw geboren werd was Josephus geen christen. Daarom is het onwaarschijnlijk dat hij zou beweren dat Jezus de Messias is. De versie die we hier hebben geciteerd is van een Arabische tekst waarvan algemeen aangenomen wordt dat er niet mee geknoeid is.

2. Waarom verwees Josephus niet vaker naar Jezus? We kunnen gissen dat Josephus als historicus voor de keizer zijn woorden en onderwerpen zorgvuldig moest uitkiezen.

   Domitianus was bijzonder wantrouwig tegenover alles wat met opruiing te maken kon hebben. De nieuwe sekte die christendom heette zou als opruiend kunnen worden beschouwd, want christenen hadden een vreemd nieuw geloofssysteem en weigerden de keizer en de Romeinse goden te aanbidden. Daarom wilde Josephus zijn baas zeker niet alarmeren of ergeren door te veel of te positieve commentaren over het christendom te schrijven. Toch bevestigen deze twee referenties het bestaan van Jezus en Jakobus en staven ze het nieuwtestamentische verslag.

3. Josephus, *Joodse oudheden*, 20:9.1.
4. Zie Hand. 21:17-18; vgl. 15:13.
5. De tien niet-christelijke bronnen zijn: Josephus; Tacitus; de Romeinse historicus Plinius de Jongere; Phlegon, een bevrijde slaaf die geschiedenis schreef; Thallus, een eerste-eeuwse historicus; Suetonius, een Romeinse historicus; Lucianus, een Griekse satirist; Celsus, een Romeinse filosoof; Mara Bar-Serapion, een burger die aan zijn zoon schreef; en de Joodse Talmoed. Voor een complete opsomming van de vermeldingen van Christus in deze bronnen, zie Norman L. Geisler, *Baker Encyclopedia of Christian Apologetics*, Grand Rapids, Mich.: Baker 1999, 381-385; zie ook Gary Habermas, *The Historical Jesus*, Joplin, Mo.: College Press 1996, hoofdstuk 9.
6. Gary Habermas en Michael Licona, *The Case for the Resurrection of Jesus*, Grand Rapids, Mich.: Kregel, nog te verschijnen.
7. Aangezien Lucas Tiberius noemt is het totale aantal auteurs voor Tiberius tien. Zie Habermas en Licona, *Case for the Resurrection of Jesus*. We hebben de Joodse Talmoed toegevoegd aan de lijst die Habermas en Licona hebben verzameld omdat die waarschijnlijk samengevoegd is de tweede eeuw, ruim binnen 150 jaar na de dood van Jezus. Daarom komen wij uit op 43 en 10 in plaats van de 42 en 9 die Habermas en Licona aangeven.
8. Geisler, *Baker Encyclopedia of Christian Apologetics*, 531-537.
9. Ibid., 531-537, 547.
10. Een aantal critici heeft mogelijke niet-nieuwtestamentische alternatieven voorgedragen. Om succesvol te zijn moesten ze het aantal letters in een regel van de oude tekst veranderen van in de twintig tot in de zestig. Zoveel letters in één regel zou hoogst ongebruikelijk zijn. Zie Geisler, *Baker Encyclopedia of Christian Apologetics*, 547.
11. Geciteerd in David Estrada en William White, Jr., *The First New Testament*, Nashville, Nelson, 1978, 137.
12. Hou hierbij in gedachten dat dit *niet* de kloof tussen de gebeurtenissen en de oorspronkelijke geschriften is. Die kloof is nog korter, zoals we later in dit hoofdstuk zullen zien.
13. Zie Williston Walker, Richard Norris, David Lotz en Robert Handy, *A History of the Christian Church*, 4^e^ druk, New York: Scribner 1986, 123-124.
14. Voor een analyse van deze citaten, zie Norman Geisler en William Nix, *General Introduction to the Bible*, Chicago: Moody 1986, 431.
15. Voor meer details en bronnen, zie Geisler, *Baker Encylcopedia of Christian Apologetics*, 532.

16. Philip Schaff, *A Companion to the Greek Testament and the English Version*, 3e druk, New York: Harper 1883, 177.
17. Voor meer details en bronnen, zie Geisler, *Baker Encyclopedia of Christian Apologetics*, 532.
18. Frederic Kenyon, *Our Bible and the Ancient Manuscripts*, 4e druk, ds. A.W. Adams, New York: Harper 1958, 23.
19. Paul Barnett, *Is the New Testament Reliable?*, Downers Grove, Ill.: InterVarsity Press 1986, 38-40.
20. Zie Joh. 5:2; 2 Tess. 2:4; Heb. 5:1-3; 7:23, 27; 8:3-5; 9:25; 10:1, 3-4,11; 13:10-11; Op. 11:1-2.
21. Zie Barnett, *Is the New Testament Reliable?*, 65.
22. Zie Paul Barnett, *Jesus and the Rise of Early Christianity*, Downers Grove, Ill.: InterVarsity Press 1999, 343.
23. Colin J. Hemer, *The Book of Acts in the Setting of Hellenistic History*, Winona Lake, Ind.: Eisenbrauns 1999, 376-382. Voor een samenvatting van Hemers redenen, zie Geisler, *Baker Encyclopedia of Christian Apologetics*, 528.
24. De meeste, zo niet alle, wetenschappers stellen dat dit materiaal van voor 40 n.Chr. is. Zie Gary Habermas, *The Historical Jesus*, Joplin, Mo.: College Press 1996, 152-157; zie ook Habermas en Licona, *Case for the Resurrection of Jesus*, nog te verschijnen, hoofdstuk 7.
25. Bovendien herinnerde Paulus hen er met de woorden 'heb doorgegeven' eraan dat hij hun dit getuigenis al eerder gegeven had. Dus terwijl hij hun in ca. 56 schreef, moet hij dit getuigenis mondeling al tijdens een eerder bezoek aan Korinte gegeven hebben, waarschijnlijk in 51 n.Chr. Dit betekent ook dat Paulus het moet hebben ontvangen voor 51; het materiaal bestond dus al voor die tijd.
26. William Lillie, 'The Empty Tomb and the Resurrection', in D.E. Nineham et. al., *Historicity and Chronology in the New Testament*, Londen: SPCK 1965, 125.
27. William F. Albright, *Recent Discoveries in Bible Lands*, New York: Funk & Wagnalls 1956, 136.
28. William F. Albright, 'William Albright: Towards a More Conservative View', *Christianity Today*, 18 januari 1963, 3.
29. Als Lucas werkelijk ooggetuigen interviewde zoals hij beweert, dan bevat zijn evangelie vroege ooggetuigenverslagen die als net zo betrouwbaar moeten worden beschouwd als wanneer Lucas het zelf gezien had. Ooggetuigeverslagen zijn primair bronnenmateriaal, zelfs als ze later door iemand anders opgeschreven zijn.
30. A.N. Sherwin-White, *Roman Society and Roman Law in the New Testament*, Oxford: Clarendon 1963, 189.
31. William Lane Craig, *The Son Rises*, Eugene, Ore.: Wipf & Stock 2001, 101.
32. William Lane Craig, 'The Evidence for Jesus', online op http://www.leaderu.com/offices/billcraig/docs/rediscover2.html. Bekeken op 10 augustus 2003.
33. Gary Habermas, *The Historical Jesus*, Joplin, Mo.: College Press 1996, hoofdstuk 7.
34. Sommige wetenschappers denken dat er ander indirect bewijs is dat Marcus geschreven is in de jaren dertig. Marcus vermeldt de hogepriester vijf keer, maar benoemt hem niet. De andere evangelieschrijvers identificeren hem als Kajafas. Waarom benoemt Marcus hem niet? Misschien omdat Kajafas nog steeds de hogepriester was toen Marcus schreef, en het dus niet noodzakelijk was hem te benoemen. Als dat waar is, dan is Marcus uiterlijk in 37 n.Chr. geschreven, omdat dat het jaar is dat het hogepriesterschap van Kajafas eindigde (Josephus, *Oudheden*, 18:4.3)
35. Sommige wetenschappers denken dat de schrijvers van het Nieuwe Testament

geschreven bronnen gebruikten die ouder zijn dan de evangeliën. Lucas 1:1 lijkt dit te bevestigen. Maar veel liberale wetenschappers suggereren dat de evangeliën geen ooggetuigenverslagen zijn, maar dat ze ontleend zijn aan een nog niet bekende bron, die 'Q' genoemd wordt. In het volgende hoofdstuk zullen we aantonen waarom de nieuwtestamentische schrijvers wel degelijk ooggetuigen waren. Voor een bijzonder goede kritische analyse van bijbelkritiek en het idee dat er een 'Q'-bron was die gebruikt werd door nieuwtestamentische schrijvers, zie de voormalige 'Q'-verdediger Eta Linnemann, *Biblical Criticism on Trial*, Grand Rapids, Mich.: Kregel 2001; zie ook Geisler, *Baker Encyclopedia of Christian Apologetics*, 618-621.

36. Craig Blomberg, *The Historical Reliability of the Gospels*, Downers Grove, Ill.: InterVarsity Press 1987, 197.
37. Voor het debat op geluidsband, zie www.impactapologetics.com.
38. Trouwens, hoewel we geen geschreven documenten van de 500 hebben, is het erg onwaarschijnlijk dat Paulus ze verzonnen heeft, want ze worden door hem samen met veertien met name genoemde ooggetuigen vermeld. Dit wordt in hoofdstuk 10 verder uitgewerkt.

HOOFDSTUK 10
HEBBEN WE OOGGETUIGENVERSLAGEN OVER JEZUS?

1. Zie Colin J. Hemer, *The Book of Acts in the Setting of Hellenistic History*, Winona Lake, Ind.: Eisenbrauns 1990.
2. Zelfs Romeinen konden ter dood worden gebracht. Zie Paul Maier, *In the Fullness of Time*, Grand Rapids, Moch.: Kregel 1991, 305.
3. A.N. Sherwin-White, *Roman Society and Roman Law in the New Testament*, Oxford: Clarendon 1963, 189.
4. William Ramsay, *St. Paul the Traveller and the Roman Citizen*, New York: Putnam 1906, 8.
5. Voor een complete opsomming van wonderen, zie Norman L. Geisler, *Baker Encyclopedia of Christian Apologetics*, Grand Rapids, Mich.: Baker 1999, 485.
6. Een reden waarom Lucas Handelingen schreef was misschien om Paulus' onschuld te tonen aan hoogwaardigheidsbekleders in het Romeinse rijk. Hij voegde in ieder geval genoeg historische verwijzingen in om te laten zien dat hij de waarheid vertelde. Het zou natuurlijk niet erg wijs zijn om tegen Romeinse hoogwaardigheidsbekleders te liegen.
7. Craig L. Blomberg, *The Historical Reliability of John's Gospel*, Downers Grove, Ill.: InterVarsity Press 2001, 63.
8. F.F. Bruce, *The New Testament Documents: Are They Reliable?*, Downers Grove, Ill.: InterVarsity Press 1981, 82. Deze vertaling: Prof. Dr. F.F. Bruce, *De betrouwbaarheid van de geschriften van het Nieuwe Testament*, Vertaling door H. Lubben-Schilthuis, Noordwijkerhout: Internationale Bijbelbond 1977.
9. Geciteerd in ibid., 90-91.
10. Zie Blomberg, *Historical Reliability of John's Gospel*, 69-281. Voor een andere goede bespreking van Johannes' historiciteit zie Paul Barnett, *Is the New Testament Reliable?*, Downers Grove, Ill.: InterVarsity Press 1986, 56-80; en Geisler, *Baker Encyclopedia of Christian Apologetics*, 388-395.
11. Barnett, *Is the New Testament Reliable?*, 62.
12. Zie William D. Edwards, Wesley J. Gabel, Floyd E. Hosmer, 'On the Physical Death

of Jesus Christ', *Journal of the American Medical Association* 255, nr. 11, 21 maart 1986, 1455-1463.

13. Sceptici zeggen misschien, 'Nou ja, misschien zag hij een andere gekruisigde persoon wiens hart door een speer doorboord werd.' Dat zou het misschien kunnen verklaren als dit het enige ooggetuigendetail was dat Johannes ons geeft. Maar zoals we hebben gezien geeft hij ons verschillende andere details; er zijn dus sterke aanwijzingen voor dat hij een ooggetuige was van de kruisiging van Jezus.
14. Er kunnen ook meer zijn dan diegenen die we geïdentificeerd hebben omdat we geen uitgebreide zoektocht hebben ondernomen naar alle namen die voorkomen in het Nieuwe Testament.
15. Pilatus komt vaak voor in het Nieuwe Testament: Romeins prefect van Judea, Matt. 27:2; Lucas 3:1; veroorzaakt dood van Galileeërs, Luc. 13:1; berecht Jezus en beveelt zijn executie, Matt. 27; Marc. 15; Luc. 23; Joh. 18:28-40; 19; Hand. 3:13; 4:27; 13:28; 1 Tim. 6:13; staat toe dat Josef van Arimathea Jezus' lichaam meeneemt, Matt. 27:57-58; Marc. 15:43-45; Luc. 23:52; Joh. 19:38.
16. Marcus verwijst naar de hogepriester maar noemt hem niet bij name (14:53). Nogmaals, om deze reden geloven veel wetenschappers dat Marcus' verslag uiterlijk in 37 n.Chr. geschreven omdat het jaar is dat Kajafas' bewind eindigde. De theorie hierachter is dat Marcus schreef aan een contemporain publiek dat al wist wie de hogepriester was.
17. Josephus, Oudheden, 18:2.2.
18. Zie Matt. 26:3, 57; Luc. 3:2; Joh. 11:49; 18:13-14, 24, 28; Hand. 4:6.
19. Zie 'The Short List: The New Testament Figures Known to History', *Biblical Archaeological Review* 26, nr. 6, november/december 2002, 34-37.
20. Zie 'The Short List: The New Testament Figures Known to History', *Biblical Archaeological Review* 26, nr. 6, november/december 2002, 34-37.

Hoofdstuk 11

De tien voornaamste redenen waarom we weten dat de nieuwtestamentische schrijvers de waarheid vertelden

1. Voor een verklaring van deze en meer dan 800 andere verzen die critici in twijfel trekken, zie Norman Geisler en Thomas Howe, *When Critics Ask*, Grand Rapids, Mich.: Baker 1992.
2. Het is interessant om op te merken dat de geloofsbelijdenis in 1 Korintiërs 15 de vrouwen niet opneemt als ooggetuigen. Dat is misschien omdat de apostelen erkenden dat een vermelding van vrouwen geen toegevoegde geloofwaardigheid tot gevolg zou hebben; er worden immers al veertien mannelijke ooggetuigen met name genoemd.
3. Zie Gary Habermas, *The Historical Jesus*, Joplin, Mo.: College Press 1996, 205.

4. Zie Geisler en Howe, *When Critics Ask*, 21.
5. Simon Greenleaf, *The Testimony of the Evangelists*, 1874, herdruk Grand Rapids, Mich.: Baker 1984, 9-10.
6. *The Gospel of Peter*. Zie Ron Cameron, *The Other Gospels*, Philadelphia: Westminster 1982, 80-81. Deze vertaling: *Apokriefen van het Nieuwe Testament 1*, vertaald door Dr. A.F.J. Klijn, Kampen: Kok 1985.
7. Zelfs als men stelt dat de engel in Matteüs verfraaiing is zou dat de historiciteit van de opstanding niet ontkrachten. Zelfs het verfraaide evangelie van Petrus is gebaseerd op het historische feit van de opstanding.

8. N.T. Wright, *The Resurrection of the Son of God*, Minneapolis: Fortress 2003, 603.
9. J.P. Moreland, interview door Lee Strobel, *The Case for Christ*, Grand Rapids, Mich.: Zondervan 1998, 250.
10. Paulus' eerste brief aan de Korintiërs, die in het midden van de jaren vijftig van de eerste eeuw geschreven was, beschrijft het Avondmaal op een manier die suggereert dat het al een behoorlijke tijd gepraktiseerd wordt. Paulus zegt dat hij eerder doorgegeven heeft wat hij ontvangen heeft (1 Kor. 11:23). Paulus' eerste bezoek aan Korinte vond plaats in ongeveer 51 n.Chr., wat waarschijnlijk het tijdstip was waarop hij het vieren van het Avondmaal aan hen doorgegeven heeft. Dit zou natuurlijk betekenen dat Paulus het nog eerder al ontvangen moet hebben.
11. Charles Colson, 'An Unholy Hoax?' Breakpoint commentaar, 29 maart 2002, nr. 020329. Online op http://www.epm.org/Unholy.Hoax.htm.
12. Uit een toespraak gegeven op de Mississippi College School of Law, beschreven op http://tmatt.gospelcom.net/column/1996/04/24.
13. Voor een bespreking van de weinige Koranpassages waarvan sommige moslims geloven dat ze over wonderen spreken, zie Norman Geisler en Abdul Saleeb, *Answering Islam*, 2e druk, Grand Rapids, Mich.: Baker 2002, 163-168.
14. Zie ibid., 163-174.

HOOFDSTUK 12
IS JEZUS ECHT OPGESTAAN UIT DE DOOD?

1. Gary R. Habermas, *The Risen Jesus and the Future Hope*, Lanham, Md.: Rowman & Littlefield 2003.
2. Hoewel wetenschappers niet unaniem zijn over het lege graf, gelooft een meerderheid van hen (ongeveer 75 procent) dat het graf leeg was. De andere elf feiten die hier staan worden bijna unaniem bevestigd.
3. Habermas, *Risen Jesus and Future Hope*, 9-10.
4. William Lane Craig, in Paul Copan en Ronald Tacelli (red.), *Jesus' Resurrection: Fact or Figment? A Debate Between William Lane Craig and Gerd Lüdemann*, Downers Grove, Ill.: InterVarsity Press 2000, 56.
5. In 1968 werd een graf uit de oudheid waarin zich 35 lichamen bevonden ontdekt in Jeruzalem. Er werd vastgesteld dat de meeste door geweld gestorven waren in de Joodse opstand tegen Rome in 70 n.Chr. Een hiervan was een man genaamd Yohanan Ben Ha'galgol. Hij was ongeveer vierentwintig tot achtentwintig jaar oud, had een hazenlip, en er was nog altijd een een achttien centimeter lange spijker door zijn beide voeten geboord. De voeten waren naar buiten gedraaid zodat de vierkante spijker door de hiel geslagen kon worden, net binnen de achillespees. Dit zal de benen ook naar buiten hebben gebogen, zodat ze niet gebruikt konden worden om hem te ondersteunen aan het kruis. De spijker was door een wig van acaciahout gegaan, toen door de hielen, en toen in een olijfhouten balk. Er was ook bewijs voor dat soortgelijke staken tussen de twee botten van elk van de onderarmen geslagen waren. Deze hadden ertoe geleid dat de bovenste botten gladgeschuurd waren toen het slachtoffer zichzelf herhaaldelijk omhoogdrukte en liet zakken om te ademen (doordat de armen opgeheven waren, was de mogelijkheid tot ademhalen beperkt). Kruisigingsslachtoffers moesten zichzelf omhoogdrukken om de borstspieren vrij te maken, en nadat ze te zwak waren geworden om dat te doen, stierven ze door verstikking. Zie Norman Geisler, *Baker Encyclopedia of Christian Apologetics*, Grand Rapids, Mich.: Baker 1999, 48.

6. Quintilianus, *Declarationes maiores* 6:9; wordt aan gerefereerd in Gary Habermas en Michael Licona, *The Case for the Resurrection of Jesus*, Grand Rapids, Mich.: Kregel, nog te verschijnen.
7. William D. Edwards, Wesley J. Gabel en Floyd E. Hosmer, 'On the Physical Death of Jesus Christ', *Journal of the American Medical Association* 255, nr. 11, 21 maart 1986, 1463.
8. Sommige sceptici beweren dat dit slechts een subjectieve verschijning in de geest van Paulus was omdat zijn reisgenoten niemand zagen (Hand. 9) en niet begrepen wat de stem zei (Hand. 9 en 22). Maar deze conclusie is incorrect omdat Paulus' reisgenoten wel degelijk objectieve fenomenen ervoeren: 1) ze zagen een echt licht, ze zagen alleen geen persoon; en 2) ze hoorden een echte stem, ze begrepen alleen niet wat die zei.
9. Zie Gary Habermas, *The Historical Jesus*, Joplin, Mo.: College Press 1996, 202-205.
10. Naar verwezen door Origenes (185?-254? n.Chr.). Zie Habermas, *Historical Jesus*, 218. Phlegons geschriften zijn verloren gegaan, maar Origenes en Julius Africanus verwijzen ernaar. Sceptici hebben misschien bezwaren tegen het gebruik van citaten waarnaar verwezen wordt door christenen zoals Origenes, maar dit bezwaar is onredelijk. Hoewel we niet kunnen controleren of Origenes Phlegon correct geciteerd heeft, kunnen we wel aannemen dat hij dat gedaan heeft, omdat Origenes' publiek in die tijd waarschijnlijk toegang had tot Phlegons origineel. Het zou niet logisch zijn voor Origenes om Phlegons citaat te verzinnen of veranderen als het indertijd gemakkelijk nagekeken kon worden.
11. Zie Paul Maier, *In the Fullness of Time*, Grand Rapids, Mich.: Kregel 1991, 202; zie ook Habermas, *Historical Jesus*, 176.
12. Maier, ibid.
13. Suetonius, *Claudius*, 25; geciteerd in Habermas, *Historical Jesus*, 191.
14. Moslims verwijzen soms naar het *Evangelie van Barnabas* als bewijs, maar daarvan is bewezen dat het een vervalsing is. Zie Norman Geisler en Abdul Saleeb, *Answering Islam*, 2e druk, Grand Rapids, Mich.: Baker 2002, bijlage 3.
15. Paul Copan (red.), *Will the Real Jesus Please Stand Up? A Debate Between William Lane Craig and John Dominic Crossan*, Grand Rapids, Mich.: Baker 1998, 65.
16. Ibid.

17. C.S. Lewis, *Christian Reflections*, Walter Hooper (red.), Grand Rapids, Mich.: Eerdmans 1967, 209.
18. Craig L. Blomberg, *The Historical Reliability of John's Gospel*, Downers Grove, Ill.: InterVarsity Press 2001, 259.
19. Zie Edwin Yamauchi, 'Easter – Myth, Hallucination or History?' *Christianity Today*, 15 maart 1974 en 29 maart 1974).
20. Gary Habermas en Michael Licona, *The Case for the Resurrection of Jesus*, Grand Rapids, Mich.: Kregel, nog te verschijnen.
21. Voor een uitvoerige bespreking van deze en andere alternatieve theorieën over de opstanding, zie ibid.
22. Met dank aan Gary Habermas voor dit punt (persoonlijk gesprek, 29 juli 2003).
23. Geciteerd in Paul Copan en Ronald Tacelli (red.), *Jesus' Resurrection, Fact or Figment? A Debate Between William Lane Craig and Gerd Lüdemann*, Downers Grove, Ill.: InterVarsity Press 2000, 181.
24. In ibid.

25. Copan (red.), *Will the Real Jesus Please Stand Up?*, 61-62, cursivering toegevoegd.
26. Denk hierbij terug aan ons voorbeeld in hoofdstuk 5 – bewijs heeft een context nodig: een man die de buik van een vrouw opensnijdt is een crimineel of een held, afhankelijk van de context van de gebeurtenis. Als dit plaatsvindt in een steegje en de man wil haar kwaaddoen, dan is hij een crimineel, maar als het plaatsvindt in de kraamafdeling van een ziekenhuis, dan is hij een held.
27. Zie Paul Maier, Eusebius: *The Church History*, Grand Rapids, Mich.: Kregel 1999, 57, 58.
28. Een vergelijkbaar argument werd ook uitgewerkt voor de ongewone wapenfeiten van Napoleon in Richard Whately's satire met de titel *Historical Doubts Relative to Napoleon Bonaparte*. Zie H. Morely (red.), *Famous Pamphlets*, New York: Routledge 1890.
29. Aangepaste versie van 'Arise, Sir Knight', een preek van James Allen Francis, in *The Real Jesus and Other Sermons*, Philadelphia: Judson 1926, 123-124.

HOOFDSTUK 13
WIE IS JEZUS: GOD? OF ALLEEN EEN GROOT LERAAR?

1. Barry's getuigenis komt uit zijn hoofdstuk in Norman Geisler en Paul Hoffman (red.), *Why I Am a Christian: Leading Thinkers Explain Why They Believe*, Grand Rapids, Mich.: Baker 2001, 205-221; en uit onze persoonlijke gesprekken met hem.
2. Vergeleken met het daarna oudst bewaard gebleven manuscript van Jesaja – de Massoretische tekst van circa 1000 n.Chr – is de tekst 95 procent identiek, en de 5 procent variatie bestaat grotendeels uit schrijffouten en spellingsverschillen (geen van deze varianten beïnvloedt geloofsartikelen). Dit is een voorbeeld van de nauwgezette zorg die Joodse kopiisten door de eeuwen heen besteedden aan het overschrijven van de Schriften. Voor meer oudtestamentische manuscripten, zie Norman Geisler en William Nix, *General Introduction to the Bible*, Chicago: Moody 1986, 357-382.
3. Larry R. Helyer, *Yesterday, Today and Forever: The Continuing Relevance of the Old Testament*, Salem, Wis.: Sheffield 1996, 318.
4. Door de eeuwen heen, zelfs al voor Christus, zagen vele Joodse rabbijnen Jesaja 53 als een verwijzing naar de Messias die zou komen. Zie S.R. Driver en A.D. Neubauer, *The Fifty-third Chapter of Isaiah According to Jewish Interpreters*, Oxford en Londen: Parker 1877. Dit werk citeert bijvoorbeeld rabbijnse meningen die stellen dat de volgende verzen verwijzen naar de Messias: 'loot' uit vers 2 (blz. 22); 'man van smarten' uit vers 3 (NBG 1951) (blz. 11); 'hij droeg onze ziekten' uit vers 4 (blz. 23); 'om onze zonden werd hij doorboord' uit vers 5 (blz. 24).
5. Voor een gedetailleerde verklaring van deze profetie, zie Harold Hoehner, *Chronological Aspects of the Life of Christ*, Grand Rapids, Mich.: Zondervan 1978, 115-138.
6. Zogenaamde voorspellingen van helderzienden staan niet op gelijke voet met die van de Bijbel. Zo deed de *People's Almanac* (1976) studie naar de voorspellingen van 25 top-helderzienden. Ze ontdekten dat 66 van de 72 het volstrekt mis hadden. De voorspellingen die tot op zekere hoogte correct waren, waren vaag of konden door toeval verklaard worden of door algemene kennis van de omstandigheden in de wereld. Een voorspelling was bijvoorbeeld was dat de Verenigde Staten en Rusland wereldmachten zouden blijven en dat er geen wereldoorlogen zouden zijn. Is dat niet ongelofelijk? De voorspellingen van de Bijbel daarentegen gaan over honderden jaren later, waar de omstandigheden in de toekomst niet

voorzien konden worden zonder hulp van God, en alle voorspellingen in de Bijbel bleken 100 procent accuraat. Zie Norman L. Geisler, *Baker Encyclopedia of Christian Apologetics*, Grand Rapids, Mich.: Baker 1999, 475-478. Zie bladzijde 544-546 voor problemen met de zogenaamde voorspellingen van Nostrodamus.

7. J. Barton Payne, *Encyclopedia of Biblical Prophecy*, Grand Rapids, Mich.: Baker 1973, 665-670. Payne identificeerde ook 95 messiaanse profetieën voor de wederkomst van Christus (42 in het Oude Testament, 53 in het Nieuwe Testament).
8. Philip B. Payne, 'Jesus' Implicit Claim to Deity in His Parables', *Trinity Journal* 2, NS1981, 17.
9. C.S. Lewis, *Mere Christianity*, New York: Macmillan 1952, 54-55. Deze vertaling: *Onversneden christendom*, vertaald door Arend Smilde, Baarn: Ten Have 1999.
10. Ibid., 55-56.
11. Peter Kreeft, 'Why I Believe Jesus Is The Son of God', in Geisler en Hoffman (red,), *Why I Am a Christian*, 228-229.
12. Geciteerd in Jeffrey L. Sheler, *Is the Bible True?*, San Francisco: HarperSanFrancisco 1999, 208.
13. Lewis, *Mere Christianity*, 145.
14. Zie Geisler, *Baker Encyclopedia of Christian Apologetics*. Het volgende komt van bladzijde 730: De heilige Geest wordt 'God' genoemd (Hand. 5:3-4). Hij heeft de kenmerken van godheid, zoals alomtegenwoordigheid (vgl. Ps. 139:7-12) en alwetendheid (1 Kor. 2:10-11). Hij is verbonden met God de Vader in de schepping (Gen. 1:2). Samen met de Zoon en de Vader onderneemt hij het werk van de verlossing (Joh. 3:5-6; Rom. 8:9-17, 23-27; Tit. 3:5-7). Samen met de andere personen van de Drie-eenheid draagt hij de 'naam' God (Matt. 28:18-20). Ten slotte wordt de heilige Geest samen met de Vader en de Zoon genoemd in de nieuwtestamentische zegeningen (bijvoorbeeld 2 Kor. 13:14). Niet alleen bezit de heilige Geest

    goddelijkheid, hij heeft ook een persoonlijkheid. Dat hij een afzonderlijke persoon is, is duidelijk omdat de Schrift naar hem verwijst als 'hij', met persoonlijke voornaamwoorden (Joh. 14:26; 16:13). Ten tweede doet hij dingen die alleen personen kunnen doen, zoals onderwijzen (Joh. 14:26; 1 Joh. 2:27), overtuigen van zonde (Joh. 16:7-8), en verdriet hebben van zonde (Ef. 4:30). Ten slotte heeft de heilige Geest verstand (1 Kor 2:10-11), een wil (1 Kor 12:11) en gevoel (Ef. 4:30).

Hoofdstuk 14
Wat leert Jezus over de Bijbel

1. Het joodse Oude Testament bevat hetzelfde materiaal als het protestantse Oude Testament, maar de onderverdeling is anders. Het protestantse Oude Testament deelt Samuël, Koningen, Kronieken en Ezra-Nehemia elk in twee delen, en de twaalf kleine profeten in twaalf aparte boeken. Dus terwijl ze als 22 boeken gerekend worden in het joodse Oude Testament, is dezelfde tekst in 39 boeken onderverdeeld in het protestantse Oude Testament. Het rooms-katholieke Oude Testament bevat 11 extra boeken (zeven daarvan als volledige boeken, en vier als delen van boeken), die de Apocriefen genoemd worden. Deze boeken werden door de rooms-katholieke kerk toegevoegd na het concilie van Trente in 1546, grotendeels als reactie op de reformatie die Maarten Luther begonnen was.
2. Op de titel na is deze tabel afkomstig uit Norman Geisler en William Nix, *General Introduction to the Bible*, Chicago: Moody 1986, 85.
3. De Bijbel bevestigt wat we uit de algemene openbaring weten – dat er een onver-

anderlijke standaard van waarheid moet zijn.. De Bijbel stelt dat God de waarheid is (Ps. 31:5; 33:4; Joh. 14:6; 1 Joh. 4:6); dat God niet kan liegen (Heb. 6:18; Tit. 1:2); en dat God niet kan veranderen (Num. 23:19; 1 Sam. 15:29; Ps. 102:26-27; Mal. 3:6; Heb. 13:8; Jak. 1:17). Voor meer van de eigenschappen van God, zie Norman Geisler, *Systematic Theology*, deel 2, Minneapolis: Bethany 2003, deel 1.

4. Geciteerd in Jeffrey L. Sheler, *Is the Bible True?*, San Francisco: HarperSanFrancisco 1999, 78.
5. Ibid., 80.
6. Norman Geisler, *Baker Encyclopedia of Christian Apologetics*, Grand Rapids, Mich.: Baker 1999.
7. Voor tapes van de preken van Andy Stanley, zie www.northpoint.org.
8. Voor een opsomming van bijbelse wonderen zie 'Miracles in the Bible', in Geisler, *Baker Encyclopedia of Christian Apologetics*.
9. Dit argument is niet gebouwd op het zwijgen over wonderen, omdat de Bijbel niet zwijgt over de aard, het doel en de functie van deze speciale apostolische wonderen (zie bijvoorbeeld 2 Kor. 12:12; Hebr. 2:3-4). De functie van bevestiging van apostolische openbaring sluit aan bij het ophouden van deze wonderen, aangezien ze niet langer nodig waren nadat de openbaring bevestigd was.
10. Bruce Metzger, interview door Lee Strobel, *The Case for Christ*, Grand Rapids, Mich.: Zondervan 1998, 69.
11. Alleen Filemon, 2 Petrus, Jakobus en 3 Johannes worden niet geciteerd. Toch bevestigen Clement van Rome (schrijvend in 96-97 n.Chr.) en/of Ignatius (110 n.Chr) Filemon, 2 Petrus en Jakobus nog voor Polycarpus en Irenaeus. Dus het enige boek dat niet door iemand geciteerd wordt in de eerste twee eeuwen is de piepkleine brief 3 Johannes. Zie Geisler en Nix, *General Introduction to the Bible*, 294.
12. Irenaeus, *Adversus haereses*, 3.3.4.
13. Zie Geisler en Nix, *General Introduction to the Bible*, 294.
14. Lucas was technisch gesproken geen apostel, maar mogelijk was hij wel een van de 500 personen die de opgestane Christus gezien had. Maar zelfs als hij dat niet was geweest, dan nog had Lucas zijn geschriften laten bevestigen door zijn reisgenoot, de apostel Paulus (1 Tim. 5:18; vgl. Luc. 10:7). Daarom wordt Lucas' werk als apostolische leer gezien.
15. Zie Norman Geisler en Thomas Howe, *When Critics Ask*, Grand Rapids, Mich.: Baker 1992; en Norman Geisler, *Systematic Theology*, deel 1, Minneapolis: Bethany 2002, hoofdstuk 27.
16. Augustine, *Reply to Faustus the Manichaean*, in P. Schaff (red.), *A Select Library of the Nicene and Ante-Nicene Fathers of the Christian Church*, 14 delen (eerste serie 1886-1894; herdruk, Grand Rapids, Mich.: Eerdmans 1952, 11.5.
17. Er worden wel fouten van kopiisten gevonden in manuscripten, maar het is gemakkelijk ze te identificeren en te ontdekken dat ze niet in het origineel voorkomen door de vele manuscripten die er zijn te vergelijken (zie hoofdstuk 9). Hoewel er nog nooit Bijbelse originelen zijn gevonden, zijn er wel vroegere manuscripten van andere werken bewaardgebleven. Het is dus mogelijk dat er ooit Bijbelse originelen zullen worden gevonden.
18. Zo dachten critici ooit dat de Bijbel het mis had over een volk dat als de Hettieten bekendstond. Er was geen bewijs voor hun bestaan buiten de Bijbel. Tenminste, er was geen bewijs totdat hun volledige bibliotheek ontdekt werd in Turkije. Ook dachten critici dat er in Mozes' tijd nog geen schrift bestond, dus dat hij nooit

een gedeelte van het Oude Testament geschreven kon hebben. Tenminste, totdat er in Syrië de Ebla-tafels gevonden werden, die 1000 jaar vóór Mozes geschreven waren. Bij het voortschrijden van het onderzoek wordt de Bijbel steeds bevestigd.

Hoofdstuk 15
De rechter, de koning-knecht en het deksel

1. Voor een bespreking van hoe God soeverein kan zijn terwijl mensen vrij zijn, zie Norman Geisler, *Chosen but Free*, 2e druk, Minneapolis: Bethany 2001.
2. Philip Yancey, *Disappointment with God*, New York: HarperCollins 1998, 109-110.
3. Ibid.
4. C. Truman Davis, 'A Physician Analyzes the Crucifixion: A Medical Explanation of What Jesus Endured on the Day He Died.' Online op http://www.thecross-photo.com/Dr_C._Truman_Davis_Analyzes_the_Crucifixion.htm. Online bekeken op 9 oktober 2003. Oorspronkelijk verschenen in *Arizona Medicine*, maart 1965, Arizona Medical Association. Voor verdere informatie over de dood van Christus zie Wiiliam D. Edwards, Wesley J. Gabel en Floyd E. Hosmer, 'On the Physical Death of Jesus Christ', *Journal of the American Medical Association* 255, nr. 11, 21 maart 1986: 1463.
5. C.S. Lewis, *The Great Divorce*, New York: Macmillan 1946, 72. Deze vertaling: C.S. Lewis, *De grote scheiding*, vertaler onbekend, Amsterdam: Ten Have 1948.
6. C.S. Lewis, *Mere Christianity*, New York: Macmillan, 1943, 65. Deze vertaling: *Onversneden christendom*, vertaald door Arend Smilde, Baarn: Ten Have 1999
7. Voor meer over de hel en bezwaren tegen de hel, zie Norman Geisler, *Baker Encyclopedia of Christian Apologetics*, Grand Rapids, Mich.: Baker 1999, 308-313.
8. Voor voorbeelden van bijbelboeken waar twijfels en vragen over God worden verwoord, zie Job, vele Psalmen, Prediker en Klaagliederen.

Bijlage 1
Als God bestaat, waarom is er dan kwaad?

1. C.S. Lewis, *The Problem of Pain*, New York: Macmillan 1959, 81.
2. Augustine, *The City of God*, 14.1.
3. James Madison, in *The Federalist*, Benjamin F. Wright (red.), Cambridge, Mass.: Harvard University Press 1961, 356.
4. Zie voor een uitgebreidere bespreking van het probleem van het kwaad Norman Geisler, *Baker Encyclopedia of Christian Apologetics*, Grand Rapids, Mich.: Baker 1999. Zie ook Peter Kreeft, *Making Sense Out of Suffering*, Ann Arbor, Mich.: Servant 1986.

Bijlage 3
Waarom het Jesus Seminar niet voor Jezus spreekt

1. Zie *Forum*, deel 1, maart 1985.
2. Ibid., 7, 10.

ALGEMEEN REGISTER